जयशंकर प्रसाद कृत

कामायनी

मूलपाठ एवं टीका

जयशंकर प्रसाद कृत

कामायनी

मूलपाठ एवं टीका

टीकाकार

विश्वम्भर 'मानव'

लोकभारती प्रकाशन

पहली मंजिल, दरबारी बिल्डिंग, महात्मा गाँधी मार्ग, इलाहाबाद-1

लोकभारती प्रकाशन
पहली मंजिल, दरबारी बिल्डिंग, महात्मा गाँधी मार्ग
इलाहाबाद-211 001
वेबसाइट : www.lokbhartiprakashan.com
ईमेल : info@lokbhartiprakashan.com
शाखाएँ : 1-बी, नेताजी सुभाष मार्ग, दरियागंज
नयी दिल्ली-110 002
अशोक राजपथ, साइंस कॉलेज के सामने
पटना-800 006 (बिहार)
36-ए, शेक्सपियर सरणी
कोलकाता-700 017

मूलपाठ सहित संस्करण : 2005
पुनर्मुद्रण : 2016

त्रिवेणी ऑफसेट प्रिंटर्स
इलाहाबाद द्वारा मुद्रित

KAMAYANI
MOOL PATH EVAM TEEKA
by Vishwambhar 'Manav'

ISBN : 978-93-5221-178-4

मूल्य : ₹ 400

अनुक्रमणिका

चिन्ता

हिमगिरि के उत्तुंग शिखर पर, बैठ शिला की शीतल छाँह,
एक पुरुष, भीगे नयनों से, देख रहा था प्रलय प्रवाह!

शब्दार्थ–उत्तुंग-ऊँची। **शिखर**-चोटी। **शीतल छाँह**-विश्रामदायी आश्रय। **एकपुरुष**-मनु। **भीगे नयनों**-आँखों में आँसू भरकर।

अर्थ–हिमालय की ऊँची चोटी पर किसी शिला के विश्रामदायी आश्रय में बैठा हुआ एक पुरुष उस जलराशि को नयनों में आँसू भरकर देख रहा था जो प्रलय के कारण उसकी आँखों के सामने उमड़ रही थी।

विशेष–मनु का नाम लेकर कवि ने उन्हें 'एक पुरुष' मात्र से व्यंजित किया है। इससे कवि का लक्ष्य यहाँ अपने नायक के सम्बंध में उत्सुकता उत्पन्न करना है। यदि वह प्रारम्भ में ही रहस्य खोल देता तो कोई कला न रहती। इन पंक्तियों को पढ़ते ही अनेक प्रकार की कल्पनाएँ मन में जग उठती हैं। यह व्यक्ति कौन है? हिमवान् की चोटी पर आश्रय लेने को वह क्यों विवश हुआ? पुरुष होकर रो क्यों रहा है? प्रलय सहसा कैसे उपस्थित हुई? कहानी को प्रारम्भ करने का यह अत्यंत उपयुक्त ढंग है जिससे चारों ओर प्रकृति की भयंकरता से आक्रांत एक चिंता-निमग्न व्यक्ति का दृश्य आँखों के सामने छा जाता है।

शिला की शीतल छाँह से तात्पर्य यह है कि मनु जहाँ बैठे थे, वहाँ न तो प्रलय की बाढ़ उन्हें कोई हानि पहुँचा सकती थी और न किसी अन्य प्रकार की असुविधा थी। वहाँ वे एकदम निश्चिंत थे ।

नीचे जल था, ऊपर हिम था, एक तरल था, एक सघन;
एक तत्व की ही प्रधानता, कहो उसे जड़ या चेतन

शब्दार्थ–एक तत्व-जल तत्व।

अर्थ–नीचे की ओर देखता है तो पानी लहरा रहा है और ऊपर दृष्टि डालता है, तो बर्फ ही बर्फ दिखाई देता है। उसे अपने चारों ओर आज प्रमुख रूप से जल-तत्व ही दृष्टिगोचर होता है। नीचे का जल तो द्रव (पिघले हुए) रूप में है ही, ऊपर का हिम भी वास्तव में जल ही है जो जम कर बर्फ हो गया है। एक ही जल के ये दो रूप ऐसे प्रतीत होते हैं जैसे एक ही ईश्वर जड़ प्रकृति और चेतन आत्मा के रूप में प्रतिभासित हो रहा हो।

वि०–अद्वैतवासियों के अनुसार ब्रह्म के अतिरिक्त कहीं और कुछ नहीं है, जड़ और चेतन का विभेद दृष्टिभ्रम है–'नाम' 'रूप' का विभेद है। जैसे कच्ची मिट्टी से बने घड़े और प्याले अपने आकार के कारण दो नाम पा गये हैं, जैसे लहर और बुलबुला अपनी आकृति

के कारण भिन्न-भिन्न संज्ञाओं से सम्बोधित किये जाते हैं, पर विवेक की दृष्टि से देखो तो मूलतः मिट्टी और जल के अतिरिक्त कुछ नहीं है; इसी प्रकार आत्मा के रूप में चेतनता और शरीर प्रकृति (Nature) के रूप में स्थूलता एक ही परमात्मा के दो स्वरूप हैं। ज्ञानदृष्टि से देखने पर उस महाचेतन के अतिरिक्त कुछ नहीं है। प्रसाद ने उस परम तत्व की व्यापकता को सिद्ध करने के लिए चेतन जल और हिम का अत्यंत उपयुक्त उदाहरण प्रसंगवश उपस्थित किया है। अध्यात्मपक्ष का यह अर्थ मुख्य विषय से सम्बन्धित नहीं है, केवल व्यंजित होता है।

दूर-दूर तक विस्तृत था हिम, स्तब्ध उसी के हृदय समान;
नीरवता सी शिला चरण से, टकराता फिरता पवमान।

शब्दार्थ–स्तब्ध-जड़ीभूत। **पवमान**-पवन।

अर्थ–जिस प्रकार उस व्यक्ति का हृदय इस समय किसी भी प्रकार की चेतना से रहित-निश्चेष्ट–था, उसी प्रकार दूर-दूर तक फैला हुआ बर्फ जड़ बना बिछा पड़ा था। शिलाएँ ऐसी शान्त थीं जैसे स्वयं शांति की भावना। उन्हीं शिलाओं के चरणों में पवन निरंतर टक्कर खा रहा था।

वि०–आधुनिक हिन्दी कविता में मूर्त्त (Concrete) वस्तुओं के उपमान अमूर्त्त (Abstract) और अमूर्त्त वस्तुओं के मूर्त्त जुटाये जाते हैं। प्रसाद की कविता की तो यह एक विशेषता है। शिला एक स्थूल वस्तु है। उसकी नीरवता की समता किसी मूर्च्छित व्यक्ति अथवा शव से कर सकते थे; पर ऐसा न करके नीरवता की भावना से की, जो दिखाई देने वाली वस्तु नहीं। पंत ने भी 'पल्लव' में वृक्षों की ऊँचाई की तुलना इच्छाओं से की है -'उच्चाकांक्षाओं से तरुवर'।

प्रसाद के काव्य की दूसरी विशेषता यह है कि वे प्रकृति में मानवीय भावों का आरोप करते हैं। ऊँची और बड़ी शिलाओं के सामने अड़ जाने से पवन को आगे बढ़ने का अवकाश नहीं मिलता। इस वर्णन से इस प्रकार का दृश्य सामने आता है मानो कोई अपनी उन्नति के लिये छटपटाने वाला व्यक्ति किसी बड़े आदमी के पैरों पर सर टकरा रहा हो और वह बड़ा आदमी इतना निष्ठुर हो कि दूसरे व्यक्ति के विकास के लिये कोई अवसर ही न देना चाहे।

तरुण तपस्वी सा वह बैठा, साधन करता सुर-श्मशान;
नीचे प्रलय सिंधु लहरों का, होता था सकरुण अवसान।

शब्दार्थ–तरुण-नवयुवक। **श्मशानसाधन**-तांत्रिक लोग किसी जलाशय (नदी, तालाब, समुद्र) के किनारे श्मशान-भूमि में अर्द्ध-रात्रि के समय भूत, प्रेत और चामुंडा आदि देवियों की सिद्धि के लिये मंत्र जाप करते हैं। किसी शव को आधा जल और आधा बाहर निकालकर उस पर आसन जमाते हैं। भोजन के लिये किसी मुर्दे की खोपड़ी में चावल राँध कर खाते हैं। इच्छित शक्तियाँ प्रसन्न होकर दर्शन देतीं और सिद्ध हो जाती हैं। इस क्रिया को श्मशान-साधक कहते हैं। **सकरुण**-करुणाभरी ध्वनि में। **अवसान**-समाप्ति, अन्त।

अर्थ–प्रलय के कारण देवजाति का विनाश हो गया था, केवल मनु बच रहे थे। वह भूमि जहाँ वे इस समय चिंतामग्न बैठे हैं देवताओं की श्मशान भूमि बन चुकी थी। अतः

दूर से देखने पर ऐसा प्रतीत होता था मानो वह नवयुवक दैवी-वैभव को फिर लौटाने के लिये तपस्वी के समान सुर-श्मशान में बैठा किसी शक्ति की साधना में लीन है। नीचे प्रलय के कारण घोर वर्षा के जल ने जो समुद्र का रूप धारण कर लिया था उसकी तरंगें पर्वत से आकर टकरातीं और एक करुणाभरी गूँज उठाकर वहाँ समाप्त हो जाती थीं।

वि०–मनु श्मशान-साधन नहीं कर रहे हैं, अतः तांत्रिक की उपर्युक्त प्रक्रियाओं से उनके चिन्तन का कोई सम्बन्ध नहीं। यह सत्य है कि आगे चलकर उन्होंने मानव जाति की सृष्टि की और मानव-धर्म की प्रतिष्ठा, पर वह किसी शक्ति की सिद्धि के बल पर नहीं, वरन् अपनी प्रखर प्रतिभा के सहारे।

उसी तपस्वी से लम्बे, थे, देवदारु दो चार खड़े;
हुए हिम-धवल, जैसे पत्थर, बनकर ठिठुरे रहे अड़े।

शब्दार्थ–देवदारु-एक प्रकार का ऊँचा सीधा वृक्ष जो विशेष रूप से पर्वतों पर उगता है। **धवल**-सफेद।

अर्थ–उस तपस्वी मनु के आकार के समान ही लम्बे देवदारु के कुछ वृक्ष वहाँ खड़े थे। बर्फ से ढँकने के कारण वे सफेद दिखाई देते थे और पत्थर जैसे कड़े होकर जहाँ थे वहीं अड़े रह गये थे–मानों शीत से ठिठुर गये हों।

वि०–प्रकृति को मनुष्य के सुख-दुःख से प्रभावित होते कवि लोग दिखाया करते हैं। वह हमारे सुख के समय प्रसन्न और दुःख के समय विषाद-मग्ना चित्रित की जाती है। यहाँ दुःख-दग्ध मनु के आस-पास के वृक्ष भी हिम के प्रकोप से ठिठुरे–से खड़े हैं।

अवयव की दृढ़ मांस-पेशियाँ, ऊर्जस्वित था वीर्य्य अपार;
स्फीत शिरायें, स्वस्थ रक्त का होता था जिनमें संचार।

शब्दार्थ–अवयव-शरीर के अंग। **मांसपेशियाँ**-पुट्ठे। **ऊर्जस्वित**-झलक रहा था। **वीर्य्य**-शारीरिक ओज। **स्फीत**-दृढ़ और उभरी। **शिराएँ**-रक्त को वहन करने वाली नाड़ियाँ।

अर्थ–उसके शरीर में भुजाओं के पुट्ठे दृढ़ थे। मुख पर (ब्रह्मचर्य का) अपार तेज झलक रहा था। उभरी हुई नसें थीं जिनमें स्वास्थ्यवर्धक शुद्ध रक्त बह रहा था।

वि०–प्रसाद के पात्र प्रायः दीर्घ आकार के, स्वास्थ्य से युक्त और सुन्दर होते हैं। वर्णन से किसी बलवान् आर्य का चित्र आँखों में झूलने लगता है।

चिंता-कातर बदन हो रहा पौरुष जिसमें ओत प्रोत;
उधर उपेक्षामय यौवन का बहता भीतर मधुमय स्रोत।

शब्दार्थ–कातर-अधीर। **बदन**-मुख। **ओतप्रोत**-भरा हुआ। **उपेक्षा**-ध्यान न देना। **भीतर**-हृदय में। **मधुमय स्रोत**-मधुर सोता, प्रेम के मधुर भाव।

अर्थ–उसके मुख पर यद्यपि चिंता की अधीरता झलक रही थी, तथापि वह ओज से परिपूर्ण था। दूसरी ओर उसके हृदय में यौवनकाल की अनेक भावनाओं का सोता बह रहा था। पर ऐसी स्थिति में उस ओर ध्यान देने का उसे अवकाश न था।

वि०–मनु एक स्वस्थ युवक हैं। यह वह समय था जब उन्हें किसी से प्रेम करना

चाहिये था। पर प्रेम की सिद्धि तो निश्चिंत स्थिति में होती है। शोक के सामने प्रेम-भाव दब जाता है। इसी से यहाँ यौवन को उपेक्षित कहा है।

ये पंक्तियाँ कवि की सूक्ष्म दृष्टि की परिचायक हैं। जैसे उसने पौरुष में शोक भाव को घुले-मिले देखा है, उसी प्रकार उपेक्षित यौवन में तरंगायित मधुर भावों पर भी उसकी दृष्टि गई है।

बँधी महा बट से नौका थी सूखे में अब पड़ी रही;
उतर चला था वह जल-प्लावन, और निकलने लगी मही।

शब्दार्थ–महा बट–बरगद का विशाल वृक्ष। **प्लावन**–बाढ़।

अर्थ–उसकी नौका बरगद के एक विशाल वृक्ष से बँधी हुई इस समय सूखी भूमि पर पड़ी थी। कारण यह था कि जल की बाढ़ वहाँ से कुछ हट गयी थी और पृथ्वी निकल आयी थी।

वि०–इस नौका ने मनु के प्राणों की रक्षा की थी।

निकल रही थी मर्म वेदना, करुणा विकल कहानी सी;
वहाँ अकेली प्रकृति सुन रही, हँसती सी पहचानी सी।

शब्दार्थ–मर्म वेदना–गहरी पीड़ा। **करुणा विकल**–दर्द भरी।

अर्थ–मनु अपनी गहरी व्यथा का वर्णन करने लगे। यह वर्णन एक दर्द भरी करुण कहानी जैसा था। इस कहानी को सुनने वाला वहाँ कोई प्राणी न था, एकमात्र प्रकृति थी। पर सृष्टि के प्रारम्भ से ऐसी अगणित कहानियाँ सुनने की वह अभ्यस्त थी; अतः मनु के दुःख पर उसे कोई दुःख न हुआ। मनु अपनी व्यथा करते रहे, वह मुस्काती रही।

वि०–सुख-दुःख सापेक्ष भाव है। एक राजकुमार के लिए उँगली का घाव सुनहरी पीड़ा दे सकता है। वही पीड़ा युद्ध-क्षेत्र में शरीर पर अनेक घाव खाने वाले सैनिक के लिए हँसी की वस्तु हो सकती है। मनु जिन घटनाओं को दुहरा रहे हैं, उनका ज्ञान प्रकृति को भी है। उस कहानी में उसके लिये कोई नवीनता नहीं है। इस दृष्टि से भी वह कहानी 'पहचानी सी' है। पर यहाँ वैषम्य (Contrast) से भाव को कवि उद्दीप्त करना चाहता है। मनुष्य व्यथित है और जड़ प्रकृति हँस रही है। इस हास्य की निष्ठुरता की पृष्ठभूमि–सहानुभूति की हीनता–में शोक और भी गहरा हो गया है।

"ओ चिन्ता की पहली रेखा, अरी विश्व वन की व्याली;
ज्वालामुखी स्फोट के भीषण, प्रथम कंप सी मतवाली!

शब्दार्थ–व्याली–सर्पिणी। **स्फोट**–फटना। **मतवाली**–मस्त, जिसके कर्म से दूसरों को हानि पहुँचे।

अर्थ–मनु कहने लगे–हे चिन्ता, मेरे अन्तर में प्रथम बार आज तुम्हारी एक रेखा अंकित हुई है। तुम विश्व-उपवन की सर्पिणी हो। तुम ज्वालामुखी पर्वत के उस प्रारम्भिक कंपन के समान मतवाली हो जिसके उपरांत भयंकर विस्फोट होता है।

वि०–देवताओं का जीवन सुख और भोग का जीवन था। चिन्ता जैसे किसी मनोविकार से उनका परिचय न था। मनु प्रथम मानव हैं जिन्होंने अपने जीवन में पहली बार इस

मनोभाव का अनुभव किया। पहले उसके अशुभ पक्ष को वे स्पष्ट कर रहे हैं।

उपवन में घूमते समय यदि वहाँ सर्पिणी के अस्तित्व की आशंका रहे, तो उद्यान की शोभा का उपयोग मनुष्य निश्चिंत मन से नहीं कर सकता। इसी प्रकार विश्व एक अत्यंत रम्य स्थल है जहाँ चिन्ता के अस्तित्व के कारण उसकी रम्यता बार-बार फीकी पड़ती रहती है।

ज्वालामुखी पर्वत के मुख पर कंपन होते ही जैसे इस बात का निश्चय हो जाता है कि अब पर्वत फटकर तरल अग्नि की नदी बहाता हुआ आस-पास की सब वस्तुओं को नष्ट-भ्रष्ट कर देगा, उसी प्रकार चिन्ता का मस्तिष्क में प्रवेश होते ही समझ ना चाहिए कि अब कोई भारी विपत्ति आने वाली है।

हे अभाव की चपल बालिके, री ललाट की खल रेखा!
हरी-भरी सी दौड़-धूप, ओ जल-माया की चल रेखा!

शब्दार्थ–ललाट-मस्तक अथवा भाग्य। **खल रेखा**-क्रूर या अशुभ रेखा। **हरी-भरी**-हरियालीपन या प्रसन्नता लाने वाली। **दौड़-धूप**-दौड़धूप करने वाली। **जल-माया**-जल के समान माया। **चल रेखा**-चंचल रेखा, यहाँ तरंग से तात्पर्य है।

अर्थ–तुम किसी प्रकार के अभाव से उत्पन्न होकर मनुष्य को अस्थिर कर देती हो। तुम्हारा उत्पन्न होना मनुष्य के दुर्भाग्य का सूचक है। पर तुम्हारा एक शुभ पक्ष भी है। जब मनुष्य तुमसे आक्रांत होता है तब वह आलस्य का परित्याग कर तुम्हें मिटाने के लिये दौड़ धूप करता है और उस परिश्रम के फलस्वरूप उसका जीवन हरा-भरा हो जाता है। इस मायात्मक जगत् को यदि जल मानें तो तुम उसमें तरंग के समान हो। अर्थात् पवन के आघात से जैसे जल में लहरें उठने लगती हैं, उसी प्रकार तुम्हारी प्रेरणा से मनुष्य क्रियाशील बनता है।

वि०–चिंता को 'अभाव की बालिका' कह कर प्रसाद ने उसकी बड़ी सुंदर व्याख्या की है। जब भोजन, वस्त्र, स्वास्थ्य, प्रेम आदि में से किसी का अभाव होता है, तभी तो चिंता उत्पन्न होती है।

इस ग्रह कक्षा की हलचल ! री तरल गरल की लघु लहरी;
जरा अमर जीवन की, और न कुछ सुनने वाली, बहरी!

शब्दार्थ–ग्रह-वे तारे जो सूर्य के चारों ओर घूमते हैं, जैसे पृथ्वी, मंगल, शुक्र आदि। **कक्षा**-वह मार्ग जिससे ग्रह भ्रमण करते हैं। **तरल**-द्रव रूप में, पिघला हुआ। **गरल**-विष। **जरा**-वृद्धावस्था।

अर्थ–तुम समस्त अंतरिक्ष में, जिसमें होकर पृथ्वी, मंगल आदि लोक घूमते हैं, हल-चल मचाने वाली हो अर्थात् तुम विश्व भर में खलबली उत्पन्न कर देती हो। तुम पिघले विष की हल्की सी लहर हो, अर्थात् विष की छोटी लहर जैसे शरीर में व्याप्त होकर मनुष्य को आकुलमात्र करती है मार नहीं डालती, उसी प्रकार चिंता मनुष्य को व्यथा पहुँचाती है। तुम देवताओं के जीवन में भी अपने प्रभाव से वृद्धावस्था के लक्षण ला सकती हो। और जब तुम आती हो तब इतनी बहरी बन जाती हो कि किसी की रोकटोक नहीं मानतीं।

वि०–अधिक विषपान से मनुष्य की मृत्यु हो जाती है, पर उसके थोड़े सेवन से केवल

व्यथा ही पहुँचती है। सर्प के दंश से जो विष शरीर में प्रवेश करता है उससे बहुत से प्राणी बच भी जाते हैं। भारतवर्ष में ऐसे नशेबाज भी हैं जो अफीम के समान ही विष का नशा करते हैं और उसे स्वास्थ्यवर्द्धक बतलाते हैं।

देवताओं के सम्बंध में प्रसिद्ध है कि वे चिरयुवा रहते हैं। पर चिंता के कारण मन यौवन में भी बुड्ढा हो सकता है। यहाँ चिंता की उसी शक्ति का प्रदर्शन है। मानवों के जीवन में तो क्या, अमरों के जीवन में भी वह प्रवेश करे, तो जरावस्था ला दे।

अरी व्याधि की सूत्र-धारिणी! अरी आधि, मधुमय अभिशाप!
हृदय-गगन में धूमकेतु सी, पुण्य सृष्टि में सुन्दर पाप!

शब्दार्थ–व्याधि-शारीरिक रोग। **सूत्र-धारिणी**-उत्पन्न करने वाली। **आधि**-मानसिक व्यथा। **मधुमय**-मधुर। **अभिशाप**-शाप। **धूमकेतु**-पुच्छल तारा। **सुन्दर पाप**-वह अवांछित कर्म जिसका फल सुन्दर हो।

अर्थ–तुम शारीरिक रोगों को जन्म देती हो। तुम मन को व्यथा पहुँचाती हो। तुम मधुर शाप हो। गगन में पुच्छल तारे का उदित होना जैसे एक अशुभ लक्षण है, उसी प्रकार मन में तुम्हारा उदित होना। इस पवित्र सृष्टि में बाह्य दृष्टि से तुम अकल्याणकारी हो, यद्यपि तुम्हारे अस्तित्व का परिणाम अंत में भला ही सिद्ध होता है।

वि०–चिंता से कभी-कभी शारीरिक रोग उत्पन्न हो जाते हैं जैसे प्रेम की घोर निराशा में प्रायः हिस्ट्रिया और क्षय रोग उत्पन्न हो जाते हैं।

चिंता से मन व्याकुल रहता है इससे वह शाप तो है, पर यदि जीवन में चिंता न हो तो मनुष्य सुख के विधान के लिये प्रयत्न न करे और जीवन की मधुरता से वंचित रहे। इसी बात को दृष्टि में रखकर उसे 'मधुमय अभिशाप' कहा गया है।

ज्योतिषियों का ऐसा मत है कि पुच्छल तारे के उदित होने पर अकाल, महामारी अथवा महायुद्ध होता है। चिंता भी कभी किसी बड़े कष्ट की अग्रगामिनी बनती है।

पाप शब्द का तात्पर्य है आत्मा के प्रतिकूल भाव। आत्मा आनंदमय है। चिंता उस आनंद में व्याघात डालती है। अतः अवांछनीय होने पर भी अनिवार्य है। इसी से उसे 'सुन्दर पाप' कहा गया है।

पाप भी कभी-कभी सुन्दर होता है। जैसे कोई कसाई यदि घने बन में किसी गौ का पीछा कर रहा हो और पूछने पर कोई महात्मा उसे अन्य दिशा में जाती हुई बता दे, तो उस तपस्वी ने झूठ बोलने का पाप तो किया, परन्तु गौ के प्राण बचाने के कारण वह पुण्य का भागी भी हुआ।

मनन करावेगी तू कितना? उस निश्चिंत जाति का जीव;
अमर मरेगा क्या? तू कितनी गहरी डाल रही है नींव।

शब्दार्थ–मनन करावेगी-चिंतित रखना। **उस निश्चिंत जाति का**-परमात्मा का अंश। **गहरी नींव डालना**-अपनी जड़ मज़बूत करना।

अर्थ–जीव उस परमात्मा का अंश है जो दुःख शोक से प्रभावित नहीं होता। अतः मन को तू चाहे कितना ही चिंतित रख, प्राणियों के हृदय में तू कितनी ही गहरी प्रवेश कर जा, पर जीवात्मा को मार डालने में तू असमर्थ है। कारण–वह अमर है।

वि०–संसार में आकर जीव जब अपने स्वरूप को भूल जाता है और माया में अपने को बद्ध समझ लेता है, तभी कष्ट उठाता है; नहीं तो वह निर्मल आनन्दमय है। तुलसी ने उत्तरकाण्ड में कहा है–

ईश्वर अंश जीव अविनाशी,
सत् चेतन घन आनन्द रासी।
सो माया बस भयेऊ गुसाईं,
बँधेउ कीट मरकट की नाईं।।

आह ! घिरेगी हृदय लहलहे खेतों पर करका-घन सी;
छिपी रहेगी अंतरतम में सब के तू निगूढ़ धन सी।

शब्दार्थ–लहलहे-हरे-भरे। **करका घन**-ओलों भरे बादल, (जखन सघन गगन गरजे बरसे करका धारा–द्विजेन्द्रलाल राय)। **अंतरतम**-हृदय की गहराई। **निगूढ़**-छिपे।

अर्थ–जैसे हरे-भरे खेतों पर ओलों भरे बादल छा जाते हैं, उसी प्रकार तुम आशा भरे हृदयों पर छा जाया करोगी। तुम सबके हृदय के बहुत भीतर उसी प्रकार छिपी रहोगी, जैसे पृथ्वी के भीतर मनुष्यों का धन छिपा रहता है।

वि०–इन पंक्तियों में चिंता को आशंकाओं की जननी माना है। ओले भरे बादलों के घिरने का ही वर्णन यहाँ है बरसने का नहीं, यह ध्यान देने की बात है। घिरने का भाव यह है कि यदि वे बरस गये तो खेती नष्ट हो जायेगी; पर वे टल भी सकते हैं। इसी प्रकार चिंता बनी रही तो आशाएँ कुचल जायेंगी।

पृथ्वी के भीतर गड़े धन का पता जैसे केवल उस धन के स्वामी को ही होता है, उसी प्रकार जिसके हृदय में चिंता होती है उसका ठीक ज्ञान उसी व्यक्ति को होता है। बाहरी आँखें उसे देख नहीं पातीं।

यहाँ कवि ने 'करका घन' के द्वारा बाह्य जगत् से और 'निगूढ़ धन' के द्वारा अंतर्जगत से उदाहरण लिया है। चिंता के ये दोनों पक्ष स्वाभाविक हैं। वह बाह्य परिस्थितियों से उत्पन्न होती है और अन्तर्जगत में बस जाती है।

बुद्धि, मनीषा, मति, आशा, चिंता तेरे हैं कितने नाम!
अरी पाप है तू, जा, चल, जा यहाँ नहीं कुछ तेरा काम।

शब्दार्थ–बुद्धि (Perception)-भले बुरे का निश्चय कराने वाली शक्ति। **मनीषा** (Knowledge)-ज्ञान। **मति** (Opinion)-सम्मति, राय। **आशा** (Hope)-किसी अप्राप्य वस्तु के पाने की संभावना। **चिंता** (Anxiety)-सोच।

अर्थ–हे चिंता तुम्हारा ही नाम बुद्धि है, तुम्हें ही मनीषा (ज्ञान) कहते हैं, तुम्हारा ही एक रूप मति है और तुम्हीं आशा का आकार धारण कर लेती हो। पर जिस रूप में तुम मेरे हृदय में उदित हुई हो वह बहुत ही अशुभ है; अतः तुम यहाँ से चली जाओ, एकदम चली जाओ। यहाँ तुम्हारा कुछ काम नहीं।

वि०–यहाँ कवि ने चिंता शब्द से चिंतन का अर्थ लिया है। चिंतन से सत्, असत् का निर्णय होता है, ज्ञान उत्पन्न होता है। चिंतन से ही मनुष्य विवादग्रस्त विषयों के सम्बन्ध में

अपनी कोई धारणा बना लेता है, और जब शोक के मध्य स्थिर-बुद्धि से सोचता है, तब आशा को भी पोषित कर लेता है।

विस्मृति आ, अवसाद घेर ले, नीरवते ! बस चुप कर दे;
चेतनता चल जा, जड़ता से आज शून्य मेरा भर दे।"

शब्दार्थ–**विस्मृति**-भूलना। **अवसाद**-शिथिलता। **नीरवते**-शान्ति। **चेतनता**-भावों का उदय। **शून्य**-सूना हृदय।

अर्थ–विस्मृति तू आ–जिससे मैं अतीत के उन समस्त सुखों को भूल जाऊँ जिन्हें स्मरण करके पीड़ा होती है। आज मेरा मन शिथिल हो जाय–जिससे उसमें कुछ भी सोचने का उत्साह न रहे। मेरे इस धड़कते हृदय को हे शान्ति की भावना, तू एकदम चुप कर दे। ऐ मेरी सोच-विचार की शक्ति, आज मेरे सूने हृदय को जड़ता से भर कर (जड़ बनाकर) तू कहीं चली जा।

वि०–चेतना-शक्ति के कारण ही मनुष्य सुख-दुःख का अनुभव करता है। बहुत दुःख पाने पर वह सोचता है कि इससे तो वह जड़ होता तो अच्छा था। पत्थर को तो दुःख का भान होता न? इसी प्रकार की घोर निराशामयी शोकपूर्ण स्थिति में आज मनु हैं। स्मृति खटकती है, वे विनल हो जाते हैं। चाहते हैं आज उनकी चेतना-शक्ति ही उनसे छिन जाती तो इस असह्य पीड़ा से मुक्त होने का मार्ग मिल जाता।

हृदय से चेतना के चले जाने पर जड़ता स्वयं आ जायेगी, क्योंकि जड़ता का अर्थ ही है चेतनता का अभाव। वस्तु के निकलने पर स्थान खाली होता है, यहाँ भरा जाता है। कैसी विलक्षण बात है!

"चिन्ता करता हूँ मैं जितनी उस अतीत की, उस सुख की;
उतनी ही अनंत में बनती जातीं रेखायें दुख की।

शब्दार्थ–**अतीत**-भूतकाल, बीते दिन। **अनंत**-सीमाहीन हृदय।

अर्थ–बीते दिनों में देवताओं ने जो सुख भोगे थे उनको मैं जितनी बार स्मरण करता हूँ मेरे सीमाहीन हृदय में दुःख की उतनी ही रेखाएँ खिंचती जाती हैं। जितना सोचता हूँ उतना दुःख बढ़ता है।

वि०–हम जो सुख-दुःख के दृश्य देखते हैं उनके मृदु-कटु भाव अपने संस्कार-चिन्ह हमारे अन्तःकरण में छोड़ जाते हैं। अनुकूल स्थिति पाकर वे ही स्मृति रूप में उभरते हैं। बार-बार दुहराये जाने पर वे और गहरे होते और उसी परिणाम में सुखद-दुःखद हो जाते।

आह सर्ग के अग्रदूत ! तुम
असफल हुए, विलीन हुए।
भक्षक या रक्षक, जो समझो,
केवल अपने मीन हुए।

शब्दार्थ–**सर्ग**-सृष्टि। **अग्रदूत**-प्रवर्त्तक। **मीन**-मछली।

अर्थ–कितने शोक की बात है कि जिन देवताओं का सृजन इस पृथ्वी पर सबसे पूर्व हुआ था, वे आज अपने अस्तित्व को बनाये रखने में असफल होकर नष्ट हो गये। पर इसमें

अपराध किसी दूसरे का नहीं। जैसे मछलियाँ अपनी जाति की रक्षा स्वयं ही करतीं और मन में आने पर वे ही सजातीय मछलियों को खा जाती हैं, उसी प्रकार अपनी वीरता और बुद्धि बल से देवताओं ने अपना विकास किया और विलास में रात-दिन लीन रहकर स्वयं ही अपना विनाश कर लिया।

वि०–प्रसिद्ध है कि सर्पिणी की भाँति मछलियाँ भी अपने बच्चों को निगल जाती हैं।

अरी आँधियो ! ओ बिजली की दिवा-रात्रि तेरा नर्त्तन;
उसी वासना की उपासना, वह तेरा प्रत्यावर्त्तन।

शब्दार्थ–दिवा-रात्रि-दिन-रात। **नर्त्तन**-नाचना। **वासना**-भोग-विलास। **उपासना**- लीनता। **तेरा**-आँधी और बिजली भरी दिन रातों का। **प्रत्यावर्त्तन**-लौटना।

अर्थ–रात-दिन आँधियाँ चलती रहीं, बिजलियाँ गिरती रही; पर देवता लोग भोग-विलास में ही लीन रहे। यह देखकर फिर आँधियाँ लौटीं और फिर बिजलियाँ गिरीं।

वि०–प्रसाद के कुछ वाक्यों का गठन बड़ा विचित्र होता है। जैसे 'प्रकाश के दिन' अथवा 'अंधकार की रात्रि' का अर्थ होगा वह दिन जिसमें प्रकाश भरा हो अथवा वह रात्रि जिसमें अंधकार छाया रहे; इसी प्रकार 'आँधी बिजली के दिन-रात' का तात्पर्य हुआ वे दिन-रात जिनमें आँधियों और बिजलियों का ही दौर-दौरा हो। नर्त्तन से तात्पर्य तीव्र गति का है।

प्रकृति देवताओं को वासना से विरत करना चाहती थी। पहले तो उसने आँधी चलाकर, बिजली गिरा कर सचेत ही किया; पर जब वे घोर भोग के बीच से विमुख न हुए तब उनका विनाश ही कर दिया।

मणि-दीपों के अंधकारमय अरे निराशापूर्ण भविष्य!
देव-दम्भ के महा मेध में सब कुछ ही बन गया हविष्य।

शब्दार्थ–मणि-दीपों-मणियों के दीपक, रत्न दीप, आशाएँ। **दम्भ**-अहंकार। **महामेध**-महायज्ञ। **हविष्य**-यज्ञ की अग्नि में पड़ने वाली सामग्री, आहुति।

अर्थ–देवताओं के अहंकार के महान् यज्ञ में हमारा सब कुछ स्वाहा हो गया। देवताओं को इस बात का बड़ा गर्व था कि उनका विनाश कोई नहीं कर सकता; अतः प्रकृति की चेतावनी पर उन्होंने ध्यान न दिया और अन्त में उसके प्रकोप से वे विनष्ट हो गये। अब हमारा भविष्य उसी प्रकार निराशापूर्ण और अंधकार से भरा हुआ है जैसे घोर अंधेरे में मणि का दीपक कहीं रख दिया जाय तो वह बेचारा केवल अपने आस-पास ही थोड़ा प्रकाश फैला सकता है, अपने चारों ओर फैले अपार तिमिर को नहीं चीर सकता। देवताओं में से केवल मैं कुछ झिल-मिल आशाएँ लेकर बच रहा हूँ, पर एकाकी क्या कर सकूँगा?

अरे अमरता के चमकीले पुतलो ! तेरे वे जय नाद;
काँप रहे हैं आज प्रतिध्वनि बन कर मानो दीन विषाद।

शब्दार्थ–अमरता के चमकीले पुतलों-वे देवता लोग जो अपने जीवन में चमके, जिन्होंने यश प्राप्त किया। **दीन विषाद**-दीनता और शोक।

अर्थ–हे यशस्वी देवता लोगों ! आज तुम्हारी जय की ध्वनियाँ दीनता और विषाद की

कंपित प्रतिध्वनियों में बदल गयी हैं अर्थात् जहाँ कभी जयघोष होता था वहाँ अब दीनता और शोक बरस रहे हैं।

टिप्पणी–'तेरे' शब्द पुतलों के लिए आया है। यहाँ वचन-दोष है। 'पुतलों' बहुवचन में है, 'तेरे' एकवचन में। तेरे के स्थान पर किसी प्रकार तुम्हारे आना चाहिए। प्रसाद जी से ऐसी अशुद्धियाँ प्रायः हो जाती थीं। ऊपर 'दिवा रात्रि तेरा' की भी यही दशा है।

प्रकृति रही दुर्जेय, पराजित हम सब थे भूले मद में;
भोले थे, हाँ तिरते केवल सब विलासिता के नद में;

शब्दार्थ–दुर्जेय-जिसे जीता न जा सके। **पराजित**-हारे हुए।

अर्थ–प्रकृति जीत गई। हम हार गये। अपनी मस्ती में हम सब कुछ भूल गये। हम इतने अजान थे कि भोग-विलास की नदी में ही तैरते रहे। इसमें डूब भी जायँगे, यह कभी नहीं सोचा था।

वे सब डूबे, डूबा उनका विभव, बन गया पारावार;
उमड़ रहा है देव सुखों पर दुःख जलधि का नाद अपार।"

शब्दार्थ–विभव-ऐश्वर्य। **पारावार**-समुद्र। **उमड़**-मचलता हुआ। **जलधि**-समुद्र। **नाद**-ध्वनि।

अर्थ–वे सब देवता जो भोग-विलास में लीन रहते थे, नष्ट हो गये। उनका सारा ऐश्वर्य नष्ट हो गया। वह ऐश्वर्य पानी हो गया, इसी से उनके स्थान पर समुद्र रह गया। वह मचलता हुआ समुद्र नहीं गरज रहा; अपितु देवताओं के सुख को अपने में डुबाकर भारी दुःख ही घोर ध्वनि कर रहा है।

वि०–एक वस्तु के स्थान पर उसे छिपा या नष्ट कर जब दूसरी वस्तु दिखाई देती है, तब इस प्रकार सोचना अत्यन्त स्वाभाविक है कि पहली वस्तु ही दूसरी वस्तु के रूप में परिवर्तित हो गई है। 'वैभव समुद्र के रूप में परिवर्तित हो गया' या 'जय ध्वनि विषाद ध्वनि बन गई' इसी प्रकार के उदाहरण हैं।

"वह उन्मत्त विलास हुआ क्या? स्वप्न रहा या छलना थी!
देव सृष्टि की सुख विभावरी ताराओं की कलना थी।

शब्दार्थ–उन्मत्त-संयमहीन। **छलना**-भ्रम, भ्रांति। **सृष्टि**-संसार। **विभावरी**-रात। **कलना**-भरी हुई, रचना।

अर्थ–उनका वह संयमहीन भोग-विलास कहाँ चला गया? वह कोई स्वप्न था या केवल भ्रम था? देवताओं के संसार की सुख-रजनी ताराओं (विविधता) से भरी हुई थी अर्थात् जैसे रात में बिखरे तारागणों की कोई गिनती नहीं, वैसे ही देवताओं के सुखों की कोई सीमा न थी। विविध प्रकार के अगणित सुखों का भोग वे करते थे।

चलते थे सुरभित अंचल से जीवन के मधुमय निश्वास।
कोलाहल में मुखरित होता देव जाति का सुख-विश्वास।

शब्दार्थ–सुरभित-सुगंधित। **मधुमय**-सुख के परिचायक। **निश्वास**-साँस। **कोलाहल**-आमोद-प्रमोद। **मुखरित**-ध्वनित, व्यक्त।

अर्थ–नारियों के सुगंधित अंचल से जीवन की सुखमय साँसें प्रवाहित होती थीं अर्थात् देवियों के वस्त्रों से सुगंध का फूटना इस बात का परिचायक था कि वे सम्पन्न घरानों की हैं, क्योंकि दरिद्र घरों में दुःख का जीवन व्यतीत करने वाली स्त्रियाँ अंचल सुवासित रख ही नहीं सकतीं। इसी प्रकार आमोद-प्रमोद की जो चारों ओर ध्वनि उठती रहती थी, उससे यह पता चलता था कि देवजाति सुख और निर्भयता से जीवन व्यतीत कर रही है।

सुख, केवल सुख का वह संग्रह, केन्द्रीभूत हुआ इतना;
छाया पथ में नव तुषार का सघन मिलन होता जितना।

शब्दार्थ–केन्द्रीभूत-एकत्र, इकट्ठा। **छायापथ**-आकाश गंगा। **तुषार**-बर्फ के छोटे कण, यहाँ तुषारकण जैसे तारे। **सघन**-घना।

अर्थ–देवताओं ने सभी स्थानों से जुटाकर विविध सुखों को अपने बीच इस प्रकार एकत्र किया, जिस प्रकार नवीन हिम के टुकड़ों के समान चमकने वाले अनन्त तारे आकाशगंगा में घने रूप से सटकर समाये रहते हैं।

वि०–रात को आकाश में कुछ चौड़ी और दूर तक लम्बी एक ऐसी टुकड़ी दिखाई देती है मानों वहाँ दूध बिखर गया हो। वैज्ञानिकों का कहना है कि यहाँ आकाश के अन्य भागों की भाँति तारे छितरे हुए नहीं हैं, वरन् अत्यन्त सटकर बिछे हुए हैं। इस दूधिया भाग को आकाश-गंगा या छायापथ कहते हैं।

सब कुछ थे स्वायत्त, विश्व के बल, वैभव, आनन्द अपार;
उद्वेलित लहरों सा होता, उस समृद्धि का सुख-संचार।

शब्दार्थ–स्वायत्त-अपने अधीन। **उद्वेलित**-उठना। **समृद्धि**-ऐश्वर्य।

अर्थ–संसार भर का बल, वैभव और अपार आनंद उनके अधीन था। जैसे समुद्र में अनन्त लहरें उठती रहती हैं, उसी प्रकार उन्होंने जो ऐश्वर्य एकत्र किया था, उससे असंख्य रूपों में सुख उत्पन्न होता रहता था।

कीर्ति, दीप्ति, शोभा थी नचती अरुण किरण सी चारों ओर,
सप्त सिंधु के तरल कणों में, द्रुम दल में, आनन्द-विभोर

शब्दार्थ–कीर्ति-यश। **दीप्ति**-ओज, तेज। **शोभा**-सुन्दरता। **सप्त सिंधु**-पंजाब की पाँचों नदियाँ और गंगा-यमुना। **द्रुम दल**-वृक्ष समूह या वन। **आनन्द-विभोर**-आनन्दमग्न।

अर्थ–देवताओं के यश, तेज और सौन्दर्य की छटा सूर्य की किरणों के समान सभी दिशाओं, सप्त-सरिताओं के चंचल जलकणों और वृक्ष-समूहों में आनंदपूर्वक नृत्य करती थी। तात्पर्य यह कि गंगा और सिंधु नदी के बीच क्या जल और क्या स्थल सभी कहीं देवताओं के रूप, शौर्य और प्रताप बिखरा पड़ा था।

वि०–देवजाति हिमालय के नीचे उत्तरी भारत के कुछ अंशों में ही शासन करती थी। कामायनी से भी यही सिद्ध होता है। उसमें आगे चलकर इड़ा को सारस्वत प्रदेश की महारानी लिखा है। इसी से सिंधु का अर्थ यहाँ नदी है।

शक्ति रही हाँ शक्ति, प्रकृति थी पद-तल में विनम्र विश्रांत;
कँपती धरणी, उन चरणों से हो कर प्रतिदिन ही आक्रांत!

शब्दार्थ–पद-तल में-चरणों में। **विनम्र**-झुकी हुई। **विश्रांत**-थककर, हार कर। **आक्रांत**-पद-दलित होकर।

अर्थ–देवताओं की भुजाओं में वास्तविक शक्ति थी। समस्त प्रकृति उनके चरणों में हारकर झुक गई। पृथ्वी पद-दलित होकर नित्य ही काँपती रहती थी।

वि०–प्रकृति के झुकने का तात्पर्य है प्रकृति कि वस्तुओं पर पूर्ण अधिकार होने से। घने वनों में वे निर्भीक भाव से विचरण करते थे, सरिताओं में उनकी नौकाएँ स्वच्छन्दता से घूमती थीं।

धरणी के कंपित होने का भाव यह है कि वे जहाँ भी आक्रमण कर देते थे, वहीं के निवासी भयभीत होकर पराजय स्वीकार कर लेते थे।

स्वयं देव थे हम सब, तो फिर क्यों न विशृंखल होती सृष्टि,
अरे अचानक हुई इसी से कड़ी आपदाओं की वृष्टि।

शब्दार्थ–विशृंखल-अव्यवस्थित, गड़बड़।

अर्थ–जब हम सब यह समझने लगे कि हम तो 'देवता' हैं अर्थात् हमारे कर्मों का कोई नियामक नहीं, जो चाहें वह करने को हम स्वतंत्र हैं, तब सृष्टि में हमारे संयमहीन कार्यों से अव्यवस्था फैलती ही। यही कारण है हम पर कड़ी आपत्तियाँ सहसा बरस पड़ीं।

वि०–प्राणी या तो विवेक से शुद्ध आचरण करता है या फिर भय से। देवताओं में न विवेक था और न उन्हें किसी का भय। पर भगवान तो दुष्कर्मों का दण्ड देकर ही मानते हैं, नहीं तो उनकी सृष्टि का विकास बन्द हो जाय। इसी से देवताओं की वासना-वृत्ति जब अपनी सीमा पार कर गई तब एक दिन प्रलय रूपी अपने तनिक से भ्रू-भंग से उस सर्वशक्तिमान ने इस विवेकहीन जाति को सदैव के लिये सुला दिया।

गया, सभी कुछ गया, मधुरतम सुर बालाओं का शृंगार;
उषा ज्योत्स्ना सा यौवन-स्मित, मधुप सदृश निश्चिंत विहार।

शब्दार्थ–ज्योत्स्ना-चाँदनी। **स्मित**-मन्द हास्य। **निश्चिंत**-चिन्ता रहित। **विहार**-भोग विलास।

अर्थ–गया, सब कुछ चला गया। सुन्दर से सुन्दर अप्सराओं का शृंगार चला गया। उषा-सा उनका यौवन चला गया। चाँदनी-सी उसकी मुस्कान चली गयी। भोगी भौंरों के समान उनका चिन्तारहित भोग-विलास चला गया।

वि०–उषा में कई गुण होते हैं। उनमें नवीनता होती है, स्फूर्ति होती है, उज्ज्वलता होती है। ये गुण यौवन में होते हैं। इस दृष्टि से यौवन को उषा कहना अत्यंत सार्थक है। काव्य में कुछ वस्तुओं का रंग माना जाता है जैसे प्रेम का लाल, पाप का काला, हास्य का श्वेत। मुस्कान को इसी दृष्टि से चाँदनी कहा है।

'मधुप' का शाब्दिक अर्थ है मधु पीने वाला। मधुप पुष्प के निकट आकर रस-पान करता है, फिर उड़ जाता है, थोड़ी देर में फिर आकर रसपान करने लगता है। इसी से मधुप शब्द का प्रयोग इस स्थल पर अत्यन्त सार्थक है। महान् कवियों की ऐसी ही मार्मिक दृष्टि होती है। पुष्प-वाटिका में सीता के सौन्दर्य-मकरन्द का पान करने वाले राम के नेत्रों

को 'मधुप' ही कहा गया है–

करत वतकही अनुज सन, मन सिय रूप लुभान।
मुख सरोज, मकरन्द छवि, करत मधुप इव पान।।

भरी वासना-सरिता का वह कैसा था मदमत्त प्रवाह,
प्रलय-जलधि में संगम जिसका देख हृदय था उठा कराह"

शब्दार्थ–भरी-उमड़ती हुई। **मदमत्त**-मस्त। **प्रवाह**-प्रचण्ड वेग। **संगम**-मिलन, अन्त, विलीनता।

अर्थ–उनकी उमड़ती हुई वासना रूपी नदी ऐसी मस्ती और प्रचण्ड वेग से बही कि अन्त में वह विनाश के समुद्र में विलीन हो गयी। इस दृश्य को देखकर मेरा हृदय कराह उठा था।

"चिर किशोर-वय, नित्य विलासी, सुरभित जिससे रहा दिगंत;
आज तिरोहित हुआ कहाँ वह मधु से पूर्ण अनन्त वसंत?

शब्दार्थ–किशोर-ग्यारह से पंद्रह वर्ष की अवस्था वाला बालक, यहाँ युवक। **सुरभित**-सुगन्धित। **दिगन्त**-दिशा। **तिरोहित होना**-छिपना, दूर होना। **मधु**-मकरन्द। **वसन्त**-वसन्त ऋतु, यहाँ अपार सुख।

अर्थ–जैसे नवीनता लाने वाला, विलास वृत्ति को उकसाने वाला, दिशाओं को सुगन्धित करने वाला, मकरन्द बरसाने वाला वसन्त कुछ दिनों के उपरान्त छिप जाता है, उसी प्रकार हमारे वे अपार सुख के दिन कहाँ चले गये, जब हम सदा युवावस्था का अनुभव करते थे, नित्य विलासमग्न रहते थे, जब दिशाएँ हमारे आमोद से युक्त रहती थीं और चारों ओर मधुरता बरसाती थीं?

कुसुमित कुंजों में वे पुलकित प्रेमालिंगन हुए विलीन,
मौन हुई हैं मूर्च्छित तानें और न सुन पड़ती अब बीन।

शब्दार्थ–कुसुमित-फूलों से भरे। **कुंजों**-लतागृह, वृक्षों या लताओं से भरा मण्डप। **पुलकित**-रोमों में कंपन लाने वाले। **मूर्च्छित**-लयभरी।

अर्थ–पुष्पों से युक्त कुंजों में प्रेम के आवेश में देवता और अप्सराएँ जब एक-दूसरे को हृदय लगाते, तब रोमांचित हो जाते थे। आज वे दृश्य कहाँ? अब लयभरी तानें मूक हो गयीं और बीन की ध्वनि भी सुनायी नहीं पड़ती।

वि०–संगीत में सातों स्वरों पर दोनों ओर से उँगली फेरने को अर्थात् तीव्रगति से 'सा रे ग म' भरने को मूर्च्छना कहते हैं। इससे एक अद्भुत मिठास पैदा होती है।

अब न कपोलों पर छाया सी पड़ती मुख की सुरभित भाप;
भुज मूलों में, शिथिल वसन की व्यस्त न होती है अब माप।

शब्दार्थ–छाया सी-छाया सी शीतल। **सुरभित भाप**-सुगन्धित साँसें। **भुज मूलों**-बगल। **शिथिल**-ढीला। **वसन**-वस्त्र। **व्यस्त**-लिपटना। **माप**-आकार।

अर्थ–अप्सराएँ निकट बैठकर जब दीर्घ साँसें भरने लगती थीं, तब उनके मुख से निकले सुगन्धित उच्छ्वास देवताओं के कपोलों को स्पर्श करते ही ऐसे शीतल प्रतीत होते

थे जैसे छाया। अधिक आवेश में उनके वस्त्र ढीले होकर जब बिखरने लगते और ऐसी दशा में जब वे एक-दूसरे का आलिंगन करते तो देवियों के वस्त्र देवताओं की बगलों में लिपट के रह जाते थे। अब यह सब कहाँ?

वि०–देवताओं, अप्सराओं और पद्मिनी स्त्रियों के सम्बन्ध में प्रसिद्ध है कि उनके शरीर और साँसों से पुष्प की सी मधुर गंध निकलती है।

ऊपर 'सुरभित भाप' से तात्पर्य अप्सराओं के मुख का भाप से लिया गया है। यदि यह भाप सुंदरियों के कपोलों पर देवताओं के मुख की मानी जाय, तो अर्थ इस प्रकार होगा–देवियों के कपोल इतने उज्ज्वल होते हैं कि यदि प्रेम के आवेश में निकट स्थिति देवताओं के मुख से निकले सुगन्धित उच्छ्वास उन पर पड़ जाते, तब उन पर छायां पड़ जाती–वे किंचित मलिन हो जाते।

'माप' शब्द यहाँ भाप से तुक मिलाने के लिये रखा गया है। उसके बिना भी काम चल सकता था। यहाँ माप से वस्त्र की उतनी लम्बाई मात्र का आशय है जो बगल और कन्धों को ढकने के लिये पर्याप्त हो।

कंकण क्वणित, रणित नूपुर थे, हिलते थे छाती पर हार;
मुखरित था कलरव, गीतों में स्वर लय का होता अभिसार।

शब्दार्थ–कंकण-कंगन, कलाई में पहनने का आभूषण। **क्वणित**-ध्वनित। **रणित**-बजना। **नूपुर**-घुँघरू। **मुखरित**-गुंजित। **कलरव**–मधुर संगीत। **अभिसार**-मिलाप।

अर्थ–अप्सराओं का आलिंगन करते ही उनका शरीर हिल उठता। इससे उनके कंकणों से ध्वनि फूटती, घुंघरू बज उठते, हृदय का हार हिलने लगता, मधुर संगीत निनादित रहता और गीत जब गाये जाते तब उनमें स्वर और लय मिले रहते।

वि०–अभिसार का अर्थ होता है कि नायक का नायिका से छिपकर मिलने जाना। यहाँ देखने की बात यह है कि 'स्वर' पुल्लिंग में है और 'लय' स्त्रीलिंग में। मिलन-काल के संगीत में भी कवि ने स्वर-लय को प्रेमी-प्रेमिका के रूप में देखा है।

सौरभ से दिगंत पूरित था, अंतरिक्ष आलोक-अधीर
सब एक अचेतन गति थी, जिससे पिछड़ा रहे समीर!

शब्दार्थ–सौरभ-सुगंध। **दिगंत**-दिशाएँ। **अंतरिक्ष**-चारों ओर का वातावरण, आकाश। **आलोक-अधीर**-प्रकाश से चंचल। **अचेतन**-मस्त। **पिछड़ा रहे**-हार जाए।

अर्थ–सुगंध से दिशाएँ पूर्ण रहतीं और रात को प्रकाश से चारों ओर का वातावरण चंचल हो उठता। मलय पवन की मस्त गति की बड़ी प्रशंसा सुनते हैं, पर यहाँ जिसे देखो वह ऐसी मस्ती में था कि उसके आगे समीर भी हार मानता था।

वि०–शरीर से फूटने वाली गंध, जूड़े और हार में गुँथने वाले पुष्प, शैय्या-रचना में बिछने वाले फूल, वस्त्रों में लगने वाले इत्र, इनके अतिरिक्त और भी अनेक रूपों में सौरभ के फैलने की संभावना थी।

वह अनंग पीड़ा अनुभव सा अंग भंगियों का नर्त्तन,
मधुकर के मरंद-उत्सव सा मंदिर भाव से आवर्त्तन।

शब्दार्थ–अनंग पीड़ा-काम पीड़ा। **अंग भंगियों**-विविध अंगों का मोड़ना और दिखाना। **मरन्द-उत्सव**-पुष्प रस। **मदिर भाव**-मस्ती। **आवर्त्तन**-घूमना।

अर्थ–देवताओं के समक्ष जब अप्सराएँ किसी बहाने अपने विविध अंगों को मोड़ कर दिखाती थीं, तब इस बात का संकेत मिलता था कि वे काम-क्रीड़ा का अनुभव कर रही हैं। उनकी इस दुर्बलता से लाभ उठा भौंरों के समान बार-बार मस्त होकर उनके प्रेमी रसोत्सव मनाने आते-बार बार उनसे प्रेम का रस प्राप्त करते।

वि०–किसी को आकर्षित करने के लिए जब कोई युवती जान-बूझकर मुस्काती, नाक सिकोड़ती, भौंहें मरोड़ती, नेत्रों को चंचल करती या अँगड़ाई आदि लेती हैं, तब इसे रस की भाषा में 'हाव' कहते हैं। अंग-भंगियों के नर्तन से यहाँ ठीक यही तात्पर्य है।

सुरा सुरभिमय वदन अरुण वे नयन भरे आलस अनुराग;
कल कपोल था जहाँ बिछलता कल्पवृक्ष का पीत पराग।

शब्दार्थ–सुरा सुरभिमय-मदिरा की गंध से पूर्ण। **वदन**-मुख। **कल**-सुन्दर। **बिछलता**-फिसलता, तुच्छ प्रतीत होता था। **पराग**-पुष्प रज।

अर्थ–मदिरा की गंध उनके मुख से आती थी। रात में देर तक जागने के कारण आलस्य और प्रेम से भरी उनकी आँखें लाल रहती थीं। उनके कपोल की पीली आभा के सामने कल्पवृक्ष का पीला पराग भी अपनी चिकनाहट, उज्ज्वलता और आभा में तुच्छ प्रतीत होता था।

विकल वासना के प्रतिनिधि वे सब मुरझाये चले गये;
आह! जले अपनी ज्वाला से, फिर वे जल में गले गये।"

शब्दार्थ–विकल-अतृप्त। **प्रतिनिधि**-प्रतीक (Symbol)

अर्थ–वे देवता नहीं थे, अतृप्त वासना के प्रतीक थे। आज वे सब समाप्त हो गये। अपने अन्तर में वासना की जो आग उन्होंने प्रज्ज्वलित की थी, वह उन्हें चाट गई और अन्त में वे इस जल में गलकर सदा को चले गये।

"अरी उपेक्षा-भरी अमरते ! री अतृप्त ! निर्वाध विलास !
द्विधा-रहित अपलक नयनों की भूख भरी दर्शन की प्यास !

शब्दार्थ–उपेक्षा-तिरस्कार। **अतृप्ति**-प्रेम की निरन्तर प्यास। **निर्वाध**-निरन्तर, बाधा रहित। **द्विधा**-चिंता। **अपलक**-बिना पलक गिराये।

अर्थ–देवताओं ने अपने जीवन में सब की उपेक्षा की। उनका मन भोग-विलास से कभी भरा नहीं। विलास में वे निरन्तर लीन रहे। किसी प्रकार की चिंता किए बिना, टकटकी लगाकर अप्सराओं के रूप को वे निरखते रहते थे जिससे हृदय के प्रेम की भूख और उन्हें आँखों के आगे बनाये रखने की प्यास टपकती थी।

बिछुड़े तेरे सब आलिंगन, पुलक स्पर्श का पता नहीं;
मधुमय चुंबन कातरतायें आज न मुख को सता रहीं।

शब्दार्थ–स्पर्श-छूना। **कातरतायें**-अधीर विनय। **मुख को सता**-बार-बार के चुम्बन से कोमल मुख को दुखाना।

अर्थ–वे आलिंगन आज बिछुड़ गये। स्पर्श जो शरीर को रोमांचित कर देते थे, अब सपने हो गये। देवता लोग बड़े अधीर होकर अप्सराओं से मधुर चुम्बनों के लिए याचना करते थे और कभी-कभी तो उन चुम्बनों की सीमा यहाँ तक बढ़ जाती थी कि वे तंग हो उठती थीं।

वि०–प्रत्येक बात की एक सीमा होती है। अधिक चुम्बन से परेशान एक बच्चे का वर्णन वर्ड्सवर्थ ने किया है–

A six year's darling of a pigmy size !
See, where, mid work of his own hand he lies.
Fretted by sallies of his mother's kisses,
With light upon him from his father's eyes !

-Ode on Intimations of Immortality.

रत्न सौध के वातायन, जिनमें आता मधु-मदिर समीर;
टकराती होगी अब उनमें तिमिंगिलों की भीड़ अधीर।

शब्दार्थ–**रत्न सौध**-रत्न महल। **वातायन**-झरोखा। **मधु-मदिर समीर**-मकरन्द से मस्त पवन। **तिमिंगिलों**-एक प्रकार की सामुद्रिक मछली।

अर्थ–उन रत्न-भवनों के झरोखों में, जिनमें होकर कभी मकरन्द से मस्त पवन आता था, चंचल सामुद्रिक मछलियों की भीड़ टकरा रही होगी।

वि०–ये भवन अब जलमग्न हैं; अतः पवन के स्थान पर वहाँ मछलियों का टकराना स्वाभाविक है।

विषम स्थिति में सुख और सौंदर्य की स्मृति और भी तीखी हो उठती है। आगे का वर्णन भी इसी पद्धति पर है।

देव कामिनी के नयनों से जहाँ नील नलिनों की सृष्टि
होती थी, अब वहाँ हो रही प्रलयकारिणी भीषण वृष्टि।

शब्दार्थ–**नलिन**-कमल।

अर्थ–सुर सुन्दरियाँ जिधर देख लेती थीं, उधर ही नीले कमलों की वर्षा होने लगती थी अर्थात् देवियों के नेत्र नील कमल जैसे थे। आज देवियों की कृपादृष्टि के उन स्थानों पर प्रलय मचाने वाली भयंकर वर्षा हो रही है।

वि०–सीता जी के नेत्रों की प्रशंसा में ऐसा ही भाव तुलसी ने प्रकट किया है–

जहँ विलोक मृग सावक नैनी।
जनु तहँ बरस कमल-सित-सैनी।।

वे अम्लान कुसुम सुरभित, मणि-रचित मनोहर मालायें,
बनीं शृंखला, जकड़ीं जिनमें विलासिनी सुर बालायें।

शब्दार्थ–**अम्लान**-खिले। **शृंखला**-जंजीर।

अर्थ–खिले हुए सुगन्धित पुष्पों और मणियों को लेकर मनोहर मालाएँ देवता लोग रचते थे और विलासिनी सुर-सुन्दरियों को उनसे जंजीर की तरह जकड़ देते थे।

वि०–मालाओं से शरीर को बाँध देना एक प्रकार की प्रणय-क्रीड़ा है।

देव-यजन के पशु यज्ञों की वह पूर्णाहुति की ज्वाला,
जलनिधि में बन जलती कैसी आज लहरियों की माला।

शब्दार्थ–यजन-यज्ञ, यज्ञ स्थान। **पशु यज्ञों**-पशु बलि। **पूर्णाहुति**-यज्ञ की समाप्ति पर होने वाली आहुति। **जलती**-प्रकाशित हो रही है।

अर्थ–यज्ञ की समाप्ति पर पशुओं की अंतिम आहुति से देवताओं के यज्ञ की ज्वाला भभक उठती थी। आज अग्नि की वे लपटें समुद्र की लहरों के रूप में प्रकाशित हो रही हैं। भाव यह कि जहाँ यज्ञ और बलि कर्म होता था, वहाँ समुद्र लहरा रहा है।

उनको देख कौन रोया यों अंतरिक्ष में बैठ अधीर!
व्यस्त बरसने लगा अश्रुमय यह प्रालेय हलाहल नीर!

शब्दार्थ–अंतरिक्ष-आकाश। **व्यस्त**-व्यापक, चारों ओर। **हलाहल**-विषैला, मारक। **प्रालेय**-प्रलय सम्बन्धी।

अर्थ–उनकी इस वासनात्मक अधोगति को देखकर आकाश में न जाने कौन रोया कि उसके आँसुओं के रूप में प्रलय मचाने वाला चारों ओर ऐसा विषैला पानी बरसा, जिससे सब नष्ट हो गये।

हा-हा-कार हुआ क्रंदन मय कठिन कुलिश होते थे चूर;
हुए दिगंत बधिर, भीषण रव बार बार होता था क्रूर।

शब्दार्थ–क्रंदन-रोने की ध्वनि। **कुलिश**-वज्र, बिजली। **दिगंत**-दिशाएँ। **बधिर**-बहिरी। **क्रूर**-निर्दय।

अर्थ–कठोर बिजली टूट-टूटकर गिरने लगी। इससे हाहाकार मच गया और रोने की ध्वनि सुनाई पड़ने लगी। बिजली की ऐसी भीषण ध्वनि बार-बार छायी कि दिशाएँ भी बहरी हो गईं।

दिग्दाहों से धूम उठे, या जलधर उठे, क्षितिज तट के!
सघन गगन में भीम प्रकंपन, झंझा के चलते झटके।

शब्दार्थ–दिग्दाहों-दिशाओं में आग लगना। **क्षितिज**-वह स्थान जहाँ आकाश और पृथ्वी मिले प्रतीत होते हैं। **सघन**-बादलों से युक्त। **गगन**-आकाश। **भीम**-भयंकर। **प्रकंपन**-जोर से हिलना। **झंझा**-आँधी।

अर्थ–कहा नहीं जा सकता कि यह चारों दिशाओं में आग लग जाने से उठा हुआ धुआँ था अथवा आकाश के कोनों में ही बादल घिर आये थे; पर उसी समय आँधी के झोंके आने लगे, जिनसे आकाश में भरे मेघ वेग से डोल उठे।

अंधकार में मलिन मित्र की धुँधली आभा लीन हुई,
वरुण व्यस्त थे, घनी कालिमा स्तर-स्तर जमती पीन हुई।

शब्दार्थ–मित्र-सूर्य। **आभा**-प्रकाश। **वरुण**-जल के देवता। **व्यस्त**-क्रुद्ध। **स्तर**-तह। **पीन**-स्थूल।

अर्थ–दिग्दाहों से उठे धुएँ के मलिन अंधकार में सूर्य का प्रकाश पहले धुँधला पड़ा,

फिर पूर्ण रूप से विलीन हो गया। जल-देवता इतने में क्रुद्ध हो उठे और घोर वर्षा का भय उत्पन्न करने लगे। घने धुएँ की तह पर तह जमने से कालिमा स्थूल हो गयी।

वि०–कालिमा की स्थूलता का दृश्य किसी भी बड़े नगर में किसी मिल की चिमनी से निकले धुएँ की तहों के जमने पर देखा जा सकता है।

पंचभूत का भैरव मिश्रण, शंपाओं के शकल-निपात,
उल्का लेकर अमर शक्तियाँ खोज रहीं ज्यों खोया प्रात।

शब्दार्थ–**पंचभूत**-पृथ्वी, जल, अग्नि, वायु और आकाश। **भैरव मिश्रण**-संहारक रूप में मिलना। **शंपाओं**-बिजली। **शकल**-टुकड़े। **निपात**-गिरना। **उल्का**-मशाल। **अमर शक्तियाँ**-पृथ्वी की देवता जाति से भिन्न अदृश्य शक्तियाँ।

अर्थ–पंचभूत संहारक रूप में मिल रहे थे अर्थात् पृथ्वी जो बसने के लिये है, वह फट रही थी। जल जो प्यास बुझाने के लिए है, वह भवन डुबा रहा था। अग्नि जो भोजन पकाने के लिए है, वह देवताओं के शरीर को भस्म कर रही थी। बिजली टूटकर गिरने लगी; अतः विद्युत-खंड ऐसे प्रतीत हुए मानों आकाश की अमर शक्तियाँ अंधकार में छिपे प्रभात को मशाल लेकर ढूँढ़ रही हों।

बार बार उस भीषण रव से कँपती धरती देख विशेष,
मानो नील व्योम उतरा हो आलिंगन के हेतु अशेष।

शब्दार्थ–**भीषण**-भयंकर। **रव**-कड़क। **विशेष**-अत्यधिक। **व्योम**-आकाश। **अशेष**-समस्त, पूरा, सम्पूर्ण।

अर्थ–दिग्दाहों के धूम से ऊपर छाये स्थूल अन्धकार को देखकर ऐसा प्रतीत होता था मानो विद्युत् की भयंकर कड़क से पृथ्वी को अत्यधिक कंपित देख सम्पूर्ण आकाश उसे छाती से चिपटा कर धैर्य बँधाने के लिये नीचे उतर आया हो।

वि०–काव्य में पृथ्वी और आकाश का चिरंतन प्रेम प्रसिद्ध है-

धरतिहँ जैस गगन सों नेहा।
पलटि आव बरसा रितु मेहा।।

–जायसी

उधर गरजतीं सिंधु लहरियाँ कुटिल काल के जालों सी;
चली आ रहीं फेन उगलती फन फैलाये व्यालों सी।

शब्दार्थ–**फेन**-झाग। **व्याल**-सर्प।

अर्थ–उधर कुटिल मृत्यु के जाल के समान दिखाई देने वाली समुद्र की लहरें घोर ध्वनि कर रही थीं। वे इस प्रकार बढ़ रही थीं जैसे अपने फण फैला कर झाग उगलते हुए सर्प लपके आ रहे हों।

वि०–इन पंक्तियों में दोनों उपमाएँ अत्यंत उपयुक्त सिद्ध हुई हैं। लंबी पतली होने के कारण लहरें आकार में जाल के डोरों के समान दिखाई देती थीं। और वे देवताओं को अपने जाल में फँसाकर निगल जाती थीं, इसी से उन्हें कुटिल काल का जाल कहा गया।

लहरें भी झाग उगल रही थीं और सूर्य भी झाग उगलते हैं, लहरें भी नीली प्रतीत होती

थीं और सर्प भी काले होते हैं, लहरें भी प्राण ले रही थीं और सर्प भी डसकर प्राण लेते हैं।

धँसती धरा, धधकती ज्वाला, ज्वाला-मुखियों के निश्वास,
और संकुचित क्रमशः उसके अवयव का होता था ह्रास।

शब्दार्थ–धँसती-नीचे को बैठती। **धधकती**-धक-धक शब्द करती, फूटती। **निश्वास**-लपटें। **संकुचित**-सिमटना। **अवयव**-अंग। **ह्रास**-कमी।

अर्थ–पृथ्वी नीचे की ओर बैठने लगी। उसके भीतर की आग 'धक' 'धक' शब्द करती हुयी ऊपर प्रकट हुई जो ज्वालामुखी पर्वत से फूटने वाली लपटों सी प्रतीत होती थी। इस प्रकार धीरे-धीरे वहाँ से तल की ओर सिमटने के कारण भू-भाग कम होने लगा।

सबल तरंगाघातों से उस क्रुद्ध सिंधु के, विचलित सी
व्यस्त महा कच्छप सी धरणी, ऊभ-चूभ थी विकलित सी।

शब्दार्थ–सबल-तीव्र। **तरंगाघातों**-लहरों के थपेड़ों। **व्यस्त**-घबराना। **कच्छप**-कछुआ। **ऊभ-चूभ**-क्षुब्ध। **विक्रलित**-व्याकुल।

अर्थ–उस क्रुद्ध समुद्र की लहरों के तीव्र थपेड़ों से डाँवाडोल होकर पृथ्वी इस प्रकार व्याकुल और क्षुब्ध प्रतीत हुई जैसे प्रबल तरंगों की चपेट से कोई बड़े आकार का कछुआ घबरा जाय (लुढ़के)।

बढ़ने लगा विलास वेग सा वह अति भैरव जल संघात;
तरल तिमिर से प्रलय पवन का होता आलिंगन, प्रतिघात।

शब्दार्थ–भैरव-भयंकर। **जल-संघात**-जलराशि। **तरल**-भीगे और फैले हुए। **तिमिर**-अंधकार। **प्रतिघात**-चोट।

अर्थ–वह भयंकर जलराशि इस प्रकार बढ़ने लगी जैसे कामी मनुष्य के हृदय में भोग की लालसा तीव्र से तीव्रतर होती जाती है। इधर दिग्दाह के धुएँ से निर्मित तरल अंधकार से प्रलय का पवन टकराता और उस पर चोट सी मार रहा है।

बेला क्षण क्षण निकट आ रही क्षितिज क्षीण, फिर लीन हुआ;
उदधि डुबाकर अखिल धरा को बस मर्यादा हीन हुआ।

शब्दार्थ–बेला-समुद्र का किनारा। **क्षितिज**-वह स्थान जहाँ पृथ्वी आकाश से मिला प्रतीत हो। **उदधि**-समुद्र। **अखिल**-समस्त। **धरा**-पृथ्वी। **मर्यादा हीन**-असीम।

अर्थ–समुद्र का किनारा प्रतिपल निकटतर होने लगा अर्थात् जो पृथ्वी बची हुई थी वह भी जल में डूबने लगी। दूर पर जहाँ आकाश पृथ्वी से मिला दिखाई देता था वहाँ की थोड़ी सी पृथ्वी भी जलमग्न हो गई और अब जल और आकाश मिले दिखाई देने लगे। इस प्रकार समुद्र आज समस्त पृथ्वी को डुबोकर असीम हो गया।

वि०–समुद्र अपनी इस मर्यादा के लिए प्रसिद्ध है कि वह अपने तट को नहीं डुबाता और हिंदुओं का यह भी विश्वास है कि उसका जल न घटता है और न बढ़ता है। बादलों के रूप में जो जल कम होता है, वह सरिताओं के रूप में आ जाता है। पर प्रलयकाल में

समुद्र अपनी इस मर्यादा का परित्याग कर देता है।

करका क्रंदन करती गिरती और कुचलना था सब का;
पंचभूत का यह तांडवमय नृत्य हो रहा था कब का।"

शब्दार्थ–करका-ओले। **क्रंदन**-घोर ध्वनि। **तांडवमय**-विनाशकारी।

अर्थ–भीषण ध्वनि करते हुए ओले बरस रहे थे जिनके नीचे सब कुछ कुचला जा रहा था। पंचभूतों का यह विनाशकारी कर्म बहुत दिनों से चल रहा था।

"एक नाव थी, और न उसमें डाँड़े लगते, या पतवार;
तरल तरंगों में उठ गिर कर बहती पगली बारम्बार !

शब्दार्थ–डाँड़े-नाव खेने का बल्ला। **पतवार**-नाव के पीछे की ओर लकड़ी का वह तिकोना भाग जो आधा जल में और आधा बाहर रहता है और जिससे नौका इधर- उधर मोड़ी जा सकती है। **तरल**-चंचल।

अर्थ–मेरे (मनु के) पास एक नाव थी। पर उस बाढ़ में न डाँड़ उसे आगे खिसका सकते थे और न पतवार किसी दिशा में मोड़ सकती थी। वह नौका चंचल लहरों के समान कभी उठती कभी अपने आप ही आगे की ओर बढ़ जाती थी।

लगते प्रबल थपेड़े, धुँधले तट का था कुछ पता नहीं;
कातरता से भरी निराशा देख नियति पथ बनी वहीं।

शब्दार्थ–कातरता-अधीरता। **नियति**-भाग्य।

अर्थ–लहरों के थपेड़े उसमें लगने लगे। सामने धुँधलापन छाया हुआ था, जिसमें किनारा दिखाई नहीं देता था। मैं अधीर और निराश होकर उस समय इतना ही सोच पाया कि अब भाग्य जिस पथ पर ले जाय, वही ठीक है।

लहरें व्योम चूमती उठतीं, चपलायें असंख्य नचतीं।
गरल जलद की खड़ी झड़ी में बूँदें निज संसृति रचतीं।

शब्दार्थ–व्योम-आकाश। **चपलायें**-बिजलियाँ। **असंख्य**-अगणित। **गरल**-विनाशकारी। **खड़ी झड़ी**-मूसलाधार घोर वर्षा। **संसृति**-लोक, संसार।

अर्थ–लहरें उठ कर आकाश को छूने लगीं अर्थात् ऊँची-ऊँची लहरें उठ रही थीं। ऊपर अगणित बिजलियाँ नृत्य करने लगीं। बादलों से विनाशकारी मूसलाधार वर्षा हो रही थी। उससे बूँदों का एक संसार निर्मित हो गया। भाव यह कि बूँदों के अतिरिक्त और कुछ दिखाई नहीं देता था; अतः ऐसा प्रतीत होता था मानों यह संसार प्राणियों का निवास स्थल नहीं, बूँदों का लोक है।

चपलायें उस जलधि विश्व में स्वयं चमत्कृत होती थीं
ज्यों विराट बाड़व ज्वालायें खंड-खंड हो रोती थीं।

शब्दार्थ–चपलायें-बिजलियाँ। **जलधि**-समुद्र। **विश्व**-फैले हुए। **चमत्कृत**-चमकना, चकित होना। **विराट**-विशाल। **बाड़व ज्वालायें**-समुद्र के भीतर रहने वाली अग्नि। **खंड खंड**-विभाजित, टुकड़े होकर।

अर्थ–उस फैले हुए समुद्र के जल पर जब बिजलियाँ चमकतीं, तब ऐसा लगता मानों

समुद्र के भीतर की विशाल अग्नि अंशों में विभाजित होकर रो रही है।

वि०–चमत्कृत शब्द में चकित होने के साथ चमकने का भाव यहाँ है। हम जब किसी आश्चर्यजनक वस्तु को देखते हैं तब चौंक उठते हैं। बिजली जिस प्रकार मुड़कर लपकती है, उससे निरंतर यह भाव टपकता है कि वह किसी दृश्य पर चौंक पड़ी है।

समुद्र पर बिजली चमक रही थी तब जल में रली-मिली प्रतीत होती थी; अतः विद्युत् में वाड़वाग्नि और जल में उसके आँसुओं की कल्पना करना अत्यन्त स्वाभाविक है।

जलनिधि के तल वासी जलचर विकल निकलते उतराते,
हुआ विलोड़ित गृह, तब प्राणी कौन ! कहाँ ! कब ! सुख पाते ?

शब्दार्थ–**जलनिधि**-समुद्र। **उतराते**-ऊपर तैरते। **विलोड़ित**-आंदोलित, मथित, क्षुब्ध, खलबली से पूर्ण।

अर्थ–समुद्र के अंतर में निवास करने वाले जलजंतु व्याकुल होकर ऊपर उछल आये। जब उस जलगृह में ही खलबली मच गई, तब कौन था जो एक क्षण को भी उसके किसी भाग में सुख पा सकता था?

वि०–कोई भी घर उसी समय तक अपने निवासियों को सुख दे सकता है, जब तक वह स्वयं सुरक्षित है; पर जब वह स्वयं गिर पड़े, जल में डूब जाय अथवा उसमें आग लग जाय, तब वह क्या करे? समुद्र आज आँधी, बिजली, वर्षा, ओलों से क्षुब्ध है, किसी को कैसे शरण दे?

घनीभूत हो उठे पवन, फिर श्वासों की गति होती रुद्ध;
और चेतना थी बिलखाती, दृष्टि विफल होती थी क्रुद्ध?

शब्दार्थ–**घनीभूत** (Condensed) जम जाना। **रुद्ध**-रुकना। **चेतना**-बोध शक्ति, संज्ञा। **बिलखती**-व्यग्र होती। **क्रुद्ध**-क्षुब्ध।

अर्थ–पवन का चलना बन्द हो गया, मानो वह जम गया हो। इस वातावरण में श्वासों का चलना कठिन हो गया। बोध-शक्ति मारी सी गई। दृष्टि को कुछ दिखाई नहीं देता था; अतः वह क्षुब्ध हो उठी-दुख उठी।

वि०–यह स्थिति अनुभव से सम्बन्ध रखती है। कल्पना कीजिए कि आपको एक ऐसी अँधेरी कोठरी में बंद कर दिया गया है जिसमें हवा किसी भी प्रकार से प्रवेश नहीं कर सकती। थोड़ी देर में वहाँ आपकी साँसों, आपकी चेतना और आपकी दृष्टि की जो दशा होगी, उसका अनुमान सहज में किया जा सकता है।

उस विराट आलोड़न में, ग्रह तारा बुद-बुद से लगते।
प्रखर प्रलय पावस में जगमग, ज्योतिरिंगणों से जगते।

शब्दार्थ–**आलोड़न**-समुद्र की क्षुब्ध दशा। **प्रखर**-तीव्र। **पावस**-वर्षा। **ज्योतिरिंगणों**-जुगनू।

अर्थ–उस क्षुब्ध विशाल समुद्र के ऊपर चमकने वाले ग्रह और तारा या तो उसके ऊपर बहने वाले बुलबुले से प्रतीत होते थे या फिर उस प्रलयकालीन घोर वर्षा में जुगनू जैसे टिमटिमाते थे।

प्रहर दिवस कितने बीते, अब इसको कौन बता सकता!
इनके सूचक उपकरणों का चिन्ह न कोई पा सकता।

शब्दार्थ–**प्रहर**-तीन घंटे का समय। **सूचक**-सूचना देने वाले। **उपकरण**-साधन।

अर्थ–कितने प्रहर बीते और कितने दिन, इसे अब कौन बताता। जिन साधनों से प्रहरों और दिनों की गणना होती है, इसका तो कहीं चिन्ह भी शेष न था।

वि०–प्राचीन काल में समय की मात्रा घंटा, मिनट, सेकंड में सूचित न कर प्रहर और घड़ियों से सूचित होती थी। एक दिन-रात में आठ प्रहर और चौंसठ घड़ियाँ होती थीं। उस खंड-प्रलय में समय की गणना करने वाले यंत्र पृथ्वी से नष्ट हो गये थे और आकाश में दिन-रात का पता देने वाले सूर्य-चन्द्रमा दिखाई नहीं दे रहे थे।

काला शासन-चक्र मृत्यु का कब तक चला न स्मरण रहा,
महा मत्स्य का एक चपेटा दीन पोत का मरण रहा।

शब्दार्थ–**काला**-अत्याचार पूर्ण। **शासन-चक्र**-अधिकार। **मत्स्य**-मछली। **पोत**-नौका। **मरण रहा**-टूट जानी चाहिए थी।

अर्थ–मृत्यु का अत्याचारपूर्ण अधिकार कब तक रहा, स्मरण नहीं। इतने में एक विशाल सामुद्रिक मछली का चपेटा नौका में लगा। उस आघात से नौका टूट जानी चाहिए थी।

किन्तु उसी ने ला टकराया इस उत्तर-गिरि के शिर से,
देव सृष्टि का ध्वंस अचानक श्वास लगा लेने फिर से।

शब्दार्थ–**उत्तर-गिरि**-हिमालय। **ध्वंस**-बीजनाश।

अर्थ–वह नौका बच गई और मत्स्य की उस टक्कर ने मुझे हिमालय की इस चोटी पर पहुँचा दिया। जैसे किसी मुर्दे की साँस लौट आवे, उसी प्रकार देवताओं का बीजनाश होते-होते सहसा बच गया।

आज अमरता का जीवित हूँ मैं वह भीषण जर्जर दम्भ,
आह सर्ग के प्रथम अंक का अधम पात्र मय सा विष्कंभ!"

शब्दार्थ–**जर्जर**-चूर्ण। **दम्भ**-अभिमान। **सर्ग**-सृष्टि। **विष्कंभ**-नाटक का वह दृश्य जिसमें बीती हुई और कुछ आगामी घटनाओं की सूचना किसी साधारण पात्र द्वारा दी जाती है।

अर्थ–मैं क्या हूँ ? देवताओं के चूर्ण कर दिए गये भीषण अभिमान की बची निशानी हूँ। जैसे नाटक के पहले अंक में ही कोई पात्र अतीत की घटनाओं को दुहराये, उसी प्रकार सृष्टि के प्रारम्भ में ही देवताओं के विनाश की शोकपूर्ण कहानी दुहराने का दुर्भाग्य मुझे प्राप्त है।

वि०–नाटक में घटनाएँ दो प्रकार की होती हैं। कुछ मंच पर दिखाई जाती हैं उन्हें 'दृश्य' कहते हैं, कुछ पात्रों द्वारा सूचित करा दी जाती हैं, उन्हें 'सूच्य' कहते हैं। क्योंकि जो घटनाएँ एक बार दिखाई जा चुकी होती हैं, उन्हें फिर दिखाने से रस क्षीण होता है और समय भी अधिक लगता है, इसी से आवश्यकता पड़ने पर 'विष्कंभ' की सृष्टि करते हैं। प्रथम अंक में घटना बढ़ भी नहीं पाती। यदि उसमें ही कोई करुण विष्कंभ हो तो इससे

बड़े शोक की और क्या बात हो सकती है। मनु कहना चाहते हैं कि सृष्टि का सुख हमने अभी पूर्ण रूप से भोगा भी न था कि प्रलय मच गई और उस वैभव के विनाश की करुण कहानी को सुनाने का कार्य-भार मिला मुझ अभागे को।

"ओ जीवन की मरु मरीचिका, कायरता के अलस विषाद!
अरे पुरातन अमृत ! अगतिमय मोहमुग्ध जर्जर अवसाद।

शब्दार्थ–मरीचिका-मृगतृष्णा, मिथ्या, धोखा। **अलस**-आलस्यपूर्ण। **विषाद**-शोक। **पुरातन**-प्राचीन। **अमृत**-अमर, देवता। **अगतिमय**-बुरी दशा वाला, दुर्दशाग्रस्त। **मोहमुग्ध**-मोहपूर्ण। **जर्जर**-चूर्ण। **अवसाद**-दुःख।

अर्थ–यह जीवन धोखामात्र है। मैं कायर हूँ, आलसी हूँ, शोक से पूर्ण हूँ। मैं अत्यन्त प्राचीन जाति से सम्बन्ध रख कर भी, अमर कहलाकर भी, दुर्दशाग्रस्त हूँ। मैं मोह से पूर्ण और शोक से चूर्ण हूँ।

वि०–मरुभूमि में सूर्य की तीव्र किरणों की चमक से मृगों को जल का भ्रम हो जाता है। मिथ्या शब्द का अर्थ होता है दिखाई देने पर भी न होना।

मौन ! नाश ! विध्वंस ! अँधेरा ! शून्य बना जो प्रगट अभाव,
वही सत्य है, अरी अमरते ! तुझको यहाँ कहाँ अब ठाँव।

शब्दार्थ–विध्वंस-विनाश। **ठाँव**-स्थान।

अर्थ–कोलाहल सत्य नहीं, मौन सत्य है। नाश सत्य है। महानाश सत्य है। अन्धकार सत्य है। जिसने सब कुछ सूना कर दिया, वह स्पष्ट दिखाई देने वाला अभाव सत्य है। मैं बलपूर्वक कहता हूँ यही सब कुछ सत्य है। हे देव जाति ! तुझे हम सत्य समझते थे; पर बता तो सही इन सब के बीच तेरे लिए स्थान कहाँ है ?

वि०–मनु जो देख रहे हैं उसी का सत्य समझ रहे हैं। अंधकार और मृत्यु से उनका परिचय हुआ है। उन्हें असत्य कैसे कहें ? पर शोक में प्राणी की बुद्धि स्थिर नहीं रहती। सत्य जीवन ही है, मृत्यु नहीं; क्योंकि मृत्यु जीवन का अभाव-मात्र है, जैसे छाया प्रकाश का अभावमात्र है। इससे पहले जीवन देखा था, तब उसे सत्य समझते थे। इसके उपरान्त प्रलय-निशा की समाप्ति पर फिर नवीन जीवन देखेंगे।

मृत्यु, अरी चिर-निद्रे ! तेरा अंक हिमानी सा शीतल,
तू अनंत में लहर बनाती काल-जलधि की सी हलचल।

शब्दार्थ–चिर-निद्रे-सदैव को सुलाने वाली। **अंक**-गोद। **हिमानी**-हिमराशि। **अनन्त**-व्यापक विश्व। **काल**-मृत्यु। **जलधि**-समुद्र।

अर्थ–हे मृत्यु, तू प्राणधारियों की आँखें सदैव के लिए बंद कर देती है। तेरी गोद हिमराशि जैसी शीतल है। समुद्र में हलचल मचने से जैसे लहरें उठती हैं, उसी प्रकार तेरी हलचल के उपरान्त मृत्यु के समुद्र से व्यापक विश्व में जीवन छा जाता है।

वि०–व्यथित मनुष्य निद्रा में अपने दुःख को विस्मृत कर देता है। मृत्यु तो एक व्यापक निद्रा है। उसे प्राप्त कर उसकी पीड़ा सदैव को शांत हो जाती है। गालिब ने कहा है-

ग़मे हस्ती का 'असद' किससे हो जुज़ मर्ग इलाज?

शमा हर रंग में जलती है सहर होने तक।
क़ैदे हयातो बन्दे ग़म अस्ल में दोनों एक हैं,
मौत में पहले आदमी ग़म से नजात पाये क्यूं?

संसार के ताप से दग्ध प्राणी एक बालक के समान है जिसे मृत्यु की शीतल क्रोड़ में ही वास्तविक विश्राम मिलता है।

महादेवी का कहना है–

तू धूलभरा ही आया !
ओ चंचल जीवन-बाल ! मृत्यु जननी ने अंक लगाया।

महा-नृत्य का विषम सम, अरी अखिल स्पंदनों की तू माप,
तेरी ही विभूति बनती है सृष्टि सदा हो कर अभिशाप।

शब्दार्थ–विषम-कठोर। **सम**-संगीत में उँगलियों की थाप और नृत्य में पद चाप। **स्पन्दन**-हृदय की धड़कन। **माप**-नाप, मान, अन्त करने वाली। **विभूति**-महत्ता। **सृष्टि**-जन्म। **अभिशाप**-अहित, शाप।

अर्थ–हे मृत्यु तू सृष्टि में होने वाले किसी महानृत्य की कठोर पद-चाप है अर्थात् जहाँ उस नर्तक के चरण का दबाव कहीं पड़ा कि वस्तु मिट गई। तू समस्त चेतना का अन्त करने वाली है। तू जब आती है तब अहितकारिणी प्रतीत होती है, पर तेरी महत्ता से ही नवीन वस्तुओं का सदैव जन्म होता है।

वि०–'सम' और 'विषम' संगीत तथा नृत्य के दो पारिभाषिक शब्द हैं। संगीत में बाजे अथवा तबले पर उँगलियाँ शीघ्रता से चलती रहती हैं तब 'विषम' और जब वे कहीं स्वर को जोर से दबाती अथवा उनकी थाप पड़ती है तब से 'सम' कहलाता है। नृत्य में जब उँगलियों के बल खड़ा चरण सर्राटे से घूमता है तब 'विषम', परन्तु जब उसका पूरा दबाव पृथ्वी पर पड़ता है तब 'सम' कहलाता है। कवि ने यहाँ विषम का भी प्रयोग किया है, पर सामान्य अर्थ में, पारिभाषिक अर्थ में नहीं। पारिभाषिक अर्थ में केवल 'सम' शब्द का प्रयोग किया है। मृत्यु किसी चरण का वह कठोर दबाव है जिससे कुचल कर प्राणधारी जीवन खो बैठते हैं।

'स्पन्दनों की माप' से तात्पर्य यह है कि प्रत्येक प्राणी को गिनकर कुछ हृदय की धड़कनें दी जाती हैं; जब वे पूरी हो जाती हैं तब मृत्यु उन पर अपनी रोक लगा देती है। इस प्रकार मृत्यु मानो जीवन को नापने का एक पैमाना है।

हिन्दुओं का विश्वास है कि जिसका जन्म होता है उसकी मृत्यु और जिसकी मृत्यु होती है उसका जन्म अवश्य होता है। हमारे यहाँ मृत्यु का अर्थ है जीर्ण वस्त्रों को बदलकर नवीन वस्त्र धारण करना।

अंधकार के अट्टहास सी, मुखरित सतत चिरंतन सत्य,
छिपी सृष्टि के कण-कण में तू, यह सुन्दर रहस्य है नित्य।

शब्दार्थ–अट्टहास-ठठाकर हँसना, विनाश कर्म। **मुखरित**-सुनाई देना, प्रकट। **चिरन्तन**-अनादि काल से। **नित्य**-स्थायी।

अर्थ–जैसे कोई अँधेरे में बैठकर जोर से हँसे तो उसका वह ठठाकर हँसना सुनाई

देगा, पर उस व्यक्ति को हम न देख पायेंगे। इसी प्रकार मृत्यु का आकार तो दिखाई नहीं देता, पर उसका अट्टहास (विनाश कर्म) प्रकट है। यह एक सत्य है। मृत्यु का सुन्दर रहस्य यह भी है कि वह सृष्टि के कण-कण में छिपी हुई है अर्थात् सृष्टि का कण-कण नाशवान है।

जीवन तेरा क्षुद्र अंश है व्यक्त नील घन-माला में,
सौदामिनी-संधि सा सुन्दर क्षण भर रहा उजाला में।"

शब्दार्थ–क्षुद्र-छोटा। **व्यक्त**-प्रत्यक्ष, सामने फैले हुए। **सौदामिनी**-बिजली। **सन्धि**-रेखा।

अर्थ–हे मृत्यु जीवन तो तेरा एक छोटा सा अंश है। जैसे सामने फैले हुए बादलों में बिजली की सुन्दर रेखा क्षण भर चमक कर छिप जाती है, उसी प्रकार जीवन भी अत्यन्त अल्प काल तक प्रकाशित रह कर तुझमें विलीन हो जाता है।

वि०–इस दृश्य के द्वारा मृत्यु की व्यापकता और जीवन की लघुता का भान होता है। जैसे बिजली छिप जाती है पर बादल बने रहते हैं, उसी प्रकार जीवन मिट जाता है, पर मृत्यु बनी रहती है। यह भावना कितनी निराशापूर्ण है।

पवन पी रहा था शब्दों को निर्जनता की उखड़ी साँस,
टकराती थी, दीन प्रतिध्वनि बनी हिम-शिलाओं के पास।

शब्दार्थ–निर्जनता-सूनापन। **उखड़ी साँस**-दूर हो गया। **दीन**-करुण।

अर्थ–मनु के मुख से निकले शब्द पवन में समा रहे थे। उनकी ध्वनि से चारों ओर का सूनापन दूर हो गया। ये शब्द हिम-शिलाओं से जब टकराये तब वहाँ एक करुण प्रतिध्वनि गूँज उठी।

वि०–'साँस उखड़ना' एक मुहावरा है जिसका अर्थ होता है मृत्यु। निर्जनता की मृत्यु का तात्पर्य हुआ निर्जनता नष्ट हो गई।

धू-धू करता नाच रहा था अनस्तित्व का तांडव नृत्य;
आकर्षण विहीन विद्युत्कण बने भारवाही थे भृत्य।

शब्दार्थ–धू धू करता-प्रबल वेग से। **अनस्तित्व**-अस्तित्वहीनता, सब कुछ मिट जाना। **तांडव नृत्य**-सृष्टि का संहार करने वाले शिव का नृत्य, विनाश कर्म। **आकर्षण**-पास खींचने की शक्ति। **विद्युत्कण**-विद्युत के परमाणु। **भारवाही**-बोझा ढोने वाले। **भृत्य**-नौकर।

अर्थ–विनाश का ऐसे प्रबल वेग से नृत्य हुआ कि सब कुछ मिट गया। शून्य में चक्कर काटने वाले विद्युत् के परमाणुओं में अभी आकर्षण शक्ति नहीं आई थी; अतः जैसे कोई नौकर बोझा ढ़ोता फिरता है, उसी प्रकार वे अपना भार ढोते घूमते थे।

वि०–'प्रसाद' ने अणुवाद (Atomic theory) की ओर अपनी रुचि प्रदर्शित की है। आगे भी कई स्थानों पर विद्युतकणों का वर्णन किया है।

मृत्यु-सदृश शीतल निराश ही आलिंगन पाती थी दृष्टि;
परम व्योम से भौतिक कण सी घने कुहासों की थी वृष्टि।

शब्दार्थ–शीतल-हृदयहीन (Cold)। **परम व्योम**-महाकाश। **भौतिक**-स्थूल, दिखाई देने वाले। **कुहासों**-कुहरा।

अर्थ–दृष्टि को हृदयहीन मृत्यु जैसी निराशा ही चारों ओर दिखाई देती थी। इतने में ऊपर महाकाश से जैसे स्थूलकण बरसें, उसी प्रकार घना कुहरा बरसने लगा।

वि–'आलिंगन' एक वस्तु द्वारा दूसरी वस्तु को पूर्ण रूप से छूने को हैं। यहाँ दृष्टि का वस्तुओं को छूना या देखना।

वाष्प बना उजड़ा जाता था या वह भीषण जल संघात,
सौर चक्र में आवर्तन था प्रलय निशा का होता प्रात !

शब्दार्थ–वाष्प-भाप। **जल संघात**-जल राशि। **सौर चक्र**-सूर्य मंडल। **आवर्तन**-घुमाव। **प्रात**-समाप्ति, प्रभात।

अर्थ–ऊपर से गिरती उन कुहरों को तहों को देखकर यह भी संदेह होता था कि यह भारी जल-राशि ही कहीं भाप बनकर तो नहीं उड़ी जा रही। कुछ हो, सूर्य मंडल घूमता दिखाई दिया और नवीन प्रभात के साथ प्रलय का वह विषाद पूर्ण वातावरण समाप्त हो गया।

वि०–हिलते हुए कुहरे से स्थिर रहने पर भी सूर्य मंडल घूमता सा प्रतीत होगा। 'निशा' यहाँ एक प्रतीक है जिसका आशय विषादपूर्ण वातावरण से है।

आशा

कथा–नवीन सूर्योदय के साथ प्रकृति का स्वरूप ही बदल गया। कोमल, सुनहली, उजली किरणें धरित्री पर छाने लगीं। हिम गलने लगा। पृथ्वी निकल आई। पेड़-पौधे दिखाई देने लगे। शीतल पवन के झकोरे आने लगे। समुद्र की क्षुब्ध लहरें शान्त हो गईं। कोलाहल सो गया।

मनु ने आकाश की ओर दृष्टि उठाई, तो उन्हें ऐसा प्रतीत हुआ जैसे कोई चित्रकार नीलम के प्याले में स्वर्णिम रंग घोल रहा हो। इस दृश्य ने उनकी चेतना को आध्यात्मिक अन्वेषण की ओर मोड़ा। उन्हें भान हुआ कि इस सृष्टि को परिचालित करने वाला कोई ऐसा परम पुरुष है जिसके आगे सूर्य, चन्द्र, पवन, वरुण सब नगण्य हैं। निश्चित रूप से तो उसके सम्बन्ध में कुछ नहीं कहा जा सकता, पर वह महान् है, ब्रह्मांड का शासक है, परम सुंदर है।

इस रमणीक प्रकृति को देख मनु का मन सुखपूर्वक जीवन व्यतीत करने की आशा से परिप्लावित हो गया और वे सोचने लगे कि यदि संसार में उनका नाम रहे तो कितना अच्छा हो !

मनु सामने दृष्टि डालते हैं। धान के सुनहले खेत हैं। आस-पास लताओं और शीतल झरने की धाराओं से युक्त वह हिमालय दिखाई देता है जिसकी विविधवर्णी घनमालाओं से घिरी हिम-मंडित चोटियाँ मुकुटधारिणी सम्राज्ञियों-सी प्रतीत होती है। ऊपर की ओर ताकते हैं तो नीलाकाश अपनी ऊँचाई और विस्तार से चकित करता है। पर मनु को आकाश की शांति में जहाँ जड़ता और उसकी गंभीर नीलिमा में केवल सूनेपन की प्रतीति होती है, वहाँ पृथ्वी की नीचाई में आनन्द और हास्य की तरंगें परिलक्षित होती हैं। इस प्रकार वैराग्य को वे तिरस्कार और संसार के सुख को ललकभरी दृष्टि से देखते हैं।

एक गुहा में रहने योग्य परिष्कृत स्थान वे छाँटते हैं और यज्ञकर्म में लीन हो जाते हैं। वायु-सेवन को जब निकलते हैं, तब बचे अन्न का कुछ अंश कहीं दूर रख आते हैं, जिससे किसी भूले-भटके प्राणी को संतोष मिले। स्वयं दुःख सहकर वे दूसरों का दुःख समझने लगे हैं।

तप-कर्म से छुटकारा पा वे अपने अभावपूर्ण जीवन पर विचार करने बैठते हैं, पर अभावपूर्ति का कोई मार्ग उन्हें दिखाई नहीं देता। उज्ज्वल किरणें, शीतल वायु, रम्य उषा, तारों भरी रजनी सब जैसे उनके मन को अधीर बनाने के लिये ही बनी हैं। वे रात-दिन सोचते हैं–उनका भी कोई अपना होता!

उषा सुनहले तीर बरसती जय-लक्ष्मी सी उदित हुई;
उधर पराजित कालरात्रि भी जल में अंतर्निहित हुई।

शब्दार्थ–**सुनहले तीर**-सुनहली किरणें। **जय-लक्ष्मी**-विजय की देवी। **उदित**-प्रकट। **पराजित**-हारी हुई। **कालरात्रि**-प्रलय रात्रि, प्रलय का अंधकार। **अंतर्निहित**-छिपाना, विलीन होना।

अर्थ–इधर उषा तीर जैसी सुनहली किरणें बरसाती हुई विजय देवी के समान प्रकट हुई और उधर प्रलय का वह अंधकार हार मान कर जल में विलीन हो गया।

वि०–इन पंक्तियों के पीछे युद्ध का पूरा चित्र छिपा हुआ है। युद्ध करने वालों में एक ओर कालरात्रि है दूसरी ओर उषा। उषा ने किरणों के नुकीले तीर बरसाकर कालरात्रि को ऐसा विचलित कर दिया कि वह अंत में परास्त होकर जल में डूब मरी। उषा विजयिनी हो गई।

वह विवर्ण मुख त्रस्त प्रकृति का आज लगा हँसने फिर से;
वर्षा बीती, हुआ सृष्टि में शरद विकास नये सिर से।

शब्दार्थ–**विवर्ण**-कांतिहीन, फीका। **त्रस्त**-भयभीत। **शरद**-एक ऋतु जो वर्षा के उपरान्त क्वार और कार्तिक महीनों में मानी जाती है। **विकास**-खिलना।

अर्थ–प्रलय से भयभीत प्रकृति का वह कांतिहीन मुख फिर उसी प्रकार खिल उठा जैसे वर्षा के अँधेरे दिनों के उपरान्त शरद ऋतु के छाने से संसार खिल उठे।

वि०–किसी भयोत्पादक वस्तु के सहसा प्रकट और उसके दूर होने से जो परिवर्तन किसी प्राणी के मुख पर घटित होते हैं, उन्हीं का स्वाभाविक वर्णन प्रथम दो पंक्तियों में है। कल्पना कीजिए कि आप किसी घने बन में हैं और सहसा दहाड़ता हुआ सिंह सामने से आ रहा है। पहले आपका चेहरा भय से एकदम फीका पड़ जायेगा और यदि सौभाग्य से उसने आपको छोड़ दिया तो आप मुस्कराने का अवसर पा सकेंगे।

नव कोमल आलोक बिखरता हिम-संसृति पर भर अनुराग;
सित सरोज पर क्रीड़ा करता जैसे मधुमय पिंग पराग।

शब्दार्थ–**आलोक**-प्रकाश। **हिम-संसृति**-हिमराशि। **सरोज**-कमल। **मधु**-मकरन्द। **पिंग**-पीला। **पराग**-पुष्प रज।

अर्थ–हृदय में स्नेह भरकर नवीन कोमल प्रकाश इस प्रकार हिमराशि पर फैलने लगा जिस प्रकार सफेद कमल पर मकरंद से सना पीला पराग बिखर जाता है।

वि०–यहाँ हिमराशि के लिए श्वेत कमल, सुनहले प्रकाश के लिए पीला पराग, अनुराग के लिए मकरंद आया है। दोनों ओर की ये तीनों वस्तुएँ वर्ण, कोमलता और रस में कैसी सम बैठी हैं !

धीरे-धीरे हिम-आच्छादन हटने लगा धरातल से;
जगीं वनस्पतियाँ अलसाई मुख धोती शीतल जल से।

शब्दार्थ–**आच्छादन**-तह। **धरातल**-पृथ्वीतल। **वनस्पति**-पेड़-पौधे।

अर्थ–धीरे-धीरे पृथ्वीतल से बर्फ की तहें गल कर दूर होने लगीं। उनके नीचे दबे

पेड़-पौधे जब उस जल से भीगकर फिर हिलते दिखाई दिए, तब ऐसा प्रतीत होता था मानो देर से आलस्य में पड़े वृक्ष अब जो सोकर उठे हैं तो शीतल जल से अपना मुँह धो रहे हैं।

वि०—यहाँ से लेकर आगे की सोलह पंक्तियों में प्रकृति वर्णन के साथ एक नव विवाहिता कोमल रमणी के जागरण का अत्यन्त मनोरम चित्र प्रसाद ने खींचा है।

नेत्र निमीलन करती मानो प्रकृति प्रबुद्ध लगी होने;
जलधि लहरियों की अँगड़ाई बार-बार जाती सोने।

शब्दार्थ—**निमीलन**-पलकों का खोलना तथा बंद करना। **प्रबुद्ध**-सचेत। **लहरियों की अँगड़ाई**-तरंगों की चंचलता। **जाती सोने**-शांत होने लगी।

अर्थ—जैसे कोई रमणी पूर्ण रूप से जगने से पहले कभी अपने सुकुमार पलकें खोलती, कभी उन्हें बंद कर लेती और फिर धीरे से खोल देती है, उसी प्रकार प्रकृति की वस्तुएँ पहले धीरे-धीरे उगीं और फिर पूर्ण विकास को प्राप्त हुईं। मानो प्रकृति क्रमशः सचेत हो गई। इधर जैसे कोई अँगड़ाई लेकर सो जाता है, उसी प्रकार समुद्र की चंचल लहरें धीरे-धीरे शांत हो गईं।

वि०—इन पंक्तियों से स्पष्ट ही एक कोमलांगी के कलात्मक जागरण और अँगड़ाई लेकर फिर पल भर को निद्रामग्न होने का आकर्षक दृश्य है।

अँगड़ाई लेने में शरीर ऐंठकर तिरछा हो जाता है, इसी से लहरों की अँगड़ाई का अर्थ लहरों का चंचलता हुआ।

सिंधु सेज पर धरा वधू अब तनिक संकुचित बैठी सी;
प्रलय निशा की हलचल स्मृति में मान किये सी ऐंठी सी।

शब्दार्थ—**वधू**-दुलहिन। **हलचल**-कष्ट।

अर्थ—अपार जलराशि में से अभी निकली थोड़ी-सी पृथ्वी ऐसी लगती थी मानो समुद्र की सेज पर कोई दुलहिन सिकुड़ी सी बैठी हो। प्रलय-रात्रि में जो कष्ट उसे मिला है उसे याद कर-करके उसने उसी प्रकार मरोड़ में भरकर मान किया है जैसे कोई नवविवाहिता बाला पूर्व रात्रि में अपने पति के निर्दयी व्यवहार पर—सुकुमार शरीर के निर्दयता से झकझोरे जाने पर-ऐंठकर इस मान-भावना से भर जाय कि चाहे कुछ हो इनसे अब नहीं बोलूँगी।

वि०—इन पंक्तियों में नारी जीवन की प्रथम स्वाभाविक लज्जा और मान का मधुरतम दृश्य है।

देखा मनु ने वह अतिरंजित विजन विश्व का नव एकांत;
जैसे कोलाहल सोया हो हिम शीतल जड़ता सा श्रांत।

शब्दार्थ—**अतिरंजित**-मनोहर, रंगीन। **विजन**-जनहीन, सूना। **श्रांत**-थका हुआ।

अर्थ—मनु ने उस भू-भाग को एक जनहीन, नवीन, मनोहर, एकान्त स्थल पर दृष्टि डाली। वहाँ की शान्ति को देखकर ऐसा प्रतीत होता था मानो उस स्थान का कोलाहल शीतल बर्फ के समान जड़ हो गया हो या फिर थके पथिक के समान आँखों में गहरी नींद भरकर सो गया हो।

इंद्रनील मणि महा चषक था सोम रहित उलटा लटका;
आज पवन मृदु साँस ले रहा जैसे बीत गया खटका।

शब्दार्थ–**इंद्रनील मणि**-नीलम। **चषक**-प्याला। **सोम**-चन्द्रमा, सोमरस।

अर्थ–प्रभातकालीन एवं सोमहीन (चंद्ररहित) नीला आकाश ऐसा प्रतीत होता था जैसे किसी ने नीलम का कोई बड़ा प्याला, जिसमें से सोमरस झर चुका है, ऊपर उलटा लटका दिया हो। भय के उपस्थित होने पर जैसे मनुष्य की साँस पल भर को रुक जाती है और उसके दूर हो जाने पर जैसे वह कोमलता से फिर चलने लगती है, उसी प्रकार प्रलय से भयभीत जो पवन रुक गया था, वह उस खटके से दूर हो जाने पर फिर कोमल साँसें लेने लगा अर्थात् पवन के मृदु झकोरे अब फिर आने लगे।

वह विराट था हेम घोलता नया रंग भरने को आज;
कौन ? हुआ यह प्रश्न अचानक और कुतूहल का था राज।

शब्दार्थ–**विराट**-महान्। **हेम**-सोना। **कुतूहल**-विस्मय। **राज**-विस्तार।

अर्थ–उस महान् (भगवान) ने पृथ्वी को नवीन रंग से रँगने के लिये सुनहली उषा के रूप में आकाश के उल्टे प्याले में सोना घोला। इस दृश्य पर मनु के हृदय में सहसा एक प्रश्न उठा। इस रंग को घोलने वाला यह कौन है? इसके उपरान्त उनका विस्मय बढ़ता ही गया।

"विश्वदेव, सविता या पूषा सोम, मरुत, चंचल पवमान;
वरुण आदि सब घूम रहे हैं किसके शासन में अम्लान?

शब्दार्थ–**विश्वदेव**-विश्वा के दस देव-पुत्र–वसु, सत्य, क्रतु, दक्ष, काल, काम, धृति, कुरु, पुरूरवा और माद्रव। **सविता**-सूर्य। **पूषा**-पशुओं का पोषक देव। **सोम**-चंद्रमा। **मरुत**-वायु। **चंचल पवमान**-आँधी। **वरुण**-जल के देवता। **अम्लान**-कभी भंग न होने वाला, शाश्वत।

अर्थ–यह किसका कभी भंग न होने वाला शासन है जिसमें उस चरम शासक की आज्ञा पालन करने के लिये विश्वेदेव नाम से प्रसिद्ध दस देवता, सूर्य, पशु-देव, चन्द्र, वायु, आँधी और जलदेव निरन्तर चक्कर काटते रहे हैं।

वि०–सुदूर प्राचीन काल में अनेक देवी-देवताओं का नामकरण हुआ था। प्रकृति के प्रत्येक तत्व के पीछे जैसे एक देवता उस समय छिपा हुआ दिखाई देता था। कहीं-कहीं एक ही नाम अनेक शक्तियों के लिये प्रयुक्त हुआ है जैसे विश्वेदेव व विश्वा के पुत्रों के लिये भी कहते हैं, ईश्वर को भी, विष्णु को भी, शिव को भी। पूषा सूर्य के लिये भी आता है, शिव के लिए भी, पशुओं के पोषक देव के लिये भी और इन्द्र के लिये भी।

विश्वेदेव के सम्बंध में लिखा है:–

वसुः सत्यः क्रतुर्दक्षः कालःकामो धृतः कुरुः।
पुरूरवाः माद्रवश्चेति विश्वेदेवाः प्रकीर्तिताः।

किसका था भ्रू-भंग प्रलय सा जिसमें ये सब विकल रहे;
अरे ! प्रकृति के शक्तिचिन्ह ये फिर भी कितने निबल रहे!

शब्दार्थ–**भ्रू-भंग**-भौंहें टेढ़ी करना।

अर्थ–यह कौन है जिसकी जरा सी भौंहें टेढ़ी हो जाने से वह प्रलय मच गई जिसमें ये सब घबरा गए। इन्हें तो हम प्रकृति की शक्तियों के प्रतीक समझते थे, पर ये तो बड़े दुर्बल सिद्ध हुए।

वि०–जिसकी किंचित अप्रसन्नता से सूर्य, वरुण जैसी शक्तियाँ काँपती हैं वह न जाने कितना शक्तिमान है, ऐसी ध्वनि इन पंक्तियों से निकलती है।

विकल हुआ सा काँप रहा था, सकल भूत चेतन समुदाय;
उनकी कैसी बुरी दशा थी वे थे विवश और निरुपाय।

शब्दार्थ–भूत-प्राणी।

अर्थ–प्रलय में पृथ्वी के समस्त चेतन प्राणियों का समूह व्याकुल होकर काँप रहा था। उनकी अत्यन्त बुरी दशा हो गई। उनकी विवशता देखने ही योग्य थी। उनसे कुछ करते-धरते न बना।

वि०–चेतन समुदाय से तात्पर्य मुख्यतः देव ज़ाति के प्राणियों से है।

देव न थे हम और न ये हैं, सब परिवर्तन के पुतले;
हाँ, कि गर्व-रथ में तुरंग सा; जितना जो चाहे जुत ले।"

शब्दार्थ–तुरंग-घोड़ा। **पुतले**-वस्तु।

अर्थ–समझ में यह आता है कि हम जो अपने को देवता कहते थे वह व्यर्थ की बात थी और सूर्य, चन्द्र, वरुण आदि को जो देवता समझते थे वह भी भूल से। न हम शाश्वत हैं न देवता। सब परिवर्तनशील हैं। यह दूसरी बात है कि जैसे रथ को खींचने वाला घोड़ा यह समझ ले कि रथ उसकी इच्छा से चल रहा है, उसी प्रकार अपने अभिमान में कोई यह समझ बैठे कि संसार उसकी इच्छा पर निर्भर है; पर घोड़ों को जैसे चाबुक चलाता है उसी प्रकार हम सबको भी किसी महाशक्ति के इच्छानुसार विवश होकर कर्म में लीन होना पड़ता है। अंतिम शासक हम नहीं हैं, केवल वह ही है।

"महानील इस परम व्योम में, अंतरिक्ष में ज्योतिर्मान,
ग्रह, नक्षत्र और विद्युत्कण किसका करते से संधान!

शब्दार्थ–व्योम-आकाश। **अन्तरिक्ष**-शून्य, पृथ्वी से ऊपर का सूना स्थान। **ज्योतिर्मान**-प्रकाश से पूर्ण। **ग्रह**-चन्द्र, मंगल आदि। **नक्षत्र**-अन्य छोटे तारे। **विद्युत्कण**-विद्युत् परमाणु (Electron)। **संधान**-खोज।

अर्थ–ऊपर महाकाश में प्रकाश से पूर्ण सूर्य, चन्द्र आदि ग्रह तथा अन्य अगणित तारे और उसके नीचे शून्य में विद्युत्कण किसे खोजते से घूमते हैं?

छिप जाते हैं और निकलते आकर्षण में खिंचे हुए;
तृण, वीरुध लहलहे हो रहे किसके रस से सिंचे हुए?

शब्दार्थ–तृण-घास के दल। **वीरुध**-लताएँ।

अर्थ–सूर्य, चन्द्र, तारे छिप जाते हैं और न जाने फिर किसके आकर्षण से खिंचकर निकल आते हैं? वह कौन है जिसके रस से सिंचकर लताएँ और घास के दल हरियाली प्राप्त करते हैं?

वि०–यहाँ मनु तो सूर्य, चन्द्र, तारागण के छिपने और प्रकट होने से केवल इतना भाव ग्रहण कर रहे हैं कि ये भगवान् को खोजते कहीं अदृश्य हो जाते हैं, पर उनके प्रेम का आकर्षण इतना प्रबल है कि बार-बार फिर उन्हीं स्थानों पर नये सिरे से उन्हें खोजने के लिये आना पड़ता है। पर कवि का यह कौशल भी सराहनीय है कि उसने अपनी बात को विज्ञान के अनुकूल रखा है। ये नक्षत्र शून्य में लटके और आकर्षण शक्ति के द्वारा टिके हुए हैं। विद्युत्कणों में तो आकर्षण शक्ति होती ही है।

सिर नीचा कर किसकी सत्ता सब करते स्वीकार यहाँ;
सदा मौन हो प्रवचन करते जिसका, वह अस्तित्व कहाँ

शब्दार्थ–**सत्ता**-शक्ति। **प्रवचन**-व्याख्या करना, घोषणा करना। **अस्तित्व**-शक्ति।

अर्थ–सिर झुकाकर सारा संसार जिसकी शक्ति को स्वीकार करता है, वह कहाँ है? और कहाँ हैं वह, जिसके सम्बन्ध में चुप रहने पर भी हम घोषित करते हैं कि 'वह है'।

वि०–चुप रहने वाला बोलता ही नहीं, अतः वह घोषित क्या करेगा; पर बिना बोले हुए भी क्योंकि 'हम हैं'; अतः 'हमें बनाने वाला कोई है अवश्य,' यह बात स्वतः सिद्ध है।

हे अनन्त रमणीय! कौन तुम? यह मैं कैसे कह सकता
कैसे हो ? क्या हो ? इसका तो भार विचार न सह सकता।

शब्दार्थ–**रमणीय**-सुन्दर।

अर्थ–मेरी शक्ति नहीं जो मैं यह बता सकूँ कि तुम कौन हो? यह बात स्वयं विचार शक्ति के परे है कि तुम्हारा स्वरूप क्या है? तुम्हारी विशेषताएँ क्या हैं? हाँ, ऐसा लगता है कि तुम परम सुन्दर अवश्य हो।

हे विराट ! हे विश्वदेव ! तुम? कुछ हो, ऐसा होता भान–"
मंद गंभीर धीर स्वर संयुत यही कर रहा सागर गान।

अर्थ–हे महान् ! इस विश्व के शासक ! 'तुम कुछ हो' ऐसा तो मुझे भी आभासित होता है। और सम्भवतः मन्द गम्भीर दृढ़ स्वर से समुद्र भी यही गीत गा रहा है।

वि०–यहाँ विश्वदेव पिछले विश्वदेव शब्द से भिन्न अर्थ में प्रयक्त हुआ है।

"यह क्या मधुर स्वप्न सी झिलमिल सदय हृदय में अधिक अधीर;
व्याकुलता सी व्यक्त हो रही आशा बनकर प्राण समीर!

शब्दार्थ–**झिलमिल**-रह-रह कर प्रकट होना। **सदय**-कोमल। **व्यक्त**-प्रकट। **समीर**-प्राण वायु, प्राण पोषक।

अर्थ–मेरे कोमल हृदय में अत्यधिक अधीरता भरने वाली मधुर स्वप्न के समान रह-रहकर प्रकट होने वाली यह कौन है? यह तो प्राणों को सुख देने वाली आशा है, जो आज व्याकुलता के रूप में प्रकट हुई।

वि०–जिसका हृदय जितना अधिक कोमल होता है, वह उतना अधिक दुःखी रहता है–अपने लिये भी दूसरों के लिये भी।

चिन्ता के समान आशा के भी दो पक्ष हैं। वह आगामी सुख या भविष्य में इच्छापूर्ति की सम्भावना जगाती है, इससे तो हृदय में प्रसन्नता रहती है; पर उस सुख को हम शीघ्र

हस्तगत करना चाहते हैं, अतः प्रयत्न काल में अधीरता और व्याकुलता भी पीछा नहीं छोड़ती।

आशा कभी पूरी होती है, कभी नहीं भी होती; पर उसका उदय सुखकारी है, इसी से उसे 'मधुर स्वप्न' कहा गया।

यह कितनी स्पृहणीय बन गई मधुर जागरण सी छविमान;
स्मिति की लहरों सी उठती है नाच रही ज्यों मधुमय तान।

शब्दार्थ–स्पृहणीय-वांछनीय, प्रिय। **मधुर जागरण**-सुख की रातों का जगना। **छविमान**-सुन्दर। **स्मित**-मंद मुस्कान। **मधुमय**-मधुर।

अर्थ–आशा का हृदय में होना कितना प्रिय होता है ! और इसका जगना वैसा ही सुंदर है जैसा सुन्दर रातों का जगना। अंतर में यह धीरे-धीरे उसी प्रकार उठती है जैसे ओंठो पर मुस्कान की लहरियाँ मन्द-मन्द उठती हैं। फिर यह हृदय में वैसे ही तीव्र गति से घुमड़ती है जैसे कोई मीठी तान कहीं चक्कर काटती है।

वि०–इन पंक्तियों में पहले किसी सुन्दरी के सोने, फिर जगने, फिर धीरे से उठने और फिर नाचने लगने का क्रमशः वर्णन है। आशा भी हृदय में सोयी रहती है, फिर जगती है, फिर उठती और इसके पश्चात् हृदय में मस्त गति से नृत्य करने लगती है। प्रसाद की पंक्तियों में ऐसे न जाने कितने मधुर दृश्य निहित रहते हैं।

जीवन ! जीवन ! की पुकार है खेल रहा है शीतल दाह;
किसके चरणों में नत होता नव प्रभात का शुभ उत्साह।

शब्दार्थ–दाह-जलन। **नत होता**-झुकना, चढ़ना।

अर्थ–हृदय में एक मधुर जलन का अनुभव कर रहा हूँ जो पुकार कर कह रही है कि जीवन चाहिए। इन नवीन प्रभात के दर्शन से जो शुभ उत्साह मेरे हृदय में भर गया है, उसे किसके चरणों पर चढ़ा दूँ?

वि०–दाह (आग) को शान्त करने के लिए जीवन (जल) चाहिए ही।

मनु मरते-मरते बचे हैं; अतः उनके जीवन में यह दिन एक नवीन दिन है। जैसे दुःख में वैसे ही सुख में भी मनुष्य को कोई न कोई साथी चाहिये।

मैं हूँ, यह वरदान सदृश क्यों लगा गूँजने कानों में!
मैं भी कहने लगा, 'मैं रहूँ' शाश्वत नभ के गानों में।

शब्दार्थ–शाश्वत-सदैव।

अर्थ–'मेरी भी कुछ सत्ता है,' यह बात वरदान के समान मेरे कानों में क्यों गूँजने लगी? और अब तो मेरी भी ऐसी इच्छा है कि मेरा नाम आकाश में सदैव गूँजता रहे।

यह संकेत कर रही सत्ता किसकी सरल विकास-मयी;
जीवन की लालसा आज क्यों इतनी प्रखर विलास-मयी?

शब्दार्थ–यह-आशा। **किसकी सत्ता**-अपनी (मनु की) सत्ता। **विकास**-उन्नति। **प्रखर**-तीव्र, बलवती।

अर्थ–यह आशा किसके जीवन के सरल विकास का संकेत कर रही है? भाव यह कि

यह आशा इस बात का विश्वास मुझे दिलाना चाहती है कि मेरी उन्नति बड़ी सरलता से हो सकती है। सुख-भोग करते हुए जीवित रहने की लालसा आज इतनी बलवती क्यों हो उठी है?

वि०–स्मरण रहे कि आशा का प्रसंग चल रहा है।

तो फिर क्या मैं जिऊँ और भी, जीकर क्या करना होगा?
देव ! बता दो, अमर वेदना लेकर कब मरना होगा?"

शब्दार्थ–वेदना-पीड़ा।

अर्थ–तब क्या मुझे अभी और जीवित रहना चाहिए? इस जीवित रहने से लाभ? हे प्रभु ! कम से कम मुझे इतना तो बता दो कि कभी न मिटने वाली पीड़ा को लेकर मेरे प्राण कब निकलेंगे?

एक यवनिका हटी, पवन से प्रेरित माया पट जैसी;
और आवरण-मुक्त प्रकृति थी हरी भरी फिर भी वैसी।

शब्दार्थ–यवनिका-परदा। **पट**-परदा। **आवरण मुक्त**-ढँकी वस्तु का खुलना।

अर्थ–पवन के द्वारा जैसे किसी जादू के परदे के हट जाने से भीतर कोई विलक्षण दृश्य दिखाई दे, उसी प्रकार प्रलय के परदे के हट जाने से प्रकृति का जो सौन्दर्य ढंक गया था वह पूर्ववत प्रकट हो गया और वह एक बार फिर हरी-भरी दिखाई दी।

स्वर्ण शालियों की कलमें थीं दूर दूर तक फैल रही;
शरद इंदिरा के मंदिर की मानो कोई गैल रही।

शब्दार्थ–शालियों-धानों। **कलमें**-डंठल। **शरद इंदिरा**-शरद लक्ष्मी, शरद ऋतु की देवी।

अर्थ–सुनहले धानों के डंठल बहुत दूर तक फैले हुए थे। ऐसा लगता था मानो इनके पार शरद की लक्ष्मी का कहीं कोई मंदिर है जिस तक पहुँचने के लिये यहीं एक मार्ग है।

वि०–दूर से धान के खेतों पर दृष्टि डालने से एक सुनहली सड़क-सी दिखाई देती होगी जिसे शरद ऋतु की वैभववान् देवी तक पहुँचने का पथ मानना न्यायसंगत है।

विश्व-कल्पना सा ऊँचा वह सुख शीतल संतोष निदान;
और डूबती सी अचला का अवलंबन मणि रत्न निधान।

शब्दार्थ–विश्व-कल्पना-संसार की सृष्टि कैसे हुई यह कल्पना। **निदान**-कारण। **अचला**-पृथ्वी। **निधान**-खान।

अर्थ–(हिमालय) संसार की सृष्टि की कल्पना जैसा ऊँचा, सुख, शीतलता और संतोष को देने वाला तथा डूबती हुई पृथ्वी के लिये मणि-रत्न-जटित वह अंचल सिद्ध हुआ, जिसे पकड़ कर वह बची हुई है।

वि०–इन सब विशेषणों का कर्ता 'हिमालय का शरीर' है जो आगे के छंद में दिया हुआ है।

'संसार की रचना कैसे हुई' इस सत्य तक पहुँचने वाली कल्पना जितनी उत्कृष्ट होगी, उतना ही ऊँचा हिमालय है। प्रसाद ने हिमालय की ऊँचाई फिटों में नहीं बतलाई, क्योंकि यह ठीक नाप-जोख या पैमाइश वाला कथन काव्य के अन्तर्गत न आता। सिंघलदीप के

वर्णन में जायसी ने भी घोड़ों की चाल या उनके सिर उठाने को इंच-फुट में नहीं बताया।

मन ते अगमन डोलहिं बागा, लेत उसास गगन सिर लागा।

–पद्मावत

डूबता हुआ आदमी पास में खड़े व्यक्ति का कपड़ा पकड़ लेता है। मनु समुद्र में से निकली हुई पृथ्वी को हिमालय से सटी देखते हैं, इसी से यह कल्पना ठीक उतरी है।

अचल हिमालय का शोभनतम लता कलित शुचि सानु शरीर,
निद्रा में सुख स्वप्न देखता जैसे पुलकित हुआ अधीर।

शब्दार्थ–अचल-शांत। **शोभनतम**-सुन्दरतम। **कलित**-युक्त। **शुचि**-पवित्र। **सानु**-चोटियों वाला, पथरीला। **पुलकित**-रोमांचित। **अधीर होना**-आनन्द से सिहर उठना।

अर्थ–हिमालय का पवित्र, शांत, पथरीला, सुन्दर शरीर था, जिस पर लताएँ उगी हुई थीं। उन्हें देखकर ऐसा लगता था मानो यह पर्वत निद्रा में मग्न है और किसी स्वप्न को देखकर रोमांचित हो उठा है–सिहर उठा है।

उमड़ रही जिसके चरणों में नीरवता की विमल विभूति,
शीतल झरनों की धारायें बिखरातीं जीवन अनुभूति।

शब्दार्थ–नीरवता-शान्ति। **विभूति**-वैभव। **अनुभूति**-अनुभव।

अर्थ–हिमालय की तलहटी में निर्मल शांति का वैभव छाया हुआ था। पर्वत से झरनों की जो शीतल धाराएँ फूट रही थीं, वे ऐसी प्रतीत होती थीं मानो गिरिवर ने अपने जीवन-भर के अनुभव को सब के कल्याण के लिए लुटा दिया है।

उस असीम नीले अंचल में देख किसी की मृदु मुसक्यान,
मानो हँसी हिमालय की है फूट चली करती कल गान।

शब्दार्थ–नीले अंचल-नीले आकाश में।

अर्थ–झरनों की वे धाराएँ ऐसी भी प्रतीत होती थीं मानो उस अनन्त नीलाकाश में किसी की मुस्कान देखकर हिमालय की हँसी मधुर ध्वनि करती हुई फूट उठी हो।

वि०–किसी को हँसते देखकर हँसी आ ही जाती है।

प्रभात काल का वर्णन चल रहा है, अतः आकाश की हँसी का तात्पर्य इस स्थान पर सूर्य की उज्ज्वल आभा से है।

शिला-संधियों में टकरा कर पवन भर रहा था गुंजार,
उस दुर्भेद्य अचल दृढ़ता का करता चारण सदृश प्रचार।

शब्दार्थ–शिला संधि-दो चट्टानों के बीच का रिक्त स्थान। **दुर्भेद्य**-जिसका भेदना कठिन हो। **चारण**-भाट।

अर्थ–चट्टानों के बीच में जो रिक्त स्थान था उसमें टकरा कर पवन गूँज भर रहा था। जैसे किसी सम्राट् के गुणों का वर्णन कोई भाट करता है, उसी प्रकार उस गूँज से पवन यह प्रचार करता प्रतीत होता था कि इस पर्वत को कोई भेद नहीं सकता, यह अडिग है, यह दृढ़ है।

संध्या घनमाला की सुंदर ओढ़े रंग बिरंगी छींट,
गगन चुम्बिनी शैल-श्रेणियाँ पहने हुए तुषार किरीट।

शब्दार्थ–घनमाला-बादलों का समूह। **छींट**-रंग-बिरंगा बेल बूटेदार कपड़ा। **गगन-चुंबिनी**-आकाश को चूमने वाली, बहुत ऊँची। **शैल-श्रेणियाँ**-पर्वत की चोटियाँ। **तुषार**-बर्फ। **किरीट**-मुकुट।

अर्थ–हिमालय की चोटियाँ बहुत ऊँची थीं मानो आकाश को छू रही हों। उन पर घिरे संध्या के रंग-बिरंगे बादल ऐसे लगते थे मानो उन्होंने छींट की चादर ओढ़ ली है और बर्फ उन पर ऐसा प्रतीत होता था जैसे उनके शीश का मुकुट हो।

वि०–प्रकृति में जहाँ चारों ओर की परिस्थिति को एक सूत्र में गूँथ दिया जाता है उसे संश्लिष्ट या चित्रमय चित्रण कहते हैं। यह वर्णन वैसा ही है। कहाँ बर्फीली चोटियाँ और कहाँ रंगीन बादल ! पर सबको मिलाकर मुकुट धारण किये एक रानी का चित्र आँखों के सामने आता है। इस प्रकार के चित्र अंकित करने के लिये बड़ी क्षमता की आवश्यकता होती है।

विश्व मौन, गौरव, महत्व की प्रतिनिधियों सी भरी विभा;
इस अनन्त प्रांगण में मानो जोड़ रही है मौन सभा।

शब्दार्थ–प्रतिनिधियों-प्रतिमूर्ति (Representative)। **विभा**-कांति। **प्रांगण**-आँगन।

अर्थ–बर्फ से ढँकी वे चोटियाँ ऐसी लगती थीं मानो क्रांति से भरी हुई संसार के मौन गौरव और महत्व की प्रतिमूर्तियाँ हिमालय के विस्तृत आँगन में चुपचाप बैठी सभा कर रही हैं। भाव यह कि हिमालय की चोटियों के दर्शन से शांति झरती थी, गौरव टपकता था, महत्व बरसता था।

वह अनन्त नीलिमा व्योम की जड़ता सी जो शांत रही,
दूर-दूर ऊँचे से ऊँचे निज अभाव में भ्रांत रही।

शब्दार्थ–व्योम-आकाश। **दूर-दूर**-विस्तृत। **भ्रांत**-भूला रहना, अपने को बहुत कुछ समझना।

अर्थ–आकाश का वह अनन्त नीलापन जिसकी शांति यद्यपि जड़ता की दशा को पहुँच गई है, पर जो पृथ्वी से केवल बहुत ऊँचा तथा अधिक विस्तृत होने के कारण अभावमय (सूना) होने पर भी अपने को बहुत कुछ समझता है।

वि०–यहाँ कवि आकाश और पृथ्वी की तुलना करना चाहता है। यह सत्य है कि अनन्त नीलिमा से भरा गगन पृथ्वी से आकार में बड़ा भी है और ऊँचा भी। पर वह केवल अभावमय है। आकाश सूना है। जिसे आकाश कहते हैं वह कोई वस्तु है ही नहीं। दृष्टि सूने में इससे आगे देख नहीं सकती; अतः धुँधलापन घना होकर नीला-सा प्रतीत होता है। वहाँ शांति है, पर जड़ वस्तुओं की सी, जिसका कोई मूल्य नहीं है। पृथ्वी छोटी और नीची है; पर उसमें अनंत वैभव है।

उसे दिखाती जगती का सुख, हँसी और उल्लास अजान,
मानो तुंग तरंग विश्व की हिमगिरि की वह सुढर उठान।

शब्दार्थ–उल्लास-आनन्द। **अजान**-सरल। **तुंग**-ऊँची। **सुढर**-सुडौल। **उठान**-चोटियाँ।

अर्थ–हिमालय की वे सुडौल चोटियाँ मानो विश्व में व्याप्त आनंद की ऊँची-ऊँची लहरें थीं, जो आकाश को यह बतला रही थीं कि तू जहाँ जड़ और अभावपूर्ण है वहाँ जगत् में सुख है, हास्य है, सरल प्रसन्नता है।

थी अनंत की गोद सदृश जो विस्तृत गुहा वहाँ रमणीय,
उसमें मनु ने स्थान बनाया सुन्दर, स्वच्छ और वरणीय।

शब्दार्थ–अनन्त-विस्तृत पर्वत। **विस्तृत**-लम्बी-चौड़ी। **गुहा**-गुफा। **रमणीय**-मनोरम। **वरणीय**-रहने योग्य।

अर्थ–वहीं एक लम्बी-चौड़ी मनोरम गुफा थी जो उस विस्तृत पर्वत की गोद जैसी लगती थी। उसमें मनु ने अपने रहने योग्य एक सुंदर स्वच्छ स्थान बनाया।

पहला संचित अग्नि जल रहा पास मलिन द्युति रवि कर से;
शक्ति और जागरण चिन्ह सा लगा धधकने अब फिर से।

शब्दार्थ–संचित-इकट्ठी की गई। **द्युति**-प्रकाश।

अर्थ–निकट में ही किसी प्रकार पहले से इकट्ठी की गई अग्नि जल रही थी, जिसकी आभा इस समय सूर्य की किरणों के सामने फीकी लगती थी। उस आग को मनु ने सुलगाया तो वह शक्ति और जागरण का चिन्ह बन कर धक्-धक् करती हुई जलने लगी।

वि०–मनु के प्रज्ज्वलित करने से पहले आग मंद थी, अतः अशक्त और सोयी हुई थी; पर जब यज्ञ-कर्म के लिए उन्होंने उसे धधकाया तो वह जग उठी और शक्तिमयी हो गयी।

जलने लगा निरंतर उनका अग्निहोत्र सागर के तीर;
मनु ने तप में जीवन अपना किया समर्पण होकर धीर।

शब्दार्थ–अग्निहोत्र-हवन, यज्ञ। **समर्पण**-लीन करना, लगाना।

अर्थ–समुद्र के किनारे मनु नित्य हवन करने लगे। इस प्रकार अत्यन्त धैर्यपूर्वक अपने जीवन को उन्होंने तप करने में लगाया।

सजग हुई फिर से सुर संस्कृति, देव यजन की वर माया
उन पर लगी डालने अपनी कर्ममयी शीतल छाया।

शब्दार्थ–संस्कृति-संस्कार। **देवयज्ञ**-देवताओं के निमित्त किया गया यज्ञ। **वर**-श्रेष्ठ, सात्विक। **माया**-आकर्षण। **कर्ममयी**-कर्मकांड सम्बन्धी। **शीतल**-मधुर। **छाया**-प्रभाव।

अर्थ–मनु में दैवी संस्कार फिर जाग उठे। देवताओं को प्रसन्न करने के लिये जब वे यज्ञ करने लगे तो यह सात्विक आकर्षण उन पर कर्मकांड का मधुर प्रभाव डालने लगा अर्थात् मनु फिर एक बार कर्मकांड में प्रवृत्त हुए।

वि०–यज्ञादिक क्रियाओं में लीन होना कर्मकांड कहलाता है। यज्ञ करने से मन शुद्ध होता है जिससे प्राणी उपासना करने के योग्य बनता है।

उठे स्वस्थ मनु ज्यों उठता है क्षितिज बीच अरुणोदय कांत;
लगे देखने लुब्ध नयन से प्रकृति विभूति मनोहर शांत।

शब्दार्थ–स्वस्थ-स्फूर्तियुक्त। **अरुणोदय**-सूर्य का उदय होना। **कान्त**-आभा भरा।

लुब्ध-मुग्ध। **विभूति**-वैभव, सौंदर्य। **मनोहर**-रम्य।

अर्थ-तप समाप्त करने पर मनु उसी प्रकार स्फूर्तियुक्त होकर उठे जैसे आकाश के कोने में आभा भरा बालसूर्य उगता है। वे प्रकृति के रम्य, शांत, सौंदर्य को मुग्ध दृष्टि से देखने लगे।

पाक यज्ञ करना निश्चित कर लगे शालियों को चुनने;
उधर वह्नि ज्वाला भी अपना लगी धूम पट थी बुनने।

शब्दार्थ-पाक यज्ञ-नवीन घर में रहने के लिए उसकी शुद्धि और अपने कल्याण के निमित्त किया जाने वाला यज्ञ। **शालियों**-धान। **वह्नि ज्वाला**-अग्नि की लपटें।

अर्थ-मनु ने निश्चय किया कि वे पाकयज्ञ करेंगे; अतः उसके लिये वे खेत से बीन कर धान लाये। उसके उपरान्त यज्ञ प्रारंभ हुआ और अग्नि की लपटों ने ऊपर धुएँ की एक तह जमा दी।

शुष्क डालियों से वृक्षों की अग्नि अर्चियाँ हुईं समिद्ध;
आहुति की नव धूम गंध से नभ, कानन हो गया समृद्ध।

शब्दार्थ-अर्चियाँ-लपटें। **समिद्ध**-प्रदीप्त हो उठीं। **समृद्ध**-भर जाना।

अर्थ-वृक्षों की सूखी डालों से अग्नि की लपटें प्रदीप्त हो उठीं। आहुतियों के सुगंधित नवीन धुएँ से वन और आकाश भर गया।

और सोचकर अपने मन में, जैसे हम हैं बचे हुए;
क्या आश्चर्य और कोई हो जीवन लीला रचे हुए।

शब्दार्थ-लीला रचे-कुछ करते हुए दिन बिताना।

अर्थ-और अपने मन में यह सोचकर कि जिस प्रकार प्रलय के आघात से मैं बच गया हूँ, उसी प्रकार कुछ आश्चर्य नहीं कि कोई दूसरा प्राणी भी कहीं जीवन बिता रहा हो।

अग्निहोत्र अवशिष्ट अन्न कुछ कहीं दूर रख आते थे,
होगा इससे तृप्त अपरिचित समझ सहज सुख पाते थे।

शब्दार्थ-अग्निहोत्र-यज्ञ, हवन, होम। **अवशिष्ट**-बचा हुआ। **तृप्त**-प्रसन्न। **सहज**-आंतरिक।

अर्थ-यज्ञ की समाप्ति पर जो अन्न बचता उसमें से वे थोड़ा सा दूर पर कहीं रख आते थे। इस अनुमान से उन्हें बड़ा आंतरिक सुख मिलता था कि कोई अपरिचित प्राणी इसे पाकर संतुष्ट होगा।

वि०-निष्काम भाव से जो उपकार किया जाता है, उसके बोध पर अत्यंत निर्मल हार्दिक आनन्द की प्राप्ति होती है। ऐसे सुख को सहज सुख कहते हैं।

दुख का गहन पाठ पढ़ कर अब सहानुभूति समझते थे;
नीरवता की गहराई में मग्न अकेले रहते थे।

शब्दार्थ-गहन-गहरा, भारी। **पाठ पढ़ना**-ज्ञान होना। **सहानुभूति**-दूसरे के दुःख का अनुभव करना। **नीरवता**-शान्त मन। **मग्न**-तन्मय।

अर्थ-उन्होंने स्वयं भारी दुःख उठाया था, इसी से वे दूसरे के दुःख में दुखी होना सीख गये थे। इधर अकेले बैठे वे अपने शान्त मन में गहरे उतर कर तन्मय हो जाते थे।

मनन किया करते वे बैठे ज्वलित अग्नि के पास वहाँ;
एक सजीव तपस्या जैसे पतझड़ में कर वास रहा।

शब्दार्थ–मनन-चिंतन।

अर्थ–प्रज्ज्वलित यज्ञकुंड के निकट बैठकर वे चिंतन करते रहते थे। वहाँ उस सूनेपन में बैठे वे ऐसे लगते थे मानो स्वयं तप ही शरीर धारण करके तप कर रहा हो।

नोट–तपस्या का प्रयोग यहाँ कवि ने पुल्लिग में किया है, जो अशुद्ध है। पुल्लिग शब्द का ही प्रयोग करना था तो ऐसी दशा में 'तप' शब्द को किसी प्रकार पंक्ति में खपाना था।

फिर भी धड़कन कभी हृदय में होती, चिंता कभी नवीन;
यों ही लगा बीतने उनका जीवन अस्थिर दिन-दिन दीन।

शब्दार्थ–धड़कन-लालसाओं का खटकना। **अस्थिर**-अनिश्चित। **दीन**-अभावपूर्ण।

अर्थ–इतने पर भी उनके हृदय में कभी लालसाएँ खटकतीं, कभी कोई नवीन चिंता उठती। इस प्रकार उनका दैनिक जीवन, जो एक प्रकार से अभावपूर्ण और अनिश्चित था, व्यतीत होने लगा।

प्रश्न उपस्थित नित्य नये थे अंधकार की माया में;
रंग बदलते जो पल-पल में उस विराट की छाया में।

शब्दार्थ–अन्धकार की माया-अनिश्चित जीवन। **विराट**-अनंत भावनात्मक हृदय। **छाया**-भीतर।

अर्थ–क्योंकि मनु का आगामी जीवन एकदम अनिश्चित था; अतः उसे लेकर उनके सामने नित्य नये प्रश्न उठते। अपने हृदय में जब उन पर विचार करते तो उनका रूप थोड़ी देर में कुछ से कुछ हो जाता। भाव यह कि मनु के सामने कोई समस्या खड़ी होती और उसे सुलझाते तो एक नवीन उलझन उत्पन्न हो जाती।

वि०–अंधकार में रंग बदलना-मंच पर नृत्य करते समय नर्तकी को कभी किसी हल्के रंग के, विशेष रूप से श्वेत रंग के कपड़े पहना देते हैं। मंच पर फिर अंधेरा कर देते हैं और कोने से छिपकर उसके शरीर पर रंगीन टॉर्च का प्रकाश डालते हैं। इससे उसके वस्त्र पल-पल पर रंग बदलते प्रतीत होते हैं। इस दृश्य से ऊपर का दृश्य कुछ समझा जा सकता है।

अर्ध प्रस्फुटित उत्तर मिलते प्रकृति सकर्मक रही समस्त;
निज अस्तित्व बना रखने में जीवन आज हुआ था व्यस्त।

शब्दार्थ–अर्ध प्रस्फुटित-अस्पष्ट। **सकर्मक**-कर्मशीला। **व्यस्त**-उलझा रहना।

अर्थ–उनकी समस्याओं का स्पष्ट समाधान कुछ न था। इधर सम्पूर्ण प्रकृति कर्मशीला थी अर्थात् समय पर घोर वर्षा होती, कड़ाके का जाड़ा पड़ता, तीव्र धूप छाती, घना अँधेरा घिरता। ऐसी दशा में मनु का जीवन केवल इतनी सी चिंता में ही उलझा रहा कि किसी प्रकार उनका अस्तित्व बना रहे।

तप में निरत हुए मनु, नियमित-कर्म लगे अपना करने।
विश्व रंग में कर्मजाल के सूत्र लगे घन हो घिरने।

शब्दार्थ–निरत-लीन। **नियमित कर्म**-नित्य कर्म। **सूत्र**-धागे।

अर्थ–मनु तप में फिर लीन हो गये और अपना नित्य कर्म करने लगे। आकाश में जैसे अनेक बादल एकत्र हो जाते हैं; उसी प्रकार उनके कर्म के धागे घने होने लगे जो सांसारिक रंग में रंगे हुए थे।

वि०–भाव यह है कि रहने के लिए कम से कम अन्न, जल और सुरक्षित स्थान की आवश्यकता तो सभी को होती है। भोजन के लिए वे शिकार करते होंगे या फल तोड़कर लाते होंगे। पानी पीने के लिए उठकर झरनों के निकट जाना पड़ता होगा। गुफा में हिंस्र पशु न घुस आवे, इसकी चिंता करनी पड़ती होगी। स्थान को स्वच्छ भी रखते होंगे। शीत से बचने के लिए अग्नि प्रतिक्षण प्रज्ज्वलित रखनी होगी या किसी पशु का चर्म ओढ़ते होंगे। इस प्रकार उनका काम नित्य बढ़ता ही जाता था। ये सब संसारी झंझटें नहीं; तो और क्या हैं?

उस एकांत नियति शासन में चले विवश धीरे धीरे;
एक शांत स्पंदन लहरों का होता ज्यों सागर तीरे।

शब्दार्थ–एकांत-एकमात्र। **नियति**-भाग्य। **स्पंदन**-काँपना, नाचना। **तीरे**-किनारे पर।

अर्थ–समुद्र के किनारे पवन की प्रेरणा से जैसे लहरें चुप-चुप नाचती हैं, वैसे ही विवश होकर मनु सब कुछ वही करने लगे जो एकमात्र भाग्य की इच्छा थी।

विजन जगत की तंद्रा में तब चलता था सूना सपना;
ग्रह पथ के आलोक वृत्त से काल जाल तनता अपना।

शब्दार्थ–विजन-सूने। **तंद्रा**-आलस्य, शिथिलता, अकर्मण्यता। **सूना**-असफल। **सपना**-कल्पनाएँ। **ग्रह पथ**-ग्रहों के घूमने का मार्ग। **वृत्त**-चक्र।

अर्थ–एक ओर उस सूने संसार में मनु किसी आलसी के समान असफल कल्पनाएँ कर रहे थे और दूसरी ओर सूर्य, चन्द्र, अपने-अपने पथ पर नित्य बढ़ जाते और इस प्रकार समय व्यतीत हो जाता।

प्रहर दिवस रजनी आती थी चल जाती संदेश-विहीन;
एक विराग-पूर्ण संसृति में ज्यों निष्फल आरंभ नवीन।

शब्दार्थ–प्रहर-तीन घंटे का समय। **विराग-पूर्ण**-उत्साहहीन। **संसृति**-संसार, यहाँ मन।

अर्थ–पहर बीत जाते, दिन बीत जाता और फिर रात आ घिरती। पर यह रात जैसे और सभी के लिए विश्राम या प्रेम का संदेश लाती है, वैसे मनु के लिए कोई संदेशा न लाती। जीवन के दिन उसी प्रकार व्यर्थ सिद्ध हो रहे थे जिस प्रकार, मन जब उत्साहहीन होता है तब किसी नवीन काम को प्रारम्भ करो, तो वह बढ़ता ही नहीं।

धवल मनोहर चंद्र बिम्ब से अंकित सुन्दर स्वच्छ निशीथ;
जिसमें शीतल पवन गा रहा पुलकित हो पावन उद्गीथ।

शब्दार्थ–धवल-उजली। **चंद्र बिंब**-चाँदनी। **अंकित**-युक्त। **निशीथ**-आधी रात, यहाँ केवल रात। **उद्गीथ**-साम गान। **पुलकित**-प्रसन्न।

अर्थ–स्वच्छ सुन्दर रातें रम्य उजली चाँदनी से युक्त रहती थीं। उनमें शीतल पवन जब

सन्-सन् शब्द करता तो ऐसा प्रतीत होता मानो वह प्रसन्न होकर पवित्र साम-गान करता है।

नीचे दूर दूर विस्तृत था उर्मिल सागर व्यथित अधीर;
अंतरिक्ष में व्यस्त उसी सा रहा चंद्रिका-निधि गंभीर।

शब्दार्थ–**विस्तृत**-फैला। **उर्मिल**-लहराता हुआ। **व्यथित**-क्षुब्ध। **अधीर**-चंचल। **अन्तरिक्ष**-शून्य। **व्यस्त**-फैला या भरा। **चन्द्रिका निधि**-चाँदनी का सागर।

अर्थ–नीचे दूर तक लहराता हुआ क्षुब्ध चंचल समुद्र फैला हुआ था और ऊपर वैसा ही चाँदनी का गम्भीर सागर भरा था।

खुलीं उसी रमणीय दृश्य में अलस चेतना की आँखें;
हृदय कुसुम की खिलीं अचानक मधु से वे भीगी पाँखें।

शब्दार्थ–**रमणीय**-सुन्दर। **अलस**-सुप्त। **मधु**-रस। **पाँखें**-पंखुड़ियाँ।

अर्थ–उस सुंदर दृश्य के प्रभाव से मनु की जो चेतना अभी तक सुप्त थी, वह जाग्रत हो गयी। जैसे फूल की सरल पंखुड़ियाँ खिल जाती हैं, वैसे ही उसके हृदय में सरल भाव खिलने लगे।

वि०–वातावरण का बहुत भारी प्रभाव मन पर पड़ता है। संगीत, रम्य उद्यान, खिली चाँदनी आदि प्रेम के भावों को 'उद्दीप्त' करते हैं। पुष्प-वाटिका में सीता को देखकर राम जैसे संयमी पुरुष का मन भी डाँवाडोल हो गया था।

व्यक्त नील में चल प्रकाश का कंपन सुख बन बजता था;
एक अतींद्रिय स्वप्न लोक का मधुर रहस्य उलझता था।

शब्दार्थ–**व्यक्त**-खुले हुए। **नील**-नीलाकाश। **चल**-चंचल। **प्रकाश**-चंद्रमा की किरणें। **कंपन**-सिहरन। **अतीन्द्रिय**-अलौकिक। **स्वप्नलोक**-कल्पनालोक।

अर्थ–खुले और नीले आकाश से आने वाली चंद्रमा की किरणें जब मनु के शरीर को स्पर्श करतीं, तब एक सिहरन उत्पन्न होती, जिससे उन्हें एक प्रकार का सुख मिलता था। ऐसी स्थिति में एक रहस्यपूर्ण, अलौकिक, मधुर कल्पना लोक में मनु का मन पहुँच जाता।

वि०–चाँदनी रातों में बैठकर मनु का मन प्रेम के काल्पनिक संसार में विचरण करने लगता। कल्पना तो सत्य नहीं होती, इसलिए जो रम्य मूर्ति आँखों में झूलती उसे छूने में असमर्थ होने के कारण 'अतीन्द्रिय' लिखा। वह सदैव साथ-साथ नहीं रह सकती थी, इसी से 'स्वप्न' समझा; पर उसके छाया-दर्शन से भी सुख मिलता था, इसी से 'मधुर' कहा और वह किसी परिचित व्यक्ति की न थी, इसी से 'रहस्यपूर्ण' या अस्पष्ट माना।

नव हो जगी अनादि वासना मधुर प्राकृतिक भूख समान;
चिर परिचित सा चाह रहा था द्वंद्व सुखद करके अनुमान।

शब्दार्थ–**अनादि**-हृदय में स्थायी रूप से रहने वाली। **वासना**-कामेच्छा। **मधुर**-अनुकूल, तृप्तिदायिनी। **प्राकृतिक**-स्वाभाविक। **द्वन्द्व**-दो। **सुखद**-सुखदायी।

अर्थ–जैसे भूख का लगना स्वाभाविक और शरीर के अनुकूल है, वैसे ही हृदय में स्थायी रूप से रहने वाली तृप्तिदायिनी कामेच्छा मनु के मन में एक बार फिर से जाग उठी।

उन्होंने अनुमान किया कि दो प्राणियों के साथ-साथ रहने से बड़ा सुख मिलता होगा और वे इच्छा करने लगे कि वे किसी के साथ रहते तो सुखी होते। यह इच्छा उन्हें अत्यन्त स्वाभाविक लगी।

दिवा रात्रि या–मित्र वरुण की बाला का अक्षय शृंगार;
मिलन लगा हँसने जीवन के उर्मिल सागर के उस पार।

शब्दार्थ–दिवा-दिन। **मित्र**-सूर्य। **मित्रबाला**-उषा। **वरुण**-समुद्र। **वरुणबाला**-चन्द्रमा। **अक्षय**-अनन्त। **शृंगार**-सौंदर्य। **उर्मिल**-लहरों वाले, यहाँ उलझनमय।

अर्थ–मनु दिन में उषा के और रात में चंद्रमा के अनन्त सौंदर्य को देखते। उन्हें लगता कि समुद्र की लहरों के समान जीवन की उलझनों को जब पार कर लेंगे, तब किसी से उनका मिलन अवश्य होगा।

वि०–मान लीजिए कि समुद्र के इस किनारे प्रेमी खड़ा है। बीच में लहरे हैं। दूसरे किनारे पर प्रेमिका है। उस तक पहुँचने के लिए पुरुष को सागर की लहरों को चीरना होगा। अन्य उपाय नहीं है। इसी प्रकार जीवन-पथ में पड़ने वाली उलझनों को सुलझा कर ही हम प्रेमास्पद से मिल पाते हैं। मनु के जीवन की सब से बड़ी उलझन तो यह है कि चारों ओर किसी प्रेमिका का अस्तित्व तक नहीं। यह उलझन दूर हुई कि मिलन हुआ।

तप से संयम का संचित बल तृषित और व्याकुल था आज;
अट्टहास कर उठा रिक्त का वह अधीर तम, सूना राज।

शब्दार्थ–तृषित-प्रेम का प्यासा। **अट्टहास कर उठा**-जोर पकड़ गया। **रिक्त**-सूना हृदय। **तम**-निराशा। **सूना राज**-प्रेम का सूनापन।

अर्थ–मनु तपस्या काल में संयम से रहे थे जिससे उनमें शारीरिक बल की वृद्धि हुई थी। अतः उनका स्वस्थ शरीर प्रेम की प्यास से अकुला उठा। उनका मन किसी प्रेमिका के न मिलने से बहुत दिन से सूना था और अब तो उनकी अधीरता, निराशा और प्रेम का सूनापन और जोर पकड़ गये।

वि०–प्रेम मन की वस्तु है, पर शरीर के स्वास्थ्य से भी उसका कम संबंध नहीं। यह नित्य परिचय का विषय है कि कोई युवक किसी सफेद बाल वाली बुढ़िया के प्रति आकर्षित होते नहीं देखा गया।

धीर समीर परस से पुलकित विकल हो चला श्रांत शरीर;
आशा की उलझी अलकों से उठी लहर मधुगंध अधीर।

शब्दार्थ–धीर-मंद। **समीर**-पवन। **परस**-स्पर्श। **श्रांत**-थका सा। **अलक**-बाल। **मधुगन्ध**-सरस और सुरभित।

अर्थ–उनके थके से शरीर को जब मन्द पवन ने आकर स्पर्श किया, तब वह रोमांचित हो उठा और एक प्रकार की आकुलता उसमें भर गई। जैसे किसी के उलझे बालों को सुलझाते समय उनसे सरस गंध की चंचल लहरें फूटें, उसी प्रकार आशा के भीतर से मनु के मन को अधीर करने वाली सुख की एक लहर उठी।

वि०–श्रांत शरीर युवा काल में मन के भावों का दब जाना या कुचला जाना, शरीर

को सबसे अधिक हानिकारक सिद्ध होता है। ऐसी दशा में जब मन का उत्साह भंग हो जाता है, तब शरीर भी स्वतः शिथिल सा रहने लगता है। जब जीवन में कुछ है ही नहीं, तब इच्छा होती है कि जहाँ पड़े हैं वहीं पड़े रहें। पर रम्य प्रकृति अपना थोड़ा बहुत प्रभाव डाल ही देती है।

'उलझी आशा' इसलिए कहा कि मनु की प्रेमिका अभी निश्चित नहीं। वह किसी को जानता-पहचानता नहीं। पर प्रेम की कल्पना मात्र से भी सुख मिलता है, जैसे युवक या युवतियाँ जब एक दूसरे को जानते-पहचानते तक नहीं, तब भी किसी की एक अस्पष्ट सी कल्पना करके सुखी हो लेते हैं।

मनु का मन था विकल हो उठा संवेदन से खाकर चोट;
संवेदन ! जीवन-जगती को जो कटुता से देता घोट।

शब्दार्थ–संवेदन-बोध (Sensation) सहानुभूति प्राप्त करने की इच्छा। **कटुता**-पीड़ा।

अर्थ–कोई मेरे दुःख के प्रति भी सहानुभूति दिखाने वाला होता; इस चोट (अभाव के आघात) से मनु का मन व्याकुल हो गया। हमारे दुःख को बाँटने वाला कोई होता, यह भावना संसार में मनुष्य के जीवन को पीड़ा से पीस डालती है।

वि०–मनुष्य के दुःख का सबसे प्रमुख कारण यह है कि वह किसी न किसी के प्यार का भूखा है। यह प्यार मिलता नहीं, इसी से जीवन में मधुरता का अभाव है।

"आह ! कल्पना का सुन्दर यह जगत मधुर कितना होता!
सुख-स्वप्नों का दल छाया में पुलकित हो जगता-सोता।

शब्दार्थ–स्वप्न-कल्पना। **दल**-समूह। **छाया**-हृदय के भीतर। **पुलकित**-प्रसन्न।

अर्थ–यदि केवल कल्पना से काम चल जाता तो यह संसार बड़ा सुन्दर होता, बड़ा मधुर होता। उस दशा में प्रसन्नता प्रदान करने वाली सुख की कल्पनाएँ हृदय के भीतर उठतीं और विलीन हो जातीं। कोई बाधा न होती।

वि०–जीवन में केवल कल्पना से काम नहीं चलता, यही तो दुःख है। प्रेम की इच्छा होती है कोई पास बैठे, कोई बात करे, कोई अपने हाथ से खिलावे। कोई कल्पना में बैठ जाय, कल्पना में बातें कर जाय, कल्पना में खिला जाय, इतने से तो मन तुष्ट नहीं होता।

संवेदन का और हृदय का यह संघर्ष न हो सकता;
फिर अभाव असफलताओं की गाथा कौन कहाँ बकता!

शब्दार्थ–संवेदन-इंद्रिय बोध, चेतना, प्रेम प्राप्ति। **संघर्ष**-विरोध। **गाथा**-कहानी। **बकता**-व्यर्थ सुनाता।

अर्थ–प्रेम प्राप्ति का यदि हृदय से विरोध न होता, तो पृथ्वी में कहीं कोई अपने अभाव और असफलताओं की कहानियाँ व्यर्थ न सुनाता।

वि०–हृदय चाहता है प्रेम। प्रेम मिलता नहीं। यही विरोध है। यहाँ संवेदन, 'संवेदना' या गहरी सहानुभूति के अर्थ में प्रयुक्त हुआ है।

'बकने' शब्द का भाव यह है कि हम अपनी निराशा की कहानी सुना रहे हैं, पर ध्यान देकर कोई उसे सुनता नहीं। उसे सुनना न सुनना बराबर है।

कब तक और अकेले ? कह दो हे मेरे जीवन बोलो?
किसे सुनाऊँ कथा ? कहो मत अपनी निधि न व्यर्थ खोलो!

शब्दार्थ–निधि-हृदय का भेद।

अर्थ–मनु कहने लगे–हे मेरे जीवन ! मैं कितने दिन तक अभी और अकेला रहूँगा, इस बात का उत्तर दो। अपने प्राणों की कहानी मैं किसे सुनाऊँ? अच्छा, मुझे चुप रहना चाहिये। अपने हृदय का भेद किसी को बताना ठीक नहीं। उससे कुछ लाभ नहीं।

रहीम ने कहा है–

रहिमन निज मन की व्यथा, मन ही रखिये गोइ।
सुनि इठिलैहैं लोग सब, बाँटि न लैहै कोइ।

"तम के सुन्दरतम रहस्य, हे कांति किरण रंजित तारा!
व्यथित विश्व के सात्विक शीतल बिंदु, भरे नव रस सारा।

शब्दार्थ–तम-अंधकार। **रहस्य**-आश्चर्य। **कांति किरण रंजित**-शोभा की किरणों से युक्त, आभाभरा। **व्यथित**-ताप दग्ध। **सात्विक**-शांत, निर्विकार।

अर्थ–हे आभा भरे तारे, तुम अंधकार का सबसे रम्य आश्चर्य हो। अर्थात् इस अंधकार में ऐसा उजला तारा कहाँ से आता है यह एक बहुत बड़े आश्चर्य की बात है। तुम नवीन रस से पूर्ण ऐसी बूँद हो जो दुखी संसार को थोड़ी निर्विकार शीतलता प्रदान करती है।

वि०–'व्यथित विश्व' को बाह्य और आंतरिक दोनों अर्थों में समझना चाहिए। जो संसार दिन में सूर्य के ताप से दग्ध था वह तारे की छाया में शीतलता प्राप्त करता है और जिनका मन दुखी है उन्हें भी उसके रम्य दर्शन से थोड़ी शांति मिलती है।

'बिंदु' शब्द की विशेषता यह है कि जहाँ तारा आकार में बूँद जैसा प्रतीत होता है वहाँ शीतलता का 'बिंदुमात्र' है। शीतलता का सागर तो चन्द्रमा है।

आतप तापित जीवन सुख की शांतिमयी छाया के देश,
हे अनंत की गणना देते तुम कितना मधुमय संदेश!

शब्दार्थ–आतप-गर्मी, दुःख। **जीवन**-जल, जिंदगी। **छाया का देश**-घनी शीतलता। **अनन्त**-असंख्य। **गणना**-गिनती।

अर्थ–हे तारे, जैसे तुम गर्मी से तप्त जल को शीतलता प्रदान करते हो, उसी प्रकार दुख से दग्ध जीवन को सुख और शांति की घनी शीतलता देते हो। गिनती में तुम असंख्य हो। तुम्हारे उदित होते ही विश्राम की बेला आती है; अतः तुम मधुरता सूचक हो।

आह शून्यते ! चुप होने में तू क्यों इतनी चतुर हुई?
इंद्रजाल जननी ! रजनी तू क्यों अब इतनी मधुर हुई?

शब्दार्थ–शून्यते-रात्रि। **रजनी**-रात। **इन्द्रजाल जननी**-जादूभरी।

अर्थ–हे शान्त रात्रि चुप रहने की यह भारी चतुराई तूने क्यों ग्रहण की है? जादूभरी रात, इन दिनों तू मुझे इतनी मधुर क्यों प्रतीत होती है?

वि०–चुप रहने से तो भेद नहीं खुलता, दूसरे आकर्षण बढ़ता है; इसी से चुप रहना

एक कौशल है। मनु रात से अनेक प्रश्न करते हैं, पर वह उत्तर नहीं देती। यदि वह अपना रहस्य खोल दे, तो फिर उसे पूछे कौन?

तारों भरी रात वैसे मधुर और जादूभरी प्रतीत होती है, पर यहाँ मधुरता तो मनु के मन में है; अतः रजनी उन्हें मधुर प्रतीत होती है।

"जब कामना सिंधु तट आयी ले संध्या का तारा दीप,
फाड़ सुनहली साड़ी उसकी तू हँसती क्यों अरी प्रतीप?

शब्दार्थ–कामना-अरुण संध्या। **सिंधु**-आकाश। **सुनहली साड़ी**-सुनहली आभा। **हँसती**-चाँदनी छिटकाती। **प्रतीप**-विपरीत आचरण।

अर्थ–प्रकृति पक्ष में–जब अरुण संध्या तारा रूपी दीपक को लेकर आकाश के समुद्र में उसे बहाने आती है, तब हे रजनी यह तेरा कैसा विपरीत आचरण है कि तू उस सुनहली आभा को चीर कर चाँदनी के रूप में हँसने लगती है।

वि०–स्त्रियाँ नदी या समुद्र में अपनी किसी इच्छा की पूर्ति के लिये दीपक चढ़ाने आती हैं।

किसी की साड़ी फाड़ डालना और फिर उसकी ओर देखकर खिलखिलाकर हँसने लगना कोई शिष्ट मनोविनोद नहीं है। वैसे यहाँ अरुण संध्या और रजनी दोनों रमणियाँ हैं। फिर भी मजाक की एक सीमा होती है।

कामना-इच्छा। **सिंधु**-हृदय। **संध्या**-धुँधला जीवन। **तारा**-आशा। **सुनहली साड़ी**-रम्य कल्पनाएँ। **हँसती**-उपहास करती। **प्रतीप**-विषमता।

अर्थ–हृदय पक्ष में–संध्या से धुँधले इस जीवन में तारा जैसी किसी आशा को जन्म देने वाली इच्छा जगती है। तभी उसकी रम्य कल्पना को चीरती हुई यह निराशा रूपी रजनी हमारी स्थिति का उपहास करने लगती है। यह कैसी विषमता है।

इस अनन्त काले शासन का वह जब उच्छृंखल इतिहास।
आँसू औ' तम घोल लिख रही तू सहसा करती मृदु हास।

शब्दार्थ–काले शासन-अत्याचार। **उच्छृंखल**-क्रूर। **आँसू**-तारा रूपी बूँदें। **मृदु हास**-चाँदनी के रूप में हँसती हुई।

अर्थ–जब संध्या कालिमा की स्याही को ताराओं के जल-बिंदुओं में घोलकर नियति के असंख्य अत्याचारों का क्रूर इतिहास लिखना प्रारम्भ करती है, तब हे रजनी, तू चाँदनी के रूप में मंद-मंद क्यों हँसने लगती है।

वि०–रजनी संध्या के व्यर्थ प्रयास पर मुस्काती रहती है। वह जानती है कि इस इतिहास को न कोई पढ़ने वाला है और न इतिहास के लिखने से नियति के अत्याचारों में कोई अंतर पड़ सकता है। पृथ्वी पर उसे जितना अत्याचार करना है, उतना करेगी ही।

विश्व कमल की मृदुल मधुकरी रजनी तू किस कोने से–
आती चूम-चूम चल जाती पढ़ी हुई किस टोने से।

शब्दार्थ–विश्व-संसार। **मृदुल**-कोमल। **मधुकरी**-भ्रमरी। **टोने**-जादू।

अर्थ–जिस प्रकार कोई कोमल भ्रमरी किसी कोने से आकर फूल को चूमती है और

उसे मोहित कर देती है, उसी प्रकार हे रात, यह तो बतला कि तू किस कोने से इस विश्व को चूमने आती है? तेरे चुम्बन से जगत निद्रामग्न होने लगता है; अतः ऐसा लगता है कि दूर कहीं बैठा कोई तेरे बहाने संसार को मोहित करने वाला टोना (जादू) पढ़ रहा है।

वि०–इस विस्तृत विश्व पर ऊपर से उतरती हुई श्यामा रजनी वास्तव में कमल पर भ्रमरी-सी प्रतीत होती है।

किस दिगंत रेखा में इतनी संचित कर सिसकी सी साँस,
यों समीर मिस हाँफ रही सी चली जा रही किसके पास।

शब्दार्थ–दिगंत रेखा-दिशा का कोना। **संचित**-एकत्र, इकट्ठी। **सिसकी**-आह। **समीर**-वायु। **मिस**-बहाने।

अर्थ–ठंडी हवा को चलते देख मनु कहने लगे–हे रात्रि, दिशा के किस कोने में इतनी आहभरी साँस तुमने एकत्र कर रखी थी, जो अब छोड़ रही हो? यह वायु नहीं चल रही, तुम तीव्र वेग से किसी से मिलने जा रही हो, अतः हाँफने लगी हो। बताओ तो किससे मिलना है?

विकल खिलखिलाती है क्यों तू? इतनी हँसी न व्यर्थ बिखेर;
तुहिन कणों, फेनिल लहरों में, मच जावेगी फिर अंधेर।

शब्दार्थ–विकल-जोर से। **तुहिन कण**-ओस की बूँद। **फेनिल लहरों**-झाग उठाने वाली समुद्र की तरंगों।

अर्थ–हे रात्रि, चाँदनी के रूप में तू इतने जोर से क्यों खिलखिला रही है? इतनी हँसी तू यूँ ही मत बिखेर। इससे ओस की बूँदों और झाग उठाने वाली समुद्र की तरंगों में आकुलता भर जाएगी।

वि०–प्रसिद्ध है कि चंद्रमा की किरणों को स्पर्श करते ही समुद्र उमड़ने लगता है। चाँदनी छाते ही ओस की बूँदें झलकती और काँपती दृष्टिगोचर होंगी मानो किरणों को परस कर वे भी सिहर उठी हों।

घूँघट उठा देख मुसक्याती किसे ठिठकती सी आती;
विजन गगन में किसी भूल सी किसको स्मृति पथ में लाती?

शब्दार्थ–घूँघट-चाँदनी का अवगुंठन। **ठिठकती**-रुक-रुक कर चलती। **स्मृति**-याद।

अर्थ–हे रात, वह कौन है जिसे देख इस चाँदनी के घूँघट को उठाती हुई, मुस्काती हुई, रुक-रुक कर तुम चल रही हो? तुम्हें ठिठकते देख ऐसा भी अनुमान होता है कि तुम इस सूने आकाश में घूमती हुई किसी भूली बात को फिर स्मरण करने के समान अपने किसी विस्मृत प्रेमी को याद करने का प्रयत्न कर रही हो। वह स्पष्टता से याद आता नहीं, इससे रुक-रुक कर बढ़ती हो।

वि०–प्रेमी को आसपास या प्रेमिकाओं के पैर लाख प्रयत्न करने पर भी शीघ्रता से नहीं उठते। सीता जी की दशा देखिए–

देखन मिस मृग, विहँग, तरु, फिरइ बहोरि-बहोरि।
देखि-देखि रघुवीर छवि, बाढ़इ प्रीति न थोरि।

कभी-कभी भूली बात लाख प्रयत्न करने पर भी स्मरण नहीं आती। उस समय मनुष्य की विचित्र गति हो जाती है । कभी वह उँगली से माथा रगड़ने लगता है, कभी घूमने लगता है, कभी चलते-चलते रुक जाता है ।

रजत कुसुम के नव पराग सी उड़ा न दे तू इतनी धूल;
इस ज्योत्स्ना की, अरी बावली तू इसमें जावेगी भूल।

शब्दार्थ–रजत कुसुम-चाँदी का फूल। **पराग**-पुष्परज। **ज्योत्स्ना**-चाँदनी। **भूल जाना**-खो जाना, मस्त हो जाना।

अर्थ–चन्द्रमा रूपी चाँदनी के फूल से नवीन पुष्प-रज-सी चाँदनी की इतनी धूलि, हे रात्रि, तू न उड़ा; नहीं तो हे बावली, औरों की बात तो दूर, स्वयं तू भी इसमें खो जाएगी अर्थात् हे रात्रि, यदि अधिक उजली चाँदनी तूने छितरायी, तो संसार तो क्या, उसके प्रभाव से तू भी मस्त हो जाएगी।

वि०–गाँव के शरारती बच्चे कभी-कभी किसी पथिक के आगे धूलि उड़ा देते हैं जिससे कुछ पल उसे पथ न दिखाई दे, पर वह धूलि यदि अधिक हुई तो उड़ाने वाला भी उसमें घिर जाता है।

पगली हाँ सम्हाल ले कैसे छूट पड़ा तेरा अंचल;
देख, बिखरती है मणिराजी अरी उठा बेसुध चंचल।

शब्दार्थ–मणिराजी-मणियों का समूह, तारे।

अर्थ–हे यौवन से मदमाती रात, तेरा आकाश रूपी अंचल कैसे खिसक गया? इसे सँभाल। इससे तारा रूपी मणियाँ गिर कर बिखर गई हैं। अरी मस्त, अरी चुलबुली, उन्हें तो समेट ले।

फटा हुआ था नील बसन क्या ओ यौवन की मतवाली!
देख, अकिंचन जगत लूटता तेरी छवि भोली भाली।

शब्दार्थ–बसन-वस्त्र। **अकिंचन**-दरिद्र।

अर्थ–हे यौवन से मदमत्त रात, तेरा नीला वस्त्र क्या स्थान-स्थान पर फटा हुआ है? ऐसा न होता तो साड़ी के उन फटे हुए अंशों के भीतर से तारों के रूप में तेरा गात कैसे दिखाई पड़ जाता? इतना तो समझ कि तुझे पता तक नहीं है और यह दरिद्र जगत् जिसने रम्य रूप के कभी दर्शन नहीं किए, तेरी भोली-भाली छवि को घूर-घूर कर ताक रहा है।

वि०–यदि किसी सुंदरी की नीली साड़ी कहीं फटी हो तो उसमें से होकर भीतरी अंग चमक उठेगा ही और जिस दरिद्र ने कभी रूप देखा ही नहीं, वह शिष्टता का ध्यान छोड़ उधर आँख फाड़ कर ताकने भी लगेगा।

फटे वस्त्र में से भीतरी अंग के दमकने और दिखाई पड़ने की कल्पना श्री मैथिलीशरण गुप्त ने एक भिन्न स्थिति में की है–

इसी समय पौ फटी पूर्व में, पलटा प्रकृति पटी का रंग,
किरण कंटकों से श्यामाम्बर फटा, दिवा के दमके अंग।

ऐसे अतुल अनंत विभव में जाग पड़ा क्यों तीव्र विराग?
या भूली सी खोज रही कुछ जीवन की छाती के दाग!

शब्दार्थ–अतुल-जिसकी समता न हो सके। **अनंत**-असीम, जिसका अन्त न हो। **विभव**-ऐश्वर्य। **जीवन की छाती**-जीवन का मध्य और मार्मिक अंश अर्थात् यौवन। **दाग**-आघातों के चिह्न।

अर्थ–रात्रि में उदासी की कल्पना करते हुए मनु कहते हैं–चाँदनी और तारागणों के रूप में तुम्हारा ऐसा ऐश्वर्य है कि न जिसकी कोई समता है और न जिसका कोई अंत। पर इससे तुम विरक्त क्यों हो? क्या तुम्हारे यौवन के दिनों में आघातों के जो चिह्न शेष रह गये हैं उन पर सोच-विचार करती हुई तुम सब कुछ भूल गयी हो?

"मैं भी भूल गया हूँ कुछ, हाँ स्मरण नहीं होता, क्या था
प्रेम, वेदना, भ्रांति या कि क्या? मन जिसमें सुख सोता था!

अर्थ–जैसे तू भूल गई वैसे ही अपने अतीत जीवन की घटनाओं को आज मैं भी भूल सा गया हूँ। स्मरण नहीं कि जिस भावना में डूबकर मेरा मन सुख की नींद में मग्न था वह प्रेम भावना थी, मधुर पीड़ा की स्थिति थी, मेरा भ्रम-मात्र था या और कोई ऐसी वृत्ति थी, जिसे मैं नाम नहीं दे पा रहा।

मिले कहीं वह पड़ा अचानक उसको भी न लुटा देना;
देख तुझे भी दूँगा तेरा भाग, न उसे भुला देना !"

शब्दार्थ–वह-सुख।

अर्थ–हे रजनी, तुम तो सभी स्थानों पर घूमती हो। अतः मेरा खोया सुख यदि तुम्हें कहीं अचानक पड़ा मिल जाय, तो उसे लापरवाही से फेंक मत देना। यदि तुमने उसे मुझे वापस ला दिया, तो उसका कुछ अंश मैं कृतज्ञता स्वरूप तुम्हें भी दे दूँगा। इतना तुम विश्वास रखना।

वि०–प्रलय में सब कुछ नष्ट होने पर मनु का सुख भी नष्ट हो गया। किसी नवीन प्रेमिका की प्राप्ति पर यदि वह सुख फिर लौट आया, तो जीवन मधुर हो जाएगा। उस दशा में उन दोनों की रातें प्यारी होंगी। रातें उनकी संगिनी होंगी। रातें फिर सूनी न रहेंगी। यह एक प्रकार से रातों को सुख का अंश देना हुआ।

आगे के सर्ग में मनु की प्रेयसी उनके निकट आती है और इस प्रकार उनकी कल्पना सत्य में परिणत होती है।

श्रद्धा

कथा–नित्य की भाँति एक दिवस मनु अपने विचारों में लीन बैठे हुए थे कि अकस्मात् किसी ने आकर पूछा : इस जनहीन प्रदेश को अपनी रूप-छटा से आलोकित करने वाले तुम कौन हो? इस मधुर वाणी को सुनते ही मनु ने जो दृष्टि उठाई तो देखा दीर्घ आकार की एक विलक्षण सौन्दर्य सम्पन्न बालिका उनके सामने खड़ी है। नील रोओं वाली भेड़ों के चिकने चर्म-खंडों से ढका उसका अर्द्धनग्न शरीर ऐसा लगता था कि जैसे काले बादलों के वन में बिजली के फूल खिल उठे हों और उसकी मुस्कान तो इतनी मधुर थी कि मनु देखते ही रह गये। यह श्रद्धा थी जिसका वास्तविक निवास-स्थान गांधार प्रदेश था। हिमालय के दर्शन के लिए वह घर से निकल पड़ी थी और एक वृक्ष के नीचे अन्न एकत्र देख उसने अनुमान किया था कि प्रलय होने पर भी कोई व्यक्ति इधर निकट में अभी जीवित है।

मनु ने कहा, "मैं एक अभागा व्यक्ति हूँ जिसके जीवन का कोई निर्दिष्ट लक्ष्य नहीं है। भाग्य अब मुझसे जो कराये वही करना होगा, और सच तो यह है कि प्राणी सब ओर से विवश है। संसार में कुछ भी तो स्थायी नहीं। मैंने अपनी आँखों ऐश्वर्य के शव पर विनाश का क्रूर नृत्य देखा है। मुझे निश्चय हो गया है कि जीवन का अन्त सदैव घोर निराशा में होता है।"

श्रद्धा बोली, "परिस्थितियों के चक्र में पिसकर कभी-कभी ऐसी अशुभ भावनाओं का उत्पन्न होना स्वाभाविक है; पर इन्हें पोषित करना अनुचित है। तुम्हारा अतीत दुःखमय रहा, यह सत्य है; पर तुम उसी प्रकार के भविष्य की व्यर्थ कल्पना किस आधार पर करते हो? वह सुखमय हो सकता है। जीवन का उद्देश्य निश्चित रूप से वैराग्य नहीं है। जब स्वयं भगवान रात-दिन सृष्टि के परिचालन में व्यस्त हैं; तब उन्हीं द्वारा निर्मित प्राणी कर्म-क्षेत्र से विमुख हो बैठे, यह तो समझ में नहीं आता। दुःख के रहस्य को तुमने समझा नहीं। वह मनुष्य को सहृदय बनाकर मनुष्य के निकट खींचता है। जीवन में यदि केवल सुख ही सुख होता, तो भी प्राणी उससे ऊब जाता। वस्तुओं के स्थायित्व को लेकर तुम क्या करोगे? जो वस्तु जीर्ण हो चुकी है, या जिसका उपयोग नष्ट हो चुका है उसे मिट जाने दो। परिवर्तन को नित्य नवीनता के रूप में देखो। सृष्टि विकासशीला है, इसी से वह दिन-प्रतिदिन एक से एक अच्छी वस्तु का निर्माण करती बढ़ रही है। एक जाति के मिटने पर दूसरी जाति के जन्म लेने का यही तात्पर्य है। कितनी सुन्दर, कितनी विभूतियों से भरी यह सृष्टि है! तुम मन में उत्साह भर कर इसका उपभोग करो। किसी का एकाकी जीवन कभी सफल नहीं रहा; अतः बिना किसी प्रकार की हिचक के तुम्हारे जीवन में सुख भरने के लिए मैं तुम्हारे साथ

आजीवन रहूँगी। देवताओं से अपने जीवन में भूलें हुई थीं। उनसे शिक्षा ग्रहण करनी चाहिए। मैं चाहती हूँ कि आगामी मानव जाति एक ऐसी मानव-संस्कृति की प्रतिष्ठा करे जिसमें संयम के साथ मन के सभी मनोविकारों के विकास के लिए पूर्ण अवकाश मिले। यह जाति सभ्य और शक्तिशालिनी हो, क्योंकि भगवान का स्पष्ट आदेश है–शक्तिशाली हो, विजयी बनो।''

''कौन तुम ? संसृति-जलनिधि तीर तरंगों से फेंकी मणि एक,
कर रहे निर्जन का चुपचाप प्रभा की धारा से अभिषेक?

शब्दार्थ–संसृति-संसार। **जलनिधि**-समुद्र। **तरंगों**-लहरों, आघातों। **मणि**-रत्न, भव्य पुरुष। **निर्जन**-सूनापन। **प्रभा**-कांति। **अभिषेक**-जगमगाना, शोभाशाली बनाना।

एक दिन मनु जब उदास बैठे थे किसी ने आकर पूछा–

अर्थ–जिस प्रकार लहरें समुद्र के तल से मणि को निकाल कर तट पर पटक देती हैं, उसी प्रकार सांसारिक आघातों से ठुकराये हे भव्य पुरुष, तुम कौन हो? जैसे वह मणि अपनी कांति की किरणों से सूनेपन को जगमगा देती है, उसी प्रकार तुम भी चुप-चाप बैठे इस जनहीन स्थान को अपनी सुन्दरता की छटा से शोभाशाली बना रहे हो।

वि०–राजा को सिंहासन पर बिठाते समय कर्मकाण्डी ब्राह्मण मांगलिक मन्त्र पढ़ते हुए उसके शरीर पर जल के छींटे मारते हैं। इसे अभिषेक कहते हैं। यहाँ 'निर्जन' सम्राट् है, 'प्रभा की धारा' अभिषेक का जल, मनु जल के छींटे देने वाले। यह दूसरी बात है कि इस दृश्य को देखने के लिए भीड़ उपस्थित नहीं। इसी से यह अभिषेक कर्म चुप-चुप हो रहा है।

मधुर विश्रांत और एकांत–जगत का सुलझा हुआ रहस्य,
एक करुणामय सुन्दर मौन और चंचल मन का आलस्य!''

शब्दार्थ–विश्रांत-विश्राम की स्थिति में, शान्त। **रहस्य**-भेद। **मौन**-चुप।

अर्थ–तुम्हारी आकृति से मधुरता टपकती है और कुछ ऐसे निश्चित भाव से तुम इस एकान्त में बैठे हो जैसे संसार के रहस्य को तुमने पूर्ण रूप से समझ लिया हो ! तुम्हारे मौन (चुप रहने) से जहाँ तुम्हारी बाहरी सुन्दरता का पता चलता है, वहाँ यह भी झलकता है कि तुम्हारा हृदय करुणा (कोमलता) से भरा है और तुम्हारे मन की सारी चंचलता शान्त हो गयी है।

वि०–मन को अशान्त रखने वाले दो कारण हैं–लोक में नारी के रूप का आकर्षण जो मन को चंचल रखता है और अध्यात्म के क्षेत्र में इस तत्व की जिज्ञासा कि यह संसार क्या है? इसकी उत्पत्ति क्यों हुई? आदि। जब रूपासक्ति मिट जाती है और अपने तथा सृष्टि के स्वरूप का ज्ञान प्राणी को हो जाता है, तब एक अपूर्व शान्ति की उपलब्धि उसे होती है। यहाँ मनु के मुख पर शान्ति की झलक पा यह समझ लिया गया है कि इसका मन अचंचल है और तत्व-ज्ञान इसे हो चुका है।

सुना यह मनु ने मधु गुंजार मधुकरी का सा जब सानंद,
किये मुख नीचा कमल समान प्रथम कवि का ज्यों सुन्दर छंद;

शब्दार्थ–मधु गुंजार-मधुरवाणी। **मधुकरी**-भ्रमरी। **प्रथम कवि**-वाल्मीकि।

अर्थ–ग्रीवा झुकाये कमल के समान कोमल मुख की यह वाणी मनु ने प्रसन्न होकर सुनी। उसमें भ्रमरी के गान जैसी मिठास थी और वह अनायास वैसे ही निकल पड़ी थी जैसे एक दिन वाल्मीकि के मुख से कविता का प्रथम सुंदर छंद निकल पड़ा था।

वि०–मुख को जब कमल माना है तो उसकी वाणी को भ्रमरी की गूँज मानना ही उपयुक्त है।

वाल्मीकि की काव्य-रचना के मूल में यह प्रसिद्ध है कि एक दिन उन्होंने क्रोच के क्रीड़ाशील जोड़े में से एक को किसी व्याघ्र के वाण से आहत होकर पृथ्वी पर गिरते देखा। करुणा से उनका हृदय भर आया और उन्होंने जो शाप उस समय उस बधिक को दिया, वह काव्य बन कर अनुष्टुप छंद के रूप में प्रकट हुआ। वह छंद था-

मा निषाद ! प्रतिष्ठां त्वममः शाश्वती समाः।
यत्क्रोंचमिथुनादेकमबधीः काममोहितम् ।।

वैसे हमारे आदि ग्रंथ वेद भी छंद-बद्ध हैं, पर वे विचरण से भरे पड़े हैं। वाल्मीकि की रामायण लौकिक छंदों में भावपूर्ण (रसात्मक) रचना होने के कारण आदि महाकाव्य कहलाती है। रामायण उपर्युक्त घटना का ही जैसे परिवर्तित विस्तार है। रावण रूपी बधिक ने क्रौंच-क्रौंचों के समान राम-सीता को एक दूसरे से पृथक कर दिया।

वाल्मीकि के प्रसंग में भी, और यहाँ भी, वाणी सहानुभूति के कारण अनायास ही निःसृत हुई। इससे पता चलता है कि भावनाओं का विस्तार पीड़ा में ही अच्छा होता है।

एक झिटका सा लगा सहर्ष, निरखने लगे लुटे से, कौन–
गा रहा यह सुन्दर संगीत? कुतूहल रह न सका फिर मौन।

शब्दार्थ–झिटका-धक्का। **लुटे से**-आकर्षित होकर। **कुतूहल**-उत्सुकता।

अर्थ–मनु के मन में प्रसन्नता का एक धक्का सा लगा अर्थात् इन शब्दों ने मनु को सहसा प्रसन्न कर दिया। जैसे कोई किसी की मूल्यवान् वस्तु को लेकर भागा जा रहा हो, वैसे ही मनु को लगा कि उनके हृदय को कोई खींच रहा है; अतः आकर्षित होकर उन्होंने इधर-उधर दृष्टि डाली। उन्होंने जानना चाहा, यह मधुर वाणी किसकी है? अपने मन की इस उत्सुकता को वे अधिक समय तक दबाए न रह सके।

और देखा वह सुन्दर दृश्य नयन का इंद्रजाल अभिराम;
कुसुम-वैभव में लता समान चंद्रिका से लिपटा घनश्याम।

शब्दार्थ–इन्द्रजाल-जादू। **अभिराम**-मोहक। **कुसुम-वैभव**-फूलों से भरी।

अर्थ–उन्होंने ऐसी सुन्दर मूर्ति देखी जो आँखों पर मोहक जादू डाल रही थी-आँखों को बड़ी आकर्षक लगती थी। उसका गात ऐसा था जैसे फूलों से भरी कोई लता हो या फिर कोई श्याम बादल, जो चाँदनी से घिरा हो।

वि०–'चंद्रिका से लिपटा घनश्याम' से यह भ्रम न होना चाहिए कि 'प्रसाद' की श्रद्धा श्याम वर्ण की थी। नीले रोम वाले चर्म-खंडों से उसका शरीर ढका था, इसी से 'घनश्याम' शब्द लाये गये हैं। आगे की पंक्तियों में ही उसके शरीर को 'बिजली का फूल'

बतलायेंगे।

हृदय की अनुकृति वाह्य उदार एक लम्बी काया, उन्मुक्त;
मधु पवन क्रीड़ित ज्यों शिशु साल सुशोभित हो सौरभ संयुक्त।

शब्दार्थ–अनुकृति-किसी वस्तु जैसा होना, अनुकरण, अनुसार। **काया**-शरीर। **उन्मुक्त**-खुला हुआ, सरल और संकीर्णता रहित। **साल**-शाल वृक्ष। **सौरभ**-सुगंध, गुण।

अर्थ–उसके उदार हृदय जैसा ही उसका बाहरी शरीर था। यदि शरीर लंबा था तो हृदय भी विशाल था, यदि शरीर खुला हुआ था तो हृदय भी सरल और संकीर्णता-रहित था। जैसे कोई छोटा-सा शाल वृक्ष जिससे गंध फूट रही हो सरस पवन के झोंकों से झूमता हुआ प्यारा लगता है, वैसे ही उस शरीर से भीनी गंध आ रही थी और लावण्य (मधुरता) से युक्त होने के कारण-वह शोभाशाली प्रतीत होता था।

वि०–श्रद्धा के सम्बन्ध में भी शाल के ही समान 'मधु पवन क्रीड़ित' का अर्थ यह भी हो सकता है कि मधुर पवन उसके अंगों से अठखेलियाँ कर रहा था और 'हृदय की अनुकृति बाह्य' को अधिक खींचे, तो श्रद्धा के हृदय को लेकर 'मधु पवन क्रीड़ित' का अर्थ होगा–उसके हृदय के मधुर भाव लहरा रहे थे तथा वह हृदय अनेक गुणों का भंडार था।

मसृण गांधार देश के, नील रोम वाले मेषों के चर्म,
ढक रहे थे उसका वपु कांत बन रहा था वह कोमल वर्म।

शब्दार्थ–मसृण-चिकने। **गांधार**-कंधार देश। **मेषों**-भेड़। **चर्म**-चमड़ा। **वपु**-शरीर। **कांत**-सुन्दर। **वर्म**-आवरण।

अर्थ–गांधार प्रदेश की चिकने नीले रोओं वाली भेड़ों के चर्म से उसका आभायुक्त शरीर ढका था। उसके शरीर पर चर्म के वे टुकड़े ही कोमल आवरण (वस्त्र) का काम दे रहे थे।

'वह कोमल वर्म' में एक वचन है और 'मेषों के चर्म ढक रहे थे' में चर्म बहुवचन है। 'वह' मेषों के चर्म के लिये आया है; अतः व्याकरण की दृष्टि से यहाँ वचनदोष है।

नील परिधान बीच सुकुमार खुल रहा मृदुल अधखुला अंग,
खिला हो ज्यों बिजली का फूल मेघ बन बीच गुलाबी रंग।

शब्दार्थ–परिधान-आवरण, वस्त्र। **मृदुल**-कोमल। **मेघ बन**-बादलों के वन में।

अर्थ–उस नीले आवरण में उसका सुकुमार कोमल शरीर यहाँ-वहाँ से खुला हुआ इस प्रकार शोभित था जैसे बादलों के वन में गुलाबी रंग के बिजली के फूल खिल रहे हों।

वि०–यहाँ 'नीले रोओं वाले चर्म-खंडों' के लिये 'बादल' और उससे अनावृत–जैसे ग्रीवा के नीचे या नाभि के आस-पास के अंग के लिए 'बिजली के फूल' आया है। श्रद्धा ने कंधों, वक्ष और कटिप्रदेश को ही केवल ढका होगा। यह कल्पना कितनी रम्य है ।

आह! वह मुख! पश्चिम के व्योम–बीच जब घिरते हों घनश्याम;
अरुण रवि मंडल उनको भेद दिखाई देता हो छविधाम।

शब्दार्थ–व्योम-आकाश। **अरुण**-लालिमायुक्त।

अर्थ–और उस सुन्दर मुख का वर्णन मैं कैसे करूँ? संध्या समय पश्चिम के आकाश में जब काले बादल घिर आते हैं और उन्हें चीरता हुआ लालिमा से युक्त सूर्यमण्डल झाँकता हुआ जैसा शोभाशाली प्रतीत होता है, वैसा ही वह था।

वि०–यहाँ मुख के लिये 'अरुण रवि' और श्रद्धा के काले बालों के लिये 'घनश्याम' का प्रयोग हुआ है।

या कि, नव इन्द्र नील लघु शृंग फोड़ कर धधक रही हो कांत;
एक लघु ज्वालामुखी अचेत माधवी रजनी में अश्रांत।

शब्दार्थ–**इंद्रनील**-नीलम। **शृंग**-चोटी। **माधवी रजनी**-बसंत की रात। **अश्रांत**- निरन्तर।

अर्थ–अथवा नीलम के उस छोटे से ज्वालामुखी पर्वत की चोटी पर जो अभी उमड़ने वाला नहीं, वसंत की रात में जैसे सुन्दर लपटें भीतर से फूट-फूटकर धधकती हैं, वैसी ही उस मुख की शोभा थी।

वि०–श्रद्धा की अवस्था थोड़ी है, इसी से उसे छोटा सा पर्वत कहा। नील परिधान से उसका शरीर ढका है, इसी से उस पर्वत को नीलम का बताया। चोटी शब्द का प्रयोग उसके कन्धे से ऊपर के भाग के लिये किया। श्रद्धा का यौवन-काल है, इसी से उस पर्वत को बसंत की रात में धधकते देखा। ज्वालामुखी की कान्त लपटों को उसके मुख की आभा बताया। पर श्रद्धा ने अभी कहीं प्रेम नहीं किया है यही कारण है कि उसके अन्तर के ज्वालामुखी (उद्दाम भावनाओं) को अचेत या सुप्त दिखलाया।

घिर रहे थे घुँघराले बाल अंस अवलंबित मुख के पास,
नील घन-शावक से सुकुमार सुधा भरने को विधु के पास।

शब्दार्थ–**अंस**-कंधा। **अवलंबित**-लटके हुए। **घन शावक**-छोटे बादल। **विधु**-चंद्रमा।

अर्थ–कंधों तक लटकने वाले उसके घुँघराले बाल मुख के पास घिर आये थे। उन्हें देखकर ऐसा लगता था मानो काले सुकुमार मेघ-खण्ड चन्द्रमा के निकट अमृत पान करने आये हों।

वि०–यहाँ 'घुँघराले श्याम बालों' के लिये 'नील घन शावक', 'मुख' के लिये ' विधु' और उस मुख की मधुरता के लिये 'सुधा' शब्द का प्रयोग हुआ है।

काव्य में नीले और काले रंग में प्रायः अन्तर नहीं मानते।

और उस मुख पर वह मुस्क्यान! रक्त किसलय पर ले विश्राम
अरुण की एक किरण अम्लान अधिक अलसाई हो अभिराम।

शब्दार्थ–**रक्त**-लाल। **किसलय**-कोंपल, नवीन कोंपल, पत्ती। **अरुण**-प्रभातकालीन सूर्य। **अम्लान**-उज्ज्वल। **अभिराम**-रम्य, सुन्दर।

अर्थ–और उस पर मंद हास्य ऐसा लगता था मानो लाल कोंपल पर प्रभातकालीन सूर्य की कोई उज्ज्वल किरण लेटी हुई रम्य प्रतीत होती हो।

वि०–यहाँ अरुण अधर के लिए रक्त किसलय और मुस्कान की रेखा के लिए उज्जवल किरण का प्रयोग हुआ है। ऐसी कल्पना तो कोई सामान्य कवि भी कर लेता है। पर जैसे शयन करती कोई गौरवर्णी कोमलांगी रमणी आकर्षक लगती है, उसी प्रकार प्रसाद

ने किसलय पर उजली किरण को अलसाते देखा है और इधर अधर पर मुस्कान को रुकते।

नित्य यौवन छवि से हो दीप्त विश्व की करुण कामना मूर्त्ति;
स्पर्श के आकर्षण से पूर्ण प्रकट करती ज्यों जड़ में स्फूर्त्ति।

शब्दार्थ–दीप्त-झलकना। **कामना**-भावना। **मूर्ति**-मूर्तिमती, सजीव। **स्पर्श**-छूना। **स्फूर्ति**-चेतना।

अर्थ–उस रमणी को देखकर ऐसा लगता था जैसे सारे संसार की करुण-भावना ने ही शरीर धारण कर लिया है और यौवन की जो शोभा उस पर आज झलक रही है वह सदैव ऐसी ही बनी रहेगी। उसे देखकर ऐसा मोह मन में जगता था कि इसे कैसे छू लें। वह इतनी सुन्दर थी कि जड़ वस्तुओं में भी चेतना जगा सकती थी।

वि०–मुस्कान का प्रसंग चल रहा है। खींचातानी से अर्थ उस ओर भी लगाया जा सकता है। पर ऐसा लगता है जैसे कवि की दृष्टि श्रद्धा के शरीर के अपूर्व लावण्य की ओर एक बार फिर जा पड़ी है।

उषा की पहिली लेखा कांत, माधुरी से भीगी भर मोद;
मद भरी जैसे उठे सलज्ज भोर की तारक द्युति की गोद।

शब्दार्थ–लेखा-किरण। **माधुरी**-मधुरता। **मोद**-आनन्द।

अर्थ–प्रभातकालीन तारे के शान्त प्रकाश की गोद में मधुरता में डूबी, प्रसन्नता से परिपूर्ण, मस्ती भरा, लज्जा से युक्त जैसे उषा की प्रथम रम्य किरण उठती है, वैसे ही शान्त मुख पर मधुर, प्रसन्न, मस्त लजीली मुस्कान छा रही है।

वि०–'भोर' पुल्लिग में है और 'उषा की लेखा' स्त्रीलिंग में। अतः प्रकृति के इस दृश्य के पीछे जीवन का वह दृश्य भी छिपा है जो प्रभात के आगमन पर किसी लजीली नायिका के अपने प्रियतम की गोद में से उठने पर सामने आता है। मधुरता, मोद और मद जैसे संतुष्ट पलों के विशेषण हैं। कवि ने इसी से जान-बूझकर गोद शब्द का प्रयोग किया है।

कुसुम कानन-अंचल में मंद पवन प्रेरित सौरभ साकार,
रचित परमाणु पराग शरीर खड़ा हो ले मधु का आधार।

शब्दार्थ–कानन-अंचल-वन खंड। **पवन प्रेरित**-पवन के चलने से। **सौरभ**-गंध। **साकार**-दिखाई देना। **मधु**-मकरन्द, रस।

अर्थ–किसी वनखंड में जहाँ पुष्प उगे हों, मंद पवन के चलने से गंध की ऐसी लहर उत्पन्न हो जो मकरंद से भीगे पराग के कणों से युक्त होने के कारण दिखाई देने लगे।

नोट–भाव आगे के छंद में पूरा होगा।

और पड़ती हो उस पर शुभ्र नवल मधु-राका मन की साध;
हँसी का मद विह्वल प्रतिबिम्ब मधुरिमा खेला सदृश अबाध!

शब्दार्थ–शुभ्र-उजली। **नवल**-नवीन। **मधुराका**-वसंत ऋतु की पूर्णिमा की चाँदनी रात। **मन की साध**-मन को प्रिय लगने वाली। **मद-विह्वल**-मस्त। **प्रतिबिंब**-आभा। **मधुरिमा**-मधुरता। **खेला**-खेल, क्रीड़ा। **अबाध**-निरन्तर।

अर्थ–और उस पर मन को प्रिय लगने वाली नवीन वसंत की पूर्णिमा की रात की

चाँदनी पड़ जाय। उस झलक में मकरन्द से सनी सुगंध की वह उज्ज्वल लहर जैसी लगती, वैसी ही उस रमणी के अधर पर रम्य क्रीड़ा करने वाली (मधुरता से मन्द-मन्द उठने वाली) मुस्कान की वह मस्त झलक थी।

वि०–श्रद्धा के अधर की मुस्कान रेखा का निर्माण कई वस्तुओं से हुआ है–(१) वह गंध की लहर थी (२) वह मकरंद से भीगी थी (३) वसंत की चाँदनी से वह धुली भी थी।

मुस्कान का रंग श्वेत माना जाता है, इससे उसे ज्योत्स्ना-स्नात रखा; पर श्रद्धा युवती है, इसलिये उस चाँदनी को वसंत की पूर्णिमा की चाँदनी माना, उसके मुख से गंध निकलती थी; अतः ओंठों पर मुस्कान को सुगन्धित रखा और रस तो उन अधरों में भरा हुआ ही था।

कहा मनु ने, ''नभ धरणी बीच बना जीवन रहस्य निरुपाय;
एक उल्का सा जलता भ्रांत, शून्य में फिरता हूँ असहाय।

शब्दार्थ–रहस्य-उलझन। **उल्का**-प्रज्ज्वलित, टूटा तारा। **भ्रांत**-भटकता हुआ।

अर्थ–मनु ने उत्तर दिया–इस आकाश और पृथ्वी के बीच मेरे जीवन की उलझन दूर होने का कोई उपाय नहीं है। जैसे टूटा हुआ तारा जलते-जलते सूने में बिना किसी आश्रय के भटकता फिरता है, उसी प्रकार मैं अपने दुःख की जलन को लेकर निर्जन में घूम रहा हूँ। सहारा देने वाला कोई भी नहीं।

शैल निर्झर न बना हतभाग्य, गल नहीं सका जो कि हिम खंड,
दौड़ कर मिला न जलनिधि अंक आह वैसा ही हूँ पाषंड।

शब्दार्थ–शैल-पर्वत। **हतभाग्य**-अभागा। **हिम खण्ड**-बर्फ। **जलनिधि**-समुद्र। **पाखंड**-अभागा जीवन।

अर्थ–मैं उस जड़ बर्फ के समान अभागा हूँ, जो न पिघलने के कारण पहाड़ी झरने का रूप नहीं धारण कर सका और इसी से जो दौड़ कर समुद्र की गोद में नहीं समा पाया।

वि०–पर्वत के अस्तित्व की सार्थकता है झरनों के रूप में पिघलने में, नहीं तो वह जड़ है। हिम की सार्थकता है नदी बनकर समुद्र की गोद में पहुँचने में, नहीं तो उसका होना न होना बराबर है। इसी प्रकार प्राणी के जीवन की पूर्णता है सहृदय होने और अपने प्रेमपात्र को प्राप्त करने में।

पहेली सा जीवन है व्यस्त उसे सुलझाने का अभिमान
बताता है विस्मृति का मार्ग चल रहा हूँ बन कर अनजान।

शब्दार्थ–व्यस्त-उलझनमय। **विस्मृत**-कुछ समझ में न आना। **चल रहा हूँ**-दिन काट रहा हूँ।

अर्थ–मेरा जीवन पहेली के समान उलझनमय है। उसे सुलझाने का प्रयत्न करता हूँ, तो कुछ भी समझ में नहीं आता। अतः बिना कुछ सोचे-समझे दिन काट रहा हूँ।

भूलता ही जाता दिन रात सजल अभिलाषा कलित अतीत;
बढ़ रहा तिमिर गर्भ में नित्य, दीन जीवन का यह संगीत।

शब्दार्थ–सजल अभिलाषा-सरस इच्छाएँ। **कलित**-सुन्दर। **अतीत**-पिछला जीवन। **तिमिर**

गर्भ-अँधेरी गुफा, निराशा का अँधेरा। **संगीत**-गान की तान।

अर्थ—मैं दिन-रात रसमयी इच्छाओं से युक्त सुन्दर अतीत को भूलता ही जा रहा हूँ। जैसे गान की तान अँधेरी गुफा में जितनी आगे बढ़ती है उतनी ही क्षीण होती जाती है, उसी प्रकार मेरे दुखी जीवन की आनन्दमय कल्पनाएँ धीरे-धीरे नित्य ही निराशा के अंधकार में मिटती जा रही हैं।

क्या कहूँ, क्या हूँ मैं उद्भ्रांत? विविर में नील गगन के आज
वायु की भटकी एक तरंग, शून्यता का उजड़ा सा राज।

शब्दार्थ—**उद्भ्रांत**-लक्ष्यहीन। **विवर**-अवकाश, खोखला।

अर्थ—जब मेरा जीवन लक्ष्यहीन है, तब मैं क्या बतलाऊँ कि मैं क्या हूँ? इस नीले आकाश के अवकाश (खोखले) में आज मैं हवा की लहर के समान भटकता फिरता हूँ। तुम मुझे किसी ऐसे उजड़े हुए राज्य के समान समझ लो जिसके चारों ओर सूनापन छा गया हो।

वि०—श्रद्धा ने आते ही प्रश्न किया था: कौन तुम? उसी का उत्तर मनु दे रहे हैं : क्या कहूँ, क्या हूँ मैं? अपने सम्बन्ध में थोड़ा पीछे कह आये हैं, आगे और भी कहेंगे।

एक विस्मृति का स्तूप अचेत, ज्योति का धुँधला सा प्रतिबिम्ब;
और जड़ता की जीवन राशि, सफलता का संकलित विलम्ब।

शब्दार्थ—**स्तूप**-टीला। **ज्योति**-प्रकाशयुक्त कोई पिंड जैसे सूर्य, चाँद आदि। **संकलित**-इकट्ठा। **संकलित विलम्ब**-देर में और देर।

अर्थ—मैं विस्मृति का एक चेतनाहीन टीला हूँ अर्थात् टीले के समान जड़ हूँ और सुन्दर भूतकाल की सब बातें भूल चुका हूँ। किसी प्रकाश-पिंड के आगे बादल इत्यादि के छाने से जैसे उसका धुँधला सा प्रतिबिंब पड़ता है वैसे ही मेरी गति समझो अर्थात् कीर्तिमान देवजाति का मैं क्षुद्र वंशज हूँ। मेरा जीवन जड़ता का ढेर है और उसके सफल होने में देर लग रही है अर्थात् सफलता नित्य दूर होती जा रही है।

"कौन हो तुम वसंत के दूत, विरस पतझड़ में अति सुकुमार।
घन तिमिर में चपला की रेख, तपन में शीतल मंद बयार।

शब्दार्थ—**वसन्त के दूत**-सुख की संभावना बँधाने वाले। **विरस पतझड़**-नीरस सूने जीवन में। **तपन**-ग्रीष्म काल।

अर्थ—यह सब कुछ तो हुआ, पर पतझड़ में वसन्त के आगमन के समान मेरे इस सूने नीरस जीवन में सुख की संभावना बँधाने वाले हे सुकुमार, तुम कौन हो? जैसे अंधकार में बिजली की रेखा चमक उठे, उसी प्रकार मेरे निराशा में एक आशा की कांति आज फूटी है। तुम्हें देखकर वैसी ही शांति मिली है जैसी ग्रीष्मकाल में मंद पवन के चलने से प्राप्त होती है।

नखत की आशा किरण समान हृदय की कोमल कवि की कांत—
कल्पना की लघु लहरी दिव्य कर रही मानस हलचल शांत !"

शब्दार्थ—**नखत**-तारिका। **कांत**-सुन्दर। **दिव्य**-पवित्र।

अर्थ–मेरे लिए तुम तारिका के समान उज्ज्वल आशा की किरण हो। तुम्हारे दर्शन से मन की हलचल उसी प्रकार शांत हो गई है जिस प्रकार किसी कोमल हृदय कवि के मन को किसी सुन्दर पवित्र कल्पना की एक छोटी सी लहर उठने से शान्ति मिलती है।

लगा कहने आगंतुक व्यक्ति मिटाता उत्कंठा सविशेष;
दे रहा हो कोकिल सानन्द सुमन को ज्यों मधुमय संदेशः–

शब्दार्थ–**आगंतुक**-आया हुआ। **उत्कंठा**-उत्सुकता। **सविशेष**-पूर्णरूप से। **मधुमय**-वसन्त के आगमन की। **संदेश**-सूचना।

अर्थ–जो प्राणी मनु के निकट आकर खड़ा हो गया था उसने मनु की उत्सुकता को मिटाने के लिए फिर कुछ कहना प्रारंभ किया। जैसे कोकिल प्रसन्न होकर पुष्प को वसन्त के आगमन की सूचना दे, उसी प्रकार उसकी वाणी ने मनु के आगामी जीवन में सुख की संभावना बँधायी।

वि०–'कोकिल' शब्द स्त्रीलिंग है, पर प्रसाद जी ने उसका प्रयोग सभी स्थानों पर पुल्लिग अथवा पुंस्कोकिल के अर्थ में करते हैं जैसे–

'आज इस यौवन के माधवी कुंज में कोकिल बोल रहा' (चन्द्रगुप्त नाटक)

यहाँ मनु से श्रद्धा की बातचीत चल रही है। पर प्रसाद ने इस ढंग से वर्णन किया है मानो कोई पुरुष बोल रहा हो जैसे-लगा कहने आगंतुक व्यक्ति। प्रसाद महिलाओं को भी कभी-कभी पुल्लिग में सम्बोधन करते हैं। यह ढंग उर्दू-काव्य का है जैसे–

उनके आने से जो, आ जाती है मुँह पर रौनक।
वे समझते हैं कि बीमार का हाल अच्छा है।

आँसू में उन्होंने यही किया है–

शशि मुख पर घूँघट डाले, अंतर में दीप छिपाए।
जीवन की गोधूली में, कौतूहल से तुम आए।

"भरा था मन में नव उत्साह सीख लूँ ललित कला का ज्ञान
इधर रह गंधर्वों के देश, पिता की हूँ प्यारी संतान।

शब्दार्थ–**ललित कला**-वास्तु (भवन-निर्माण), मूर्ति, चित्र, संगीत, काव्य कलाओं में से कोई। **गंधर्वों के देश**-गांधार प्रदेश में।

अर्थ–अपने पिता की मैं अत्यंत प्यारी पुत्री हूँ। मेरे मन में यह नवीन इच्छा जागी कि मैं गांधार प्रदेश में रहकर ललित कलाओं का अभ्यास करूँ।

घूमने का मेरा अभ्यास बढ़ रहा मुक्त व्योम-तल नित्य;
कुतूहल खोज रहा था व्यस्त हृदय सत्ता का सुन्दर सत्य।

शब्दार्थ–**मुक्त**-खुले हुए। **व्योम तल**-आकाश के नीचे। **कुतूहल**-विस्मय। **व्यस्त**-उलझन। **हृदय सत्ता**-मन।

अर्थ–इस खुले आकाश के नीचे मेरा घूमने का अभ्यास दिन प्रतिदिन बढ़ता ही चला गया। भ्रमण-काल में भिन्न-भिन्न दृश्यों को देखकर विस्मय उत्पन्न होता; अतः मन में उठी उलझन को सुलझाने के लिए मैं उन सुन्दर वस्तुओं के सत्य स्वरूप की जानकारी की खोज

में रहती थी।

दृष्टि जब जाती हिम गिरि ओर प्रश्न करता मन अधिक अधीर,
धरा की यह सिकुड़न भयभीत आह, कैसी है? क्या है पीर?

शब्दार्थ–हिम गिरि-हिमालय। **सिकुड़न**-सलवट। **पीर**-पीड़ा।

अर्थ–हिमालय की ओर जब मेरी आँखें उठतीं, तभी मन अधीर होकर मुझसे पूछता कि किस भय के कारण पृथ्वी के माथे पर यह सलवट (शिकन) पड़ी है? पृथ्वी के हृदय में भला ऐसी क्या पीड़ा है?

वि०–जब मनुष्य पीड़ित होता है और चिंता करता है तब उसके माथे पर शिकन आ जाती है। श्रद्धा हिमालय को पृथ्वी के ललाट की सलवट बतलाती है। यह एक अद्भुत कल्पना है।

मधुरिमा में अपनी ही मौन, एक सोया संदेश महान,
सजग हो करता था संकेत; चेतना मचल उठी अनजान।

शब्दार्थ–मधुरिमा-सुन्दरता। **सोया**-गुप्त। **सजग**-स्पष्ट रूप से। **चेतना**-भावना, मन। **मचल उठी**-आग्रह करने लगी। **अनजान**-भोली।

अर्थ–हिमालय मुझे स्पष्ट रूप से यह संकेत करता प्रतीत हुआ कि उसकी मौन सुन्दरता भगवान् का कोई महान् एवं गुप्त संदेश है। इस विचार के उठते ही मेरा भोला मन उसे अधिक निकटता से देखने लगा।

बढ़ा मन और चले ये पैर, शैल मालाओं का श्रृंगार;
आँख की भूख मिटी यह देख आह कितना सुन्दर सम्भार !

शब्दार्थ–श्रृंगार-रमणीयता। **आँख की भूख**-नेत्रों की तृष्णा। **सम्भार**-सामग्री, दृश्य।

अर्थ–मन में उत्साह के उठते ही मेरे पैर बढ़ चले। पर्वत की रमणीयता चोटियों में यह देखकर कि वहाँ अगणित सुन्दर दृश्य भरे हैं, मेरे नेत्रों की सारी तृष्णा पूरी हो गई।

एक दिन सहसा सिंधु अपार लगा टकराने नग तल क्षुब्ध;
अकेला यह जीवन निरुपाय आज तक घूम रहा विश्रब्ध

शब्दार्थ–क्षुब्ध-गरजता हुआ। **निरुपाय**-विवश। **विश्रब्ध**-चुपचाप, शान्त भाव से।

अर्थ–एक दिन अचानक सीमाहीन होकर समुद्र पर्वत के नीचे गरजता हुआ टकराने लगा। उसी समय से आज तक मैं विवश सी चुपचाप घूम रही हूँ।

यहाँ देखा कुछ बलि का अन्न भूत-हित-रत किसका यह दान!
इधर कोई है अभी सजीव, हुआ ऐसा मन में अनुमान।

शब्दार्थ–बलि-यज्ञ। **भूतरहित**-प्राणियों के कल्याण में रहने वाला।

अर्थ–यहीं निकट में मैंने यज्ञ से बचे अन्न को देखकर सोचा, प्राणियों के कल्याण के लिए यह दान किसने किया है? मन में ऐसा अनुमान उठा कि प्रलय द्वारा सब कुछ नष्ट होने पर भी इस ओर कोई व्यक्ति जीवित है अवश्य।

वि०–इस अन्न के सम्बन्ध में 'आशा' सर्ग में पहले ही कह आये हैं:–

अग्निहोत्र अवशिष्ट अन्न कुछ, कहीं दूर रख आते थे।
होगा इससे तृप्त अपरिचित, समझ सहज सुख पाते थे।

तपस्वी ! क्यों इतने हो क्लांत? वेदना का यह कैसा वेग?
आह ! तुम कितने अधिक हताश बताओ यह कैसा उद्वेग!

शब्दार्थ–**क्लांत**-हारे हुए। **वेदना**-पीड़ा। **वेग**-अधिकता। **हताश**-निराश। **उद्वेग**-अशांति।

अर्थ–हे तपस्वी ! तुम इतने हारे हुए से क्यों हो? इतनी अधिक पीड़ा किस बात से उत्पन्न हुई? तुम इतने निराश क्यों हो? अपनी अशांति का परिचय मुझे तो दो।

हृदय में क्या है नहीं अधीर, लालसा जीवन की निश्शेष!
कर रहा वंचित कहीं न त्याग तुम्हें, मन में धर सुन्दर वेश?

शब्दार्थ–**लालसा**-मोह। **निश्शेष**-बचा हुआ। **वंचित करना**-धोखा देना।

अर्थ–जो सभी को अधीर बनाये रखता है, जीवन का वह मोह क्या तुम्हारे हृदय में नहीं बचा? तुम्हारे मन का त्याग सुन्दर वेश धारण करके कहीं तुम्हें धोखा न दे रहा हो? अर्थात् तुम त्याग की ओर इसलिए विवश होकर तो नहीं गए कि तुम्हें अनुराग नहीं मिला?

दुःख के डर से तुम अज्ञात जटिलताओं का कर अनुमान,
काम से झिझक रहे हो आज, भविष्यत् से बन कर अनजान।

शब्दार्थ–**अज्ञात**-अपरिचित। **जटिलताओं**-झंझटों। **अनुमान**-कल्पना। **काम**-कर्मक्षेत्र। **झिझकना**-मुख मोड़ना।

अर्थ–तुम पहले से ही अपरिचित झंझटों की कल्पना करके उनसे उत्पन्न होने वाले दुःख से भयभीत हो गये हो और उसका परिणाम यह है कि आज कर्मक्षेत्र से मुख मोड़ बैठे हो। तुम नहीं जानते कि जिस भविष्य की तुम कल्पना कर रहे हो वह उससे भिन्न (सुखपूर्ण) भी हो सकता है।

कर रही लीलामय आनन्द, महाचिति सजग हुई सी व्यक्त,
विश्व का उन्मीलन अभिराम इसी में सब होते अनुरक्त!

शब्दार्थ–**लीलामय**-मायामय। **महाचित**-विराट् चेतना, भगवान। **सजग होना**-हृदय में भावना का जगना। **अभिराम**-सुन्दर।

अर्थ–आनन्द की सिद्धि के लिए ईश्वर के हृदय में एक दिन यह भावना जगी कि मैं (अनेक रूपों में) प्रकट हो जाऊँ। इसी से यह सुंदर संसार बना। यह सभी को प्यारा है।

वि०–संसार की सृष्टि के सम्बन्ध में हिंदुओं का यह विश्वास है कि निष्क्रिय ब्रह्म एक बार एकाकीपन के भार से अकुला उठा। उसने इच्छा की कि मैं एक से बहु हो जाऊँ–एकोऽहं बहुस्याम। अतः उसने अपनी मायाशक्ति से इस संसार को रच दिया। इससे यह सिद्ध होता है कि सृजन से आनंद की प्राप्ति होती है।

जब परमात्मा ही कर्म में लीन है, तब उसका बनाया हुआ मनुष्य कर्म से मुख मोड़ बैठे, यह समझ में नहीं आता।

यहाँ 'महाचिति' और 'आनंद' का प्रयोग करके ईश्वर के तीनों गुणों–सत, चित्, आनंद

का उल्लेख कर दिया गया है।

काम मंगल से मंडित श्रेय सर्ग, इच्छा का है परिणाम;
तिरस्कृत कर उसको तुम भूल बनाते हो असफल भवधाम।

शब्दार्थ–मंडित-युक्त। **श्रेय**-कल्याण। **सर्ग**-सृष्टि। **तिरस्कृत**-तिरस्कार, उपेक्षा। **भवधाम**-सांसारिक जीवन।

अर्थ–संसार तो तुम्हारी इच्छा पर निर्भर करता है-जैसा चाहोगे, वैसा वह बनेगा। शुभ कर्म करने से कल्याण छाता है। अतः वैराग्यवान् होने से तुम इच्छा (काम) का तिरस्कार करते हो और परिणाम यह होता है कि तुम्हारा सांसारिक जीवन असफल सिद्ध होता है।

वि०–श्रद्धा के अनुसार अनुरक्ति ही सुख का मूल है, विरक्ति नहीं।

"दुःख की पिछली रजनी बीच विकसता सुख का नवल प्रभात;
एक परदा यह झीना नील छिपाये है जिसमें सुख गात।

शब्दार्थ–पिछली-अंतिम, समाप्ति। **रजनी**-रात। **नवल**-नवीन। **झीना**-हल्का। **नील**-अंधकारपूर्ण। **गात**-शरीर।

अर्थ–रात के समाप्त होते-होते जैसे नवीन प्रभात फूटने लगता है; उसी प्रकार दुःख के जाते-जाते सुख प्रारम्भ हो जाता है। उषा का शरीर जैसे अंधकार के हल्के पट से ढका रहता है, उसी प्रकार दुःख के हल्के आवरण में सुख छिपा रहता है।

वि०–दुःख स्थायी नहीं है। उसकी एक अवधि है। उसके पश्चात् सुख अवश्य आता है। इस दृष्टि से दुःख से ही सुख का जन्म होता है। पर दुःख में ही सुख के छिपे रहने से ही मनुष्य उसे देख नहीं पाता। इसी से उसके ओझल रहने से वह घबरा उठता है।

जिसे तुम समझे हो अभिशाप, जगत की ज्वालाओं का मूल;
ईश का वह रहस्य वरदान कभी मत इसको जाओ भूल;

शब्दार्थ–अभिशाप-शाप। **ज्वालाओं**-कष्टों। **मूल**-कारण।

अर्थ–जिस दुःख को तुम अभिशाप और सांसारिक कष्टों का कारण समझते हो, स्मरण रखो वह भगवान का वरदान है। इस रहस्य को प्रत्येक प्राणी नहीं जानता।

वि०–यह दुःख के सुख-पक्ष की व्याख्या हुई।

विषमता की पीड़ा से व्यस्त हो रहा स्पंदित विश्व महान;
यही दुख सुख विकास का सत्य यही भूमा का मधुमय दान।

शब्दार्थ–विषमता-सुख का सदा न रहना, दुःख। **व्यस्त**-घबराना। **स्पंदित**-सहृदय, सहानुभूतिपूर्ण। **भूमा**-भगवान।

अर्थ–यह विशाल विश्व दुःख से उत्पन्न होने वाली पीड़ा से घबरा कर ही सहृदय बना है–जिसने स्वयं पीड़ा सही है वही दूसरे के दुःख को समझ सकता है। सत्य बात यह है कि दुःख ही मनुष्य के सुख और उसकी उन्नति का कारण है। अतः दुःख प्राणी को भगवान् का वह दान है जो जीवन में मधुरता लाता है।

वि०–'यही' शब्द के प्रयोग से पता चलता है कि किसी वस्तु पर जोर दिया जा रहा है। वह दुःख है।

दुःख मनुष्य के हृदय को कोमल, उदार और विशाल बना कर उसे इस ओर प्रवृत्त करता है कि दूसरों के दुःख में हाथ बँटावे और लोक में सुख का विधान करे। इस दृष्टि से दुःख का एक मंगलमय रूप भी होता है।

नित्य समरसता का अधिकार, उमड़ता कारण जलधि समान;
व्यथा से नीली लहरों बीच बिखरते सुख मणि गण द्युतिमान!"

शब्दार्थ–समरसता-द्वन्द्व का अभाव, निर्विकार भाव। **अधिकार**-स्थिति। **कारण**-जिससे कुछ उत्पन्न हो, सृजन का मूल, ब्रह्म। **व्यथा से**-वेदना के कारण। **द्युतिमान**-प्रकाशमय।

अर्थ–मान लो यह सब कुछ निर्विकार स्थिति में हो जाय, तब भी उससे उकता कर इसके सृष्टा (ब्रह्म) का हृदय अपनी अभिव्यक्ति के लिए उमड़ेगा।

और तब जैसे शांत समुद्र में पवन की प्रेरणा से उमड़ने वाली लहरों के बीच तल से निकलकर प्रकाशमयी मणियाँ चमकने लगती हैं, वैसे ही सृजन की वेदना से उत्पन्न सृष्टि में दुःख की परतों के बीच सुख के सुंदर पल झलमलाते दिखाई देंगे।

वि०–(१) श्रद्धा का सारा प्रयत्न यह है कि दुःख के प्रति मनु का दृष्टिकोण बदल दे।

(२) छंद में 'प्रसाद' ने 'व्यथा से' लिखा है, 'व्यथा-सी नीली लहरें नहीं, अतः यहाँ उपमा नहीं है।

लगे कहने मनु सहित विषादः–"मधुर मारुत से ये उच्छ्वास
अधिक उत्साह तरंग अबाध उठाते मानस में सविलास।

शब्दार्थ–मारुत-पवन। **उच्छ्वास**-बातें। **अबाध**-निरंतर। **सविलास**-सरस, सुख की।

अर्थ–मनु ने दुःख की साँस लेकर कहा–तुम्हारी मधुर बातें मेरे मन में सुख और उत्साह के बहुत से भाव उसी प्रकार उठा रहीं हैं जैसे पवन के चलने से मानसरोवर में लहरें निरन्तर उठती रहती हैं।

किंतु जीवन कितना निरुपाय! लिया है देख नहीं संदेह,
निराशा है जिसका परिणाम, सफलता का वह कल्पित गेह।"

शब्दार्थ–निरुपाय-विवशतापूर्ण। **परिणाम**-अन्त। **कल्पित गेह**-कल्पना गृह।

अर्थ–परन्तु मनुष्य का जीवन अत्यन्त विवशतापूर्ण है, इसमें मुझे कुछ भी सन्देह नहीं रहा। प्रलय के दिनों में मैं यह देख चुका हूँ। जीवन सफलता का कल्पना-घर है अर्थात् जीवन में सफलता प्राप्त करना कल्पना मात्र है–सफलता प्राप्त हो ही नहीं सकती। उसका अन्त निराशा में होता है।

कहा आगंतुक ने सस्नेहः–"अरे तुम इतने हुए अधीर!
हार बैठे जीवन का दाँव, जीतते मर कर जिसको वीर।

शब्दार्थ–आगंतुक-आया हुआ। **अधीर होना**-घबराना। **जीवन का दाव**-जीवन का अवसर, जीवन। **मरकर**-मृत्यु की चिन्ता न करके।

अर्थ–उस आये हुए प्राणी (श्रद्धा) ने स्नेह में भरकर कहा–अरे तुम तो यहाँ तक घबरा गये कि जिस जीवन की रक्षा वीर लोग मृत्यु की चिंता न करके करते हैं, उससे तुम निराश हो बैठे हो।

वि०–यहाँ जीवन का चित्र कवि ने जुए के खेल के रूप में अंकित किया है। संसार जुआ-घर है, मनुष्य खिलाड़ी, जीवन धन। जो निर्भीक होकर खेलता है वह जीतता है, जो हताश हो जाता है वह हार जाता है।

तप नहीं केवल जीवन सत्य करुण यह क्षणिक दीन अवसाद;
तरल आकांक्षा से है भरा सो रहा आशा का आह्लाद।

शब्दार्थ–**तप**-संसार से विरक्ति। **जीवन**-संसार में लीन रहना। **करुण** (Pitiable)-अशुभ। **क्षणिक**-थोड़ी देर रहने वाला अस्थायी। **तरल**-स्वस्थ, चंचल। **आशा का आह्लाद**-आनन्द देने वाली आशा।

अर्थ–संसार से विरक्त होना ठीक नहीं, उसमें लीन रहना ही ठीक है। दीनता से भरे शोक का भाव जो बीच-बीच में थोड़ी देर के लिये उठता है, वह तो बड़ा अशुभ है। इस हृदय में स्वस्थ इच्छाओं से पूर्ण आनन्द देने वाली आशाएँ छिपी पड़ी हैं। उन्हें उभारो।

प्रकृति के यौवन का श्रृंगार करेंगे कभी न बासी फूल;
मिलेंगे वे जाकर अति शीघ्र आह उत्सुक है उनकी धूल।

शब्दार्थ–**बासी**-जिसका उपयोग न हो रहा हो।

अर्थ–जिस प्रकार युवतियों का श्रृंगार बासी फूलों से नहीं होता और उस प्रकार के पुष्पों का उचित परिणाम जैसे धूल में मिल जाता है, इसी प्रकार प्रकृति के अपनी युवावस्था में बने रहने के लिये यह अत्यन्त आवश्यक है कि जिस वस्तु का उपयोग नहीं हो रहा है वह शीघ्र से शीघ्र धूल में मिल जाय अर्थात् नष्ट हो जाय।

वि०–मनु के हृदय में अनेक सन्देह हैं। पहला तो यह कि जीवन सत्य नहीं है। उस धारणा का श्रद्धा विरोध करती है। कहती है–'तप नहीं केवल जीवन सत्य।' मनु ने विनाश देखा है, उसके लिए उसका कहना है कि जिस वस्तु का उपयोग समाप्त हो गया, उसे कलेजे से चिपटाये रखने से क्या लाभ? तीसरा सन्देह परिवर्तन पर है। श्रद्धा का कहना है कि जिसे तुम परिवर्तन कहते हो, वह नित्य नवीनता है।

पुरातनता का यह निर्मोक सहन करती न प्रकृति पल एक;
नित्य नूतनता का आनंद किये है परिवर्त्तन में टेक।

शब्दार्थ–**पुरातनता**-प्राचीनता, वस्तु का उपयोगी न होना। **निर्मोक**-केंचुली। **टेक**-टिकना, रहना, छिपना।

अर्थ–प्राचीनता की केंचुली को प्रकृति एक पल भी नहीं सह सकती अर्थात् जहाँ वस्तु अनुपयोगी हुई कि उसने नष्ट किया। और जिसे तुम परिवर्तन कहते हो उसके अन्दर ही नित्य नवीनता का आनन्द छिपा है।

वि०–परिवर्तन का अर्थ है नवीनता। मनुष्य वृद्ध होकर मर जाता है, शिशु बनकर जन्म लेता है। पुरानी वस्तु टूट जाती है, नई बन जाती है। यह परिवर्तन न हो तो जीवन पहाड़ हो जाय, संसार भार हो जाय। टेनीसन का कहना है–

The old order changeth yielding place to new,
And God fulfils himself in many ways.

युगों की चट्टानों पर सृष्टि डाल पद-चिन्ह चली गंभीर;
देव, गंधर्व, असुर की पंक्ति अनुसरण करती उसे अधीर।

शब्दार्थ–पदचिह्न-छाप। **गंभीर**-गहरी, सँभल-सँभल कर। **अनुसरण**-पीछे चलना। **अधीर**-तीव्रता से।

अर्थ–जिस प्रकार कोई यात्री चट्टानों पर सँभल-सँभल कर चरण रखता है, उसी प्रकार यह सृष्टि प्रत्येक युग में अपनी गहरी छाप छोड़ती हुई आगे बढ़ रही है। देवता, गंधर्व और असुरों का समूह बड़ी तीव्रता से उधर जा रहा है जिधर वह ले जा रही है।

वि०–भाव यह है कि न देवता अमर हैं, न गंधर्व और न असुर। एक जाति के उपरान्त दूसरी जाति उत्पन्न होती है और नष्ट हो जाती है। प्रकृति अपना काम नवीन जाति को लेकर करती है। थोड़े दिनों में वह जाति भी पुरानी होकर नष्ट हो जाती है। फिर किसी नवीन जाति का जन्म होता है। इसी प्रकार सृष्टि का विकास सम्पन्न हो रहा है और समय बीत रहा है।

"एक तुम, यह विस्तृत भू खंड प्रकृति वैभव से भरा अमंद;
कर्म का भोग, भोग का कर्म यही जड़ का चेतन आनंद।

शब्दार्थ–विस्तृत-विशाल। **भूखंड**-पृथ्वी। **वैभव**-ऐश्वर्य। **अमंद**-स्थायी। **कर्म का भोग**-कर्मानुसार सुख दुःख की प्राप्ति। **भोग का कर्म**-भोगानुसार भाग्य निर्माण। **जड़**-प्रकृति। **चेतन**-चेतन प्राणी।

अर्थ–एक ओर तुम हो जो थके बैठे हो और दूसरी ओर यह विशाल भूमि है जो स्थायी प्राकृतिक ऐश्वर्य से परिपूर्ण है। पूर्व जन्म में जो मनुष्य जैसे शुभ अथवा अशुभ कर्म करता है उसका वैसा ही फल इस जन्म में भोगता है और इस जन्म में जैसा जीवन व्यतीत करेगा वैसा ही उसका आगामी भाग्य बनेगा। इस जड़ प्रकृति में चेतन प्राणी के सुख का विधान इसी नियम के अनुसार होता है।

अकेले तुम कैसे असहाय यजन कर सकते ? तुच्छ विचार!
तपस्वी ! आकर्षण से हीन कर सके नहीं आत्म विस्तार।

शब्दार्थ–यजन-जीवन यज्ञ। **आत्म विस्तार**-अपना विकास।

अर्थ–एकाकी जीवन व्यतीत करने का निश्चय क्या कोई अच्छा विचार है? अच्छा बतलाओ जीवन यज्ञ को बिना सहधर्मिणी की सहायता के तुम अकेले कैसे पूरा कर सकोगे? हे तप में लीन रहने वाले प्राणी, आकर्षण को परे फेंक कर अपनी आत्मा का विकास तुम नहीं कर सकते।

वि०–यज्ञ करने के लिए पति-पत्नी दोनों को बैठना पड़ता है। अश्वमेध यज्ञ के लिए जब राम बैठे तब सीता की अनुपस्थिति में उन्हें सोने की मूर्ति निकट रखनी पड़ी। जीवन भी एक यज्ञ है जो पति-पत्नी दोनों के सहयोग से पूरा होता है। जीवन का रथ एक पहिए के सहारे नहीं चल सकता।

यहाँ आत्मविचार का तात्पर्य सांसारिक उन्नति से है।

दब रहे हो अपने ही बोझ खोजते भी न कहीं अविलंब;
तुम्हारा सहचर बन कर क्या न उऋण होऊँ मैं बिना विलम्ब?

शब्दार्थ–बोझ-दुःख का भार। **अवलंब**-सहायक, सहारा। **सहचर**-जीवन संगिनी। **उऋण होना**-कर्तव्य की पूर्ति करना।

अर्थ–अपने दुःख का बोझ उठाना एक ओर तुम्हें भारी पड़ रहा है, दूसरी ओर तुम इस कष्ट निवारण के लिए किसी सहायक को नहीं खोज रहे। क्या मैं अब किसी प्रकार की व्यर्थ देर किये बिना तुम्हारी जीवन-संगिनी बन कर अपने कर्तव्य की पूर्ति नहीं कर सकती?

वि०–यहाँ भी प्रसाद ने अपने स्वभाव के अनुसार श्रद्धा के लिये सहचरी के स्थान पर 'सहचर' शब्द का प्रयोग किया है।

समर्पण लो सेवा का सार सजल संसृति का यह पतवार,
आज से यह जीवन उत्सर्ग इसी पद तल में विगत विकार।

शब्दार्थ–समर्पण-अपने को देना या सौंपना। **सजल संसृति**-संसार सागर। **उत्सर्ग**-न्यौछावर। **विगत विकार**-स्वार्थहीन, निष्काम भाव से।

अर्थ–तुम्हारी सेवाएँ करने के लिए मैं तुम्हें अपने को दिये डालती हूँ। मेरा यह आत्म-समर्पण संसार-सागर में बहने वाली तुम्हारी जीवन नैया के लिये पतवार के समान सिद्ध होगा। आज से तुम्हारे चरणों में मैं बिना किसी स्वार्थ-भावना के अपने जीवन को न्यौछावर कर रही हूँ।

दया, माया, ममता लो आज, मधुरिमा लो, अगाध विश्वास;
हमारा हृदय रत्न निधि स्वच्छ तुम्हारे लिए खुला है पास।

शब्दार्थ–माया-मोह। **रत्ननिधि**-रत्नों का भण्डार। **स्वच्छ**-निर्मल।

अर्थ–मेरा हृदय निर्मल भाव-रत्नों का भंडार है। वह अब तुमसे दूर नहीं है। उसमें से दया, मोह, ममता, माधुर्य, अटूट विश्वास जिसकी आवश्यकता हो, प्राप्त कर सकते हो।

बनो संसृति के मूल रहस्य, तुम्हीं से फैलेगी वह बेल;
विश्व भर सौरभ से भर जाय सुमन के खेलो सुन्दर खेल।

शब्दार्थ–संसृति-नवीन सृष्टि। **मूल रहस्य**-मुख्य आधार। **बेल**-लता; आगामी नवीन जाति। **सौरभ**-गंध, यश। **सुमन**-फूल, सुन्दर मन, सुन्दर कर्म।

अर्थ–नवीन सृष्टि के तुम मुख्य आधार बनो अर्थात् आगामी जाति के तुम पुरुष सिद्ध हो। आगामी नवीन जाति की लता तुम से ही बढ़ सकती है। लता पर जैसे फूल छाते हैं और उन फूलों से गंध फैलती है, उसी प्रकार फूलों के समान तुम्हारी सुन्दर संतति के कर्मों से तुम्हारा यश सारे संसार में छा जायगा।

"और यह क्या तुम सुनते नहीं विधाता का मंगल वरदान–
"शक्तिशाली हो, विजयी बनो" विश्व में गूँज रहा जय गान।

शब्दार्थ–विधाता-भगवान। **मंगल वरदान**-कल्याणकारिणी वाणी।

अर्थ–और क्या तुम भगवान की इस कल्याणकारिणी वरदान वाणी को नहीं सुन रहे कि शक्तिशाली बन कर विजय प्राप्त करो? यह ध्वनि तो सारे संसार में फैल रही है।

वि०–संसार के विचारक इस निर्णय पर पहुँचे हैं कि शक्ति की ही उपासना होती है। विकासवाद के अनुसार भी योग्यतमावशेष (Survival of the fittest) का सिद्धान्त ही ठहरता है। हमारे यहाँ भी प्रसिद्ध है–वीर भोग्या वसुन्धरा।

"डरो मत अरे अमृत संतान अग्रसर है मंगल मय वृद्धि;
पूर्ण आकर्षण जीवन केन्द्र खिंची आवेगी सकल समृद्धि।

शब्दार्थ–अमृत संतान-देव पुत्र। **अग्रसर**-तुम्हारे आगे। **मंगलमय वृद्धि**-कल्याण और विकास। **समृद्धि**-वैभव।

अर्थ–हे देव-पुत्र निडर होकर कर्म करो। आगे कल्याण और विकास ही विकास है। यदि तुम अपने जीवन को आकर्षण का शक्तिशाली केन्द्र बना सकोगे, तो संसार का समस्त वैभव स्वयं खिंचकर तुम तक आ जाएगा।

देव-असफलताओं का ध्वंस प्रचुर उपकरण जुटा कर आज;
पड़ा है बन मानव संपत्ति पूर्ण हो मन का चेतन राज।

शब्दार्थ–ध्वंस-नाश। **प्रचुर**-अधिक। **उपकरण**-सामग्री जुटाना, इकट्ठी करना। **मन का चेतन राज**-मन के भाव।

अर्थ–जिस प्रकार टूटी-फूटी वस्तु को गला-ढाल कर एक नवीन वस्तु का निर्माण कर लेते हैं, उसी प्रकार देवताओं को अपने जीवन में जिन कारणों से असफलता मिली और जिनसे उनका नाश हुआ वे हमारे विचार के लिए बड़ी सामग्री और सम्पत्ति छोड़ गये हैं। इस नवीन विचारधारा के आधार पर मानव संस्कृति नाम से एक नवीन सभ्यता का निर्माण हो सकता है जिसमें मन के भावों का पूर्ण विकास हो–देवताओं की भाँति आगे की जाति अंधी होकर वासना में लीन न रहे।

चेतना का सुन्दर इतिहास अखिल मानव भावों का सत्य;
विश्व के हृदय-पटल पर दिव्य अक्षरों से अंकित हो नित्य।

शब्दार्थ–अखिल-सभी। **सत्य**-प्रकृति (Natural) स्वाभाविक रूप में। **हृदय- पटल**-हृदय पट। **दिव्य अक्षरों**-ज्ञान, स्पष्टता से किसी बात को समझना।

अर्थ–मैं चाहती हूँ सभी भाव अपने स्वाभाविक रूप में संसार के प्राणियों के हृदय-पट पर स्पष्ट अक्षरों में रात-दिन अंकित हों और इस प्रकार चेतना का एक सुंदर इतिहास प्रस्तुत हो अर्थात् सब मनुष्य अपने-अपने हृदय में यह बात स्पष्टता से समझ लें कि मनोभावों को उनके स्वाभाविक रूप में ग्रहण करना ही सच्चा जीवन है। संकोच या भय से किसी स्वाभाविक इच्छा का दमन नहीं करना चाहिए।

वि०–इस छंद के पीछे लेखन-क्रिया का चित्र निहित है। कागज के स्थान पर हृदय, अक्षरों के स्थान पर दिव्य अक्षर (ज्ञान), और भावों के प्रयोग के स्थान पर अखिल मानव भाव हैं। इस प्रकार मानो चेतना के इतिहास या भावों के विकास की कहानी का निर्माण हो रहा है।

विधाता की कल्याणी सृष्टि सफल हो इस भूतल पर पूर्ण;
पटें सागर, बिखरें ग्रह-पुंज और ज्वालामुखियाँ हों चूर्ण।

शब्दार्थ–**कल्याणी**-मंगलमय। **भूतल**-पृथ्वी। **पटें**-भरना।

अर्थ–इस पृथ्वी पर भगवान् की मंगलमय सृष्टि को पूर्ण सफलता मिले। चाहे सभी स्थानों पर समुद्र ही समुद्र (जल ही जल) हो जाय, चाहे सूर्य, चन्द्र, तारे अपने स्थान से विचलित हो जायँ, चाहे ज्वालामुखी पर्वत फटने लगें।

नोट–भाव आगे के छंद में पूरा होगा।

उन्हें चिनगारी सदृश सदर्प कुचलती रहे खड़ी सानन्द;
आज से मानवता की कीर्ति अनिल, भू, जल में रहे न बंद।

शब्दार्थ–**सदृश**-समान। **सदर्प**-अभिमान से।

अर्थ–पर जैसे पैरों से चिनगारी को कुचल देते हैं, वैसे ही इन बाधाओं को कुचल (तुच्छ समझ) कर मानव जाति प्रसन्नता से अपना सिर ऊँचा रखे और आज से जहाँ कहीं पवन की गति है, जहाँ पृथ्वी है, जहाँ जल है, वहाँ सब कहीं उसका यश फैल जाय।

जलधि के फूटें कितने उत्स द्वीप, कच्छप डूबें-उतरायँ;
किंतु वह खड़ी रहे दृढ़ मूर्त्ति अभ्युदय का कर रही उपाय।

शब्दार्थ–**उत्स**-धार। **उतरना**-जल के ऊपर निकलना। **अभ्युदय**-उन्नति।

अर्थ–चाहे समुद्र की धार फूट उठें और उनमें द्वीप कच्छप के समान कभी डूबें, कभी बाहर निकल आवें; पर मानव-जाति का साहस किसी दृढ़ मूर्त्ति के समान कभी टूटे न। वह अपनी उन्नति के उपाय ही सोचती रहे।

विश्व की दुर्बलता बल बने, पराजय का बढ़ता व्यापार
हँसाता रहे उसे सविलास शक्ति का क्रीड़ा मय संचार।

शब्दार्थ–**पराजय का बढ़ता व्यापार**-हार पर हार। **सविलास**-प्रसन्नतापूर्वक। **क्रीड़ामय**-सुखदायिनी। **संचार**-उत्पादन, जन्म, कारण।

अर्थ–अपनी दुर्बलताओं से संसार के प्राणी हताश न हों, उन पर विजय प्राप्त करने का बल संचय करें। यदि जीवन में हार ही हार मिले, तब भी वे प्रसन्नतापूर्वक हँसते रहें और उससे शक्ति का उत्पादन करें।

वि०–पराजय के आघात को जो जितना सहने में समर्थ है, वह उतना ही शक्तिशाली है। निरंतर कष्ट सहने से कष्ट की शक्ति क्षीण हो जाती है। गालिब का कहना है–

रंज से खूगर हुआ इंसाँ, तो मिट जाता है रंज।
मुश्किलें मुझ पर पड़ीं इतनी कि आसाँ हो गईं।।

महादेवी ने इस बात को और भी सुन्दर ढंग से रखा है–

चिर ध्येय यही जलने का, ठंडी विभूति बन जाना!
है पीड़ा की सीमा यह, दुख का चिर सुख हो जाना।

शक्ति के विद्युत्कण, जो व्यस्त विकल विखरे हैं, हो निरुपाय;
समन्वय उसका करे समस्त विजयिनी मानवता हो जाय!"

शब्दार्थ–**विद्युत्कण (Electron)**-विद्युत् परमाणु। **व्यस्त**-बिखरे। **विकल**-अशांत। **निरुपाय**-निस्सहाय। **समन्वय**-एकत्र।

अर्थ–जैसे विद्युत्कण जब तक शून्य में इधर-उधर बिखरे रहते हैं तब तक कुछ भी करने में असमर्थ हैं, पर मिलकर वे लोकों की रचना करते हैं, इसी प्रकार मनुष्य की शक्ति भी जब तक बिखरी पड़ी है तब तक वह अशांत रहता है और निस्सहाय सा लगता है। मैं चाहती हूँ अपनी शक्ति को एकत्र करके मानव जाति जय प्राप्त करे।

●

काम

कथा–मनु बैठे-बैठे सोच रहे हैं कि शरीर में यौवन का प्रवेश भी कितने विलक्षण परिवर्तन ला देता है ! रूप में आकर्षण, मन में मस्ती, भावों में विकास, जीवन में उल्लास इसी की कृपा-कोर का परिणाम है। सहसा उन्हें अपने अतीत जीवन की सुधि विह्वल करती है और वे एक साँस भरकर रह जाते हैं।

दृष्टि उठाते ही देखते हैं–चन्द्रमा आकुल-सा घूम रहा है, आकाश नील कमल सा रमणीक है, पवन गंध विकीर्ण कर रहा है, अणु नित्य-निरत हैं। सोचते हैं यह अनन्त सौन्दर्य क्या मिथ्या है? ईश्वर क्या इस सुन्दरता को छोड़ और किसी अन्य तत्व का नाम है? अच्छा, फिर वह क्यों छिप रहा है? आकाश का परदा और चाँदनी का घूँघट उसने क्यों डाल रखा है? क्या मुझे इस सौन्दर्य के प्रति उदासीन हो जाना चाहिये? नहीं। शरीर स्पर्श करने के लिए, रूप निहारने के लिए, रस आस्वाद के लिए और गंध सूँघने के लिए बनी है। तब मैं प्रवृत्ति-पथ का पथिक बनूँगा, परिणाम चाहे जो हो।

इसी बीच तंद्रा की स्थिति में उन्हें एक स्पष्ट ध्वनि सुनायी पड़ती है–

मेरा नाम काम है और मेरी पत्नी का नाम रति है। हम दोनों इस सृष्टि से भी पुराने हैं। सूक्ष्म प्रकृति के हृदय में वासना रूप में हम रहते हैं। उस वृति के उभरते ही उपयुक्त समय पर पुरुष (ईश्वर) के समागम से सबसे पहले दो अणु उत्पन्न हुए। वे बढ़ते-बढ़ते असंख्य हो गये। इन्हीं अणुओं से मिलकर सृष्टि बनी। जब इस पृथ्वी पर देवजाति अस्तित्व में आयी तब हमने भी शरीर धारण किया। रति और काम हमारे उसी समय के नाम हैं। प्रलय में हम भी नष्ट हो गये थे। अब तो भावना मात्र रह गये हैं। देवताओं का सारा जीवन इच्छाओं के अनुकूल व्यतीत होता था। पर उन्होंने विलास की अति कर दी थी, इसी से वे सदैव को नष्ट हो गये। संयम से उनका परिचय न था। मैं चाहता हूँ कि आगामी मानव जाति वासना को कुचले तो न, क्योंकि यह वृत्ति भूख और प्यास के समान ही स्वाभाविक है, पर इसमें संयम आने से जीवन उन्नतिशील बन सकता है। वैराग्य का उपदेश मैं नहीं दे सकता; क्योंकि इस संसार में वही प्राणी ठहर पाता है जो इसे अनुराग की दृष्टि से देखे और स्वयं को शक्तिशाली सिद्ध करे।

इस जगत् की रचना प्रेम से हुई है। उस प्रेम का संदेश लेकर मेरी पुत्री (श्रद्धा) आयी है। वह सुन्दर है, भावमयी है, शांतिदायिनी है। हे मनु, यदि तुम्हारे हृदय में उसे पाने की आकांक्षा हो, तो तुम उसके योग्य बनो। इतना कहकर वह वाणी शांत हो गई। मनु ने आश्चर्यचकित होकर पूछा, ''देव, उसे प्राप्त करने का उपाय तो बताते जाते।'' पर उसके

प्रश्न का कोई उत्तर न मिला।

यहाँ वसंत के रूप में यौवन का वर्णन कवि ने किया है।

"मधुमय वसंत जीवन वन के, बह अंतरिक्ष की लहरों में;
कब आये थे तुम चुपके से; रजनी के पिछले पहरों में!

शब्दार्थ–मधुमय-मधुर। **अंतरिक्ष**-शून्य। **अंतरिक्ष की लहरों**-हवा। **रजनी**-पतझर की अंतिम रात।

अर्थ–(वसंत के पक्ष में) पतझर की अंतिम रात के चौथे प्रहर के समान होते-होते मधुर वसंत के झकोरे में बहता हुआ चुप से वन में छा जाता है।

शब्दार्थ–वसंत-यौवन। **अंतरिक्ष**-हृदय। **लहरों**-भाव। **रजनी के पिछले प्रहरों**-किशोरावस्था की पूर्णता।

अर्थ–(यौवन के पक्ष में) किशोरावस्था के पूर्ण होते ही मधुर यौवन हृदय के भावों में लहराता हुआ चुप से जीवन में कब छा जाता है, पता ही नहीं चलता।

वि०–जैसे ऋतुओं में सबसे सुन्दर काल वसंत का है, उसी प्रकार जीवन में सब से मधुर समय यौवन का। भारतवर्ष में चैत्र और वैशाख के महीनों में वसन्त माना जाता है।

ग्यारह से पन्द्रह वर्ष की अवस्था किशोरावस्था कहलाती है। सोलहवें वर्ष के प्रारम्भ होते ही यौवन का आगमन समझना चाहिए। वसंत का प्रथम प्रभात जब फूटेगा तब उससे पहले पतझर की पूर्णिमा की रात होगी। रात में चार प्रहर होते हैं; अतः फाल्गुनी पूर्णिमा के चतुर्थ प्रहर की समाप्ति पर वसंतागम समझना चाहिए। किशोरावस्था एक प्रकार से भूल की अवस्था है और रात भी। इसी से उसे 'रजनी' कहा है। कब किशोरावस्था समाप्त हुई और कब यौवन प्रारम्भ हुआ, इस सन्धि-काल को हम सहसा परिलक्षित नहीं कर पाते, इससे यौवन को 'चुपके से आये थे' लिखा है।

भावार्थ–हे यौवन, जीवन में तुम उसी प्रकार मधुरता भर देते हो जैसे वसन्त वन में सुन्दरता भर देता है। जैसे पतझर की पूर्णिमा की रात के चौथे प्रहर की समाप्ति पर वसन्त हवा की हिलोरों में बहता हुआ न जाने किस पल चुपके से वन में छा जाता है; उसी प्रकार किशोरावस्था के पूर्ण होते-होते हृदय के भावों में समाकर तुम हमारे जीवन के किस क्षण में अदृश्य रूप से प्रवेश कर गये थे, हम जान नहीं पाये।

क्या तुम्हें देख कर आते यों, मतवाली कोयल बोली थी!
उस नीरवता में अलसाई कलियों ने आँखें खोली थीं!

शब्दार्थ–नीरवता-पतझर का सूनापन। **अलसाई**-बन्द। **आँखें**-पंखुरियाँ।

अर्थ–(वसंत के पक्ष में) हे वसंत, क्या तुम्हीं को चुपचाप आते देख कोकिल मस्त होकर कूकने लगती है? क्या तुम्हें समीप समझ कर ही पतझर के दिनों की बंद कलियाँ अपनी पंखुड़ियों को खोल देती हैं।

शब्दार्थ–कोयल-मन। **नीरवता**-किशोरावस्था का हलचल-रहित जीवन। **अलसाई**-सुप्त। **कलियों**-भावों। **आँखें खोली**-जागना।

अर्थ–(यौवन के पक्ष में) हे यौवन, क्या तुम्हें आते देखकर ही मन मस्त होकर कुछ

कहने लगता है? क्या तुम्हारे प्रभाव से ही किशोरावस्था के हलचल-रहित दिनों के सुप्त भाव सहसा जगने लगते हैं?

वि०–किशोरावस्था में न अपने शरीर के सौन्दर्य का ज्ञान होता है और न मन की मस्ती का। यौवन का पदार्पण हुआ नहीं कि मन कुछ और प्रकार का हो जाता है, कुछ चाहने लगता है। प्रेम के सुप्त भाव अंतस्संज्ञा से उमड़ कर ओंठों से टकराने लगते हैं।

भावार्थ–जैसे वसन्त के आगमन पर कोकिल मस्ती में भरकर कूकने लगती है, उसी प्रकार यौवन के प्रारम्भ होते ही मन मस्त होकर प्रेम-चर्चा करना चाहता था। वसंत के छाते ही जैसे सूने वातावरण में अब तक बन्द कलियों की पंखुरियाँ खुलने लगती हैं, उसी प्रकार यौवन के शरीर में व्याप्त होते ही किशोरावस्था के सुप्त (शान्त) भाव जग (आन्दोलित हो) उठते थे।

जब लीला से तुम सीख रहे कोरक कोने में लुक रहना!
तब शिथिल सुरभि से धरणी में बिछलन न हुई थी? सच कहना।

शब्दार्थ–**लीला**-मनोविनोद, क्रीड़ा। **कोरक**-कली। **लुकी रहना**-छिपना। **शिथिल**-मंद गति से बहने वाली। **सुरभि**-गंध। **बिछलन**-फिसलना, सरसता आना।

अर्थ–(वसंत के पक्ष में) हे वसन्त, जब अपने मनोविनोद के लिए तुम कलियों के भीतर छिप जाते हो, तब उनके खुलने से जो गंध मंद गति से बहती है; सच बतलाओ, उसके प्रभाव से आसपास की भूमि में सरसता आती है अथवा नहीं?

शब्दार्थ–**कोरक**-नव युवतियाँ। **शिथिल सुरभि**-मस्त उच्छ्वास।

अर्थ–(यौवन के पक्ष में) हे यौवन, जब अपने मनोविनोद के लिए तुम नवीन यौवना बालिकाओं के शरीर में आ छिपते हो, तब तुम्हारे प्रभाव से प्रेम के जो मस्त उच्छ्वास उनके भीतर से फूटते हैं, सच बतलाना उनके प्रभाव से पृथ्वी में आसपास चारों ओर सरसता छाती है अथवा नहीं?

वि०–कुछ खेल ऐसे होते हैं जिनमें खिलाड़ियों को कुछ देर को कहीं छिपना पड़ता है। यहाँ वसंत और यौवन ऐसे ही खिलाड़ी हैं जिन्हें कलिकाओं और बालिकाओं के रम्य शरीर छिपने को मिलते हैं।

कली की गंध को जो सूँघेगा वही मस्त हो जाएगा; इस प्रकार तरुणियों के यौवन-काल की बातों को सुनने का अवसर जिस सौभाग्यशाली को प्राप्त होगा वह भी मस्त और मोहित हो जायगा। भीनी गंध को सूँघ जैसे चलता पथिक रुक जाता है, उसी प्रकार प्रेम के उच्छ्वासों को सुनकर बड़े-बड़े संयमी डिग जाते हैं।

भावार्थ–क्रीड़ा करने के लिए जब वसंत कलियों के भीतर प्रवेश करता है, तब उनके खुलने से जो भीनी सुगंध फूटती है उससे आसपास की भूमि सरस हो जाती है। इसी प्रकार युवतियों के गात में छाकर जब यौवन उनके हृदय से धीरे-धीरे प्रेम की बातें उभारता था, तब उन्हें सुनने वाले व्यक्तियों के जीवन में रस भर जाता था, इसमें कुछ भी संदेह नहीं।

जब लिखते थे तुम सरस हँसी अपनी, फूलों के अंचल में;
अपना कलकंठ मिलाते थे झरनों के कोमल कल कल में।

शब्दार्थ–**हँसी लिखना**-विकसित करना। **फूलों के अंचल**-पँखुड़ियाँ। **कल**-मधुर। **कंठ**

मिलाते-उसी लय में गाना, यहाँ मधुर लय उत्पन्न करना।

अर्थ–(वसंत के पक्ष में) हे वसंत, जब तुम फूलों की पंखुड़ियों को सरस बनाते और उन्हें खिलाते थे अथवा झरनों के कोमल कल-कल स्वर से एक मधुर लय उत्पन्न करते थे-

शब्दार्थ–सरस हँसी-मधुरता और लावण्य। **फूलों के अंचल**-सुमन के समान कोमल बालाओं के शरीर में। **कलकंठ मिलाते**-समर्थन करना। **झरनों**-मन के भावों।

अर्थ–(यौवन के पक्ष में) हे यौवन, जब तुम सुमन के समान कोमल बालाओं के शरीर में मधुरता और लावण्य भर रहे थे अथवा जब उनके मन की कोमल वाणी का समर्थन कर रहे थे–

वि०–वाणी का समर्थन करने से यह तात्पर्य है कि बालाओं के अन्तर से जो प्रेम की मधुर वाणी उमड़ती है वह यौवन की प्रेरणा से। चन्द्रगुप्त नाटक में सुवासिनी कार्नेलिया से कहती है–

"धड़कते हुए रमणी वक्ष पर हाथ रखकर उसी कम्पन में स्वर मिला कर कामदेव गाता है।"

भावार्थ–जैसे वसंत के आते ही फूलों की पंखुड़ियाँ मधुरता से विकसित हो उठती हैं, उसी प्रकार यौवन के आते ही बालाओं के शरीर में मधुरता और लावण्य छा जाता था। जैसे वसंत की अनुकूलता से झरनों से कोमल कल-कल ध्वनि फूटती है, उसी प्रकार युवतियों के मन की कोमल मधुर वाणी यौवन की प्रेरणा प्राप्त कर अंतर से उमड़ती थी।

निश्चिंत आह ! वह था कितना उल्लास, काकली के स्वर में!
आनंद प्रतिध्वनि गूँज रही जीवन दिगंत के अंबर में।

शब्दार्थ–निश्चिंत-चिंताहीनता। **उल्लास**-प्रसन्नता। **काकली**-कोकिल की ध्वनि। **दिगन्त**-दिशा।

अर्थ–(वसंत के पक्ष में) कोकिल जब कूकती है, तब उस काकली से चिंताहीनता (बेफिक्री) और प्रसन्नता टपकती है। उससे उठी आनंद की ध्वनि आकाश के कोने-कोने में गूँज उठती है।

शब्दार्थ–काकली-मधुर मन। **स्वर**-बात। **दिगन्त**-अंग।

अर्थ–(यौवन के पक्ष में) मधुर मन से जो बात निकलती है, उससे बहुत भारी निश्चिंतता और प्रसन्नता प्रकट होती है और आकाश के समान व्यापक जीवन के सभी अंगों में आनंद की गूँज भर जाती है।

वि०–प्रारम्भ में यौवन चिंताओं में ठोकर मार कर चलता है और सुख की खोज में रहता है; अतः जब तक समाज, धर्म या गुरुजन स्नेह-सम्बन्ध में बाधा डालते दिखाई नहीं देते, तब तक चारों ओर आनंद की वर्षा-सी होती रहती है।

भावार्थ–जैसे कोकिल की मधुर कूक सुनकर यह अनुमान होता है कि यह निश्चिंत और प्रसन्न मन से गा रही है, वैसे ही प्रेमी-प्रेमिकाओं की मधुर प्रणयवाणी से यह आभास मिलता था कि ये प्रसन्न हैं और इन्हें कोई चिन्ता नहीं सता रही है। कोकिल का स्वर जैसे आकाश के कोने-कोने में गूँज उठता है, उसी प्रकार हमारे विस्तृत जीवन के सभी अंगों में आनंद की ध्वनि भर उठी है।

शिशु चित्रकार चंचलता में कितनी आशा चित्रित करते!
अस्पष्ट एक लिपि ज्योतिमयी जीवन की आँखों में भरते।

शब्दार्थ–**शिशु**-बालक। **आशा**-भावना। **अस्पष्ट**-ऊटपटाँग। **लिपि ज्योतिमयी**-रंग।

अर्थ–(बालक के पक्ष में) किसी चंचल बच्चे को जब चित्र बनाने की सूझती है तब उसके मन में जो भावनाएँ उठती हैं, अपने ढंग से वह उन्हें अंकित कर देता है। यदि उसे आँख बनाने की इच्छा होती है, तो उनमें प्रकाश दिखाने के लिए वह ऊटपटाँग ढंग से किसी प्रकार का रंग भर देता है।

शब्दार्थ–**शिशु**-भोले। **चित्रकार**-कल्पना प्रधान प्रेमी। **चंचलता**-अल्हड़पन। **लिपि ज्योतिमयी**-सुखपूर्ण भावना। **जीवन की आँख**-यौवन।

अर्थ–बच्चों के समान भोले कल्पना प्रधान प्रेमी-प्रेमिका अपने अल्हड़पन में अनेक प्रकार की आशाओं के चित्र खींचते हैं और ऐसा विश्वास रखते हैं कि उनके यौवन के दिन उज्ज्वल एवं सुखपूर्ण होंगे। कैसे होंगे, क्या करने से होंगे, इसकी कोई स्पष्ट भावना उनके हृदय में नहीं होती।

वि०–जैसे शरीर में आँख सबसे सुकुमार और मूल्यवान अंग है उसी प्रकार जीवन में यौवन भी। इसी से जीवन की आँख को यौवन माना।

शेक्सपियर का कहना है कि कल्पना-जीवी होने के कारण कवि, प्रेमी और पागल एक ही श्रेणी के व्यक्ति होते हैं-

The poet, the lover and the lunetic
Are of imagination all compact.

भावार्थ–अपने चंचल स्वभाव के कारण बालकों को कभी-कभी चित्र बनाने की इच्छा होती है और वे चट से अपनी समझ के अनुसार कुछ टेढी-सीधी रेखाएँ खींच देते हैं। यही दशा उन सरल प्रेमी-प्रमिकाओं की थी, जो अपनी अल्हड़ता में अनेक प्रकार के सुख-स्वप्नों के कल्पना चित्र बनाते रहते थे। बच्चे जैसे अपनी बनायी हुई रेखाओं में रंग भरने लगते हैं, उसी प्रकार ये भी ऐसी रंगीन आशा रखते थे कि उनका भविष्य सुखपूर्ण अवश्य होगा। किस मार्ग का अनुसरण करने से होगा, इसकी कोई स्पष्ट भावना उनके मन में न थी। उस समय उतना विश्वास ही उनके लिए सब कुछ था।

लतिका घूँघट से चितवन की वह कुसुम दुग्ध सी मधु धारा,
प्लावित करती मन अजिर रही, था तुच्छ विश्व वैभव सारा।

शब्दार्थ–**घूँघट**-पत्ता। **दुग्ध**-श्वेत। **मधु धारा**-मकरंद। **प्लावित**-भरना। **अजिर**-थाला, भूमि।

अर्थ–(वसंत के पक्ष में) लताएँ पत्तों का घूँघट काढ़ कर जब अपने सुमन-नयनों की श्वेत चितवन से मकरंद बरसाती हैं, तब उनके आसपास की भूमि रस से भर जाती है। इस रस के सामने संसार का समस्त वैभव तुच्छ प्रतीत होता है।

शब्दार्थ–**लतिका**-लता सी रमणी। **अजिर**-आँगन।

अर्थ–(यौवन के पक्ष में) रमणियाँ जब लज्जा से घूँघट काढ़ कर सुमन जैसे सुकुमार नयनों की श्वेत (उज्ज्वल) चितवन से मधुर-मधुर ताकती हैं, तब देखने वालों के मन का

आँगन रस से भर जाता है। इस रस के समक्ष संसार का वैभव फीका लगता है।

भावार्थ–जैसे लताएँ पत्तों की आड़ में छिपे श्वेत पुष्पों के कोने से मकरंद बरसाती हैं और उनसे नीचे की भूमि भर उठती है, उसी प्रकार अप्सराएँ जब अपने मुख पर अवगुंठन डाल सुमन नयनों की दुग्ध जैसी उज्ज्वल कनखियों से मधुर-मधुर ताकती थीं, तब मन अपूर्व प्रेम-रस से परिपूर्ण हो उठता था। उस एक चितवन का मूल्य संसार के समस्त वैभव से कहीं अधिक था।

वे फूल और वह हँसी रही वह सौरभ, वह निश्वास छना;
वह कलरव, वह संगीत अरे वह कोलाहल एकांत बना।''

शब्दार्थ–फूल-फूल सी सुकुमार देवियाँ। **सौरभ**-गंध। **कलरव**-प्यार की मीठी बातें। **कोलाहल**-आनंद की ध्वनि। **एकांत**-सूनापन।

अर्थ–एक दिन था कि फूल-सी सुकुमार देवियों की हँसी यहाँ बिखरती रहती थी। सुमन की गंध के समान उनकी सुरभित साँसें निकलती थीं। पास बैठी वे प्यार की मीठी बातें करती थीं। गाना होता रहता था। आनंद की ध्वनि छा जाती थी। पर अब तो केवल सूनापन शेष रह गया है।

कहते कहते कुछ सोच रहे लेकर निश्वास निराशा की;
मनु अपने मन की बात, रुकी फिर भी न प्रगति अभिलाषा की।

शब्दार्थ–निश्वास-साँस फेंकना। **प्रगति**-गति। **प्रगति न रुकी**-तार न टूटा।

अर्थ–इसी समय मनु को अपने व्यक्तिगत जीवन से सम्बन्धित किसी बात का स्मरण हो आया। इस पर उन्होंने निराशा की एक साँस फेंकी; पर इससे उनकी विचारधारा का तार न टूटा।

''ओ नील आवरण जगती के दुर्बोध न तू ही है इतना;
अवगुंठन होता आँखों का आलोक रूप बनता जितना।

शब्दार्थ–आवरण-परदा। **दुर्बोध**-कठिनाई से ज्ञान होना। **अवगुंठन**-परदा, घूँघट। **आलोक रूप**-प्रकाशपूर्ण पदार्थ।

अर्थ–हे नीले आकाश, तुम्हारे सामने छाने से यह पता नहीं चलता कि तुम्हारे पीछे क्या है, अतः तुम संसार की आँखों के लिए परदे का काम कर रहे हो। पर मैं देखता हूँ कि केवल तुम्हारे कारण ही हमें तुमसे परे की वस्तुओं का ज्ञान कठिनाई से होता है, ऐसी बात नहीं है; प्रकाशपूर्ण पदार्थ भी–जैसे सूर्य, चन्द्र आदि–हमारे नेत्रों के लिए परदे का काम कर रहे हैं। उनकी चकाचौंध में भी हम गगन से परे की वस्तुओं को नहीं देख पाते।

वि०–प्रकाश के कारण तो वस्तुओं के सत्य स्वरूप का ज्ञान होता है; पर यहाँ नीलाकाश के साथ ही सूर्य, चन्द्र, नक्षत्र आदि के सामने आने से इनके घूँघट में छिपा उस परम तत्व का मुख दिखाई नहीं देता। यह आश्चर्य की बात है।

चल-चक्र वरुण का ज्योति भरा व्याकुल तू क्यों देता फेरी?
तारों के फूल बिखरते हैं लुटती है असफलता तेरी।

शब्दार्थ–वरुण का ज्योति भरा चल चक्र-प्रकाश और चंचलता से पूर्ण चन्द्रमा।

अर्थ–हे चन्द्रमा, तू आकुल होकर क्यों चक्कर काटता फिरता है? इन तारों को देखकर ऐसा प्रतीत होता है जैसे किसी उपासना के लिए तू फूल लिए जा रहा था; वे हाथ से गिरकर बिखर गये हैं। निश्चय ही ये तारे नहीं फैले हैं, तेरी असफलताएँ बिछी पड़ी हैं। भाव यह कि आकाश में जितने तारे हैं, उतनी ही असफलताएँ तुम्हें जीवन में प्राप्त हुई हैं।

वि०–वरुण जल के देवता हैं। प्रत्येक देवता के हाथ में किसी अस्त्र या शस्त्र की कल्पना हिन्दुओं ने की है। विष्णु के हाथ में चक्र, इंद्र के हाथ में वज्र, शिव के हाथ में कोदंड (धनुष) और यमराज के हाथ में गदा मानते हैं। वरुण के हाथ में कवि ने चक्र देखा है। इस चक्र की दो विशेषताएँ हैं। (१) यह प्रकाश से पूर्ण है। (२) यह चंचल है। चंद्रमा प्रकाश से भरा है और प्रतिपल घूमता रहता है। इसी से 'चलचक्र वरुण का ज्योति भरा' को चंद्रमा के अर्थ में ग्रहण किया।

नव नील कुंज हैं झीम रहे, कुसुमों की कथा न बंद हुई;
है अंतरिक्ष आमोद भरा हिम कणिका ही मकरंद हुई।

शब्दार्थ–**नील कुंज**–नील लतागृह के समान आकाश। **झीम**–मस्ती से झूमना। **कुसुमों**–तारों। **कथा**–कंपन। **अंतरिक्ष**–वायुमंडल। **आमोद**–गंध। **हिमकणिका**–ओस की बूँदें।

अर्थ–आकाश ऐसा प्रतीत होता है मानो बहुत से सटे हुए नीले लतागृह हों जो पवन के झकोरों से झूम उठे हों। ये कंपित तारे ऐसे लगते हैं जैसे कलियाँ चटख रही हों। वायु-मंडल में गंध भर गई है मानों इन्हीं तारा-पुष्पों से निकली सुगन्ध का प्रभाव हो। पृथ्वी पर पड़ी ओस की बूँदें ऐसी दिखाई देती हैं जैसे ऊपर से मकरंद पड़ा हो।

इस इंदीवर से गंध भरी बुनती जाली मधु की धारा;
मन मधुकर की अनुराग मयी बन रही मोहिनी सी कारा।

शब्दार्थ–**इंदीवर**–नील कमल, यहाँ नीलाकाश । **मोहिनी**–मोहित करने वाली, रम्य। **कारा**–बंदीगृह।

अर्थ–जैसे कमल से सुगंधित मकरंद की बूँदें झर कर पृथ्वी पर एक जाल सा बुन देती हैं, वैसे ही नीले कमल के समान इस नीले आकाश से बहने वाले सुरभित सरस पवन के झकोरों का जाल इस शून्य में फैल गया है। जिस प्रकार भौंरा प्रेम-भाव से भर कर उस मोहक वातावरण में फँस जाता है, उसी प्रकार अनुराग उत्पन्न करने वाले इस रम्य वातावरण ने मेरे (मनु के) मन को बंदी बना लिया है।

वि०–कारागृह से सभी घबराते हैं, पर प्रेम का बन्दीगृह ऐसा रम्य होता है कि उसमें अपनी ओर से बंद होने के लिए प्राणी तरसते हैं!

अणुओं को है विश्राम कहाँ यह कृति मय वेग भरा कितना;
अविराम नाचता कंपन है, उल्लास सजीव हुआ कितना!

शब्दार्थ–**अणुओं**–परमाणु। **विश्राम**–ठहरना, रुकना। **कृति मय**–कर्म करने का। **वेग**–गति। **अविराम**–निरन्तर, रातदिन। **कंपन**–पुलकित होना, रोमांचित होना। **सजीव**–जगना।

अर्थ–ये परमाणु कर्म में इस चंचल गति से लीन हैं कि पल भर को भी कहीं नहीं रुकते। अपने काम से इनके हृदय में इतना आनन्द जग उठा है कि उससे पुलकित होकर ये रात-दिन नाचते रहते हैं।

वि०–सृष्टि में प्रवृत्त होने के लिए यह आवश्यक है कि प्राणी कर्म में लीन हो। प्रकृति हमें यही उपदेश देती है। मनुष्य फिर भी रात में विश्राम ले लेते हैं, पर प्रकृति की वस्तुएँ, जैसे परमाणु, रात-दिन घूमते रहते हैं।

अणुओं के कंपन को कवि ने उल्लास की अधिकता माना है। यह अनुभव की बात है कि जब व्यक्ति बहुत प्रसन्न होता है, तब नाचने लगता है। नृत्य का जन्म ही प्रसन्नता के आधिक्य से हुआ है।

उन नृत्य शिथिल निश्वासों की, कितनी है मोहमयी माया,
जिनसे समीर छनता छनता बनता है प्राणों की छाया।

शब्दार्थ–**शिथिल**-थकना। **मोहमयी**-मोहक। **माया**-जादू। **समीर**-शीतल मंद पवन। **छनता**-मंद और सूक्ष्म। **छाया**-शान्ति प्रदान करना।

अर्थ–अणु जब नृत्य करते-करते थक जाते हैं, तब उनकी साँसें तीव्र गति से चलने लगती हैं। वे ही साँसें छनती-छनती (मन्द और सूक्ष्म होती) शीतल सुरभित पवन का रूप धारण कर लेती हैं तथा इतनी मोहक और जादू का सा प्रभाव रखने वाली होती हैं कि शरीर को वायु बन कर स्पर्श करते ही प्राणों तक को शांति प्रदान करती हैं।

वि०–कल्पना कीजिए किसी सभा में कोई नर्तकी नृत्य कर रही है और सभी की आँखें उसकी ओर लगी हुई हैं। थक कर वह एक व्यक्ति के निकट आती है और उसकी तीव्र सुगन्धित श्वास उसके शरीर को स्पर्श करती है। कितना सुख मिलता होगा उस व्यक्ति को जिस पर नर्त्तकी का इतना अनुराग बिखरा है? इसी दृश्य के आधार पर समीर को नृत्य-शील अणुओं की छनी साँस माना है।

आकाश-रंध्र हैं पूरित से यह सृष्टि गहन सी होती है;
आलोक सभी मूर्छित सोते, यह आँख थकी सी रोती है।

शब्दार्थ–**रन्ध्र**-छिद्र, यहाँ तारे। **गहन**-गम्भीर वातावरण वाली। **आलोक**-तारे और चंद्रमा की किरणें।

अर्थ–ये तारे नहीं हैं आकाश के छिद्र हैं जो उजले प्रकाश से भर दिये गए हैं। इस समय सृष्टि का वातावरण कुछ गम्भीर हो उठा है। तारागण बेहोशी की सी दशा में पड़े हैं और चन्द्रमा की किरणें चंचल नहीं हैं। मेरी आँखें इनके रूप को देखते-देखते थक गईं, परन्तु तृप्त नहीं हुईं, इसी से दुख–सी उठी है।

सौंदर्यमयी चंचल कृतियाँ बनकर रहस्य हैं नाच रहीं;
मेरी आँखों को रोक वहीं आगे बढ़ने में जाँच रहीं।

शब्दार्थ–**कृतियाँ**-मूर्तियाँ, चन्द्र-तारे। **नाच रहीं**-घूम रहीं। **जाँच रहीं**-परीक्षा ले रहीं, अवसर नहीं देतीं।

अर्थ–ये तारे और चन्द्रमा जो प्रकाश की सुन्दर और चंचल मूर्तियाँ हैं, रहस्य बने घूम रहे हैं। ये इतने मनहर हैं कि इनके रूप पर मेरी आँखें टिक गई हैं और दृष्टि आगे नहीं बढ़ पाती।

वि०–रम्य रूप की पहचान ही यह है कि उसे देखता व्यक्ति देखता ही रह जाय

इधर-उधर न झाँक सके। रूप मानो देखने वालों की आँखों को ललकारता है कि शक्ति हो तो तल्लीन मत हो।

मैं देख रहा हूँ जो कुछ भी, वह सब क्या छाया उलझन है?
सुन्दरता के इस परदे में क्या अन्य धरा कोई धन है?

शब्दार्थ–धन-ईश्वर।

अर्थ–सृष्टि में दिखाई पड़ने वाली यह सुन्दरता क्या सत्य नहीं, किसी की छायामात्र है? या केवल मन को उलझाकर हमारे लक्ष्य से दूर करने वाली है? सुन्दरता के इस परदे के पीछे क्या ईश्वर नाम की कोई अन्य विभूति छिपी बैठी है?

वि०–दार्शनिकों का विश्वास है कि सृष्टि का समस्त सौन्दर्य भगवान के रूप की छायामात्र है। यह बिंब है और सुन्दरता प्रतिबिंब। मुसलमान सूफी भी ऐसी ही आस्था रखते हैं। जायसी ने पद्मावती के रूप का यही प्रभाव मानसरोवर पर दिखाया है–

नयन जो देखा कमल भा, निरमल नीर सरीर,
हँसत जो देखा हँस भा, दसन जोति नग हीर।

विचारकों का यह भी कहना है कि संसार माया है। इसमें जिसका मन उलझ जाता है वह लक्ष्य भ्रष्ट हो जाता है। भगवान इस समस्त प्रपंच से परे हैं। मनु इन्हीं धारणाओं को लेकर शंका कर रहे हैं। उन्हें विश्वास नहीं होता कि यह दृश्यमान जगत् छाया है, उलझन है, असत्य है।

मेरी अक्षयनिधि! तुम क्या हो, पहचान सकूँगा क्या न तुम्हें?
उलझन प्राणों के धागों की सुलझन का समझूँ मान तुम्हें।

शब्दार्थ–अक्षय-स्थायी। **निधि**-कामना, इच्छा। **धागों**-डोर। **मान**-कारण।

अर्थ–क्या मैं कभी भी इस बात को न जान पाऊँगा कि मेरे मन की वह स्थायी कामना क्या है जिसने मेरे प्राणों को डोरों के समान उलझा भी रखा है और जो उन्हें सुलझाने का एकमात्र कारण भी है।

वि०–मन में किसी लक्ष्य या इच्छा के स्थिर होते ही उलझन तो इसलिए उत्पन्न होती है कि फिर दिन-रात उसकी पूर्ति के प्रयत्न में ही संलग्न रहना पड़ता है, पर दूसरी ओर भटकने का भी प्रश्न नहीं रहता, क्योंकि एक मार्ग निश्चित हो जाता है जिस पर निरन्तर चलना है।

माधवी निशा की अलसाई अलकों में लुकते तारा सी;
क्या हो सूने मरु-अंचल में अंतःसलिला की धारा सी!

शब्दार्थ–माधवी निशा-वसंत की रात। **अलसाई**-शिथिल। **अलकों**-बालों, यहाँ बादल। **लुकते**-छिपने का प्रयत्न। **अंतःसलिला**-पृथ्वी के भीतर बहने वाली सरिता।

अर्थ–हे मेरी इच्छा, तुम वसंत की रात में छा जाने वाले शिथिल बादलों में छिपने को प्रयत्न करने वाले तारे के समान हो। तुम सुनसान मरुभूमि में पृथ्वी के भीतर बहने वाली नदी की धार के सदृश हो।

वि०–बाहर से देखने वालों को किसी को आंतरिक इच्छा का पता नहीं चल सकता,

इसी से उसे बादलों में छिपा तारा या पृथ्वी के भीतर बहने वाली सरिता-धारा कहा।

श्रुतियों में चुपके चुपके से कोई मधु धारा घोल रहा;
इस नीरवता के परदे में जैसे कोई कुछ बोल रहा।

शब्दार्थ–श्रुतियों-कान। **मधु धारा घोल**-मीठी बातें करना। **नीरवता के परदे**-रिक्त हृदय।

अर्थ–आसपास किसी के न होने पर भी मुझे ऐसा लगता है जैसे मेरे कानों में कोई चुप-चुप मीठी बातें कर रहा है। मेरे उस रिक्त हृदय में बहुत सी भावनाएँ उठ रही हैं। ऐसा प्रतीत होता है जैसे भीतर बैठा कोई कुछ कह रहा है।

वि०–यहाँ से लेकर तीन छंद शुद्ध अनुभूति-प्रधान हैं। जब तक प्राणी इस स्थिति में न हो, केवल कल्पना से इन्हें ठीक से नहीं समझा जा सकता। .

है स्पर्श मलय के झिलमिल सा संज्ञा को और सुलाता है;
पुलकित हो आँखें बंद किये तंद्रा को पास बुलाता है।

शब्दार्थ–झिलमिल-मंद। **संज्ञा**-चेतना। **पुलकित**-रोमांच का सुख। **तन्द्रा**-हल्की निद्रा।

अर्थ–लगता है मुझे किसी ने उस कोमलता से छुआ है जिससे मन्द मलय पवन स्पर्श करे। मेरी चेतनाशक्ति शिथिल हो रही है। रोमांच का सा सुख मुझे मिल रहा है। मेरी आँखें झिप रही हैं। मुझे हल्की नींद सी आ रही है।

व्रीड़ा है यह चंचल कितनी विभ्रम से घूँघट खींच रही;
छिपने पर स्वयं मृदुल कर से क्यों मेरी आँखें मींच रही!

शब्दार्थ–व्रीड़ा-लज्जा। **विभ्रम**-चौंकना। **मृदुल**-कोमल। **आँखें मींचना**-उँगलियों से आँखें ढकना, मस्त बनाना।

अर्थ-(मनोदशा के पक्ष में) : इस समय मुझे वैसा ही आनन्द आ रहा है जैसा किसी प्रेमी को उस समय आता होगा, जब कोई लजीली चंचल नायिका उसे देखते ही चौंक कर घूँघट काढ़ती हुई पीछे छिपकर अपनी आँखों को अपनी उँगलियों से ढक देती होगी।

(आंतरिक भावना के पक्ष में) : मेरे मन की यह चंचल वृत्ति किसी नायिका सी ऐसी लजीली है कि इसे मैं पहचान न पाऊँ, इसी से मुझसे चौंक कर यह अपने स्वरूप को छिपाने का प्रयत्न कर रही है। जब उसने स्वयं छिपना सोच रखा है, तब भला अपने शीतल प्रभाव से मुझे क्यों मस्त किये डालती है?

उद्‌बुद्ध क्षितिज की श्याम छटा इस उदित शुक्र की छाया में;
ऊषा का कौन रहस्य लिये सोती किरनों की काया में!

शब्दार्थ–उद्‌बुद्ध-आलोकित। **क्षितिज**-आकाश का कोना। **छाया**-आश्रय या नीचे। **काया**-शरीर, यहाँ चादर।

अर्थ–आकाश के आलोकित कोने में उगे शुक्र नक्षत्र के नीचे एक काली घटा दिखाई दे रही है। यह किरणों की चादर ओढ़े सो रही है, पर इसी के भीतर उषा का रहस्य छिपा हुआ है अर्थात् इस काले बादल के भीतर से अभी थोड़ी देर में अरुण उषा झलकेगी।

वि०–मनुष्य विश्वास न करे यह दूसरी बात है; पर किसी लक्ष्य के आश्रय में दुःख की काली घटा कुछ सम.य के उपरांत फट जाती है और उषा के समान सुख उसके भीतर

से झलकने लगता है।

उठती है किरनों के ऊपर कोमल किसलय की छाजन सी;
स्वर का मधु निस्वन रंध्रों में जैसे कुछ दूर बजे बंसी।

शब्दार्थ–किसलय-नवीन कोमल पत्ती। **छाजन**-छप्पर, आवरण, ढकना। **निस्वन**-गूँज। **रंध्रों**-छेद, यहाँ तारे।

अर्थ–चन्द्रमा की किरणों ने इस श्याम घटा को इस तरह अपनी नोंक पर सँभाल रखा है जैसे डंडी पर कोमल नवीन पत्तियों का छप्पर छाया हो। पवन मधुर स्वर से गूँज रहा है ऐसा लगता है जैसे आकाश एक विस्तृत वंशी है, तारे उसके छिद्र और दूर पर छिपा बैठा कोई उसे बजा रहा है।

वि०–जैसे किरणें काले बादल को उठा लेती हैं, उसी प्रकार यदि मनुष्य धैर्य न खोये तो आशा की किरणें निराशा के काले बादल को सँभाले रह सकती हैं। ऐसी स्थिति में उस दुःख में भी हृदय एक प्रकार की मिठास का अनुभव करता है।

सब कहते हैं 'खोलो खोलो, छवि देखूँगा जीवन धन की',
आवरण स्वयं बनते जाते है भीड़ लग रही दर्शन की।

शब्दार्थ–खोलो खोलो-परदा हटाओ। **जीवन धन**-जीवन सर्वस्व, भगवान। **आवरण**-परदा।

अर्थ–घिरते बादलों, अगणित नक्षत्रों और आकुल चन्द्रमा को देखकर ऐसा लगता है मानो सब पुकार कर रहे हों–सामने से (आकाश के) परदे को हटाओ, हम अपने जीवन-सर्वस्व (भगवान) की झाँकी पाना चाहते हैं। परन्तु आश्चर्य की बात तो यह है कि उनके दर्शन के लिये इन्होंने जो भीड़ लगा रखी है, इससे दूसरों की दृष्टि के लिये ये स्वयं एक परदा बन गये हैं।

वि०–किसी उत्सव, तमाशे या मंदिर में भीड़ लगाकर धक्का-मुक्की करने वाले व्यक्ति न स्वयं कुछ देख पाते हैं और न दूसरों को देखने देते हैं। ऐसा ही दृश्य ऊपर के छंद में है।

चाँदनी सदृश खुल जाय कहीं अवगुंठन आज सँवरता सा,
जिसमें अनंत कल्लोल भरा लहरों में मस्त विचरता सा–

शब्दार्थ–चाँदनी सदृश-चाँदनी जैसा, चाँदनी का। **अवगुंठन**-घूँघट। **अनंत**-असीम। **कल्लोल**-आनन्द।

अर्थ–चाँदनी का यह घूँघट जिसे उस सुन्दरी (परम सुन्दर) ने सँभाल कर अपने मुख पर डाल रखा है, यदि किसी प्रकार खुल जाय–यह घूँघट जो असीम आनंद प्रदान करने वाले मुख को छिपाए है, यह घूँघट जो आकाशरूपी समुद्र की पवन हिलोरों में मस्ती से हिल रहा है–

नोट–भाव आगे के छंद में पूरा होगा।

अपना फेनिल फन पटक रहा, मणियों का जाल लुटाता सा;
उन्निद्र दिखाई देता हो उन्मत्त हुआ कुछ गाता सा।"

शब्दार्थ–फेनिल-फेन जिससे झरे। **उन्निद्र**-निद्रारहित, सचेत। **उन्मत्त**-आवेश। **मणियों**-चंद्र

और तारों।

अर्थ–चाँदनी का यह घूँघट आकृति में शेषनाग के फण के समान है। जैसे फण के झटका खाते ही मुख से फेन गिरने लगता है और शीश से मणियाँ झरने लगती हैं उसी प्रकार चाँदनी के हिलते ही चन्द्रमा और नक्षत्रों के रूप में फेन और मणिजाल बिखर जाता है। जैसे शेषनाग प्रेम के आवेश में भगवान का गुणगान निरन्तर करते रहते हैं, उसी प्रकार यह चाँदनी सचेत होकर पवन के रूप में मत्त रागिनी गाती रहती है। चाँदनी का यह घूँघट यदि खुल जाय, तो उसके दर्शन हो जायँ।

वि०–'फन' के प्रयोग के कारण शेषनाग का संदर्भ जुटाना पड़ा। क्योंकि घूँघट कुछ-कुछ झुके फण की आकृति का होता है, इसी से कवि ने चाँदनी रूपी घूँघट की तुलना शेषनाग के फण से की है। यह कल्पना बहुन रम्य नहीं है।

'प्रसाद' जी इसके पूर्व ही आकाश के साथ प्रकाश को अवगुंठन मान चुके हैं देखिए–

ओ नील आवरण जगती के दुर्बोध न तू ही है इतना,
अवगुंठन होता आँखों का आलोक रूप बनता जितना।

यहाँ स्पष्टता से समझ लेना चाहिए कि चाँदनी शेषनाग के फण के लिये, पवन लहरों के लिये, फेन और मणियाँ चंद्र और तारागणों के लिये तथा वायु की सनसनाहट सर्पराज के मुख से निकलने वाले भगवान् के निरन्तर कीर्तन के लिये प्रयुक्त है।

दोनों छंदों का कर्त्ता 'अवगुंठन' है। उसी का अद्भुत वर्णन इन पंक्तियों में किया गया है।

"जो कुछ हो, मैं न सम्हालूँगा इस मधुर भार को जीवन के;
आने दो कितनी आती हैं बाधायें दम संयम बन के।

शब्दार्थ–न सम्हालूँगा-तिरस्कार न करूँगा। **जीवन का मधुर भार**-प्रेम। दम-इच्छा का दमन करना।

अर्थ–परिणाम चाहे कुछ भी निकले, पर आज से मैं जीवन में इस मधुर भार का, जिसे प्रेम कहते हैं, तिरस्कार न करूँगा। मेरे मन में बीच-बीच में इस वृत्ति को दमन करने की या संयमपूर्वक दिन काटने की प्रेरणा होगी। ऐसी भावनाओं को मैं प्रेमपथ की बाधाएँ समझ कर हटा दूँगा। ऐसे विघ्न जितने भी आवें उन्हें आने दो। मैं चिंता नहीं करता।

नक्षत्रों, तुम क्या देखोगे इस ऊषा की लाली क्या है?
संकल्प भर रहा है उनमें संदेहों की जाली क्या है?

शब्दार्थ–संकल्प-इच्छा।

अर्थ–(नक्षत्र पक्ष में) हे नक्षत्रो, उषा की लालिमा कैसी होती है, यह जानना तुम्हारे भाग्य में है ही नहीं, क्योंकि तुम दोनों एक साथ नहीं रह सकती। प्रभात की वह अरुणिमा प्राणियों को नवप्रकाश देने की इच्छा से आती है। तुम देख नहीं पाते; अतः वह नहीं है, इस प्रकार का संदेह तुम व्यर्थ ही करते हो।

शब्दार्थ–(ज्ञान पक्ष में)-**नक्षत्र**-उज्ज्वल ज्ञान के अधिपति, संयम से रहने वाले ज्ञानी। **उषा की लाली**-सांसारिक सौंदर्य।

अर्थ–हे संयम से रहने वाले व्यक्तियो, सांसारिक सौंदर्य के मूल्य को तुम क्या जानो?

तुम्हारा उसका साथ तो निभ ही नहीं सकता। वह जीवन में नवीन प्रकाश फैलाने आता है। तुम उसके संपर्क से वंचित हो; अतः वह असत्य है, धोखा है, ऐसा संदेह तुम व्यर्थ ही करते हो।

नोट–'लाली' के लिए 'उनमें' बहुवचन का प्रयोग व्याकरण की दृष्टि से अशुद्ध है।

कौशल यह कोमल कितना है सुषमा दुर्भेद्य बनेगी क्या?
चेतना इन्द्रियों की मेरी मेरी ही हार बनेगी क्या?

शब्दार्थ–**कौशल**-चतुराई। **कोमल**-सूक्ष्म। **सुषमा**-सौंदर्य। **दुर्भेद्य**-न जान पाना। **हार**-पतन।

अर्थ–भगवान की यह कैसी सूक्ष्म चतुराई है कि सौंदर्य के रहस्य को हम जान नहीं पाते। मेरी इन्द्रियों में जो चेतना उन्होंने भर दी है, वह क्या इसलिए कि मेरे पतन का कारण बने।

वि०–कुछ विचारक कहते हैं सुन्दरता भ्रम है, वह संसार में मन को फँसाए रखने के लिए जाल है, भगवान से दूर करने वाली प्रवंचना है; कुछ का विश्वास है कि वह विभु की विभूति है, प्राणों में उसे भर कर उन्हें शीतल करो। सामान्य बुद्धि कुछ निर्णय नहीं कर पाती, क्या करे? यही दशा इंद्रियों की है। एक वर्ग समझाता है, इनका दमन करो, ये तुम्हारे पतन के कारण हैं; दूसरा घोषणा करता है, इनसे काम लो, इनकी रचना इसीलिए हुई है।

"पीता हूँ, हाँ, मैं पीता हूँ यह स्पर्श, रूप, रस, गंध भरा;
मधु लहरों के टकराने से ध्वनि में है क्या गुंजार भरा।

शब्दार्थ–**मधु लहरों**-मस्त भाव।

अर्थ–शरीर रूपी प्याले में भरे इस जीवन-रस को जो स्पर्श, रूप, रस, गंध से निर्मित है, मैं पीना प्रारम्भ करता हूँ। अर्थात् आज से मैं यह विश्वास करता हूँ कि हाथ कोमल अंग को छूने के लिए बने हैं, नेत्र रूप को निरखने के लिए, जिह्वा रस चखने के लिए और नासिका गंध सूँघने के लिए। अतः अपनी इंद्रियों का उपयोग मैं पूर्ण रूप से करूँगा। जब लहरें तट से टकराती हैं, तब उनकी ध्वनि में एक मधुर गूँज समायी रहती है; इसी प्रकार हृदय के तट पर जब मस्त भाव टकराते हैं, तब वे एक विलक्षण आनन्द की सृष्टि करते हैं।

तारा बनकर यह बिखर रहा क्यों स्वप्नों का उन्माद अरे!
मादकता माती नींद लिये सोऊँ मन में अवसाद भरे।"

शब्दार्थ–**स्वप्नों का उन्माद**-उन्मत्त भावनाएँ। **मादकता**-यौवन का नशा। **माती नींद**-मस्ती। **सोऊँ**-चुप रहूँ। **अवसाद**-दुःख।

अर्थ–मेरी उन्मत्त भावनाएँ आज उसी प्रकार छिन्न-भिन्न हो गई हैं, जिस प्रकार आकाश में तारे छितरे पड़े हैं। यौवन के नशे की मस्ती जब छा रही हो, तब क्या मैं मन में दुःख भरकर चुप रहूँ?

चेतना शिथिल सी होती है उन अंधकार की लहरों में;
मनु डूब चले धीरे-धीरे रजनी के पिछले पहरों में।

शब्दार्थ–चेतना-स्फूर्ति। **अंधकार**-निराशा। **लहरों**-भाव। **डूबना**-विचार करना। **पिछले पहरों**-रात के तीसरे और चौथे प्रहर।

अर्थ–अपने हृदय के निराश भावों में जब मैं डूबता हूँ तो सारी स्फूर्ति शिथिल हो जाती है। इस प्रकार के विचारों में जब मनु क्रमशः निमग्न हुए तब रात्रि का तीसरा प्रहर समाप्त होने वाला था और चौथा लगने वाला।

उस दूर क्षितिज में सृष्टि बनी स्मृतियों की संचित छाया से;
इस मन को है विश्राम कहाँ चंचल यह अपनी माया से।

शब्दार्थ–दूर-भूतकाल। **क्षितिज**-आकाश का कोना, मन। **संचित छाया**-काले बादल, धुँधली स्मृतियाँ। **माया**-स्वभाव।

अर्थ–जैसे दूर आकाश के कोने में श्याम मेघ एकत्र हो जाते हैं, उसी प्रकार मनु के मन में किसी कोण में भूतकाल की धुँधली स्मृतियाँ घिर कर अपना एक नवीन संसार रचने लगीं। यह मन स्वभाव से चंचल है। प्रतिपल कुछ न कुछ सोचता रहता है।

जागरण लोक था भूल चला स्वप्नों का सुख संचार हुआ;
कौतुक सा बन मनु के मन का वह सुन्दर क्रीड़ागार हुआ।

शब्दार्थ–जागरण लोक-बाहरी संसार। **स्वप्नों**-कल्पना। **सुख**-मधुर। **संचार**-जगाना। **कौतुक**-कौतूहल, विस्मय। **क्रीड़ागार**-खेलने का स्थान।

अर्थ–बाहरी संसार का मनु को कुछ भी ज्ञान न रहा। उनके मन में (सृष्टि रचना सम्बन्धी) एक कौतूहल उठा जिसने अनेक मधुर कल्पनाओं को जगाया। इन भावनाओं से उनका हृदय बहुत देर तक खेलता रहा।

था व्यक्ति सोचता आलस में चेतना सजग रहती दुहरी,
कानों के कान खोल कर के सुनती थी कोई ध्वनि गहरी।

शब्दार्थ–सजग-जाग्रत। **कानों के कान खोलकर**-स्पष्ट शब्दों में।

अर्थ–जब मनुष्य आलस्य में पड़ा-पड़ा कुछ सोचता है, तब उसकी चेतना और भी जाग्रत हो जाती है। मनु ने ऐसी ही स्थिति में पहुँचकर अत्यंत स्पष्ट वाणी में किसी को बोलते सुना।

वि०–आलस्य में चेतना के अधिक सजग होने का कारण यह है कि एकाग्रता (Concentration) बढ़ जाती है।

यह एक प्रकार से आकाश-वाणी है; पर किसी को आपत्ति न हो इसी से उन्होंने ऊपर 'स्वप्न' शब्द का प्रयोग किया है, जिसका तात्पर्य यह हुआ कि स्वप्नावस्था में उन्होंने काम की वाणी सुनी।

"प्यासा हूँ मैं अब भी प्यासा संतुष्ट ओघ से मैं न हुआ;
आया फिर भी वह चला गया तृष्णा को तनिक न चैन हुआ।

शब्दार्थ–प्यासा-अतृप्त। **ओघ**-वासना की बाढ़। **तृष्णा**-कामना। **चैन**-शांति।

अर्थ–कामदेव बोला–मैं अब भी अतृप्त हूँ। देवताओं के जीवन में वासना की बाढ़ आई जो चढ़कर उतर भी गई, पर मेरा जी न भरा। मेरी कामना कुछ भी शांत न हुई।

देवों की सृष्टि विलीन हुई अनुशीलन में अनुदिन मेरे;
मेरा अतिचार न बंद हुआ उन्मत्त रहा सबको घेरे।

शब्दार्थ–सृष्टि-जाति। **विलीन**-नष्ट। **अनुशीलन**-चिंतन। **अनुदिन**-प्रतिदिन। **अतिचार**-अत्यधिक आसक्ति।

अर्थ–रात दिन मेरा (काम का) चिंतन करने से देवजाति नष्ट हो गई। मेरे प्रति उनकी अत्यधिक आसक्ति कभी कम न हुई। वासना से सब उन्मत्त रहते थे।

मेरी उपासना करते वे मेरा संकेत विधान बना;
विस्तृत जो मोह रहा मेरा वह देव विलास वितान तना।

शब्दार्थ–विधान-नियम। **विलास वितान तना**-विलास का चँदोबा तान दिया, फैला दिया।

अर्थ–वे मेरे (काम के) उपासक थे। मेरी प्रेरणा से उनके नियम बनते थे। मेरे प्रति अत्यधिक आकर्षण ने उनमें घना विलास फैला दिया।

वि०–'संकेत विधान बना' का तात्पर्य यह है कि यदि काम-भावना यह प्रेरणा करती थी कि देवता और अप्सरियाँ स्वतंत्रता से मिलें, तो वे लोग ऐसा नियम चट से बना देते थे कि स्वतंत्रता से मिलना सभ्यता का सूचक है; अतः यदि दो प्राणी कभी किसी से कहीं मिलना चाहें तो किसी को कोई आपत्ति न होगी।

मैं काम रहा सहचर उनका, उनके विनोद का साधन था;
हँसता था और हँसाता था उनका मैं कृतिमय जीवन था।

शब्दार्थ–सहचर-संगी। **साधन**-कारण। **कृतिमय**-कर्ममय, गति।

अर्थ–देवताओं के जीवन में मैं सदैव संगी रहा। उनके मनोरंजन का एकमात्र कारण मैं था। उन्हें प्रसन्न रखने में मुझे प्रसन्नता होती थी। सच पूछो तो उनके जीवन में गति भरने वाला मैं ही था।

जो आकर्षण बन हँसती थी रति थी अनादि वासना वही;
अव्यक्त प्रकृति उन्मीलन के अंतर में उसकी चाह रही।

शब्दार्थ–हँसना-रूप का झलकना। **अनादि**-स्थायी। **अव्यक्त**-सूक्ष्म। **उन्मीलन**-विकास।

अर्थ–देवियों के हृदय में स्थायी रूप से रहने वाली वासना का ही दूसरा नाम रति है। उस वृत्ति के उभरते ही रूप झलक उठता है और प्रेमियों को आकर्षित करता है। सूक्ष्म प्रकृति से जब स्थूल सृष्टि बनी उस समय उनके हृदय में भी वासना का निवास था।

वि०–चंद्रगुप्त नाटक में सुवासिनी कहती है–

"राजकुमारी ! काम संगीत की तान सौंदर्य की रंगीन लहर बनकर युवतियों के मुख में लज्जा और स्वास्थ्य की लाली चढ़ाया करती है।"

हम दोनों का अस्तित्व रहा उस आरम्भिक आवर्त्तन सा;
जिससे संसृति का बनता है आकार रूप के नर्त्तन सा।

शब्दार्थ–दोनों-रति और काम। **आवर्त्तन**-चक्कर। **संसृति**-संसार। **आकार**-वस्तुओं

की आकृति। **रूप के नर्त्तन**-वस्तुओं का रूप।

अर्थ–जिस प्रकार कुम्हार अपने चाक को चक्कर देता हुआ नृत्य करते हुए भिन्न-भिन्न आकार के पात्र उतार देता है, उसी प्रकार प्रारंभ में हमारी प्रेरणा से ही संसार में भिन्न-भिन्न आकार और रूप की वस्तुएँ बनीं।

वि०–कुलाल-चक्र का वर्णन इस छंद में यद्यपि नहीं है, पर 'आवर्त्तन' और 'नर्त्तन' शब्दों के अर्थ का आधार वही गोचर दृश्य है।

उस प्रकृति लता के यौवन में उस पुष्पवती के माधव का;
मधु हास हुआ था वह पहला दो रूप मधुर जो ढाल सका।

शब्दार्थ–पुष्पवती-फूलों से युक्त, ऋतुमती। **दो रूप**-दो अणु।

अर्थ–जैसे वसंत के दिनों में लता फूलों से युक्त हो जाती है; उसी प्रकार जब प्रकृति युवती हुई तो प्रजनन (जन्म देने की) शक्ति उसमें आई। पहली ही बार जब वह खिली तब उससे सुन्दर आकृति के दो अणु उत्पन्न हुए।

''वह मूल शक्ति उठ खड़ी हुई अपने आलस का त्याग किये;
परमाणु बाल सब दौड़ पड़े जिसका सुन्दर अनुराग लिये।

शब्दार्थ–मूल शक्ति--अनादि सूक्ष्म प्रकृति। **उठ खड़ी हुई**-विकास को प्राप्त हुई। **आलस**-जड़ता।

अर्थ–वह अनादि सूक्ष्म प्रकृति जड़ता को दूर फेंककर विकास को प्राप्त हुई। जैसे माँ का प्रेम प्राप्त कर किसी गृहस्थ के आँगन में बच्चे दौड़ने लगते हैं, उसी प्रकार प्रकृति का प्रेम प्राप्त कर शून्य में अणु ही अणु भर गए।

कुंकुम का चूर्ण उड़ाते से मिलने को गले ललकते से;
अंतरिक्ष के मधु उत्सव के विद्युत्कण मिले झलकते से।

शब्दार्थ–कुंकुम-केसर, रोली, गुलाल। **अंतरिक्ष**-शून्य। **मधु उत्सव**-वसंतोत्सव, होली।

अर्थ–विद्युत्कण जब एक दूसरे से टकराते, तब प्रकाश की एक झलक फूट उठती थी। उसे देखकर ऐसा लगता था मानो शून्य में वसंतोत्सव मनाया जा रहा है और वह दृश्य उपस्थित हो गया है जब होली पर प्राणी एक दूसरे पर केसर का चूर्ण छिड़कते हुए आवेश के साथ गले मिलने को बढ़ते हैं।

वह आकर्षण, वह मिलन हुआ प्रारम्भ माधुरी छाया में;
जिसको कहते सब सृष्टि, बनी मतवाली अपनी माया में।

शब्दार्थ–माधुरी छाया-मधुर वातावरण। **मतवाली**-मस्ती से भरी। **माया**-मोहक।

अर्थ–सबसे पहले एक मधुर वातावरण में अणु के प्रति आकर्षण और फिर उनका मिलना हुआ। इसी क्रिया से आगे चलकर संसार की रचना हुई जो मस्तीपूर्ण और अत्यन्त मोहक है।

प्रत्येक नाश विश्लेषण भी संश्लिष्ट हुए, बन सृष्टि रही;
ऋतुपति के घर कुसुमोत्सव था, मादक मरंद की वृष्टि रही।

शब्दार्थ–नाश-प्रलय में। **विश्लेषण**-कणों के रूप में बिखरना। **संश्लिष्ट**-कणों का

एकत्र होना। **मादक**-मस्त कर देने वाले।

अर्थ–प्रलय के कारण जो वस्तुएँ नष्ट होकर कणों के रूप में बिखर गई थीं, अब फिर वे कणों के एकत्र होने से नवीन रूप में उत्पन्न हुईं और इस प्रकार सृष्टि बनी। जैसे वसंत में सभी स्थान फूलों से भर जाते हैं और उन फूलों से फिर मस्त कर देने वाले मकरंद की बूँदें झरने लगती हैं उसी प्रकार प्रकृति एक बार फिर हरी-भरी और रसपूर्ण हो गई।

भुज-लता पड़ी सरिताओं की शैलों के गले सनाथ हुए;
जलनिधि का अंचल व्यजन बना धरणी का, दो दो साथ हुए।

शब्दार्थ–**शैल**-पर्वत। **सनाथ**-धन्य। **व्यजन**-पंखा।

अर्थ–पर्वतों से बहने वाली नदियाँ ऐसी प्रतीत होती थीं जैसे उन्होंने लता जैसी लम्बी पतली अपनी धारा रूपी भुजा को प्रियतम पर्वतों के गले में फाँसकर उन्हें धन्य कर दिया है। इधर समुद्र अपनी हिलोरों से तप्त धरती पर पंखा-सा झलने लगा। इस प्रकार जहाँ देखो वहाँ प्रेमी-प्रेमिकाओं ने अपने-अपने जोड़े बना लिए।

कोरक अंकुर सा जन्म रहा, हम दोनों साथी झूल चले;
उस नवल सर्ग के कानन में मृदु मलयानिल से फूल चले।

शब्दार्थ–**कोरक**-कली। **झूलना**-प्रसन्न होना। **नवल सर्ग**-नवीन सृष्टि।

अर्थ–अंकुर और कली के समान हम दोनों साथियों का भी जन्म हुआ। इससे हमें बड़ी प्रसन्नता हुई। जैसे वन में मलय पवन के चलने से जैसे अंकुर बढ़ता है और कलियाँ फूल बनती हैं, उसी प्रकार उस नवीन सृष्टि में हमने भी यौवन प्राप्त किया।

वि०–अंकुर के उगने और बढ़ने पर कली आती है; अतः अंकुर और कोरक चिरसंगी हैं।

स्मरण रहे कि सृष्टि से पूर्व काम एक वृत्ति मात्र था, सृष्टि होने पर उसे देवता का शरीर मिला, प्रलय होने पर फिर वृत्ति मात्र रह जाएगा।

हम भूख प्यास से जाग उठे, आकांक्षा-तृप्ति समन्वय में;
रति-काम बने उस रचना में जो रही नित्य यौवन वय में।"

शब्दार्थ–**आकांक्षा**-कामना। **समन्वय**-मेल। **यौवन वय**-यौवनावस्था।

अर्थ–जैसे भूख लगती है, प्यास लगती है, उसी स्वाभाविकता से हम सब के प्रिय हुए। हम आकांक्षा का तृप्ति से मेल कराने लगे अर्थात् मन में हम प्रेम की कामना जागरित करते और उसकी पूर्ति का उपाय बतलाते। देवताओं की उस सृष्टि में जो युवक-युवतियों से पूर्ण थीं, हमारा नाम 'काम' और 'रति' पड़ गया।

वि०–सुनते हैं देवता शरीर से कभी वृद्ध नहीं होते।

"सुरबालाओं की सखी रही उनकी हृत्तंत्री की लय थी;
रति, उनके मन को सुलझाती वह राग भरी थी, मधुमय थी।

शब्दार्थ–**हृत्तंत्री**-वीणा। **लय**-स्वर में स्वर मिलाना, विरोध न करना। **राग भरी**-प्रेममयी।

अर्थ–रति देवियों की सखी बनी। वह उनकी हृदय-वीणा से सुर में सुर मिलाती रहती थी अर्थात् सदैव सुरांगनाओं के मन के अनुकूल बात कहती। क्योंकि वह प्रेम के मधुर जीवन

से परिचित थी; अतः उनके प्रेम-पथ की उलझनें दूर करती रहती थी।

मैं तृष्णा था विकसित करता वह तृप्ति दिखाती थी उनको;
आनंद-समन्वय होता था हम ले चलते पथ पर उनको।

शब्दार्थ—तृष्णा-इच्छा। **तृप्ति**-प्राप्ति, संतोष। **आनंद-समन्वय**-आनंद मिलना। **पथ**-प्रेम का मार्ग।

अर्थ—इधर मैं देवताओं के हृदय में इच्छाओं को उभारता और उधर रति अप्सरियों को ऐसे उपाय सुझाती रहती जिनसे इच्छाओं की पूर्ति हो। इस प्रकार आनन्द प्रदान करते हुए हम अपने इच्छित मार्ग पर इन्हें ले जा रहे थे।

वे अमर रहे न विनोद रहा, चेतनता रही, अनंग हुआ;
हूँ भटक रहा अस्तित्व लिये संचित का सरल प्रसंग हुआ।"

शब्दार्थ—अमर-देवजाति। **विनोद**-भोग-विलास। **अनंग**-जिसके अंग (शरीर) न हों, कामदेव का एक नाम। **अस्तित्व**-जीवन। **प्रसंग**-कहानी।

अर्थ—आज न वह देवजाति रही और न उनका भोग-विलास। मैं भी उस रूप में न रहा। एक चेतना मात्र रह गया, अशरीरी हो गया। मेरी सरल कहानी इतनी सी है। मेरा जीवन एक भावमात्र में सिमिट कर रह गया है और आज मैं इधर-उधर भटकता फिरता हूँ।

"यह नीड़ मनोहर कृतियों का यह विश्व कर्म रंगस्थल है;
है परंपरा लग रही यहाँ ठहरा जिसमें जितना बल है।

शब्दार्थ—नीड़-घोंसला। **कृतियों**-कर्म। **रंगस्थल**-रंगमंच। **परम्परा**-क्रम, एक के पीछे एक आना।

अर्थ—संसार कर्म की रंगभूमि है। जैसे घोंसले की शोभा सुन्दर पक्षियों से होती है, उसी प्रकार जगत में शोभा उस मनुष्य की है जो शुभ कर्म करता है। यहाँ एक जाता है, दूसरा आता है। जिसमें जितनी शक्ति है वह उतनी ही देर यहाँ रुक पाता है।

वि०—शेक्सपियर के 'मर्चेन्ट आव वेनिस' में एन्टोनियो कहता है—

The world is a stage, Gratiano,
Where every man must play his part,
And mine a sad one.

इस छंद में 'योग्यतमावशेष' वाले सिद्धान्त का प्रतिपादन हुआ है।

वे कितने ऐसे होते हैं जो केवल साधन बनते हैं;
आरम्भ और परिणामों के सम्बन्ध सूत्र से बुनते हैं।

शब्दार्थ—साधन-दूसरे की इच्छापूर्ति के लिए प्रयुक्त होना। **संबन्ध सूत्र बुनना**-काम पूरा करना।

अर्थ—संसार में बहुत से मनुष्य होते हैं, जिनका जन्म दूसरों की इच्छापूर्ति के लिए होता है। जैसे कपड़ा बुनते समय धागों का छुटकारा तब तक नहीं होता जब तक वस्त्र पूरा न बुन जाय, उसी प्रकार जो काम लेने वाले व्यक्ति हैं वे ऐसे मनुष्यों से प्रारम्भ करा कर उस समय तक काम लेते रहते हैं जब तक उनका काम पूरा न हो जाय।

वि०–संसार में थोड़े व्यक्ति स्वामी हैं, शेष सेवक। अधिकतर व्यक्ति ऐसे होते हैं जिनका जीवन दूसरों की स्वार्थ-सिद्धि के लिए होता है।

ऊषा की सजल गुलाली जो घुलती है नीले अंबर में;
वह क्या है? क्या तुम देख रहे वर्णों के मेघाडंबर में?

शब्दार्थ–**सजल**-सरस। **गुलाली**-लालिमा। **घुलती**-फैलती। **वर्ण**-रंग। **मेघाडम्बर**- संध्या समय के बादल।

अर्थ–प्रभात काल में उषा की सरस लालिमा जो नीले आकाश में फैलती है, उससे तुम क्या समझते हो? संध्या समय रंग-बिरंगे जो बादल छाते हैं, वे किस बात का आभास देते हैं, बता सकते हो?

अंतर है दिन औ रजनी का यह साधक कर्म बिखरता है;
माया के नीले अंचल में आलोक विंदु सा झरता है।''

शब्दार्थ–**साधक कर्म**-कर्म की साधना।

अर्थ–पहले दृश्य को तुम दिन कहते हो और दूसरे को रात्रि का प्रारंभ। पर यदि सूक्ष्म दृष्टि से देखो तो कर्म की साधना चल रही है। यह आकाश नहीं है, माया का अंचल है। यह उषा और संध्या की लालिमा नहीं, उस अंचल से प्रकाश की बूँदें बरस रही हैं।

वि०–भाव यह है कि इस संसार में माया का राज्य है और जैसे-जैसे रात दिन ढलते हैं वैसे ही वैसे प्रकृति अपना कर्म पूरा किये जा रही है। अतः मनुष्य को भी कर्म से विरत न होना चाहिये।

रहस्य सर्ग में 'इच्छा लोक' के प्रसंग में आया है–

घूम रही है यहाँ चतुर्दिक, चल चित्रों की संसृति छाया,
जिस आलोक बिंदु को घेरे, वह बैठी मुस्काती माया।

''आरंभिक वात्या उद्गम मैं अब प्रगति बन रहा संसृति का;
मानव की शीतल छाया में ऋण शोध करूँगा निज कृति का।

शब्दार्थ–**वात्या उद्गम**-पवन का जन्म। **प्रगति**-विकास। **संसृति**-संसार। **शीतल छाया**-संयमपूर्ण आश्रय। **ऋण शोध**-सुधार। **कृति**-भावना।

अर्थ–जैसे सबसे पहले शून्य आकाश से पवन का जन्म होता है, उसी प्रकार मेरा जन्म सबसे पहले हुआ है। जैसे उस वायु से अग्नि, अग्नि से जल, जल से पृथ्वी का विकास हुआ। उसी प्रकार चेतन जगत् मेरे (काम के) द्वारा विकास को प्राप्त हुआ है। देवताओं के यहाँ अति होने से जो वृत्ति विकृति हो गयी थी, वही भावना मानव-जाति के संयमपूर्ण जीवन में सुधर जाएगी।

दोनों का समुचित प्रतिवर्त्तन जीवन में शुद्ध विकास हुआ;
प्रेरणा अधिक अब स्पष्ट हुई जल विप्लव में पड़ ह्रास हुआ।

शब्दार्थ–**दोनों**-वासना और संयम। **समुचित**-उचित। **प्रतिवर्त्तन**-आदान प्रदान, विशेष मात्रा या अनुपात में होना। **प्रेरणा**-काम की भावना। **विप्लव**-नाश। **ह्रास**-संयमित।

अर्थ–जीवन का ठीक विकास, वासना और संयम के उचित अनुपात में होने से ही

होता है। देवताओं के जीवन में काम की प्रेरणा एक अंधवृत्ति के रूप में थी। उसका परिणाम यह हुआ कि उस जाति का नाश हो गया। अब वह प्रेरणा उतनी उग्र न होगी, संयमित रहेगी।

यह लीला जिसकी विकस चली वह मूल शक्ति थी प्रेम कला;
उसका संदेश सुनाने को संसृति में आई वह अमला।

शब्दार्थ–यह लीला-सृष्टि। **मूल शक्ति**-आदि शक्ति। **उसका**-प्रेम का। **संसृति**-संसार। **वह अमला**-श्रद्धा।

अर्थ–उस आदि शक्ति का नाम जिससे सृष्टि का विकास हुआ 'प्रेम' है और उस प्रेम का संदेश सुनाने के लिए संसार में एक उज्ज्वल विभूति आई है।

वि०–यहाँ 'वह अमला' से तात्पर्य 'श्रद्धा' अथवा कामायनी से है। स्थूल जगत में यह श्रद्धा काम और रति की पुत्री थी, और भाव-जगत में यह एक वृत्ति है जिसका अर्थ आस्था का होता है।

हम दोनों की संतान वही, कितनी सुन्दर भोली-भाली;
रंगों ने जिनसे खेला हो ऐसे फूलों की वह डाली।

शब्दार्थ–दोनों-रति काम।

अर्थ–वह मेरी और रति की पुत्री है। स्वभाव की भोली और सुंदर है। वह रंगीन फूलों की शाखा के समान आकर्षक है।

वि०–कामायनी के 'आमुख' में प्रसाद ने श्रद्धा को काम की पुत्री इस पंक्ति के आधार पर माना है–"कामगोत्रजा श्रद्धानामर्षिका"। परन्तु यदि उसे भाव भी मानें, तो इस प्रकार समझना चाहिए कि काम-रति प्रेम के प्रेरक हैं, प्रेम से श्रद्धा उत्पन्न होती है अर्थात् जिसे हम प्रेम करते हैं उसमें आस्था रखते हैं, उन पर संदेह नहीं रखते।

जड़-चेतनता की गाँठ वही सुलझन है भूल-सुधारों की।
वह शीतलता है शांतिमयी जीवन के उष्ण विचारों की।

शब्दार्थ–जड़-जड़ प्रकृति। **चेतनता**-चेतना प्राणी। **गाँठ**-अनुराग का बंधन। **सुधार**-ठीक। **उष्ण विचारों**-क्षोभ उत्पन्न करने वाले विचार।

अर्थ–चेतन प्राणी का जड़ प्रकृति में अनुराग उसी के कारण स्थापित होता है। भूलों को ठीक कर वह सारी समस्याओं को सुलझा देती है। जीवन में जब क्षोभ उत्पन्न करने वाले विचार उठते हैं, तब यह शीतलता और शांति प्रदान करती है।

वि०–नारी के कारण सृष्टि प्यारी लगने लगती है और जब पुरुष अशांत होता है तब वह अपने दुलार का हाथ फेरकर उसे अगाध शांति देती है।

भाव पक्ष में इस छंद को इस दृष्टि से देखना चाहिए कि जब तक संसार में आस्था न होगी–यह संदेश बना रहेगा कि संसार असत्य है–तब तक प्रकृति प्रिय लग ही नहीं सकती। जब किसी में विश्वास होता है तब उसकी भूलों को भी क्षमा कर देते हैं, और यदि उसके प्रति विरोधी भाव उठते भी हैं, तो थोड़ी देर में शांत हो जाते हैं।

उसके पाने की इच्छा हो तो योग्य बनो" कहती कहती;
वह ध्वनि चुपचाप हुई सहसा जैसे मुरली चुप हो रहती

शब्दार्थ–वह ध्वनि–काम की वाणी।

अर्थ–हे मनु, यदि उसे पाने की इच्छा है, तब उसके योग्य बनो। ऐसा कहती हुई वह वाणी उसी प्रकार शांत हो गई जैसे बजते-बजते वंशी बंद हो जाती है।

वि०–जीवन में जिसे हम प्रेम करना चाहें उसके योग्य हम हैं भी अथवा नहीं, यह देख लेना चाहिए। यदि कोई दुराचारी किसी अत्यन्त सभ्य, शिक्षित और सुशील रमणी से प्रेम प्रदर्शित करता है, तब वह अपना, अपनी स्नेहपात्री और प्रेम तीनों का अपमान करता है।

मन अस्थिर है, अतः श्रद्धा को अन्तर में बसाना चाहता है, तो उसे संयमशील होना चाहिए। इस श्रद्धा के होने से ही कर्म, भक्ति और ज्ञान में सफलता मिलती है।

मनु आँख खोलकर पूछ रहे:–"पथ कौन वहाँ पहुँचाता है?
उस ज्योतिमयी को देव ! कहो कैसे कोई नर पाता है?"

शब्दार्थ–पथ–उपाय। **देव**–कामदेव।

अर्थ–मनु ने आँख खोलकर (सचेत होकर) पूछा–हे देव, जिस ज्योतिर्मयी की आपने चर्चा की, उस तक पहुँचने का कौन सा मार्ग (उपाय) है? यदि कोई उसे प्राप्त करना चाहे, तो क्या करे?

पर कौन वहाँ उत्तर देता? वह स्वप्न अनोखा भंग हुआ;
देखा तो सुन्दर प्राची में अरुणोदय का रस रंग हुआ।

शब्दार्थ–स्वप्न–कल्पना। **भंग**–टूटना। **प्राची**–पूर्व दिशा। **अरुणोदय**–सूर्य का उगना। **रसरंग**–सरस लालिमा।

अर्थ–पर वहाँ उत्तर देने वाला कोई था ही नहीं। मनु जो सपना देख (कल्पना कर) रहे थे, वह टूट गया। इसी समय रम्य पूर्व दिशा में सूर्य उदित हुआ और सरस लालिमा छा गई।

उस लता कुंज की झिल-मिल से हेमाभरश्मि थी खेल रही;
देवों के सोम सुधा रस की मनु के हाथों में बेल रही।

शब्दार्थ–झिल-मिल–झलक। **हेमाभरश्मि**–सुनहली आभा से युक्त किरण। **सोम सुधा रस**–प्राचीन काल की किसी लता से खिंचा हुआ एक मधुर मादक रस।

अर्थ–उस झलकते हुए लता-गृह के साथ सुनहली किरण क्रीड़ा कर रही थी और वह बेल जिससे देवता लोग सोम रस तैयार किया करते थे, आज मनु के हाथ में थी।

वि०–आगे चलकर मनु और श्रद्धा एक दूसरे को आत्म-समर्पण करेंगे; अतः यहाँ पृष्ठभूमि में पहले से ही प्रकृति की वस्तुओं को प्रेम-मग्न दिखाया है। 'कुंज' पुल्लिग और 'रश्मि' स्त्रीलिंग। राम-सीता के दृष्टि-मिलाप के पूर्व भी तुलसी ने यही किया है–

भूप बाग वर देखेउ जाई।
जहँ वसंत ऋतु रही लुभाई।

वासना

कथा—इस सर्ग में बाह्य कथानक का उतना विकास नहीं हुआ, जितना आंतरिक वृत्तियों का। दो प्राणी जब एक दूसरे के सम्पर्क में आकर चुप-चाप आकर्षण का अनुभव करते हैं, तब क्या होता है, कैसा लगता है, यही दिखाना इसका मुख्य उद्देश्य है।

श्रद्धा मनु के साथ रहने तो लगी, पर दोनों ही अपने-अपने मन की बात कहने में सकुचाते थे; अतः उस निकटता में भी एक प्रकार की दूरी बनी रही। एक दूसरे का परिचय पाकर भी वे जैसे एक दूसरे को जान न पाये। एक दिन संध्याकाल था। मनु चिंतन में लीन थे। उसी समय उन्होंने देखा—श्रद्धा बड़े भोलेपन के साथ एक पशु से खेल रही है और वह पशु उसके चारों ओर स्नेह से भरकर चक्कर काट रहा है। इससे उन्हें बड़ी पीड़ा हुई। वे सोचने लगे : हमसे तो यह पशु ही अच्छा है जिसे श्रद्धा का स्नेह तो मिला है। ईर्ष्या-भावना कुछ और तीव्रता पकड़ गई। झुँझलाहट में भरकर वे कहने लगे : ये पशु मेरे ही दिये अन्न से तो इस घर में पल रहे हैं। यदि मैं अन्न न जुटाऊँ, तो सब मर जायँ। पर मेरा तिरस्कार करने पर जैसे सब तुले हुए हैं, कोई भी मुझे प्रेम नहीं करता। मैं चाहता हूँ कि संसार की सभी उपयोगी और सुन्दर वस्तुएँ केवल मेरे सुख-विधान के लिए प्रयुक्त हों। आज से यही होगा।

इस बीच श्रद्धा निकट आ गई और मनु की आकृति देखते ही उसने भाँप लिया कि आज इनका हृदय किसी कारण से आंदोलित और क्षुब्ध है। उसने अत्यन्त स्नेह से उनके शरीर को अपनी सुकुमार उँगलियों से स्पर्श किया, जिससे मनु के अंतर की ईर्ष्याग्नि एकदम शांत हो गई।

मनु बोले : यह क्या बात है कि तुम आकर्षित करती हुई भी मुझसे दूर-दूर रहती हो? कितने परिताप की बात है कि तुम्हारे होते हुए भी मैं इतना दुःखी हूँ। मेरी पूछो तो मुझे ऐसा लगता है जैसे जिसकी खोज में मैं आज तक घूम रहा था, तुम्हारे रूप में वही मुझे प्राप्त हो गई है। संसार में एक-एक वस्तु आकर्षण-पाश में बद्ध है, फिर हम ही दोनों पास रहते हुए क्यों बिछुड़े हुए हैं? बताओ, क्या मैं कभी सुखी न हो सकूँगा? श्रद्धा ने उत्तर दिया : ऐसी बातें मैंने पहली ही बार तुम्हारे मुख से सुनी हैं। सच, मुझे पता नहीं था मेरे कारण तुम इतने व्यथित हो ! इतना कहकर मनु का हाथ पकड़कर वह चाँदनी में उन्हें खींच लायी। उस रम्य वातावरण के प्रभाव से मनु का हृदय और भी अधिक धड़कने लगा और आवेग की बातें बराबर उनके अंतर से उमड़ती रहीं : मेरा मन वेदना की चोटों से आहत होकर छटपटा रहा है। उसे यदि कहीं विश्राम मिल सकता है, तो केवल तुम्हारे प्रणय की शांत शीतल छाया में ही। आज अपने मधुर अतीत की स्मृति मुझे सता रही है। बचपन में मेरी

भी एक संगिनी थी, जिसका नाम श्रद्धा था। काम उसके पिता थे। प्रलय में मुझसे वह बिछुड़ गई, पर तुम्हारी छवि उसकी छवि से एकदम मेल खाती है; अतः मैं समझ रहा हूँ कि उसी को मैंने फिर प्राप्त किया है। तुम्हारी मुस्कान ने न जाने कितने सुख के सपने मेरे हृदय में जगाये हैं !

श्रद्धा सब सुन रही थी; सब समझ रही थी। यों उसे बड़ा सुख मिल रहा था; पर लज्जा ने उसी समय उसके हृदय पर अधिकार जमा लिया और मनु के लिए आकुलता और मधुरता का अनुभव करने पर भी वह न तो कुछ कह ही सकी और न कुछ कर ही।

चल पड़े कब से हृदय दो पथिक से अश्रांत;
यहाँ मिलने के लिए, जो भटकते थे भ्रांत।
एक गृह-पति, दूसरा था अतिथि विगत विकार;
प्रश्न था यदि एक, तो उत्तर द्वितीय उदार!

शब्दार्थ–**अश्रांत**-निरंतर। **भ्रान्त**-जिसका गंतव्य स्थान (Destination) निश्चित न हो। **विगत विकार**-पवित्र हृदय वाला। **प्रश्न**-अभाव। **उत्तर**-पूर्ति।

अर्थ–जैसे दो दिशाओं से चलने वाले दो पथिक जिनके पहुँचने का स्थान निश्चित न हो, मार्ग में भटकते-भटकते निरन्तर चलते रहें और सहसा कहीं एक दूसरे को मिल जायँ, वैसे ही श्रद्धा और मनु जीवन पथ के दो पथिक थे, दोनों का हृदय जीवन-साथी खोजने को बहुत दिनों से भटक रहा था, अकस्मात् हिमालय की तलहटी में (मनु के निवास-स्थान पर) दोनों की भेंट हो गई।

एक (मनु) घर का स्वामी था और दूसरा (श्रद्धा) पवित्र हृदय वाला अतिथि। एक (मनु) अभावों से भरा था और दूसरा (श्रद्धा) उन अभावों की पूर्ति करने वाला।

वि०–श्रद्धा नारी है, पर उसे व्यक्ति मानकर कवि 'दूसरा था' से पुल्लिंग में सम्बोधन कर रहा है। आगे भी उसने ऐसा ही किया है।

एक जीवन सिंधु था, तो वह लहर लघु लोल;
एक नवल प्रभात, तो वह स्वर्ण किरण अमोल।
एक था आकाश वर्षा का सजल उद्दाम;
दूसरा रंजित किरण से श्री-कलित घनश्याम!

शब्दार्थ–**जीवन**-जल। **लघु**-छोटी। **लोल**-चंचल। **नवल**-नवीन। **अमोल**-अमूल्य। **सजल उद्दाम**-घना जल बरसाने वाला। **रंजित**-युक्त। **श्री-कलित**-शोभा भरी।

अर्थ–मनु यदि जल से भरे समुद्र के समान थे तो श्रद्धा उसमें उठने वाली एक छोटी सी चंचल लहर; मनु यदि नव प्रभात के सदृश थे, तो श्रद्धा एक अमूल्य सुनहली किरण जैसी।

मनु यदि घना जल बरसाने वाले वर्षाकालीन आकाश के समान थे, तो श्रद्धा किरणों से झलमलाती शोभाभरी बदली जैसी।

वि०–समुद्र और लहर, प्रभात और किरण, आकाश और बादल सभी में यह बात ध्यान देने योग्य है कि पहली वस्तुएँ व्यापक हैं, दूसरी उनका अंश। साथ ही ये वस्तुएँ एक

दूसरे से चिर-संबंधित हैं। तीसरे, पहली वस्तुओं की शोभा दूसरी वस्तुओं से ही है। कहना चाहिए कि यदि दूसरे वर्ग की वस्तुएँ न हों, तो पहले वर्ग की वस्तुएँ व्यर्थ सिद्ध हों। यही दशा स्त्री-पुरुष की है। स्त्री के बिना पुरुष का जीवन अपूर्ण है, शोभाहीन है, व्यर्थ है।

नदी तट के क्षितिज में नव जलद, सायंकाल;
खेलता ज्यों दो बिजलियों से मधुरिमा जाल।
लड़ रहे अविरत युगल थे चेतना के पाश;
एक सकता था न कोई दूसरे को फाँस!

शब्दार्थ–नव जलद-नवीन बादल। **मधुरिमा**-मधुरता, रम्यता। **अविरत**-निरन्तर। **युगल**-दो। **पाश**-फन्दा।

अर्थ–संध्या समय सरिता के उस पार सुदूर आकाश के कोने में उठे किसी नवीन बादल में जैसे बिजली की दो रेखायें एक दूसरे से उलझी हुई रम्य प्रतीत होती हैं, वैसे ही श्रद्धा और मनु दोनों की चेतनायें एक दूसरी से टकरा रही थीं; पर इनमें से अभी तक एक में भी इतनी शक्ति न थी कि वह दूसरी को उलझा लें।

वि०–भावधारा सरस और निरन्तर प्रवाहशीला है, अतः 'नदी' शब्द लाए। एक दूसरे को आकर्षित करने की भावना अभी हृदय की बहुत गहराई में है और स्पष्टता से उभर नहीं पाई, यही कारण है कि 'क्षितिज' और 'सायंकाल' शब्दों का प्रयोग किया। 'नव जलद' इसलिए लिखा है कि दोनों के अन्तःकरण सच्चे अर्थ में प्रथम बार ही प्रेम करने को उत्सुक हुए हैं।

था समर्पण में ग्रहण का एक सुनिहित भाव;
थी प्रगति, पर अड़ा रहता था सतत अटकाव।
चल रहा था विजन-पथ पर मधुर जीवन-खेल;
दो अपरिचित से नियति अब चाहती थी मेल।

शब्दार्थ–समर्पण-अपने को सौंपना। **ग्रहण**-अधिकार। **सुनिहित**-छिपा हुआ। **प्रगति**-आकर्षण की वृद्धि। **अटकाव**-संकोच। **विजय पथ**-हृदय का सूनापन। **मधुर जीवन-खेल**-प्रेम की मधुर भावना। **नियति**-भाग्य, विधाता।

अर्थ–श्रद्धा और मनु ने एक दूसरे के हाथ अपने को सौंप दिया था, पर इसमें एक दूसरे पर अधिकार पाने की भावना भी छिपी थी। एक का दूसरे के प्रति आकर्षण वैसे बढ़ रहा था, पर संकोच के बीच में आने से वे अपने हृदय की बात स्पष्टता से कह न पाते थे। अपने सूने हृदय में वे अभी तक एक दूसरे के प्रति प्रेम की मधुर भावना पोषित कर रहे थे, पर अब विधाता की ऐसी इच्छा थी कि ये जो आस-पास रहते हुए भी अपरिचित के समान जीवन व्यतीत कर रहे हैं, प्रेमी-प्रेमिकाओं की भाँति मिल कर रहें।

नित्य परिचित हो रहे तब भी रहा कुछ शेष;
गूढ़ अंतर का छिपा रहता रहस्य विशेष।
दूर जैसे सघन वन-पथ अंत का आलोक;
सतत होता जा रहा हो, नयन की गति रोक।

शब्दार्थ–अंतर का विशेष गूढ़ रहस्य-प्रेम। **सतत**-निरन्तर। **नयन की गति रोक**-दृष्टि गड़ाए।

अर्थ–नित्य कोई न कोई ऐसी घटना हो जाती थी जिससे उन्हें एक दूसरे के आकर्षण का पता चल जाता था, पर दोनों में से खुलकर बातें कोई न करता था। इससे उनके हृदय का जो अधिक गम्भीर रहस्य (प्रेम) था वह छिपा ही रह जाता था। समीपता का अनुभव करते हुए भी वे एक दूसरे से उसी प्रकार दूर बैठे थे जैसे घने वन में होकर जाने वाला पथिक पथ के अंत का प्रकाश देखकर उसे निकट ही समझता है, पर जैसे-जैसे वह उसकी ओर दृष्टि गड़ाए बढ़ता है वैसे ही वैसे दूर होता जाता है।

गिर रहा निस्तेज गोलक जलधि में असहाय;
घन पटल में डूबता था किरण का समुदाय।
कर्म का अवसाद दिन से कर रहा छल छंद;
मधुकरी का सुरस संचय हो चला अब बंद।

शब्दार्थ–निस्तेज-आभाहीन। **गोलक**-गोल पिंड, यहाँ सूर्य। **घन पटल**-बादलों का समूह। **समुदाय**-समूह। **कर्म का अवसाद**-निरंतर काम करने से उत्पन्न थकावट। **छल छंद**-बहाना, धोखा। **सुरस**-मधुर मकरंद।

अर्थ–आभाहीन सूर्य विवश होकर समुद्र में डूब रहा था और किरणों का समूह बादलों में विलीन हो रहा था। जैसे सेवक जब काम करते-करते थक जाता है और कठोर स्वामी उस समय भी काम लेना चाहता है तो वह कोई न कोई बहाना बनाकर काम से छुट्टी पा लेता है, उसी प्रकार सूर्य निरन्तर चलते-चलते थक गया था और अब उसने किसी बहाने दिन से छुट्टी ली। इधर भ्रमरी ने मकरन्द का संचय बन्द कर दिया।

वि०–इस वर्णन से यह संकेत मिलता है कि संध्या हो गई।

उठ रही थी कालिमा धूसर क्षितिज से दीन;
भेंटता अंतिम अरुण आलोक वैभव हीन।
यह दरिद्र मिलन रहा रच एक करुणा लोक;
शोक भर निर्जन निलय से बिछुड़ते थे कोक।

शब्दार्थ–धूसर-धूलभरे। **अरुण आलोक**-सूर्य का प्रकाश। **करुणालोक**-करुण वातावरण। **निर्जन**-सूना वन। **निलय**-निवास स्थान। **कोक**-चकवा चकवी।

अर्थ–धूल भरे हुए दीन आकाश में कालिमा छाने लगी जिसे (क्षितिज को) सूर्य के अंतिम फीके प्रकाश ने आलिंगन में लिया। कालिमा और प्रकाश के इस विवश मिलन ने एक करुण वातावरण की सृष्टि की। उसी समय वन में शोक से भरे हुए चकवा-चकवी अपने निवास-स्थान से दूर होकर एक दूसरे से बिछुड़ गये।

वि०–यहाँ सूर्य और कालिमा तथा कोक और कोकी का दुहरा वियोग मिलन दिखाकर कवि ने संध्या के वातावरण में उदासी को अत्यधिक घनीभूत कर दिया है।

प्रसिद्ध है कि चकवा-चकवी के किसी जोड़े ने किसी मुनि की साधना में अपनी क्रीड़ा और कोलाहल से विघ्न उपस्थित किया और उस मुनि ने उन्हें रात में चिर वियोग का शाप दिया। उसी समय से कोक-कोकी रात को नहीं मिल पाते।

मनु अभी तक मनन करते थे लगाये ध्यान;
काम के संदेश से ही भर रहे थे कान।
इधर गृह में आ जुटे थे उपकरण अधिकार;
शस्य पशु या धान्य का होने लगा संचार।

शब्दार्थ–मनन-चिंतन। **लगाए ध्यान**-चित्त से। **उपकरण**-सामग्री। **अधिकार**-अपनी सम्पत्ति। **शस्य**-धान। **धान्य**-अन्न। **संचार**-वृद्धि, ढेर।

अर्थ–मनु अभी तक एकाग्र चित्त से चिंतन में लीन थे। कल रात के अन्तिम प्रहर में कामदेव ने जो बातें कही थीं, वे उनके कानों में गूँज रही थीं, उन्हें वे अभी भूले नहीं थे। इधर उनके घर में कुछ ऐसी सामग्री एकत्र हो रही थी, जिसे वे अपनी सम्पत्ति कह सकें। वे पशु पालने लगे और उनके यहाँ धान तथा अन्न का ढेर होने लगा।

नई इच्छा खींच लाती, अतिथि का संकेत–
चल रहा था सरल शासन युक्त सुरुचि समेत।
देखते थे अग्नि-शाला से कुतूहल युक्त;
मनु चमत्कृत निज नियति का खेल बंधन-मुक्त।

शब्दार्थ–खींच लाती-उत्साहित करती। **सुरुचि समेत**-सुरुचिपूर्ण। **चमत्कृत**-विस्मय में भर। **नियति**-भाग्य। **खेल बंधन मुक्त**-खुला खेल।

अर्थ–श्रद्धा की किसी भी नवीन इच्छा की पूर्ति मनु बड़े उत्साह से करते। इस प्रकार इस अतिथि के संकेत ही अत्यन्त सुरुचिपूर्ण आदेश बनकर उन पर सहज भाव से शासन करने लगे।

यज्ञशाला में बैठे मनु ने विस्मय और कौतूहल से भर कर एक दिन भाग्य का एक खुला खेल देखा।

एक माया ! आ रहा था पशु अतिथि के साथ!
हो रहा था मोह करुणा से सजीव सनाथ!
चपल कोमल कर रहा फिर सतत पशु के अंग;
स्नेह से करता चमर उद्ग्रीव हो वह संग।

शब्दार्थ–माया-विलक्षण दृश्य। **मोह**-प्यार से भरा पशु। **करुणा**-ममतामयी श्रद्धा। **सजीव**-प्राणवान। **सनाथ**-धन्य। **चपल**-फुर्ती से। **सतत**-बराबर। **चमर**-पूँछ। **उद्ग्रीव**-गर्दन उठाना।

अर्थ–मनु ने एक विलक्षण दृश्य देखा। श्रद्धा के साथ एक पशु लगा चला आ रहा था। उन दोनों को देखकर ऐसा प्रतीत होता था जैसे करुणा (श्रद्धा) ने मोह (पशु) में आज प्राण डालकर उसे धन्य कर दिया है। अर्थात् यदि श्रद्धा करुणा थी, तो पशु साकार मोह और यह पशु श्रद्धा की ममता प्राप्त कर इस समय अपने को सौभाग्यशाली समझ रहा था।

इधर श्रद्धा अपने कोमल कर से फुर्ती के साथ पशु के अंगों को बराबर सहला रही थी और उधर पशु प्यार में भरकर पूँछ हिलाता और गर्दन उठाकर उसकी ओर ताकता रह जाता था।

कभी पुलकित रोम राजी से शरीर उछाल;
भाँवरों से निज बनाता अतिथि सन्निधि जाल।
कभी निज भोले नयन से अतिथि बदन निहार;
सकल संचित स्नेह देता दृष्टि पथ से ढार;

शब्दार्थ–पुलकित-रोमांचित। **रोम**-रोंगटे। **राजी**-समूह। **भाँवरों**-चक्कर। **सन्निधि**-निकट। **बदन**-मुख। **दृष्टिपथ**-चितवन।

अर्थ–श्रद्धा के स्पर्श से जब पशु के रोंगटे खड़े हो जाते तो बीच-बीच में वह अपने शरीर को उछाल देता था। फिर निकट आकर चक्कर काटता हुआ उसके बाँधने का प्रयत्न करता। कभी-कभी अपनी भोली-भाली आँखों से श्रद्धा के मुख को ताकते हुए हृदय का समस्त स्नेह एक चितवन में भर कर उस पर ढलका देता था।

और वह पुचकारने का स्नेह शवलित चाव;
मंजु ममता से मिला बन हृदय का सद्भाव।
देखते ही देखते दोनों पहुँच कर पास;
लगे करने सरल शोभन मधुर मुग्ध विलास।

शब्दार्थ–स्नेह शवलित-प्रेमपूर्वक। **चाव**-उत्साह। **मंजु**-सुन्दर। **सद्भाव**-कोमलता। **शोभन**-सुन्दर। **विलास**-खेल, क्रीड़ा।

अर्थ–और इधर स्नेह तथा उत्साहपूर्वक श्रद्धा का उसे पुचकारना मानो उसके हृदय की कोमलता और सुन्दर ममता का परिचायक था।

इस प्रकार थोड़ी देर में वे दोनों मनु के निकट आ गये और सरल, सुन्दर, मधुर, मुग्धकारी खेल करने लगे।

वह विराग-विभूति ईर्षा-पवन से हो व्यस्त;
बिखरती थी; और खुलते ज्वलन कण जो अस्त।
किन्तु यह क्या? एक तीखी घूँट, हिचकी आह!
कौन देता है हृदय में वेदना मय डाह?

शब्दार्थ–विराग-वैराग्य। **विभूति**-भस्म और वैभव। **व्यस्त**-तितर-बितर होकर। **ज्वलन कण**-अंगारे, आंतरिक जलन। **अस्त**-छिपे, ढके। **डाह**-ईर्ष्या।

अर्थ–जैसे पवन के चलने से राख बिखर जाती है और उसके नीचे ढके अंगारे चमकने लगते हैं, वैसे ही पशु को प्यार करते देख मनु के हृदय में ईर्ष्या जगी और वैराग्य भावना तितर-बितर होकर बिखर गई। जो जलन कलेजे में छिपी पड़ी थी, उभर आई।

मनु सोचने लगे, यह क्या? जैसे कड़वी चीज के घूँट को न पचा सकने के कारण हिचकी आती है वैसी ही दशा मेरी क्यों हो रही है? मेरे मन में किसने यह दुखदायिनी ईर्ष्या जगायी?

"आह यह पशु और इतना सरल सुन्दर स्नेह!
पल रहे मेरे दिये जो अन्न से इस गेह।

मैं? कहाँ मैं? ले लिया करते सभी निज भाग;
और देते फेंक मेरा प्राप्य तुच्छ विराग!

शब्दार्थ–प्राप्य-अधिकार।

अर्थ–भाग्य की बात है कि पशु होकर भी इसे श्रद्धा का कितना सुन्दर, कैसा सरल स्नेह मिला है? ये पशु इस घर में मेरे ही दिये हुए अन्न से तो पल रहे हैं। आज ही मैं अन्न न दूँ तो ये जीवित तक न रहें। और मैं? मुझे कौन पूछता है? आज मेरी कमाई में जो जिसका भाग है वह ले लेता है और यह समझ कर कि यह तो केवल उपेक्षा का अधिकारी है, जैसे किसी के सामने कोई हीन-भाव से रोटी का टुकड़ा फेंक देता है, उसी प्रकार ये रात-दिन मुझसे विरक्ति प्रकट कर रहे हैं।

अरी नीच कृतघ्नते ! पिच्छल शिला संलग्न;
मलिन काई सी करेगी हृदय कितने भग्न?
हृदय का राजस्व अपहृत, कर अधम अपराध;
दस्यु मुझसे चाहते हैं सुख सदा निर्बाध।

शब्दार्थ–कृतघ्नता-किसी के उपकार को स्वीकार न करने वाली वृत्ति। **पिच्छल**-रपटीली। **संलग्न**-लगी हुई। **राजस्व**-राजकर। **अपहृत**-छीनकर। **दस्यु**-डाकू। **निर्बाध**-लगातार।

अर्थ–कृतघ्नता एक नीच मनोवृत्ति है। रपटीली शिला पर मलिन काई जब जम जाती है तब उस पर जो भी चरण रखता है वही फिसलकर अपना अंग-भंग कर लेता है, इसी प्रकार हृदय तो स्वभाव से चंचल है ही, उसमें कृतघ्नता की मलिन वृत्ति जिस समय उग आती है, उस समय वह अनेक हृदयों को आघात पहुँचाती है।

मैं इस घर का राजा हूँ, अतः इसमें रहने वाले प्राणियों पशु, पक्षी और श्रद्धा का धर्म है कि अपने-अपने हृदय का कर (प्रेम) मुझे दें, उसे न देकर इन्होंने बहुत बड़ा अक्षम्य अपराध किया है। दूसरी ओर ये डाकू यह भी चाहते हैं कि मैं इन्हें सदैव लगातार सुख देता रहूँ।

विश्व में जो सरल सुन्दर हो विभूति महान;
सभी मेरी हैं, सभी करती रहें प्रतिदान।
यही तो, मैं ज्वलित वाडव-वन्हि नित्य अशांत;
सिंधु लहरों सा करें शीतल मुझे सब शांत।"

शब्दार्थ–सरल-स्वाभाविक रूप से। **विभूति**-ऐश्वर्य की वस्तु। **प्रतिदान**-काम में आना। **ज्वलित**-धधकती हुई। **बाडव-वन्हि**-समुद्र के अंतर वाली आग।

अर्थ–संसार में ऐश्वर्य की जो वस्तुएँ स्वाभाविक रूप से ही सुन्दर या फिर महान् हैं, उन सब का स्वामी मैं ही तो हूँ, अतः मैं चाहता हूँ कि वे सब मेरे ही उपयोग के काम आवें। इसके अतिरिक्त मैं कोई दूसरी बात नहीं सुनना चाहता। मैं समुद्र के अंतर में रहने वाली धधकती हुई चिर प्यासी ज्वाला हूँ; अतः और सभी का यह कर्तव्य है कि समुद्र की लहरों के समान मेरे हृदय की आग को शीतल और शांत करें अर्थात् मेरी लालसाओं को तृप्त करें।

आ गया फिर पास क्रीड़ाशील अतिथि उदार;
चपल शैशव सा मनोहर भूल का ले भार।
कहा "क्यों तुम अभी बैठे ही रहे धर ध्यान;
देखती हैं आँख कुछ, सुनते रहे कुछ कान–

शब्दार्थ–**क्रीड़ाशील**-खेलती-खेलती। **अतिथि**-मनु के घर में अतिथि बनकर रहने वाली श्रद्धा। **उदार**-उदार स्वभाव की। **शैशव**-बाल्यकाल।

अर्थ–उदार स्वभाव वाली श्रद्धा पशु के साथ खेलती-खेलती मनु के और निकट आ गई–जैसे कोई चंचल बालक जब भूला-भूला सा फिरता है तब बड़ा प्यारा लगता है, वैसी ही रम्य चपलता और भूल की गहरी भावना उसकी मुखमुद्रा में अंकित थी।

उसने आकर मनु से पूछा : अरे, क्या तुम अभी तक ध्यान में मग्न यहीं बैठे हो? तुम्हारी आकृति से तो ऐसा आभासित होता है कि तुम्हारी आँखें कहीं और काम कर रही हैं और तुम्हारे कान कहीं और।

वि०–भाग आगे के छंद में समाप्त होगा।

मन कहीं, यह क्या हुआ है? आज कैसा रंग?"
नत हुआ फण दृप्त ईर्षा का, विलीन उमंग।
और सहलाने लगा कर-कमल कोमल कांत;
देख कर वह रूप सुषमा मनु हुए कुछ शांत।

शब्दार्थ–**कैसा रंग**-कैसा परिवर्तन। **दृप्त**-उठा हुआ, अहंकार भरा। **उमंग**-आवेश। **कान्त**-सुन्दर। **रूप सुषमा**-रूप का लावण्य।

अर्थ–और तुम्हारा मन कहीं और ही घूम रहा है ! क्या हो गया तुम्हें? आज यह परिवर्तन क्यों? इस पर, जैसे बीन की मधुर ध्वनि सुनते ही सर्प का उठा हुआ फण झुक जाता है और फुफकारना बंद हो जाता है, वैसे ही श्रद्धा की मीठी वाणी के प्रभाव से मनु की अहंकार भरी ईर्ष्या कुछ कम हुई और आवेश तो एकदम समाप्त हो गया। तब श्रद्धा ने अपने कोमल सुन्दर कर से मनु के शरीर को सहलाना प्रारम्भ किया और मनु उसके रूप-लावण्य को निहार कर कुछ-कुछ शांत हुए।

कहा "अतिथि ! कहाँ रहे तुम किधर थे अज्ञात;
और यह सहचर तुम्हारा कर रहा ज्यों बात–
किसी सुलभ भविष्य की, क्यों आज अधिक अधीर?
मिल रहा तुमसे चिरंतन स्नेह सा गंभीर?

शब्दार्थ–**अज्ञात**-अपरिचित से। **सहचर**-साथी, मनु। **सुलभ**-सुन्दर। **चिरंतन**-बराबर।

अर्थ–मनु ने कहा : हे अतिथि, अभी तक तुम एक अपरिचित के समान मुझसे दूर भागते फिरे हो और मैं तुम्हारा साथी एक सुन्दर भविष्य की कल्पना कर रहा हूँ। यद्यपि तुमसे गम्भीर स्नेह मुझे बराबर मिलता रहा है, पर न जाने क्यों आज मैं तुम्हारे प्रेम की प्राप्ति के लिए अधिक व्याकुल हो उठा हूँ।

कौन हो तुम खींचते यों मुझे अपनी ओर;
और ललचाते स्वयं हटते उधर की ओर!
ज्योत्स्ना निर्झर ! ठहरती ही नहीं यह आँख;
तुम्हें कुछ पहचानने की खो गई सी साख।

शब्दार्थ–ललचाते-मोहित करते? **ज्योत्स्ना**-चाँदनी। **निर्झर**-झरना। **साख**-विश्वास।

अर्थ–मैं तुम्हें पूर्ण रूप से अभी नहीं जान पाया। यह क्या बात है कि पहले तुम्हीं मुझे आकर्षित करती हो और जब मैं मोहित होकर तुम्हारी ओर बढ़ता हूँ तो पीछे हट जाती हो? चाँदनी के झरने सा तुम्हारा रूप है जिसे देखते-देखते मन भरता नहीं। अतः अनेक बार देख कर भी मैं यह विश्वास खो बैठा हूँ कि तुम्हें ठीक से पहचान पाया हूँ।

वि०–इस दृश्य में अनुपम सजीवता भरी हुई है और पहली दो पंक्तियों में तो चलचित्रों का सा आकर्षण है।

कौन करुण रहस्य है तुममें छिपा छविमान?
लता वीरुध दिया करते जिसे छाया दान।
पशु कि हो पाषाण सब में नृत्य का नव छंद;
एक आलिंगन बुलाता सभी को सानंद।

शब्दार्थ–करुण-कोमल। **छविमान**-सुन्दर। **वीरुध**-पौधे। **नृत्य का नव छंद**-आनन्द के नवीन स्वर।

अर्थ–तुम्हारे व्यक्तित्व में ऐसा कौन सा सुन्दर कोमल जादू है कि मैं और पशु-पक्षी तो दूर, ये लता-पौधे भी तुम्हें अपनी छाया बड़ी प्रसन्नता से प्रदान करते हैं।

आज मैं इस रहस्य से अवगत हुआ हूँ कि कोई पशु हो अथवा पाषाण ही क्यों न हो, सब आनन्द के नवीन स्वरों में स्वर मिला रहे हैं और इस आनन्द की उपलब्धि के लिए एक-दूसरे की ओर आकर्षित होते हुए एक-दूसरे का आलिंगन करना चाहते हैं।

वि०–प्रसाद जी ने अपनी यह धारणा 'एक घूँट' में व्यक्त की है कि आत्मा आनन्द की उपलब्धि के लिए सौंदर्य की ओर आकृष्ट होती है और प्रेम करती है; अतः प्रणय-व्यापार अत्यन्त प्राकृतिक होने से अत्यन्त अनिवार्य है।

'सब में नृत्य का नव छंद', स्कंदगुप्त में देवसेना की इस विचारधारा की छाया में भी स्पष्टता से समझा जा सकता है:–

"प्रत्येक परमाणु के मिलने में एक सम है, प्रत्येक हरी-भरी पत्ती के हिलने में एक लय है। मनुष्य ने अपना स्वर विकृत कर रखा है, इसी से तो उसका स्वर विश्व-वीणा में शीघ्र नहीं मिलता। पांडित्य के मारे जब देखो, जहाँ देखो, बेताल बेसुरा बोलेगा। पक्षियों को देखो, उनकी 'चह-चह', 'कल-कल', 'छल-छल' में, 'काकली' में, रागिनी है।"

राशि राशि बिखर पड़ा है शांत संचित प्यार।
रख रहा है उसे ढोकर दीन विश्व उधार।
देखता हूँ चकित जैसे ललित लतिका-लास ;
अरुण धन की सजल छाया में दिनांत निवास–

शब्दार्थ–राशि रशि-ढेर का ढेर। **शांत**-मौन भाव से, चुपचाप। **संचित**-एकत्र किया हुआ। **ललित**-सुन्दर। **लास**-नृत्य। **दिनांत निवास**-संध्या समय।

अर्थ–प्रकृति में न जाने कब का एकत्र किया हुआ ढेर का ढेर प्यार शांति भाव से बिखरा रहा है, जिसे दीन-संसार के पशु-पक्षी, लता-पौधे उधार माँग-माँग कर ढोने में व्यस्त हैं।

संध्या हो गई। लाल बादलों की शीतल छाया में सुन्दर लता झूम रही है और मैं आकर्षण के इस दृश्य को चकित नेत्रों से देख रहा हूँ।

और उसमें हो चला जैसे सहज सविलास;
मदिर माधव यामिनी का धीर पदविन्यास।
आह यह जो रहा सूना पड़ा कोना दीन;
ध्वस्त मंदिर का, बसाता जिसे कोई भी न–

शब्दार्थ–सहज-चुपचाप। **सविलास**-इठलाती। **मदिर**-मदमाती, मस्त। **माधव**-वसंत। **यामिनी**-रात। **धीर**-मन्द गति से। **विन्यास**-चरण रखना। **ध्वस्त**-टूटा हुआ।

अर्थ–इसी संध्या में वसंत की मदमाती रजनी चुपचाप इठलाती मन्द गति से चरण रखती हुई उतर आयी है।

और इधर टूटे मेरे हृदय-मन्दिर का दीन और सूना कोना है जो तिरस्कृत पड़ा है और जिसे बसाने की किसी को चिन्ता नहीं।

उसी में विश्राम माया का अचल आवास;
अरे यह सुख नींद कैसी, हो रहा हिम हास!
वासना की मधुर छाया ! स्वास्थ्य बल विश्राम!
हृदय की सौंदर्य प्रतिमा ! कौन तुम छवि धाम?

शब्दार्थ–माया-मोह। **आवास**-डेरा। **नींद**-मस्ती। **हिम हास**-बर्फ जैसी उजली हँसी। **विश्राम**-शांति। **छवि धाम**-सुन्दरी।

अर्थ–आश्चर्य है कि इसी भग्न-हृदय के मंदिर में सांसारिक मोह ने अचल डेरा डाल रखा है। निश्चित रूप से जानता हूँ कि मेरा जीवन अभावपूर्ण है, फिर भी एक मस्ती भरे सुख की कल्पना में मैं लीन हूँ और आशा की हिम जैसी उज्ज्वल हास्य-किरण मेरे अंतःकरण में झलक-झलक उठती है–अर्थात् आज मैं आशावादी हूँ।

और हे छविमयी ! तुम कौन हो, यह तुम्हीं बताओ। तुम्हें देखकर दाम्पत्य सुख की भावना हृदय में जगती है। तुम्हीं मेरा स्वास्थ्य हो, तुम्हीं मेरी शक्ति हो अर्थात् मेरा यह स्वस्थ शक्तिशाली शरीर तुम्हारे उपयोग के लिए है। ऐसा लगता है जैसे आन्तरिक शांति केवल तुम्हारे ही संसर्ग से प्राप्त होगी। बहुत दिनों से एक सुन्दर प्रेमिका की काल्पनिक मूर्ति मैंने अपने मन में बसा रखी थी, तुम्हें देखकर यह भ्रम हो रहा है कि आज वह साकार हो गई है।

कामना की किरन का जिसमें मिला हो ओज;
कौन हो तुम, इसी भूले हृदय की चिर खोज!

कुन्द मंदिर सी हँसी ज्यों खुली सुषमा बाँट;
क्यों न वैसे ही खुला यह हृदय रुद्ध कपाट?"

शब्दार्थ–कामना-इच्छा। **ओज**-तेज। **कुंद मंदिर**-खिला हुआ कुंद पुष्प। **सुषमा**-लावण्य। **रुद्ध**-बंद। **कपाट**-किवाड़।

अर्थ–तुम्हारी इस सौंदर्य-प्रतिमा से इच्छाओं की तेजोमयी किरणें फूट रही हैं अर्थात् जो तुम्हारे दर्शन करता है वह कर्म एक उज्ज्वल नवीन स्फूर्ति का अनुभव अपने अंतःकरण में करता है। मेरा हृदय जिसे खोजने के लिए इतने दिनों से भटक रहा था, वही तो तुम हो। सच बताओ, कौन हो तुम?

अच्छा, एक प्रश्न का उत्तर दोगी? विकसित कुंद पुष्प सी तुम्हारी मुस्कान जैसे चारों ओर लावण्य बिखेर रही है, वैसे ही मेरे हृदय के बंद कपाट क्यों नहीं खोलती? अर्थात् क्या कारण है कि न मैं अपने हृदय की बात किसी से कह पाता हूँ और न मुक्त हृदय से खिलखिला कर हँस पाता हूँ?

कहा हँस कर "अतिथि हूँ मैं, और परिचय व्यथ;
तुम कभी उद्विग्न इतने थे न इसके अर्थ!
चलो, देखो वह चला आता बुलाने आज–
सरल हँसमुख विधु जलद लघु खण्ड वाहन साज!

शब्दार्थ–उद्विग्न-विह्वल। **जलद लघुखंड**-मेघखंड, बादल का टुकड़ा। **वाहन**-सवारी।

अर्थ–श्रद्धा हँसकर बोली : मैं तुम्हारी अतिथि हूँ। इससे अधिक परिचय की भला क्या आवश्यकता है? तुमने जो कहा ठीक है; परन्तु यह पहला ही अवसर है जब तुमने इतनी विह्वलता मेरे प्रति प्रदर्शित की है। यदि ऐसा ही है तो बातों में समय नष्ट करना व्यर्थ है। देखो, मेघखंड की सवारी पर मुस्कराता सरल चंद्र हम दोनों को बुलाने के लिए ही तो बढ़ा चला आ रहा है। अतः मेरे साथ आओ।

कालिमा धुलने लगी घुलने लगा आलोक,
इसी निभृत अनंत में बसने लगा अब लोक;
इस निशामुख की मनोहर सुधामय मुसक्यान,
देख कर सब भूल जायें दुःख के अनुमान।

शब्दार्थ–कालिमा-अंधकार। **घुलने लगा**-छा गया। **आलोक**-प्रकाश। **निभृत**-शून्य। **अनंत**-सीमाहीन आकाश। **लोक**-नक्षत्र समूह। **निशामुख**-चन्द्रमा जो रजनी का मुख है। **सुधामय**-सरल। **दुःख के अनुमान**-काल्पनिक दुःख।

अर्थ–अंधकार मिट गया और प्रकाश छा गया। इस सूने आकाश में अब तो नक्षत्रों का संसार बस गया। इस समय हमारे लिए भी उचित है कि इस चन्द्रमा की मनोहर सरल मुस्कान को देखकर अपने समस्त काल्पनिक दुःखों को भुला दें।

देख लो, ऊँचे शिखर का व्योम चुम्बन व्यस्त;
लोटना अंतिम किरण का और होना अस्त।

चलो तो इस कौमुदी में देख आवें आज;
प्रकृति का यह स्वप्न शासन, साधना का राज।"

शब्दार्थ–**शिखर**-चोटी। **व्यस्त**-अधीरता से। **अस्त**-छिपना। **कौमुदी**-चाँदनी। **साधना**-इच्छा।

अर्थ–देखो, पर्वत की यह ऊँची चोटी आकाश का किस अधीरता से चुंबन कर रही है। अस्त होने वाली अंतिम किरण विदा के समय पृथ्वी पर किस प्रकार लौट रही है।

तब चलो, इस चाँदनी में आज हम भी इच्छाओं के राज्य में प्रकृति का सपनों पर शासन देख आवें अर्थात् आज इस रम्य प्रकृति की गोद में अपनी इच्छाओं से उत्पन्न अपने मन के सपने पूरे करें।

सृष्टि हँसने लगी आँखों में खिला अनुराग;
राग रंजित चंद्रिका थी, उड़ा सुमन पराग।
और हँसना था अतिथि मनु का पकड़ कर हाथ;
चले दोनों, स्वप्न पथ में स्नेह संबल साथ।

शब्दार्थ–**राग रंजित**-प्रेम रस में सराबोर। **स्वप्न**-साध, कल्पना। **संबल**-पाथेय, मार्ग व्यय, सामग्री।

अर्थ–चारों ओर के उस प्रसन्न वातावरण के कारण सृष्टि उन्हें मुस्कराती सी दिखाई दी। उन दोनों की आँखों में अनुराग झलकने लगा। चाँदनी प्रेम के रस से सराबोर थी और पुष्पों से पराग उड़ रहा था।

श्रद्धा ने मनु का हाथ पकड़ लिया और हँसने लगी। इस प्रकार वे दोनों स्नेह की सामग्री लेकर अपनी साधों को पूरा करने चले।

देवदारु निकुंज गह्वर सब सुधा में स्नात;
सब मनाते एक उत्सव जागरण की रात।
आ रही थी मदिर भीनी माधवी की गंध;
पवन के घन घिरे पड़ते थे बने मधु अंध।

शब्दार्थ–**गह्वर**-गुफा। **स्नान**-डूबे, नहाये हुए। **उत्सव**-मंगल। **मंदिर**-मस्त। **माधवी**-एक लता। **घन**-झोंके। **मधु अंध**-मकरंद से लदे।

अर्थ–देवदार के वृक्ष, लताभवन और गुफाएँ सब मधुर चाँदनी में डूबे थे। ऐसा लगता था जैसे आज सभी ने मंगल मनाने के लिए रात भर जगने का निश्चय किया है। माधवी लता की मस्त, भीनी गंध फूट उठी और मकरंद से लदे पवन के झोंके आने लगे।

शिथिल अलसाई पड़ी छाया निशा की कांत;
सो रही थी शिशिर कण की सेज पर विश्रांत।
उसी झुरमुट में हृदय की भावना थी भ्रांत;
जहाँ छाया सृजन करती थी कुतूहल कांत।

शब्दार्थ–**कांत**-रम्य, सुन्दर। **शिशिर कण**-ओस की बूँदें। **विश्रांत**-थक कर। **झुरमुट**-लता समूह, झाड़ियाँ। **भ्रांत**-बहकना।

अर्थ–ओस की बूँदों पर पड़ी छाया ऐसी प्रतीत होती थी मानो वह रम्य चाँदनी रात

का छाया-शरीर है जो थककर, शिथिल होकर, अलसाकर उन जल कणों की शैय्या पर पड़ा है। उन लतासमूहों को देखकर जिनकी छाया एक आकर्षक कौतूहल उत्पन्न करती थी, मन की भावना बहकने लगती थी।

वि०–यह ध्यान देने की बात है कि जिस समय कवि इन दोनों को आत्मसमर्पण करने को उद्यत कर रहा है, उस समय का वातावरण भी उसने भावना के एकदम अनुकूल कर दिया है।

कहा मनु ने "तुम्हें देखा अतिथि ! कितनी बार;
किन्तु इतने तो न थे तुम दबे छवि के भार!
पूर्व जन्म कहूँ कि था स्पृहणीय मधुर अतीत;
गूँजते जब मदिर धन में वासना के गीत।

शब्दार्थ–स्पृहणीय-वांछनीय। **मदिर**-मस्ती से भरे। **घन**-बादल। **वासना**-भावना।

अर्थ–मनु बोले : हे अतिथि, इससे पहले भी मैंने तुम्हें अनेक बार देखा है, पर तुम इतने सुन्दर (सौंदर्य के आधिक्य से दबे) तो कभी नहीं दिखाई दिए।

मेरा अतीत इतना मधुर था कि उसकी वांछा आज भी हृदय में बनी हुई है। कभी-कभी ऐसा लगता है जैसे वे बातें इस जन्म की नहीं हैं; मेरे पूर्व जन्म की हैं। उस समय जब मस्ती से उमड़ कर बादल गरजते हैं, तो ऐसा प्रतीत होता था मानो मेरे हृदय की भावनाओं को ही ध्वनित कर रहे हैं।

भूल कर जिस दृश्य को मैं बना आज अचेत;
वही कुछ सव्रीड़, सस्मित कर रहा संकेत।
"मैं तुम्हारा हो रहा हूँ" यही सुदृढ़ विचार;
चेतना का परिधि बनता घूम चक्राकार।

शब्दार्थ–अचेत-अभावुक। **सव्रीड़**-लज्जा सहित, क्षीण रूप में। **सस्मित**-हँसता सा, सुखदायक। **चेतना**-अनुभव करने की शक्ति। **परिधि**-घेरा।

अर्थ–उस दृश्य को भुलाकर आज मैं अपनी सारी चेतना (भावुकता) खो चुका हूँ; पर तुम्हारे सम्पर्क में आकर अत्यन्त क्षीण रूप में उसी प्रकार की कोई भावना सुख की ओर फिर इशारा कर रही है।

मेरी चेतना के घेरे में आज एक दृढ विचार बार-बार चक्र के समान गोल चक्कर काट रहा है, वह यह है कि "मैं केवल तुम्हारा हूँ।"

मधु बरसती विधु किरन हैं काँपती सुकुमार?
पवन में है पुलक मंथर, चल रहा मधु-भार।
तुम समीप, अधीर इतने आज क्यों हैं प्राण?
छक रहा है किस सुरभि से तृप्त होकर घ्राण?

शब्दार्थ–विधु-चंद्रमा। **पुलक**-रोमांच। **मधु-भार**-मकरंद से लदा होने के कारण। **सुरभि**-गंध। **घ्राण**-नासिका।

अर्थ–चंद्रमा की सुकुमार किरणें सिहरती और रस बरसाती उतर रही हैं। स्वयं पवन

रोमांचित सा प्रतीत होता है और रस के भार से दबकर उसकी गति मंद हो गई है। जब तुम मेरे इतने समीप हो फिर इन प्राणों में इतनी विकलता क्यों है? मेरी नासिका न जाने किस गंध को पा तृप्त हो गई है, छक गई है !

वि०–भाव यह कि इस वातावरण का कुछ ऐसा मोहक प्रभाव है कि थोड़ी देर में मुझे अपनी सुध-बुध न रहेगी।

आज क्यों संदेह होता रूठने का व्यर्थ;
क्यों मनाना चाहता सा बन रहा असमर्थ!
धमनियों में वेदना का रक्त का संचार;
हृदय में है काँपती धड़कन, लिये लघु भार!

शब्दार्थ–**धमनियों**-वे नाड़ियाँ जिनमें शुद्ध रक्त बहता है। **वेदना**-पीड़ा।

अर्थ–न जाने क्यों मुझे ऐसा संदेह हो रहा है कि तुम मुझसे रूठ गई हो। भीतर से इच्छा होती है कि मैं तुम्हें मनाऊँ, पर साहस नहीं होता। आज मेरी नाड़ियों का रक्त कुछ पीड़ा देता हुआ बह रहा है और हृदय की धड़कनों में विशेष कँपकपी है जैसे उन पर हल्का सा किसी बात का बोझ रखा हो।

चेतना रंगीन ज्वाला परिधि में सानन्द,
मानती सी दिव्य सुख कुछ गा रही है छंद!
अग्नि कीट समान जलती है भरी उत्साह;
और जीवित है, न छाले हैं न उसमें दाह!

शब्दार्थ–**ज्वाला**-वासना की आग। **सानन्द**-आनन्दपूर्वक। **दिव्य**-अलौकिक। **छंद**-मस्त राग। **अग्नि कीट**-समन्दर नाम का कीड़ा जिसका निवास अग्नि में माना जाता है। **दाह**-जलन।

अर्थ–मेरी चेतना वासना की रंगीन आग के घेरे में घिरी आनंद का एक मस्त राग अलाप रही है और एक अलौकिक सुख का अनुभव कर रही है अर्थात् जीवन में सामान्य जलन यद्यपि पीड़ादायक होती है, पर वासना के उमड़ने पर जो आकुलता की जलन होती है उसकी अनुभूति में एक प्रकार का रस आता है।

इस आग में मेरी चेतना यद्यपि उसी उत्साह से गिर पड़ी है जिस उत्साह से समंदर नाम का कीड़ा अग्नि में रह सकता है, और जैसे वह उस आग में जीवित रहता है उसी प्रकार यह मिट नहीं गई है, और जिस प्रकार उसके शरीर पर न तो छाला पड़ता है और न जलन का अनुभव होता है, उसी प्रकार यह जलन न तो हृदय में कोई छाया डालती है और न उसे झुलसाती ही है।

वि०–मनोविकारों की अनुभूति के स्पष्ट चित्रण 'प्रसाद' की प्रतिभा की एक विशिष्टता है। हृदय में वासना के उमड़ने पर प्राणी कैसा अनुभव करता है, इसकी ठीक-ठीक परिचित 'धमनियों में वेदना सा लेकर 'छाले हैं न उसमें दाह' तक छः पंक्तियों में दी है। शरीर का रक्त खौल उठता है, हृदय जोर से धड़कने लगता है, मीठी-मीठी सी जलन होती है आदि।

अग्नि में भी एक कीड़ा होता है, यह कवि प्रथा ही है, उसे किसी ने देखा नहीं है। इतनी प्रशंसा 'प्रसाद' की अवश्य करनी चाहिए कि वे वासना में चेतना के जलने के लिए

एक उपयुक्त उपमान ढूँढ़ लाये जो दूसरे को कठिनाई से सूझता।

कौन हो तुम विश्व माया कुहक सी साकार,
प्राण सत्ता के मनोहर भेद सी सुकुमार!
हृदय जिसकी कांत छाया में लिये निश्वास,
थके पथिक समान करता व्यजन ग्लानि विनाश?"

शब्दार्थ–विश्वमाया-महामाया। **कुहक**-जादू, इंद्रजाल। **व्यजन**-पंखा, पवन झकोरे, शीतल व्यवहार। **ग्लानि**-थकावट, चिंता।

अर्थ–हे नारी, तुम क्या हो? लगता है कि जो माया संसार भर को प्रभावित कर रही है, उसका पूर्ण जादू तुममें साकार हो गया है अर्थात् तुम संसार का सबसे प्रबल आकर्षण हो। तुम्हारा रहस्य उतना ही सूक्ष्म और मनोहर है जितना प्राणों की सृष्टि का। अर्थात् जो यह जान जाएगा कि प्राणों की रचना क्यों हुई, वह यह भी जान जाएगा कि नारी की रचना क्यों हुई।

जैसे थका हुआ पथिक वृक्ष की रम्य छाया में संतोष की साँस लेता है और पवन के झकोरे पा अपनी थकावट दूर करता है, उसी प्रकार नारी के प्रेम की मनोहर छाया में जीवन-पथ पर थकान का अनुभव करने वाले मनुष्य का हृदय निश्चिंतता की साँस लेता और उसके शीतल व्यवहार से अपनी सारी चिंताओं को धो डालता है।

वि०–स्कन्दगुप्त नाटक में धातुसेन कहता है:–

"पहेली ! यह भी रहस्य ही है। पुरुष है कुतूहल और प्रश्न और स्त्री है विश्लेषण, उत्तर और सब बातों का समाधान ! पुरुष के प्रत्येक प्रश्न का उत्तर देने को वह प्रस्तुत है। उसके कुतूहल–उसके अभावों को परिपूर्ण करने का उष्ण प्रयत्न और शीतल उपचार।"

श्याम नभ में मधु किरन सा फिर वही मृदु हास,
सिंधु की हिलकोर दक्षिण का समीर विलास!
कुंज में गुंजरित कोई मुकुल सा अव्यक्त,
लगा कहने अतिथि, मनु थे सुन रहे अनुरक्त–

शब्दार्थ–श्याम-नीले। **मधु किरण**-सरस किरण। **मृदु**-मधुर। **हिलकोर**-तरंग। **दक्षिण का समीर**-मलय पवन। **विलास**-मादक। **अव्यक्त**-अर्द्ध विकसित। **अनुरक्त**-प्रेमपूर्वक।

अर्थ–श्रद्धा मधुर-मधुर मुस्का दी। उसके अधर पर मुस्कान की वह रेखा ऐसी लगती थी जैसे नीलाकाश में कोई सरस किरण झलक रही हो या समुद्र में कोई तरंग उठी हो, या फिर शून्य में मलय पवन की कोई मादक हिलोर हो। जैसे कुंज में कोई अर्द्ध-विकसित कली खुलते समय चट ध्वनि द्वारा एक मंद गूँज छोड़ती है, वैसे ही श्रद्धा ने कुछ कहना प्रारम्भ किया, जिसे मनु बड़े अनुराग से सुनने लगे।

"यह अतृप्ति अधीर मन की क्षोभयुत उन्माद,
सखे ! तुमुल तरंग सा उच्छ्वासमय संवाद।
मत कहो, पूछो न कुछ, देखो न कैसी मौन,
विमल राका मूर्त्ति बन कर स्तब्ध बैठा कौन!

शब्दार्थ–**अतृप्ति**-कामनाओं की अपूर्ति। **अधीर**-विह्वल। **क्षोभ**-विह्वलता, व्याकुलता। **उन्माद**-असंयम। **तुमुल**-कोलाहल करती। **उच्छ्वास**-तीव्र साँस। **संवाद**-बात। **राका मूर्त्ति**-पूर्णिमा का चाँद। **स्तब्ध**-मौन।

अर्थ–हे सखे ! कोलाहल मचाती हुई लहरों के समान तीव्र साँसें भरते हुए तुमने जो बातें अपने मुख से कही हैं, उनसे तुम्हारे मन की विह्वलता का पता चलता है। उनसे यह भी स्पष्ट है कि तुम्हारी कामनाएँ अभी पूर्ण नहीं हुईं, जिनसे विचलित होकर तुम असंयत बातें करने पर उतारू हो गये हो। यह सब मैं समझती हूँ। पर मैं कहती हूँ यह सब कुछ प्रकट करने की आवश्यकता ही क्या है ? न कुछ कहो और न कुछ पूछो। देखो तो सही, चन्द्रमा निर्मल मूर्त्तिमती पूर्णिमा के रूप में कैसा मौन धारण किये है ! कितना अचंचल है!

विभव मतवाली प्रकृति का आवरण वह नील,
शिथिल है, जिस पर बिखरता प्रचुर मंगल खील;
राशि-राशि नखत-कुसुम की अर्चना अश्रांत;
बिखरती है, ताम रस सुन्दर चरण के प्रांत।"

शब्दार्थ–**विभव मतवाली**-अत्यधिक ऐश्वर्यशालिनी। **आवरण**-साड़ी। **प्रचुर**-अधिक परिमाण में। **मंगल खील**-मंगलसूचक भुने धान। **अर्चना**-पूजा। **अश्रांत**-निरंतर। **तामरस**-लाल कमल। **चरण के प्रांत**-चरणों के निकट।

अर्थ–इसे आकाश न समझो, यह अत्यधिक ऐश्वर्यशालिनी प्रकृति की नीली साड़ी है जो इस रम्य वातावरण के प्रभाव से शरीर से खिसक पड़ी है। ये तारे नहीं हैं, मंगलसूचक बहुत सी खीलें हैं। जहाँ तुम चंद्रमा को उगते देख रहे हो उसके नीचे आकाश पीला-पीला-सा लगता है और वहीं आस-पास ढेर के ढेर तारे बिखरे पड़े हैं। यह रजनी का लाल कमल के समान सुन्दर चरण है जिसके निकट पूजा के पुष्प निरंतर चढ़ाये जा रहे हैं।

वि०–पूर्णिमा की रात को चंद्रमा के उदित होते समय आकाश में पीताभा छा जाती है। कवियों के ही शब्दों में–

मैंने देखा मैं जिधर चला, मेरे सँग-सँग चल दिया चाँद।
पीले गुलाब-सा लगता था, हलके रंग का हल्दिया चाँद।

–नरेन्द्र शर्मा

तू कहती है-"चन्द्रोदय ही काली में उजियाली।"
सिर आँखों पर क्यों न कुमुदिनी, लेंगी वह पद लाली ?

–साकेत, मैथिलीशरण गुप्त

मनु निरखने लगे ज्यों-ज्यों यामिनी का रूप,
वह अनन्त प्रगाढ़ छाया फैलती अपरूप;
बरसता था मदिर कण सा स्वच्छ सतत अनन्त,
मिलन का संगीत होने लगा था श्रीमंत।

शब्दार्थ–**प्रगाढ़**-गाढ़ी। **छाया**-कांति, चाँदनी। **अपरूप**-अपूर्व। **मदिर कण**-रस की बूँदें। **सतत्**-निरंतर। **श्रीमंत संगीत**-रम्य और मधुर वातावरण।

अर्थ–मनु जैसे-जैसे रात के सौंदर्य को अवलोकने लगे, वैसे ही वैसे वह अपूर्व चाँदनी गाढ़ी होकर अनंत आकाश में फैलने लगी। किरणों का उतरना मानो ऊपर से निरंतर अनंत उज्ज्वल रस-बूँदों का बरसना था। प्रेमी-प्रेमिकाओं के मिलन के लिए यह अत्यन्त रम्य और मधुर वातावरण था।

वि०–रात उजली है; अतः उनकी छाया भी उजली है। इसी से छाया का अर्थ चाँदनी ग्रहण किया।

'अपरूप' शब्द का अर्थ कुरूप के साथ ही सुन्दर रूप का भी होता है। यह शब्द इस अर्थ में हिन्दी में तो कम, पर बँगला में अधिक प्रयुक्त होता है–

कंठे तार की माला दुलाये, कोरिले वरण।
रूप हीन मरणेर मृत्युहीन अपरूप साजे।

शाजहान : रवीन्द्रनाथ

छूटतीं चिनगारियाँ उत्तेजना उद्भ्रांत,
धधकती ज्वाला मधुर, था वक्ष विकल अशांत।
वात चक्र समान कुछ था बाँधता आवेश,
धैर्य का कुछ भी न मनु के हृदय में था लेश;

शब्दार्थ–**चिनगारियाँ**-उष्ण भाव। **उत्तेजना**-वासना। **उद्भ्रान्त**-असंयत। **वक्ष**-छाती। **वात चक्र**-बवंडर। **लेश**-शेष।

अर्थ–मनु के हृदय में असंयत वासना के उष्ण भाव फूटने लगे। एक प्रकार की मधुर जलन तीव्र हो उठी। छाती के भीतर आकुलता और अशांति भर गई। जैसे पृथ्वी पर धूल का बवंडर चक्कर काटता है, उसी प्रकार मन में आवेश घुमड़ने लगा। इस समय मनु अपने हृदय के धैर्य को एक साथ खो बैठे।

कर पकड़ उन्मत्त से हो लगे कहने, "आज,
देखता हूँ दूसरा कुछ मधुरिमामय साज!
वही छवि! हाँ वही जैसे ! किन्तु क्या यह भूल?
रही विस्मृति सिंधु में स्मृति नाव विकल अकूल!

शब्दार्थ–**उन्मत्त से**-आवेश में भर कर। **दूसरा**-भिन्न ही प्रकार का। **मधुरिमामय साज**-लावण्य। **विस्मृत**-भूल। **स्मृति**-याद। **विकल**-भटकना। **अकूल**-बिना किनारे के।

अर्थ–मनु ने आवेश में भर कर श्रद्धा का हाथ पकड़ लिया और बोले–आज तुम्हारे शरीर में मुझे भिन्न ही प्रकार का लावण्य दिखाई दे रहा है। वही छवि है, निश्चित रूप से वही। किन्तु मुझसे इतनी भूल आज हुई कैसे ? संभवतः किनारा (प्रेम का आधार) न पाने के कारण ही मेरी स्मृति (याद) की नौका विस्मृति (भूल) के समुद्र में आज तक भटकती फिरी।

वि०–इस स्वीकृति से पता चलता है कि प्रलय से पूर्व मनु अपने देव-जीवन में किसी बालिका को प्रेम की दृष्टि से देखते थे। जलप्लावन में उन्होंने उसे खो दिया। उसकी स्मृति बार-बार सताती, पर यह समझ कर कि वह ऐसे लोक को चली गई जहाँ से लौट न सकेगी,

उन्होंने संतोष कर लिया। आज यह देख कर कि इस लड़की के मुख पर वही छवि झलक मारती है जो उनकी प्रेमिका की आकृति में निहित थी, मनु का मन बहुत विह्वल हुआ और आकर्षण तीव्रता पकड़ गया। इस बात का संकेत उन्होंने आशा सर्ग में भी किया है:–

मैं भी भूल गया हूँ कुछ, हाँ स्मरण नहीं होता, क्या था।
प्रेम, वेदना, भ्रांति या कि क्या, मन जिसमें सुख सोता था।
मिले कहीं वह पड़ा अचानक उसको भी न लुटा देना।
देख तुझे भी दूँगा तेरा भाग, न इसे भुला देना।

आगे के छंद में बात को और भी स्पष्ट करेंगे।

जन्म संगिनी एक थी जो काम बाला, नाम–
मधुर श्रद्धा था, हमारे प्राण को विश्राम–
सतत मिलता था उसी से, अरे जिसको फूल,
दिया करते अर्घ में मकरन्द, सुषमा मूल !

शब्दार्थ–जन्म संगिनी-बचपन की साथिनी। **काम-बाला**-काम की पुत्री विश्राम-शान्ति। **सतत्**-सदैव। **फूल**-मन। **अर्घ**-आगत के स्वागत के लिए जल छोड़ना। **सुषमा मूल**-रूपवती।

अर्थ–मेरी एक बचपन की साथिन थी। उसके पिता का नाम था काम और उसका नाम तो बड़ा ही मधुर था–श्रद्धा। हमारे प्राणों को तो सदैव उसी के सम्पर्क से शांति मिलती थी। वह अत्यन्त रूपवती थी। जब कोई आता है, तब जल छोड़कर जैसे उसे अर्घ देते हैं; इसी प्रकार जब कभी वह हमारे निकट आती तब मेरा हृदय-सुमन अपने भावों के मकरन्द का अर्घ भेंट कर उसका स्वागत करता था ।

प्रलय में भी बच रहे हम फिर मिलन का मोद,
रहा मिलने को बचा सूने जगत की गोद!
ज्योत्स्ना सी निकल आई ! पार कर नीहार,
प्रणय विधु है खड़ा नभ में लिये तारक हार!

शब्दार्थ–मोद-आनन्द। **ज्योत्स्ना**-चाँदनी। **नीहार**-कुहरा। **प्रणय विधु**-अनुराग का चन्द्र। **तारक**-ताराओं।

अर्थ–हमारे हृदय में क्योंकि मिलन के आनन्द की उत्कण्ठा शेष थी; अतः इस सूने जगत् की गोद में फिर भेंट करने के लिए हम प्रलय में भी जीवित रहे। जैसे कुहरे को भेद कर चाँदनी छा जाती है, उसी प्रकार प्रलय को पार कर तुम मेरे समीप आई हो । जैसे आकाश में चंद्रमा तारों का हार सजाये खड़ा है; उसी प्रकार मेरे सूने हृदय के नभ में अनुराग का चन्द्र तुम्हारे लिए कोमल भावों का हार लिये प्रस्तुत है। उसे स्वीकार करो।

कुटिल कुंतल से बनाती काल माया जाल,
नीलिमा से नयन की रचती तमिस्रा माल।
नींद सी दुर्भेद्य तम की, फेंकती यह दृष्टि,
स्वप्न सी है बिखर जाती हँसी की चल सृष्टि।

शब्दार्थ–कुटिल-बल खाते हुए। **काल माया जाल**-माया जाल-माया जाल।

नीलिमा-कालिमा। **तमिस्रा**-तम समूह। **दुर्भेद्य**-रहस्य-पूर्ण। **चल**-क्षणिक, चंचल।

अर्थ—हे नारी, तुम्हारे बल खाते हुए बालों से ही माया ने अपने काल-जाल का निर्माण किया है अर्थात् जिसने तुम्हारे घुँघराले केशों को देख लिया वह मोहित हो जाता है और जाल में फँसे पक्षी के समान फड़फड़ाता है। तुम्हारे नयनों की पुतली की कालिमा से ही तम-समूह की रचना हुई है अर्थात् तम जैसी काली तुम्हारी आँखों की पुतलियाँ हैं और जो उन्हें देख लेता है वह निराशा के अंधकार में भटकता फिरता है। तुम्हारी चितवन से निद्रा का रहस्यपूर्ण अंधकार ढलता है अर्थात् तुम्हारी चितवन रहस्यमयी है। जैसे अंधकार में वैसे ही तुम्हारी चितवन में क्या (भाव) छिपा है, टटोलने से पता नहीं चलता ? और जैसे निद्रा, उसी प्रकार तुम हमें संज्ञाहीन बना देती हो। तुम्हारे अधरों पर चंचल हास्य-रेखा स्वप्न सी बिखरती है अर्थात् जैसे स्वप्न मधुर, वैसे हास्य मधुर, जैसे स्वप्न क्षणिक, वैसे हास्य क्षणिक। यह हँसी के हृदय में न जाने कितने सपने जगा जाती है।

हुई केंद्रीभूत सी है साधना की स्फूर्ति,
दृढ़ सकल सुकुमारता में रम्य नारी मूर्ति।
दिवाकर दिन या परिश्रम का विकल विश्रांत,
मैं पुरुष शिशु सा भटकता आज तक था भ्रांत।

शब्दार्थ—**केन्द्रीभूत**-एकत्र। **साधना की स्फूर्ति**-उत्साह से भरी साधना। **दृढ़**-ठोस, साकार। **रम्य**-रमणीय। **दिनकर**-सूर्य। **विकल**-व्याकुल। **विश्रांत**-थके। **भ्रान्त**-मार्ग भूला हुआ।

अर्थ—हे नारी, साधना का उत्साह तुम्हीं में जाकर मिलता है अर्थात् जीवन में उत्साहपूर्वक जो साधनाएँ की जाती हैं, उनका अन्तिम लक्ष्य नारी ही है। संसार की समस्त कोमलता को साकार रूप देने से रमणीय नारी मूर्त्ति का निर्माण हुआ है।

मैं दिन भर परिश्रम करने वाले व्याकुल और थके सूर्य के समान एक ऐसा पुरुष हूँ जो अब तक अपना निश्चित पथ न जानने के कारण एक बालक के समान भटक रहा है—

नोट—भाव आगे के छंद में पूरा होगा।

चन्द्र की विश्राम राका बालिका सी कांत,
विजयिनी सी दीखती तुम माधुरी सी शांत।
पददलित सी थकी व्रज्या ज्यों सदा आक्रांत,
शस्य श्यामल भूमि में होती समाप्त अशांत।

शब्दार्थ—**राका**-पूर्णिमा। **कान्त**-ज्योतिमयी। **पददलित**-चरणों के कुचली। **व्रज्या**-पगडंडी। **आक्रांत**-आक्रमण की गई। **शस्य**-अन्न का खेत। **श्यामल**-हरा भरा।

अर्थ—और तुम पूर्णिमा के चन्द्र की कांतिमयी ज्योत्स्ना-बाला हो जो थके पथिक को विश्राम देती है। मैं जहाँ जीवन में भटकता फिरा हूँ, वहाँ तुमने जीवन पर जय प्राप्त की है, मैं जहाँ सूर्य-सा विफल रहा हूँ, वहाँ तुम मधुरता सी शान्ति हो।

वह पगडंडी, जिस पर चरणों का आक्रमण होता रहता है, जो सदैव कुचली जाती है, थक कर किसी हरे-भरे अन्न के खेत में घबराकर घुस जाती और चैन पाती है।

आह ! वैसा ही हृदय का बन रहा परिणाम,
पा रहा हूँ आज देकर तुम्हीं से निज काम।
आज ले लो चेतना का यह समर्पण दान।
विश्व रानी ! सुन्दरी नारी! जगत की मान !"

शब्दार्थ–**परिणाम**-फल। **काम**-इच्छा। **चेतना**-भावों से भरा हृदय। **रानी**-शासिका। **मान**-मूल्य।

अर्थ–आह, मेरे हृदय का भी आज वैसा ही परिणाम हुआ है अर्थात् जो मन पीड़ा से निरन्तर आहत रहा उसे आज तुम्हारे स्नेह के शीतल आश्रय में त्राण मिला। आज मैं तुम्हें अपने हृदय को समर्पित कर अपनी सारी इच्छाओं की पूर्त्ति होने की सम्भावना देख रहा हूँ ।

हे संसार की शासिका सुन्दर रमणी, तुम्हें सामने रख कर ही सृष्टि की समस्त वस्तुओं का मूल्य आँका जाता है । आज तुम मेरे भावों से भरे हृदय के दान को स्वीकार करो।

धूम लतिका सी गगन तरु पर न चढ़ती दीन,
दबी शिशिर निशीथ में ज्यों ओस भार नवीन।
झुक चली सव्रीड़ वह सुकुमारता के भार,
लद गई पाकर पुरुष का नर्ममय उपचार;

शब्दार्थ–**धूम लतिका**-कुहरे की लता। **दीन**-बेचारी। **शिशिर निशीथ**-माघ और फाल्गुन के जाड़ों की रात। **सव्रीड़**-लज्जामयी। **नर्ममय उपचार**-प्रणय की शृंगारी चेष्टाएँ।

अर्थ–जाड़ों की रात में जैसे बेचारी कुहरा रूपी लता ऊपर से झड़ने वाले ओस बिंदुओं के बोझ से दबने के कारण आकाश रूपी वृक्ष पर चढ़ने का प्रयत्न करते हुए भी, उस पर नहीं चढ़ पाती, उसी प्रकार श्रद्धा अपनी ही सुकुमारता और लज्जा से दबकर मनु का खुला आलिंगन न कर पायी। मनु ने जब उसकी ओर भुजा बढ़ाई तो वह सिकुड़ गई। इतना होने पर भी उनकी ओर से प्रणय चेष्टाओं को देख वह शरीर से लगी ही रह गई।

वि०–'पंत' जी ने गुंजन की 'मधुवन' कविता में 'नर्म' शब्द का प्रयोग इस अर्थ में किया है–

देख चंचल मृदु-पटु पद भार, लुटाता स्वर्ण-राशि कनियार,
हृदय फूलों में लिये उदार, नर्म-मर्मज्ञ मुग्ध मन्दार।

और वह नारीत्व का जो मूल मधु अनुभाव,
आज जैसे हँस रहा भीतर बढ़ाता चाव।
मधुर व्रीड़ा मिश्र चिंता साथ ले उल्लास,
हृदय का आनन्द कूजन लगा करने रास।

शब्दार्थ–**नारीत्व**-नारी होने के नाते। **मूल**-प्रधान। **मधु**-प्रेम। **अनुभाव**-वृत्ति। **हँसना**-विकसित होना। **व्रीड़ा**-लज्जा। **कूजन**-गूँज। **रास**-नृत्य करना, छाना।

अर्थ–साथ ही नारी-हृदय की वह प्रधान वृत्ति जिसे प्रेम कहते हैं उभर कर विकसित

हुई और उसने श्रद्धा के मन में एक नवीन उत्कंठा को जन्म दिया। इस समय उसके हृदय में एक साथ ही मधुर लज्जा, चिंता और आह्लाद के भाव उठे, पर सब मिलकर हृदय में एक विलक्षण आनन्द की गूँज छा गई।

वि०–ऐसी स्थिति में मन में 'लज्जा', 'चिंता' और 'उल्लास' तीनों का संयोग दिखाना काव्य-पटुता और मनोवैज्ञानिक अध्ययन का परिचय देना है। प्रणय की बातें प्रथम बार ही कही-सुनी जा रही हैं, अतः लजाना बहुत ही स्वाभाविक है। प्रेम की मीठी बातें सुनने से एक प्रकार की गुदगुदी का अनुभव होता है, अतः उल्लास भी हृदय में उमड़ता ही है। पर ऐसी बातें कहते-करते समय यह भी पता रहता है कि हम बहे किस ओर जा रहे हैं; अतः यह आशंका कि हमारे इस आवेश का कहीं दुष्परिणाम न निकले, यह व्यक्ति कहीं विश्वासघात न कर बैठे, उस आह्लाद पर 'चिंता' का हल्का पुट भी दे जाती है !

गिर रहीं पलकें, झुकी थी नासिका की नोक,
भ्रू लता थी कान तक चढ़ती रही बेरोक।
स्पर्श करने लगी लज्जा ललित कर्ण कपोल,
खिला पुलक कदंब सा था भरा गदगद बोल।

शब्दार्थ–गिर रहीं-धीरे-धीरे मुँदती आईं। **नोक**-अग्रभाव। **बेरोक**-एकदम। **स्पर्श करना**-छूना। **ललित**-सुन्दर। **कदंब**-एक पेड़ और उसके पुष्प का नाम, कदम।

अर्थ–श्रद्धा की पलकें धीरे-धीरे मुँदती आयीं, नासिका का अग्रभाग झुकने लगा, भौंहें एकदम कान तक खिंच गईं और लज्जा ने उसके सुन्दर कान और कपोलों में लाली भर दी, कदम्ब पुरुष के समान उसका शरीर रोमांचित हो उठा और वाणी गद्‌गद हो गई।

वि०–कदंब की उपमा रोमांचित होते समय दी जाती है। मैथिलीशरण गुप्त ने 'द्वापर' में राधा कृष्ण के संबन्ध में लिखा है–

ऊपर घटा घिरी थी, नीचे पुलक-कदंब खिले थे;
झूम-झूम रस की रिम-झिम में दोनों हिले-मिले थे।

किन्तु बोली "क्या समर्पण आज का हे देव!
बनेगा चिर-बंध नारी हृदय हेतु सदैव।
आह मैं दुर्बल, कहो क्या ले सकूँगी दान!
वह, जिसे उपभोग करने में विकल हों प्रान?"

शब्दार्थ–समर्पण-शरीर और हृदय का सौंपना। **बंध**-बंधन। **दान**-प्रेम का दान। **उपभोग**-भोगना, धारण करना। **विकल**-आनन्द विह्वल।

अर्थ–श्रद्धा बोली : हे देव, मेरा आज का यह आत्म-समर्पण कहीं नारी हृदय के लिए युग-युग के बन्धन का कारण तो न हो जाएगा? मैं बड़ी दुर्बल हूँ। तुम्हारे इस स्नेह-दान को, जिसके धारण करने से मेरे प्राण आनन्द से अधीर हो उठे हैं, सहेजने की शक्ति भी मुझमें आ सकेगी, इतना तो बतला दो।

वि०–सृष्टि की प्रथम नारी श्रद्धा ने जिस दिन आत्म-समर्पण किया, उसी दिन मानो

समस्त नारी जाति ने अपना सब कुछ पुरुष को दे डाला। श्रद्धा के हृदय के संस्कार आज की सभी नारियों में विद्यमान हैं। विश्वासघात होने और अत्याचार सहने पर भी नारी पुरुष को बराबर प्रेम किये चली जा रही है। उसके लिए अपने शरीर, प्राण, धर्म, लोक, परलोक, किसी की चिंता नहीं करती।

●

लज्जा

कथा–ज्योत्स्ना धौत रजनी में मनु के मुख से अपने लिए प्रेम की मधुर विस्वल बातें सुनकर श्रद्धा को एक प्रकार का सुख मिला और वह सोचने लगी कि जो व्यक्ति मेरी अनुराग-दृष्टि प्राप्त करने के लिए इतना छटपटा रहा है, उसे आत्म-समर्पण क्यों न कर दूँ? ठीक इसी समय लज्जा ने उसके अन्तर में प्रवेश किया और वह जो कुछ करना चाहती थी न कर सकी। इस पर उसे बड़ी झुँझलाहट उत्पन्न हुई।

श्रद्धा सोचने लगी–क्या हो गया है मुझे जिसके कारण आजकल जहाँ एक ओर शरीर रोमांचित हो उठता है, वहाँ मन को एक ऐसे संकोच ने आ दबाया है जिससे मैं अपने में ही सिकुड़ती चली जाती हूँ। मेरे अंग मोम से कोमल हो गये हैं, खिलखिलाकर मैं हँस नहीं पाती, चितवन में वक्रता आ गई है, पलकें स्वतः झुक-झुक जाती हैं। अभी-अभी की तो बात है कि मैं मन के जीवन को सुखी बनाना चाहती थी, पर इच्छा होने पर भी उधर बढ़ने से मुझे न जाने किसने रोक लिया? यह कैसी परवशता है कि स्वतंत्रता से मैं कुछ भी नहीं कर सकती?

लज्जा बोली–इतने चकित होने का कोई कारण नहीं है। यह मैं हूँ जिसके कारण स्त्रियाँ अपनी मनमानी नहीं कर पाती हैं। इस यौवन की शक्ति को तुम नहीं जानती हो। यह बड़ा चंचल है। प्राणी को कहीं से कहीं बहाकर ले जाता है। इस पर मेरा अंकुश रहता है। ठोकर खाने वाली रमणी को मैं एक बार समझा अवश्य देती हूँ। यदि वह मेरी बात सुनती है, तो मर्यादा के भीतर रहने के कारण परिणाम में सुख पाती है।

श्रद्धा बोली–तुम्हारा कहना सच है। पर मैं क्या करूँ? मैं जानती हूँ कि शरीर से मैं दुर्बल हूँ, पर यह मन भी जिस पर मेरा पूर्ण अधिकार है क्यों ढीला हो चला है? हृदय में ऐसी भावना क्यों जगती है कि नारी-जीवन की सार्थकता पुरुष की समता करने में नहीं, उस पर विश्वास करते हुए उसका आश्रय पाने में है। मैं ऐसी जाग्रति में विश्वास नहीं रखती जो जीवन-पथ पर पुरुष से होड़ करने को बाध्य करे। यह बात नहीं है कि मेरी चेतना विलुप्त हो गयी हो; पर पुरुष के सम्पर्क में आते ही इच्छा होती है कि पूर्ण आत्म-समर्पण करके निश्चिंत हो जाना ही भला है। पुरुष पर अधिकार जमाने की भावना नारी के स्वभाव के बहुत अनुकूल नहीं है।

लज्जा ने उत्तर दिया–यदि ऐसी बात है तब तो तुम्हें समझाना ही व्यर्थ है। यदि तुम्हारा ऐसा ही निश्चय है, तब तुम अत्यन्त स्पष्टता से यह भी समझ लो कि तुमने अपने जीवन की सभी प्रिय साधों की आज आहुति दे डाली। आज से नारी विश्वास की प्रतीक होगी और अंतर में अनन्त हाहाकार लिये रहने पर उसे मुस्काते हुए रात-दिन पुरुष के लिए बलि देनी

होगी।

"कोमल किसलय के अंचल में नन्हीं कलिका ज्यों छिपती सी;
गोधूली के धूमिल पट में दीपक के स्वर में दिपती सी।

शब्दार्थ–किसलय-कोंपल। **अंचल**-आड़। **गोधूलि**-दिन और रात्रि की संधि का वह समय जब गायें वन से लौटती हैं और अपने खुरों से धूल उड़ाती चलती हैं, संध्या बेला। **धूमिल**-धुँधले। **पट**-वातावरण। **स्वर**-लौ। **दिपती**-उजली।

अर्थ–कोमल कोंपलों की आड़ में छिपी नन्हीं कली जैसे और भी सुंदर प्रतीत होती है, संध्या के धुँधले वातावरण में दीपक की लौ जैसे और भी उजली दिखाई देती है।

नोट–भाव चौथे छंद पर जाकर पूरा होगा।

मंजुल स्वप्नों की विस्मृति में मन का उन्माद निखरता ज्यों;
सुरभित लहरों की छाया में बुल्ले का विभव बिखरता ज्यों;

शब्दार्थ–मंजुल-सुन्दर। **विस्मृति**-सुध-बुध भूले रहना। **निखरता**-तीव्रता पकड़ता। **सुरभित**-सुगंधित। **छाया**-आड़। **बुल्ले**-बुलबुला। **विभव**-रम्यता। **बिखरना**-बढ़ना।

अर्थ–मन वैसे ही मस्त है, इस पर सुन्दर स्वप्न देखते समय जब मनुष्य अपनी सुध-बुध भूले रहता है, उसकी मस्ती और भी तीव्रता ग्रहण करती है। बुलबुला वैसे ही सुन्दर लगता है, पर जब सुगंधित लहरें उठ-उठकर उस पर छाती हैं तब वह और भी रम्य प्रतीत होता है।

वि०–स्वप्न मन की कल्पना का परिणाम होते हैं। जैसी कल्पनाएँ हम करते हैं, या जो स्मृतियाँ अंतस्संज्ञा में निहित रहती हैं, वे स्वप्न बनकर दिखाई दे जाती हैं। प्रायः अनुभव की वस्तुएँ ही स्वप्न में आती हैं, पर यदि हम कोई ऐसी वस्तु सपने में देखें जिसे हम संसार में सामान्यतः नहीं देखते, तब विश्लेषण करने पर पता चलता है कि हमारे अनुभव की कई वस्तुएँ घुल-मिल गई हैं, जैसे सोने का पर्वत यदि दिखाई दे तो सोना और पर्वत दोनों जाने-पहचाने हैं। मन की जो भावनाएँ जाग्रतावस्था में सुप्त रहती हैं, वे ही सपनों में तीव्रता ग्रहण कर भव्य या भयंकर रूप धारण कर लेती हैं।

वैसी ही माया में लिपटी अधरों पर उँगली धरे हुए।
माधव के सरस कुतूहल का आँखों में पानी भरे हुए।

शब्दार्थ–माया-आकर्षण। **लिपटी**-युक्त। **माधव**-वसंत। **पानी भरे**-सुन्दरता लिये।

अर्थ–उसी प्रकार के अतिरिक्त आकर्षण से युक्त, अधरों पर उँगली रखे तथा आँखों में एक कुतूहल भावना और वसंत की सरसता की सुंदरता लेकर–

वि०–'आँखों में पानी भरे' हुए में 'पानी' शब्द उस विशिष्ट अर्थ में प्रयुक्त हुआ है जिसमें किसी वस्तु पर 'चाँदी या सोने का पानी चढ़ाना' आता है। 'आँखों में सरसता का पानी था' का भाव हुआ 'आँखों में सरसता झलक रही थी'।

नीरव निशीथ में लतिका सी तुम कौन आ रही हो बढ़ती?
कोमल बाहें फैलाये सी आलिंगन का जादू पढ़ती!

शब्दार्थ–नीरव-स्तब्ध, शांत। **निशीथ**-रात। **जादू**-आकर्षण।

अर्थ–स्तब्ध रजनी में कहीं दिखाई देने वाली लता के समान तुम कौन हो जो मेरी ओर बढ़ती चली आ रही हो? तुमने अपनी कोमल भुजाएँ फैला रखी हैं। उनमें इतना आकर्षण है कि मैं चाहने लगी हूँ कि तुम उनसे मेरा आलिंगन करतीं।

वि०–इन चारों छंदों के पढ़ने से लगता है कि श्रद्धा कहीं एकांत में बैठी है। संभवतः रात्रि का समय है। सामने से एक छाया-मूर्ति जो किसी रमणी की है, अपनी ओर बढ़ती उसे दिखाई देती है। क्योंकि उसका रहस्य खुला नहीं है; इसी से हृदय में वह एक कुतूहल की भावना उत्पन्न करती है। कौन है? क्यों आई है? क्या काम है? ऐसे प्रश्न स्वाभाविक हैं। परन्तु वास्तविक बात यह है कि श्रद्धा के सामने न कहीं कभी कोई आया और न किसी ने इस सर्ग में उससे बातें कीं। यह छायामूर्ति मन की लज्जा वृत्ति है। जब मन में प्रथम बार लज्जा जगती है, तब अनेक प्रकार के संकल्प-विकल्पों का जन्म होता है। अपनी बुद्धि के अनुसार मन में उठे कुतूहल का समाधान श्रद्धा स्वयं कर लेती है। परन्तु वृत्ति के शुष्क विश्लेषण में वर्णन और भी दुरूह हो जाता है, इसी से कवि ने दो रमणी पात्रों में कथोपकथन की शैली का प्रयोग किया ।

अधरों पर उँगली रखना स्त्रियों की एक मुद्रा है जो बड़ी प्यारी लगती है। परन्तु यहाँ बाह्य आकृति-चित्रण से कहीं अधिक गहरा कवि का आशय है। वासना की प्रेरणा से जब नारी पुरुष को आत्म समर्पण करना चाहती है, तब उसके अंतर की स्वाभाविक लज्जा उसे एक बार अवश्य टोकती है और बिना बोले ओंठों पर उँगली रखकर वर्जन भी किया जाता है। उसी अर्थ में 'अधरों पर उँगली धरे हुए' आया है। श्रद्धा जैसे ही अपने शरीर को सौंपना चाहती है, वैसे ही लज्जा टोकती है और कहती है–रुको, यह क्या करने जा रही हो?

किन इन्द्रजाल के फूलों से लेकर सुहाग कण राग भरे;
सिर नीचा कर हो गूँथ रही माला जिससे मधु धार ढरे?

शब्दार्थ–**इन्द्रजाल**-अद्‌भुत। **सुहाग कण**-सुहावना पराग या पुष्परज। **राग**-रस, मकरंद। **मधु धार**-माधुर्य।

अर्थ–न जाने सुहावने पराग और मकरंद से परिपूर्ण किन अद्‌भुत पुष्पों को लेकर तुम सिर नीचा किये एक माला गूँथ रही हो? इस दृश्य से एक विलक्षण माधुर्य की सृष्टि हो रही है।

शब्दार्थ–**फूलों**-भाव। **सुहाग**-सौभाग्य। **राग**-प्रेम। **सिर नीचा कर**-लजाना।

भावार्थ–आज कुछ ऐसे अद्‌भुत भाव मेरे मन में विकसित हो रहे हैं जो प्रेम-पक्ष के हैं और मेरे सौभाग्य के सूचक हैं। उन भावों की लड़ियों को पिरोने में अर्थात् उन्हें अपने हृदय में संचित रखने में मेरा सिर लाज से झुका रह गया है। अर्थात् मैं लज्जा का अनुभव करने लगी हूँ। इस भावना के उदित होते ही एक निराले माधुर्य की सृष्टि अन्तःकरण में हो रही है।

श्रद्धा के पक्ष में–अपने सौभाग्य को स्थिर करने के लिये मैं प्रेम के अलौकिक भावों की एक माला मन में गूँथ रही हूँ; पर मनु के गले में उसे पहनाते समय हाथ ऊपर को उठते नहीं अर्थात मन में तो प्रेम की बड़ी मीठी-मीठी भावनाएँ उठती हैं, पर ज्योंही मैं उन्हें मनु

से कहना चाहती हूँ, त्योंही लजा कर रह जाती हूँ।

वि०–सिर झुकाये पुष्प गूँथती हुई किसी बाला का मनोरम दृश्य इस छंद से आँखों के आगे नाचने लगता है।

पुलकित कदंब की माला सी पहना देती हो अंतर में;
झुक जाती है मन की डाली अपनी फलभरता के डर में।

शब्दार्थ–**पुलकित**-रोमांचित। **फलभरता**-फलों से भरे रहने के कारण। **डर**-भार के आधिक्य से।

अर्थ–जैसे कदंब-माला का एक-एक पुष्प देखने में रोमांचित सा प्रतीत होता है, उसी प्रकार तुम (लज्जा) मन में एक भाव के उपरान्त दूसरे भाव की गुदगुदी उत्पन्न करती हो; जैसे फलों के बोझ से डाल स्वतः झुक जाती है, उसी प्रकार मन पर जब तुम्हारा (लज्जा का) बोझ छा जाता है, तब वह दबा रहता है–कुछ भी नहीं कह पाता।

वरदान सदृश हो डाल रही नीली किरनों से बुना हुआ;
यह अंचल कितना हलका सा कितने सौरभ से सना हुआ।

शब्दार्थ–**वरदान**-कल्याणमय। **नीली किरनों**-धुँधले प्रकाश का। **सौरभ से सना**-सुगंध से युक्त।

अर्थ–तुमने मेरे हृदय पर धुँधले प्रकाश से युक्त बड़ा हल्का और अत्यंत सुगंधित अपना (लज्जा का) अंचल डाल दिया है। यह अंचल नारी के लिये कल्याणमय सिद्ध होता है।

वि०–लाज का घूँघट ऐसा नहीं होता जिसके भीतर से नारी के मन-मुख का दर्शन न हो सके। उसके रहने पर भी हृदय की भावनाएँ छिपती नहीं, पर शिष्ट समाज में भावों की नम्रता हेय समझी जायगी; अतः वह एक आवश्यक वस्तु है। लाज दोनों ओर के असंयम की बाढ़ को रोके रहती है, इसी से नारी के लिए वह वरदान सिद्ध होती है।

सब अंग मोम से बनते हैं कोमलता में बल खाती हूँ;
मैं सिमिट रही सी अपने में परिहास गीत सुन पाती हूँ।

शब्दार्थ–**मोम से**-कोमल। **बल खाती**-लचकना। **सिमिट**-सिकुड़ना, संकोच का अनुभव करना। परिहास, व्यंग्य करते हुए किसी पर किसी का हँसना।

अर्थ–मेरे सभी अंग मोम के समान कोमल हो रहे हैं। इस कोमलता के कारण तन लचक-लचक जाता है। जैसे जब कोई किसी बात को लेकर किसी पर व्यंग्य करता हुआ मुस्कुराता है, तो सुनने वाला संकोच का अनुभव करता है, उसी प्रकार मुझे ऐसा लगता है, जैसे मेरे शरीर के परिवर्तनों पर व्यंग्य कसता हुआ कोई कह रहा है कि तुझे क्या हो गया है, और मैं उसे सुनकर सिकुड़ी सी जा रही हूँ।

स्मित बन जाती है तरल हँसी नयनों में भर कर बाँकपना;
प्रत्यक्ष देखती हूँ सब जो वह बनता जाता है सपना।

शब्दार्थ–**स्मित**-मंद हास्य। **तरल हँसी**-खिलखिला कर हँसना। **बाँकपना**-तिरछापन। **प्रत्यक्ष**-आँखों के सामने।

अर्थ–मैं खिलखिलाकर हँसना चाहती हूँ, पर संकोच ऐसा धर दबाता है, कि अट्टहास मंद मुस्कान में परिवर्तित हो जाता है। चितवन तिरछी हो जाती है।

वस्तुओं को आँखों के सामने देखकर भी ऐसा लगता है कि जैसे मैं उन्हें सपने में देख रही हूँ अर्थात् एक विचित्र मादकता की दशा में आजकल रहने के कारण ठोस वस्तुएँ भी छाया-चित्र सी लगती हैं।

मेरे सपनों में कलरव का संसार आँख जब खोल रहा;
अनुराग समीरों पर तिरता था इतराता सा डोल रहा।

शब्दार्थ–सपनों-कल्पनाओं। **कलरव**-आनन्द, सुख, मधुर ध्वनि। **संसार**-जीवन, पक्षी जगत। **आँख खोलना**-प्रारम्भ होना, जगना। **समीरों**-वातावरण, पवन। **इतराना**-इठलाना।

अर्थ–जैसे स्वप्न-काल (रात) की समाप्ति पर पक्षियों का संसार जगकर कल-कल ध्वनि करने लगता है और मधुर स्वर-लहरी पवन की लहरों पर तैरती हुई इतराती फिरती है, उसी प्रकार मेरी कल्पनाओं की समाप्ति पर जब मेरे आनन्द का जीवन प्रारम्भ हुआ और यह सुख प्रेम के वातावरण में समाकर इठला उठा–

नोट–भाव तीसरे छंद में पूर्ण होगा।

अभिलाषा अपने यौवन में उठती उस सुख के स्वागत को;
जीवन भर के बल वैभव से सत्कृत करती दूरागत को।

शब्दार्थ–यौवन-तीव्रता। **वैभव**-भावनाओं की विभूति। **सत्कृत**-सत्कार।

अर्थ–हृदय की अभिलाषा अपनी पूर्ण तीव्रता (Intensity) के साथ जब उस सुख का स्वागत करने चली और अपने जीवन भर की शक्ति और भावनाओं की विभूति से जब उसने बहुत दूर से आये हुए (कठिनाई से प्राप्त) उस आनन्द (मनु के मिलन) का सत्कार करना चाहा।

वि०–यद्यपि मनु श्रद्धा के पास नहीं आये, श्रद्धा ही मनु के पास दूर देश (गांधार प्रदेश) से आई है–कुँआ ही प्यासे के पास आया है–पर यह समझना भूल होगी कि पुरुष ही स्त्री के प्रेम का प्यासा होता है। स्त्री भी पुरुष के प्रेम की प्राप्ति के लिये छटपटाती रहती है। इसी से मनु के प्रेम की महत्ता की चर्चा श्रद्धा कर रही है।

किरनों का रज्जु समेट लिया जिसका अवलंबन ले चढ़ती;
रस के निर्झर से धँस कर मैं आनन्द शिखर के प्रति बढ़ती।

शब्दार्थ–किरनों-साहस। **रज्जु**-डोर। **समेट**-खींच। **अवलंबन**-सहारा। **रस**-प्रेम। **निर्भर**-झरना। **धँस**-प्रवेश करके। **शिखर**-चोटी। **प्रति**-ओर।

अर्थ–तुमने साहस की वह किरण-डोर खींच ली जिसके सहारे मैं प्रेम के झरने में प्रवेश करके आनन्द की चोटी (सीमा) की ओर बढ़ती।

वि०–इस छंद में इस प्रकार का एक दृश्य निहित है कि एक ऊँचा पर्वत है, उससे झरना फूट रहा है जिसका जल चारों ओर फैल गया है। इस जल के परे एक युवती खड़ी है। वह पर्वत की चोटी पर पहुँचना चाहती है, पर तैरना नहीं जानती। देखती है पर्वत के शिखर से लेकर जल में होती हुई उसके चरणों तक एक डोर आई है। उसे बड़ी प्रसन्नता

होती है और आशा करती है कि अब उसकी साध पूरी हो जाएगी। पर रस्सी को पकड़कर आगे बढ़ने की वह ज्यों ही आकांक्षा करती है कि गिरि शिखर पर अधिष्ठित कोई अन्य रमणी मूर्ति चट से उस डोर को खींचकर उस युवती को निराश कर देती है।

रूपक को हटा कर देखते हैं तो यह पर्वत आनन्द का है, यह निर्झर प्रेम का है, यह डोर साहस की है, वह पथिक युवती श्रद्धा है और डोर खींचने वाली रमणी मूर्ति है लज्जा।

छूने में हिचक, देखने में पलकें आँखों पर झुकती हैं;
कलरव परिहास भरी गूँजें अधरों तक सहसा रुकती हैं।

शब्दार्थ–**हिचक**-झिझक। **कलरव**-मधुर। **अधरों तक सहसा**-न कह सकना।

अर्थ–मनु को छूना चाहती हूँ तो एक प्रकार की झिझक का अनुभव करती हूँ। उन्हें आँखें भरकर देखना चाहती हूँ तो पलकें नीचे की ओर झुक जाती हैं। मधुर परिहासपूर्ण बातें हृदय से उमड़ती हैं, पर ओंठों तक आकर रुक जाती हैं, आगे नहीं बढ़ पातीं अर्थात् जो मैं उनसे कहना चाहती हूँ, वह भी नहीं कह पाती।

वि०–हिचकना, आँखें भर कर न देख सकना, मन की बात न कह सकना, सब लज्जा के लक्षण हैं।

संकेत कर रही रोमाली चुपचाप बरजती खड़ी रही;
भाषा बन भौंहों की काली रेखा सी भ्रम में पड़ी रही।

शब्दार्थ–**संकेत करना**-कहना। **रोमाली**-रोम समूह। **वरजना**-टोकना, विरोध करना। **भ्रम में पड़ना**-अर्थ न खुलना।

अर्थ–मनु को स्पर्श करने या आलिंगन करने की कामना ज्यों ही मन में जगती है कि शरीर के रोम खड़े होकर मानो मेरी भावना का विरोध करते हुए से कहते हैं–ऐसा न करना।

मुँह से मैं कुछ कह नहीं सकती, पर मेरी काली भौंहों का चंचल हो जाना, यदि उस चंचलता की भाषा को पढ़ने वाला कोई हो तो, यह व्यंजित करता है कि मेरे हृदय में किसी का प्रेम है। पर जैसे किसी पुस्तक में लिखी काली पंक्तियों की भाषा का अर्थ उस समय तक नहीं खुल सकता जब तक उन्हें कोई पढ़ने वाला न हो, इसी प्रकार मेरी भौंहों के इशारों का अर्थ उस समय तक स्पष्ट न होगा जब तक मनु अपने आप उसे न समझें।

तुम कौन? हृदय की परवशता? सारी स्वतंत्रता छीन रहीं;
स्वच्छंद सुमन जो खिले रहे जीवन वन से हो बीन रहीं!"

शब्दार्थ–**परवशता**-विवशता। **स्वच्छंद सुमन**-ऋतु की प्रेरणा से उगे पुष्प और यौवन की प्रेरणा से उठे भाव।

अर्थ–तुम कौन हो? क्या तुम्हारा ही दूसरा नाम विवशता है? भाव यह कि जब लज्जा हृदय में प्रवेश करती है, तब लाख इच्छा होने पर भी नारी क्रियात्मक रूप से कुछ नहीं कर पाती। मुझे लगता है कि मन के अनुकूल कुछ भी कर दिखाने में मैं स्वतंत्र नहीं हूँ। जैसे वन में ऋतु की प्रेरणा से जो फूल स्वतः खिलें उन्हें कोई बीन ले जाय, उसी प्रकार मेरे जीवन में यौवन की प्रेरणा से जो भाव स्वाभाविक रूप से फूटे, उन्हें तुमने खिलने न दिया।

वि०–'हृदय की परवशता' से अधिक सुन्दर 'लज्जा' की परिभाषा नहीं हो सकती।

संध्या की लाली में हँसती, उसका ही आश्रय लेती सी;
छाया प्रतिमा गुनगुना उठी श्रद्धा का उत्तर देती सी।

शब्दार्थ–आश्रय-शरीर धारण करना। **छाया प्रतिमा**-छाया मूर्ति, सूक्ष्म शरीर वाली।

अर्थ–संध्या की लालिमा सा जिसका अंग था और सुनहली किरणों सा जिसका हास्य, वह सूक्ष्म शरीर धारिणी श्रद्धा के प्रश्नों का उत्तर देने के लिए धीरे से बोली।

वि०–जैसा प्रारम्भ में कह आये हैं कोई छायामूर्ति कहीं नहीं है। श्रद्धा ने जो प्रश्न किये हैं, उनका उत्तर श्रद्धा की बुद्धि ही दे रही है।

प्रेम और लज्जा दोनों का रंग लाल माना जाता है इसी से छायामूर्ति के शरीर और हास्य की कल्पना संध्या की लालिमा के रूप से अत्यन्त उपयुक्त हुई है।

छाया–प्रतिमा शब्द से यह भ्रम न होना चाहिए कि लज्जा का रंग (छाया सा) काला होगा। छाया-शरीर, मनुष्यों के स्थूल शरीर से भिन्न, सूक्ष्म शरीर के अर्थ में आता है। चाँदनी को साकार मानें तो उसका छाया-शरीर उजला होगा और इसी प्रकार उषा का अरुण। वनदेवियों का छाया-शरीर उज्ज्वल होता है।

"इतना न चमत्कृत हो बाले! अपने मन का उपकार करो;
मैं एक पकड़ हूँ जो कहती ठहरो कुछ सोच विचार करो।

शब्दार्थ–चमत्कृत-चौंकना। **उपकार**-हित। **पकड़**-रोक।

अर्थ–हे बाले, मुझे देखकर तुम इतनी चौंको मत। मेरे समझाने पर यदि तुम अपने मन को नियंत्रण में रख सकीं तो इसमें उसी का हित है। जो स्त्रियाँ प्रेम में उतावली हो जाती हैं, उनके आवेशपूर्ण मन के लिए मैं एक 'रोक' हूँ जो यह समझती है कि तुम जो करने जा रही हो, उसके परिणाम पर मेरे कहने से पल भर रुक कर सोच-विचार कर लो।

वि०–श्रद्धा का पहला प्रश्न यह था कि तुम कौन हो? आक्षेप यह था कि तुम्हारे होने से मैं परतन्त्रता का अनुभव कर रही हूँ। लज्जा ने दोनों बातों का बड़ा सुन्दर छोटा सा उत्तर दिया-मैं एक 'पकड़' हूँ।

नोट–आगे के ग्यारह छंदों में यौवन का वर्णन है जिसके अन्त में लज्जा ने अपने को उस चपल (यौवन) की धात्री बताया है। यह बात भी इस ओर संकेत करती है कि लज्जा युवतियों की हित-साधिका है।

अंबर-चुम्बी हिम शृंगों से कलरव कोलाहल साथ लिये;
विद्युत की प्राणमयी धारा बहती जिसमें उन्माद लिये।

शब्दार्थ–अम्बर चुम्बी-आकाश को छूने वाली, ऊँची। **शृंग**-चोटी। **कलरव**-मधुर। **प्राणमयी**-चेतना की लहरें। **उन्माद**-मस्ती।

अर्थ–आकाश को चूमने वाली पर्वत की ऊँची चोटियों पर जमे बर्फ के पिघलने से जल की धाराएँ जैसे मधुर कोलाहल करती हुई बहती हैं, यौवन काल में भी भावों के फूटने से वैसी मधुर गूँज हृदय में भर जाती है। इस यौवन के आते ही चेतना की मस्ती भरी लहरें उठाती एक बिजली की धारा मन में बहती है!

मंगल कुंकम की श्री जिसमें निखरी हो ऊषा की लाली;
भोला सुहाग इठलाता हो ऐसी हो जिसमें हरियाली;

शब्दार्थ–**मंगल**-मांगलिक या शुभ लक्षण सम्पन्न। **कुंकम**-रोली। **श्री**-शोभा। **सुहाग**-सौभाग्य। **इठलाना**-इतराना। **हरियाली**-प्रसन्नता लाता है।

अर्थ–जैसे रोली एक मंगल सूचक शोभा की वस्तु है, उसी प्रकार सुन्दरता से युक्त यौवन जीवन का सब से शुभ काल है। उसके छाते ही शरीर में उषा से अधिक निखरी अरुणिमा छा जाती है। उसमें सुन्दर सौभाग्य इतराता फिरता है। वह हराभरापन या प्रसन्नता लाता है।

हो नयनों का कल्याण बना आनंद सुमन सा विकसा हो,
वासंती के वन-वैभव में जिसका पंचम स्वर पिक सा हो;

शब्दार्थ–**कल्याण**-सुख। **वासन्ती**-वसंत ऋतु। **वन-वैभव**-वन की ऐश्वर्यशालिनी वस्तुएँ यथा हरे-भरे खेत, खिले सुमन, मौर से युक्त रसालवृंद, पक्षियों का चहकना। **पंचम स्वर**-मधुर कूक, उत्कृष्टता, उत्तमता। **पिक**-कोकिल।

अर्थ–देखने वाली के नेत्रों को वह सुख देता है। उसमें खिले पुष्प के समान आनन्द अपनी चरम सीमा पर पहुँच जाता है। वसंत ऋतु आने पर वन की सभी ऐश्वर्यशालिनी वस्तुओं में, कोकिल का मधुर स्वर में कूकना जैसे पृथक पहचाना जा सकता है, उसी प्रकार जीवन की सभी विभूतियों में यौवन की उत्कृष्टता स्पष्ट प्रकट रहती है।

वि०–चन्द्रगुप्त नाटक में इसी भाव को दूसरे ढंग से प्रसाद जी ने व्यक्त किया है। "अकस्मात् जीवन-कानन में एक राका-रजनी की छाया में छिपकर मधुर वसंत घुस जाता है। शरीर की सब क्यारियाँ हरी-भरी हो जाती हैं। सौंदर्य का कोकिल–'कौन है? कह कर सबको रोकने-टोकने लगता है, पुकारने लगता है।"

वाद्यों के सात स्वरों में से पाँचवें स्वर को बाह्य प्रकृति में कोकिल के स्वर के समान कोमल और मधुर माना जाता है।

जो गूँज उठे फिर नस नस में मूर्च्छना समान मचलता सा,
आँखों के साँचे में आकर रमणीय रूप बन ढलता सा;

शब्दार्थ–**गूँज**-भरना। **मूर्च्छना**-मधुर तान। **रमणीय**-सुन्दर।

अर्थ–कोकिल की तान जैसे सुनने वाले के रोम-रोम में छा जाती है, उसी प्रकार यौवन का दर्शन करते ही उसका माधुर्य दर्शक की नस-नस में भरकर उमड़ता है।

जैसे साँचे में ढलकर पदार्थ एक भिन्न ही आकार प्राप्त करते हैं, उसी प्रकार देखने वालों की आँखें साँचे हैं जिनमें भरकर यौवन सुन्दर रूप के दृश्यों में परिवर्तित हो जाता है।

वि०–यौवन और रूप दो भिन्न वस्तुएँ हैं। यौवन जीवन का एक काल विशेष है और रूप शरीर के अंगों की सुडौलता और चारुता पर निर्भर करता है। जीवन में यौवन एक बार सभी प्राप्त करते हैं, पर रूपवान होना सभी के भाग्य में नहीं। फिर भी यौवन का ऐसा प्रभाव है कि उसके आने पर शरीर में एक विलक्षण आकर्षण आ जाता है। जो रूपवान् हैं

उनके यौवन का तो कहना ही क्या?

नयनों की नीलम की घाटी जिस रस घन से छा जाती हो,
वह कौंध कि जिससे अंतर की शीतलता ठंढक पाती हो।

शब्दार्थ–नीलम की घाटी-काली पुतलियाँ। **रस घन**-रस भरे बादल। **कौंध**-बिजली सी चमक।

अर्थ–जिसके आते ही नीलम के पर्वतों की घाटियों में उमड़ने वाले जल भरे बादलों के समान काली-काली पुतलियों वाली रमणियों की आँखों में रस भर जाता है और जैसे उन बादलों से बिजली की बाहरी चमक के साथ भीतर शीतल जल भी भरा रहता है, उसी प्रकार यौवन में रूप की बाहरी चकाचौंध के साथ अन्तर में प्रेम की शीतल धारा भी रहती है।

हिल्लोल भरा हो ऋतुपति का गोधूली की सी ममता हो,
जागरण प्रात सा हँसता हो जिसमें मध्याह्न निखरता हो।

शब्दार्थ–हिल्लोल-आनन्द। **ऋतुपति**-वसंत। **गोधूलि**-संध्या। **ममता**-करुणा, अनुराग। **मध्याह्न**-दोपहर।

अर्थ–उस यौवन में वसंत ऋतु का आनन्द, गोधूलि बेला की ममता, प्रभात काल की जागृति और दोपहर का तीव्रतम ओज समाया रहता है।

भाव यह है कि वसंत आते ही प्रकृति हरी-भरी और पक्षियों की चहचहाहट से परिपूर्ण हो जाती है तथा देखने वालों की आँखों को आकर्षित करती है, उसी प्रकार यौवन के आते ही शरीर स्वस्थ और सुन्दर तथा मन प्रेम के कोलाहल से भर जाता है। यह शोर अपनी रम्यता से दर्शकों के मन को लुभाता है। संध्या बेला जैसे ताप-दग्ध थके व्यक्तियों को घनी छाया और विश्राम देकर अपनी ममता प्रकट करती है, उसी प्रकार युवतियाँ संसार के ताप से दग्ध और कार्यभार से शिथिल अपने प्रेमियों को कर के कोमल शीतल स्पर्श और चितवन की स्निग्धता से विश्राम पहुँचा अपना अनुग्रह प्रगट करती हैं। रात का समय जैसे सोने में व्यतीत होता है और प्रभात के फूटते ही जैसे सब जग पड़ते हैं, उसी प्रकार किशोरावस्था भूल का समय है और यौवन के पदार्पण करते ही जीवन को आँख खोल कर देखना पड़ता है तथा अपना उत्तरदायित्व निभाना पड़ता है। मध्याह्न में सूर्य जैसे अपनी प्रखरता की सीमा पर होता है, उसी प्रकार यौवन में शरीर की सभी शक्तियाँ अपना पूर्ण विकास प्राप्त करती हैं।

हो चकित निकल आई सहसा जो अपने प्राची के घर से,
उस नवल चंद्रिका सा बिछले जो मानस की लहरों पर से।

शब्दार्थ–चकित-चौंकने का भाव। **सहसा**-अकस्मात्। **प्राची के घर**-पूर्व दिशा के आकाश से। **नवल**-नवीन। **बिछले**-फिसलना। **मानस**-सरोवर, मन। **लहरों**-तरंगों, भाव।

अर्थ–जैसे पूर्व दिशा के गगन से चाँदनी आश्चर्यचकित होकर इधर-उधर देखती है, उसी प्रकार यौवन-काल में सौंदर्य शरीर से अकस्मात फूटकर सबको ताकता है। जैसे नवीन चाँदनी सरोवर की लहरों पर पड़कर फिसल जाती है, उसी प्रकार भावों से लहराते प्रेमियों के हृदय रूप की चाँदनी को सँभाल नहीं पाते।

फूलों की कोमल पंखड़ियाँ बिखरें जिसके अभिनन्दन में,
मकरंद मिलाती हों अपना स्वागत के कुंकुम चंदन में।

शब्दार्थ–**अभिनन्दन**-आदर भाव। **मकरंद**-पुष्प रस। **कुंकम**-केसर।

अर्थ-इसी यौवन के प्रति अपना सादर भाव प्रदर्शित करने के लिए फूल अपनी पंखुरियों को मानो प्रस्फुटित कर (खोल) देते हैं। केसर मिश्रित चंदन से जैसे किसी का स्वागत किया जाता है, उसी प्रकार सुमन अपने अंतर में रस रक्षित रखते हैं।

शब्दार्थ–**फूलों**-हृदयों। **पंखड़ियों**-भाव। **मकरंद**-प्रेम का रस।

भाव पक्ष में–इसी यौवन के प्रति अपना आदरभाव प्रकट करने के लिए प्रेमियों के हृदय अपनी भाव-निधि खोल देते हैं और इसी के स्वागत के लिये प्रेम रस की केसर और चंदन को सुरक्षित रखते हैं।

वि०–एक बात यहाँ ध्यान देने की है। सुमन के रस या हृदय के रस के लिए कवि केवल कुंकुम या चंदन नहीं लाया, दोनों लाया है। ऐसा लगता है कि कवि की दृष्टि दोनों के मिश्रण पर इसलिये है कि पुष्प के पक्ष में एक ओर तो मकरन्द में पीले पराग का घुलना सार्थक हो जाता है और दूसरी ओर कुंकुम और चंदन के मिलने से जो द्रव्य उत्पन्न होगा, वह काव्य में निर्दिष्ट अनुराग के रंग से मेल खाता है।

कोमल किसलय मर्मर रव से जिसका जय घोष सुनाते हों,
जिसमें दुख सुख मिलकर मन के उत्सव आनंद मनाते हों।

शब्दार्थ–**किसलय**-कोंपल, पल्लव, पत्ती। **मर्मर**-वह शब्द जो पत्तों के हिलने पर सुनाई देता है। **रव**-ध्वनि। **जय घोष**-जय ध्वनि, जय के नारे। **उत्सव**-पर्व, कोई मांगलिक या प्रसन्नता का अवसर।

अर्थ–जैसे कोई सम्राट् के आगमन पर 'महाराज की जय हो' की ध्वनि चारों ओर गूँज जाती है, उसी प्रकार कोमल पल्लवों से जो मर्मर ध्वनि निकलती है, वह मानो यौवन की विजय-घोषणा है।

जैसे चार आदमी मिलकर किसी आनन्दोत्सव को मनाते हैं, वैसे ही यौवन में सुख और दुःख के सम्मिश्रण से जीवन का उत्सव मनाया जाता है।

वि०–सभी उत्कृष्ट विचारक अन्त में इसी निर्णय पर पहुँचे हैं कि सुख-दुःख के उचित सामंजस्य में ही जीवन का आनन्द है। 'प्रसाद' ने इस तथ्य की घोषणा अपनी कृतियों में बराबर की है; पर संभवतः पन्त जी से अधिक स्पष्ट और सरल शब्दों में इसे कोई कह नहीं पाया–

जग पीड़ित है अति दुःख से, जग पीड़ित रे अति सुख से।
मानव-जग में बँट जावें, दुख सुख से औ' सुख दुख से।

उज्ज्वल वरदान चेतना का सौंदर्य जिसे सब कहते हैं,
जिसमें अनंत अभिलाषा के सपने सब जगते रहते हैं।

शब्दार्थ–**उज्ज्वल**-शुभ्र, सुंदर, मंगलमय। **चेतना**-चेतना से युक्त प्राणियों के लिये। **सपने**-कामना। **जगते**-बना रहना।

अर्थ–चेतन प्राणियों के लिये यौवन भगवान का शुभ वरदान है। इसी का दूसरा नाम सौंदर्य है। यह काल ऐसा है कि अगणित इच्छाओं की पूर्ति की कामना बनी रहती है।

मैं उसी चपल की धात्री हूँ गौरव महिमा हूँ सिखलाती,
ठोकर जो लगने वाली है उसको धीरे से समझाती।

शब्दार्थ–चपल-चंचल यौवन। **धात्री**-धाय, संरक्षिका। **गौरव**-गरिमा। **ठोकर**-आघात, पतन। **धीरे से**-सहृदयता से।

अर्थ–लज्जा बोली : हे श्रद्धा, मैं इसी यौवन की, जो स्वभाव से अत्यन्त चंचल है संरक्षिका (धाय) हूँ। जैसे धाय अपने नियंत्रण में रहने वाले चपल बालक की पल-पल रक्षा करती है और उसे गौरव और महानता का पाठ पढ़ाती है, उसी प्रकार नारी-जाति को मैं गरिमा और महत्ता के साथ व्यवहार करना सिखलाती हूँ। जैसे बच्चे के ठोकर लगने वाली होती है, तो धाय उसे धीरे से बतला देती है कि देखकर न चलने से ठोकर खा जाओगे, इसी प्रकार स्त्री जब आवेश में आकर उच्छृंखलता की ओर बढ़ती है जिससे उसे हानि पहुँचने की सम्भावना रहती है, तब मैं एक बार उससे चुपचाप अत्यन्त सहृदयता से यह अवश्य कह देती हूँ कि देखो, यदि इस ओर तुम बढ़ी तो पतन की सम्भावना है। आगे तुम जानो।

मैं देव सृष्टि की रति रानी निज पंचवाण से वंचित हो,
बन आवर्जना मूर्ति दीना अपनी अतृप्ति सी संचित हो।

शब्दार्थ–देव सृष्टि-देव जाति। **रति**-काम की पत्नी, एक देवी। **पंचवाण**-कामदेव का एक नाम।

अर्थ–जिस समय देव जाति इस पृथ्वी पर निवास करती थी, उस समय मेरा नाम रति था। प्रलय में उस जाति के विनाश पर अपने पति कामदेव से मुझे बिछुड़ना पड़ा। तब से मैं निषेध की दीन मूर्ति मात्र हूँ अर्थात् पहले जैसे देवियों के मन में मैं प्रबल उत्तेजना उत्पन्न करने की शक्ति रखती थी, वह अब मुझसे छिन गई। इसी से अपनी अतृप्त की भावना को एकत्र करके–

नोट–भाव आगे के छंद में पूरा होगा।

वि०–कामदेव के पाँच वाण ये हैं–द्रवण, शोषण, तापन, मोहन और उन्माद।

अवशिष्ट रह गई अनुभव में अपनी अतीत असफलता सी,
लीला विलास की खेद भरी अवसाद मयी श्रम दलिता सी।

शब्दार्थ–अवशिष्ट-शेष। **अतीत**-भूतकाल। **लीला**-प्रणय क्रीड़ा। **विलास**-भोग। **अवसाद**-थकावट। **श्रम दलिता**-श्रम से चूर।

अर्थ–अब तो मैं अपने अतीत काल की असफलता के संस्कार के समान सबके अनुभव में ही शेष रह गई हूँ।

मेरी तीव्रता आज उसी प्रकार कम हो गई, जिस प्रणय-क्रीड़ा में भोग के उपरान्त श्रम से चूर होने पर उत्साहपूर्ण मन में खिन्नता और (सबल) शरीर में थकावट का अनुभव होता है।

मैं रति की प्रतिकृति लज्जा हूँ मैं शालीनता सिखाती हूँ,
मतवाली सुन्दरता पग में नूपुर सी लिपट मनाती हूँ।

शब्दार्थ–प्रतिकृति-प्रतिमा। **शालीनता**-विनम्रता (Modesty)। **नुपूर**-घुँघरू।

अर्थ–मेरा नाम लज्जा है। मैं रति की प्रतिमा हूँ। नारियों को विनम्रता सिखलाना मेरा काम है। जैसे नृत्य के समय मस्ती से घूमने वाले चरणों में नूपुरों के संयोग से नियंत्रण रहता है, उसी प्रकार उन सुंदरियों में जो यौवन की मस्ती में न जाने क्या कर बैठें, मेरे अनुनय से एक संयम रहता है।

वि०–'मानने' शब्द का सौंदर्य है कि यदि नुपूर चरणों में न हों तो वे निश्चिंत होकर तीव्रता से घूमें, पर घुँघुरुओं को भी एक गति से बजाने की ओर नर्तकी का ध्यान रहता है; अतः उस गति में अधिक बंधन और संयम आ जाता है। इसी प्रकार मस्त रमणियों के पैरों पर गिरकर मानो लज्जा यह विनय बराबर करती रहती है कि तुम्हारे मन में जो आवे वही करना, पर भाई, थोड़ा मेरा भी ध्यान रहे। जहाँ लज्जा का तनिक भी ध्यान रखा जाता है, वहाँ संयम स्वतः आ जाता है और संयम आने से आवेग चमक उठता है।

लाली बन सरल कपोलों में आँखों में अंजन सी लगती,
कुंचित अलकों सी घुँघराली मन की मरोर बन कर जगती।

शब्दार्थ–लाली-लालिमा। **अंजन**-काजल। **कुंचित**-बल खाती हुई। **घुँघराली**-गोल लच्छेदार। **मरोर**-ऐंठन।

अर्थ–मेरे कारण रमणियों के सरल कपोल लाल हो जाते हैं। उनकी आँखों में अंजन न लगा रहने पर भी मेरी (लज्जा की) अनुभूति में ऐसा लगता है जैसे वह लगा हुआ हो। बल खाती हुई घुँघराली लटों के समान मैं रमणियों के मन में ऐंठन (टीस) उत्पन्न करती हूँ।

वि०–'लज्जा' संयम और सौंदर्य दोनों की पोषिका है। कपोलों के साथ 'सरल' विशेषण की यह सार्थकता है कि लज्जा की लाली झलकने पर ही रमणियों के कपोल सुन्दर और आकर्षक प्रतीत होते हैं, नहीं तो वे सामान्य कपोल हैं। चन्द्रगुप्त नाटक में 'मन की मरोर' और 'कपोल की लाली' को स्पष्टता से समझा दिया है–

"राजकुमारी, काम संगीत की तान सौंदर्य की रंगीन लहर बनकर, युवतियों के मुख में लज्जा और स्वास्थ्य की लाली चढ़ाया करती है।"

चंचल किशोर सुन्दरता की मैं करती रहती रखवाली,
मैं वह हलकी सी मसलन हूँ जो बनती कानों की लाली।"

शब्दार्थ–किशोर सुंदरता-वे सुंदरियाँ जो अभी किशोरावस्था में हैं। **मसलन**-उँगलियों से किसी वस्तु को दबाते हुए मलना या रगड़ना।

अर्थ–सुन्दर किशोरियों के मन जब चंचल होते हैं तब मैं उन पर नियंत्रण रखती हूँ। जैसे कानों को हल्के-हल्के कोई मसले, तो वे लाल हो जाते हैं। इस क्रिया से एक ओर थोड़ी पीड़ा होती है, पर सुन्दरता भी झलकने लगती है। इसी प्रकार मेरे नियंत्रण में रहने वाली रमणी यद्यपि थोड़ी क्षुब्ध रहती है, पर उस संयम से प्रेम में विलक्षण माधुर्य आ जाता है।

"हाँ ठीक, परन्तु बताओगी मेरे जीवन का पथ क्या है?
इस निविड़ निशा में संसृति की आलोकमयी रेखा क्या है?

शब्दार्थ–पथ-मार्ग, निर्दिष्ट कर्मों की सूची। **निविड़**-घोर। **निशा**-अनिश्चित, भविष्य। **संसृति**-संसार। **आलोकमयी**-प्रकाशपूर्ण, आशाभरी। **रेखा**-किरण, सहारा।

अर्थ–श्रद्धा बोली : तुम जो कहती हो, वह सच है। पर मुझे इस बात का उत्तर दो कि मैं अपना जीवन किस मार्ग का अनुसरण करती हुई काटूँ? संसार रूपी इस घोर रात्रि में प्रकाश की किरण मैं कहाँ पाऊँगी?

भाव यह कि यदि मेरा भविष्य अनिश्चित रहा है, तो मैं कुछ भी नहीं कर पाऊँगी। जैसे अंधेरी रात में किरणों के फूटने की आशा लिये बैठी रहती हैं, उसी प्रकार उस सहारे का संकेत तुम करो जिसके आश्रय में मैं अपने पल सफल बना सकूँ।

यह आज समझ तो पायी हूँ मैं दुर्बलता में नारी हूँ,
अवयव की सुन्दर कोमलता लेकर मैं सब से हारी हूँ।

शब्दार्थ–दुर्बलता-शारीरिक बल की हीनता। **अवयव**-शरीर। **सबसे**-प्राणियों के अन्य प्राणियों, विशेष कर पुरुष जाति से।

अर्थ–आज इतनी बात तो मैं जान गई हूँ कि नारी होने के नाते मैं बलहीन हूँ। भगवान ने हमारे शरीर को सुन्दर और कोमल बनाया है, पर इस कोमलता का अर्थ शारीरिक बल की हीनता है। अपनी इस कमी के कारण ही नारी-जाति सभी से सदैव पराजित होती रहेगी।

पर मन भी क्यों इतना ढीला अपने ही होता जाता है!
घनश्याम खंड सी आँखों में क्यों सहसा जल भर आता है!

शब्दार्थ–ढीला-परवश, पराधीन। **अपने ही**-स्वतः, बिना किसी प्रकार के दबाव के। **घनश्याम खंड**-काले बादलों के टुकड़े।

अर्थ–थोड़ी देर के लिए शरीर की बात छोड़ दो। मैं पूछती हूँ मेरा यह मन अपने आप ही क्यों पराधीन हो रहा है? पानी से भरे काले बादलों के समान मेरी आँखें आँसुओं से क्यों भरी हुई हैं?

वि०–काले बादलों से कोई कहता नहीं कि तुम बरसो, पर वे अपने स्वभाव से विवश हैं, बरसते हैं। इसी प्रकार प्रेम करना भी नारी का स्वभाव है।

सर्वस्व समर्पण करने की विश्वास महा तरु छाया में,
चुपचाप पड़ी रहने को क्यों ममता जगती है माया में?

शब्दार्थ–समर्पण-न्यौछावर। **महा तरु**-विशाल वृक्ष। **छाया**-आश्रय। **ममता**-इच्छा, कामना। **माया में**-मोहमयी।

अर्थ–जैसे कोई ताप-दग्ध प्राणी किसी विशाल वृक्ष की छाया में पहुँचकर यह इच्छा करता है कि अब तो यहीं चुपचाप पड़ा रहूँ तो अच्छा है, वैसे ही मेरे मन में ऐसी मोहमयी कल्पना क्यों जगती है कि मैं किसी पुरुष का अगाध विश्वास प्राप्त कर अपना सब कुछ उस पर न्यौछावर कर दूँ और उसके आश्रय में अपना जीवन चुपचाप काट दूँ।

छायापथ में तारक द्युति सी झिलमिल करने की मधु लीला,
अभिनय करती क्यों इस मन में कोमल निरीहता श्रम शीला?

शब्दार्थ–छायापथ–आकाश गंगा। **तारक द्युति**–तारिका का प्रकाश। **झिलमिल**– टिमटिमाना। **लीला**–भावना। **अभिनय**–क्रीड़ा। **निरीहता**–भोलापन। **श्रम शीला**–श्रम का जीवन।

अर्थ–मेरे मन में ऐसी मधुर कामना क्यों क्रीड़ा कर रही है कि आकाश गंगा में मंद टिमटिमाने वाली तारिका के समान मैं अपने जीवन का आदर्श रखूँ अर्थात् एक ओर तो मैं यह नहीं जानती कि मेरा अस्तित्व बिल्कुल मिट जाय, दूसरी ओर मैं यह भी नहीं सोचती कि सूर्य अथवा चंद्र के समान आभासित होने वाले पुरुष से अपने व्यक्तित्व को प्रधानता दूँ।

मैं कोमलता, भोलेपन और श्रम के जीवन को क्यों पसन्द करती हूँ?

निस्संबल होकर तिरती हूँ इस मानस की गहराई में,
चाहती नहीं जागरण कभी सपने की इस सुघराई में।

शब्दार्थ–निस्संबल–बिना सहारे के। **मानस**–सरोवर, मन। **गहराई**–गहरापन, गंभीरता। **जागरण**–जाग्रति। **सपने**–भावनाएँ। **सुघराई**–सुन्दरता।

अर्थ–जैसे किसी गहरे सरोवर में तैरने वाला प्राणी सोचे कि उसे किसी भी समय सहारे की आवश्यकता पड़ सकती है, वैसे ही अपने मन में जब मैं गंभीरता से विचार करती हूँ तभी इस निर्णय पर पहुँचती हूँ कि मैं यदि अकेले जीवनयापन करूँ तो आश्रयहीन हूँ।

अपनी इस रम्य भावना में डूबकर कि पुरुष का आश्रय पाकर फिर कुछ करना शेष नहीं, मैं अन्य किसी प्रकार की जाग्रति की कल्पना कभी करना नहीं चाहती।

नारी जीवन का चित्र यही क्या ? विकल रंग भर देती हो,
अस्फुट रेखा की सीमा में; आकार कला को देती हो।

शब्दार्थ–चित्र–सत्य, सत्ता, रहस्य। **विकल**–इधर-उधर, अस्त-व्यस्त। **अस्फुट**–टेढ़ी सीधी। **आकार**–जन्म।

अर्थ–बतलाओ नारी जीवन का वास्तविक चित्र क्या यही है जो मैंने तुम्हें अपने शब्दों द्वारा अभी खींचकर दिखलाया?

जैसे कोई चित्रकार टेढ़ी-सीधी रेखाओं में जब इधर-उधर रंग भरता है, तब एक कलाकृति का निर्माण करता है; इसी प्रकार नारी का शरीर त्वचा की सीमा में हड्डियों और नसों का ढाँचा मात्र है, जब तुम्हारा (लज्जा का) रंग इधर-उधर भर जाता है, तब उसी में रम्यता आ जाती है।

वि०–'चित्र' शब्द यहाँ विशेष रूप से 'सत्ता' के अर्थ में आया है। श्रद्धा पीछे कह आयी है कि उसकी दृष्टि में नारी शरीर से ही बलहीन नहीं है, पुरुष के लिए मन से भी दुर्बल है। वह उसके ऊपर विश्वास करना चाहती है। आत्मसमर्पण ही उसका स्वभाव है। उसकी सेवा में वह अपनी सारी शक्ति लगाने को उत्सुक रहती है, उसकी बराबरी करने की स्पर्द्धा उसमें बिल्कुल नहीं है। इतना कहकर वह जानना चाहती है कि नारी की वास्तविक सत्ता, उसके जीवन का वास्तविक सत्य क्या इसके अतिरिक्त और कुछ है।

रुकती हूँ और ठहरती हूँ पर सोच विचार न कर सकती,
पगली सी कोई अंतर में बैठी जैसे अनुदिन बकती।

शब्दार्थ–अनुदिन-रातदिन। **बकती**-ऊटपटाँग बातें सोचती।

अर्थ–भाव की प्रेरणा से कुछ करने के लिये कटिबद्ध होने पर बीच-बीच में कभी-कभी थोड़ी रुक-ठहर जाती हूँ, पर वह रुकना सोच-विचार में पड़कर दूसरी ओर मुड़ने के लिये नहीं होता। एक बार जो निश्चय कर लिया वह कर लिया।

जैसे कोई पागल स्त्री रात-दिन कुछ ऐसा बड़बड़ाती रहती है जिसमें एक बात का सम्बन्ध दूसरी बात से नहीं होता, उसी प्रकार मेरा मन भीतर-भीतर रात दिन न जाने क्या ऊटपटाँग बातें सुझाता रहता है।

मैं जभी तोलने का करती उपचार स्वयं तुल जाती हूँ,
भुज लता फँसा कर नर तरु से झूले सी झोंके खाती हूँ।

शब्दार्थ–तोलने-अधिकार करने। **उपचार**-प्रयत्न, उपाय। **तुल जाती**-अधिकार में होना। **झूले सी झोंके खाती**-आकर्षण के बंधन में आना।

अर्थ–प्रयत्न तो मैं यही करती हूँ कि पुरुष पर अधिकार कर लूँ, पर होता यह है कि उसके हाथों बिक जाती हूँ–वशीभूत हो जाती हूँ।

अपनी भुजाएँ उसके गले में डालती तो इसलिये हूँ कि उसे इनमें फाँस लूँ, पर जैसे वृक्ष को बाँधने का प्रयत्न करने वाली लता अपने लघुभार के कारण स्वयं झूले सी लटक कर उसमें फँसी रह जाती है, वैसे ही मैं भी जिस व्यक्ति को भुजाओं में बाँधना चाहती हूँ उससे बँधकर (आकर्षित होकर) रह जाती हूँ।

इस अर्पण में कुछ और नहीं केवल उत्सर्ग छलकता है,
मैं दे दूँ और न फिर कुछ लूँ इतना ही सरल झलकता है।"

शब्दार्थ–अर्पण-आत्म समर्पण। **उत्सर्ग**-त्याग। **दे दूँ**-त्याग करूँ। **कुछ न लूँ**-स्वार्थ का सम्बन्ध न रखूँ।

अर्थ–मैं आत्म-समर्पण स्वार्थ के लिए नहीं, त्याग के लिए करती हूँ। मेरा हृदय इतना भोला है कि वह केवल देना जानता है, लेना नहीं सीखा।

"क्या कहती हो ठहरो नारी! संकल्प अश्रु जल से अपने,
तुम दान कर चुकीं पहले ही जीवन के सोने से सपने।

शब्दार्थ–क्या कहती हो-आश्चर्य की बात है। **ठहरो**-अपनी बात बंद करो। **संकल्प**-दृढ़ निश्चय। **सोने से सपने**-सुनहली साधें।

अर्थ–लज्जा बोली–हे नारी, तुम यह क्या कह रही हो? आश्चर्य होता है मुझे ऐसा सुनकर। अपनी बात को अब यहीं थामकर मुझसे इतना और सुनती जाओ कि यदि यह सब कुछ सत्य है, तब मेरे समझाने के पूर्व ही तुमने जीवन की सुनहली साधों को आँखों की अंजलि में आँसुओं का जल भर कर दृढ़ निश्चय का मंत्र पढ़ते हुए किसी को दान में दे डाला।

वि०–अंजलि में जल भर कर मंत्र का उच्चारण करते हुए दान देने का विधान है।

यहाँ पुरुष के लिए नारी द्वारा अपने जीवन की अत्यंत प्रिय साधों को उत्सर्ग करने की चर्चा है। अश्रुजल का भाव यह है कि पुरुष के कारण स्त्री का जीवन यद्यपि रोते हुए ही व्यतीत होता है, तथापि अपने स्वभाव से विवश होने के कारण वह उसके लिए त्याग किये ही जाती है।

नारी ! तुम केवल श्रद्धा हो विश्वास रजत नग पग तल में,
पीयूष स्रोत सी बहा करो जीवन के सुन्दर समतल में।

शब्दार्थ–श्रद्धा–आस्था, विश्वास। **रजत नग**–रुपहला पर्वत, कैलास। **पग तल**–तलहटी। **पीयूष**–अमृत, मधुर। **स्रोत**–झरना।

अर्थ–हे नारी, तुम्हारा ही दूसरा नाम श्रद्धा है। जैसे कैलास पर्वत के चरणों (तलहट) की समभूमि में मीठे पानी के सोते बहते हैं, उसी प्रकार पुरुष पर अगाध विश्वास करती हुई तुम प्रेम की धार से जीवन के पथ को सम (सुगम और सुखमय) करती हुई उसे सुन्दर बनाओ।

देवों की विजय, दानवों की हारों का होता युद्ध रहा,
संघर्ष सदा उर अंतर में जीवित रह नित्य विरुद्ध रहा।

शब्दार्थ–देवों–अच्छे विचारों। **दानवों**–बुरे विचारों। **नित्य विरुद्ध**–स्वाभाविक विरोधी।

अर्थ–क्योंकि हृदय की सत् और असत् भावनाएँ एक-दूसरे की स्वाभाविक विरोधिनी हैं; अतः इनमें संघर्ष चलता ही रहता है। युद्ध में दैवी भावनाओं (अच्छे विचारों) की अंत में जय होती है और आसुरी भावनाओं (बुरे विचारों) की पराजय।

आँसू से भीगे अंचल पर मन का सब कुछ रखना होगा ,
तुमको अपनी स्मित रेखा से यह सन्धि-पत्र लिखना होगा।"

शब्दार्थ–स्मित रेखा–मुस्कान। **संधि-पत्र**–आत्मसमर्पण की प्रतिज्ञा।

अर्थ–जैसे पराजित जाति विजेता को अपना सब कुछ सौंपने को बाध्य होती है और भीतर से मन चाहे रोता हो, ऊपर से हँसते-हँसते संधि-पत्र पर हस्ताक्षर करने पड़ते हैं। उसी प्रकार अब जब पुरुष के सामने मन में विवश होकर तुम झुक गई, तब इसका स्वाभाविक परिणाम यह होगा कि मन की सब इच्छाएँ उसे अर्पित करनी होंगी। ऐसा करने में चाहे तुम्हारा अंचल आँसुओं से भीगा रहे-चाहे कितना ही कष्ट हो; पर सर्वस्व-समर्पण की प्रतिज्ञा होंठों पर मुस्कान की रेखा लाकर करनी होगी।

कर्म

कथा–मनु में दैवी संस्कार फिर उभर आये और हृदय में यज्ञ करने की प्रेरणा बार-बार होने लगी। सोमरस पान की लालसा उनके हृदय में जगी। यज्ञ करने से इस इच्छा की पूर्ति भी हो सकती थी। इधर वे चाहते थे कि श्रद्धा का मन किसी प्रकार लगा रहे। अतः उनके हृदय में साधना के लिए एक नवीन स्फूर्ति का जन्म हुआ।

मनु के समान प्रलय में किसी प्रकार दो असुर पुरोहित बच गये थे। उनके नाम थे आकुलि और किलात। श्रद्धा के हृष्ट-पुष्ट पशु को देखकर आकुलि की जिह्वा उसके मांस खाने को तरसने लगी; पर श्रद्धा की संरक्षता में रहने के कारण पशु को प्राप्त करना कठिन था। इस लालसा का पता पा उसके मित्र ने कहा–चलो इस सम्बन्ध में कुछ प्रयत्न कर देखें।

इधर मनु सोच रहे थे–यज्ञ करने से मेरे मन के सपने तो पूरे हो जायँगे, पर यह निर्जन प्रदेश है, पुरोहित को कहाँ से लाऊँ? श्रद्धा मेरी प्रेमिका है, उसे यज्ञ में आचार्य नहीं बनाया जा सकता। ठीक इसी समय असुर मित्रों ने बड़ी गम्भीर वाणी में कहा–तुम यज्ञ करना चाहते हो? इस कर्म से तुम सृष्टि के शासक के प्रतिनिधि जिन सूर्य-चन्द्र को तुष्ट करना चाहते हो, हम दोनों को तुम्हारे पास उन्होंने भेजा है। मनु ने सोचा–संयोग की बात है कि पुरोहित स्वयं मिल गये। अब जीवन को एक नवीन गति मिलेगी, सूनापन जगमगा उठेगा और श्रद्धा भी प्रसन्नता का अनुभव करेगी।

अग्नि धधकी, आहुतियाँ पड़ने लगीं और यज्ञ समाप्त हो गया, पर श्रद्धा ने उसमें भाग तक नहीं लिया। वेदी के चारों ओर अस्थि-खण्ड और रुधिर के छींटे पड़े थे। मनु ने सोम-रस का पान किया। अपनी संगिनी के आचरण पर उन्हें बड़ा क्षोभ उत्पन्न हुआ। पर वह आती भी कैसे? उसी के प्रिय पशु की हत्या उस यज्ञ में हुई थी। उसकी कातर वाणी उसने अपने कानों सुनी थी, जिससे उसे गहरी मानसिक व्यथा हुई थी। बाहर चाँदनी खिल रही थी, पर वह शयन गुहा में लेटे-लेटे इस बात पर पश्चाताप मना रही थी कि जिस व्यक्ति को मैं इतना प्रेम करती हूँ, वह इतना कुटिल क्यों निकला? इसके उपरांत विचारों के समुद्र में वह और भी गहरे पैठ गई और सृष्टि, उसके पाप-पुण्य, जगत के दुःख, उसके छल, उसकी निष्ठुरता तथा उसके दुर्व्यवहार पर देर तक सोचती रही।

मनु सोम-रस के मद और आंतरिक वासना से उत्तेजित हो गुहा में खिंच आये। श्रद्धा उस समय सो रही थी; पर चाँदनी में उसका रूप और भी निखर उठा था। उसकी चिकनी खुली भुजाओं, उसके उन्नत भरे उरोजों में अपनी ओर खींचने की असीम शक्ति थी। चारों ओर हल्का प्रकाश हल्के अंधकार से मिला हुआ फैला था। उन्होंने श्रद्धा की हथेली अपने हाथ में ले और बोले : मानिनी आज तुम्हारा यह कैसा मान है? सुन्दरी, मेरे स्वर्ग सुख को धूलि में मिलाने का प्रयत्न न करो। यहाँ मुझे और तुम्हें छोड़कर कोई नहीं है। सोम-रस

में इन अरुण अधरों को डुबाओ और मस्ती का आनन्द लो।

श्रद्धा की नींद उचट गई थी। उसने अत्यन्त सरल भाव से उत्तर दिया : अभी-अभी मेरे प्रति आकर्षण प्रकट किया जा रहा है; पर हो सकता है कि कल ही यह भाव परिवर्तित हो जाय। तब फिर एक नवीन यज्ञ प्रारम्भ होगा और फिर किसी पशु की बलि दी जायगी। मैं जानना चाहती हूँ कि क्या स्वार्थ और हिंसा के आधार पर ही तुम्हारा मानव-धर्म चलेगा? मनु बोले–श्रद्धा व्यक्तिगत सुख को तुम जितना हेय समझती हो, वह उतना है नहीं। चार दिन का जीवन है, यदि उसमें भी अपने अभावों की पूर्ति न हुई तो ये पल विफल ही रहे। श्रद्धा ने टोका–यदि मनुष्य अपने स्वार्थ का ही ध्यान रखेगा तो सृष्टि नष्ट हो जाएगी। ये कलियाँ यदि सौरभ और मकरंद का वितरण न करें, तो गंध रस तुम कहाँ से पाओगे? सुख का संग्रह स्वार्थ के लिये नहीं किया जाता, वरन् इसलिए किया जाता है कि दूसरों को हम सुखी बना सकें।

श्रद्धा तर्क तो सद्‌विचारों को लेकर दे रही थी; पर उसका हृदय भी प्यासा था। मनु ने उसकी इस दुर्बलता को पहचान लिया और यह कहते हुए कि आगे से जैसा तुम कहोगी वैसा ही होगा, सोमपात्र उसके अधरों से लगा दिया। बड़े विनय के साथ उन्होंने फिर कहा : श्रद्धा, इस लज्जा हमें एक ने दूसरे से पृथक् कर रखा है। प्राण, इसे दूर कर दो। इसके उपरान्त उन्होंने श्रद्धा का चुम्बन किया, जिससे शरीर का रक्त खौल उठा। वे दोनों और निकट आ गये। और तब–

कर्म सूत्र संकेत सदृश थी सोम लता तब मनु को,
चढ़ी शिंजिनी सी, खींचा फिर उसने जीवन-धनु को।

शब्दार्थ–कर्म-यज्ञ कर्म। **कर्म सूत्र**-कर्म की डोर, कर्म-व्यापार। **सोमलता**-प्राचीन काल की एक लता जिसका रस मादक होता था और जिसे वैदिक ऋषि पान करते थे। **शिंजिनी**-धनुष की डोर। **धनु**-धनुष।

अर्थ–मनु के हृदय में सोमरस पान की लालसा जगी और इस मादक रस का पान क्योंकि यज्ञ की समाप्ति पर ही सम्भव था; अतः मनु के लिए सोम-लता-यज्ञ कर्म की ओर प्रवृत्त करने वाली हुई। जैसे धनुष की डोरी धनुष के कोनों पर चढ़कर उसे खींच देती है, वैसे ही मनु के जीवन को कर्म की डोर ने कस दिया अर्थात् जैसे खिंचे हुए धनुष से, उसी प्रकार जीवन से शिथिलता दूर हो गई।

हुए अग्रसर उसी मार्ग में छुटे तीर से फिर वे,
यज्ञ-यज्ञ की कटु पुकार से रह न सके अब थिर वे।

शब्दार्थ–अग्रसर-आगे बढ़ना। **उसी**-यज्ञ कर्म की ओर। **छूटे**-धनुष से छूटे हुए। **कटु**-तीव्र। **थिर**-स्थिर, शांत।

अर्थ–छूटे हुए तीर के समान कर्म-पथ पर मनु बढ़ते ही चले गये। उनके हृदय से 'यज्ञ करो' 'यज्ञ करो' की तीव्र पुकार उठी; अतः शांत भाव से बैठे रहना उन्हें कठिन हो गया।

वि०–इन दोनों छंदों में मिलाकर एक समूचे दृश्य की कल्पना की गई है। यहाँ जीवन धनुष के लिए तथा कर्मसूत्र उसकी डोर के लिए प्रयुक्त है। मनु तीर के स्थानापन्न हैं। जैसे धनुष से छूटा एक बाण एक दिशा की ओर सरसराता हुआ चला जाता है, उसी प्रकार मनु

कर्म के पथ पर दौड़े चले जा रहे हैं। स्मरण रखना चाहिए कि कर्म से तात्पर्य यहाँ वेद-विहित यज्ञ-कर्म से है।

भरा कान में कथन काम का मन में नव अभिलाषा,
लगे सोचने मनु अतिरंजित उमड़ रही थी आशा।

शब्दार्थ–कथन-बात। **अभिलाषा**-कामना। **अतिरंजित**-तीव्र, रंगीन।

अर्थ–कामदेव की यह बात कि इस पृथ्वी पर प्रेम का सन्देश सुनाने के लिए एक शांतिदायिनी निर्मल ज्योति आई है और यदि तुम उसे प्राप्त करना चाहते हो तो उसके योग्य बनो, अभी तक मनु के कानों में गूँज रही थी। इसी समय एक नवीन कामना ने उनके मन में जन्म लिया। उस शक्ति को प्राप्त करने की आशा तीव्रता से हृदय में उमड़ने लगी और वे उस सम्बन्ध में सोच-विचार करने लगे।

ललक रही थी ललित लालसा सोम-पान की प्यासी,
जीवन के उस दीन विभव में जैसी बनी उदासी।

शब्दार्थ–ललक-तीव्र। **ललित**-मधुर, सुन्दर। **लालसा**-आकांक्षा। **दीन विभव**-दीनता और वैभव हीनता।

अर्थ–मनु के हृदय में यह मधुर आकांक्षा तीव्र हो उठी कि मैं सोमरस पान की अपनी प्यास बुझाऊँ। यों उनका जीवन वैभवहीन, दीन और उदास था।

जीवन की अविराम साधना भर उत्साह खड़ी थी,
ज्यों प्रतिकूल पवन में तरणी गहरे लौट पड़ी थी।

शब्दार्थ–अविराम-निरन्तर। **तरणी**-नौका। **गहरे**-गहरे जल में।

अर्थ–मनु ने निश्चय किया कि अब वे निरन्तर साधना में लीन रहेंगे। इसी से उनके जीवन में एक उत्साह छा गया। जैसे पवन के उलटने पर नौका कहीं की कहीं गहरे जल में पहुँच जाती है, उसी प्रकार साधना के उत्साह के नवीन झोंके ने उन्हें जीवन की गम्भीरता की ओर ला पटका।

श्रद्धा के उत्साह वचन, फिर काम प्रेरणा मिल के;
भ्रांत अर्थ बन आगे आये बने ताड़ थे तिल के।

शब्दार्थ–उत्साह-अनुराग। **प्रेरणा**-किसी वस्तु की प्राप्ति के लिये किसी को उकसाना। **भ्रांत**-उल्टा। **तिल का ताड़**-छोटी बात को बढ़ाकर कुछ का कुछ समझना।

अर्थ–इधर श्रद्धा ने मनु के प्रति अपने हृदय का उत्साह प्रदर्शित किया था ही और उधर कामदेव ने एक प्रेममयी ज्योति को प्राप्त करने की प्रेरणा दी थी। इन दोनों बातों के संयोग से मनु काम के संदेश का अर्थ उल्टा ही लगाया–काम की वाणी का संकेत तो यह था कि श्रद्धा के हृदय का मूल्य पहचानो और उसके सम्पर्क में अपनी लौकिक एवं आध्यात्मिक उन्नति करो; पर मनु ने यह अर्थ लगाया कि श्रद्धा के शरीर की प्राप्ति ही सब कुछ है। वह छोटी सी बात को बढ़ाकर कुछ का कुछ समझ बैठे।

बन जाता सिद्धान्त प्रथम फिर पुष्टि हुआ करती है;
बुद्धि उसी ऋण को सबसे ले सदा भरा करती है।

शब्दार्थ–सिद्धान्त-धारणा, मत, निर्णय। **पुष्टि**-समर्थन। **उसी ऋण को**-वैसी ही बातों को। **सब से**-यहाँ-वहाँ से। **सदैव**-रात दिन। **भरना**-इकट्ठा करना।

अर्थ–होना यह चाहिए कि किसी सम्बन्ध में बहुत से प्रमाण मिलने पर ही हम कोई सिद्धान्त बनावें; पर होता यह है कि मन पहले कोई सिद्धान्त बना लेता है और तब उसका समर्थन होता रहता है। जब वह धारणा हृदय में घर कर लेती है, तब बुद्धि रात-दिन यहाँ-वहाँ से अनुकूल बातें इकट्ठा करती रहती है।

मन जब निश्चित सा कर लेता कोई मत है अपना;
बुद्धि दैव-बल से प्रमाण का सतत निरखता सपना।

शब्दार्थ–निश्चित-दृढ़। **मत**-धारणा। **दैव-बल**-भाग्य, अदृष्ट। **प्रमाण**-सत्य सिद्ध होना। **सपना**-घटनाएँ।

अर्थ–जिस समय मन कोई निश्चित धारणा बना लेता है, उस समय बुद्धि और भाग्य का सहारा पाकर वह उसी को सिद्ध करने वाली घटनाएँ निरन्तर देखता है।

वि०–यह सामान्य अनुभव की बात है कि यदि किसी प्राणी के मन में यह बात बैठ जाय कि संसार में छल ही छल है, तब वह जहाँ संदेह का कारण नहीं भी होता, वहाँ भी अकारण संदेह करने लगता है।

पवन वही हिलकोर उठाता वही तरलता जल में।
वही प्रतिध्वनि अंतरतम की छा जाती नभ तल में।

शब्दार्थ–हिलकोर-झोंका। **तरलता**-चंचलता, लहरों। **अंतरतम**-हृदय। **नभ तल**-आकाश।

अर्थ–तब पवन के झोंकों, जल की चंचल लहरों तथा आकाश में केवल अपने अंतर की धारणा की प्रतिध्वनि ही उसे सुनाई देती है–भाव यह कि वायु की हिलोरें, जल तरंगें और गगन की गूँज अपनी-अपनी भाषा में मानो उसी के मत की घोषणा करती फिरती हैं।

सदा समर्थन करती उसकी तर्कशास्त्र की पीढ़ी;
"ठीक यही है सत्य ! यही है उन्नति सुख की सीढ़ी।

शब्दार्थ–समर्थन-पुष्टि। **तर्कशास्त्र**-वे ग्रंथ जिनमें वस्तुओं की विवेचना और सिद्धान्तों का खण्डन-मण्डन करना सिखलाया जाता है, युक्ति शास्त्र, न्याय-शास्त्र। **पीढ़ी**-परम्परा, एक के उपरान्त दूसरा। **उन्नति**-विकास। **सीढ़ी**-ऊपर चढ़ने का सोपान या साधन।

अर्थ–तर्क-शास्त्रों को उठाता है तो उनमें यही पाता है कि एक के उपरान्त दूसरा उसी की बात की पुष्टि कर रहा है। तब उसे निश्चय हो जाता है कि जो वह सोच रहा है वही एकमात्र सत्य है और विकास तथा सुख उसी सत्य का सहारा लेने से प्राप्त हो सकते हैं।

और सत्य ! यह एक शब्द तू कितना गहन हुआ है;
मेधा के क्रीड़ा-पंजर का पाला हुआ सुआ है।

शब्दार्थ–गहन-गूढ़, कठिन, दुरूह। **मेधा**-बुद्धि। **क्रीड़ा**-खेल, कौशल। **पंजर**-पिजड़ा।

अर्थ–और सत्य? यह एक शब्द आज समझ के लिए कितना गूढ़ (कठिन) हो गया है। पर सच पूछते हो तो यह बुद्धि की क्रीड़ा के पिजड़े में बंद पालतू तोते के समान है। भाव यह कि जैसे पालतू तोते की सीमा पिंजड़ा, उसी प्रकार सत्य की सीमा प्राणी की बुद्धि।

अपनी बुद्धि से वह जो सिद्ध कर दे, वही सत्य।

सब बातों में खोज तुम्हारी रट सी लगी हुई है;
किन्तु स्पर्श से तर्क करों के बनता 'छुई मुई' है।

शब्दार्थ–बातों-क्षेत्रों। **स्पर्श**-छूना। **छुई-मुई**-लजालू नाम का पौधा जो उँगली से छूते ही संकुचित हो जाता है।

अर्थ–सभी क्षेत्रों में तुम्हारी खोज की रट लगी हुई है अर्थात् दार्शनिक, वैज्ञानिक, साहित्यकार, समाज सुधारक सभी सत्य को पाने के लिए उतावले हो रहे हैं; किन्तु जैसे हाथ से छूते ही छुई-मुई का पौधा कुम्हला जाता है, उसी प्रकार जिसे सत्य कहकर घोषित किया जाता है उसके सम्बंध में तर्क करो कि वह ठहर ही नहीं पाता।

असुर पुरोहित उस विप्लव से बच कर भटक रहे थे;
वे किलात आकुलि थे जिनने कष्ट अनेक सहे थे।

शब्दार्थ–पुरोहित-धर्म गुरु। **विप्लव**-जल प्लावन। **सहना**-झेलना।

अर्थ–मनु के समान ही दो असुर पुरोहित जल प्लावन से किसी प्रकार मरते-मरते बच गये थे। और इधर-उधर भटकते फिरते थे। उनके नाम आकुलि और किलात थे। इस बीच उन्होंने अनेक कष्टों को झेला था।

नोट–'जिनने' शब्द का प्रयोग खड़ी बोली के अनुसार अशुद्ध है। 'जिन्होंने' होना चाहिए। छंद के अनुरोध से कवि स्वातंत्र की दृष्टि से ही इसे क्षम्य कहा जा सकता है।

देख देख कर मनु का पशु जो व्याकुल चंचल रहती;
उनकी आमिष लोलुप रसना आँखों से कुछ कहती।

शब्दार्थ–व्याकुल-तरसना। **आमिष लोलुप**-मांस प्रिय। **रसना**-जिह्वा। **कुछ कहना**-खाने की लालसा प्रकट करना।

अर्थ–मनु के पशु को जब वे बार-बार देखते तो उनकी मांस-प्रिय जिह्वा चंचल हो उठती और तरसने लगती और तब पशु को खाने की लालसा उनकी आँखों में झलकती।

'क्यों किलात ! खाते-खाते तृण और कहाँ तक जीऊँ;
कब तक मैं देखूँ जीवित पशु घूँट लहू का पीऊँ!

शब्दार्थ–तृण-पत्ते, जड़ें आदि। **लहू का घूँट पीना**-क्षोभ से मन मारे बैठे रहना।

अर्थ–आकुलि बोला : क्यों किलात पत्ते, जड़ें आदि चबाकर मैं कब तक जीवित रहूँ और कब तक पशु को जीता देखकर खून के घूँट पीता रहूँ–क्षोभ से मन मारे बैठा रहूँ?

क्या कोई इसका उपाय ही नहीं कि इसको खाऊँ?
बहुत दिनों पर एक बार तो? सुख की बीन बजाऊँ?'

शब्दार्थ–उपाय-ढंग। **सुख की बीन बजाऊँ**-बिना किसी बाधा के सुख का उपभोग करना।

अर्थ–क्या कोई भी ऐसा ढंग नहीं निकल सकता जिससे इस पशु को मैं खा सकूँ? यदि मांस खाने को मिल जाता तो बहुत दिनों के उपरान्त एक बार तो चैन की वंशी बजा लेता–इच्छा की तृप्ति हो जाती।

आकुलि ने तब कहा 'देखते नहीं, साथ में उसके;
एक मृदुलता की, ममता की छाया रहती हँस के।

शब्दार्थ—**मृदुलता**-कोमल स्वभाव की। **ममता**-अपनत्व की भावना से पूर्ण। **छाया**-रक्षा करने वाली।

अर्थ—आकुलि ने उत्तर दिया : क्या तुम्हें इतना नहीं सूझता कि उस पशु के साथ उसकी रक्षा करने वाली कोमल स्वभाव की एक ममतामयी रमणी (श्रद्धा) हँसती हुई रहती है?

नोट—यह उत्तर किलात की ओर से होना चाहिए।

अंधकार को दूर भगाती वह आलोक किरन सी;
मेरी माया विंध जाती है जिससे हलके घन सी।

शब्दार्थ—**आलोक**-प्रकाश। **माया**-छल। **बिंध**-बेधना, छेदा जाना, नष्ट होना।

अर्थ—जैसे प्रकाश की किरण अंधकार को मिटाती और हल्की बदली को बेध देती है, उसी प्रकार मेरा छल उसके सामने नष्ट हो जाता है, चलता नहीं है।

तो भी चलो आज कुछ करके तब मैं स्वस्थ रहूँगा;
या जो भी आवेंगे सुख दुख उनको सहज सहूँगा।'

शब्दार्थ—**स्वस्थ**-शान्त। **सहज**-स्वाभाविक रूप से।

अर्थ—तब भी चलो। आज इस पशु की हत्या के लिए जब तक मैं कुछ करके न दिखाऊँगा, तब तक इस हृदय को शान्ति न मिलेगी। इस सम्बन्ध में सभी प्रकार के सुखों-दुःखों को मैं स्वाभाविक रूप से अंगीकार करूँगा।

यों ही दोनों कर विचार उस कुंज द्वार पर आये;
जहाँ सोचते थे मनु बैठे मन से ध्यान लगाये।

शब्दार्थ—**विचार**-निश्चय। **कुंज**-लता गृह। **सोचना**-तर्क वितर्क करना। **मन से**-तल्लीनता से, सच्ची भावना से।

अर्थ—आकुलि और किलात इस प्रकार का निश्चय कर उस लतागृह के द्वार पर आये जिसके भीतर बैठे मनु तल्लीनता से तर्क-वितर्क कर रहे थे।

"कर्म यज्ञ से जीवन के सपनों का स्वर्ग मिलेगा,
इसी विपिन में मानस की आशा का कुसुम खिलेगा।

शब्दार्थ—**कर्म यज्ञ**-यज्ञ क्रिया। **सपनों का स्वर्ग**-मधुर कामनाएँ। **विपिन**-वन, सूना स्थान। **मानस**-सरोवर, मन। **कुसुम**-फूल।

अर्थ—यज्ञ क्रिया से मेरे जीवन की मधुर कामनाएँ फलवती होंगी। जैसे वन में स्थित सरोवर में फूल खिलते हैं, वैसे ही इस सूने स्थान में मन की आशा भी खिलेगी।

वि०—देवताओं में 'अहं' भावना की यद्यपि प्रधानता थी, पर यज्ञ कर्म और उनके सुफल में विश्वास करते थे।

किन्तु बनेगा कौन पुरोहित? अब यह प्रश्न नया है,
किस विधान से करूँ यज्ञ यह पथ किस ओर गया है!

शब्दार्थ–पुरोहित-आचार्य। **प्रश्न**-समस्या। **विधान**-पद्धति, विधि, प्रणाली।

अर्थ–पर एक नवीन समस्या अब यह उठ खड़ी हुई कि इस यज्ञ में आचार्य का काम कौन करेगा? किस पद्धति का अनुसरण होगा? किस ढंग से अन्त तक इसका निर्वाह होगा?

वि०–कर्मकांड की प्रथा और प्रणाली को उस प्रकार के कर्म कराने वाले पंडित ही जानते हैं।

श्रद्धा ! पुण्य - प्राप्य है मेरी यह अनंत अभिलाषा,
फिर इस निर्जन में खोजे अब किसको मेरी आशा।"

शब्दार्थ–पुण्य प्राप्य-पुण्य कर्म के फलस्वरूप प्राप्त। **अनंत अभिलाषा**-सभी इच्छाएँ जिसमें केन्द्रीभूत हैं। **निर्जन**-जन हीन।

अर्थ–श्रद्धा को अपने किसी पुण्य फल के बल पर ही मैंने प्राप्त किया है। वह मेरी अगणित अभिलाषाओं की सजीव प्रतिमा है। अतः उसे तो आचार्य के आसन पर मैं बिठा नहीं सकता। और यह भूमि प्राणी-हीन है। ऐसी दशा में क्या आशा लेकर मैं किसी अन्य को खोजने निकलूँ।

कहा असुर मित्रों ने अपना मुख गंभीर बनाये,
"जिनके लिए यज्ञ होगा हम उनके भेजे आये।

शब्दार्थ–असुर मित्रों-आकुलि और किलात। **गम्भीर बनाये**-गम्भीरता का भाव धारण करते हुए। **जिनके लिए**-जिनकी प्रसन्नता के लिये।

अर्थ–इसी समय मुख पर गम्भीरता का भाव लाते हुए आकुलि और किलात ने कहा : तुम जिन्हें प्रसन्न करने के लिए यज्ञ करना चाहते हो, उन्हीं ने भेजा है।

यजन करोगे क्या तुम? फिर यह किसको खोज रहे हो,
अरे पुरोहित की आशा में कितने कष्ट सहे हो।

शब्दार्थ–यजन-यज्ञ। **आशा**-प्रतीक्षा।

अर्थ–क्या तुम यज्ञ करोगे? जब हम उपस्थित हैं तब अब और किसे खोजते हो? आचार्य की प्रतीक्षा में तुम्हें बड़ा कष्ट हुआ है, यह हमें विदित है।

इस जगती के प्रतिनिधि जिनसे प्रकट निशीथ सबेरा,
'मित्र वरुण' जिनकी छाया है यह आलोक अँधेरा।

शब्दार्थ–प्रतिनिधि-इस लोक में भगवान के स्थानापन्न। **निशीथ**-रात। **सबेरा**-प्रभात, यहाँ दिन से तात्पर्य है। **मित्र**-सूर्य। **वरुण**-चन्द्रमा।

अर्थ–इस लोक में सूर्य और चन्द्रमा भगवान के प्रतिनिधि हैं। सूर्य के कारण दिन होता है। प्रकाश इसी सूर्य का प्रतिबिम्ब है। चन्द्रमा के कारण रात होती है और अंधकार इसी चन्द्रमा की छाया है।

वि०–'प्रगट' के स्थान पर 'प्रकट' लिखना चाहिये।

वे ही पथ दर्शक हों सब विधि पूरी होगी मेरी,
चलो आज फिर से वेदी पर हो ज्वाला की फेरी।"

शब्दार्थ–**विधि**-पद्धति, विधान, यज्ञ की क्रिया। **वेदी**-यज्ञ कर्म के लिये तैयार की हुई मिट्टी या नदी की बालू की वह भूमि जिस पर अग्नि प्रज्ज्वलित की जाती है। **ज्वाला**-अग्नि। **फेरी**-चक्कर।

अर्थ–वे ही सूर्य चन्द्र हमारे पथ-प्रदर्शक बनें। मुझे आशा है कि जिस विधि से हम यज्ञ करावेंगे, वह सफल होगी। उठो, आज फिर एक बार यज्ञ स्थल में अग्नि की लपटें उठें।

"परंपरागत कर्मों की वे कितनी सुन्दर लड़ियाँ,
जीवन साधन की उलझी हैं जिसमें सुख की घड़ियाँ;

शब्दार्थ–**परंपरागत**-पुरुखाओं से होकर वंशजों तक आने वाली कोई बात। **कर्मों**-यज्ञों। **लड़ियाँ**-लड़ी, तार, वृंखला। **जीवन साधन**-जीवन साधन-व्यतीत होना।

अर्थ–मनु सोचने लगे : हमारे पुरुखाओं, उनके वंशजों और फिर इसी प्रकार उनकी संतानों द्वारा होने वाले यज्ञों की एक सुंदर-सी लड़ी बन गई है। इन यज्ञों को दृष्टि में रखते हुए अनेक सुख के पलों से युक्त देवताओं का जीवन व्यतीत हुआ।

जिनमें हैं प्रेरणा मयी सी संचित कितनी कृतियाँ,
पुलक भरी सुख देने वाली बन कर मादक स्मृतियाँ।

शब्दार्थ–**प्रेरणा**-स्फूर्ति (Insipiration) **संचित**-एकत्र। **कृतियाँ**-मर्म। **पुलक भरी**-रोमांचित करने वाली। **मादक**-मस्ती भरी, नशीली।

अर्थ–इन्हीं यज्ञों से अनेक कर्मों की प्रेरणा देवताओं ने पाई। उन बातों की नशीली स्मृति जगते ही आज भी शरीर रोमांचित हो उठता है और एक प्रकार का सुख सा मिलता है।

साधारण से कुछ अतिरंजित गति में मधुर त्वरा सी,
उत्सव लीला, निर्जनता की जिससे कटे उदासी;

शब्दार्थ–**साधारण**-विशेषता विहीन। **अतिरंजित**-चमत्कार पूर्ण ! **गति**-जीवन की मंद गति में, कठिनाई से कटने वाले जीवन में। **त्वरा**-तीव्रता।

अर्थ–यज्ञ करने से जीवन की मन्थर गति में एक तीव्रता और उत्पन्न होगी। इस प्रकार विशेषता विहीन पलों में चमत्कार भर जाएगा। एक उत्सव होगा और इस निर्जन प्रदेश में चारों ओर उदासी छायी है वह दूर हो जाएगी।

एक विशेष प्रकार कुतूहल होगा श्रद्धा को भी।"
प्रसन्नता से नाच उठा मन नूतनता का लोभी।

शब्दार्थ–**विशेष प्रकार**-विलक्षण। **कुतूहल**-आश्चर्य। **नाच उठा**-थिरक उठी। **नूतनता**-नवीन घटनाओं का। **लोभी**-प्रेमी।

अर्थ–श्रद्धा के लिए तो यज्ञ एक विलक्षण आश्चर्य की वस्तु होगा। यह सोचकर मनु का मन जो जीवन में नित्य नवीन घटनाओं का प्रेमी था, प्रसन्नता से थिरक उठा।

यज्ञ समाप्त हो चुका तो भी धधक रही थी ज्वाला,
दारुण दृश्य! रुचिर के छींटे! अस्थि खंड की माला!

शब्दार्थ–**समाप्त**-पूर्ण। **दारुण**-भयंकर। **रुधिर**-रक्त, खून। **अस्थि**-हड्डी। **माला**- समूह,

ढेर।

अर्थ–यज्ञ तो पूर्ण हो गया, पर वेदी की अग्नि अब भी धक्-धक् शब्द करती जल रही थी। यज्ञ-भूमि का दृश्य बड़ा भयंकर था। कहीं रक्त के छींटें पड़े थे, कहीं हड्डियों के टुकड़ों का ढेर।

वेदी की निर्मम प्रसन्नता, पशु की कातर वाणी,
मिलकर वातावरण बना था कोई कुत्सित प्राणी।

शब्दार्थ–वेदी-वेदी के आसपास अधिष्ठित व्यक्तियों। **निर्मम**-बलि कर्म से उत्पन्न। **कातर**-दीन, कराह से भरी। **कुत्सित**-घिनौना।

अर्थ–वेदी के आस-पास बैठे मनु और असुर पुरोहित बलि का निर्दय कर्म करके प्रसन्न थे। जिस पशु का गला काटा गया था, वह थोड़ी देर दीन वाणी में कराहा था। सब मिल कर वहाँ के वातावरण से हृदय में वैसी ही वीभत्स भावना भर जाती थी जैसे किसी घिनौने व्यक्ति को देखकर जी घबरा उठता है।

सोम पात्र भी भरा, धरा था पुरोडाश भी आगे,
श्रद्धा वहाँ न थी मनु के तब सुप्त भाव सब जागे।

शब्दार्थ–पुरोडाश-पिसे चावलों का बना यज्ञ का प्रसाद। **सुप्त**-दबे हुए। **भाव**-अहं और अधिकार की भावना।

अर्थ–पान-पात्र में सोमरस भरा था और यज्ञ का प्रसाद भी मनु के आगे रखा था। परन्तु श्रद्धा वहाँ उपस्थित न थी। यह देखकर मनु के हृदय में अहंकार और अधिकार के वे भाव, जो दबे पड़े थे, फिर उभर आये।

वि०–पुरोडाश प्राचीन काल में चावलों को पीसकर एक टिकिया बनाई जाती थी जिसकी आहुतियाँ यज्ञ में दी जाती थीं। जो अंश बचा रहता था उसे प्रसाद-स्वरूप उपस्थित प्राणियों में थोड़ा-थोड़ा बाँट देते थे। पुरोडाश के सम्बंध में कहीं-कहीं ऐसा भी उल्लेख है कि जौ के आटे को पीसकर टिकिया तैयार की जाती थी और उसे कपाल में पकाते थे।

"जिसका था उल्लास निरखना वही अलग जा बैठी,
यह सब क्यों फिर? दृप्त वासना लगी गरजने ऐंठी।

शब्दार्थ–जिसका-श्रद्धा का। **उल्लास**-प्रसन्नता। **अलग जा बैठी**-भाग न लेना। **दृप्त भावना**-अहं भावना। **लगी गरजने**-तीव्रता पकड़ गई। **ऐंठना**-अप्रसन्न होना।

अर्थ–इस यज्ञ से जिसे मैं प्रसन्न देखना चाहता था उसने तो इसमें भाग नहीं लिया। फिर सारे बखेड़े से लाभ क्या? ऐसा सोचते ही मनु अप्रसन्न हो उठे और उनकी अहं-भावना तीव्रता पकड़ गई।

जिसमें जीवन का संचित सुख सुन्दर मूर्त्त बना है
हृदय खोल कर कैसे उसको कहूँ कि वह अपना है?

शब्दार्थ–संचित-केन्द्रीभूत, समस्त। **मूर्त्त**-साकार होना, प्रतिमा।

अर्थ–जो श्रद्धा मेरे जीवन के सारे सुखों की सुन्दर प्रतिमा है, उसी के ऐसे रूखे व्यवहार पर मैं कैसे कहूँ कि वह मेरी है।

वही प्रसन्न नहीं? रहस्य कुछ इसमें सुनिहित होगा;
आज वही पशु मर कर भी क्या सुख में बाधक होगा?

शब्दार्थ–**वही**-श्रद्धा। **रहस्य**-भेद। **सुनिहित**-गहराई में छिपा। **बाधक**-विघ्न स्वरूप।

अर्थ–जिसे मैं इस यज्ञ से प्रसन्न करना चाहता था, वही अप्रसन्न है। तब अवश्य इसमें कोई गहरा भेद छिपा है। जिस पशु ने अपने जीते जी श्रद्धा के समस्त प्रेम को मुझे न भोगने दिया, क्या वह आज मर कर भी मेरे सुख में विघ्न डालेगा।

श्रद्धा रूठ गई तो फिर क्या उसे मनाना होगा,
या वह स्वयं मान जायगी किस पथ जाना होगा?"

अर्थ–श्रद्धा रूठ गई। क्या उसे मनाना पड़ेगा या वह स्वयं मान जाएगी। इन दोनों बातों में से मैं किसे पकड़े रहूँ? उसे मनाने जाऊँ अथवा जब तक वह स्वयं अपनी अप्रसन्नता का परित्याग न कर दे, तब तक उसकी प्रतीक्षा करता रहूँ?

पुरोडाश के साथ सोम का पान लगे मनु करने,
लगे प्राण के रिक्त अंश को मादकता से भरने।

शब्दार्थ–**प्राण के रिक्त**-अप्रसन्न्ता से उत्पन्न हृदय। **अंश**-हृदय के अभाव।

अर्थ–मनु यज्ञ के प्रसाद के साथ सोम रस पीने लगे। इस प्रकार वे श्रद्धा की अप्रसन्नता से उत्पन्न हृदय के अभाव को नशे से पूरा करने लगे।

सन्ध्या की धूसर छाया में शैल शृंग की रेखा,
अंकित थी दिगंत अंबर में लिये मलिन शशि-लेखा।

शब्दार्थ–**धूसर**-धुँधली, मलिन। **छाया**-अंधकार। **शैल शृंग**-पर्वत की चोटी। **रेखा**-कोना। **शशि-लेखा**-चंद्रमा की कला।

अर्थ–संध्या के मलिन अंधकार में पर्वत की चोटी की नोंक कांतहीन चंद्रमा की कला को अपने ऊपर धारण किये दूर आकाश में स्थित (उठी हुई) थी।

श्रद्धा अपनी शयन गुहा में दुखी लौट कर आयी,
एक विरक्ति बोझ सी ढोती मन ही मन बिलखायी।

शब्दार्थ–**शयन गुहा**-विश्राम करने की गुफा। **बोझ सी**-असहनीय।

अर्थ–श्रद्धा अपनी विश्राम-गुहा में दुःखी होकर लौट आयी। यज्ञस्थल में उसने बलि-पशु की कातर ध्वनि सुनी थी, इससे उसे यज्ञ और मनु के प्रति बड़ी भारी विरक्ति उत्पन्न हुई। उस विरक्ति का असहनीय भार सा ढोती हुई वह मन ही मन रो उठी।

सूखी काष्ठ सन्धि में पतली अनल शिखा जलती थी,
उस धुँधले गृह में आभा से तामस को छलती थी।

शब्दार्थ–**काष्ठ संधि**-लकड़ियों के बीच में। **शिखा**-लौ। **आभा**-हल्का प्रकाश। **तामस**-अंधकार। **छलती**-कम करती।

अर्थ–सूखी लकड़ियों के बीच में आग की एक पतली लौ उठ खड़ी हुई थी जो अपने हल्के प्रकाश से उस धुँधली गुहा से अंधकार को कम कर रही थी।

किन्तु कभी बुझ जाती पाकर शीत पवन के झोंके,
कभी उसी से जल उठती तब कौन उसे फिर रोके।

शब्दार्थ–शीत-ठंडे। **कौन रोके**-जलने बुझने में स्वतंत्र थी।

अर्थ–किंतु कभी शीत पवन का झोंका आता तो वह बुझ जाती थी और कभी हवा के चलने से फिर जल भी उठती थी। इस प्रकार जलने बुझने में वह परम स्वतंत्र थी।

कामायनी पड़ी थी अपना कोमल चर्म बिछा के;
श्रम मानो विश्राम कर रहा मृदु आलस को पाके।

शब्दार्थ–कामायनी-श्रद्धा का दूसरा नाम। **चर्म**-पशु का चमड़ा। **विश्राम कर रहा**-लेटकर थकावट दूर कर रहा।

अर्थ–श्रद्धा किसी पशु का कोमल चर्म बिछाकर लेटी हुई थी। ऐसा लगता था मानो आज श्रम ही हल्के आलस्य में आ, लेटकर थकावट दूर कर रहा है।

धीरे धीरे जगत चल रहा अपने उस ऋतु पथ में,
धीरे धीरे खिलते तारे मृग जुतते विधु रथ में!

शब्दार्थ–जगत्-प्रकृति। **ऋतु**-सरल। **विधु**-चंद्रमा।

अर्थ–प्रकृति धीरे-धीरे सरल गति से अपने विकास पथ पर अग्रसर थी। एक-एक करके तारे खिलने लगे और चन्द्रमा के रथ में हिरण जुत गये।

वि०-प्रकृति का नित्य का काम निश्चित सा है। ठीक समय पर सूर्य, नक्षत्र, चन्द्रमा उगते हैं। ठीक समय पर ऋतुओं का आगमन होता है। यह सब देखकर यही कहा जा सकता है कि उसका पथ ऋजु है।

अंचल लटकाती निशीथिनी अपना ज्योत्स्ना-शाली,
जिसकी छाया में सुख पावे सृष्टि वेदना वाली।

शब्दार्थ–निशीथिनी-रात, रजनी। **ज्योत्स्ना-शाली**-चाँदनी का। **छाया**-आश्रय। **सृष्टि**-संसार। **वेदना वाली**-पीड़ित, व्यथित, दुःखी।

अर्थ–रजनी ने चाँदनी के उस लम्बे अंचल को लटका दिया जिसके आश्रय में दुखी जगत् को सुख मिलता है।

उच्च शैल शिखरों पर हँसती प्रकृति चंचला बाला,
धवल हँसी बिखराती अपनी फैला मधुर उजाला।

शब्दार्थ–उच्च-ऊँची। **शैल शिखरों**-पर्वत की चोटियों।

अर्थ–पर्वत की ऊँची चोटियों पर चंचल प्रकृति किशोरी हँस रही थी। उसका उज्जवल हास्य ही तो बिखरकर मधुर चाँदनी के रूप में फैल गया था। चाँदनी को सर्वत्र छिटकते देख कवि कल्पना करता है कि प्रकृति बाला अदृश्य रूप से आकाश में कहीं बैठी मुस्कुरा रही है। कैसी रम्य कल्पना है।

जीवन की उद्दाम लालसा उलझी जिससे व्रीड़ा,
एक तीव्र उन्माद और मन मथने वाली पीड़ा;

शब्दार्थ–**जीवन**-यौवन काल की। **उद्दाम**-दुर्दमनीय। **लालसा**-वासना। **उलझी**-लिपटी। **तीव्र**-विकट, उत्कट। **उन्माद**-आवेश।

अर्थ–श्रद्धा के हृदय में यौवन काल की दुर्दमनीय वासना उमड़ रही थी, जो लज्जा के कारण खुल पाती थी। इस समय वह उत्कट आवेशमयी हो रही थी और उसके मन को ऐसी पीड़ा पहुँच रही थी जिससे उसे लगता था मानो उसके हृदय को कोई मथे डालता है।

मधुर विरक्ति भरी आकुलता, घिरती हृदय गगन में,
अंतर्दाह स्नेह का तब भी होता था उस मन में।

शब्दार्थ–**विरक्ति**-उदासीनता, अनुराग का अभाव। **आकुलता**-पीड़ा। **अंतर्दाह**- अंतजलन, आग, आंतरिक व्यथा।

अर्थ–उसके हृदयाकाश में ऐसी पीड़ा छाई जिसमें एक प्रकार की मधुर उदासीनता की भावना मिश्रित थी। इतना होने पर भी उसके मन में मनु के लिए प्रेम की अंतर्जलन (आग) भी शेष थी।

वि०–'मेघ' शब्द का प्रयोग न होने से इस छंद का सौंदर्य प्रच्छन्न ही रह गया है, पर चित्र एकदम स्पष्ट है। आकुलता का मन में घिरना, बादल का आकाश में घिरना समझिये, नहीं तो हृदय-गगन की कोई सार्थकता नहीं। बादलों में जल की शीतलता और विद्युत की जलन होती है। तीसरी पंक्ति में प्रेम की अंतर्जलन और स्नेह का जल दोनों विद्यमान है।

वे असहाय नयन थे खुलते–मुँदते भीषणता में,
आज स्नेह का पात्र खड़ा था, स्पष्ट कुटिल कटुता में।

शब्दार्थ–**असहाय**-विवश, जो कुछ कर न सकें। **भीषणता में**-भीषण दृश्य की कल्पना करके। **पात्र**-अधिकारी। **कुटिल**-दुष्ट, यहाँ दुष्टता। **कटुता**-खिन्नता।

अर्थ–एक प्रकार की विवशता की भावना लिए हुए श्रद्धा कभी अपनी आँखें खोल देती और पशु की हत्या के भीषण दृश्य की जैसे ही मन में कल्पना उठती तो फिर उन्हें बंद कर लेती थी। मनु जो उसके स्नेह का अधिकारी था, स्पष्ट ही आज ऐसी दुष्टता कर बैठा जिससे श्रद्धा के हृदय में उसके प्रति खिन्नता उत्पन्न हो गई।

वि०–स्मरण रखना चाहिये यह वही पशु था जिसे श्रद्धा बहुत प्यार करती थी।

"कितना दुःख जिसे मैं चाहूँ वह कुछ और बना हो,
मेरा मानस-चित्र खींचना सुन्दर-सा सपना हो।

शब्दार्थ–**चाहूँ**-प्रेम करूँ। **कुछ और**-धारणाओं के प्रतिकूल। **मानस**-मन में। **चित्र**-कल्पना। **सपना**-झूठ।

अर्थ–कितने दुःख की बात है कि जिसे मैं प्रेम करती हूँ वह मेरी धारणाओं के प्रतिकूल सिद्ध हुआ। इस व्यक्ति के सम्बंध में मैंने अपने मन में जो सुन्दर कल्पना की थी, वह झूठ निकली।

जाग उठी है दारुण ज्वाला इस अनंत मधुवन में;
कैसे बुझे कौन कह देगा इसी नीरव निर्जन में?

शब्दार्थ–**जगना**-लगना। **दारुण**-भयंकर। **अनन्त**-अक्षय, स्थायी। **मधुवन**-वसंत ऋतु

का हरा-भरा कानन, यहाँ सुख से तात्पर्य है। **नीरव**-शांत, सूने। **निर्जन**-जनहीन।

अर्थ—मैं अपने जीवन के सुख को अक्षय वसंत वन के समान समझती थी। इस व्यक्ति के कुटिल व्यवहार से उसमें आज आग प्रज्ज्वलित हो गई है। जैसे सूने जनहीन प्रदेश में चिल्लाने से भी कोई आग बुझाने नहीं आ सकता, उसी प्रकार यहाँ कोई भी तो ऐसा नहीं है जो यह उपाय सुझावे कि मेरा मन जो उसकी ओर से क्षुब्ध हो उठा है, अब कैसे शांत होगा?

वह अनंत अवकाश नीड़ सा जिसका व्यथित बसेरा;
वही वेदना सजग पलक में भर कर अलस सबेरा।

शब्दार्थ—अनन्त-सीमाहीन। **अवकाश**-पृथ्वी और आकाश के बीच सूना स्थान, अंतरिक्ष, यहाँ संसार से तात्पर्य है। **नीड़**-घोंसला। **व्यथित बसेरा**-किसी के रहने का वह स्थान जिसमें शांति न हो। **अलस**-आलस्य, थकावट। **सबेरा**-लालिमा।

अर्थ—जो वेदना इस सीमाहीन अंतरिक्ष (सृष्टि) के घोंसलों में सभी कहीं समाकर उसकी शांति नष्ट कर रही है, वही आज मेरी पलकों में थकावट और लाली भर सजग (तीव्र) हो उठी है। भाव यह कि बड़ी गहरी व्यथा का अनुभव आज मैं कर रही हूँ और मेरी आँखें जगते-जगते लाल हो उठी हैं, साथ ही दुःख का अनुभव कर रही हैं।

काँप रहे हैं चरण पवन के, विस्तृत नीरवता सी,
घुली जा रही है दिशि दिशि की नभ में मलिन उदासी।

शब्दार्थ—काँपना-थर्राना, किसी आतंक से सिहर उठना। **चरण**-हिलोरें। **विस्तृत**-चारों ओर, विराट्। **नीरवता**-सन्नाटा। **घुलना**-छाना।

अर्थ—पवन की हिलोरें थर्रा उठी हैं। चारों ओर सन्नाटा है। सभी दिशाओं से एक प्रकार का म्लान उदास वातावरण घिर कर आकाश को छा रहा है।

अंतरतम की प्यास, विकलता से लिपटी बढ़ती है,
युग युग की असफलता का अवलंबन ले चढ़ती है।

शब्दार्थ—अंतरतम-मन। **विकलता**-छटपटाहट। **अवलंबन**-सहारा। **चढ़ना**-तीव्र होना।

अर्थ—मन प्यार पाने को प्यासा है। उसके न मिलने से उसमें छटपटाहट समा गई है। अतः यह पिपासा और बढ़ गई है। ऐसा लगता है जैसे मैं युग-युग से प्रेम में असफल होती आई हूँ और इस विचार से वह प्यास और तीव्र हो उठी है।

विश्व विपुल आतंक-त्रस्त है अपने ताप विषम से,
फैल रही है घनी नीलिमा अंतर्दाह परम से।

शब्दार्थ—विपुल-अत्यधिक। **आतंकत्रस्त**-भय से काँपना। **ताप**-पीड़ा। **विषम**-भयंकर। **घनी नीलिमा**-नभ का नीलापन। **अंतर्दाह**-अंतर्जलन। **परम**-भारी।

अर्थ—संसार में जिस भयंकर पीड़ा का अनुभव करना पड़ रहा है, उससे यह अत्यधिक भयभीत हो उठा है, काँप उठा है। यह नीला आकाश नहीं है, जगत की भारी अंतर्जलन का धुआँ फैलकर घनीभूत हो गया है।

वि०—'घनी नीलिमा' का अर्थ जीवन के पक्ष में घोर निराशा का भी है। भाव यह कि

आंतरिक जलन से निराशा का घना अंधकार भी आँखों के आगे फैल रहा है।

उद्वेलित है उदधि, लहरियाँ लोट रहीं व्याकुल सी,
चक्रवाल की धुँधली रेखा मानो जाती झुलसी।

शब्दार्थ–उद्वेलित-अशान्त। **लोटना**-करवट बदलना। **चक्रवाल**-कभी-कभी चन्द्रमा के चारों ओर धुँधले प्रकाश का एक घेरा छा जाता है जिसे चक्रवाल या परिवेश कहते हैं। गाँवों में इसी को 'पारस' बैठना कहते हैं।

अर्थ–समुद्र अशांत है और लहरें व्याकुलता से करवट बदल रही हैं। ऊपर देखती हूँ तो आकाश में चन्द्रमा के चारों ओर जो प्रकाश का धुँधला गोलक है वह अपनी ही आग से जैसे झुलसा जा रहा है।

सघन धूम कुण्डल में कैसी नाच रही यह ज्वाला!
तिमिर फणी पहने है मानो अपने मणि की माला!

शब्दार्थ–सघन-घना। **धूम कुंडल**-धुएँ का चक्र। **तिमिर**-अंधकार। **फणी**-सर्प।

अर्थ–नीले आकाश में ताराओं का समूह ऐसा लगता है जैसे धुएँ के घने चक्र में अग्नि-कण उड़ रहे हों या फिर अंधकार के सर्प ने अपनी मणियों की माला धारण की हो।

वि०–यहाँ आकाश की समता (१) धूम्रकुंडली तथा (२) अंधकार के सर्प से की गई है, साथ ही ताराओं के लिए भी दो उपमान लाये हैं (१) अग्निकण (२) मणियाँ। सूर्य से तात्पर्य यहाँ शेषनाग का लेना चाहिये, क्योंकि इतनी अधिक मणियाँ केवल उन्हीं के सहस्र शीशों में सम्भव है।

जगतीतल का सारा क्रंदन यह विषमयी विषमता,
चुभने वाला अंतरंग छल अति दारुण निर्ममता।

शब्दार्थ–क्रंदन-रोना। **विषमयी**-दुःखदायी। **विषमता**-असमानता, कभी कुछ, कभी कुछ। **अंतरंग**-छिपा हुआ। **दारुण**-भयंकर। **निर्ममता**-निर्दयता।

अर्थ–इस दुःखमयी असमानता के कारण कि सुख सदैव नहीं मिलता और किसी भी व्यक्ति का व्यवहार सदा एक-सा नहीं रहता, संसार में सब कहीं रोना ही रोना है। मनुष्य ऊपर से भला प्रतीत होता है, पर भीतर उसके अंदर छल भरा है; अतः जिस दिन उसकी अतिशय भयंकर निर्दयता से परिचय होता है, उस दिन वह व्यवहार कलेजे में चुभ जाता है।

जीवन के वे निष्ठुर दंशन जिनकी आतुर पीड़ा,
कलुष चक्र सी नाच रही है बन आँखों की क्रीड़ा।

शब्दार्थ–निष्ठुर दंशन-निर्दय व्यवहारों की चोट। **आतुर**-घबरा देने वाली। **कलुष चक्र**-पाप कर्म। **आँखों की क्रीड़ा**-आँखों के सामने निरंतर बने रहने की क्रिया।

अर्थ–जीवन में उन निर्दय व्यवहारों की चोट से जो घबरा देने वाली पीड़ा मिलती है, वह आँखों के सामने पाप-कर्म के समान निरन्तर घूमती रहती है।

वि०–सुनते हैं आँखों के सामने उसका पाप-कर्म निरन्तर चक्कर काटता रहता है और इसी से उसे सोते-जागते कभी चैन नहीं मिलता। निष्ठुर व्यवहार की चोट भी ऐसी ही

बेचैन करने वाली होती है।

स्खलन चेतना के कौशल का भूल जिसे कहते हैं,
एक विन्दु, जिसमें विषाद के नद उमड़े रहते हैं।

शब्दार्थ–स्खलन-असावधानी। **चेतना**-बुद्धि। **कौशल**-चतुर बुद्धि। **बिंदु**-छोटी सी घटना। **विषाद**-शोक। **नद**-नदी।

अर्थ–चतुर बुद्धि से जब किसी प्रकार की असावधानी हो जाती है, तब उसी का नाम भूल पड़ जाता है। और भूल की किसी छोटी सी घटना से शोक की सरिताएँ उमड़ने लगती हैं।

आह वही अपराध, जगत की दुर्बलता की माया,
धरणी की वर्जित मादकता, संचित तम की छाया।

शब्दार्थ–अपराध-दोष। **माया**-चिन्ह। **वर्जित**-वंचित रहना। **मादकता**-सुख से। **संचित**-एकत्र। **तम**-निराशा।

अर्थ–संसार में भूल दुर्बलता का चिह्न है। उसकी गणना अपराधों में होती है। भूल करते ही संसार के सुख से हम वंचित रहते हैं और जीवन में निराशा की छाया एकत्र हो जाती है।

नील गरल से भरा हुआ यह चंद्र कपाल लिये हो,
इन्हीं निमीलित ताराओं में कितनी शांति पिये हो।

शब्दार्थ–गरल-विष, हलाहल। **कपाल**-खप्पर। **निमीलित**-टिमटिमाती।

अर्थ–हे प्रभु, यह चंद्रमा तुम्हारे हाथ का खप्पर है और इसके अंतर की श्यामलता इसके भीतर भरा नील हलाहल। आकाश की टिमटिमाती ये तारिकाएँ जो शान्ति की वर्षा सी कर रही हैं, तुम्हारी पुतलियों में समायी हुई शान्ति का परिचय दे रही हैं।

वि०–यद्यपि यहाँ स्पष्ट नहीं लिखा, पर वर्णन से ही स्पष्ट है कि भगवान शिव को सम्बोधन करके कहा जा रहा है। शिव उस काल के उपास्य देव थे।

अखिल विश्व का विष पीते हो सृष्टि जियेगी फिर से,
कहो अमर शीतलता इतनी आती तुम्हें किधर से?

शब्दार्थ–अखिल-समस्त। **विष**-पाप और ताप का हलाहल। **अमर**-आश्वत, चिरंतन, सदा रहने वाली।

अर्थ–तुम्हारे सम्बंध में जो यह प्रसिद्ध है कि तुम विषपान करते हो, वह वास्तव में संसार भर की पीड़ा का विष है। सृष्टि इस पीड़ा और पाप के कारण जीवित नहीं रह सकती थी, पर उन्हें तुमने अंगीकार कर लिया है, इसी से वह नवीन रूप से जी उठी है। पर मैं यह पूछना चाहती हूँ कि यह शाश्वत शांति तुम किस दिशा से प्राप्त करते हो?

वि०–विष पीने वाला तो अशान्त रहना चाहिए, पर शिव हलाहल पान करके भी शांत हैं, यही आश्चर्य है।

अचल अनन्त नील लहरों पर बैठे आसन मारे,
देव ! कौन तुम झरते तन से श्रमकण से ये तारे!

शब्दार्थ–अचल-अडिग। **श्रमकण**-पसीने की बूँदें।

अर्थ–यह नीला आकाश समुद्र की अनन्त नीली लहरों के समूह सा प्रतीत होता है। इस पर अडिग आसन जमाये तुम बैठे हो। हे प्रभु, तारे जिसके शरीर से भारी पसीने की बूँद से प्रतीत होते हैं, ऐसे तुम कौन हो?

वि०–आकाश में शिव की मूर्ति सामान्य दृष्टि को कहीं दिखाई नहीं देती; पर ताराओं को शरीर के श्रमकण मान उनके वहीं कहीं ध्यानस्थ बैठे रहने का अनुमान कर लिया है।

इन चरणों में कर्म-कुसुम की अंजलि वे दे सकते,
चले आ रहे छायापथ में लोक पथिक जो थकते?

शब्दार्थ–इन-तुम्हारे। **छायापथ**-आकाश गंगा।

अर्थ–आकाश-गंगा में पथिकों के समान भ्रमण करने वाले अनंत तारे जो अनेक लोक हैं, क्या तुम्हारे चरणों में अपने कर्म-सुमन की अंजलि चढ़ा आ रहे हैं और निरंतर चलते-चलते थक गये हैं?

वि०–कैसी विराट कल्पना है !

किन्तु कहाँ वह दुर्लभ उनको स्वीकृति मिली तुम्हारी!
लौटाये जाते वे असफल जैसे नित्य भिखारी।

शब्दार्थ–दुर्लभ-कठिनाई से प्राप्त होने वाली। **नित्य**-प्रतिदिन आने वाला।

अर्थ–परन्तु कठिनाई से प्राप्त होने वाली तुम्हारी इतनी स्वीकृति उन्हें कहाँ से मिलती है कि वे चरण वंदन कर सकें? वे निराश करके उसी प्रकार लौटा दिए जाते हैं जैसे प्रतिदिन माँगने वाला भिखारी द्वार से लौटा दिया जाता है।

वि०–विज्ञान ने सिद्ध किया है कि आाकाश गंगा में पड़ने वाले अनंत तारे अनंत लोक हैं, यहाँ तक कि उनके सूर्य चंद्र भी भिन्न हैं। वे निरन्तर चक्कर काटते हैं और आकर्षण से खिंचे अधर में स्थित हैं। इसी सत्य का उपयोग कवि ने कैसे विलक्षण रस के साथ किया है।

प्रखर विनाशशील नर्त्तन में विपुल विश्व की माया,
क्षण-क्षण होती प्रकट नवीना बन कर उसकी काया।

शब्दार्थ–प्रखर-तीव्र। **विनाशशील**-टूटना-फूटना। **नर्त्तन**-चक्कर। **विपुल**-विराट। **माया**-रहस्य। **उसकी**-सृष्टि की।

अर्थ–सृष्टि का रहस्य है कि चक्कर काटता हुआ यह विराट ब्रह्माण्ड यद्यपि तीव्रता से यहाँ वहाँ से टूट-फूट रहा है, पर इससे उसका शरीर पल-पल में नवीन रूप धारण करके प्रकट हो रहा है।

वि०–विज्ञान के अनुसार अनंत लोक बनते-बिगड़ते हैं, पर सृष्टि विकास की ओर ही जा रही है।

सदा पूर्णता पाने का सब भूल किया करते क्या?
जीवन में यौवन लाने को जी जी कर मरते क्या?

शब्दार्थ–पूर्णता-सुधार, त्रुटिहीनता।

अर्थ–भूल सभी से क्या इसलिए होती है कि उसका सुधार कर वे भविष्य में पूर्ण बनें? अपना जीवन पूरा करके जो मृत्यु को प्राप्त होते हैं वह क्या इसलिए कि फिर नवीन जन्म लेकर नवीन यौवन मिले?

यह व्यापार महागतिशाली कहीं नहीं बसता क्या?
क्षणिक विनाशों में स्थिर मंगल चुपके से हँसता क्या?

शब्दार्थ–व्यापार-सृष्टि। **महागतिशाली**-निरंतर चक्कर काटता हुआ। **बसता**-स्थित। **क्षणिक विनाशों**-पल पल पर नाशवान्। **स्थिर**-स्थायी। **मंगल**-कल्याण। **चुपके**-छिपा हुआ है। **हँसता**-झिलमिलाता।

अर्थ–यह ब्रह्माण्ड जो निरंतर चक्कर काट रहा है, क्या कहीं स्थित नहीं है? क्या पल-पल पर नाशवान् इस सृष्टि में छिपा हुआ मंगल स्थायी रूप से झिलमिलाता (व्याप्त) रहता है?

वि०–हिन्दू दार्शनिकों के दो निर्णय हैं। (१) संसार परिवर्तनशील है (२) क्योंकि कण-कण में प्रभु व्याप्त हैं, अतः नश्वर होने पर भी सृष्टि आनंदमयी है।

यह विराग सम्बंध हृदय का कैसी यह मानवता!
प्राणी को प्राणी के प्रति बस बची रही निर्ममता!

शब्दार्थ–विराग-अप्रेम। **मानवता**-मानव धर्म। **निर्ममता**-निर्दयता।

अर्थ–मनुष्य अपने हृदय में दूसरों के प्रति अप्रेम पोषित कर रहा है। यह कैसा मानव-धर्म है जिसमें एक व्यक्ति दूसरे व्यक्ति के प्रति केवल निर्दयता का व्यवहार करता है। शोक की बात है कि प्राणी के मन में प्राणी के लिए केवल निर्दयता ही शेष रह गई है। जीवित रहने की क्रिया दोनों।

वि०–इस बात को विस्मरण न कर देना चाहिए कि श्रद्धा अपने प्रिय पशु के प्रति मनु की निर्ममता का ध्यान करके निर्णय दे रही है।

जीवन का संतोष अन्य का रोदन बन हँसता क्यों?
एक एक विश्राम प्रगति को परिकर सा कसता क्यों?

शब्दार्थ–संतोष-तृप्ति की भावना। **रोदन**-रोने की क्रिया। **विश्राम**-थकावट, ठहराव। **प्रगति**-उन्नति। **परिकर**-कटिवस्त्र, कमरबंद।

अर्थ–ऐसा क्यों है कि एक व्यक्ति तब तक पूर्ण रूप से संतुष्ट नहीं होता, जब तक दूसरे को रुला न ले? और क्यों हमारे जीवन की प्रत्येक रुकावट उन्नति को वैसे ही बाँधे रखती है जैसे कटिवस्त्र कमर को कसे रहता है।

दुर्व्यवहार एक का कैसे अन्य भूल जावेगा,
कौन उपाय ! गरल को कैसे अमृत बना पावेगा!"

शब्दार्थ–दुर्व्यवहार-बुरा आचरण। **गरल**-विष, बुराई। **अमृत**-सुधा, अच्छाई।

अर्थ–और एक व्यक्ति के कटु व्यवहार को दूसरा व्यक्ति कैसे भुला देगा? जो विष को अमृत कर दे अर्थात् तीखी कटुता को मधुरता में परिणत कर दे, ऐसा कोई उपाय नहीं है।

जाग उठी थी तरल वासना मिली रही मादकता,
मनु को कौन वहाँ आने से भला रोक अब सकता!

शब्दार्थ—**तरल**-चंचल। **मादकता**-नशा।

अर्थ—मनु के हृदय में चंचल वासना फिर जाग्रत हुई। यज्ञ की समाप्ति पर उन्होंने जो सोमरस का पान किया था उसके नशे का प्रभाव भी सम्मिलित था। आवेश की ऐसी दशा में उन्हें श्रद्धा के पास आने से कौन रोक सकता था?

खुले मसृण भुज-मूलों से वह आमंत्रण सा मिलता,
उन्नत वक्षों में आलिंगन सुख लहरों सा तिरता।

शब्दार्थ—**मसृण**-चिकने, मुलायम। **भुज-मूलों**-कंधे। **आमंत्रण**-अपने पास बुलाना। **उन्नत**-उठे हुए। **वक्ष**-उरोज। **सुख लहरों**-आनंद के भाव।

अर्थ—श्रद्धा के चिकने खुले कंधों में इतना भारी आकर्षण था मानो वे सामने खड़े व्यक्ति को अपने निकट आने के लिए बुलाते हों और उसके उठे उरोज सुख की लहरियाँ हृदय में जगाते आलिंगन करने को विवश करते थे।

नीचा हो उठता जो धीमे धीमे निश्वासों में,
जीवन का ज्यों ज्वार उठ रहा हिमकर के हासों में।

शब्दार्थ—**निश्वासों**-साँस का बाहर फेंकना। **जीवन**-जल और जीवित रहने की क्रिया दोनों। **ज्वार**-समुद्र की लहरों का चढ़ाव। **हिमकर**-चन्द्रमा और मुख। **हास**-चाँदनी और उज्ज्वलता।

अर्थ—कामायनी के उरोज थोड़े नीचे होकर साँस फेंकने के साथ ऊपर को उठ जाते थे। जैसे चन्द्रमा की चाँदनी को छूकर समुद्र के जल में बाढ़ आती है, उसी प्रकार चंद्र-मुख के प्रकाश में वक्ष के ऊँचे-नीचे होने से ऐसा लगता था मानो उसके जीवन में भी (यौवन की) बाढ़ आई है।

जागृत था सौंदर्य यदपि वह सोती थी सुकुमारी,
रूप चंद्रिका में उज्जवल थी आज निशा सी नारी।

शब्दार्थ—**जागृत**-खिला हुआ। **चन्द्रिका**-चाँदनी। **निशा**-रात, यामिनी।

अर्थ—यद्यपि वह सुकुमारी सो रही थी; पर उसका सौंदर्य खिल उठा था। जैसे यामिनी चाँदनी से युक्त होकर उजली लगती है, वैसे ही श्रद्धा रूप की चाँदनी में जगमगा रही थी।

वि०—सुन्दर स्त्रियाँ सोती हुई और भी सुन्दर लगती हैं।

वे मांसल परमाणु किरण से विद्युत थे बिखराते,
अलकों की डोरी में जीवन कण कण उलझे जाते।

शब्दार्थ—**मांसल**-मांस से युक्त, स्वस्थ, भरी हुई। **परमाणु**-अंग, शरीर, देह। **अलकों**-केशों।

अर्थ—श्रद्धा का शरीर स्वस्थ, जो किरण सा उजला था, अपने प्रकाश की बिजली बिखेर रहा था तात्पर्य यह कि उजली भरी देह को देखकर उत्तेजना उत्पन्न होती थी। उसके केशों की डोर में मनु के जीवन का कण-कण उलझ गया था।

विगत विचारों के श्रम सीकर बने हुए थे मोती,
मुख मंडल पर करुण कल्पना उनको रही पिरोती।

शब्दार्थ–विगत-थोड़ी देर पहले के। **श्रम सीकर**-पसीने की बूँदें। **मण्डल**-गोल आकार का।

अर्थ–मुख पर पसीने की बूँदें थीं, मानो थोड़ी देर पहले जिन विचारों में वह मग्न थी, उन्होंने ही यह रूप धारण कर लिया हो। जैसे मोतियों की माला कोई रमणी पिरोती है, उसी प्रकार उसके मुख की उन बूँदों को एक करुण भावना गूँथ रही थी। भाव यह है कि अपने प्यारे पशु की हत्या पर विचार करते-करते श्रद्धा सो गई थी; अतः आनन पर उन विचारों की छाप-सी बन कर एक करुण भावना झलक उठी थी।

छूते थे मनु और कंटकित होती थीं वह बेली,
स्वस्थ व्यथा की लहरों सी जो अंगलता थी फैली।

शब्दार्थ–कंटकित-जैसे लता का काँटों से युक्त होना वैसे ही शरीर का रोमांचित होना। **बेली**-लता। **स्वस्थ**-गहरी।

अर्थ–मनु जैसे-जैसे उसे छूते थे वैसे-वैसे लता के समान श्रद्धा रोमांचित हो रही थी। उसकी देह लता के समान फैली थी और उसके शरीर में गहरी व्यथा की लहरें उठ रही थीं।

वह पागल सुख इस जगती का आज विराट बना था,
अंधकार मिश्रित प्रकाश का एक वितान तना था।

शब्दार्थ–पागल-मस्त करने वाला। **जगती का सुख**-वासना या शरीर भोग का सुख। **विराट**-बड़े रूप में। **मिश्रित**-मिला हुआ।

अर्थ–वासना के नाम से प्रसिद्ध यह सांसारिक सुख जो व्यक्ति को पागल बना देता है, आज मनु के सामने बहुत बड़े रूप में आया। इस समय जहाँ ये दोनों प्राणी थे, वहाँ हल्के प्रकाश और हल्के अंधकार का एक चँदोवा-सा छाया हुआ था अर्थात् वातावरण अत्यन्त उत्तेजक और उपयुक्त था।

कामायनी जगी थी कुछ कुछ खोकर सब चेतनता,
मनोभाव आकार स्वयं ही रहा बिगड़ता बनता।

शब्दार्थ–चेतनता-सुध-बुध। **मनोभाव**-मन के भाव। **आकार**-चिन्ह। **स्वयं**-बिना प्रयत्न के।

अर्थ–कामायनी की नींद इस समय तक कुछ खुल गई थी और मनु के स्पर्श से वह स्वयं अपनी सुध-बुध खो बैठी। उसके मुख पर बिना प्रयास उसके मन के भावों का चिन्ह अंकित होता, फिर मिट जाता, दूसरा चिन्ह झलक उठता।

जिसके हृदय सदा समीप है वही दूर जाता है,
और क्रोध होता उस पर ही जिससे कुछ नाता है।

शब्दार्थ–नाता-अधिकार, सम्बन्ध।

अर्थ-कुछ ऐसा होता है कि जिसे हम हृदय से निरंतर चाहते हैं, वही हमसे दूर भागता

है और हम अप्रसन्न भी उसी से होते हैं, जिस पर अपना अधिकार समझते हैं।

वि०–यहाँ भर्तृहरि के वैराग्य-शतक की वह प्रसिद्ध पंक्ति स्वतः स्मरण हो आती है–

यां चिंतयामि सततं मयि सा विरक्ता

प्रिय को ठुकरा कर मन की माया उलझा लेती,
प्रणय-शिला प्रत्यावर्त्तन में उसको लौटा देती।

शब्दार्थ–**प्रिय**-जिसे हम प्यार करते हैं। **माया**-मोह। **उलझा लेती**-नहीं छोड़ती, बाँधे रखती है। **प्रत्यावर्त्तन**-लौटाना।

अर्थ–और यह भी सत्य है कि जिसे हम प्यार करते हैं, उसे ठुकराने के उपरान्त भी उसके प्रति मन में जो मोह होता है वह उसे छोड़ने नहीं देता। जैसे शिला से दूर फेंका हुआ जल फिर उसके चारों ओर घूमकर पहली दिशा में आ जाता है, उसी प्रकार प्रेम में दूर फेंका हुआ व्यक्ति कुछ क्षणों के उपरान्त फिर अपनी पूर्व स्थिति प्राप्त करता है।

वि०–यह एक सहज परिचित प्राकृतिक व्यापार है कि जल-धारा किसी शिलाखण्ड से टकरा कर उसके चारों ओर चक्कर काटती रहती है।

जलदागम मारुत से कम्पित पल्लव सदृश हथेली,
श्रद्धा की, धीरे से मनु ने अपने कर में ले ली।

शब्दार्थ–**जलदागम**-जब बादलों का आगमन हो अर्थात् वर्षा ऋतु। **मारुत**-वायु।

अर्थ–वर्षा ऋतु की वायु से काँपती हुई नवीन पत्ती के समान श्रद्धा की हथेली को मनु ने धीरे से अपने हाथ में ले लिया।

वि०–अत्यन्त कोमल दृश्य-विधान को अंकित करने वाली ये पंक्तियाँ हैं। सभी जानते हैं कि वर्षा ऋतु की वायु गीली होती है, अतः पल्लव को छूते ही वह किंचित भीग उठेगा। श्रद्धा की हथेली भी पसीज उठी थी और काँप रही थी। प्रेम में शरीर के अंग सिहर उठते हैं। इन्हें रस की भाषा में 'कम्प' और 'प्रस्वेद' सात्विक कहते हैं। पर कवि ने अपनी बात किस सहज भाव से कही है, यही कला है।

अनुनय वाणी में, आँखों में उपालंभ की छाया,
कहने लगे "अरे यह कैसी मानवती की माया!

शब्दार्थ–**अनुनय**-विनय, प्रार्थना, याचना। **उपालंभ**-शिकायत। **मानवती**-मानिनी। **माया**-मन।

अर्थ–उनकी वाणी यद्यपि याचना भरी थी, पर उनकी आँखों में उपालंभ के संकेत थे। मनु बोले : हे मानिनी, तुम्हारा यह कैसा मान है?

स्वर्ग बनाया है जो मैंने उसे न विफल बनाओ,
अरी अप्सरे ! उस अतीत के नूतन गान सुनाओ।

शब्दार्थ–**स्वर्ग**-स्वर्गीय सुख। **विफल**-नष्ट। **अप्सरा**-सुन्दरी। **नूतन**-नवीन।

अर्थ–पृथ्वी पर जिस स्वर्गीय सुख की कल्पना मैंने की है, उसे नष्ट न करो। हे अप्सरा सी सुन्दर रमणी, बहुत पहले प्रेम की जो बातें तुमने कही थीं, उन्हें नवीन रूप देकर आज थोड़ा फिर गुनगुनाओ।

वि०–पृथ्वी को स्वर्ग मानने पर श्रद्धा को अप्सरा कहना उचित ही हुआ है।

इस निर्जन में ज्योत्स्ना पुलकित विद्युत नभ के नीचे,
केवल हम तुम और कौन है ? रहो न आँखें मीचे।

शब्दार्थ–निर्जन-जनहीन प्रदेश। **ज्योत्स्ना**-चाँदनी। **पुलकित**-प्रसन्न, खिला हुआ।

अर्थ–चंद्रमा से युक्त आकाश के नीचे चाँदनी से खिले हुए इस जनहीन प्रदेश में मुझे और तुम्हें छोड़कर यहाँ और कौन है? ऐसे में तुम सो रही हो, यह तो ठीक नहीं है। भाव यह है कि यह एकान्त रम्य वातावरण प्रणय चर्चा के लिये उपयुक्त है, सोकर समय नष्ट करने के लिए नहीं।

आकर्षण से भरा विश्व यह केवल भोग्य हमारा,
जीवन के दोनों कूलों में बहे वासना धारा।

शब्दार्थ–भोग्य-भोगने के लिये, सुख प्राप्त करने के लिए। **जीवन**-मनु श्रद्धा के जीवन। **कूल**-तट।

अर्थ–आकर्षण से सराबोर यह संसार हमारे भोग के लिये भगवान ने बनाया है। मैं चाहता हूँ कि मेरे और तुम्हारे जीवन के तटों के बीच वासना की एक धार बहती रहे।

श्रम की, इस अभाव की जगती उसकी सब आकुलता,
जिस क्षण भूल सकें हम अपनी यह भीषण चेतनता।

शब्दार्थ–श्रम की-परिश्रम करने को बाध्य करने वाली। **अभाव**-इच्छाओं की अपूर्ति। **आकुलता**-दुःख। **भीषण चेतनता**-वह चेतना जो पीड़ा दे।

अर्थ–श्रम और अभावों से परिपूर्ण इस संसार को, इसमें मिलने वाले सभी प्रकार के दुःखों को, साथ ही पीड़ा देने वाली अपनी चेतना को, जिस क्षण हम भुला सकें–

वि०–'प्रसाद' दुःखों से छुटकारा पाने का सबसे सरल उपाय यह समझते हैं कि किसी प्रकार हृदय से चेतना शक्ति लुप्त हो जाय। यह बात उन्होंने मनु के मुख से 'चिंता' सर्ग में भी कहलाई है–

चेतनता चल जा, जड़ता से आज शून्य मेरा भर दे।

नोट–भाव आगे के छंद में पूरा होगा।

वही स्वर्ग की बन अनंतता मुसक्याता रहता है,
दो बूँदों में जीवन का रस लो बरबस बहता है।

शब्दार्थ–स्वर्ग-विलक्षण सुख। **अनन्तता**-अक्षय। **मुस्क्याता**-प्रसन्नता भरता। **दो बूँदों**-प्रेम की थोड़ी सी बूँदें।

अर्थ–वही क्षण अक्षय स्वर्ग सुख का सृजन कर जीवन में प्रसन्नता भरता है। देखो, मेरी बात मानो, जीवन का आनन्द प्रेम की दो बूँदों में ही भरा हुआ है।

वि०–यहाँ प्रेम से तात्पर्य वासनात्मक प्रेम से है।

देवों को अर्पित मधु मिश्रित सोम अधर से छू लो,
मादकता दोला पर प्रेयसि ! आओ मिलकर झूलो।"

शब्दार्थ–अर्पित-समर्पित। **मधु**-शहद। **मिश्रित**-मिला हुआ, घुला हुआ। **सोम**-प्राचीन

काल का एक मादक रस। **मादकता**-मस्ती। **दोला**-झूला। **प्रेयसि**-प्रेमिका।

अर्थ—मधु (शहद) की बूँदें जिसमें घुली हुई हैं और जो देवताओं को समर्पित हो चुका है, वह सोमरस पियो (उसके पीने में कोई दोष नहीं है) इस पात्र को अपने अधरों से लगाओ। हे प्रिये, आज मस्ती के झूले पर हम तुम दोनों ही मिल कर झूलें।

श्रद्धा जाग रही थी तब भी छाई थी मादकता,
मधुर भाव उसके तन मन में अपना ही रस छकता।

शब्दार्थ—मादकता-नशा। **मधुर भाव**-प्रेम भाव, पति पत्नी भाव। **छकता**-तृप्ति करने को भरा हुआ था।

अर्थ—यद्यपि श्रद्धा जाग पड़ी थी, फिर भी एक प्रकार का नशा-सा उस पर छाया हुआ था। उससे शरीर और मन दोनों में माधुर्य भाव का रस उसे तृप्त करने को भरा हुआ था।

बोली एक सहज मुद्रा से "यह तुम क्या कहते हो,
आज अभी तो किसी भाव की धारा में बहते हो।

शब्दार्थ—सहज-सरल। **मुद्रा**-भाव। **किसी भाव**-मुझे प्रसन्न करने की इच्छा। **धारा**-आवेश। **बहना**-कहना।

अर्थ—श्रद्धा सरल भाव से बोली : तुम्हारी बातों पर विश्वास नहीं होता। आज इस समय तो मुझे प्रसन्न करने की इच्छा से, आवेश में आकर तुम यह सब कह रहे हो।

कल ही यदि परिवर्त्तन होगा तो फिर कौन बचेगा,
क्या जाने कोई साथी बन नूतन यज्ञ रचेगा!

शब्दार्थ—परिवर्त्तन-प्रलय। **साथी**-पुरोहित।

अर्थ—कल तुम्हारी हिंसा-वृत्ति और वासना की अति से सृष्टि के शासक के अप्रसन्न होने पर पूर्ववत् फिर प्रलय मच सकती है। उसमे सम्भव है कि मैं न बचूँ। और बहुत सम्भव है कि तुम्हें कोई नवीन पुरोहित मिलें और नवीन यज्ञ प्रारम्भ करावें!

और किसी की फिर बलि होगी किसी देव के नाते,
कितना धोखा ! उससे तो हम अपना ही सुख पाते।

शब्दार्थ—किसी की-पशु की। **नाते**-बहाने। **धोखा**-प्रवंचना।

अर्थ—और किसी देवता के बहाने तुम फिर किसी पशु की हत्या करोगे। अपनी जिह्वा के रस के लिये देवताओं के नाम की आड़ लेना एक बहुत बड़ी प्रवंचना है। इसमें तो हम केवल अपना ही सुख देखते हैं।

आशय यह है कि इस प्रकार के सुख से अपने ढंग से प्राप्त किया गया भिन्न प्रकार का सुख श्रेयस्कर होगा।

ये प्राणी जो बचे हुए हैं इस अचला जगती के,
उनके कुछ अधिकार नहीं क्या वे सब ही हैं फीके!

शब्दार्थ—प्राणी-प्राणधारी, यहाँ विशेष रूप से पशुओं से तात्पर्य है। **अचला**-स्थिर। **फीके**-सत्ताहीन।

अर्थ—इस अचला पृथ्वी पर जो जीव इस प्रलय में बच गये हैं, क्या जीवित रहने के

उनके अपने कोई अधिकार नहीं हैं? क्या उनके अधिकार अपनी कोई सत्ता नहीं रखते?

वि०–कुछ हिंदू विचारकों का ऐसा विश्वास था कि पृथ्वी घूमती नहीं; अतः पृथ्वी को अचला कहते हैं।

मनु ! क्या यही तुम्हारी होगी उज्जवल नव मानवता?
जिसमें सब कुछ ले लेना हो हंत ! बची क्या शवता!"

शब्दार्थ–मानवता-मानव धर्म। **हंत**-खेदसूचक शब्द। **शवता**-प्राणहीनता।

अर्थ–हे मनु, जिस नवीन उज्ज्वल मानव-धर्म की तुम प्रतिष्ठा करने जा रहे हो, क्या यही उसका यही स्वरूप होगा? जिसमें दूसरों के अस्तित्व का प्रयोजन अपनी स्वार्थ-सिद्धि के लिये हो, मुझे अत्यन्त शोक के साथ कहना पड़ता है कि वह संस्कृति प्राणहीन है, केवल शव समान है।

वि०–इस छंद में 'उज्ज्वल' शब्द का प्रयोग व्यंग्य में हुआ है, अतः प्रथम दो पंक्तियों से यह ध्वनि निकलती है कि तुम्हारी मानवता यदि स्वार्थ और हिंसा पर आधारित रही, तो वह एक कलंक का प्रतीक होगी।

"तुच्छ नहीं है अपना सुख भी श्रद्धे ! वह भी कुछ है,
दो दिन के इस जीवन का तो वही चरम सब कुछ है।

शब्दार्थ–चरम-सबसे महान। **सब कुछ**-एकमात्र लक्ष्य।

अर्थ–मनु बोले : श्रद्धा अपना सुख भी तुच्छ नहीं है, उसकी भी कुछ सत्ता है। यदि तुम उसे तुच्छ समझती हो, तो यह तुम्हारी भूल है। इस छोटे से दो दिन के जीवन का तो सबसे महान (एकमात्र) लक्ष्य वही है।

इंद्रिय की अभिलाषा जितनी सतत सफलता पावे,
जहाँ हृदय की तृप्ति विलासिनि मधुर-मधुर कुछ गावे।

शब्दार्थ–इंद्रिय की अभिलाषा-आँख से देखने, जिह्वा के रस लेने, त्वचा से छूने आदि की कामनाएँ। **सतत**-निरंतर। **विलासिनि**-रमणी।

अर्थ–जहाँ हमारी इंद्रियों की सारी कामनाएँ निरंतर पूरी होती चलें; हे रमणी, जहाँ हृदय संतुष्ट होकर मधुर स्वर में गुनगुनाने लगे–

नोट–भाव तीसरे छंद में जाकर पूरा होगा।

रोम हर्ष हो उस ज्योत्स्ना में मृदु मुसक्यान खिले तो,
आशाओं पर श्वास निछावर होकर गले मिले तो।

शब्दार्थ–रोम हर्ष-आनन्द के कारण रोमांचित होना। **ज्योत्स्ना**-चाँदनी, यहाँ चाँदनी सी उजली।

अर्थ–जहाँ मृदुल मुस्कान की चाँदनी खिले और उसके आनंद से शरीर रोमांचित हो जाय, जहाँ मन की आशाओं को पूरी करने के लिये प्रेमी और प्रेमिका एक दूसरे के निकट आ जायँ और उनकी साँसें आपस में टकरा जायँ–

विश्व माधुरी जिसके सम्मुख मुकुर बनी रहती हो,
वह अपना सुख स्वर्ग नहीं है ! यह तुम क्या कहती हो?

शब्दार्थ–माधुरी-मधुरता। **मुकुर**-दर्पण।

अर्थ–(जैसे दर्पण का प्रयोजन इतना ही है कि वह हमारे मुख को प्रतिबिंबित करे, इसी प्रकार संसार भर के माधुर्य की सार्थकता इसी में है कि हम उसमें अपना मुख देखें) और जहाँ विश्व भर की मधुरता हमारे सुख का विधान करे, यदि उस अपने आनंद का नाम स्वर्ग नहीं है, तो फिर किस वस्तु का नाम स्वर्ग है? व्यक्तिगत सुख का विरोध तुम किस आधार पर करती हो?

जिसे खोजता फिरता मैं इस हिमगिरि के अंचल में,
वही अभाव स्वर्ग बन हँसता इस जीवन चंचल में।

शब्दार्थ–जिसे-अभाव की पूर्ति। **अंचल**-तलहटी। **स्वर्ग**-स्वर्गीय सुख। **हँसता**-लालसा जगाता। **चंचल**-परिवर्तनशील।

अर्थ–हिमाचल की इस तलहटी में जिस अभाव की प्रेरणा से मैं चक्कर काटता फिरता हूँ, वही अभाव इस परिवर्तनशील जीवन में अपनी पूर्ति के लिये स्वर्गीय सुख की कल्पना जगा रहा है।

वर्त्तमान जीवन के सुख से योग जहाँ होता है,
छली अदृष्ट अभाव बना क्यों वहीं प्रकट होता है।

शब्दार्थ–छली-वंचक, ठगने वाला। **अदृष्ट**-भाग्य।

अर्थ–अपने वर्तमान जीवन में जहाँ सुख का योग हुआ नहीं–सुख मिले देर नहीं होती-कि वंचक भाग्य किसी अभाव का रूप धारण कर प्रकट हो जाता है।

किन्तु सकल कृतियों की अपनी सीमा हैं हम ही तो,
पूरी हो कामना हमारी, विफल प्रयास नहीं तो!"

शब्दार्थ–कृतियों-कर्मों। **सीमा**-लक्ष्य, ध्येय। **विफल**-व्यर्थ। **प्रयास**-कार्य।

अर्थ–क्योंकि हम जो कुछ करते हैं उसका लक्ष्य हम ही हैं; अतः हमारी इच्छाएँ पूरी होनी चाहिये, नहीं तो हमारे कार्यों की कोई सार्थकता नहीं।

एक सचेतनता लाती सी सविनय श्रद्धा बोली,
"बचा जान यह भाव, सृष्टि ने फिर से आँखें खोलीं!

शब्दार्थ–सचेतनता-निद्रावस्था में आना। **सविनय**-विनम्रता से। **यह भाव**-विवेक शक्ति।

अर्थ–आँखों में फिर नींद सी भरते हुए श्रद्धा ने विनम्र शब्दों में कहा : यह सोचकर ही कि तुममें विवेक कुछ शेष रह गया है, प्रलय के उपरान्त सृष्टि पूर्ववत चलने लगी है।

वि०–देव सृष्टि के विनाश का कारण ही यह था कि उन्होंने अंधे होकर वासना की उपासना की थी। विवेक को एकदम परे फेंक दिया था। श्रद्धा व्यंग्य के द्वारा यह व्यंजित करना चाहती है कि प्रकृति अभी इस भ्रम में है कि तुममें कुछ विवेक शेष है और उसके आधार पर तुम नवीन संस्कृति की रचना करोगे। यदि तुम इतना न कर सके तो फिर प्रलय होगी, यह समझ लो। आगे के छंद से हिंसा और स्वार्थ का विरोध वह एक बार फिर करती है।

भेद बुद्धि निर्मम ममता की समझ, बची ही होगी,
प्रलय पयोनिधि की लहरें भी लौट गयी ही होंगी।

शब्दार्थ–भेद बुद्धि-भले बुरे का अंतर बताने वाली वृत्ति, विवेक। **निर्मम ममता**-घोर मोह, निर्ममता और ममता। **पयोनिधि**-समुद्र।

अर्थ–सिंधु की लहरें तुम्हें भी निगलने को आकर यही समझ कर लौट गई होंगी कि कम से कम तुममें अभी इतना विवेक शेष है जो निर्दयता और ममता का अंतर बता सके।

वि०–श्रद्धा यह व्यंग्य कर रही है कि प्रकृति ने जिस शुभ गुण को तुमः बचा समझ तुम्हारे प्राण नहीं लिए, ठीक उसी का विरोध तुम अपने आचरण द्वारा प्रदर्शित कर रहे हो। क्या निर्दयता है, क्या दया, इसका भेद तुम्हें जानना चाहिए। अपना स्वार्थ ही सब कुछ नहीं है।

अपने में सब कुछ भर कैसे व्यक्ति विकास करेगा?
यह एकांत स्वार्थ भीषण है अपना नाश करेगा!

शब्दार्थ–सब कुछ-सारे सुख। **भरना**-समेटना। **एकांत स्वार्थ**-घोर या केवल अपना स्वार्थ। **भीषण**-भयंकर।

अर्थ–सारे सुखों को अपने में ही समेट कर व्यक्ति अपना विकास किस प्रकार कर सकता है? केवल अपने स्वार्थ की चिंता तो बड़ी भयंकर भावना है। इससे व्यक्ति की बहुत हानि होने की संभावना है।

औरों को हँसते देखो मनु हँसो और सुख पाओ,
अपने सुख को विस्तृत कर लो सब को सुखी बनाओ।

शब्दार्थ–हँसते-प्रसन्न। **विस्तृत करना**-बढ़ाना, विस्तार देना, सीमित न रहने देना।

अर्थ–हे मनु, ऐसा स्वभाव बना लो कि दूसरों को प्रसन्न देख कर तुम प्रसन्न और सुखी हो सको। तुम सबको सुखी बनाने का प्रयत्न करो और इस प्रकार अपने सुख का विस्तार करो।

रचना मूलक सृष्टि यज्ञ यह यज्ञ-पुरुष का जो है,
संसृति सेवा भाग हमारा उसे विकसने को है।

शब्दार्थ–रचना मूलक सृष्टि-निर्माणमयी, बिगड़-बिगड़ कर बनना ही जिसका स्वभाव है। **यज्ञ पुरुष**-भगवान विष्णु, ईश्वर। **संसृति**-संसार।

अर्थ–निर्माणमरूपी यह सृष्टि ही यज्ञ पुरुष का एक यज्ञ है और हमारे द्वारा की गई संसार की सेवा से उसका उसी प्रकार विकास होता है जिस प्रकार आहुतियों से यज्ञ का।

वि०–वहाँ यज्ञ का तात्विक विवेचन किया गया है।

सुख को सीमित कर अपने में केवल दुख छोड़ोगे,
इतर प्राणियों की पीड़ा लख अपना मुँह मोड़ोगे।

शब्दार्थ–सीमित-समेटना। **इतर**-अन्य। **मुँह मोड़ोगे**-विमुख होना, पीठ दिखाना।

अर्थ–यदि सारे सुखों को अपने लिए समेटोगे, तो दूसरों को भोगने के लिये केवल दुःख रह जाएगा। ऐसी दशा में अन्य प्राणियों की व्यथा देखकर उस ओर से क्या तुम अपना

मुँह मोड़ लोगे?

ये मुद्रित कलियाँ दल में सब सौरभ बन्दी कर लें,
सरस न हों मकरंद बिंदु से खुल कर तो ये भर लें।

शब्दार्थ—**मुद्रित**-मुँदी हुई, बंद। **दल**-पँखुड़ियाँ। **सौरभ**-गंध। **मकरंद**-पुष्प रस।

अर्थ—ये बंद कलियाँ अपनी पंखुड़ियों के भीतर ही यदि सारी गंध बंद रखें और मकरंद की बूँदों का रस खुल कर न दें, तो यह इनकी मृत्यु है—इनका विकास रुक जाएगा।

सूखे, झड़ें और तब कुचले सौरभ को पाओगे,
फिर आमोद कहाँ से मधुमय वसुधा पर लाओगे!

शब्दार्थ—**कुचले**-रुंधे। **सौरभ**-गंध। **आमोद**-गंध। **मधुमय**-रसमय। **वसुधा**-पृथ्वी।

अर्थ—ऐसी दशा में ये सूख कर झर जायेंगी और एक प्रकार की रुँधी हुई गंध मिलेगी। फिर पृथ्वी पर रसमयी गंध तुम्हें कहाँ से प्राप्त होगी?

वि०—यहाँ 'आमोद' और 'मधुमय' दुहरे अर्थों में प्रयुक्त हैं। जीवन के पक्ष में यह अर्थ है कि यदि अपने गुणों और प्राणों के रस को हमने अपने तक ही सीमित रखा तो पृथ्वी पर न आमोद (आनंद) रहेगा और न रस (मधु)।

सुख अपने संतोष के लिए संग्रह मूल नहीं है,
उसमें एक प्रदर्शन जिसको देखें अन्य, वही है।

शब्दार्थ—**संग्रह मूल**-इकट्ठा करना, जुटाना। **प्रदर्शन**-दर्शन करना। **देखना**-पाना। **वही**-वास्तविक।

अर्थ—सुख को इसलिये नहीं जुटाया जाता कि उससे केवल अपना ही जी भरे। वास्तविक सुख तो तब है जब उसके दर्शन दूसरों को भी कराए जायँ और वे उसे पा भी सकें।

वि०—प्रथम पंक्ति कुछ गद्यात्मक सी है।

निर्जन में क्या एक अकेले तुम्हें प्रमोद मिलेगा?
नहीं इसी से अन्य हृदय का कोई सुमन खिलेगा।

शब्दार्थ—**प्रमोद**-आनंद और गंध।

अर्थ—इस निर्जन में सुख की गंध क्या तुम एकाकी ही लोगे? क्या इससे दूसरे का मन सुमन विकसित न होगा?

सुख समीर पाकर, चाहे हो वह एकांत तुम्हारा,
बढ़ती है सीमा संसृति की बन मानवता धारा।"

शब्दार्थ—**समीर**-पवन की लहर। **एकांत**-एक व्यक्ति का, व्यक्तिगत। **सीमा**-विकास। **संसृति**-संसार। **मानवता**-उदारता आदि सद्गुण। **धारा**-प्रवाह।

अर्थ—सुख की लहर यदि तुम्हें मिली है तो वह व्यक्तिगत प्रसन्नता तो दे सकती है इसमें सन्देह नहीं, पर संसार का विकास तो उदारता के निरंतर आदान-प्रदान (प्रवाह) से ही संभव है।

हृदय हो रहा था उत्तेजित बातें कहते कहते,
श्रद्धा के थे अधर सूखते मन की ज्वाला सहते।

शब्दार्थ–उत्तेजित-वासना से उभरना। **अधर**-ओंठ। **मन की ज्वाला**-मन में लगी वासना की आग।

अर्थ–यद्यपि श्रद्धा उदारता अहिंसा आदि की चर्चा कर रही थी, पर उसका हृदय इस समय स्वयं वासना से उत्तेजित था। मन की इस आग से उसके ओंठ शुष्क हो चले।

वि०–तीव्र कामोद्दीपन की अवस्था में ओंठ सूख जाते हैं।

उधर सोम का पात्र लिये मनु समय देखकर बोले-
"श्रद्धे ! पी लो इसे बुद्धि के बन्धन को जो खोले।

शब्दार्थ–समय-उपयुक्त अवसर। **बुद्धि के बंधन**-बुद्धि की मंदता।

अर्थ–उधर मनु के हाथ में सोमरस से भरा पात्र था। उन्होंने समझ लिया कि श्रद्धा की दुर्बलता से इस समय लाभ उठाया जा सकता है। वे कहने लगे : श्रद्धा इस रस का पान करो। इससे बुद्धि तीव्र होती है।

वही करूँगा जो कहती हो सत्य, अकेला सुख क्या!"
यह मनुहार ! रुकेगा प्याला पीने से फिर मुख क्या?

शब्दार्थ–मनुहार-विनय। **प्याला**-सोमरस से भरा पात्र।

अर्थ–तुम जैसा कहती हो भविष्य में वैसा ही करूँगा। यह तो तुम सच ही कहती हो कि सुख का अकेले भोगना ठीक नहीं। जब इतनी विनय की गई, तब क्या कोई ऐसा भी मुख हो सकता था जो पीने से रुक जाता?

आँखें प्रिय आँखों में, डूबे अरुण अधर थे रस में;
हृदय काल्पनिक विजय में सुखी चेतनता नस नस में।

शब्दार्थ–प्रिय-मनु। **रस**-सोमरस। **काल्पनिक**-अवास्तविक, झूठी। **चेतना**-उत्तेजना।

अर्थ–श्रद्धा ने अपनी आँखें मनु की आँखों से मिलाईं। उसके अरुण ओंठ सोमरस से भीग गये। उसका हृदय इस विजय पर सुखी था कि मनु ने उसकी बात मान ली; पर वह विजय वास्तविक न थी, क्योंकि मनु ने ऊपरी मन से वह सब कुछ कहा था। ठीक इसी समय उसके नस-नस में उत्तेजना भर गयी।

वि०–श्रद्धा वास्तव में सरल स्वभाव की थी।

छल वाणी की वह प्रवंचना हृदयों की शिशुता को,
खेल खिलाती, भुलवाती जो उस निर्मल विभुता को।

शब्दार्थ–प्रवंचना-धोखा, **शिशुता**-बालकों का सा भोलापन। **विभुता**-सद्भावों का ऐश्वर्य।

अर्थ–जैसे बालकों को मीठी वाणी से बहलाकर खेल में लगा दिया जाता है और अपना काम करते रहते हैं, उसी प्रकार भोले हृदयों को भी छल भरी वाणी से ठगकर बहुत से व्यक्ति उन्हें उँगली पर नचाते हैं और सद्भावों (सद्गुणों) के ऐश्वर्य को उनके भीतर से दूर कर देते हैं।

जीवन का उद्देश्य लक्ष्य की प्रगति दिशा को पल में,
अपने एक मधुर इंगित से बदल सके जो छल में।

शब्दार्थ–उद्देश्य–लक्ष्य। **प्रगति**–आगे बढ़ना, विकास। **इंगित**–संकेत, इशारे। **छल में**–छलभरी।

अर्थ–छलभरी वाणी अपने एक मधुर संकेत के द्वारा क्षणमात्र में जीवन के उद्देश्य से, लक्ष्य की ओर आगे ले जाने वाली दिशा से, हमें दूसरी ओर मोड़ सकती है।

वही शक्ति अवलंब मनोहर निज मनु को थी देती,
जो अपने अभिनय से मन को सुख में उलझा लेती।

शब्दार्थ–**वही**-छल की। **अवलंब**-सहारा। **अभिनय**-दिखावटी हाव-भाव।

अर्थ–छल की उसी आकर्षण शक्ति का सहारा मनु को मिला जो अपने दिखावटी हाव-भाव से किसी दूसरे प्राणी के मन में सुख की संभावना जगा कर उसे उलझाये रखती है।

"श्रद्धे, होगी चंद्रशालिनी यह भव रजनी भीमा,
तुम बन जाओ इस जीवन के मेरे सुख की सीमा।

शब्दार्थ–चन्द्रशालिनी-चन्दमावाली, चाँदनी से युक्त, आशाभरी। **भव रजनी**-संसार जो एक रात्रि के समान है। **भीमा**-भयंकर।

अर्थ–हे श्रद्धा, यह संसार एक भयंकर रात्रि के समान है। तुम्हारे प्रेम के चंद्रमा के उगते ही वह जगमगा उठेगी–मेरे सारे अभाव दूर हो जाएँगे। मैं चाहता हूँ कि मेरे सारे सुखों की सीमा तुम बनो अर्थात् तुम्हें पाकर मैं जीवन के समस्त सुख प्राप्त कर लूँ।

वि०–तुलसीदास ने भी संसार को एक रात माना है, पर ज्ञान की दृष्टि से–

एहि निशि जामिनि जागहिं जोगी।

लज्जा का आवरण प्राण को ढँक लेता है तम से,
उसे अकिंचन कर देता है अलगाता 'हम तुम' से।

शब्दार्थ–आवरण-आच्छादन, परदा। **प्राण**-हृदय की बातों को। **ढँकना**-छिपाना। **तम**-अंधकार। **अकिंचन**-दरिद्र, कुंठित, शक्तिहीन, दुर्बल। **अलगाता**-अलग करता।

अर्थ–लज्जा का आवरण (परदा) ऐसा है जो प्राणों की बात को अंधकार में छिपा देता है। उसकी शक्ति को कुंठित बनाता है और एक प्राणी को (मुझे) दूसरे (तुम से) पृथक् कर देता है।

वि०–स्मरण रखना चाहिए कि मनु के लिए हृदय में प्रेम की बाढ़ लिगे रहने पर भी श्रद्धा लज्जा के कारण ही खुलकर नहीं मिल पाती। मनु उसी लज्जा को अपने तर्क से छिन्न-भिन्न करने का प्रयत्न कर रहे हैं।

'हम तुम' का तात्पर्य है–यह 'हम' हैं, वह 'तुम' हों–

कुचल उठा आनन्द, यही है बाधा, दूर हटाओ,
अपने ही अनुकूल सुखों को मिलने दो मिल जाओ।"

शब्दार्थ–कुचलना-रौंदा जाना। **अनुकूल**-समान भाव की अनुभूति।

अर्थ–तुम्हारी लज्जा के कारण मेरे हृदय का आनन्द कुचला जा रहा है। हमारे तुम्हारे

मिलन में यह लज्जा ही बाधा डाल रही है। अतः इसे दूर कर दो। हमारे तुम्हारे दोनों के हृदय इस सम्बन्ध में समान भाव का अनुभव कर रहे हैं कि मैं तुम्हारे शरीर से सुख प्राप्त करना चाहता हूँ और तुम मेरे शरीर से। अतः आओ, हम दोनों मिलकर सुखी हों।

वि०–यह उत्तेजना की ऐसी उद्दाम स्थिति है जहाँ किसी प्रकार का विघ्न असह्य हो उठता है। इस दृष्टि से 'कुचल उठा आनन्द' शब्द पर ध्यान दीजिए।

और एक फिर व्याकुल चुम्बन रक्त खौलता जिससे,
शीतल प्राण धधक उठता है तृषा तृप्ति के मिस से।

शब्दार्थ–**व्याकुल**-कस कर। **रक्त**-रुधिर। **खौलता**-गति तीव्र होना। **धधक उठता**-उत्तेजित होना। **तृषा**-काम की प्यास। **तृप्ति**-संतोष। **मिस**-बहाने।

अर्थ–इसके उपरांत मनु ने श्रद्धा को कसकर ऐसा चुंबन दिया जिससे नसों में रुधिर की गति तीव्र हो उठती है। इस चुंबन से, शांत हृदय भी, काम की प्यास को बुझाने के बहाने उत्तेजित हो उठता है।

दो काठों की संधि बीच उस निभृत गुफा में अपने,
अग्नि शिखा बुझ गई, जागने पर जैसे सुख सपने।

शब्दार्थ–**काठों**-लकड़ियाँ। **संधि**-मिले हुए, सटे हुए। **निभृत**-एकान्त। **अग्नि शिखा**-आग की लौ, काम की उद्दीप्त भावना।

अर्थ–उस एकान्त गुफा में दो सटे हुए काठों के बीच जो आग की लौ उठी थी वह थोड़ी देर में उसी प्रकार बुझ गई जैसे जगने पर सुखदायक सपने मिट जाते हैं।

वि०–'प्रसाद' ने संभोग का वर्णन अत्यन्त कौशल से किया है। पर दूसरे पक्ष का अर्थ ध्वनित ही होता है, क्योंकि उस गुहा में कवि ने पहले ही काष्ठ-संधि का अग्नि शिखा विधान कर दिया है–

सूखी काष्ठ-संधि में पतली अनल-शिखा जलती थी।

ईर्ष्या

कथा—पल भर की दुर्बलता के कारण श्रद्धा सदा के लिए मनु के वश में हो गयी और मनु श्रद्धा के हृदय पर अपना पूर्ण अधिकार कर अधिकतर आखेट कर्म में लीन रहने लगे। एक दिन मृगया से लौटते हुए वे सोच रहे थे—श्रद्धा के प्रेम में अब वह आकर्षण नहीं रहा। रहे कहाँ से? न उसके आलिंगन में व्याकुलता है, न अपनी ओर से किसी बात के लिए आग्रह, न मुस्कान में नवीनता, न वाणी में हाव-भाव। इस बीच वे गुहा के द्वार पर आ पहुँचे और आहत पशु के साथ उन्होंने धनुष, बाण, शृंगी आदि को पृथ्वी पर पटक दिया।

इधर श्रद्धा सोच रही थी : रात होने आयी, पर वे लौटे नहीं। क्या कोई चंचल पशु उन्हें दूर खींच ले गया? गर्भ के कारण उसका मुख पीला पड़ गया था। उसका सारा शरीर काँपता रहता था। तकली पर वह ऊन कात रही थी। एक काली पट्टी उसके उन पयोधरों को ढक रही थी जो दूध भर जाने के कारण कुछ-कुछ झुक आये थे। मुख पर पसीने की बूँदें थीं। मनु श्रद्धा का वह रूप ललकभरी दृष्टि से देखते रहे। श्रद्धा ने उनके हृदय की भावना को जैसे ताड़ लिया और बदले में वह केवल मुस्कुरा कर रह गयी। बोली—तुम दिन भर कहाँ भटकते रहते हो? अब तो शरीर क्या घर की भी सुध नहीं रहती ! तुम्हारे बिना यह सब कुछ कितना सूना लगता है ! और तुम्हें ऐसा क्या अभाव है जिसके कारण तुम मारे-मारे फिरते हो? मनु बोले—अभाव क्यों नहीं है? मेरे विकास का सारा पथ ही रुका पड़ा है ! तुम्हारे हृदय में भी मेरे लिए वह विह्वलता अब कहाँ है जो पहले थी? मेरी चिंता न कर तुम सारे दिन तकली से चिपटी रहती हो? जब मैं कोमल चर्म ला सकता हूँ, तब तुम ऊन क्यों कातती हो? जब मैं पशु मारकर ला सकता हूँ, तब तुम अन्न की चिंता क्यों करती हो? श्रद्धा ने तुरंत उत्तर दिया—प्राणों की रक्षा के लिए आक्रमण करने वाले पशु पर प्रहार करना तो दूसरी बात है, पर स्वाद या स्वार्थ के लिए हिंसा का समर्थन मैं कभी नहीं कर सकती। यदि ऐसा है तो फिर हममें और पशुओं में अंतर ही क्या रहा?

मनु बोले—जब सुख अस्थिर है, जब विनाश और मृत्यु ही सत्य है; तब जो पल हमें मिले हैं उनका उपभोग हम क्यों न करें? संसार के कल्याण की कामना में क्या अपना सुख भी खो दें? रानी, तुम अपना प्यार मुझे दो। इस बात का कोई उत्तर श्रद्धा ने न दिया। मनु का हाथ पकड़कर वह उन्हें कुटिया के भीतर ले गई जहाँ उसने अपनी भावी संतान के निमित्त बेंत का एक झूला बनाया था और पृथ्वी पर पराग का बिछौना बिछा दिया था। मनु यह सब कुछ देखकर भी कुछ न बोले। तब श्रद्धा ने ही उन्हें समझाया—देखो, घोंसला तो बन गया, पर आनंद-ध्वनि इसमें अभी नहीं मची। मैं तकली पर ऊन इसलिये कातती रहती हूँ कि भविष्य में हमारी संतान पशुओं के समान नग्न न रहे। वह दिन शीघ्र आने वाला है

जब मैं माता बनूँगी। उस समय यदि तुम बाहर चले भी जाया करोगे तो मुझे घर सूना न लगेगा। मैं अपने हृदय के टुकड़े को झूला झुलाऊँगी, प्यार करूँगी, चूमूँगी, उसे लेकर घाटी में घूमा करूँगी। तुम्हारे वियोग में निकले आँसू तब सुख के आँसुओं में परिवर्तित हो जाया करेंगे।

इस बात पर मनु भड़क उठे। कहने लगे–यह नहीं हो सकता। तुम्हारे अनुराग का उपभोग मैं एकाकी ही करना चाहता हूँ। यह तो प्रेम बाँटने का एक दूसरा ढंग निकल आया। मुझे यह सह्य नहीं कि जब तुम्हारे मन में आये तब तुम प्रेम दो और जब न आवे तब उदासीन रहो। यदि ऐसा है तो इस सुख को लेकर तुम अकेली ही रहो ! आज से मैं तुमसे सदैव को पृथक् होता हूँ। इससे चाहे मुझे सदैव दुःख ही क्यों न मिले। ऐसा कहकर वे सचमुच ही श्रद्धा का परित्याग करके चले गये। श्रद्धा चिल्लाती ही रह गई–अरे निष्ठुर, रुक, मेरी पूरी बात तो सुन जा ! पर स्वार्थ ने कभी स्नेह की बात सुनी है?

पल भर की उस चंचलता ने खो दिया हृदय का स्वाधिकार!
श्रद्धा की अब वह मधुर निशा फैलाती निष्फल अंधकार!

शब्दार्थ–चंचलता-संयमहीनता। **स्वाधिकार**-स्वतंत्रता। **मधुर निशा**-शरीर का माधुर्य। **निष्फल**-असफल। **अंधकार**-निराशा।

अर्थ–क्षण भर की संयमहीनता के कारण श्रद्धा का अपने हृदय पर कोई अधिकार न रहा। अब वह सदैव को परतंत्र हो गया। जैसे मधुर चाँदनी रातों के उपरांत अंधेरी रातें आती हैं, उसी प्रकार जब वह अपने शरीर का माधुर्य समर्पित कर बैठी, तब उसके जीवन में असफलता और निराशा का अंधकार शेष रह गया।

वि०–पुरुष का स्त्री के प्रति आकर्षण प्रायः उसी समय तक शेष रहता है जब वह उसके शरीर को प्राप्त नहीं कर लेता। शरीर के प्रति आवेश समाप्त होते ही आकर्षण भी क्षीण हो जाता है।

मनु को अब मृगया छोड़ नहीं रह गया और था अधिक काम;
लग गया रक्त था उस मुख में हिंसा-सुख लाली से ललाम।

शब्दार्थ–मृगया-आखेट, शिकार। **रक्त लग गया**-किसी काम में रुचि उत्पन्न होना, यहाँ मांस खाने में आनंद आना। **हिंसा**-वध। **लाली**-रक्त की लाली या हिंसा। **ललाम**-सुन्दर, भला।

अर्थ–आखेट को छोड़ मनु को अधिक काम नहीं रह गया था अर्थात् वे अधिकतर अहेर में रत रहते थे। उनके मुँह को खून लग गया था। उन्हें पशुओं के वध करने में सुख मिलता था और हिंसा कर्म उन्हें भला लगता था।

हिंसा ही नहीं और भी कुछ वह खोज रहा था मन अधीर;
अपने प्रभुत्व की सुख सीमा जो बढ़ती हो अवसाद चीर।

शब्दार्थ–प्रभुत्व-अधिकार। **अवसाद**-विषाद, उदासी।

अर्थ–हिंसा मात्र से ही उन्हें संतोष न था। उनका मन अत्यन्त व्याकुलता से और एक बात की खोज में था। अतिरिक्त विषाद को चीर सुख की मात्रा जिसके कारण बढ़ती ही

जाती थी, ऐसी अधिकार भावना को वह पोषित कर रहा था।

जो कुछ मनु के करतलगत था उसमें न रहा कुछ भी नवीन;
श्रद्धा का सरल विनोद नहीं रुचता अब था बन रहा दीन।

शब्दार्थ–करतलगत-हाथ में, अधिकार में। **विनोद**-मनोरंजन। **दीन**-फीका।

अर्थ–श्रद्धा के जिस शरीर पर उनका अधिकार हो चुका था, उसमें कोई नवीनता उन्हें दिखाई नहीं देती थी, जिससे आकर्षण बना रहता। श्रद्धा के मनोरंजन में केवल सरलता थी, किसी प्रकार की चंचलता न थी; अतः मनु को वह अच्छी नहीं लगती थी, फीकी प्रतीत होती थी।

वि०–आकर्षण को बनाये रखने के लिए इस बात की आवश्यकता है कि स्त्रियों में थोड़ा नटखटपन भी हो।

उठती अंतस्तल से सदैव दुर्ललित लालसा जो कि कांत;
वह इन्द्रचाप सी झिलमिल हो दब जाती अपने आप शांत।

शब्दार्थ–अंतस्तल-हृदय। **दुर्ललित**-दुर्दमनीय, वेगवती।

अर्थ–उनके हृदय में सदा ही ऐसी मनोहर कामनाएँ जगतीं, जो कठिनाई से दबाई जा सकें, पर उपयुक्त प्रेरणा के अभाव में इंद्रधनुष सी झिलमिलाकर वे स्वतः ही दब जाती थीं।

"निज उद्गम का मुख बंद किये कब तक सोयेंगे अलस प्राण;
जीवन की चिर चंचल पुकार रोये कब तक, है कहाँ त्राण!

शब्दार्थ–उद्गम-विकास। **सोयेंगे**-जड़ बना रहना। **अलस**-आलस्य से पूर्ण। **चंचल**-आंदोलित या क्षुब्ध करने वाली। **पुकार**-इच्छा। **त्राण**-लक्ष्यसिद्धि।

अर्थ–मनु सोचने लगे अपने विकास का मार्ग मूँदकर मेरे प्राण आलस्य में पड़े-पड़े कब तक जड़ बने रहेंगे? जीवन का उपभोग मैं पूर्णरूप से कर सकूँ, हृदय को आंदोलित करने वाली यह इच्छा कब तक निराश (अपूर्ण) रहेगी? किस पथ का अनुसरण करने से लक्ष्य सिद्धि होगी?

श्रद्धा का प्रणय और उसकी आरम्भिक सीधी अभिव्यक्ति;
जिसमें व्याकुल आलिंगन का अस्तित्व न तो है कुशल सूक्ति।

शब्दार्थ–प्रणय-प्रेम। **अभिव्यक्ति**-प्रकट करने की रीति। **व्याकुल**-तड़पन, छटपटाहट, विस्वलता। **अस्तित्व**-आभास। **कुशल सूक्ति**-बातों में चमत्कार।

अर्थ–श्रद्धा ने अपने प्रणय को मेरे प्रति अत्यन्त सामान्य रूप से प्रकट किया। उसके आलिंगन में किसी प्रकार की छटपटाहट और उसकी बातों में किसी बात का चमत्कार का आभास नहीं मिलता।

भावनामयी वह स्फूर्ति नहीं नव नव स्मित रेखा में विलीन;
अनुरोध न तो उल्लास, नहीं कुसुमोद्गम सा कुछ भी नवीन!

शब्दार्थ–भावनामयी-भावों से परिपूर्ण। **स्फूर्ति**-उत्साह। **स्मित रेखा**-मुस्कान। **विलीन**-अंत। **अनुरोध**-आग्रह। **उल्लास**-भारी प्रसन्नता। **कुसुमोद्गम**-वसंत।

अर्थ–भावों से भरे ऐसे उत्साह का अनुरोध वह मेरे प्रति नहीं करती, जिसका अंत

नये-नये ढंग की मुस्कुराहट में होता है। वह अपनी ओर से किसी बात का आग्रह नहीं करती। कभी मुझे देखकर भारी प्रसन्नता का प्रदर्शन नहीं करती। जैसे वसंत के दिनों में पृथ्वी नवीन पुष्प धारण करती है उस प्रकार उसके प्रेम में किन्हीं नवीन भावों का चिह्न नहीं–वही पुराने ढंग की बातें दुहराये चली जाती है।

आती है वाणी में न कभी वह चाव भरी लीला हिलोर,
जिसमें नूतनता नृत्यमयी इठलाती हो चंचल मरोर।

शब्दार्थ–चाव-ललक। **लीला हिलोर**-विनोद, मनोरंजन। **नूतनता**-मौलिकता, बात कहने का विलक्षण ढंग। **नूतनता नृत्यमयी**-नवीन हाव-भाव। **चंचल मरोर**-शरारत, नटखटपन।

अर्थ–उसकी बातों में किसी ऐसी ललकभरी विनोदवृत्ति का आभास तक नहीं जिससे नटखटपन के साथ इठलाकर व्यवहार करने से किसी नवीनता का अनुभव हो।

जब देखो बैठी हुई वहीं शालियाँ बीन कर नहीं श्रांत!
या अन्न इकट्ठे करती है होती न तनिक सी कभी क्लांत

शब्दार्थ–शालियाँ-धान। **श्रांत**-आलस्य। **अन्न**-अनाज के दाने। **क्लांत**-थकावट।

अर्थ–जब देखो तभी खेतों में धान चुनती दिखाई देती है और अलसाती नहीं। या फिर अनाज के दाने इकट्ठा करती है और थकावट का अनुभव नहीं करती।

बीजों का संग्रह और उधर चलती है तकली भरी गीत;
सब कुछ लेकर बैठी है वह मेरा अस्तित्व हुआ अतीत!"

शब्दार्थ–संग्रह-संचय, बचाकर रखना। **सब कुछ लेकर**-संतुष्ट होना। **अस्तित्व**-जीवन। **अतीत हुआ**-महत्वहीन हुआ।

अर्थ–बोने के लिए बीज बचाकर रखती है और जब इन कामों से छुटकारा मिलता है तब गीत गाती हुई तकली पर कुछ कातती है। इस प्रकार कामधंधे में वह पूर्ण रूप से तुष्ट है और उसकी दृष्टि में आज मेरे व्यक्तित्व की कोई महत्ता नहीं।

लौटे थे मृगया से थक कर दिखलाई पड़ता गुफा द्वार;
पर और न आगे बढ़ने की इच्छा होती, करते विचार!

शब्दार्थ–मृगया-आखेट।

अर्थ–मनु आखेट से थककर लौटे थे। उन्हें गुफा का द्वार दिखाई दिया। पर अधिक आगे बढ़ने की इच्छा उन्हें न हुई। वे अपने विचारों में लीन रहे।

मृग डाल दिया, फिर धनु को भी मनु बैठ गये शिथिलित शरीर,
बिखरे थे सब उपकरण वहीं आयुध, प्रत्यंचा, श्रृंग, तीर।

शब्दार्थ–मृग-पशु। **शिथिलित**-थके। **उपकरण**-सामग्री। **आयुध**-अस्त्र, यहाँ धनुष। **प्रत्यंचा**-डोरी। **श्रृंग**-सींग का बना बाजा।

अर्थ–जिस पशु का उन्होंने शिकार किया था, उसे पृथ्वी पर डाल दिया। धनुष भी वहीं पटक दिया। अपना थका शरीर लेकर वे बैठ गये। पास में आखेट की सामग्री बिखरी पड़ी थी जैसे धनुष, उसकी डोरी, सींग का बाजा और तीर।

नोट–'शिथिलित' शब्द शिथिल से खींचकर बना लिया है।

"पश्चिम की रागमयी संध्या अब काली है हो चली, किन्तु
अब तक आये न अहेरी वे क्या दूर ले गया चपल जंतु!"

शब्दार्थ—**रागमयी**-अरुण। **चपल**-चंचल या तीव्र गति वाला। **जंतु**-पशु।

अर्थ—पश्चिम दिशा में संध्या की अरुणिमा कालिमा में परिवर्तित हो गयी, किन्तु वे अहेरी (मनु) अब तक नहीं लौटे। क्या कोई तीव्र गति वाला पशु उन्हें कहीं बहुत दूर ले गया?

यों सोच रही मन में अपने हाथों में तकली रही घूम;
श्रद्धा कुछ कुछ अनमनी चली अलकें लेती थीं गुल्फ चूम।

शब्दार्थ—**अनमनी**-उदास। **अलकें**-केश। **गुल्फ**-एड़ी के ऊपर की गाठें।

अर्थ—श्रद्धा इस प्रकार अपने मन में सोच रही थी। उसके हाथों में तकली चक्कर काट रही थी। इसी बीच वह कुछ उदास हो गयी। उसके बाल इतने लम्बे थे कि वे एड़ी के ऊपर की गाँठ को छू रहे थे।

केतकी गर्भ सा पीला मुँह आँखों में आलस भरा स्नेह;
कुछ कृशता नई लजीली थी कंपित लतिका सी लिये देह!

शब्दार्थ—**गर्भ**-मध्य भाग यहाँ केतकी के कोष से तात्पर्य है जिसमें मंजरी के रूप में सुगन्धित पुष्प रहते हैं। **कृशता**-दुबलापन। **देह**-शरीर।

अर्थ—उसका मुँह केतकी के कोष में स्थित मंजरी-सा पीला था। आँखों में आलस्य और स्नेह भाव भरा था। चेहरा उसका दुबला पड़ गया था और एक नवीन प्रकार की लज्जा उस पर अंकित थी। उसका शरीर लता के समान काँप उठता था।

मातृत्व बोझ से झुके हुए बँध रहे पयोधर पीन आज;
कोमल काले ऊनों की नव पट्टिका बनाती रुचिर साज।

शब्दार्थ—**मातृत्व**-गर्भ काल में माता के स्तनों में आया दूध। **पयोधर**-स्तन। **पीन**-भारी। **पट्टिका**-पट्टी। **रुचिर साज**-सुन्दर आवरण।

अर्थ—वह माता बनने जा रही थी, अतः दुग्ध के बोझ से उसके भारी स्तन कुछ झुक चले थे। कोमल काली ऊन की एक नवीन पट्टी जिनमें वे बँधे थे, सुन्दर आवरण का काम दे रही थी।

सोने की सिकता में मानो कालिंदी बहती भर उसास;
स्वर्गंगा में इंदीवर की या एक पंक्ति कर रही हास!

शब्दार्थ—**सिकता**-बालू। **कालिंदी**-यमुना जिसका वर्ण श्याम है। **उसास भरना**-लहरें लेना। **स्वर्गंगा**-आकाश गंगा। **इन्दीवर**-नील कमल। **हास**-खिलना।

अर्थ—पयोधरों पर बँधी ऊन की काली पट्टी ऐसी लगती थी मानो सोने की बालुका पर यमुना लहराती बह रही हो, या आकाश में नीले कमलों की एक पंक्ति खिली हो।

वि०—यहाँ पयोधरों की तुलना सोने की बालुका और आकाश गंगा से की है तथा काली पट्टिका की श्याम यमुना और नीले कमलों की पंक्ति से। यद्यपि स्पष्ट शब्दों में कवि ने नहीं लिखा, पर उपमान पक्ष में यमुना के साथ 'भर उसास' से यह दृश्य उपमेय पक्ष में

जग उठता है कि साँसों के लेने में श्रद्धा के पयोधर उठते और नीचे हो-हो जाते थे।

कटि में लिपटा था नवल बसन वैसा ही हलका बुना नील।
दुर्भर थी गर्भ मधुर पीड़ा झेलती जिसे जननी सलील।

शब्दार्थ–**कटि**-कमर। **नवल**-नवीन। **बसन**-वस्त्र। **दुर्भर**-असह्य। **जननी**-माँ की स्थिति में आने वाली श्रद्धा। **सलील**-प्रसन्नता से।

अर्थ–उसकी कमर में पयोधरों पर कसी पट्टी ही जैसा हल्का और नीले रंग का बुना हुआ वस्त्र लिपटा था। गर्भ की मीठी पीड़ा वैसे असह्य थी, पर वह एक शिशु की माँ बनने जा रही थी; अतः प्रसन्नता से उसे झेल रही थी।

श्रम बिंदु बना सा झलक रहा भावी जननी का सरस गर्व,
बन कुसुम बिखरते थे भू पर आया समीप था महा पर्व।

शब्दार्थ–**श्रम बिंदु**-पसीने की बूँदें। **गर्व**-अभिमान। **पर्व**-उत्सव।

अर्थ–उसके ललाट पर पसीने की बूँदें क्या थीं मानो श्रद्धा के हृदय का यह सरस अभिमान था कि वह एक शिशु की माँ होने जा रही है उस रूप में झलक उठा था। यह समझिये कि सन्तानोत्पत्ति का महान उत्सव निकट आ गया था; अतः वे मस्तक से चूने वाले पसीने की बूँदें न थीं, बल्कि पुष्प थे जो पृथ्वी पर झर रहे थे।

मनु ने देखा जब श्रद्धा का वह सहज खेद से भरा रूप,
अपनी इच्छा का दृढ़ विरोध जिसमें वे भाव नहीं अनूप।

शब्दार्थ–**खेद**-शिथिलता, खिन्नता। **इच्छा**-वासना, कामेच्छा। **भाव**-हाव-भाव।

अर्थ–मनु ने सहज शिथिलता से परिपूर्ण श्रद्धा की वह आकृति देखी जो उनकी वासना-वृत्ति का प्रबल विरोध करती थी। उन्हें ऐसा भी प्रतीत हुआ जैसे उसमें अब पहले के से अनुपम हाव-भाव शेष नहीं रहे।

वे कुछ भी बोले नहीं; रहे चुपचाप देखते साधिकार,
श्रद्धा कुछ कुछ मुस्कुरा उठी ज्यों जान गई उनका विचार।

शब्दार्थ–**साधिकार**-अधिकार भावना से।

अर्थ–उन्होंने कहा कुछ भी नहीं। केवल एक प्रकार की अधिकार भावना से चुपचाप उसे देखते रहे। पर श्रद्धा ने उनकी आँखों से उनके हृदय के भाव को ताड़ लिया और उस पर वह थोड़ी मुस्कुरा उठी।

"दिन भर थे कहाँ भटकते तुम" बोली श्रद्धा भर मधुर स्नेह;
"यह हिंसा इतनी है प्यारी जो भुलवाती है देह-गेह!

शब्दार्थ–**भटकते**-भूले व्यक्ति के समान घूमना। **हिंसा**-शिकार, आखेट वृत्ति।

अर्थ–अपनी वाणी में मधुर स्नेह भर कर श्रद्धा बोली–तुम दिन भर कहाँ भूले से घूमते रहे? आखेट-वृत्ति इतनी प्यारी हो गई है कि शरीर और घर की सुधि भी अब तो तुम्हें नहीं रहती !

मैं यहाँ अकेली देख रही पथ, सुनती सी पद ध्वनि नितांत;
कानन में जब तुम दौड़ रहे मृग के पीछे बन कर अशांत!

शब्दार्थ–**अकेली**-एकाकिनी। **नितान्त**-एकदम। **कानन**-वन। **मृग**-पशु। **अशांत**-व्यग्र।

अर्थ–मैं यहाँ अकेली बैठी तुम्हारा मार्ग ताकती रहती हूँ। जब वन में व्यग्र होकर तुम पशु के पीछे दौड़ते हो, तब तुम्हारे चरणों की ध्वनि जैसे मेरे कानों में लगातार पड़ती रहती है।

ढल गया दिवस पीला-पीला तुम रक्तारुण बन रहे घूम;
देखो नीड़ों में विहग युगल अपने शिशुओं को रहे चूम!

शब्दार्थ–**ढल गया**-समाप्त हुआ। **रक्तारुण**-सूर्य के समान लाल। **नीड़ों**-घोंसलों। **विहग युगल**-पक्षियों के जोड़े। **शिशुओं**-बच्चों।

अर्थ–पीले रंग वाला दिन ढल गया है, पर तुम अस्त होने वाले संध्या के लाल सूर्य बन कर अभी तक घूम रहे हो। देखो, अपने घोंसलों में पक्षियों के जोड़े अपने बच्चों को किस प्रकार चूम रहे हैं।

उनके घर में कोलाहल है मेरा सूना है गुफा द्वार!
तुमको क्या ऐसी कमी रही जिसके हित जाते अन्य द्वार?"

शब्दार्थ–**कोलाहल**-पक्षियों की चहचहाहट। **सूना**-सन्नाटे से भरा। **कमी**-अभाव। **अन्य द्वार**-बाहर।

अर्थ–पक्षियों के घोंसलों में चहचहाहट मची है, पर मेरी गुफा के द्वार पर कितना सन्नाटा है। मैं पूछती हूँ तुम्हें ऐसा किस बात का अभाव है जिसके लिए तुम बाहर घूमते रहते हो?

"श्रद्धे ! तुमको कुछ कमी नहीं पर मैं तो देख रहा अभाव;
भूली सी कोई मधुर वस्तु जैसे कर देती विकल घाव।

शब्दार्थ–**विकल घाव**-तीखी चोट।

अर्थ–मनु बोले–श्रद्धा चाहे तुम्हें किसी बात की कमी न हो, पर मेरा अभाव तो अभी बना हुआ है। कोई ऐसी वस्तु मैं खो बैठा हूँ जिसके न मिलने से हृदय में एक तीखा घाव हो गया है।

चिर मुक्त पुरुष वह कब इतने अवरुद्ध श्वास लेगा निरीह!
गति हीन पंगु सा पड़ा-पड़ा ढह कर जैसे बन रहा डीह।

शब्दार्थ–**चिर मुक्त**-सदा से स्वतंत्र। **अवरुद्ध**-परतंत्रता का। **श्वास**-जीवन। **निरीह**-विवशता की। **गति हीन**-जड़। **पंगु**-जो चल न सके, जो उन्नति न कर सके। **ढहना**-गिरना। **डीह**-टीला।

अर्थ–पुरुष सदा से स्वतन्त्र रहा है। वह विवशता और परतन्त्रता का जीवन नहीं बिता सकता। गाँव के उजड़े हुए टीले के समान वह जड़ बना पड़ा रहे, बढ़े न (अपनी उन्नति न करे), ऐसा नहीं हो सकता।

जब जड़ बंधन सा एक मोह कसता प्राणों का मृदु शरीर;
आकुलता और जकड़ने की तब ग्रंथि तोड़ती हो अधीर।

ब्दार्थ–**मृदु**-कोमल। **ग्रन्थि**-वृंखला। **अधीर**-छटपटाहट।

अर्थ–प्राणों के कोमल गात को जब मोह के बंधन से कस दिया जाता है, तब एक सीमा तक तो सहनीय है, पर उसके आगे जब उसे और अधिक जकड़ रखने का आकुल प्रयत्न होता है, तब प्राण छटपटा कर वृंखला की सारी कड़ियों को तोड़ कर मुक्त हो जाते हैं।

वि०–यह बात नहीं है कि मनु श्रद्धा का प्रेम न चाहते हों। इसके विपरीत वे चाहते थे कि श्रद्धा उन्हें प्यार करने के अतिरिक्त और कुछ करे ही नहीं। पर उनकी दृष्टि है श्रद्धा का प्रेम मोह-मात्र था जिससे उन्हें अपने विकास का पथ अवरुद्ध दिखाई दिया।

हँस कर बोले, बोलते हुए निकले मधु निर्झर ललित गान;
गानों में हो उल्लास भरा झूमें जिसमें बन मधुर प्रान।

शब्दार्थ–निर्झर-झरना। **ललित**-सुंदर। **उल्लास**-प्रसन्नता। **आनन्द**-आह्लाद।

अर्थ–इतना उन्होंने हँसते हुए कहा जिससे श्रद्धा को कुछ बुरा न लगे। उस वाणी में वैसी ही मिठास थी जैसी झरने के मनोहर गान में रहती है। और जैसे झरने की कलकल ध्वनि में एक आनंद का स्वर रहता है और सुनने वालों के प्राणों को मस्त बनाने की शक्ति रखता है, उसी प्रकार उनके शब्दों में एक आहाद-भावना भरी थी और प्राणों में मधुरता भर उन्हें प्रभावित करने की शक्ति उनमें विद्यमान थी।

वह आकुलता अब कहाँ रही जिसमें सब कुछ ही जाय भूल;
आशा के कोमल तंतु सदृश तुम तकली में हो रही झूल।

शब्दार्थ–आकुलता-व्याकुलता। **तंतु**-धागा, तार। **सदृश**-समान।

अर्थ–तुम्हारे अनुराग में मेरे लिए वह व्याकुलता अब कहाँ बची है जिसमें मैं सब कुछ भूल जाता था। अब तो तुम इस तकली के काम में ऐसी लगी हुई हो जैसे कोई आशा के कोमल तार (भाव) से बँधा रहता है।

यह क्यों क्या मिलते नहीं तुम्हें शावक के सुन्दर मृदुल चर्म?
तुम बीज बीनती क्यों? मेरा मृगया का शिथिल हुआ न कर्म।

शब्दार्थ–यह-तकली चलाना। **शावक**-पशुओं के बच्चे। **मृदुल**-कोमल, मुलायम। **चर्म**-चमड़ा। **मृगया**-आखेट।

अर्थ–तकली पर ऊन तुम क्यों तैयार करती हो? क्या तुम्हारे लिये पशुओं के बच्चों के सुन्दर मुलायम चमड़े मैं नहीं लाता जिनसे तुम अपना शरीर ढक सको? तुम बीज क्यों बीनती हो? क्या मेरे आखेट कर्म में शिथिलता आ गई है जिससे तुम्हारे भोजन की सामग्री मैं न जुटा सकूँ?

तिस पर यह पीलापन कैसा यह क्यों बुनने का श्रम सखेद?
यह किसके लिए बताओ तो क्या इसमें है छिप रहा भेद?"

शब्दार्थ–सखेद-थकावट लाने वाला। **भेद**-रहस्य।

अर्थ–और इस सबसे ऊपर तुम पीली क्यों पड़ती जा रही हो? बुनने में तुम इतना श्रम ही क्यों करती हो जिससे थक जाओ? मैं जानना चाहता हूँ यह सब तुम किसके लिए कर रही हो? तुम्हारे इस परिश्रम का रहस्य क्या है?

"अपनी रक्षा करने में जो चल जाय तुम्हारा कहीं अस्त्र;
वह तो कुछ समझ सकी हूँ मैं हिंसक से रक्षा करे शस्त्र।

शब्दार्थ—**रक्षा**-बचाव। **अस्त्र**-वह हथियार जो फेंक कर चलाया जाय जैसे बाण। **शस्त्र**-मुख्यतः, वह हथियार जो हाथ में लेकर चलाया जाय जैसे तलवार। **हिंसक**-फाड़ खाने वाले पशु, जैसे सिंह, भेड़िया, शूकर आदि।

अर्थ—जंगल में कोई तुम पर आक्रमण कर दे और अपने बचाव के लिए तुम उस पर अस्त्र चला दो, इस प्रकार हिंसक जंतुओं से शरीर रक्षा के लिए शस्त्र प्रयोग की बात मेरी भी समझ में आती है।

पर जो निरीह जीकर भी कुछ उपकारी होने में समर्थ;
वे क्यों न जियें, उपयोगी बन इसका मैं समझ सकी न अर्थ!

शब्दार्थ—**निरीह**-भोला, यहाँ सीधे-साधे पशु। **समर्थ**-शक्ति।

अर्थ—पर जो भोले पशु जीवन धारण कर कुछ उपकार करने की शक्ति रखते हैं, वे जीवित रहकर हमारे काम क्यों न आवें, इस बात को मैं समझ सकी।

चमड़े उनके आवरण रहें ऊनों से मेरा चले काम;
वे जीवित हों मांसल बन कर हम अमृत दुहें, वे दुग्ध धाम।

शब्दार्थ—**आवरण**-ढकने वाली कोई वस्तु। **मांसल**-हृष्ट-पुष्ट। **दुग्ध धाम**- दूध से भरे।

अर्थ—उनका चर्म उनके शरीर को ही ढके। शरीर ढकने की जो हमारी आवश्यकता है उसकी पूर्ति ऊन से हो। वे जीवें और हृष्ट-पुष्ट हों। वे दूध से भरे रहें और हम उन्हें दुह कर उनका दूध पीवें।

वे द्रोह न करने के स्थल हैं जो पाले जा सकते सहेतु;
पशु से यदि हम कुछ ऊँचे हैं तो भव जलनिधि में बनें सेतु।"

शब्दार्थ—**द्रोह**-शत्रुता। **स्थल**-वस्तु। **सहेतु**-उद्देश्य से। **भव**-संसार। **जलनिधि**-समुद्र। **सेतु**-पुल। **रक्षक**-उद्धारकर्त्ता।

अर्थ—जो पशु किसी उद्देश्य या प्रयोजन के लिए पाले जा सकते हैं, वे शत्रुता की वस्तु नहीं। हमारा विकास यदि पशुओं से कुछ भी अधिक है, तो हमें चाहिए कि इस संसार रूपी समुद्र में हम उनके उद्धार और रक्षा का कारण बनें।

"मैं यह तो मान नहीं सकता सुख सहज लब्ध यों छूट जायँ;
जीवन का जो संघर्ष चले वह विफल रहे हम छले जायँ।

शब्दार्थ—**सहज लब्ध**-सरलता से प्राप्त। **संघर्ष**-युद्ध। **विफल**-असफल। **छले जायँ**-ऐश्वर्यों से वंचित रहे।

अर्थ—मनु बोले—जो सुख सरलता से प्राप्त किये जा सकते हैं, उन्हें हम यों ही छोड़ दें, इस बात को तो मैं नहीं मानता। जीवन एक युद्ध है। उसमें हम असफल रहें और संसार के ऐश्वर्यों से वंचित होना पड़े, यह भी मुझे स्वीकार नहीं ।

काली आँखों की तारा में, मैं देखूँ अपना चित्र धन्य;
मेरा मानस का मुकुर रहे, प्रतिबिम्बित तुमसे ही अनन्य।

शब्दार्थ–तारा-पुतली। **मानस**-मनु। **मुकुर**-दर्पण। **प्रतिबिंबित**-बिंब पड़ना, छवि का बसना। **अनन्य**-एक व्यक्ति के प्रति दृढ निष्ठा।

अर्थ–तुम्हारी आँखों की काली पुतलियों में अपनी ही मूर्ति देखकर मैं धन्य हो जाऊँ और मेरे मन के दर्पण में मैं केवल तुम्हारी की छवि झलकती रहे।

श्रद्धे ! यह नव संकल्प नहीं–चलने का लघु जीवन अमोल;
मैं उसको निश्चय भोग चलूँ जो सुख चलदल सा रहा डोल!

शब्दार्थ–नव-नवीन, विचित्र, विलक्षण। **संकल्प**-इच्छा। **चल दल**-पीपल का पत्ता। **डोल**-अस्थिर, चंचल।

अर्थ–हे श्रद्धा, तुम्हारी इस विचित्र इच्छा की पूर्ति मैं नहीं कर सकता। यह जीवन क्षणिक है; अतः अमूल्य है। जीवन का सुख उसी प्रकार अस्थिर है जैसे पीपल का पत्ता प्रतिपल चंचल रहता है। पर मैंने निश्चय किया है कि मैं उसका भोग करूँगा।

देखा क्या तुमने कभी नहीं स्वर्गीय सुखों पर प्रलय-नृत्य?
फिर नाश और चिर निद्रा है तब इतना क्यों विश्वास सत्य?

शब्दार्थ–स्वर्गीय सुख-बहुत बड़ा सुख। **प्रलयनृत्य**-विनाश। **चिर निद्रा**-मृत्यु। **विश्वास**-निष्ठा। **सत्य**-अडिग।

अर्थ–क्या संसार के बड़े से बड़े सुख को तुमने छिन्न-भिन्न होते नहीं देखा? जब सभी वस्तुओं का अंत विनाश में होता है और मृत्यु हमें सदा को सुलाने के लिए आती है, तब परोपकार, विकास, अहिंसा आदि के प्रति तुम्हारी इतनी अडिग निष्ठा क्यों है?

यह चिर प्रशांत मंगल की क्यों अभिलाषा इतनी रही जाग?
यह संचित क्यों हो रहा स्नेह किस पर इतनी हो सानुराग?

शब्दार्थ–चिर-स्थायी। **प्रशांत**-शांत। **मंगल**-कल्याण। **अभिलाषा**-कामना। **संचित**-एकत्र, इकट्ठी।

अर्थ–जब सब कहीं अशांति और विनाश है, तब एक स्थायी शांति और कल्याण की कामना तुम्हारे हृदय में क्यों उमड़ रही है? तुम हृदय में स्नेह सँजोकर क्यों रख रही हो? किस अन्य प्राणी के प्रति अब तुम अनुरागमयी हो रही हो?

यह जीवन का वरदान, मुझे दे दो रानी अपना दुलार!
केवल मेरी ही चिंता का तव चित्त वहन कर रहे भार।

शब्दार्थ–वरदान-सफलता। **दुलार**-प्यार। **वहन**-सहन। **भार**-बोझ।

अर्थ–हे रानी, अपना वह प्यार जो मेरे जीवन की सबसे बड़ी सफलता है, मुझे दे दो। मैं चाहता हूँ कि तुम्हारा हृदय केवल मेरी ही चिंता का भार लिए रहे।

मेरा सुन्दर विश्राम बना सृजता हो मधुमय विश्व एक;
जिसमें बहती हो मधु धारा लहरें उठती हों एक-एक।"

शब्दार्थ–विश्राम-शांति देने वाला। **सृजता हो**-निर्माण करता हो। **मधुमय**-मधुर। **लहरें**-भावनाओं की तरंगें।

अर्थ–तुम्हारा हृदय मुझे विश्राम देने वाला सिद्ध हो। वह अपने भीतर मेरे प्रेम का मधुर संसार निर्मित करे। उस संसार में मेरे अनुराग की ही मधुर धारा बहे और उस धारा में मेरे प्रति भावनाओं की लहरें एक-एक करके उठें।

"मैंने जो एक बनाया है चल कर देखो मेरा कुटीर;"
यों कहकर श्रद्धा हाथ पकड़ मनु को ले चली वहीं अधीर।

शब्दार्थ–**कुटीर**-कुटिया। **अधीर**-जल्दी।

अर्थ–मनु की बातों का कोई उत्तर न देती हुई श्रद्धा बोली–चलो, मैंने जो अपनी एक कुटिया बनाई है, उसे देख लो। इतना कह, मनु का हाथ पकड़कर वह उन्हें जल्दी-जल्दी ले चली।

उस गुफा समीप पुआलों की छाजन छोटी सी शांति-पुंज;
कोमल लतिकाओं की डालें मिल सघन बनातीं जहाँ कुंज।

शब्दार्थ–**पुआलों**-दाने झड़े धान के डंठल। **छाजन**-पटाव, छप्पर। **शान्ति-पुंज**- शान्तिप्रद।

अर्थ–गुफा के ही समीप धानों के डंठलों का शान्तिप्रद एक पटाव था जहाँ कोमल लताओं की घनी डालों से एक कुंज बन गया था।

थे वातायन भी कटे हुए प्राचीर पर्णमय रचित शुभ्र;
आवें क्षण भर तो चले जायँ रुक जायँ कहीं न समीर, अभ्र।

शब्दार्थ–**वातायन**-झरोखे, खिड़की। **प्राचीर**-दीवाल। **पर्ण**-पत्ते। **शुभ्र**-स्वच्छ। **समीर**-पवन। **अभ्र**-बादल।

अर्थ–पत्तों की बनी स्वच्छ दीवाल थी। उसमें काट कर खिड़कियाँ बनाई गई थीं जिनमें होकर यदि पवन और बादल के टुकड़े आवें तो रुके न रहें, भीतर प्रवेश करके स्वच्छता से शीघ्र ही बाहर जा सकें।

उसमें था झूला पड़ा हुआ वेतसी लता का सुरुचिपूर्ण;
बिछ रहा धरातल पर चिकना सुमनों का कोमल सुरभि चूर्ण।

शब्दार्थ–**वेतसी लता**-बेंत। **सुरुचिपूर्ण**-सुन्दर। **धरातल**-पृथ्वी। **सुरभि चूर्ण**-सुगंधित पराग।

अर्थ–कुटिया के भीतर बेंतों का बना सुंदर झूला पड़ा था। पृथ्वी पर फूलों का चिकना कोमल सुगंधित पराग बिछा था।

कितनी मीठी अभिलाषाएँ उसमें चुपके से रहीं घूम!
कितने मंगल के मधुर गान उसके कोनों को रहे चूम!

शब्दार्थ–**अभिलाषाएँ**-कामनाएँ। **घूमना**-विचरण करना। **मंगल**-शुभ, मांगलिक।

अर्थ–उस कुटिया में श्रद्धा के हृदय की बहुत सी मधुर कामनाएँ चुपचाप विचरण कर रही थीं। उनके कोनों पर श्रद्धा के कितने ही मीठे मांगलिक गीत मँडरा रहे थे।

भाव यह कि जब श्रद्धा उस कुटिया में बैठती तभी सोचती थी–मेरा नन्हा सा बच्चा इस झूले पर झूलेगा, मैं उसे गोद में लूँगी, फूलों की शय्या पर वह घुटनों के बल चलेगा, हँसे, रूठेगा आदि। इसी प्रकार वह उन शुभ गीतों को भी गुनगुनाती रहती थी जिन्हें वह

अपने शिशु को लोरी रूप में या वैसे ही प्रसन्न करने को सुनावेगी।

मनु देख रहे थे चकित नया यह गृह-लक्ष्मी का गृह-विधान!
पर कुछ अच्छा सा नहीं लगा 'यह क्यों? किसका सुख साभिमान?'

शब्दार्थ–चकित-आश्चर्य में आकर। **गृह लक्ष्मी**-पत्नी जो घर की लक्ष्मी कहलाती है। **गृहविधान**-गृह निर्माण कला। **साभिमान**-सगर्व।

अर्थ–मनु ने चकित होकर गृहलक्ष्मी श्रद्धा के गृहनिर्माण की इस नवीन कला को देखा। पर उन्हें इससे किसी प्रकार की प्रसन्नता न हुई। वे सोचने लगे–यह सब क्यों? इस सुख का गर्व के साथ उपभोग कौन करेगा?

चुप थे पर श्रद्धा ही बोली "देखो यह तो बन गया नीड़;
पर इसमें कलरव करने को आकुल न हो रही अभी भीड़।

शब्दार्थ–नीड़-घोंसला। **कलरव**-चहचहाहट, मधुर ध्वनि। **आकुल**-चंचल। **भीड़**-बच्चे।

अर्थ–वे चुप ही रहे। इतने में श्रद्धा ने समझाया–देखो यह घोंसला तो बन गया, पर इसमें चहचहाहट करने वाली शिशुओं की चंचल भीड़ अभी नहीं आई।

तुम दूर चले जाते हो जब तब लेकर तकली यहाँ बैठ;
मैं उसे फिराती रहती हूँ अपनी निर्जनता बीच पैठ।

शब्दार्थ–निर्जनता-सूनापन। **पैठ**-डूबना।

अर्थ–जब तुम दूर चले जाते हो, उस समय मैं यहाँ बैठी हुई तकली घुमाती रहती हूँ और अपने चारों ओर के सूनेपन में डूब जाती हूँ।

मैं बैठी गाती हूँ तकली के प्रतिवर्त्तन में स्वर विभोर–
चल री तकली धीरे धीरे प्रिय गये खेलने को अहेर।

शब्दार्थ–प्रतिवर्त्तन-चक्कर, घुमाव। **विभोर**-मग्न। **अहेर**-आखेट, शिकार।

अर्थ–जैसे तकली चक्कर काटती है, वैसे ही वैसे मैं लय में मग्न होकर बैठी हुई गाती रहती हूँ–मेरी तकली तू धीरे-धीरे घूम। मेरे प्रियतम आखेट करने गये हैं।

जीवन का कोमल तंतु बढ़े तेरी ही मंजुलता समान;
चिर नग्न प्राण उनमें लिपटें सुन्दरता का कुछ बढ़े मान।

शब्दार्थ–तंतु-धागे और भावनाएँ। **मंजुलता**-रम्यता।

अर्थ–जैसे तुम्हारे धागे कोमल हैं और बढ़ते जा रहे हैं, जीवन की कोमल भावनाएँ भी वैसे ही रम्यता धारण करें तथा विकसित हों। जैसे तुम्हारे धागों से बुने वस्त्र से नग्न शरीर जब ढक जाता है, तब बाह्य सुन्दरता को निखार देता है, वैसे ही सभ्य को अंगीकार कर मन के सौंदर्य का मूल्य बढ़ जाय।

किरनों सी तू बुन दे उज्ज्वल मेरे मधु जीवन का प्रभात;
जिसमें निर्वसना प्रकृति सरल ढँक ले प्रकाश से नवल गात।

शब्दार्थ–प्रभात-प्रातःकाल और नवजात शिशु। **निर्वसना**-वस्त्रहीन, नग्न। **नवल गात**-नवीन देह।

अर्थ–जैसे प्रभात काल में उज्ज्वल किरणों का वस्त्र ओढ़े भोली-भाली प्रकृति प्रकाश से अपने नग्न शरीर को ढक लेती है, वैसे ही मेरे जीवन के मधुर प्रभात अर्थात् मेरे बच्चे को तू अपने किरन जैसे उजले धागों से बुने वस्त्र से ढक देना, जिससे वह नंगा सरल शिशु अपने नवीन गात को तेरी शुभ्रता में छिपा ले।

वासना भरी उन आँखों पर आवरण डाल दे कांतिमान;
जिसमें सौंदर्य निखर आवे लतिका में फुल्ल कुसुम समान।

शब्दार्थ–**आवरण**-परदा। **कांतिमान**-रम्य। **फुल्ल**-खिले।

अर्थ–हे तकली, तेरे द्वारा बुना वस्त्र नग्न शरीर को वासना की दृष्टि से देखने वाली आँखों के लिए एक रम्य आवरण का काम देगा। खुले शरीर का सौंदर्य वस्त्रों में कुछ-कुछ वैसे ही निखर आवेगा जैसे खिला पुष्प लता की आड़ में और भी रम्य प्रतीत होता है।

अब वह आगन्तुक गुफा बीच पशु सा न रहे निर्वसन नग्न;
अपने अभाव की जड़ता में वह रह न सकेगा कभी मग्न।

शब्दार्थ–**आगन्तुक**-जो आवे, यहाँ श्रद्धा की आगामी संतति से तात्पर्य है। **निर्वसन**-वस्त्रहीन। **जड़ता**-अनुभूति शून्यता, अनुभवहीनता। **मग्न**-प्रसन्न, संतुष्ट।

अर्थ–भविष्य में जो शिशु मेरे गर्भ से जन्म लेगा, वह गुफाओं में पशुओं के समान वस्त्रहीन और नंगा न रहेगा। वह ऐसे जीवन से कभी संतुष्ट न होगा जिसमें अभाव की अनुभूति ही नहीं होती।

सूना न रहेगा यह मेरा लघु विश्व कभी जब रहोगे न;
मैं उसके लिए बिछाऊँगी फूलों के रस का मृदुल फेन।

शब्दार्थ–**लघु**-छोटा। **विश्व**-संसार, गृहस्थी। **मृदुल**-कोमल। **फेन**-पराग।

अर्थ–जब तुम कहीं चले भी जाया करोगे, तब भी मेरा यह छोटा सा संसार सूना न रहेगा। उस बीच मैं अपने शिशु के लिए मकरंद से सना फूलों के पराग का बिछौना बिछाऊँगी।

झूले पर उसे झुलाऊँगी दुलरा कर लूँगी वदन चूम;
मेरी छाती से लिपटा इस घाटी में लेगा सहज घूम।

शब्दार्थ–**दुलरा कर**-प्यार से। **लिपटा**-चिपटा।

अर्थ–मैं उसे झूले पर झुलाया करूँगी। प्यार से उसका मुख चूमा करूँगी। वह मेरी छाती से चिपट कर इस घाटी में सरलता से घूम आया करेगा।

वह आवेगा मृदु मलयज सा लहराता अपने मसृण बाल;
उसके अधरों से फैलेगा नवमधुमय स्मिति-लतिका-प्रवाल।

शब्दार्थ–**मृदु**-कोमल। **मलयज**-मलय पर्वत से, जिस पर चंदन के वृक्षों की अधिकता है, चलने वाला पवन। **मसृण**-चिकने। **मधुमय**-सरलता। **स्मिति**-हास्य। **प्रवाल**-किशलय, नवीन कोमल अरुणवर्ती पत्ती।

अर्थ–अपने चिकने बालों को हिलाता हुआ वह मृदु मलय पवन के समान मस्त गति से आवेगा। उसके अधरों से नवीन मधुर मुस्कान ऐसे फूट उठेगी जैसे लता से फूटने वाले

अरुण किसलय (पत्ते) पर नवीन रस सरसता।

अपनी मीठी रसना से वह बोलेगा ऐसे मधुर बोल;
मेरी पीड़ा पर छिड़केगा जो कुसुम धूलि मकरंद घोल।

शब्दार्थ–रसना-जिह्वा, वाणी। **कुसुम धूलि**-पराग। **मकरंद**-पुष्परस।

अर्थ–अपनी मधुर वाणी से वह ऐसी मीठी बातें मुझसे किया करेगा मानो मेरी पीड़ा दूर करने के लिए वह पराग को मकरंद में घोलकर छिड़क रहा हो।

वि०–मकरंद में पराग को घोलने से एक लेप सा तैयार होता है और प्रसिद्ध है शीतल लेप ताप का शमन करता है।

मेरी आँखों का सब पानी तब बन जायेगा अमृत स्निग्ध;
उन निर्विकार नयनों में जब देखूँगी अपना चित्र मुग्ध!"

शब्दार्थ–पानी-अश्रुबिंदु। **अमृत**-सुख की बूँदें। **स्निग्ध**-कोमल, यहाँ सुंदर। **निर्विकार**-सरल। **अपना चित्र**-अपने प्रति ममता।

अर्थ–तुम्हारे वियोग में जब मैं आँसू बहाऊँगी और इधर उसकी सरल आँखों में अपने प्रति ममता देखकर मुग्ध होऊँगी, उस समय वे अश्रुबिंदु सुन्दर अमृत बिंदुओं (सुख के आँसुओं) में बदल जाया करेंगे।

"तुम फूल उठोगी लतिका सी कम्पित कर सुख सौरभ तरंग;
मैं सुरभि खोजता भटकूँगा वन-वन बन कस्तूरी कुरंग।

शब्दार्थ–फूल उठना-लता पर फूल आना और मनुष्य का प्रसन्न होना। **कंपित**-बखेरना और सिहरना। **सौरभ**-गंध। **कस्तूरी मृग**-एक प्रकार का हिरण जिसकी नाभि में सुगन्धित कस्तूरी रहती है।

अर्थ–श्रद्धा की बातें सुनकर मनु कहने लगे-सुगन्ध की लहरें बिखेरती हुई जैसे लता फूल उठती है, उसी प्रकार तुम तो सुख की भावनाओं से सिहर कर अपने में समा न सकोगी; पर मैं फिर भी कस्तूरी मृग की तरह सुगंध (सुख) की खोज में जंगल-जंगल सूने में भटकता फिरूँगा।

यह जलन नहीं सह सकता मैं चाहिए मुझे मेरा ममत्व;
इस पंचभूत की रचना में मैं रमण करूँ बन एक तत्व।

शब्दार्थ–जलन-आंतरिक दाह या पीड़ा। **ममत्व**-प्यार। **पंचभूत**-पृथ्वी, जल, अग्नि, वायु और आकाश जो महाभूत कहलाते हैं। **रमण**-रमना, भोगना। **एक तत्व**-अकेला, ईश्वरीय तत्व।

अर्थ–इस आंतरिक दाह को मैं और अधिक नहीं सह सकता। मुझे प्यार चाहिए। इस जगत में जैसे सभी कहीं ईश्वरीय तत्व समाया हुआ है, उसी प्रकार मैं इस सम्पूर्ण संसार के सुखों का भोग अकेला ही करना चाहता हूँ।

यह द्वैत, अरे यह द्विविधा तो है प्रेम बाँटने का प्रकार!
भिक्षुक मैं? ना, यह कभी नहीं मैं लौटा लूँगा निज विचार।

शब्दार्थ–द्वैत-एक दार्शनिक सिद्धान्त जिसमें आत्मा और परमात्मा दोनों की सत्ता

मानी जाती है, पर यहाँ केवल दो व्यक्तियों से तात्पर्य है। **द्विविधा**-दो टुकड़े। **विचार**-इच्छा।

अर्थ–मेरे अतिरिक्त कोई दूसरा तुम्हारे अनुराग का अधिकारी हो, यह तो प्रेम के दो टुकड़े करने हुए, प्रेम बाँटने का एक ढंग निकल आया। मैं कोई भिखारी हूँ? नहीं? यह सम्भव नहीं। यदि ऐसा होगा, तो मैं इस इच्छा को ही खींच लूँगा कि मुझे तुमसे प्रेम प्राप्त करना है।

तुम दानशीलता से अपनी बन सजल जलद वितरो न विंदु;
इस सुख नभ में मैं विचरूँगा बन सकल कलाधर शरद इंदु।

शब्दार्थ–दानशीलता-दानियों का स्वभाव। **सजल**-जल भरे। **जलद**-बादल। **सकल कलाधर**-सोलह कलाओं से परिपूर्ण। **शरद इंदु**-शरत् ऋतु का चंद्रमा जो सभी ऋतुओं से स्वच्छ और मधुवर्षी होता है।

अर्थ–जल भरे बादलों के समान तुम अपनी दानशीलता प्रदर्शित करती हुई प्रेम की बूँदें सभी कहीं बाँटती घूमो, यह मुझे सहन नहीं। आनन्द के आकाश में पूर्ण कला वाले शरद् ऋतु के समान मैं एकाकी ही विचरण करना चाहता हूँ अर्थात् सुख का उपभोग अकेले ही करूँगा, अन्य को न करने दूँगा।

भूले से कभी निहारोगी कर आकर्षणमय हास एक;
मायाविनि ! मैं न उसे लूँगा वरदान समझ कर, जानु टेक!

शब्दार्थ–आकर्षणमय-आकर्षक। **हास**-मुस्कान। **मायाविनि**-जादू का प्रभाव रखने वाली। **जानु टेक**-घुटने टेक, विनम्रता से।

अर्थ–आकर्षक मुस्कान अधरों पर लाती हुई अब तो तुम भूले से कभी-कभी मेरी ओर देखा करोगी। हे जादू का सा प्रभाव रखने वाली, मैं उन व्यक्तियों में से नहीं हूँ जो इस प्रकार के दयाजनित प्रेम को घुटने टेक कर (विनम्रता से) उसे वरदान समझ स्वीकार करें।

इस दीन अनुग्रह का मुझ पर तुम बोझ डालने में समर्थ;
अपने को मत समझो श्रद्धे ! होगा प्रयास यह सदा व्यर्थ!

शब्दार्थ–दीन-प्रेम के लिये लालायित व्यक्ति के प्रति। **अनुग्रह**-दया। **बोझ**-कृतज्ञता का भार। **प्रयास**-प्रयत्न। **व्यर्थ**-विफल, बेकार।

अर्थ–हे श्रद्धा, तुम जो मुझे दीन समझकर मेरे ऊपर कृपा कर रही हो, इसके भार से तुम मुझे दबा सकोगी, इस विचार को अपने हृदय से निकाल दो। तुम्हारा यह प्रयत्न अब व्यर्थ सिद्ध होगा।

तुम अपने सुख से सुखी रहो मुझको दुख पाने दो स्वतंत्र;
'मन की परवशता महा दुःख' मैं यही जपूँगा महामंत्र!

शब्दार्थ–स्वतंत्र-पृथक् होकर। **परवशता**-परतंत्रता, विवशता। **मंत्र**-सिद्धान्त।

अर्थ–अपने सुख को लेकर तुम सुखी रहो। मैं तुमसे पृथक् होकर रहना चाहता हूँ, चाहे इससे मुझे दुःख ही मिले। अब मैं इसी सिद्धान्त को बार-बार दुहराऊँगा कि संसार में सबसे बड़ा दुःख यह है कि किसी का मन किसी के प्रति विवश हो जाय।

लो चला आज मैं छोड़ यहीं संचित संवेदन भार पुंज;
मुझको काँटे ही मिलें धन्य ! हो सफल तुम्हें ही कुसुम कंज।''

शब्दार्थ–संचित-एकत्र, संजोया हुआ। **संवेदन**-प्रेम की अनुभूतियाँ। **भार**-बोझ, गठरी। **पुंज**-समूह। **काँटे**-कष्ट। **कुसुम कंज**-सुख।

अर्थ–प्रेम की जिन अनुभूतियों को मैंने अब तक सँजोया था, उनकी गठरी को आज मैं यहीं पटके जाता हूँ। इन्हें सँभालो। मुझे कष्ट मिले, मैं उसी में सुखी रहूँगा। तुम्हारा कुसुम-कुंज तुम्हें ही फूले-फले।

कह, ज्वलनशील अंतर लेकर मनु चले गए, था शून्य प्रांत;
''रुक जा, सुन ले ओ निर्मोही!'' वह कहती रही अधीर श्रांत!

शब्दार्थ–ज्वलनशील-ईर्ष्या की अग्नि में जलता। **अन्तर**-हृदय। **प्रांत**-स्थान। **निर्मोही**-निष्ठुर, कठोर। **श्रांत**-थकना।

अर्थ–इतना कहकर और अपने उस हृदय को लेकर, जो ईर्ष्या की अग्नि में जल रहा था, मनु चले गये। वह स्थान तब सूना हो गया। कामायनी अत्यन्त अधीरता से इस प्रकार चिल्लाते-चिल्लाते थक कर शांत हो गई कि अरे कठोर, रुक, मेरी बात तो सुनता जा।

इड़ा

कथा—श्रद्धा का परित्याग कर मनु अनेक स्थानों में घूमते फिरे। पर शांति उन्हें कहीं नहीं मिली। एक दिन वे सारस्वत प्रदेश में जा निकले। सरस्वती नदी के किनारे बसा यह राज्य भूचाल से एकदम नष्ट-भ्रष्ट हो गया। मनु थके हुए थे और एक स्थान पर लेटे-लेटे सोच रहे थे—जीवन क्या है? जगत् क्या है? मनुष्य क्या है? हमारे अस्तित्व का तात्पर्य और उद्देश्य क्या है? कुछ हो, मैं जीवन का आदर्श जड़ हिमालय को नहीं बनाना चाहता, पवन और सूर्य को बनाना चाहता हूँ। मैं अकर्मण्यता को प्रश्रय नहीं देना चाहता, कर्मशील बनना चाहता हूँ। अच्छा, जीवन में इतनी भारी निराशा और असफलताओं के बीच हृदय में इतना मोह कैसे बचा रहता है? प्राणों की यह पुकार क्या चाहती है?

उजड़े सारस्वत प्रदेश की ओर देखकर उन्हें बड़ी पीड़ा हुई। विजयी इंद्र के नगर की ऐसी दुर्दशा ! असुरों और देवों के द्वन्द्व के वे दिन याद आये जब अपने-अपने विशिष्ट सिद्धान्तों को लेकर वे एक-दूसरे का व्यर्थ विरोध करते थे। फिर उन्हें श्रद्धा की याद आई। इसी समय आकाश में काम की वाणी उन्हें सुनाई दी : तुम्हारे दुःख का कारण यह है कि संसार को नश्वर समझकर तुमने उसे भोगना चाहा और भोग से बाहर सुख की कल्पना की ही नहीं। तुम स्वार्थी ही नहीं, अहंकारी भी हो। अपने दुःख के लिए अपना दोष नहीं देखते, दूसरों को दोषी ठहराते हो। श्रद्धा के केवल शरीर के प्रेमी रहे तुम, उसकी निर्मल आत्मा के भीतर तुमने नहीं झाँका। अब तुम जिस नवीन मानव राज्य की स्थापना करने जा रहे हो उसमें सदा द्वेष, कलह, संकीर्णता, भेद, निराशा, पीड़ा का साम्राज्य रहेगा। भविष्य में प्राणियों की भक्ति में भेद, प्रेम में स्वार्थ रहेगा। रातदिन युद्ध होंगे। मनुष्य भाग्यवादी, अज्ञानी, अहंकारी होंगे। ललित-कलाओं में कभी किसी स्थायी वस्तु की सृष्टि न कर सकेंगे। जन्म से लेकर मृत्यु पर्यन्त उनके जीवन में घोर अशान्ति छायी रहेगी।

काम की यह वाणी सुन मनु उदास हो गये। इतनें में प्रभात काल हुआ और उस रम्य वातावरण के पट पर उन्होंने एक अनिंद्य सुंदरी बालिका को देखा। उसका नाम इड़ा था और वह उस प्रदेश की महारानी थी। जब वह मनु के पास आई, तो दोनों ने एक दूसरे को अपना परिचय दिया। इड़ा ने जब अपनी उजड़ी राजधानी में मनु का स्वागत करना चाहा, तब उन्होंने अपने दुःख की चर्चा उससे की। इड़ा ने कहा—मैं तो यह समझती हूँ कि सुख प्राप्ति के लिए मनुष्य को अपनी बुद्धि से काम लेना चाहिए। ईश्वर पर निर्भर रहना सबसे बड़ी मूर्खता है। यह पृथ्वी अनन्त ऐश्वर्यों से परिपूर्ण है और मनुष्य इसका एकमात्र स्वामी है। ऐसी दशा में, उसे क्या आवश्यकता पड़ी है कि वह किसी अलक्ष्य शक्ति के सामने सिर झुकावे।

यह बात मनु के समझ में आ गई और वे उस दिन से ध्वस्त सारस्वत साम्राज्य के पुनर्निर्माण में लगे।

"किस गहन गुहा से अति अधीर
झंझा प्रवाह सा निकला यह जीवन विक्षुब्ध महा समीर
ले साथ विकल परमाणु पुंज नभ, अनिल, अनल, क्षिति और नीर
भयभीत सभी को भय देता भय की उपासना में विलीन
प्राणी कटुता को बाँट रहा जगती को करता अधिक दीन
निर्माण और प्रतिपद विनाश में दिखलाता अपनी क्षमता
संघर्ष कर रहा सा सबसे, सब से विराग सब पर ममता
अस्तित्व चिरंतन धनु से कब यह छूट पड़ा है विषम तीर
किस लक्ष्य-भेद को शून्य चीर?"

शब्दार्थ–गहन-गहरी। **अधीर**-आकुल। **झंझा**-आँधी। **विक्षुब्ध**-क्रुद्ध। **समीर**-पवन। **विकल**-चंचल। **परमाणु**-अणु। **अनिल**-वायु। **अनल**-अग्नि। **क्षिति**-पृथ्वी। **नीर**-जल। **विलीन**-नष्ट। **कटुता**-पीड़ा। **दीन**-दुःखी। **निर्माण**-रचना। **प्रतिपद**-पद पद पर। **विनाश**-नाश कर्म। **क्षमता**-योग्यता। **संघर्ष**-युद्ध, प्रतियोगिता। **विराग**-उदासीनता। **ममता**-अनुराग। **अस्तित्व**-जीवन। **चिरंतन**-सनातन। **विषम**-तीखा, नुकीला। **लक्ष्य**-उद्देश्य। **शून्य**-सृष्टि। **चीर**-पूर्ति।

किसी एकान्त स्थान में अधिष्ठित मनु जीवन और उसकी समस्याओं पर विचार कर रहे हैं:–

अर्थ–जैसे पवन क्षुब्ध होकर आकाश के खोखले से आँधी का रूप धारण करके निकल पड़ता है, वैसे ही जीवन भी किसी आकुल क्षुब्ध आँधी के प्रवाह के समान है, पर यह किस अगम्य गुहा (उद्‌गम) से प्रकट होता है इस बात का पता नहीं। जैसे आँधी धूलि के चंचल कणों को साथ लिए घूमती है, वैसे ही यह भी आकाश, वायु, अग्नि, पृथ्वी और जल के चंचल अणु-समूहों से निर्मित है।

जीवधारी इधर स्वयं सभी से डरता है, पर साथ ही दूसरों को आतंकित भी करता जाता है। इस प्रकार भय की उपासना सी करता एक दिन वह मृत्यु के मुख में चला जाता है। संसार वैसे ही दीन है, पर मनुष्य अपने आचरण से जो पीड़ा पहुँचा रहा है, उससे जगत् और भी अधिक दुःखी है।

पद-पद पर वह अपनी योग्यता इस बात में प्रकट करता है कि अभी एक वस्तु का निर्माण करेगा, फिर दूसरे ही पल उसे नष्ट-भ्रष्ट कर डालेगा। जब से वह इस संसार में आया है, तब से प्रकृति के अन्य जीवधारियों तथा सहजातियों से संघर्ष (प्रतियोगिता) में लग्न है। अभी सब से विरक्त हो जाएगा, फिर एक ही क्षण के उपरांत सब पर अपना अनुराग बिखेर देगा।

प्राणी एक तीखे तीर के समान है। इस सम्बंध में एक तो इस बात का पता नहीं कि सनातन जीवन (भगवान) रूपी धनुष से वह कब पृथक् हुआ और दूसरे इस सूनेपन (शून्य में स्थित सृष्टि) में किस लक्ष्य को सिद्ध करेगा–किस उद्देश्य की पूर्ति के लिये बढ़ रहा है?

देखे मैंने वे शैल शृंग
जो अचल हिमानी से रंजित, उन्मुक्त, उपेक्षा भरे तुंग
अपने जड़ गौरव के प्रतीक वसुधा का कर अभिमान भंग
अपनी समाधि में रहे सुखी बह जाती हैं नदियाँ अबोध
कुछ स्वेद विंदु उसके लेकर वह स्तिमित नयन गत शोक क्रोध
स्थिर मुक्ति, प्रतिष्ठा मैं वैसी चाहता नहीं इस जीवन की
मैं तो अबाध गति मरुत सदृश, हूँ चाह रहा अपने मन की
जो चूम चला जाता अग जग प्रति पग में कम्पन की तरंग
-वह ज्वलन शील गतिमय पतंग।

शब्दार्थ—**शृंग**-चोटियाँ। **हिमानी**-हिम, बर्फ। **रंजित**-युक्त, मंडित, सुशोभित। **उन्मुक्त**-स्वतंत्र। **उपेक्षा**-तिरस्कार। **तुंग**-ऊँचे। **प्रतीक**-प्रतिमा। **अबोध**-सरला। **स्तिमित**-स्थिर, शांत। **गत**-रहित। **स्थिर**-जड़। **प्रतिष्ठा**-लक्ष्य, साधना। **अबाध**-स्वतंत्र। **मरुत**-पवन। **अग**-जड़। **जग**-चेतन। **कंपन**-हलचल। **ज्वलनशील**-जलता हुआ। **पतंग**-सूर्य।

अर्थ—मैंने पर्वत की वे चोटियाँ देखी हैं जो अचल हिम से मंडित हैं, स्वतंत्रता का अनुभव कर रही हैं, ऊँची हैं और नीचे की सभी वस्तुओं को इसी से मानो तिरस्कार की दृष्टि से देखती हैं। पृथ्वी भी जड़ है, पर इस विषय में इन्होंने उसके अभिमान को भी मिटा दिया है, क्योंकि प्राणियों के रूप में उस पर कुछ तो कोलाहल पाया जाता है, पर ये तो मानो जड़ता की पूरी प्रतिमा हैं। इन्हें अपनी इस शुद्ध जड़ता का गर्व है।

पर्वत अपनी मौन साधना में मग्न है। बहने वाली सरला सरिताएँ मानो उसी के शरीर की पसीने की बूँदें हैं। उस स्थिर नेत्र वाले (भाव शून्य) को न शोक होता है और न क्रोध आता है।

इस प्रकार की मुक्ति में एक प्रकार की जड़ता है; अतः अपने जीवन का लक्ष्य मैं कम से कम इस प्रकार का नहीं रखना चाहता। मैं अपने मन की गति उस स्वतंत्र स्वभाव वाले पवन के समान चाहता हूँ, जो पग-पग पर हलचल की लहरें उठाता चलता है और जड़ तथा चेतन सभी को चूमता हुआ आगे बढ़ जाता है।

या फिर अपने जीवन का आदर्श उस सूर्य को बनाना चाहता हूँ जो जलता तो है, पर गति भरा भी है!

अपनी ज्वाला से कर प्रकाश
जब छोड़ चला आया सुन्दर प्रारंभिक जीवन का निवास
वन, गुहा, कुंज, मरु अंचल में हूँ खोज रहा अपना विकास
पागल मैं, किस पर सदय रहा? क्या मैंने ममता ली न तोड़ !
किस पर उदारता में रीझा ? किससे न लगा दी कड़ी होड़ !
इस विजन प्रांत में विलख रही मेरी पुकार उत्तर न मिला
लू सा झुलसाता दौड़ रहा कब मुझसे कोई फूल खिला

मैं स्वप्न देखता हूँ उजड़ा कल्पना लोक में कर निवास
देखा कब मैंने कुसुम हास।

शब्दार्थ–ज्वाला-हृदय की आग। **प्रकाश**-आलोक, यहाँ आग लगना। **प्रारम्भिक**-श्रद्धा का घर। **मरु अंचल**-मरुभूमि। **विकास**-उन्नति का पथ। **होड़**-संघर्ष। **विजन**-जनहीन। **प्रान्त**-स्थान। **विलख**-दुःखी होना। **पुकार**-पीड़ा। **उत्तर**-उलझन का समाधान। **झुलसाता**-कष्ट देना। **फूल**-कोमल हृदय व्यक्ति। **कुसुम हास**-फूलों के समान इच्छाओं का खिलना या पूरा होना।

अर्थ–जिस दिन जीवन के प्रथम सुन्दर निवास स्थान में अपने हृदय की अग्नि (ईर्ष्या) से आग लगाकर उसे छोड़ आया, उसी दिन से वन, गुफा, कुंज, मरुभूमि आदि सभी स्थानों में इस उद्देश्य से घूम रहा हूँ कि कहीं अपनी उन्नति का मार्ग पा सकूँ।

मैं पागल हूँ। मैंने किसी पर दया नहीं की। क्या श्रद्धा से मैंने ही ममता का सम्बन्ध नहीं तोड़ा? किसी पर आकर्षित होकर मैंने उदारता से काम नहीं लिया–सदा अपना स्वार्थ ही देखा। सबसे कड़े संघर्ष के लिए मैं तैयार रहा।

इस निर्जन भूमि में अपनी पीड़ा लेकर मैं दुःखी घूम रहा हूँ। मेरी उलझन का समाधान आज तक कहीं न हुआ। लू के चलने से जैसे फूल मुरझा जाता है, वैसे ही मैं जहाँ पहुँच जाता हूँ वहीं सभी किसी को कष्ट देता हूँ। आज तक किसी कोमल हृदय को मैं प्रसन्न न कर पाया।

मेरे सारे सपने उजड़ चुके हैं। कल्पना जगत् में मैं लीन रहता हूँ अर्थात् ऐसी-ऐसी कल्पनाएँ करता हूँ जो कभी पूरी नहीं हो सकती। मैंने अपनी इच्छाओं को पूरा होते कभी देखा ही नहीं।

इस दुखमय जीवन का प्रकाश
नभ नील लता की डालों में उलझा अपने सुख से हताश
कलियाँ जिनको मैं समझ रहा वे काँटे बिखरे आस पास
कितना बीहड़ पथ चला और पड़ रहा कहीं थक कर नितांत
उन्मुक्त शिखर हँसते मुझ पर रोता मैं निर्वासित अशांत
इस नियति नटी के अति भीषण अभिनय की छाया नाच रही
खोखली शून्यता में प्रतिपद असफलता अधिक कुलाँच रही
पावस रजनी में जुगुनू गण को दौड़ पकड़ता मैं निराश
उन ज्योति कणों का कर विनाश!

शब्दार्थ–हताश-निराश, हीन। **कलियाँ**-सुख देने वाली वस्तुएँ। **काँटें**-दुःख देने वाली वस्तुएँ। **बीहड़**-सूना, ऊबड़ खाबड़। **नितान्त**-एकदम। **उन्मुक्त**-स्वतंत्र, खुले हुए। **निर्वासित**-बहिष्कृत, घर से निकाला हुआ। **नियति**-भाग्य। **खोखली शून्यता**-अंतरिक्ष में बसा संसार। **कुलाँच**-उछलना, वेग धारण करना। **पावस रजनी**-वर्षा की रात, घोर निराशा। **जुगुनू गण**-सुखप्रद वस्तुएँ। **ज्योति कणों**-सुखों। **विनाश**-नष्ट, छिन्न-भिन्न।

अर्थ–नीला आकाश उस नीली लता के समान है जिसमें अनेक टहनियाँ हों और जैसे

टहनियों पर उजले फूल उलझे रहते हैं उसी प्रकार आकाश में सूर्य, चंद्र और नक्षत्रों के रूप में प्रकाश उलझा हुआ है। इस सुख से हीन दुःखी जीवन में जो आशा का प्रकाश शेष है वह भी नीले आकाश में उलझे आलोक के समान है। बाह्य जगत में अपने चारों ओर जिन वस्तुओं से मैं सुख प्राप्त करने की कामना करता हूँ, अन्त में वे दुःख देने वाली सिद्ध होती हैं।

जीवन का सूना पथ मैं बहुत कुछ काट चुका हूँ और अब चलते-चलते एकदम थक जाता हूँ, तब रुक जाता हूँ। आज मैं अपने कर्मों के कारण ही अपने घर से बहिष्कृत (निकाल दिया गया) सा हो गया हूँ। कभी-कभी अशांत होने के कारण मैं रोने लगता हूँ। इधर प्रकृति में पर्वत की ये खुली चोटियाँ कोलाहल करती नदियों के रूप में मानो मेरी उस दशा पर हँसती सी रहती हैं।

इस जगत् में भाग्य-नटी का बड़ा भयंकर छाया नृत्य हो रहा है अर्थात् भाग्य ने सभी को आकुल कर रखा है। इस सूने खोखले में अर्थात् अंतरिक्ष में बसे संसार में पद-पद पर असफलता ही अधिक वेग धारण करती दिखाई पड़ती है।

वर्षा की रातों में जुगुनुओं को दौड़कर जो इस आशा से पकड़ता है कि वह इनसे प्रकाश पा सकेगा, वह प्रकाश तो पाता नहीं, उल्टे उनकी हत्या और कर देता है। इसी प्रकार अपनी घोर निराशा में जिस वस्तु को भी मैं अपनी मुट्ठी में इसलिए भरता हूँ कि इससे सुख मिल जाय, उससे सुख तो प्राप्त होता नहीं, उल्टे उस सुख की सत्ता ही मिट जाती है। तात्पर्य यह है कि जुगुनुओं के समान प्रत्येक वस्तु स्वतंत्र रहकर ही प्रकाश (सहारा) दे सकती है। परतन्त्र होते ही उसकी शक्ति छिन्न-भिन्न हो जाती है।

जीवन निशीथ के अंधकार!
तू नील तुहिन जल-निधि बन कर फैला है कितना वार पार
कितनी चेतनता की किरनें हैं डूब रहीं ये निर्विकार
कितना मादक तम, निखिल भुवन भर रहा भूमिका में अभंग
तू मूर्त्तिमान हो छिप जाता प्रतिपल के परिवर्त्तन अनंग
ममता की क्षीण अरुण रेखा खिलती है तुझमें ज्योति कला
जैसे सुहागिनी की ऊर्मिल अलकों में कुंकुमचूर्ण भला
रे चिरनिवास विश्राम प्राण के मोह जलद छाया उदार
माया रानी के केशभार!

शब्दार्थ–निशीथ-रात। **अंधकार**-तम, निराशा। **तुहिन**-कुहरा। **जलनिधि**-समुद्र। **वार पार**-एक छोर से दूसरे छोर तक। **निर्विकार**-पवित्र, सात्विक। **मादक**-मस्त बना देने वाला। **निखिल**-समस्त। **भुवन**-सृष्टि। **भूमिका**-गोद। **अभंग**-पूरी। **मूर्त्तिमान**-साकार। **अनंग**-छिपे छिपे। **अरुण**-सूर्य, लाल रंग की, अनुरागमयी। **ज्योति कला**-प्रकाश। **सुहागिनी**-सौभाग्यवती स्त्री। **ऊर्मिल**-लहराती। **कुंकुमचूर्ण**-रोली का सिंदूर। **चिर**-सदैव। **निवास विश्राम**-रहने का स्थान। **जलद**-बादल। **उदार**-विस्तृत। **केश भार**-केश कलाप, केश समूह।

अर्थ–जीवन एक रात के समान है। जैसे अँधेरी रातों में संध्या होते ही आकाश के एक छोर से दूसरे छोर तक अंधकार नीले कुहरे के समुद्र के समान फैल जाता है, उसी

प्रकार सम्पूर्ण जीवन में निराशा का घना समुद्र भर गया है। संध्या कालीन सूर्य की अनंत पवित्र किरणें जैसे उक्त अँधेरे में समा जाती हैं, वैसे ही निराशा के छाते ही चेतना की बहुत ही उज्ज्वल किरणें (सात्विक भावनाएँ) लुप्त हो जाती हैं।

रजनी का तम जो समस्त सृष्टि को अपनी गोद में भर लेता है, स्वभाव से इतना मादक होता है कि उसमें प्राण मस्त होकर शयन करते हैं। इसी प्रकार निराशा, जो अपने में मनुष्य के सारे जीवन को समेट लेती है, स्वभाव से ऐसी तामसी वृत्ति वाली है कि जिस पर छाती है उसे निष्क्रिय बना देती है–कुछ भी करने योग्य नहीं रहने देती। पर छिपे-छिपे प्रतिक्षण उसके स्वरूप में कुछ भी परिवर्तन होता रहता है। अतः कुछ काल के लिए तो अंधकार के समान निराशा साकार होकर हमारी आँखों के सामने खड़ी हो जाती है, पर एक समय आता है जब वह दूर हो जाती है।

प्रभातकाल होते ही रजनी के अंधकार में जैसे सूर्य-किरण की एक ज्योतिरेखा फूट उठती है, उसी प्रकार निराशा में ममता की एक क्षीण उजली अरुणवर्णी (अनुरागमयी) रेखा विकसित होती है। यह ममत्व भावना निराश प्राणी को वैसे ही प्रिय लगती है जैसे सौभाग्यवती महिलाओं के लहराते बालों के बीच माँग का सिंदूर भला लगता है। हे निराशा, प्राण तो एक प्रकार से सदैव तुम्हीं को अपना विश्राम-गृह बनाये रहते हैं अर्थात् प्राण तो सदैव तुम्हीं (निराशा) से घिरे रहते हैं। हे निराशा, तुम मोहरूपी बादलों की विस्तृत छाया हो–भाव यह कि मन में जितना भारी मोह होगा, उतनी बड़ी निराशा जीवन में उत्पन्न होगी। और अरी निराशा, तुम्हें तो माया साम्राज्ञी का केश कलाप कहना चाहिये–तात्पर्य यह है कि जैसे रमणी की शोभा उसके केशों से है उसी प्रकार माया के शासन की शोभा निराशा से है–यह जगत माया के अधिकार में है और वह निराशा फैलाकर ही अपना प्रभुत्व प्रकट करती है।

वि०–इस छंद में संध्या से लेकर प्रभातकाल होने तक का पूरा दृश्य निराशा के रूप में चित्रित किया गया है।

नोट–इस गीत में एक स्थान पर 'तुहिन' का विशेषण 'नील' आया है। कुहरा श्वेत होता है, पर अलंकार-विधान में दृश्य की अनुरूपता के लिए कवि को यह अधिकार प्राप्त है कि वह संभव के साथ ही हेरफेर के साथ असंभव उपनाम भी जुटा सकता है।

जीवन निशीथ के अंधकार !
तू घूम रहा अभिलाषा के नव ज्वलन धूम सा दुर्निवार
जिसमें अपूर्ण लालसा, कसक, चिनगारी सी उठती पुकार
यौवन मधुवन की कालिंदी बह रही चूम कर सब दिगन्त
मन शिशु की क्रीड़ा नौकाएँ बस दौड़ लगाती हैं अनंत
कुहुकिनि अपलक दृग के अंजन ! हँसती तुझमें सुन्दर छलना
धूमिल रेखाओं से सजीव चंचल चित्रों की नव-कलना
इस चिर प्रवास श्यामल पथ में छाई पिक प्राणों की पुकार
बन नील प्रतिध्वनि नभ अपार।

शब्दार्थ–ज्वलन धूम सा-आग के उठे धुएँ के समान। **दुर्निवार**-जिनका निवारण न हो सके, अनिवार्य रूप से। **लालसा**-इच्छा। **कसक**-टीस, पीड़ा। **मधुवन**-मथुरा के पास यमुना के किनारे एक वन। **कालिंदी**-यमुना। **दिगन्त**-दिशाएँ। **क्रीड़ा नौकाएँ**-कागज की नावें। **कुहुकिनी**-मायाविनी। **अपलक दृग**-खुली या बड़ी आँखें। **छलना**-आकर्षण। **धूमिल**-धुँधली। **नव कलना**-नवीन सृष्टि। **प्रवास**-घर से दूर होना, सुख से दूर होना। **श्यामल पथ**-हरे भरे आम्रवनों में, अँधेरे पथ में। **पिक**-कोकिल।

अर्थ–जीवन एक रात है और उसकी निराशा उस रात में व्याप्त अंधकार–जिसमें कुछ सूझता नहीं, जिसमें सुख का प्रकाश लुप्त हो जाता है।

हे निराशा, जैसे आग के धुएँ को पृथक् नहीं किया जा सकता वैसे ही कामनाओं की आग से तुरन्त उठे हुए, उस धुएँ के समान तुम हृदय में अनिवार्य रूप से घुमड़ती हो, जिससे छुटकारा नहीं। जैसे आग से चिंगारियाँ फूटती हैं; उसी प्रकार तुम्हारे कारण जो इच्छाएँ पूरी नहीं हो पातीं वे अपनी पूर्ति के लिए और जो टीस उठती है वह अपनी शांति के लिए पुकार मचाती रहती है।

यौवन, मधुवन में बहने वाली यमुना के समान है। जैसे यमुना अपने जल से चारों दिशाओं (दो दिशाएँ लम्बाई की और दो चौड़ाई की) को छूकर बहती है उसी प्रकार यौवन अपनी सरसता से सभी को प्रभावित करता हुआ आगे बढ़ता है। शिशुओं की कागज की नावें जैसे कालिंदी में अनेक बार घूमकर भी किनारा नहीं पा सकतीं, उसी प्रकार यौवन काल में भोले मन में अनंत भावनाएँ उठती हैं जो कभी पूरा नहीं होतीं।

जिस प्रकार मायाविनी रमणी की आँखों में अंजन रेखा काली होने पर भी आकर्षक लगती है, उसी प्रकार हे निराशा, तुम अंधकारमयी होने पर भी यह आकर्षण छिपाये हुए हो कि किसी दिन तुम्हीं से आशा का जन्म होगा।

जिस प्रकार चित्रकार धुंधली रेखाओं ही से सुन्दर सजीव चित्रों की सृष्टि कर देता है उसी प्रकार हे निराशा, तुम्हारे धुँधले आवरण में आशाओं की सजीव मूर्तियाँ चंचलता से घूमती रहती हैं।

जिस प्रकार हरे-भरे कुंजों में कोकिल कूकने लगती है और उसकी वह पुकार असीम आकाश में प्रतिध्वनित हो उठती है, उसी प्रकार हे निराशा, जब तुम सभी प्रकार के सुखों से हमें दूर करती हो तब अपने सामने अँधेरा पक्ष पाकर प्राण पीड़ा से भर कराह उठते हैं और तब अनन्त नीले नभ में अर्थात् सभी कहीं वह करुण ध्वनि व्याप्त हो जाती है। भाव यह कि दुःखी मनुष्य को सभी स्थान पीड़ादायक प्रतीत होते हैं।

यह उजड़ा सूना नगर-प्रांत

जिसमें सुख दुख की परिभाषा विध्वस्त शिल्प सी हो नितान्त
निज विकृत वक्र रेखाओं से, प्राणी का भाग्य बनी अशांत
कितनी सुखमय स्मृतियाँ, अपूर्ण रुचि बन कर मँडराती विकीर्ण
इन ढेरों में दुखभरी कुरुचि दब रही अभी बन पत्र जीर्ण
आती दुलार को हिचकी सी सूने कोनों में कसक भरी
इस सूखे तरु पर मनोवृत्ति आकाश-बेलि सी रही हरी

जीवन समाधि के खंडहर पर जो जल उठते दीपक अशांत
फिर बुझ जाते वे स्वयं शांत।

शब्दार्थ–विध्वस्त-नष्ट। **शिल्प**-कला कृतियाँ; भवन; मंदिर; मूर्ति आदि। **नितांत**-एकदम। **विकृत**-अशोभन, असुन्दर। **वक्र**-टेढ़ी मेढ़ी। **रुचि**-इच्छा। **विकीर्ण**-यहाँ वहाँ छितरी हुई। **कुरुचि**-वीभत्स दृश्य। **पत्र**-पत्ते। **जीर्ण**-सूखे। **हिचकी**-संकोच, हिचकिचाहट। **कसक**-पीड़ा। **आकाशबेलि**-अमरबेल नाम की एक पीली लता जिसकी न जड़ होती है और न जिस पर पत्ते आते हैं, पर जिस वृक्ष पर यह छाती है उसे सुखा देती है, यद्यपि स्वयं हरी-भरी रहती है। **अशांत**-विकंपित होकर।

सारस्वत प्रदेश में पहुँचकर और भूकंप से ध्वस्त नगर देखकर मनु कहते हैं–

अर्थ–यह नगर भी उजड़ गया, सूना हो गया। इसके सुख-दुख की व्याख्या इसमें खड़ी शिल्प की वस्तुओं और फिर उनके एकदम नष्ट-भ्रष्ट होने की क्रिया से की जा सकती है अर्थात् सुन्दर भवन, मन्दिर, मूर्तियाँ जैसे कभी यहाँ खड़ी थीं वैसे ही सुख कुछ दिन को आता है और जैसे ही वे फिर ढह गईं वैसे ही वह एक दिन समाप्त हो जाता है और फिर दुःख छा जाता है।

खसे हुए महल टेढ़ी-मेढ़ी रेखाएँ बना रहे हैं। यह दृश्य इस बात की सूचना देता है कि मनुष्य का भाग्य भी इसी प्रकार वक्र और अशांतिप्रद है।

अपूर्ण इच्छाओं की बहुत सी सुखद स्मृतियाँ यहाँ वहाँ अभी तक मँडरा रही हैं अर्थात् मैं कल्पना कर सकता हूँ कि इसके बहुत से हत प्राणियों की बहुत सी कामनाएँ पूरी न हो सकेंगीं और मरते समय करुण श्वासों के रूप में ही वे उन सुखमयी स्मृतियों को यहाँ छोड़ गये होंगे।

जिस प्रकार पत्ता सूख कर डाल से गिर पड़ता है और फिर उसके प्रति कोई आकर्षण नहीं रहता, इसी प्रकार मकानों के ढेर के नीचे आहत प्राणी और पशु आदि दबे पड़े रहते हैं। यह दृश्य कितना वीभत्स (घिनौना) है।

इस नगर का स्वरूप बिगड़ गया है; अतः करुणा उत्पन्न होने पर भी इसे प्यार करने में हिचक लगती है। इसका कोना-कोना सूना हो गया है, जहाँ अब पीड़ा बरसती है।

जैसे अमरबेल जिस वृक्ष पर छाती है उसे तो सुखा देती है, पर स्वयं हरी-भरी रहती है, इसी प्रकार यह नगर उजड़ गया, पर इसकी कामनाएँ जीवित हैं।

समाधि के खंडहर पर यदि कोई दीपक जला दे तो थोड़ी देर तो वे विकंपित होकर जलते रहते हैं, फिर स्वयं ही बुझ जाते हैं, शांत हो जाते हैं। इसी प्रकार इस नगर का जीवन नष्ट-भ्रष्ट हो गया है, इसे देखने वाले व्यक्ति के हृदय में थोड़ी देर को इसके सम्बन्ध में व्यथित करने वाली कुछ वृत्तियाँ उगती हैं, फिर थोड़ी देर में वे स्वतः मिट जाती हैं, शांत हो जाती हैं।

यों सोच रहे मनु पड़े श्रांत
श्रद्धा का सुख साधन निवास जब छोड़ चले आये प्रशांत
पथ-पथ मैं भटक अटकते वे आये इस ऊजड़ नगर प्रांत
बहती सरस्वती वेग भरी निस्तब्ध हो रही निशा श्याम

नक्षत्र निरखते निर्निमेष वसुधा की वह गति विकल वाम
वृत्रघ्नी का वह जनाकीर्ण उपकूल आज कितना सूना
देवेश इंद्र की विजय कथा की स्मृति देती थी दुख दूना
वह पावन सारस्वत प्रदेश दुःस्वप्न देखता पड़ा क्लांत
फैला था चारों ओर ध्वांत।

शब्दार्थ—**श्रांत**-थकित। **सुख साधन**-सुखदायी। **प्रशांत**-घनी शांति वाला। **अटकते**-रुकते। **विकल**-व्याकुल। **वाम गति**-दुर्दशा। **वृत्रघ्नी**-वृत्रासुर को मारने वाले इन्द्र। **जनाकीर्ण**-प्राणियों से भरे। **उपकूल**-नदी तट पर बसा नगर। **दुःस्वप्न**-अशुभ दृश्य। **क्लांत**-थका हुआ। **ध्वांत**-अंधकार।

अर्थ—मनु थक कर किसी स्थान पर पड़ रहे थे और इस प्रकार सोच-विचार में लीन थे। जिस दिन से उन्होंने श्रद्धा का सुखदायी शांतिप्रद निवास स्थान छोड़ा था, उसी दिन से वे कभी किसी मार्ग पर निकल जाते और कभी किसी मार्ग पर। इस प्रकार भूलते-भटकते-रुकते वे इस उजाड़ नगर के निकट आये।

सरस्वती नदी तीव्र गति से बह रही थी। सन्नाटे से भरी काली रात थी। ऊपर आकाश में तारे टकटकी लगाकर पृथ्वी की वह व्यथा और दुर्दशा देख रहे थे।

वृत्रासुर को मारने वाले इंद्र का नदी तट पर बसा नगर जो कभी प्राणियों से भरा पूरा था आज कैसा सूना पड़ा था ! इसी स्थान पर देवताओं के अधिपति इंद्र ने असुरों पर विजय प्राप्त की थी, यह स्मृति और भी दुःख देती थी।

जैसे कोई मनुष्य दुःस्वप्न देखकर आकुल हो उठे, उसी प्रकार वह पवित्र सारस्वत देश नष्ट-भ्रष्ट नगर के रूप में एक अशुभ दृश्य देख रहा था और किसी थके हुए प्राणी के समान गिरा पड़ा था। उस समय चारों ओर अंधकार छा गया था।

"जीवन को लेकर नव विचार
जब चला द्वंद्व था असुरों में प्राणों की पूजा का प्रचार
उस ओर आत्मविश्वास निरत सुर वर्ग कह रहा था पुकार—
"मैं स्वयं सतत आराध्य आत्म मंगल उपासना में विभोर
उल्लासशील मैं शक्ति केन्द्र, किसकी खोजूँ फिर शरण और
आनंद उच्छलित शक्ति स्रोत, जीवन विकास वैचित्र्य भरा
अपना नव नव निर्माण किये रखता यह विश्व सदैव हरा"
प्राणों के सुख साधन में ही, संलग्न असुर करते सुधार
नियमों में बँधते दुर्निवार।

शब्दार्थ—**नव विचार**-नवीन दृष्टिकोण। **द्वन्द्व**-संघर्ष। **प्राणों की पूजा**-शारीरिक सुख की प्राप्ति। **आत्मविश्वास**-अपनी शक्ति पर विश्वास। **निरत**-लीन। **वर्ग**-समूह। **आराध्य**-पूज्य। **आत्म मंगल**-आत्म कल्याण। **विभोर**-लीन। **उल्लासशील**-आनंद का भोक्ता। **शक्ति केंद्र**-शक्ति का उद्गम। **उच्छलित**-उछलना, फूटना। **स्रोत**-झरना, उद्गम। **वैचित्र्य-भरा**-विचित्रताओं से पूर्ण, अद्भुत घटनाओं से पूर्ण। **संलग्न**-लीन। **दुर्निवार**-कठिन।

अर्थ–जीवन के एक नवीन दृष्टिकोण के कारण असुरों का सुरों से संघर्ष प्रारम्भ हुआ। असुरों ने समझा शरीर का सुख ही सब कुछ है अतः उसकी पूजा (प्राप्ति) का प्रचार उनमें बढ़ा।

दूसरी ओर देवताओं को अपनी शक्ति पर इतना भारी विश्वास था कि वे पुकार-पुकार कर कहते थे कि हमसे परे कोई शक्ति नहीं है। सदैव हम ही पूजनीय हैं। अपनी कल्याण कामना में लीन रहना ही उपासना है। हम ही आनंदमय और शक्ति के केन्द्र हैं! फिर हम किसे अपने से बड़ा स्वीकार कर उसकी शरण ग्रहण करें?

जैसे झरने से जल की धारा फूट पड़ती है, उसी प्रकार हमारे भीतर वह शक्ति भरी हुई है जिसके उद्गम से आनन्द ही आनन्द उमड़ कर बहता है। जीवन का जैसे-जैसे विकास होता है, वैसे ही वैसे अद्भुत घटनाओं के दर्शन इसमें होते हैं। इस प्रकार यह संसार नवीन-नवीन वस्तुओं को जन्म देता हुआ सदैव बना रहता है।

इधर असुर शारीरिक सुख-प्राप्ति के प्रयत्न में लीन अपने जीवन में नवीन सुधार कर रहे थे और कड़े से कड़े नियमों में बँधते जा रहे थे।

वि०–इस द्वन्द्व से यह नहीं स्पष्ट होता कि जब असुर शारीरिक सुख चाहते थे तब सुर क्या यही नहीं चाहते थे? यदि वे भी शरीर सुख के अभिलाषी थे तब उनकी मनोवृत्तियों में कहाँ अंतर था? और असुरों के वे कौन से नियम थे जिनमें वे बँधते जा रहे थे? वास्तविक बात यह है कि शक्ति और सुख की प्राप्ति के लिये असुर घोर तपस्या करते थे और वरदान प्राप्त कर सबल होते थे, पर देवता अपने से परे किसी को मानते ही नहीं थे।

था एक पूजता देह दीन
दूसरा अपूर्ण अहंता में अपने को समझ रहा प्रवीण
दोनों का हठ था दुर्निवार, दोनों ही थे विश्वास हीन
फिर क्यों न तर्क को शस्त्रों से वे सिद्ध करें–क्यों हो न युद्ध
उनका संघर्ष चला अशांत वे भाव रहे अब तक विरुद्ध
मुझमें ममत्व मय आत्ममोह स्वातन्त्र्य मयी उच्छृंखलता
हो प्रलय भीत तन रक्षा में पूजन करने की व्याकुलता
वह पूर्व द्वंद्व परिवर्त्तित हो मुझको बना रहा अधिक दीन
सचमुच मैं हूँ श्रद्धा विहीन।"

शब्दार्थ–**एक**-असुर वर्ग। **दीन**-तुच्छ। **अहंता**-अहंकार। **प्रवीण**-पूर्ण। **हठ**-आग्रह। **दुर्निवार**-कठोर। **विश्वास**-आस्था। **तर्क**-प्रमाण। **विरुद्ध**-विरोधी। **ममत्वमय**-ममता से भरा। **आत्म मोह**-अपने स्वार्थ की चिन्ता। **उच्छृंखलता**-बन्धन विहीनता। **भीत**-डरकर। **व्याकुलता**-उत्सुकता। **द्वन्द्व**-संघर्ष। **परिवर्त्तित**-दूसरे रूप में। **दीन**-दुःखी।

अर्थ–इधर असुर लोग तुच्छ शरीर के सुख में लीन थे और उधर देवता अनेक अपूर्णताओं के विद्यमान रहने पर भी अहंकार के कारण अपने को पूर्ण समझते थे। अपने-अपने विश्वासों के प्रति दोनों का कठोर आग्रह था और दोनों अपने विरोधियों के सिद्धान्तों में आस्था न रखते थे। असुर तर्क देकर देवताओं को अपनी बात समझाने का प्रयत्न करते और देवता प्रमाण देकर अपनी बात; पर जब वे एक दूसरे को न समझा सके

तब उन्होंने एक दिन शस्त्र उठा लिये। ऐसी दशा में युद्ध होना अनिवार्य था। उनमें जो युद्ध प्रारम्भ हुआ उसने अशांति फैला दी। वे विरोधी भाव अब तक नहीं मिटे।

मैं एक ओर अपने स्वार्थ के प्रति घोर ममतावान हूँ और बन्धनविहीन स्वतंत्रता चाहता हूँ, दूसरी ओर प्रलय के दृश्य को देखकर भयभीत हो उठा हूँ और यह मानने लगा हूँ कि देवताओं से भी प्रबल कोई शक्ति है; अतः शरीर की रक्षा के लिये उस शक्ति की पूजा करने को मैं उत्सुक हूँ। अहंकार और उपासना के सिद्धान्तों को लेकर जो संघर्ष देवताओं और असुरों में कभी चला था वही आज दूसरे रूप में मेरे हृदय में चल रहा है और मुझे दुःखी बना रहा है।

मैंने बाह्य जगत में ही श्रद्धा को नहीं खोया, हृदय में भी आज किसी सिद्धान्त के प्रति श्रद्धा नहीं रही।

''मनु ! तुम श्रद्धा को गये भूल
उस पूर्ण आत्म विश्वासमयी को उड़ा दिया था समझ तूल
तुमने तो समझा असत विश्व जीवन धागे में रहा झूल
जो क्षण बीतें सुख साधन में उनको ही वास्तव लिया मान
वासना तृप्ति ही स्वर्ग बनी, यह उलटी मति का व्यर्थ ज्ञान
तुम भूल गये पुरुषत्व मोह में कुछ सत्ता है नारी की
समरसता है संबंध बनी अधिकार और अधिकारी की।''
जब गूँजी यह वाणी तीखी कम्पित करती अम्बर अकूल
मनु को जैसे चुभ गया शूल।

शब्दार्थ–**आत्म विश्वासमयी**-आत्मा की प्रेरणा के अनुकूल आचरण करने वाली। **उड़ा दिया**-उपेक्षा की। **तूल**-रुई। **असत्**-नाशवान्। **धागे में झूल रहा**-एक झटके में नष्ट हो जाने वाली वस्तु। **स्वर्ग**-प्रमुख सुख। **उलटी मति**-दुर्बुद्धि। **मोह**-अहंकार। **समरसता**-समानता। **अधिकार**-सेविका। **अधिकारी**-स्वामी।

अर्थ–हे मनु, तुमने श्रद्धा को विस्मरण कर दिया। आत्मा की प्रेरणा के अनुकूल पूर्णरूप से आचरण करने वाली उस नारी को इतना हल्का समझा जैसे रुई। इसी से उसकी बातों पर ध्यान न दिया।

तुम्हें यह विश्वास हो गया कि संसार नाशवान् है और जीवन एक कच्चे धागे में झूल रहा है अर्थात् किसी समय भी मृत्यु के एक हल्के झटके से वह नष्ट हो सकता है।

तुमने केवल उन पलों को सार्थक समझा जो सुख भोग में कटे। वासना की तृप्ति ही तुम्हारे लिये सबसे प्रमुख सुख की बात हुई। तुम्हारी दुर्बुद्धि ने यह थोथा ज्ञान तुम्हें समझाया।

'मैं पुरुष हूँ' इस अहंकार में तुमने यह भुला दिया कि नारी का भी संसार में अपना एक स्थान है। तुम नहीं जानते कि अधिकारी (पुरुष) और अधिकृत वस्तु (नारी) के बीच वास्तविक सम्बन्ध यह है कि उनमें पारस्परिक समानता का व्यवहार रहे अर्थात् पुरुष की यह बहुत भारी भूल है यदि वह अपने को स्वामी समझे और नारी को सेविका मात्र।

असीम आकाश को कँपाती हुई जब यह तीखी ध्वनि गूँजी तब मनु के हृदय में

काँटे-सी कसक उठी।

“यह कौन? अरे फिर वही काम!
जिसने इस भ्रम में है डाला छीना जीवन का सुख विराम ?
प्रत्यक्ष लगा होने अतीत जिन घड़ियों का अब शेष नाम
वरदान आज उस गत युग का कम्पित करता है अंतरंग
अभिशाप ताप की ज्वाला से जल रहा आज मन और अंग।”
बोले मनु “क्या मैं भ्रान्त साधना में ही अब तक लगा रहा
क्या तुमने श्रद्धा को पाने के लिये नहीं सस्नेह कहा :
पाया तो, उसने भी मुझको दे दिया हृदय निज अमृत धाम
फिर क्यों न हुआ मैं पूर्णकाम?”

शब्दार्थ-**भ्रम**-चक्कर। **विराम**-शान्ति। **वरदान**-सुखमय जीवन। **अन्तरंग**-हृदय। **अभिशाप ताप**-दुःख और पीड़ा। **भ्रान्त साधना**-झूठा पथ। **सस्नेह**-आग्रह के साथ। **अमृत-धाम**-मधुर कल्पनाओं से परिपूर्ण। **पूर्ण काम**-संतुष्ट।

अर्थ-यह कौन बोल रहा है? यह तो निश्चयपूर्वक फिर वही कामदेव है जिसने मुझे चक्कर में डाल रखा है और सुख और शांति का अपहरण किया है। इसकी वाणी को सुनते ही अतीत की जो घटनाएँ केवल नाममात्र को शेष रह गई थीं वे आँखों के सामने फिर एक-एक कर आने लगीं।

उन बीते दिनों का सुखमय जीवन हृदय को आज हिला जाता है। आज मेरा मन और शरीर दोनों दुःख और पीड़ा की आग में झुलसे जा रहे हैं।

मनु ने पूछा : मेरी बात का उत्तर दो। क्या अब तक जो मैंने किया वह ठीक नहीं था? क्या तुमने अत्यन्त आग्रह के साथ मुझसे यह नहीं कहा था कि मैं श्रद्धा को प्राप्त करूँ? मैंने तुम्हारी बात मानकर उसे प्राप्त किया भी और उसने मुझे अपना वह हृदय अर्पित किया जो केवल मधुर कल्पनाओं से परिपूर्ण था। मैं जानना चाहता हूँ कि इतना होने पर भी मैं संतुष्ट क्यों न हुआ?

“मनु ! उसने तो कर दिया दान
वह हृदय प्रणय से पूर्ण सरल जिसमें जीवन का भरा मान
जिसमें चेतनता ही केवल निज शांत प्रभा से ज्योतिमान
पर तुमने तो पाया सदैव उसकी सुन्दर जड़ देह मात्र
सौन्दर्य जलधि से भर लाये केवल तुम अपना गरल पात्र
तुम अति अबोध, अपनी अपूर्णता को न स्वयं तुम समझ सके
परिणय जिसको पूरा करता उससे तुम अपने आप रुके
‘कुछ मेरा हो’ यह राग भाव संकुचित पूर्णता है अजान
मानस जलनिधि का क्षुद्र यान!

शब्दार्थ-**प्रणय**-प्रेम। **मान**-कसौटी। **चेतनता**-अनुभूतियाँ। **शान्त**-सात्विक। **प्रभा**-कान्ति। **ज्योतिमान**-आलोकित। **पात्र**-जीवन या मन का प्याला। **अपूर्णता**-कमियाँ। **परिणय**-वैवाहिक

बंधन। **रुकना**-विकास बंद करना। **राग**-स्वार्थ। **संकुचित**-सीमित। **मानस**-मन। **जलनिधि**-समुद्र। **यान**-नौका।

अर्थ—हे मनु, श्रद्धा ने तो अपना वह हृदय तुम्हें दे डाला जो छलविहीन प्रेम से परिपूर्ण और जीवन की वास्तविक कसौटी था। वह हृदय सात्विक अनुभूतियों की कान्ति से आलोकित था। पर तुमने श्रद्धा के चेतन हृदय को न देखा। उसके सुन्दर जड़ शरीर के प्रेमी बने रहे तुम। शोक की बात है कि सुन्दरता के समुद्र में से तुमने केवल हलाहल का प्याला भरा।

तुम अपने को बुद्धिमान समझते हो। मैं कहता हूँ तुम बहुत बड़े मूर्ख हो। अपनी कमियों को तुम स्वयं ही नहीं समझ सके। श्रद्धा से विवाह करके उसके सहयोग से उन कमियों की पूर्ति तुम कर सकते थे। पर तुमने अपने विकास का पथ स्वयं बंद कर दिया।

यह स्वार्थ-भावना कि 'जो कुछ हो मेरा हो' मनुष्य की पूर्णता को सीमित करती है और एक प्रकार का अज्ञान है।

जैसे छोटी-सी नौका से समुद्र नहीं पार किया जा सकता, उसी प्रकार मन के समुद्र को तुच्छ स्वार्थ की नैया से नहीं तरा जा सकता अर्थात् जिस मन में स्वार्थ समा गया उसका विकास बंद हो जाता है।

वि०—समुद्र से अमृत और विष दोनों निकलते हैं। यदि उनमें से कोई सुधा को न लेकर हलाहल स्वीकार करता है तब उसे बुद्धिमान नहीं कहा जा सकता। सुन्दरता बाह्य शरीर की भी होती है—यह विष है और आंतरिक (हृदय के सात्विक भावों की) भी—वह पीयूष है। जो व्यक्ति नारी के हृदय की अवहेलना कर केवल उसके शरीर पर दृष्टि रखता है वह मानो विषपान करने जा रहा है।

हाँ अब तुम बनने को स्वतंत्र
सब कलुष ढाल कर औरों पर रखते हो अपना अलग तंत्र
द्वंद्वों का उद्‌गम तो सदैव शाश्वत रहता वह एक मंत्र
डाली में कंटक संग कुसुम खिलते मिलते भी हैं नवीन
अपनी रुचि से तुम बिंधे हुए जिसको चाहे ले रहे बीन
तुमने तो प्राणमयी ज्वाला का प्रणय प्रकाश न ग्रहण किया
हाँ जलन वासना को जीवन भ्रम तम में पहला स्थान दिया
अब विकल प्रवर्त्तन हो ऐसा जो नियति चक्र का वने यंत्र
हो शाप भरा तव प्रजातंत्र।

शब्दार्थ—**कलुष**-दोष। **तंत्र**-विचार, मत। **द्वन्द्व**-विरोधी भाव। **उद्‌गम**-विकास। **शाश्वत**-सदा रहने वाला, चिरंतन (Eternal) एक मंत्र-निश्चित बात। **बिंधे**-प्रेरित, आकर्षित। **तम**-धुआँ। **प्रवर्त्तन**-चक्कर। **नियति**-भाग्य। **यंत्र**-पुर्जा, मशीन, दास। **प्रजातंत्र**-राज्य।

अर्थ—यह दूसरी बात है कि तुम स्वतंत्र होने के लिए, अपने दोष को दूसरे के सर मँढ़ना चाहते हो और एक भिन्न मत का प्रतिपादन कर रहे हो।

यह निश्चित सी बात है कि मन में विरोधी भावों का जन्म सदा होता रहा है, सदा होता

रहेगा। डालियों पर काँटों के साथ ही मिले-जुले नवीन फूल खिलते हैं। यह तुम्हारी रुचि के आकर्षण पर निर्भर है कि चाहे तुम काँटे चुन लो या फूल बीन लो। यही दशा मनोभावों की है। मन की डाली में असत् वृत्तियों के साथ सत् भावनाओं के पुष्प खिलते हैं। इस सम्बन्ध में मनुष्य स्वतंत्र है कि वह भली-बुरी कैसी ही भावनाएँ पोषित कर ले।

आग से प्रकाश भी फैलता है और धुआँ भी। तुम्हारे प्राणों में जो आग जगी, उससे प्रेम का प्रकाश फूटा। तुमने उसे स्वीकार न किया। पर भ्रम से हृदय में जलन छोड़ने वाली वासना के धुएँ को जीवन में प्रमुखता दी।

भविष्य में अपनी एक प्रजा बनाकर राज्य की स्थापना करने तुम जा रहे हो, वह राज्य एक शाप सिद्ध होगा। जैसे पहिए में लगे पुर्जे पहिये के साथ घूमते हैं वैसे ही प्रजा भाग्य से शासित होगी। अतः निरन्तर अशान्ति वहाँ चक्कर काटेगी।

यह अभिनव मानव प्रजा सृष्टि
द्वयता में लगी निरंतर ही वर्णों की करती रहे वृष्टि
अनजान समस्याएँ गढ़ती रचती हो अपनी ही विनष्टि
कोलाहल कलह अनंत चले, एकता नष्ट हो, बढ़े भेद
अभिलषित वस्तु तो दूर रहे, हाँ मिले अनिच्छित दुखद खेद
हृदयों का हो आवरण सदा अपने वक्षस्थल की जड़ता
पहचान सकेंगे नहीं परस्पर चले विश्व गिरता पड़ता
तब कुछ भी हो यदि पास भरा पर दूर रहेगी सदा तुष्टि
दुख देगी यह संकुचित दृष्टि।

शब्दार्थ–अभिनव-नवीन। **सृष्टि**-समाज। **द्वयता**-भेदभाव। **निरंतर**-नित्य, सदैव। **वर्णों**-जातियों, यह ब्राह्मण है, यह क्षत्रिय, यह वैश्य, ऐसा वर्गीकरण। **वृष्टि**-वृद्धि। **अनजान**-व्यर्थ की। **विनष्ट**-विनाश। **कोलाहल**-अशांति। **कलह**-झगड़ा। **अनंत**-जिसका अंत न हो। **अभिलषित**-इच्छित वस्तु। **अनिच्छत**-वह वस्तु जिसकी वांछा या कामना न हो। **दुःखद**-दुःख देने वाला। **गिरता पड़ता**-डाँवाडोल। **खेद**-क्लेश। **आवरण**-पर्दा। **जड़ता**-अभावुकता, स्थूलता। **तुष्ट**-संतुष्ट। **यह**-भेदभाव की। **संकुचित दृष्टि**-क्षुद्र भावना।

अर्थ–हे मनु, तुम्हारी वह प्रजा जो मानव-समाज के नाम से पुकारी जायगी भेदभाव में डूबी रहने के कारण नित्य नवीन जातियों की वृद्धि करती रहे। व्यर्थ की समस्याएँ खड़ी करके अपना विनाश अपने हाथों करे। उसमें अशांति और झगड़ों का कभी अन्त न हो। एकता उस जाति के लोगों में न रहे। एक दूसरे से वे दूर होते चले जायँ। जिस वस्तु को पाने की कामना हो, वह तो उन्हें प्राप्त न हो। उल्टे ऐसा दुखदायी क्लेश मिले जिसकी वांक्षा न हो। अपने हृदयों की अभावुकता के कारण मनुष्य दूसरों के हृदयों के भावों में न तो झाँक पावेगा और न उन्हें ठीक से पहचान पावेगा। इसी से संसार की स्थिति सदा डाँवाडोल रहेगी।

सब कुछ प्राप्त होने पर भी प्राणी असंतुष्ट ही रहेंगे। भेदभाव की क्षुद्र भावना उन्हें दुःख पहुँचायेगी।

अनवरत उठे कितनी उमंग
चुम्बित हों आँसू जलधर से अभिलाषाओं के शैल श्रृंग
जीवन नद हाहाकार भरा हो उठती पीड़ा की तरंग
लालसा भरे यौवन के दिन पतझड़ से सूखे जायँ बीत
संदेह नये उत्पन्न रहें उनसे संतप्त सदा सभीत
फैलेगा स्वजनों का विरोध बन कर तम वाली श्यामला प्रकृति रमा
दारिद्रय दलित बिलखाती हो यह शस्य श्यामला प्रकृति रमा
दुख नीरद में बन इंद्रधनुष बदले नर कितने नये रंग
बन तृष्णा ज्वाला का पतंग।

शब्दार्थ–**अनवरत**-लगातार। **उमंग**-लालसा। **चुम्बित हों**-छुयें, बदल जायँ। **जलधर**-बादल। **शृंग**-चोटी। **संतृप्त**-दुःखी। **सभीत**-भयभीत। **स्वजनों**-अपने। **तम**-अंधकार। **अमा**-अमावस्या। **दारिद्रय**-दरिद्रता। **दलित**-कुचल जाना। **बिलखती**-दुःखी होना। **शस्य श्यामला**-धान्य से हरी-भरी। **प्रकृति रमा**-प्रकृति लक्ष्मी, पृथ्वी। **नीरद**-बादल। **रंग बदलना**-मक्कारी करना। **तृष्णा**-लोभ। **ज्वाला**-दीपक की लौ। **पतंग**-पतंगा।

अर्थ–हृदय में अनेक प्रकार की लालसाएँ बराबर उठती रहें, पर जैसे पहाड़ की चोटियों से बादल टकराते हैं वैसे ही इच्छाओं से आँसुओं का सम्पर्क रहे अर्थात् मन की कामनाएँ आँखों में आँसू लाने का कारण बनें। बादलों के बरसने से नदी बनती है और पहाड़ी भूमि में हाहाकार मचाती तथा तरंगायित होती वह आगे बढ़ती है। ठीक इसी प्रकार आँसुओं के बरसने से जीवन हाहाकार से परिपूर्ण हो जाय और उसमें व्यथा देने वाली वृत्तियाँ जगती रहें।

यौवन के वे दिन जो इच्छाओं से भरे रहते हैं पतझड़ के समान सूख जायँ और यौवन यों ही ढल जाय।

नये-नये संदेहों से दुखी तथा भयभीत होने के कारण जो अपने हैं उन्हीं का विरोध ऐसे फैल जाय जैसे अंधकार से परिपूर्ण अमावस्या जिसमें कुछ सूझता नहीं।

अन्न से हरी-भरी यह प्रकृति लक्ष्मी दरिद्रता से कुचली जाकर दुखी रहे। जैसे बादलों में इन्द्रधनुष अनेक रंग झलकाता है उसी प्रकार दुःख पड़ने पर मनुष्य अपने आचरण को स्थिर न रख सकेगा, कभी कोई मक्कारी करेगा, कभी कोई। लोभ से वह वैसे ही भस्मीभूत रहेगा जैसे पतंग दीपक की लौ पर झुलस जाता है।

वह प्रेम न रह जाये पुनीत
अपने स्वार्थों से आवृत हो मंगल रहस्य सकुचे सभीत
सारी संसृति हो विरह भरी, गाते ही बीतें करुण गीत
आकांक्षा जलनिधि की सीमा हो क्षितिज निराशा सदा रक्त
तुम राग विराग करो सबसे अपने को कर शतशः विभक्त
मस्तिष्क हृदय के हो विरुद्ध, दोनों में हो सद्भाव नहीं
वह चलने को जब कहे कहीं तब हृदय विकल चल जाय कहीं

रोकर बीतें सब वर्त्तमान क्षण सुन्दर सपना हो अतीत
पेंगों में झूले हार जीत।

शब्दार्थ–**पुनीत**-पवित्र। **आवृत**-ढ़कना, घिरा रहना। **मंगल**-शुभ। **सकुचे**-संकीर्णता का परिचायक। **सभीत**-कंपन की क्रिया, अस्थिरता का द्योतक। **संसृति**-संसार। **करुण गीत**-पीड़ा के गाने। **आकांक्षा**-कामना। **रक्त**-लालिमा से संयुक्त, रोते-रोते आँखों का लाल होना। **राग विराग**-प्रेम और द्वेष। **शतशः**-सैकड़ों टुकड़ों में। **सद्भाव**-मेल, सामंजस्य। **विकल**-आवेश में। **पेंगों**-झूलना।

अर्थ–पवित्र भाव से कोई प्रेम न करेगा। स्नेह का रहस्य स्वार्थहीनता में है, इसी से जीवन में मंगल छाता है। पर भविष्य में प्रेम स्वार्थ से ढँका रहेगा और इसीलिए संकीर्णता और अस्थिरता का द्योतक होगा। ऐसी दशा में विरह संसार व्यापी होगा और मनुष्यों का जीवन पीड़ा के गीत गाते-गाते व्यतीत होगा।

कामनाओं के समुद्र का अन्त सदैव निराशा के रक्तवर्णी क्षितिज पर जाकर होगा अर्थात् हृदय की बड़ी से बड़ी अभिलाषाएँ ऐसी निराशा में जाकर परिणत होंगी, जो रुलाते-रुलाते आँखों को लाल कर दें। मनुष्य भिन्न-भिन्न प्रकार के सैकड़ों सम्बन्ध स्थापित कर किसी के प्रति अनुराग प्रदर्शित करेगा, किसी के प्रति द्वेष।

बुद्धि और हृदय एक दूसरे के विरोधी होंगे। दोनों में सामंजस्य न रहेगा। बुद्धि किसी मार्ग पर हृदय से चलने को कहेगी, पर हृदय अपने आवेश के कारण दूसरे ही पथ का अनुसरण करेगा।

वर्तमान के समस्त पल रोते-रोते कटेंगे और अतीत का सुख एक सुन्दर स्वप्न के समान फिर न लौटेगा। जय-पराजय के झूले पर तुम बड़े वेग से झूलते रहोगे अर्थात् मनुष्यों का सारा जीवन झगड़ते ही बीतेगा।

संकुचित असीम अमोघ शक्ति
जीवन की बाधा मय पथ पर ले चले भेद से भरी भक्ति
या कभी अपूर्ण अहंता में हो राग मयी सी महाशक्ति
व्यापकता नियति प्रेरणा बन अपनी सीमा में रहे बंद
सर्वज्ञ ज्ञान का क्षुद्र अंश विद्या बन कर कुछ रचे छंद
कर्तृत्व सकल बन कर आवे नश्वर छाया सी ललित कला
नित्यता विभाजित हो पल पल में काल निरंतर चले ढला
तुम समझ न सको, बुराई से शुभ इच्छा की है बड़ी शक्ति
हो विफल तर्क से भरी युक्ति

शब्दार्थ–**संकुचित**-सीमित। **अमोघ**-अचूक, जो विफल न हो। **अहंता**-अहंभाव, अभिमान। **रागमयी**-मोहमयी। **महाशक्ति**-गहरी आसक्ति। **व्यापकता**-आत्मा की महान शक्ति। **नित्य प्रेरणा**-भाग्यवाद में विश्वास की वृत्ति के कारण। **सर्वज्ञ**-मैं सब कुछ जानता हूँ, यह भाव। **क्षुद्र**-थोड़ी। **रचे छन्द**-तुकबन्दी करना। **कर्तृत्व**-कर्म। **नश्वर छाया**-अस्थायी वस्तु। **ललित कला**-वास्तु कला, मूर्ति कला, चित्र कला, संगीत कला और काव्य कला। **नित्यता**-अखंडता,

अमरता। **शुभ इच्छा**-कल्याण करने की भावना।

अर्थ—मनुष्य के भीतर वह शक्ति छिपी है जिसकी कोई सीमा नहीं और जो विफल नहीं होती, पर अब वह सीमित हो जाएगी।

ईश्वर की भक्ति भी भेदभाव से पूर्ण होगी अर्थात् कोई इसकी उपासना किसी रूप में करेगा और कोई किसी, उपासकों के गिरोह बन जाएँगे और अपने को एक ही परम पिता का पुत्र समझ आपस में भाई चारे का भाव न रख एक दूसरे के विरोधी होंगे। परिणाम यह होगा कि उनका जीवन संकटों के पथ पर अग्रसर होगा अर्थात् जीवन संकटमय होगा।

या फिर यह होगा कि मनुष्य जो अपने अहंभाव के कारण अपूर्ण है, कभी-कभी मोह में पड़कर आवश्यकता से अधिक आसक्ति का परिचय देगा। भाव यह कि या तो विरोध करेगा या मोह करेगा। दोनों दशाओं में संकट का आवाहन करेगा।

मनुष्य भाग्यवादी होगा। फल यह होगा कि उसकी आत्मा की महान् शक्ति सीमित, अविकसित और अवरुद्ध रह जाएगी।

भविष्य में मनुष्य बहुत थोड़ी विद्या प्राप्त करते ही ज्ञान में अपने को सर्वज्ञ समझेंगे और काव्य के क्षेत्र में तुकबंदियाँ करेंगे।

ललित कलाओं की रचनाओं में उनका सारा कर्म नश्वर होगा अर्थात् वास्तुकला, मूर्तिकला, चित्रकला, संगीतकला और काव्यकला में वे कुछ भी निर्माण न कर सकेंगे जो स्थायी रहे।

हमारे भीतर यह चेतना रहनी चाहिए कि जैसे-जैसे काल व्यतीत हो रहा है, हम विकास की ओर जा रहे हैं, एक नित्य या अमर जीवन प्राप्त करने जा रहे हैं, पर मनुष्य हल्के आमोद-प्रमोद में लीन रहकर प्रत्येक क्षण अपनी इस अमरता से दूर होता जाएगा और इस प्रकार समय को लगातार व्यर्थ नष्ट करेगा।

तुम इस बात को कभी भी न समझ सकोगे कि अनिष्ट की भावना से दूसरों का कल्याण करने की भावना कहीं श्रेष्ठ है। जब कभी भी तुम कुछ करना चाहोगे तभी पहले अनेक प्रकार के तर्क-वितर्क करोगे और परिणाम यह होगा कि कुछ भी नहीं कर सकोगे।

जीवन सारा बन जाय युद्ध
उस रक्त अग्नि की वर्षा में बह जायँ सभी जो भाव शुद्ध
अपनी शंकाओं से व्याकुल तुम अपने ही होकर विरुद्ध
अपने को आवृत किये रहो दिखलाओ निज कृत्रिम स्वरूप
वसुधा के समतल पर उन्नत चलता फिरता हो दंभ स्तूप
श्रद्धा इस संसृति की रहस्य व्यापक विशुद्ध विश्वास मयी
सब कुछ देकर नव निधि अपनी तुमसे ही तो वह छली गयी
हो वर्त्तमान से वंचित तुम अपने भविष्य में रहो रुद्ध
सारा प्रपंच ही हो अशुद्ध।

शब्दार्थ—**रक्त**-युद्ध में रक्तपात। **अग्नि-अस्त्र**-शस्त्र से युद्ध में अग्नि बरसाना। **अपने विरुद्ध**-आत्मा की पुकार के प्रतिकूल कर्म। **आवृत**-ढँकना। **कृत्रिम**-बनावटी। **समतल**-जहाँ समता का व्यवहार होना चाहिये। **उन्नत**-उठा हुआ, उद्धत, अकड़कर चलने वाला।

दम्भ-अहंकार। **स्तूप**-टीला। **संसृति**-संसार। **निधि**-हृदय। **छला जाना**-विश्वासघात होना। **वंचित**-सुख से हीन। **रुद्ध**-फँसना, अटके रहना। **प्रपंच**-संसार। **अशुद्ध**-उल्टे मार्ग पर।

अर्थ—मनुष्य का सारा जीवन युद्धों में समाप्त हो। ऐसे भयंकर युद्ध होंगे, कि अस्त्रों से अग्नि और प्राणियों के शरीर कटने से रक्त की वर्षा सी हो जिसमें पवित्र भावों (करुणा, दया, अहिंसा) का ध्यान किसी को न रहे।

तुम स्वयं ही अनेक प्रकार की आशंकाएँ अपने मन में उत्पन्न करोगे। दुःखी होगे और वह करने को बाध्य होगे जिसे तुम्हारी आत्मा स्वीकार नहीं करेगी।

तुम्हारा जो वास्तविक स्वरूप है वह ढँका रहेगा और एक बनावटीपन के साथ सबके सामने आओगे। तुम उस पृथ्वी पर जिस पर समता का व्यवहार वांछनीय है एक उद्धत अहंकार के सजीव टीले के समान होगे—अर्थात् जहाँ जाओगे वहीं केवल अपनी अहंकार वृत्ति का परिचय दोगे।

श्रद्धा ही इस सृष्टि का रहस्य है अर्थात् जीवन के विकास और शांति के लिए करुणा, त्याग आदि के जो आदर्श उसने तुम्हारे सामने रखे उनका यथोचित पालन करने में ही संसार से सुख-शांति के संचार और उसके विकास की सम्भावना है। उस श्रद्धा का हृदय अगाध पवित्र विश्वासपूर्ण था अर्थात् वह छल-कपट रहित थी। पर जहाँ अपने हृदय की समस्त नवीन भावों की निधि को उसने तुम्हें अर्पित किया वहाँ तुमने उससे विश्वासघात किया।

इसका परिणाम यह होगा कि तुम वर्तमान के सुख से वंचित होकर भविष्य की चिंता में अटके रहोगे। यह एक व्यक्ति को खोने से तुम्हारे जीवन की बात हुई, पर यदि मानव जाति भी श्रद्धा-विहीन रही अर्थात् दया, उत्सर्ग, परोपकार आदि के व्यापक गुणों को जीवन में न अपना सकी तो वह भी वर्तमान में अशांत और भविष्य-सुख की कल्पना में अटकी रहेगी।

इस प्रकार सारी सृष्टि ही उलटे मार्ग पर चलेगी।

वि०—इस छंद में एकमात्र श्रद्धा को जो जीवन का रहस्य बतलाया गया है उसे व्यापक दृष्टि से देखने पर यह अर्थ होगा कि प्राणी जब कभी श्रद्धा-विहीन होगा अर्थात् सद्गुणों में आस्था न रखेगा तभी वह जैसे जीवन और जगत के रहस्य को जानने से वंचित रहेगा।

तुम जरा मरण में चिर अशांत
जिसको अब तक समझे थे सब जीवन में परिवर्त्तन अनंत
अमरत्व वही अब भूलेगा तुम व्याकुल उसको कहो अंत
दुखमय चिर चिंतन के प्रतीक ! श्रद्धा वंचक बनकर अधीर
मानव संतति ग्रह रश्मि रज्जु से भाग्य बाँध पीटे लकीर
'कल्याण भूमि यह लोक' यही श्रद्धा रहस्य जाने न प्रजा
अतिचारी मिथ्या मान इसे परलोक वंचना से भर जा
आशाओं में अपने निराश निज बुद्धि विभव से रहे भ्रांत
वह चलता रहे सदैव श्रांत !"

शब्दार्थ–जरा-वृद्धावस्था। **अनन्त**-सीमाहीन। **अमरत्व**-किसी वस्तु का अटूट कर्म। **चिंतन**-चिन्ता। **प्रतीक**-मूर्ति। **वंचक**-छल, धोखा देने वाला, विश्वासघाती। **अधीर**-अशांत। **ग्रह रश्मि रज्जु**-ज्योति के निर्णयों पर विश्वास रखना। **लकीर पीटना**-अंधानुकरण करना। **अतिचारी**-उच्छृंखल स्वभाव वाला। **परलोक वंचना**-स्वर्ग में सुख मिलेगा ऐसा झूठा विश्वास। **भ्रांत**-भटकना। **श्रांत**-थकना।

अर्थ–तुम वृद्धावस्था और मृत्यु के भय से सदा दुखी रहोगे। अब तक जीवन में जिसे सब परिवर्तन समझते आये हैं–और इन परिवर्तनों की कोई सीमा नहीं-यदि गहरी दृष्टि से देखा जाय तो वही अमरता है। इस रहस्य को एक दिन तुम भूल जाओगे और दुःखों से घबरा कर परिवर्तन को अमरत्व न मानते हुए उसका अर्थ तुम वस्तुओं का अन्त समझोगे। भाव यह कि यदि सृष्टि में परिवर्तन न हो तो उसका विकास बंद हो जाय। फल टूटता है, उसके बीज से नवीन फल उत्पन्न होते हैं। अतः फल का टूटना, फल का अन्त नहीं, अनंत फलों के अटूट क्रम को बनाये रखना है।

तुम सदैव दुख और चिंता की मूर्ति बने रहोगे। श्रद्धा को तुमने धोखा दिया है अर्थात् सद्गुणों का तिरस्कार किया है, अतः तुम शांति न पा सकोगे।

तुम्हारी मानव प्रजा ग्रहों की किरण-डोर से अपने भाग्य को बाँधेगी अर्थात् ग्रहों के प्रभाव से ही भाग्य बनता है, ऐसा विश्वास करती हुई भाग्यवादिनी होगी और लकीर की फकीर हो जाएगी अर्थात् प्राचीन प्रथाओं का अन्धानुसरण करेगी।

जो श्रद्धा अर्थात् सद्गुणों में आस्था रखता है वह यह जानता है कि यह पृथ्वी ही हमारे सच्चे कल्याण का स्थान है; पर तुम्हारी प्रजा तो श्रद्धाहीन होगी; अतः इस मर्म को न समझेगी।

उच्छृंखल स्वभाव वाला मनुष्य इस संसार को मिथ्या कहेगा और इस धोखे में रहेगा कि परलोक में सुख मिलेगा।

जो आशा करेगा वह पूरी न होगी और केवल बुद्धि-बल से काम लेने के कारण सदा भटकता ही फिरेगा।

जीवन भर प्रयत्न करते-करते मनुष्य थक जाएगा, पर विश्राम उसे कभी न मिलेगा।

अभिशाप प्रतिध्वनि हुई लीन
नभ सागर के अंतस्तल में जैसे छिप जाता महा मीन
मृदु मरुत लहर में फेनोपम तारागण झिलमिल हुए दीन
निस्तब्ध मौन था अखिल लोक तंद्रालस था वह विजन प्रांत
रजनी तुम पुंजीभूत सदृश मनु श्वास ले रहे थे अशांत
वे सोच रहे थे "आज वही मेरा अदृष्ट बन फिर आया
जिसने डाली थी जीवन पर पहले अपनी काली छाया
लिख दिया आज उसने भविष्य ! यातना चलेगी अंतहीन
अब तो अवशिष्ट उपाय भी न।"

शब्दार्थ–अभिशाप-शाप। **प्रतिध्वनि**-वाणी। **मीन**-मछली, मत्स्य। **मृदु**-कोमल। **फेनोपम**-फेन के समान। **दीन**-मंद। **निस्तब्ध**-शान्त। **मौन**-चुप। **तन्द्रालस**-खुमारी और आलस्य से

परिपूर्ण। **पुंजीभूत**-घनीभूत। **अदृश्य**-भाग्य। **काली छाया**-अशुभ छाप। **यातना**-कष्ट। **अवशिष्ट**-शेष।

अर्थ—काम की वह शाप भरी वाणी इस प्रकार आकाश में विलीन हो गई जैसे समुद्र के भीतर कोई महामत्स्य एकदम समा जाय। जैसे पानी में डुबकी लेने से बुदबुदे उठने लगते हैं उसी प्रकार आकाश रूपी समुद्र में कामदेव के प्रवेश करते ही मृदु पवन की लहरों जैसी तरंगों के ऊपर फेन जैसे मंद तारे झिलमिलाने लगे।

उस समय सारा संसार शांत और चुप सो रहा था तथा उस निर्जन प्रदेश पर खुमारी और उदासी का एक वातावरण घिर आया था। रात के घनीभूत अंधकार के भीतर से रुक-रुक कर फूटने वाली वायु के समान मन अधीर होकर उच्छ्वास भर रहे थे।

वे सोच रहे थे आज फिर वही कामदेव हमारा भाग्य विधाता बनकर आया जिसने पहले मेरे जीवन पर अपनी अशुभ छाप लगाई थी। उसने आज मेरा भविष्य निश्चित कर दिया। अब तो जीवन के अंत तक कष्ट भोगना है। पीड़ा से मुक्ति का कोई उपाय अब शेष नहीं रहा।

करती सरस्वती मधुर नाद
बहती थी श्यामल घाटी में निर्लिप्त भाव सी अप्रमाद
सब उपल उपेक्षित पड़े रहे जैसे वे निष्ठुर जड़ विषाद
वह थी प्रसन्नता की धारा जिसमें था केवल मधुर गान
थी कर्म निरंतरता प्रतीक चलता था स्ववश अनन्त ज्ञान
हिम शीतल लहरों का रह रह कूलों से टकराते जाना
आलोक अरुण किरणों का उन पर अपनी छाया बिखराना
अद्भुत था ! निज निर्मित पथ का वह पथिक चल रहा निर्विवाद
कहता जाता कुछ सुसंवाद।

शब्दार्थ—नाद-ध्वनि। **श्यामल**-हरी-भरी। **निर्लिप्त**-शांत। **अप्रमाद**-आवेशरहित। **उपल**-पत्थर। **उपेक्षित**-तिरस्कृत। **कर्म निरन्तरता**-विश्रामहीन कर्म। **प्रतीत**-आदर्श। **छाया**-कांति। **अद्भुत**-विलक्षण। **निर्विवाद**-बे रोकटोक, संदेहहीन होकर। **संवाद**-संदेश।

अर्थ—हरी-भरी घाटी में सरस्वती नदी मन की निर्विकार वृत्ति के समान आवेशरहित होकर मधुर ध्वनि करती शांत भाव से बह रही थी।

मनुष्य के हृदय में जब निष्काम भावना दृढ़ हो जाती है तब विषाद उसके जीवन से निकल जाता है और प्रसन्नता छा जाती है। ठीक इसी प्रकार उसके किनारे पर पड़े पत्थर के टुकड़े पीड़ा देने वाले और जीवन को जड़ बनाने वाले शोक के समान थे जिनकी ओर दृष्टि न डालती हुई वह आगे बढ़ रही थी। उसकी धारा केवल प्रसन्नता की सूचक थी और उसके हृदय से केवल मधुर गान फूट रहा था। वह आगे बढ़ने के कर्म में निरन्तर लीन थी मानो वह विश्रामहीन कर्म का सजीव आदर्श हो। कर्म ही जीवन है यह ज्ञान सदा के लिए उसके भीतर भरा हुआ था।

जैसे विरक्त मनुष्य के हृदय में शांत भावनाएँ टकराती हैं, उसी प्रकार बर्फ जैसी शीतल लहरें रुक-रुक कर किनारों से टकरा रही थीं और जैसे वीतराग प्राणी के अंतर में ज्ञान

की उज्ज्वल किरणें फूटती हैं, उसी प्रकार उन लहरों पर सूर्य की अरुणवर्णी किरणें अपनी कांति बिखेर रही थीं। शीतल लहरों पर अरुण किरणों का पड़ना एक विलक्षण दृश्य आँखों के आगे खींच रहा था।

सरस्वती नदी अपना रास्ता आप बनाती बेरोक-टोक चली जा रही थी। कल-कल ध्वनि में वह अपना कोई विशेष संदेश दे रही थी । वह उस पथिक के समान पथ स्वयं निश्चित करता है, जिसे उस पथ के सम्बंध में किसी प्रकार का संदेह नहीं रहता और जो उस पथ पर बढ़ता हुआ अपना संदेश उन व्यक्तियों को देता हुआ चलता है जिनसे मार्ग में भेंट हो जाती है।

प्राची में फैला मधुर राग
जिसके मंडल में एक कमल खिल उठा सुनहला भर पराग
जिसके परिमल से व्याकुल हो श्यामल कलरव सब उठे जाग
आलोक रश्मि से बुने उषा अंचल में आंदोलन अमंद
करता प्रभात का मधुर पवन सब ओर वितरने को मरंद
उस रम्य फलक पर नवल चित्र सी प्रकट हुई सुन्दर बाला
वह नयन-महोत्सव की प्रतीक अम्लान नलिन की नव माला
सुषमा का मंडल सुस्मित सा बिखराता संसृति पर सुराग
सोया जीवन का तम विराग।

शब्दार्थ–**प्राची**-पूर्व। **राग**-लालिमा। **मण्डल**-घेरा। **कमल**-यहाँ कमल के समान सूर्य से तात्पर्य है। **पराग**-पीला प्रकाश, अरुण आभा। **परिमल**-गंध यहाँ किरणों से तात्पर्य है। **व्याकुल**-प्रभावित। **श्यामल कलरव**-श्याम वर्ण के चहचहाने वाले पक्षी। **रश्मि**-किरण। **आंदोलन**-हलचल। **अमन्द**-भारी, बहुत, अत्यधिक। **मरंद**-मकरंद, पुष्प रस। **रम्य**-सुन्दर, मनोहर। **फलक**-चित्रपट, पटल। **नवल**-नवीन। **महोत्सव**-महान् उत्सव। **प्रतीक**-चिन्ह। **अम्लान**-खिले। **नलिन**-कमल। **सुषमा**-सौंदर्य। **सुस्मित सा**-मुस्कराता सा। **संसृति**-संसार। **सुराग**-प्रकाश और अनुराग। **खोया**-मिट गया। **तम विराग**-वैराग्य रूपी अंधकार।

अर्थ–पूर्व दिशा में मधुर लालिमा छा गई जिसके मण्डल (घेरे) में अरुण आभा से भरा सूर्य उसी प्रकार उदित हुआ जैसे सुनहले पराग से भरकर कहीं कमल विकसित होता है। इसकी किरणें कमल की गंध की लहरों के समान ऐसी प्रभावशालिनी थीं कि उनके मादक स्पर्श से श्याम वर्ण के सब पक्षी चहचहा उठे।

आलोकित वातावरण में जिसे प्रकाश की किरणों से बुना हुआ उषा का अंचल कहना चाहिए, प्रभातकाल का मधुर पवन सभी कहीं पुष्परस छिड़कने के लिए भारी हलचल मचाने लगा।

उस मनोरम वातावरण में एक सुन्दर बालिका सहसा इस प्रकार प्रकट हुई जिस प्रकार किसी सुन्दर चित्रपट पर एक नवीन चित्र अंकित हो उठे। जैसे किसी महान उत्सव के दर्शन से आँखों में प्रसन्नता छा जाती है, वैसे ही उसे देखकर मनु के नेत्र तृप्त हो गये। वह खिले हुए कमलों की एक नवीन माला-सी प्रतीत होती थी। कारण यह था कि उसके नेत्र, उसका मुख, उसके चरण सभी तो कमल के समान थे।

उसका मुख-मंडल सौंदर्य की निधि था जिसके मुस्कुराते ही अनुराग उसी प्रकार बरसने लगा जैसे सूर्य-मंडल से संसार पर रम्य अरुणिमा बरसती है और जैसे प्रकाश के फूटते ही अंधकार विलीन हो जाता है उसी भाँति उसकी मुसकान छटा ने मनु के हृदय में संसार के प्रति जो विरक्ति छा गई थी, उसे मिटा दिया।

बिखरीं अलकें ज्यों तर्क जाल
वह विश्व मुकुट सा उज्ज्वलतम शशिखंड सदृश था स्पष्ट भाल
दो पद्म पलाश चषक से दृग देते अनुराग विराग ढाल
गुंजरित मधुप से मुकुल सदृश वह आनन जिसमें भरा गान
वक्षस्थल पर एकत्र धरे संसृति के सब विज्ञान ज्ञान
था एक हाथ में कर्म कलश वसुधा जीवन रस सार लिये
दूसरा विचारों के नभ को था मधुर अभय अवलंब दिये
त्रिवली थी त्रिगुण तरंगमयी, आलोक वसन लिपटा अराल
चरणों में थी गति भरी ताल।

शब्दार्थ–अलकें-लटें, केश। **शशिखंड**-अर्द्धचंद्र। **पद्म पलाश**-कमल के पत्ते। **चषक**-कटोरी, मधुपात्र। **मुकुल**-खिलती हुई कली। **आनन**-मुख। **वक्षस्थल**-उरस्थल, सीना, छाती। **संसृति**-संसार। **विज्ञान**-भौतिक ज्ञान। **ज्ञान**-आध्यात्मिक ज्ञान। **कलश**-कलसा। **वसुधा**-पृथ्वी। **अवलंब**-सहारा। **त्रिवली**-पेट पर पड़ी तीन रेखाएँ। **त्रिगुण**-सत्, रज, तम। **आलोक**-उज्ज्वल। **वसन**-वस्त्र। **अराल**-तिरछा। **ताल**-संगीत में निश्चित समय पर निश्चित थाप का पड़ना, लय। **गति**-एक स्थान से दूसरे स्थान पर जाना–यह संगीत का भी एक पारिभाषिक शब्द है।

अर्थ–उसकी अलकें तर्कजाल के समान बिखरी थीं। भाव यह कि जैसे कोई प्रवीण तर्क करने वाला एक के उपरांत दूसरा, दूसरे के उपरांत तीसरा तर्क देकर अपने विपक्षी को अपने मत में फाँस लेता है, उसी प्रकार उस बालिका के छिटके बालों पर दृष्टि पड़ते ही मन बंधन में पड़ जाता है।

संसार के शीश पर मुकुट के समान दिखलाई पड़ने वाले अर्द्धचंद्र के समान अत्यंत उज्ज्वल उसका स्वच्छ ललाट था। उसकी आँखें कमलपत्र की बनी दो कटोरियों के समान थीं और जैसे मधुपात्र से मदिरा ढाली जाती है उसी प्रकार उनसे प्रेम और विराग दोनों टपकते थे।

खिलती कली जैसा उसका मुख था। यदि वह बोलती तो उसकी वाणी उसी प्रकार गान बनकर फूटती जैसे कलिका पर भौंरा गूँजता है। उसके दोनों उरोजों में संसार भर का ज्ञान-विज्ञान भरा था अर्थात् उसके उरोज इतने सुरम्य और सुडौल थे कि भौतिक विज्ञान और आध्यात्मिक ज्ञान दोनों से जो बडी से बड़ी सिद्धि और आनंद की उपलब्धि होती वह उनके सामने तुच्छ थी।

उसके एक हाथ में पृथ्वी पर व्यतीत होने वाले जीवन के रस के सार से भरा हुआ कर्म का कलश था अर्थात् उसके एक कर को देख कर मनुष्य के हृदय में ऐसे कर्म करने की स्फूर्ति जगती थी जिससे वह पृथ्वी पर जीवन धारण करने से गहरा रस (आनंद) प्राप्त

कर ले। उसका दूसरा हाथ विचारों के आकाश को मधुर निर्भय सहारा दे रहा था। भाव यह कि उसके दूसरे हाथ का सहारा जिसने लिया वह ऊँचे से ऊँचे और असंभव प्रतीत होने वाले विचारों को बड़ी मधुरता से कार्य रूप में परिणत कर सकता था।

उसके पेट पर नाभि के ऊपर तीन बल पड़ते थे। ऐसा आभासित होता था जैसे प्राणी के अंतर में सत्व, रज और तम के जो तीन गुण निहित रहते हैं वे उन रेखाओं के रूप में बाहर आये हों। उसने अपने शरीर पर उज्ज्वल वर्ण का वस्त्र तिरछा करके धारण किया था।

उस बालिका के चरणों की गति इस प्रकार की थी कि प्रत्येक चरणचाप एक विशेष ताल में बँध कर पड़ती थी।

वि०–यहाँ 'इड़ा' का रूप वर्णन ही प्रमुख है पर रूपक के अनुसार वह बुद्धि की प्रतीक भी है; अतः कवि ने वर्णन इस प्रकार किया है कि उस पक्ष का भी निर्वाह हो गया है। बालों को इसी से मेघ-सा, भौंरे-सा या तम-सा न कहकर तर्कजाल बताया है। तर्कबुद्धि का विशेष अस्त्र है। विज्ञान और ज्ञान भी सब बुद्धि के आधार पर चलते हैं, उसमें समाहित रहते हैं। वह कर्म की विधात्री और विचारों को उत्तेजित करने वाली है। जीवन को वह गति देती है और प्रकाश फैलाती है आदि।

नीरव थी प्राणों की पुकार
मूर्छित जीवन सर निस्तरंग नीहार घिर रहा था अपार
निस्तब्ध अलस बन कर सोयी चलती न रही चंचल बयार
पीता मन मुकुलित कंज आप अपनी मधु बूँदें मधुर मौन
निस्वन दिगंत में रहे रुद्ध सहसा बोले मनु "अरे कौन
आलोकमयी स्मिति चेतनता आयी यह हेमवती छाया"
तंद्रा के स्वप्न तिरोहित थे बिखरी केवल उजली माया
वह स्पर्श दुलार पुलक से भर बीते युग को उठता पुकार
वीचियाँ नाचतीं बार बार।

शब्दार्थ–**नीरव**-शांत। **मूर्च्छित**-स्थिर, निष्क्रिय, जड़। **सर**-तालाब। **निस्तरंग**-लहरों का न उठना, भावों का न उठना। **नीहार**-कुहरा, निराशा। **निस्तब्ध**-जड़वत। **बयार**-पवन, आकांक्षाएँ। **मुकुलित**-अर्द्धविकसित। **कंज**-कमल। **मधु बूँदें**-मकरंद, मधुर इच्छाएँ। **निस्वन-दिगंत**-शब्दहीन वातावरण। **रुद्ध**-बंद। **हेमवती**-सुनहली, स्वर्णमयी। **छाया**-कांति। **तंद्रा के स्वप्न**-निद्रावस्था के सपनें, अस्पष्ट विचारधारा। **उजली माया**-उषा की छटा, जीवन का आशा भरा उज्ज्वल पथ। **वीचियाँ**-लहरें, भाव।

अर्थ–मनु के प्राणों की पुकार शांत थी। जैसे सरोवर में जब तरंगें नहीं उठतीं तब वह स्थिर-सा प्रतीत होता है वैसे ही मनु का जीवन भावों की चंचलता के अभाव में निष्क्रिय (जड़) सा हो रहा था। तालाब पर जैसे कभी-कभी सीमाहीन कुहरा छा जाता है वैसे ही मनु के जीवन को निःसीम निराशा ने घेर रखा था। तड़ाग में लहरें जब नहीं उठतीं तब यही भान होता है कि चंचल बयार आलस्य में आकर कहीं जड़वत् सो रही है, वैसे ही मनु के जीवन में निष्क्रियता आने से ऐसा लगता था मानो उसके मन की चंचल आकांक्षाएँ

अलसाकर (शक्तिहीन होकर) जड़ बनी कहीं सो रही हैं।

जैसे अर्द्धविकसित कमल की पंखुड़ियों में बंद मकरंद की बूँदें अपनी मधुरता को लेकर भीतर ही रहती हैं और भौंरा उनका पान नहीं कर पाता, उसी प्रकार मनु के मन की मधुर इच्छाओं की सहभोगिनी इस समय कोई न थी, इसी से वे उनके अंतर में ही बंद थीं और उनकी मधुरता का अनुभव केवल उनका मन ही चुपचाप कर रहा था। अब तक वे एक शब्दहीन वातावरण में बंदी थे अर्थात् इस प्रवासकाल में उनसे बातें करने वाला कोई न था। इस बालिका को देखते ही उनके मुख से अकस्मात् ये शब्द निकल पड़े–अरे, सुनहली जिसके शरीर की कान्ति है, उज्ज्वल जिसकी मुस्कान है, ऐसी प्राणधारिणी यह बालिका कौन है?

प्रभातकाल में जैसे नींद के टूटते पर सपने विलीन हो जाते हैं और उषा की उजली छटा फैल जाती है, वैसे मनु अपने जीवन को सार्थक बनाने के लिए स्पष्ट विचारधारा में लीन थे। वह दूर हो गयी और उन्हें लगा कि अब आशा-भरा एक उज्ज्वल पथ सामने है।

इस बालिका की सुन्दरता के मधुर स्पर्श (दर्शन) से मनु गद्‌गद हो उठे और उन्हें अपने प्रेममय अतीत जीवन की सुधि सताने लगी।

जैसे किरणों के छूते ही लहरें सरोवर में नृत्य करने लगती हैं वैसे ही इस बालिका की कांति के प्रभाव से मनु के भाव आंदोलित हो उठे।

प्रतिभा प्रसन्न मुख सहज खोल
वह बोली "मैं हूँ इड़ा, कहो तुम कौन यहाँ पर रहे डोल।"
नासिका नुकीली के पतले पुट फरक रहे कर स्मित अमोल
"मनु मेरा नाम सुनो बाले! मैं विश्व पथिक सह रहा क्लेश।"
"स्वागत ! पर देख रहे हो तुम यह उजड़ा सारस्वत प्रदेश
भौतिक हलचल से यह चंचल हो उठा देश ही था मेरा
इसमें अब तक हूँ पड़ी इसी आशा से आये दिन मेरा।"

* * *

"मैं तो आया हूँ देवि बता दो जीवन का क्या सहज मोल
भव के भविष्य का द्वार खोल !

शब्दार्थ–प्रतिभा-असाधारण बुद्धिमत्ता। **प्रसन्न**-दीप्ति, आलोकित। **सहज**-सहज भाव से। **फरकना**-हिलना। **स्मिति**-मुस्कान। **भौतिक हलचल**-भूचाल। **दिन आना**-अच्छे दिनों का लौटना। **बोल**-लक्ष्य। **द्वार**-रहस्य।

अर्थ–प्रतिभा से दीप्त अपने मुख को खोलकर वह बालिका सहज भाव से बोली : मेरा नाम इड़ा है। पर यहाँ घूमने वाले तुम कौन हो? अपना परिचय दो। जिस समय उसने यह प्रश्न किया उस समय उसकी नुकीली नासिका के पतले पुट फरक रहे थे और उसके अधरों पर विलक्षण मुस्कान थी।

मनु ने उत्तर दिया : हे बाले ! मेरा नाम मनु है। संसार पथ का मैं एक पथिक हूँ और दुःखी हूँ। इड़ा बोली : अपने यहाँ मैं तुम्हारा स्वागत करती हूँ पर तुमसे छिपा नहीं है कि मेरा यह सारस्वत प्रदेश आज उजड़ गया है। यह मेरा राज्य था, पर भूचाल से यह

अस्त-व्यस्त (नष्ट) हो गया। फिर भी मैं यहाँ इस आशा से रुकी हुई हूँ कि संभव है कि मेरे दिन फिर बदलें।

मनु बोले : हे देवी, मैं तुम्हारे निकट यह जानने के लिए आया हूँ कि हमारे जीवन का वास्तविक उद्देश्य क्या है? संसार का भविष्य क्या है, इस रहस्य का उद्घाटन मैं तुमसे चाहता हूँ।

"इस विश्व कुहर में इंद्रजाल
जिसने रच कर फैलाया है ग्रह तारा विद्युत नखत माल
सागर की भीषण तम तरंग सा खेल रहा वह महाकाल
तब क्या इस वसुधा के लघु लघु प्राणी को करने को सभीत
उस निष्ठुर की रचना कठोर केवल विनाश की रही जीत
तब मूर्ख आज तक क्यों समझे हैं सृष्टि उसे जो नाशमयी
उसका अधिपति ! होगा कोई, जिस तक दुख की न पुकार गयी
सुख नीड़ों को घेरे रहता अविरत विषाद का चक्रवाल
किसने यह पट दिया डाल !

शब्दार्थ–कुहर-छिद्र, गुफा अवकाश। **इंद्रजाल**-जादू। **नखत माल**-नक्षत्र समूह। **भीषण तम**-घोर, भयंकर। **वह**-ईश्वररूपी। **महाकाल**-महामृत्यु। **सृष्टि**-ऐसी वस्तु जिसका निर्माण और विकास हो। **अधिपति**-स्वामी। **सुख नीड़**-सुख के घोंसले, छोटे से छोटा सुख। **अविरत**-निरंतर। **विषाद**-शोक। **चक्रवाल**-घेरा। **यह पट**-दुःख का परदा।

अर्थ–जिसने संसार रूपी इस गुफा (आकाश) में ग्रह, तारा, नक्षत्र, बिजली और नक्षत्रों के समूह का जादू रच कर फैलाया है, वही महामृत्यु बनकर समुद्र की घोर भयंकर तरंगों के समान (जो अपने कोलाहल से सभी को कँपाती और अपने चपेट से सब कुछ नष्ट कर देती हैं) प्राणियों के प्राणों के साथ खेल खेल रहा है।

तब क्या उस निष्ठुर की यह कठोर रचना इसलिए है कि पृथ्वी के छोटे से छोटे प्राणी को भयभीत करे? तब क्या केवल विनाश ही की विजय होती है?

यदि ऐसा है तो संसार के मूर्ख मनुष्य जिस वस्तु का स्वभाव 'विनाश' है उसे आज तक 'सृष्टि' क्यों समझते रहे–सृष्टि का तो अर्थ निर्माण होता है, विनाश नहीं। रहा इस संसार के स्वामी (रचयिता) के सम्बंध में। वह कोई होगा ! उसकी चिंता तुम क्यों करते हो? जिसके कानों तक हमारे दुःख की पुकार नहीं पहुँच पाती, वह हमारे लिए व्यर्थ है।

हमारे छोटे से छोटे सुख को शोक चारों ओर से निरंतर घेरे रहता है। दुःख का यह परदा संसार पर न जाने किसने डाला है?

शनि का सुदूर वह नील लोक
जिसकी छाया सा फैला है ऊपर नीचे यह गगन शोक
उसके भी परे सुना जाता कोई प्रकाश का महा ओक
वह एक किरन अपनी देकर मेरी स्वतंत्रता में सहाय
क्या बन सकता है? नियति जाल से मुक्ति दान का कर उपाय।"

"कोई भी हो वह क्या बोले, पागल बन नर निर्भर न करे
अपनी दुर्बलता बल सम्हाल गंतव्य मार्ग पर पैर धरे
मत कर पसार निज पैरों चल, चलने की जिसको रहे झोंक
उसको कब कोई सके रोक।

शब्दार्थ–ओक-पुंज। **नियति**-भाग्य। **गंतव्य मार्ग**-निर्दिष्ट पथ। **कर पसार**-याचना करना, प्रार्थना करना। **झोंक**-धुन, उत्साह। **रोक**-बाधा।

अर्थ–शनि नाम का नील वर्ण का एक लोक है और वह यहाँ से बहुत बहुत दूर है। चारों ओर छाया हुआ यह आकाश जो जड़ीभूत शोक-सा प्रतीत होता है, उस नील लोक की छायामात्र है। ऐसा सुनते हैं कि इस शनि लोक के परे भी एक महाप्रकाश का पुंज है ! इसे लोग ईश्वर कहते हैं। अब तुम्हीं बताओ इतनी दूर से अपनी एक किरण देकर क्या वह भाग्य के जाल में फँसे हुए हम प्राणियों को मुक्ति दिलाने और हमारी स्वतंत्रता प्राप्ति में हमारा सहायक हो सकता है?

ईश्वर का रूप कुछ भी हो, उसे क्या आवश्यकता पड़ी है कि पागल बन कर उसके सहारे बैठा रहे? उसे चाहिए तो यह कि अपनी दुर्बलता और शक्ति को लेकर जो उसका निर्दिष्ट मार्ग है उस पर बढ़ चले।

सहायता करने के लिए ईश्वर के सामने हाथ फैलाने की कोई आवश्यकता नहीं। अपने भरोसे अपना काम करना चाहिए। जिसके मस्तिष्क में चलने की धुन सवार हो गई, उसकी उन्नति में कोई बाधा नहीं डाल सकता।

वि०–जैसे मंगल का लाल, बृहस्पति का पीला, शुक्र का श्वेत वर्ण माना जाता है, वैसे ही शनि का नीला।

"हाँ तुम ही हो अपने सहाय
जो बुद्धि कहे उसको न मान कर फिर किसकी नर शरण जाय
जितने विचार संस्कार रहे उनका न दूसरा है उपाय
यह प्रकृति परम रमणीय अखिल ऐश्वर्य भरी शोधक विहीन
तुम उसका पटल खोलने में परिकर कस कर बन कर्मलीन
सबका नियमन शासन करते बस बढ़ा चलो अपनी क्षमता
तुम ही इसके निर्णायक हो, हो कहीं विषमता या समता
तुम जड़ता को चैतन्य करो विज्ञान सहज साधन उपाय
यश अखिल लोक में रहे छाय।"

शब्दार्थ–शरण-आश्रय। **संस्कार**-प्रवृत्तियाँ। **उपाय**-निर्णय। **रमणीय**-सुन्दर। **अखिल**-सभी प्रकार के। **ऐश्वर्य**-भोग। **शोधक**-ज्ञाता। **पटल**-परदा, रहस्य, भेद। **परिकर**-कमर को कसने का दुपट्टा। **परिकर कस**-कमर कस कर, उद्यत होकर। **नियमन**-नियन्त्रण। **क्षमता**-शक्ति। **निर्णायक**-निर्णयकर्ता। **विषमता**-भेदभाव। **समता**-समानता का भाव। **जड़ता**-जड़ वस्तुएँ। **अखिल**-समस्त।

अर्थ–तुम्हें छोड़ तुम्हारी सहायता करने वाला कोई नहीं है। मनुष्य को बुद्धि की बात

माननी चाहिए। यदि उसका आदेश वह नहीं मानता तो फिर ऐसा कौन है जहाँ उसे आश्रय मिल सके? हमारे विचारों और प्रवृत्तियों के भले-बुरे, शुभ-अशुभ, ग्रहणीय-त्याज्य का निर्णय केवल बुद्धि के आधार पर ही हो सकता है।

यह प्रकृति परम सुन्दर है, सभी प्रकार के भोगों की दाता है, परन्तु आज इसकी सुन्दरता का मर्मी और इसके वैभव का संधान करने वाला कोई नहीं। अतः तुम कमर कसकर इसके भेदों का उद्घाटन करने के लिए कर्मशील बनो। सब पर नियंत्रण और अधिकार का प्रयोग करते हुए तुम अपनी शक्ति की वृद्धि करो। कहाँ भेदभाव से व्यवहार करना है और कहाँ समभाव से, इसका उत्तरदायित्व केवल तुम्हारे ऊपर है। विज्ञान के सामान्य सिद्धान्तों के सहारे तुम जड़ वस्तुओं में भी चेतना उत्पन्न कर सकते हो। यदि तुमने मेरी बात मानी तो एक दिन सारे संसार में तुम्हारा यश फैल जाएगा।

हँस पड़ा गगन वह शून्य लोक
जिसके भीतर बस कर उजड़े कितने ही जीवन मरण शोक
कितने हृदयों के मधुर मिलन क्रंदन करते बन विरह कोक
ले लिया भार अपने सिर पर मनु ने यह अपना विषम आज
हँस पड़ी उषा प्राची नभ में देखे नर अपना राज-काज
चल पड़ी देखने वह कौतुक चंचल मलयाचल की बाला
लख लाली प्रकृति कपोलों में गिरता तारा दल मतवाला
उन्निद्र कमल कानन में होती थी मधुपों की नोक झोंक
वसुधा विस्मृत थी सकल शोक।

शब्दार्थ—क्रंदन-रोना। **कोक**-चकवा। **विषम**-कठोर। **प्राची**-पूर्व। **उन्निद्र**-खिले हुए। **नोक-झोंक**-छेड़-छाड़। **विस्मृत**-विहीन होना, भूलना।

अर्थ—प्रभात के आलोक के रूप में वह सूना आकाश हँसने लगा जिसके भीतर शोक और मृत्यु को प्राप्त कर न जाने कितने जीवन उजड़ गये, न जाने कितने प्रेमी-प्रेमिकाओं का मधुर मिलन हुआ और फिर उनके हृदय विरह में उसी प्रकार क्रंदन करने लगे जिस प्रकार चकवा-चकवी बिछुड़कर तड़पते हैं।

मनु ने आज अपने सिर पर कर्म का कठोर भार सँभाला। मनुष्य संसार के अपने साम्राज्य को स्वयं सँभालेगा यह जानकर उषा प्राची दिशा के आकाश में प्रसन्न होकर मुस्कराई। मलयपवन की चंचल बाला भी यही कौतुक देखने को मानो चल पड़ी। इधर तारों का दल विलीन हो रहा था। ऐसा प्रतीत होता था मानो उषा के रूप में प्रकृति के कपोलों में लालिमा निरख कर मदिरा-सेवियों के समान तारागणों का दल आकर्षित होकर गिर पड़ा है।

बन में खिले हुए कमलों और भौंरों की छेड़छाड़ चल रही थी। आज पृथ्वी सभी प्रकार के शोक से रहित थी।

"जीवन निशीथ का अंधकार
भग रहा क्षितिज के अंचल में मुख आवृत कर तुमको निहार

तुम इड़े उषा सी आज यहाँ आयी हो बन कितनी उदार
कलरव कर जाग पड़े मेरे ये मनोभाव सोये विहंग
हँसती प्रसन्नता चाव भरी बन कर किरनों की सी तरंग
अवलम्ब छोड़कर औरों का जब बुद्धिवाद को अपनाया
मैं बढ़ा सहज, तो स्वयं बुद्धि को मानो आज यहाँ पाया
मेरे विकल्प संकल्प बने, जीवन हो कर्मों की पुकार
सुख साधन का हो खुला द्वार।''

शब्दार्थ–निशीथ-रात। **अंधकार**-अँधेरा और निराशा। **आवृत**-ढँकना, छिपाना। **निहार**-देखकर। **कलरव**-मधुर ध्वनि। **मनोभाव**-भावनाएँ। **विहंग**-पक्षी। **भावभरी**-उत्साह भरी। **बुद्धिवाद**-बुद्धि के निर्णय पर काम करने की पद्धति। **विकल्प**-अनिश्चय। **संकल्प**-दृढ़ता। **द्वार खुलना**-प्रारम्भ होना।

अर्थ–मनु बोले : हे इड़ा अत्यन्त उदारतापूर्वक आज तुम मेरे जीवन में उषा के समान आई हो। उषा के आगमन पर जैसे रात का अंधकार अपना मुँह ढँककर क्षितिज के अंचल में छिपने के लिए भाग जाता है, उसी प्रकार मेरे जीवन की निराशा तुम्हारे दर्शनमात्र से आज अपना मुँह छिपाकर कहीं दूर भाग गई है।

उषा के आगमन पर जैसे सोए हुए पक्षी जगकर मधुर ध्वनि करने लगते हैं, वैसे ही तुम्हारे दर्शन से मेरी समस्त सुप्त भावनाएँ जगकर अपनी अभिव्यक्ति कर रही हैं। उषाकाल में जैसे आकाश से फूटकर किरणों की लहरें पृथ्वी पर आकर नृत्य करती हैं, उसी प्रकार मेरे मन में उत्साह से भरी प्रसन्नता खिलखिलाकर घुमड़ रही है।

आज जब मैंने सभी का सहारा छोड़कर बुद्धिवाद का आश्रय लिया तब मानो तुम्हारे रूप में मूर्तिमती बुद्धि को प्राप्त कर लिया और अपने विकास की ओर सरलता से बढ़ चला। अब तक जिन बातों को लेकर मैं संदेह की स्थिति में ही था, कि इन कर्मों को करूँ अथवा न करूँ, आज उन्हें दृढ़तापूर्वक सम्पन्न करने का निश्चय कर चुका हूँ। मेरा जीवन आज से केवल कर्मों की पूर्ति के लिए रहे और इससे मेरे लिए सुख का द्वार खुल जाय।

●

स्वप्न

कथा—मनु के चले जाने से श्रद्धा का जीवन सूना हो गया। उसका मधुर सौंदर्य फीका पड़ गया। आज वह मकरंदहीन सुमन, रंगहीन रेखाचित्र, प्रभाविहीन चंद्र और प्रकाशविहीन संध्या के समान थी। मनु ने उसकी अकारण उपेक्षा की थी। अपने कलेजे के दर्द को केवल वही जान सकती थी। एक उदास संध्या में बैठी वह सोचने लगी : जीवन में सुख की मात्रा अधिक है अथवा दुःख की, मैं जान न पाई। संसार का कोई रंग स्थिर नहीं। इन्द्रधनुष उगता है। पल भर में विलीन हो जाता है। मेरा दीपक जल रहा है। आज कोई पतंगा भी इसके चारों ओर नहीं मँडरा रहा है। न सही, इसका अकेले जलना ही अच्छा है। कोकिल कूक रही है। क्यों? मेरे आँसू बह रहे हैं। पर इनके बहने से अब लाभ? अतीत की बातें रह-रहकर क्यों याद आती हैं? जब कोई प्यार करने वाला ही नहीं, तब प्यार की बातों को सोचने से ही क्या सिद्ध होगा? पर प्रेम प्रतिदान क्यों चाहता है? सम्भवतः प्रेम की सब से बड़ी दुर्बलता यही है कि वह बदले में कुछ चाहता है। पक्षियों के घोंसले तक चहचहाहट से परिपूर्ण हैं। पर मेरी कुटिया कितनी उदास है !

इतने में किसी ने 'माँ' शब्द कहा। श्रद्धा की तल्लीनता भंग हो गई। अपने बच्चे की आवाज पहचान कर उठ खड़ी हुई। एक धूल-धूसरित शिशु उससे आकर लिपट गया। बोला : माँ, आज मुझे ऐसी नींद आवेगी कि टूटने की नहीं। श्रद्धा ने स्नेह से चूमा और फिर दोनों माँ-बेटे थोड़ी देर में सो गये।

श्रद्धा ने स्वप्न देखा : एक स्थान पर मनु बैठे हैं और इड़ा उनकी पथ-प्रदर्शिका बनी हुई है। वह न स्वयं विश्राम लेना जानती है और न दूसरे को लेने देती है। उसे मनु की प्रेरकशक्ति, उनकी उन्नति का कारण, उनकी सफलता की तारिका कहना चाहिए। उसकी बुद्धि और मनु के प्रयत्न से आज सारस्वत नगर कुछ का कुछ हो गया। दृढ़ प्राचीरों के भीतर भव्य-महल निर्मित हुए हैं, जहाँ न वर्षा में कोई कष्ट मिलता है, न ग्रीष्म और शीतकाल में। बाहर देखो, तो कहीं खेतों में कृषक हल चला रहे हैं, कहीं धातुएँ गल रही हैं, कहीं लोहार घन का आघात कर रहे हैं। कहीं शिकारी बन से विचित्र उपहार ला रहे हैं। दूसरी ओर मालिनें कलियाँ चुन रही हैं, कुसुम-रज एकत्र कर रही हैं। कहीं रमणियों के कोमल कंठ से मधुर तानें उठ रही हैं। प्रजा वर्गों में विभाजित हो गई हैं और पुरवासी काम बाँटकर स्वकर्म में लीन हैं। विज्ञान की सहायता से व्यवसायों की विलक्षण उन्नति हुई है।

श्रद्धा ने सिंहद्वार में प्रवेश किया। उसने वहाँ सुन्दर भवनों और सुरभित गृहों को देखा। उनसे लगे बहुत से उद्यान भी दृष्टिगोचर हुए जिनमें इधर प्रेमी-प्रेमिका गले में बाँहें

डाल घूम रहे थे, उधर पराग से सने रसीले मधुप गुनगुन शब्द कर रहे थे। एक दिशा में एक नवीन मंडप के नीचे सिंहासन था जिस पर मनु आसीन थे। उनके हाथ में एक प्याला था जिसमें इड़ा मादक रस ढाल रही थी। मनु ने मदिरा पीते-पीते प्रश्न किया : और क्या करने को शेष है? इड़ा बोली : अभी हुआ ही क्या है? मनु कह उठे : ठीक, नगर तो बस गया, पर मेरा हृदय प्रदेश तुम्हारे बिना सूना-सूना सा है। इस बात को सुनकर इड़ा चौंक पड़ी। उसने समझाया कि मैं आपकी पुत्री के समान हूँ। मेरे प्रति ऐसी भावना आप न रखें। पर मनु ने कुछ नहीं सोचा। आवेश में आ उसका आलिंगन किया। उनके इस अनुचित कर्म पर देवता अप्रसन्न हो गये और शिव ने क्रोध में भरकर अपना तीसरा अग्नि-नेत्र खोल दिया तथा पिनाक उठा लिया। प्रकृति काँपने लगी।

प्रजा में हलचल मच गई। आकुल होकर सब राजद्वार पर शरण पाने आये। इस सुअवसर को देख इड़ा खिसक गई। कोलाहल से घबराकर मनु एक कोने में जा छुपे। उन्हें पता चला कि इड़ा भी विद्रोहियों के बीच खड़ी है। इससे वे क्षुब्ध हुए। प्रहरियों को उन्होंने द्वार बंद करने की आज्ञा दी और स्वयं शयनागार में सोने के लिए चले गये।

श्रद्धा यह देखकर स्वप्न में काँप उठी। रात भर उसे नींद नहीं आई। सोचने लगी : ओह, यह व्यक्ति मुझसे दूर होते ही इतना विश्वासघाती कैसे हो गया?

संध्या अरुण जलज केसर ले अब तक मन थी बहलाती,
मुरझा कर कब गिरा तामरस, उसको खोज कहाँ पाती!
क्षितिज भाल का कुंकुम मिटता मलिन कालिमा के कर से,
कोकिल की काकली वृथा ही अब कलियों पर मँडराती।

शब्दार्थ–**जलज**-कमल। **केसर**-फूलों के बीच में पतली सीकें, पराग। **तामरस**-लाल कमल, यहाँ सूर्य से तात्पर्य है। **कुंकुम**-केसर, रोली। **काकली**-मधुर ध्वनि।

अर्थ–लाल कमल रूपी सूर्य मुरझाकर (मंद होकर) कब गिर (छिप) गया, इसका पता तक संध्या को न था। अतः उस कमल के लाल पराग (अस्त हुए सूर्य की आकाश में फूटी लालिमा) से ही अपना जी वह इस समय हल्का कर रही थी।

थोड़ी देर में उसके क्षितिज रूपी ललाट पर लालिमा का जो केसरबिंदु लगा हुआ था वह भी अंधकार के हाथ से पोंछ दिया गया।

कमल की कलियाँ क्योंकि संकुचित होने जा रही थीं, अतः कोकिल की मधुर कूक उन पर व्यर्थ छा रही थी। उसे सुनने वाला कोई न था।

वि०–संध्या के वातावरण से उदासी, उसके भाल से कुंकुमबिंदु के मिटने से सौभाग्यहीनता तथा कोकिल की काकली के व्यर्थ मँडराने से आनंददायक वस्तुओं में भी श्रद्धा के पक्ष में उत्साहहीनता प्रदर्शित करना कवि का लक्ष्य है; अतः विरह वर्णन की दृष्टि से यह पृष्ठभूमि अत्यन्त उपयुक्त हुई है।

कामायनी कुसुम वसुधा पर पड़ी, न वह मकरंद रहा;
एक चित्र बस रेखाओं का, अब उसमें है रंग कहाँ!
वह प्रभात का हीनकला शशि, किरन कहाँ चाँदनी रही,
वह संध्या थी, रवि शशि तारा ये सब कोई नहीं जहाँ।

शब्दार्थ–कुसुम-पुष्प। **मकरंद**-पुष्प रस। **हीनकला शशि**-कांतिहीन चंद्रमा।

अर्थ–पृथ्वी पर कामायनी उस पुष्प के समान थी जिसका रस झड़ गया हो अर्थात् पति द्वारा परित्यक्ता होने पर उसके जीवन में कोई रस नहीं रहा था। वह उस चित्र के समान थी जिसके रंग धुल गये हों और केवल रेखाएँ शेष रह गई हों। भाव यह कि शरीर का ढाँचा मात्र रह गया था, रक्त सूख गया था। वह उस प्रभातकालीन कांतिहीन चंद्रमा के समान थी जिसकी चाँदनी की कौन कहे, एक किरण तक न दिखाई देती हो। तात्पर्य यह कि उसका शरीर इतना फीका पड़ गया था कि रूप की सारी छटा विलीन हो गई थी। वह उस संध्या के समान थी जिसमें न दिन में झलकने वाला सूर्य रहता है और न रात में चमकने वाले चंद्रमा और तारागण। अर्थ यह कि एक व्यक्ति के जीवन में से निकल जाने पर उसका सारा जीवन अंधकारपूर्ण हो गया और केवल उदासी शेष रह गई।

जहाँ तामरस इंदीवर या सित शतदल हैं मुरझाये,
अपने नालों पर, वह सरसी श्रद्धा थी, न मधुप आये;
वह जलधर जिसमें चपला या श्यामलता का नाम नहीं ,
शिशिर कला की क्षीण स्रोत वह जो हिमतल में जम जाये।

शब्दार्थ–तामरस-लाल रंग का कमल। **इंदीवर**-नीले रंग का कमल। **सित शतदल**-सफेद रंग का कमल। **नाल**-कमल का डंठल, मृणाल। **सरसी**-तालाब, सरोवर। **मधुप**-भौंरा और मनु। **जलधर**-बादल। **शिशिर कला**-पतझड़, माघ फाल्गुन की जाड़े की ऋतु। **स्रोत**-सोता। **हिमतल**-बर्फ के नीचे।

अर्थ–श्रद्धा उस सरोवर के समान थी जिसमें अपने डंठलों पर ही लाल, नीले और श्वेत रंग के कमल मुरझा गये हों और यह देखकर भौंरे उधर चक्कर न काटते हों। वह उस बादल के समान थी जिसमें न बिजली चमकती हो और न श्यामलता शेष रही हो। उस पतले सोते के समान थी वह, जो शीतकाल में बर्फ के नीचे जम गया हो।

वि०–कमल शरीर के अंगों के उपमान हैं। लाल कमल मुरझा गये का अर्थ है उसके अंगों से लालिमा निकल आई। नीले कमल के मुरझाने का भाव है उसकी काली आँखों में वह रस न रहा। इसी प्रकार श्वेत कमल के मुरझाने का तात्पर्य है उसका उजला वर्ण फीका पड़ गया। भौंरे से तात्पर्य मनु से है जो उसके शरीर का रस लेकर कहीं दूर चला गया। बिजली की प्रसिद्धि विस्वलता के लिए है और बादलों का काला होना उनमें जल भरे रहने की सूचना देता है। अतः बादलों में बिजली न रही से यह समझना चाहिए कि श्रद्धा का मन उत्साहहीन रहता है और श्यागता मिट गई का इसी प्रकार अर्थ होगा। रस निःशेष हो गया ! हिम कठोरता का प्रतीक है। श्रद्धा का प्रेम निरंतर प्रवाहित होने वाले जल के सोते के समान था, पर आज मनु के कठोर व्यवहार से उसकी गति रुक गई।

स्रोत शब्द पुल्लिग है अतः 'शिशिर कला की क्षीण स्रोत' लिखना अशुद्ध है। 'की' के स्थान पर 'का' होना चाहिए। यह अशुद्धि कवि की अपनी है।

एक मौन वेदना विजन की, झिल्ली की झनकार नहीं,
जगती की अस्पष्ट उपेक्षा, एक कसक साकार रही;

हरित कुंज की छाया भर थी वसुधा आलिंगन करती,
वह छोटी सी विरह नदी थी जिसका है अब पार नहीं।

शब्दार्थ–मौन-चुपचाप, सन्नाहट। **वेदना**-करुणा। **विजन**-जनहीन प्रदेश। **झिल्ली**-झींगुर। **झनकार**-झन झन शब्द। **अस्पष्ट**-जिसके कारण का ज्ञान न हो। **उपेक्षा**-तिरस्कार। **वसुधा आलिंगन करती**-पृथ्वी को छूना, पृथ्वी पर लेटना या पड़ा रहना।

अर्थ–जिस निर्जन स्थान में झिल्ली का भी झन-झन शब्द न होता हो वहाँ करुणा और सन्नाहट का वातावरण जैसे छा जाता है वैसे ही श्रद्धा के जीवन में सुख की क्षीण ध्वनि तक न थी, इसी से उसके सूने जीवन में करुणा चुप-चुप बरसने लगी। वह संसार की उपेक्षिता थी, पर उसका क्या अपराध था यह बात तो वह स्पष्ट रूप से न जानती थी। उसके जीवन में इतना दुःख था कि उसे मूर्त्तिमती पीड़ा ही कहना चाहिए।

किसी हरे-भरे कुंज की केवल छाया के समान वह पृथ्वी पर पड़ी थी अर्थात् एक दिन था कि वह शरीर से स्वस्थ थी और सुखी थी, पर आज उसका सुख स्वास्थ्य मिट चुका था और उनकी छाया (स्मृति) मात्र शेष रह गई थी। जैसे छोटी-सी नदी में जब बाढ़ आ जाती है तब वह असीम हो उठती है वैसे ही मनु उसे एक छोटी सी बात पर छोड़ कर चले गये थे और वह सोचती थी कि विरह क्षणस्थायी है, पर कुछ दिनों में जब उसे पता चला कि वे अब कभी लौट कर न आयेंगे, तब उसका विरह असीम हो उठा।

नील गगन में उड़ती-उड़ती बिहग-बालिका सी किरनें,
स्वप्न-लोक को चलीं थकी सी नींद सेज पर जा गिरने;
किन्तु विरहिणी के जीवन में एक घड़ी विश्राम नहीं,
बिजली सी स्मृति चमक उठी तब, लगे जभी तम घन घिरने!

शब्दार्थ–बिहग बालिका-पक्षिणी। **विश्राम**-चैन। **तम घन**-काले बादल, रात का अंधेरा, दुःख। **स्मृति**-याद।

अर्थ–नीले आकाश में पक्षिणी के समान दिन भर उड़ती-उड़ती किरणें मानो थक गईं और इसी से संध्या होते ही छिप गईं तथा स्वप्न-लोक में नींद की सेज पर उसी प्रकार जा लेटीं जैसे पक्षी बन में वृक्षों पर बसेरा लेने लगते हैं। पर विरहिणी श्रद्धा के जीवन में तो एक घड़ी भर के लिए चैन न था। उसे न दिन में नींद आती थी और न रात को।

जैसे काले बादलों में बिजली चमक उठती है उसी प्रकार जब रात का अंधकार घिरा तब श्रद्धा के मन में मनु-सम्बंधी स्मृति तीव्र हो उठी।

संध्या नील सरोरुह से जो श्याम पराग बिखरते थे,
शैल घाटियों के अंचल को वे धीरे से भरते थे;
तृण-गुल्मों से रोमांचित नग सुनते उस दुख की गाथा,
श्रद्धा की सूनी साँसों से मिल कर जो स्वर भरते थे;–

शब्दार्थ–सरोरुह-कमल। **श्याम पराग**-श्याम वर्ण की पुष्प रज। **शैल**-पर्वत। **गुल्म**-पौधे। **रोमांचित**-रोमों का खड़ा होना। **नग**-पर्वत।

अर्थ–संध्या रूपी नीलकमल से अंधकार रूपी श्याम पराग ने बिखर कर पर्वत की

घाटियों के अंचल को चुपके से भर दिया अर्थात् पहाड़ की तलहटी में संध्या होते ही घना अंधकार छा गया।

श्रद्धा अपनी दुःख गाथा गाने लगी, अतः पहाड़ पर उसे तृण और पौधे ऐसे प्रतीत होते थे मानो उस विरह कथा को सुनकर पर्वत रोमांचित हो उठा है जहाँ श्रद्धा के बोलने से पहाड़ों से प्रतिध्वनि उठी मानो श्रद्धा जो सूनी साँसें फेंक रही थी उनमें वे स्वर भर रहे हों।

"जीवन में सुख अधिक या कि दुख, मंदाकिनि कुछ बोलोगी?
नभ में नखत अधिक, सागर में बुद्बुद् हैं गिन दोगी?
प्रतिविम्बित हैं तारा तुम में, सिंधु मिलन को जाती हो,
या दोनों प्रतिबिम्ब एक के इस रहस्य को खोलोगी!

शब्दार्थ–मंदाकिनि–गंगा नदी। **नखत**–तारे। **सिंधु**–समुद्र। **प्रतिबिंब**–पहलू। **रहस्य**–भेद।

अर्थ–मंदाकिनी नदी की ओर देखकर श्रद्धा कहने लगी : हे गंगे ! क्या तुम बतला सकती हो कि जीवन में सुख की प्रधानता है अथवा दुःख की? क्या तुम गणना करके बता सकती हो कि आकाश में तारे जो अपने प्रभाव से सुख के प्रतीक हैं अधिक हैं अथवा समुद्र के बुद्बुद्, जो अपने गीलेपन से दुःख के परिचायक हैं? तुम सुख और दुःख दोनों को जीवन में देखती हो क्योंकि इधर तो तुममें तारे प्रतिबिंबित हो रहे हैं और उधर तुम समुद्र से मिलने जा रही हो जहाँ बुदबुदों का ज्ञान भी तुम्हें होगा। क्या तुम इस भेद का पता लगा सकती हो कि कहीं तारे और बुद्बुदे दो भिन्न वस्तु न होकर किसी तीसरी वस्तु का प्रतिबिंब तो नहीं अर्थात् कहीं ऐसा तो नहीं है कि सुख और दुःख जिन्हें हम दो भिन्न वस्तु समझते हैं किसी अन्य वस्तु (जीवन) के दो पहलू हों।

इस अवकाश पटी पर जितने चित्र बिगड़ते बनते हैं,
उनमें कितने रंग भरे जो सुरधनु पट से छनते हैं;
किन्तु सकल अणु पल में घुलकर व्यापक नील शून्यता सा,
जगती का आवरण वेदना का धूमिल पट बुनते हैं।

शब्दार्थ–अवकाश–अंतरिक्ष, पृथ्वी के ऊपर का खोखला। **सुरधनु**–इंद्रधनुष। **आवरण**–परदा। **धूमिल**–धुँधली।

अर्थ–अंतरिक्ष के इस सूने पट पर रात-दिन कितने ही चित्र बनते हैं, फिर बिगड़ जाते हैं अर्थात् कभी पीला प्रभात आता है, कभी उज्ज्वल मध्याह्न, कभी अरुण संध्या, कभी काली रात। इन चित्रों में अनेक रंग भरे जाते हैं जो इंद्रधनुष रूपी पट में छनकर आते हैं, या जो इंद्रधनुष में दिखाई देते हैं। पर वे सारे रंग स्थिर नहीं हैं इसी से रंगों में डूबे अणु पलभर में घुलकर एक व्यापक सूने नीलेपन में परिवर्तित हो जाते हैं और आकाश की उस धुँधली करुणा की चादर के रूप में प्रकट होते हैं जो इस संसार पर पर्दे के समान पड़ी प्रतीत होती है।

वि०–जीवन के पक्ष में इस छंद का भाव यह है कि हमारे सामने सुख रात-दिन अनेक रंग दिखलाता है, पर वह स्थिर नहीं है। इसी से क्षण भर ठहर कर वेदना में बदल जाता है।

दग्ध श्वास से आह न निकले सजल कुहू में आज यहाँ!
कितना स्नेह जला कर जलता ऐसा है लघु दीप कहाँ?
बुझ न जाय वह साँझ किरन सी दीप-शिखा इस कुटिया की,
शलभ समीप नहीं तो अच्छा, सुखी अकेले जले यहाँ!

शब्दार्थ–दग्ध-तप्त। **आह**-पीड़ा को प्रकट करने वाला एक शब्द। **सजल**-भीगी, गीली, रोती। **कुहू**-अमावस्या। **स्नेह**-तेल, प्रेम।

अर्थ–तारे जिसके आँसू प्रतीत होते हैं ऐसी अमावस्या की रोती रात में मेरी तप्त साँसों से आज उफ शब्द न फूटे अर्थात् दुःखावेग का प्रदर्शन मुझे भला नहीं लगता।

इस छोटे से दीपक की समता कौन कर सकता है जो अपने अंतर के अमित स्नेह (तेल) को जलाकर स्वयं जल रहा है? मेरी कुटिया में जलने वाली दीपक की लौ कहीं उसी प्रकार बुझ न जाय जैसे संध्या समय सूर्य रूपी दीपक की किरण रूपी लौ बुझ जाती है। आज पतंगा इसके निकट नहीं है। यह अच्छा ही हुआ। यह शिखा अकेली ही जलेगी। इसका सुख इसी में है।

वि०–दीप से तात्पर्य यहाँ श्रद्धा के मन से भी है। वह सोच रही है कि मैं स्नेह में अकेली जल रही हूँ और मेरे इस दुःख को बटाने के लिए मनु पास नहीं हैं। यह भी अच्छा है। मुझे अकेले में ही सुख है। पर कहीं ऐसा न हो कि मैं मर जाऊँ। यदि ऐसा हुआ तो फिर विरह का अनुभव कौन करेगा?

आज सुनूँ केवल चुप होकर, कोकिल जो चाहे कह ले,
पर न परागों की वैसी है चहल-पहल जो थी पहले;
इस पतझड़ की सूनी डाली और प्रतीक्षा की संध्या,
कामायनि ! तू हृदय कड़ा कर धीरे-धीरे सब सह ले!

शब्दार्थ–परागों-पुष्परज। **चहल-पहल**-भरमार।

अर्थ–हे कोकिल, मैं तुझे रोकूँगी नहीं, तेरे मन में जो आवे सो तू गा। आज केवल चुप रहकर मैं सब सुनूँगी, क्योंकि अपनी विषम स्थिति के कारण तेरे स्वर में स्वर मिलाने की सामर्थ्य मुझमें नहीं है। पर इतना तो तुम भी जानती है कि पिछले दिनों पराग की जैसी भरमार थी इन दिनों नहीं है, अतः मेरा झुकना असामयिक है।

पतझड़ काल है, डालियाँ सूनी हैं, संध्या बेला है और मैं किसी की प्रतीक्षा में बैठी हूँ। असहनीय है यह। पर कामायनी, तू अपने हृदय को कड़ा कर और जैसे बने धीरे-धीरे सब सह।

विरल डालियों के निकुंज सब ले दुख के निश्वास रहे,
उस स्मृति का समीर चलता है मिलन कथा फिर कौन कहे?
आज विश्व अभिमानी जैसे रूठ रहा अपराध बिना,
किन चरणों को धोयेंगे जो अश्रु पलक के पार बहे!

शब्दार्थ–विरल-छितरी। **निश्वास**-बाहर फेंकी जाने वाली साँस विशेषकर दुःखभरी। **स्मृति**-याद।

अर्थ–छितरी डालियों वाले कुंजों में पवन साँय-साँय कर रहा है। मानो वे कुंज दुःख के निःश्वास ढाल रहे हैं। पवन से मैं पूछना चाहती थी कि तू क्या उनके मिलन का संदेश लेकर आया है, पर वह तो उनकी याद (विरह) की सूचना देता फिरता है। मुझे लगता है जैसे यह अभिमानी संसार आज मुझसे रूठ गया है; यद्यपि मैंने उसका कोई अपराध नहीं किया। मेरी पलकों से ढलकर जो आँसू बह रहे हैं उनसे आज मैं किन चरणों को धोऊँ। जिन्हें धोती वे तो दूर हैं।

अरे मधुर हैं कष्ट पूर्ण भी जीवन की बीती घड़ियाँ!
जब निस्संबल होकर कोई जोड़ रहा बिखरी कड़ियाँ;
वही एक जो सत्य बना था चिर सुन्दरता में अपनी,
छिपा कहीं, तब कैसे सुलझें, उलझी सुख दुख की लड़ियाँ!

शब्दार्थ–निस्संबल-निस्सहाय, उपायविहीन, निराश्रय। **वही**-प्रेम का जीवन।

अर्थ–जब मनुष्य का कोई सहारा नहीं रहता और सुख की बिखरी घटनाओं को एक-एक करके वह क्रम से देखता है तब उसे उन दिनों की स्मृति में एक सुख मिलता है, यद्यपि यह जानकर कष्ट भी होता है कि सुख के वे बीते पल अब नहीं रहे।

अपने प्रेम के सुन्दर जीवन को मैंने सत्य समझ लिया है–मैं सोचती थी कि यह जीवन ऐसे ही चलता रहेगा। पर आज वह नहीं रहा। तब मैं जानती नहीं कि दुःख में उलझे अपने सुख को मैं कैसे पृथक करूँ?

विस्मृत हों वे बीती बातें अब जिनमें कुछ सार नहीं,
वह जलती छाती न रही अब वैसा शीतल प्यार नहीं!
सब अतीत में लीन हो चलीं, आशा, मधु अभिलाषाएँ,
प्रिय की निष्ठुर विजय हुई, पर यह तो मेरी हार नहीं!

शब्दार्थ–विस्मृत हों-भूल जाऊँ। **सार**-तत्व। **जलती**-प्रेम की आग से भरी।

अर्थ–प्रेम की वे बीती बातें जिनमें अब कुछ सार नहीं, मैं भूल जाऊँ तो अच्छा है; क्योंकि आज मेरे लिए न तो मनु का जलता वक्ष रहा और वह शीतल प्यार बचा। मेरी समस्त आशाएँ, मेरी सारी मधुर कामनाएँ अतीत में ही खो गईं। मुझे कठोरतापूर्वक ठुकरा कर चले जाने से मेरे प्रिय की विजय हो गई यह सत्य है, पर यह मेरी पराजय नहीं है। क्योंकि केवल उनके तोड़ने से ही तो प्रेम का बंधन नहीं टूट सकता। मैंने तो अभी तोड़ा नहीं।

वे आलिंगन एक पाश थे, स्मिति चपला थी, आज कहाँ?
और मधुर विश्वास ! अरे वह पागल मन का मोह रहा!
वंचित जीवन बना समर्पण यह अभिमान अकिंचन का,
कभी दे दिया था कुछ मैंने, ऐसा अब अनुमान रहा!

शब्दार्थ–आलिंगन-भुजाओं में भरना। **पाश**-बंधन। **स्मिति**-मधुर मुस्कान। **चपला**-बिजली। **वंचित**-धोखा खाया हुआ। **अकिंचन**-दरिद्र। **अनुमान**-कल्पना।

अर्थ–प्रेम के वे आलिंगन जो कोरे मनोरंजन करने वाले आलिंगन न थे, एक को दूसरे

में बाँधे रखते थे। वह मधुर मुस्कान जो हमारे ओंठों पर खिलती थी, बिजली सी उजली थी; आज वह सब कहाँ है? और वह मधुर विश्वास कि जीवन के अंत तक हम एक दूसरे को इसी प्रकार प्रेम करेंगे? उफ, वह पागलपन का मोह मात्र था।

मनु के द्वारा मैं वंचित हुई हूँ। ठीक है, पर मैं इस घटना को दूसरी दृष्टि से देखती हूं। मुझ दरिद्र के पास यह बात अभिमान करने को बच रही है कि मैंने अपने को समर्पित कर दिया। इससे अधिक और क्या देती? आज मुझे इतना ही याद पड़ता है कि एक दिन था जब मेरे पास जो कुछ था मैंने उसे किसी को दे डाला।

विनिमय प्राणों का यह कितना भयसंकुल व्यापार अरे!
देना हो जितना दे दे तू, लेना ! कोई यह न करे!
परिवर्त्तन की तुच्छ प्रतीक्षा पूरी कभी न हो सकती,
संध्या रवि देकर पाती है इधर-उधर उडुगन बिखरे।

शब्दार्थ–विनिमय-लेन-देन, आदान-प्रदान। **भयसंकुल**-भयंकर। **प्रतीक्षा**-आशा।

अर्थ–और सभी वस्तुओं का परिवर्तन चल सकता है, पर अनुराग के परिवर्तन में अनुराग चाहना यह बहुत ही भयंकर व्यापार है। प्रेम में केवल देना ही देना है लेना नहीं, इसी से यदि प्रेम करना है तो अपने से जितना देते बने उतना दे दो, पर ले कुछ भी न। यह आशा कि बदले में कुछ मिले, एक तुच्छ आशा है। यह कभी सार्थक न होगी। जहाँ लेन-देन का भाव है वहाँ बदले में उतना मिलता भी नहीं जितना दिया जाता है। प्रकृति को देखो। संध्या अपनी ओर से सूर्य देती है और उसके बदले में उसे मिलते हैं यहाँ-वहाँ छितरे छोटे तारे जिनकी सूर्य से कोई समता नहीं।

वि०–प्रेम सम्बंधी यह आदर्शात्मक भावना 'प्रसादजी' की अपनी है। लहर में उन्होंने यही भाव दोहराया है–

पागल रे वह मिलता है कब?
उसको तो देते ही हैं सब।
फिर क्यों तू उठता है पुकार
मुझको न कभी रे मिला प्यार?

वे कुछ दिन जो हँसते आये अंतरिक्ष अरुणाचल से,
फूलों की भरमार स्वरों का कूजन लिये कुहक बल से;
फैल गयी जब स्मिति की माया, किरन कली की क्रीड़ा से,
चिर प्रवास में चले गये वे आने को कह कर छल से!

शब्दार्थ–अंतरिक्ष-आकाश, शून्य। **अरुणाचल**-पूर्व दिशा में उदयाचल नाम का पर्वत जहाँ से सूर्य निकलता है। **भरमार**-अधिक परिमाण में, ढेर। **कुहक**-माया। **प्रवास**-परदेश को जाना।

अर्थ–जैसे पूर्व स्थित उदयाचल से आकाश में उग कर सूर्य मुस्कराता है वैसे ही पूर्वकाल में प्रसन्नता के किसी उद्गम से हमारे जीवन के आकाश में भी कुछ हँसी-खुशी के दिन आये थे।

जैसे वसंत अपनी माया शक्ति से बन में फूलों की भरमार कर देता है और मीठे स्वर वाले पक्षी कूकने लगते हैं उसी प्रकार हमारे जीवन वसंत के प्रारम्भ होते ही सुख की भरमार हुई और आनंद के गीतों की लड़ी बँधी।

किरण जब कली के साथ क्रीड़ा करती है तब एक आलोक की सृष्टि होती है, इसी प्रकार जब मनु की और मेरी विलास-क्रीड़ा प्रारम्भ हुई तब हमारा जीवन भी मंद हास्य (आनन्द) से भर गया।

जैसे वसंत जाते समय आशा बँध जाता है कि फिर लौटेगा, पर बहुत दिनों तक नहीं आता वैसे ही हमारे वे दिन हमें इस धोखे में रखकर कि फिर लौटेंगे परदेश को जाकर बहुत काल तक न लौटने वाले किसी व्यक्ति के समान कहीं चले गए और इतने दिन व्यतीत होने पर भी लौटे नहीं।

जब शिरीष की मधुर गंध से मान भरी मधु ऋतु रातें,
रूठ चली जातीं रक्तिम-मुख, न सह जागरण की घातें;
दिवस मधुर आलाप कथा सा कहता छा जाता नभ में,
वे जगते सपने अपने तब तारा बन कर मुसक्याते।"

शब्दार्थ–शिरीष-सिरस नाम का पेड़ जिसके पुष्प अत्यन्त कोमल होते हैं। **मधु ऋतु**-वसंत ऋतु। **रक्तिम**-लाल। **आलाप कथा**-गीत।

अर्थ–वसन्त की वे रातें जिनमें शिरीष पुष्प की मधुर गंध बहती थी, जगते ही बीतती थी और तब वह समय आता था जब उषा की लालिमा छा जाती थी। ऐसा प्रतीत होता था जैसे रात ने इस बात पर मान किया है कि हमने अपने प्रेम की लीनता में उसके गंध भरे सुंदर शरीर की ओर ध्यान नहीं दिया और क्योंकि हमारा जगना उसे अच्छा नहीं लगा इसी से रूठकर क्रोध से अपना मुख लाल करके चली गयी है। आकाश में दिन फूटता-फैलता। पक्षी कूकते। ऐसा लगता जैसे उस रूप में कोई मधुर कथा सुना रहा हो। रात होते ही तारे मुस्कराते, ऐसा आभासित होता जैसे हम जो जगकर दिन भर मधुर कल्पनाएँ करते रहे हैं वे ही उस रूप में झलक उठी हैं।

वन बालाओं के निकुंज सब भरे वेणु के मधु स्वर से,
लौट चुके थे आने वाले सुन पुकार अपने घर से,
किन्तु न आया वह परदेशी युग छिप गया प्रतीक्षा में,
रजनी की भींगी पलकों से तुहिन विंदु कण-कण बरसे।

शब्दार्थ–वन बालाओं-चिड़ियों। **वेणु**-वंशी की चहचहाहट जैसी चुलबुलाहट। **पुकार**-याद का आकर्षण। **अपने घर**-घोंसले। **तुहिन विंदु**-ओस की बूँद।

अर्थ–पक्षियों के सब कुंज वंशी के समान मधुर ध्वनि वाली चहचहाहट से भर गये। जो पक्षी प्रभातकाल में बाहर उड़ गये थे, अपने-अपने घोंसले की याद से खिंचकर वे लौट आये। परन्तु मेरा परदेसी नहीं लौटा, यद्यपि उसकी प्रतीक्षा करते-करते एक युग बीत गया।

रात की भींगी पलकों से एक-एक करके आँसू ओस के रूप में बरस रहे हैं।

वि०–(१) अन्तिम पंक्ति से श्रद्धा के आँसुओं का धीरे-धीरे गिरना भी ध्वनित होता है।

(२) प्रलय के कारण जहाँ श्रद्धा है वहाँ उसे छोड़कर दूसरा व्यक्ति नहीं। यदि कोई जंगली जाति होती तो बन-बालाओं का अर्थ जंगली जाति की रमणियों का लगाते और अर्थ में एक मार्मिकता आती। पर वैसा न होने से पक्षियों के अर्थ की संगति बिठानी पड़ी।

(३) स्मरण रहे कि मनु-श्रद्धा का पुत्र मानव-जाति का पहला व्यक्ति है।

मानस का स्मृति शतदल खिलता, झरते विंदु मरंद घने,
मोती कठिन पारदर्शी ये, इनमें कितने चित्र बने!
आँसू सरल तरल विद्युत्कण, नयनालोक विरह तम में,
प्राण पथिक यह संबल लेकर लगा कल्पना-जग रचने।

शब्दार्थ–मानस-सरोवर और मन। **शतदल**-कमल। **मरन्द**-मकरंद, पुष्परस। **पारदर्शी**-जिसके आर-पार देखा जा सके। **नयनालोक**-आँखों का उजाला। **संबल**-पाथेय, राह खर्च।

अर्थ–जैसे मानस (सरोवर) में जब कमल खिलता है तब उससे रस की घनी बूँद झरती हैं, वैसे ही श्रद्धा के मानस (मन) में जब मनु की स्मृति प्रस्फुटित हुई अर्थात् जब उसे मनु की याद आई तब उसकी आँखों से आँसुओं की घनी बूँदें टपकने लगीं। वह सोचने लगी–मेरे ये आँसू देखने में मोतियों के समान हैं। अन्तर इतना ही है कि मोती स्पर्श करने में कठोर होते हैं, पर इनके आर-पार देखा जा सकता है। इनमें सुख-दुख के अनेक चित्र अंकित हैं, अर्थात् सुख-दुःख की अनेक घटनाओं के स्मरण से ये उमड़ रहे हैं।

इन आँसुओं की समता तरल विद्युत्कण से भी की जा सकती है क्योंकि जैसे विद्युत्कण तम को आलोकित करते हैं, वैसे ही विरह के अंधकार में ये भी आँखों में उजाला फैलाते हैं।

भाव यह कि विरह काल में प्रेमी को जब यह नहीं सूझता कि अब वह क्या करे तब आँसू उमड़कर उसे धीर बँधा जाते हैं। जैसे कोई पथिक राह खर्च के सहारे यह कल्पना कर सकता है कि उसे लेकर वह इतना मार्ग काट सकेगा, इतने दिन चल सकेगा, वैसे ही आँसुओं की निधि को लेकर प्रेमी के प्राण भी अनेक प्रकार की कल्पनाओं के महल खड़े करते हैं। तात्पर्य यह कि कभी प्रेमी रोकर अपने भारी मन को हल्का करता है, कभी प्रिय को पिघलाने की सोचता है, कभी अपने विरह को सहज भाव से काटने की संभावना खड़ी करता है।

अरुण जलज के शोण कोण थे नव तुषार के विंदु भरे,
मुकुर चूर्ण बन रहे प्रतिच्छवि कितनी साथ लिये बिखरे!
वह अनुराग हँसी दुलार की पंक्ति चली सोने तम में,
वर्षा विरह कुहू में जलते स्मृति के जुगनू डरे डरे।

शब्दार्थ–अरुण जलज-लाल कमल। **शोण**-लाल। **तुषार**-ओस की बूँद। **मुकुर**-दर्पण। **चूर्ण**-चूर-चूर। **कुहू**-अमावस्या।

अर्थ–जैसे रक्त कमल के लाल कोनों में ओस की नवीन बूँदें भर जाती हैं वैसे ही (देर तक रोने के कारण) श्रद्धा की अरुणाई आँखों के लाल कोयों में नवीन आँसू की बूँदें भर गईं।

वे आँसू नहीं थे। ऐसा प्रतीत होता था जैसे श्रद्धा के हृदय का दर्पण ही टूटकर चूर-चूर हो गया हो और उसी के वे टुकड़े हों। जैसे टूटे दर्पण में देखने वाले को जितने दर्पण के टुकड़े होते हैं, उतनी ही अपनी छवियाँ दिखाई देती हैं, वैसे ही आँसू की एक-एक बूँद में मनु की छवि अंकित थी और इसी से वे आँसू उसकी अनेक छवियों को लेकर बिखर रहे थे।

प्रेम, हास्य और दुलार का लम्बा जीवन अतीत के अंधकार में विलीन होने जा रहा था और जैसे वर्षाकाल की अमावस्या में जुगनू टिप-टिप करते अपनी झलक दिखा जाते हैं उसी प्रकार विरह में मनु की याद के जुगनू झलक कर अतीत के सुख के दिनों को डरते-डरते आँखों के सामने ला रहे थे।

सूने गिरि-पथ में गुंजारित शृंगनाद की ध्वनि चलती,
आकांक्षा लहरी दुख-तटिनी पुलिन अंक में थी ढलती;
जले दीप नभ के, अभिलाषा शलभ उड़े, उस ओर चले,
भरा रह गया आँखों में जल, बुझी न वह ज्वाला जलती।

शब्दार्थ–शृंगनाद-सिंगी बाजा। **आकांक्षा**-कामना। **पुलिन**-किनारा। **शलभ**-पतंगा।

अर्थ–जैसे नदी पर्वत के सूने पथ पर जब उतरती है तब सिंगी बाजे के समान ध्वनि करती चलती है, उसमें लहरें उठती हैं और अंत में किसी किनारे की गोद में जाकर वे ढल जाती हैं, ठीक ऐसे ही श्रद्धा के शुष्क सूने जीवन पथ पर होकर दुःख की नदी करुणा की ध्वनि मचाती और कामनाओं की लहरें उठाती आगे बढ़ती विफलता के किनारे में जाकर ढल रही थी।

आकाश के दीपक जल उठे अर्थात् संध्या होते ही तारे चमकने लगे और जैसे पतंगे दीपक की ओर उड़-उड़कर जाते हैं वैसे ही श्रद्धा ने तारों की ओर ज्यों ही दृष्टि उठाई त्यों ही उसके मन से अनेक कल्पनायें उमड़ने लगीं।

पानी आग को बुझा देता है, परन्तु कैसे आश्चर्य की बात थी कि उनकी आँखों में आँसू भरे के भरे रह गए, पर दुःख की आग जो उसके कलेजे में जल रही थी वह किसी प्रकार न बुझी।

"माँ"–फिर एक किलक दूरागत, गूँज उठी कुटिया सूनी,
माँ उठ दौड़ी भरे हृदय में लेकर उत्कंठा दूनी;
लुटरी खुली अलक, रज-धूसर बाँहें आकर लिपट गयीं,
निशा तापसी की जलने को धधक उठी बुझती धूनी!

शब्दार्थ–किलक-हर्षध्वनि। **दूरागत**-दूर से आई हुई। **उत्कंठा**-चाव। **लुटरी**-लटें। **अलक**-बाल। **रज धूसर**-धूल से सनी। **धूनी**-तपने के लिए साधु अपने आग जलाकर बैठते हैं जिसे धूनी कहते हैं।

अर्थ–इतने में हर्ष से भरी माँ शब्द की ध्वनि दूर से आती सुनाई पड़ी। इससे उसकी सूनी कुटिया आनन्द की गूँज से परिपूर्ण हो गई। माँ भी सहसा हृदय में भारी उत्कंठा भर कर उसकी ओर दौड़ पड़ी। बच्चे के बालों की लटें खुली हुई थीं। वह धूल से सनी बाँहों को लेकर ही माँ से लिपट गया। जिस प्रकार रात में तप करने वाली किसी तपस्विनी की

बुझती हुई धूनी हवा आदि के चलने से फिर धधक उठती है उसी प्रकार विरहिणी श्रद्धा का मन जो विरह की आग में जल रहा था और जो इस समय कुछ-कुछ शांत हो चला था बच्चे की किलकारी सुनकर फिर एक बार तड़प उठा क्योंकि उस ध्वनि के कान में पड़ते ही उसका ध्यान मनु की ओर फिर जा पड़ा।

"कहाँ रहा नटखट तू फिरता अब तक मेरा भाग्य बना!
अरे पिता के प्रतिनिधि, तूने भी सुख दुख तो दिया घना;
चंचल तू, वनचर मृग बन कर भरता है चौकड़ी कहीं,
मैं डरती तू रूठ न जाये करती कैसे तुझे मना!"

शब्दार्थ–नटखट-शरारती, ऊधमी। **प्रतिनिधि**-प्रतिमूर्ति। **घना**- अधिक। **वनचर**-वन में घूमने वाले। **रूठना**-अप्रसन्न होना।

अर्थ–श्रद्धा बोली–अरे नटखट अब तो केवल तू ही मेरा भाग्य है, पर इतनी देर से तू घूम कहाँ रहा था? अपने पिता की तू प्रतिमूर्ति है। जैसे उन्होंने मुझे सुख भी बहुत दिया साथ ही दुःख भी, वैसे ही तू दूर रहकर मुझे चिंतित भी बहुत करता है और पास रहकर सुख भी बहुत देता है। तू इतना चंचल है कि वन में विचरण करने वाले हिरण के समान चौकड़ी भरता फिरता है। मैं तुझे इसलिए मना नहीं करती कि कहीं तू भी मुझसे रूठ न जाय।

"मैं रूठूँ माँ और मना तू, कितनी अच्छी बात कही,
ले मैं सोता हूँ अब जाकर, बोलूँगा मैं आज नहीं;
पके फलों से पेट भरा है नींद नहीं खुलने वाली।"
श्रद्धा चुम्बन ले प्रसन्न कुछ, कुछ विषाद से भरी रही।

शब्दार्थ–विषाद-खेद।

अर्थ–वाह माँ, तूने कितनी अच्छी बात कही ! मैं रूठ जाऊँ और तू मुझे मनावे ! मैं तो अब जाकर सो रहा हूँ, तुझसे नहीं बोलने का। गहरी नींद आवेगी आज, क्योंकि आज पके-पके फल खाये हैं। उनसे पेट भर गया है। उसकी ऐसी भोली और प्यार भरी बातें सुनकर श्रद्धा ने प्रसन्न होकर उसे चूम लिया, पर इस बात का स्मरण कर कि यदि मनु आज यहाँ होते तो कितने सुखी होते, वह फिर विषाद-मग्न हो गई।

जल उठते हैं लघु जीवन के मधुर-मधुर वे पल हलके,
मुक्त उदास गगन के उर में छाले बन कर जा झलके;
दिवा-श्रांत आलोक-रश्मियाँ नील निलय में छिपी कहीं,
करुण वही स्वर फिर उस संसृति में बह जाता है गल के।

शब्दार्थ–जल उठते-प्रत्यक्ष होकर जलन छोड़ जाना। **दिवा-श्रांत**-दिन भर की थकी। **आलोक-रश्मियाँ**-प्रकाश की किरणें। **निलय**-निवास स्थान, घर। **संसृति**-लोक यहाँ सूने आकाश से तात्पर्य है।

अर्थ–प्रेम के जीवन के पिछले कुछ दिनों के मधुर क्षण धीरे-धीरे जल उठते हैं अर्थात् अतीत के वे सुखमय दिन श्रद्धा की आँखों के सामने अत्यन्त स्पष्टता से उदित हुए और

उन्हें स्मरण कर उसे बड़ी पीड़ा या जलन हुई। उसने आकाश की ओर देखा। उसे लगा जैसे उदासी से परिपूर्ण खुले आकाश में तारे नहीं झलक रहे हैं वरन् उसके अतीत जीवन के ज्वलित क्षण ही छाले बनकर उभर आये हैं।

उसने यह भी देखा कि दिन भर की थकी प्रकाश की किरणें उस नीले निवास स्थान अर्थात् आकाश में कहीं छिप गई हैं और उसका (श्रद्धा का) करुण स्वर उस लोक में गलकर बह गया।

वि०–स्मरण रखना चाहिए कि यहाँ एकान्त में बैठी श्रद्धा अपनी करुण गाथा सुना रही है–

तृण गुल्मों से रोमांचित नग सुनते उस दुख की गाथा।
श्रद्धा की सूनी साँसों से मिलकर जो स्वर भरते थे।

प्रणय किरण सा कोमल बंधन मुक्ति बना बढ़ता जाता,
दूर, किन्तु कितना प्रतिपल वह हृदय समीप हुआ जाता!
मधुर चाँदनी सी तंद्रा जब फैली मूर्च्छित मानस पर,
तब अभिन्न प्रेमास्पद उसमें अपना चित्र बना जाता!

शब्दार्थ–**मुक्ति**-बंधन का खुलना या टूटना। **तंद्रा**-झपकी, हल्की नींद। **मूर्च्छित**-शांत भाव से रहित। **मानस**-सरोवर, मन। **अभिन्न**-जो अपने से भिन्न न हो, जो अपना हो। **प्रेमास्पद**-प्रेमी।

अर्थ–प्रेम का किरण जैसा कोमल बंधन खुलने पर और भी कस गया। भाव यह कि मनु श्रद्धा को अपने प्रेम से मुक्त करके चले गए हैं, उसका हृदय उनकी स्मृति में और भी जकड़ गया है। मनु उससे बहुत दूर चले गए, पर श्रद्धा उन्हें अपने हृदय के और भी निकट पा रही है। जैसे शांत सरोवर पर मधुर चाँदनी छा जाती है वैसे ही श्रद्धा के हृदय में इस समय भावनाओं का उठना बंद हो गया और उसे एक झपकी आई। ठीक उसी समय उसके अभिन्न प्रेमी ने अपना चित्र उस मन पर अंकित कर दिया अर्थात् स्वप्न में उसने मनु को देखा।

कामायनी सकल अपना सुख स्वप्न बना सा देख रही,
युग-युग की वह विकल प्रतारित मिटी हुई बन लेख रही;
जो कुसुमों के कोमल दल से कभी पवन पर अंकित था,
आज पपीहा की पुकार बन नभ में खिंचती रेख रही!

शब्दार्थ–**स्वप्न बना**-सपना देखना, दूर होना। **विकल**-दुःखी। **प्रतारित**-वंचित, छली गई। **लेख**-चिन्ह। **दल**-पंखुड़ियाँ, सुख। **पवन**-हवा, जीवन। **पपीहा**-चातक, मन। **पुकार**-करुण कराह।

अर्थ–कामायनी देख रही है कि उसका सारा सुख सपना हो गया। भाव यह कि बाह्य जगत में जहाँ कामायनी के अब सुख के दिन शेष हो गए, वहाँ निद्रावस्था में उसने एक सपना देखा जिसमें अतीत के सारे सुख की कल्पनायें एक विशिष्ट रूप में प्रकट हुईं। उसे लगा कि वह युग-युग से इसी प्रकार दुखी और वंचित रही है और अब मिट कर एक

चिन्हमात्र रह गई है।

एक समय था जब फूलों की कोमल पंखुड़ियों की रेखाएँ पवन के पट पर अंकित रहती थीं और आज वह समय है जब पपीहे की पुकार की रेखा आकाश में खिंच रही है। भाव यह कि एक दिन जीवन में सुख और विलास के चिन्ह थे और आज मन का पपीहा प्रेम का प्यासा है, प्रियतम को पुकार रहा है और उसकी करुण ध्वनि सूने में उठकर रह जाती है।

इड़ा अग्नि-ज्वाला सी आगे जलती है उल्लास भरी,
मधु का पथ आलोकित करती विपद-नदी में बनी तरी;
उन्नति का आरोहण, महिमा शैल-शृंग सी, श्रांति नहीं,
तीव्र प्रेरणा की धारा सी बही वहीं उत्साह भरी।

शब्दार्थ–उल्लास-प्रसन्नता। **विपद**-संकट। **आरोहण**-सीढ़ी, सोपान। **शैल शृंग**-पर्वत की चोटी। **श्रांति**-थकावट। **प्रेरणा**-कार्य में प्रवृत्त कराने वाला मनोविकार (Inspiration)। **वहीं**-मनु के पास।

अर्थ–श्रद्धा ने स्वप्न में देखा : जैसे अग्नि शिखा अँधेरे पथ को प्रकाशित कर देती है वैसे ही इड़ा प्रसन्नतापूर्वक अग्रगामिनी बनकर अपनी उज्ज्वल प्रखर बुद्धि के प्रकाश से मनु को उनका कार्य-पथ सुझाती है। जैसे नौका द्वारा नदी को सहज में पार कर जाते हैं वैसे ही जब कभी संकट पड़ता है तब वही उन्हें उससे बचा ले जाती है।

वह उन्नति का सोपान थी अर्थात् उन्नति की ओर ले जाने वाली थी। वह गौरव के पर्वत की चोटी थी भाव यह कि उच्चतम गौरव प्राप्त करवाने वाली थी। थकावट जैसी वस्तु को वह जानती न थी। तात्पर्य यह कि निरंतर कर्म में लीन रहती और रखती थी। वह प्रेरणा की तीव्र धारा के समान थी जो उत्साह भर कर मनु के पास बह रही थी। आशय यह कि उसके पास रहने से मनु को कर्म में बड़ी स्फूर्ति और उत्साह मिलता था।

वह सुन्दर आलोक किरन सी हृदय भेदिनी दृष्टि लिये,
जिधर देखती, खुल जाते हैं तम ने जो पथ बंद किये!
मनु की सतत सफलता की वह उदय विजयिनी तारा थी,
आश्रय की भूखी जनता ने निज श्रम के उपहार दिये!

शब्दार्थ–आलोक-प्रकाश। **हृदय भेदिनी**-मन के रहस्यों से परिचित, सूक्ष्म, मनोवैज्ञानिक। **तम**-अंधकार और अज्ञान। **सतत**-निरंतर। **आश्रय**-शरण। **श्रम**-सेवा।

अर्थ–वह रम्य प्रकाश की किरण के समान थी। जैसे किरण जिधर प्रवेश करती है उधर ही अंधकार से ढके पथ को आलोकित कर देती है, वैसे ही मन के भेदों को परखने वाली उसकी ऐसी दृष्टि थी कि जिधर मनु वह पड़ जाती उधर ही वह अज्ञान-जनित उलझनों को मिटा देती। मनु को जो बराबर सफलता मिल रही थी उसका एकमात्र कारण वही थी। विजय-तारा के समान वह उनके जीवन में उदित हुई।

मनु का नगर बसा है सुन्दर सहयोगी हैं सभी बने,
दृढ़ प्राचीरों में मंदिर के द्वार दिखाई पड़े घने;

वर्षा धूप शिशिर में छाया के साधन सम्पन्न हुए,
खेतों में हैं कृषक चलाते हल प्रमुदित श्रम-स्वेद सने।

शब्दार्थ–सहयोगी-साथी। **प्राचीरों**-चहारदीवारी, परकोटा। **मंदिर**-महल। **धूप**-गर्मी। **शिशिर**-जाड़ा। **छाया**-बचाव, सुख। **सम्पन्न**-एकत्र, इकट्ठे। **श्रम स्वेद सने**-परिश्रम के कारण पसीने से लथपथ।

अर्थ–श्रद्धा ने स्वप्न में देखा–मनु का सुन्दर नगर बसा है। सब उनके साथी हैं। दृढ़ चहारदीवारी के भीतर महल बना है। उसके अनेक द्वार हैं। वर्षा, गर्मी, जाड़े से बचने के सब साधन वहाँ एकत्र हैं। बाहर खेतों में किसान प्रसन्न होकर हल चला रहे हैं। परिश्रम के कारण उनका शरीर पसीने से लथपथ है।

उधर धातु गलते, बनते हैं आभूषण औ' अस्त्र नये;
कहीं साहसी ले आते हैं मृगया के उपहार नये;
पुष्पलावियाँ चुनती हैं वन-कुसुमों की अध-विकच कली,
गंध चूर्ण था लोध्र कुसुम रज, जुटे नवीन प्रसाधन ये।

शब्दार्थ–धातु-सोना चाँदी, लोहा आदि। **साहसी**-साहस का काम करने वाली जैसे शिकारी डाकू आदि। **मृगया**-शिकार। **पुष्पलावियाँ**-पुष्प चुनने वाली रमणी, मालिन। **अध विकच**-अर्द्ध विकसित। **गंध चूर्ण**-सुगन्धित रज (Face powder)। **लोध्र**-एक वृक्ष जिस पर लाल या श्वेत पुष्प आते हैं। **प्रसाधन**-सामग्री, वस्तु।

अर्थ–कहीं सोना, चाँदी और लोहा आदि धातुएँ गल रही हैं और उनसे आभूषण तथा अस्त्र तैयार किये जा रहे हैं। कहीं साहसी व्यक्ति शिकार खेल कर शेर का चमड़ा या मृग की नाभि से कस्तूरी आदि नवीन उपहार ला रहे हैं। वन कुसुमों की अर्द्धविकसित कलियों को कहीं मालिनें चुन रही हैं। लोध्र पुष्पों का पराग सुगन्धित चूर्ण का काम दे रहा है। इस प्रकार भोग की नवीन-नवीन वस्तुओं का आयोजन हो रहा है।

घन के आघातों से होती जो प्रचंड ध्वनि रोष भरी,
तो रमणी के मधुर कण्ठ से हृदय मूर्च्छना उधर ढरी;
अपने वर्ग बना कर श्रम का करते सभी उपाय वहाँ,
उनकी मिलित प्रयत्न-प्रथा से पुर की श्री दिखती निखरी।

शब्दार्थ–घन-हथौड़ा। **आघात**-चोट। **प्रचंड**-कठोर, कर्कश, तीव्र। **रोष भरी**-जोश भरी। **मूर्च्छना**-तान। **प्रथा**-प्रणाली। **श्री**-शोभा।

अर्थ–एक ओर जोश में भरकर लोहारों के हथौड़ों की चोट से उठी कठोर ध्वनि सुनाई पड़ती है तो दूसरी ओर रमणियों के कंठ से निकली हृदय की तान ढल रही है। उस नगर में सभी अपने-अपने वर्ग बना कर काम को पूरा कर रहे हैं। इस प्रकार उनके मिलकर काम करने की प्रणाली के कारण उस नगर की शोभा निखर उठी है।

देश काल का लाघव करते वे प्राणी चंचल से हैं,
सुख साधन एकत्र कर रहे जो उनके संबल में हैं;

बढ़े ज्ञान व्यवसाय, परिश्रम बल की विस्तृत छाया में,
नर प्रयत्न से ऊपर आवें जो कुछ वसुधा तल में हैं।

शब्दार्थ–देश-स्थान। **काल**-समय। **लाघव**-छोटा। **चंचल**-तीव्र गति से काम करने में तत्पर। **संबल**-उपभोग की सामग्री। **व्यवसाय**-रोजगार। **विस्तृत**-विराट। **छाया**-सहारा।

अर्थ–उस नगर के प्राणी ऐसी तीव्र गति से काम करने में तत्पर हैं कि उन्होंने स्थान और समय दोनों को छोटा कर दिखाया है, अर्थात् एक स्थान से दूसरे स्थान तक शीघ्र से शीघ्र पहुँचने के साधन उनके पास हैं जिससे कोई स्थान दूर नहीं रहा और जो काम सामान्यरूप से अति काल में समाप्त होता उसे वे मशीनों की शक्ति से शीघ्र समाप्त कर लेते हैं। वे सुख के उन सभी साधनों को जुटा रहे हैं जो उनके उपभोग की सामग्री बन सके। महान् परिश्रम और शक्ति के सहारे उनका ज्ञान और उनके व्यवसाय में उन्नति हो रही है। वे इस बात में रत हैं कि पृथ्वी के भीतर जो कुछ छिपा पड़ा है वह भी मनुष्य के प्रयत्न से उसके भोग के लिए ऊपर आ जाय।

सृष्टि बीज अंकुरित, प्रफुल्लित, सफल हो रहा हरा-भरा!
प्रलय बीच भी रक्षित मनु से वह फैला उत्साह भरा;
आज स्वचेतन प्राणी अपनी कुशल कल्पनाएँ करके,
स्वावलम्ब की दृढ़ धरणी पर खड़ा, नहीं अब रहा डरा।

शब्दार्थ–सृष्टि-निर्माण। **स्वचेतन**-अपनी चेतना शक्ति का जिसे ज्ञान न हो। **कुशल**-सफल। **स्वावलम्ब**-अपने भरोसे रहना।

अर्थ–प्रलय काल में मनु के बच जाने से उनके रूप में निर्माण कार्य का बीज बच रहा था। उसे उन्होंने बड़े उत्साह से फैलाया। थोड़े दिनों में वह अंकुरित होकर फूला-फला। चारों ओर हरियाली छा गई। भाव यह कि प्रलय में पृथ्वी का समस्त वैभव नष्ट हो गया था, मनु के बुद्धि-कौशल से फिर एक व्यवस्थित राज्य की स्थापना हुई जिसकी प्रजा धन-धान्य से पूर्ण और हर्ष मंगल से भरी थी।

आज का प्राणी अपनी शक्ति को पहचानता है और वह ऐसी कल्पनायें करके जो सफल होती हैं अपने दृढ़ भरोसे पर जीवित है। अब वह प्रकृति के प्रकोप से डरता नहीं।

श्रद्धा उस आश्चर्य-लोक में मलय-बालिका सी चलती,
सिंहद्वार के भीतर पहुँची, खड़े प्रहरियों को छलती;
ऊँचे स्तम्भों पर बलभी युत बने रम्य प्रासाद वहाँ,
धूप धूम सुरभित गृह, जिनमें थी आलोक-शिखा जलती।

शब्दार्थ–मलय-बालिका-पवन, हवा। **सिंहद्वार**-मुख्य फाटक। **प्रहरियों**-पहरेदारों। **छलती**-आँख बचाती। **स्तंभ**-खंभ। **बलभी**-छज्जा। **प्रासाद**-महल। **धूप**-एक सुगन्धित द्रव्य। **आलोक-शिखा**-दीपक या मोमबत्ती का प्रकाश।

अर्थ–चकित करने वाली वस्तुओं से परिपूर्ण उस देश में श्रद्धा पवन के समान स्वतंत्रता से घूम रही थी। कुछ देर में वह प्रहरियों की दृष्टि बचाती नगर के मुख्य फाटक के भीतर घुस गई। उसने देखा ऊँचे खम्भों पर छज्जों से युक्त सुन्दर महल बने हुए थे।

धूप के धुएँ से मकान सुवासित है और उनमें प्रकाश शिखा जल रही थी।

स्वर्ण कलश शोभित भवनों से लगे हुए उद्यान बने!
ऋजु-प्रशस्त पथ बीच-बीच में, कहीं लता के कुंज घने;
जिनमें दम्पति समुद विहरते, प्यार भरे दे गलबाहीं,
गूँज रहे थे मधुप रसीले, मदिरा-मोद पराग सने।

शब्दार्थ–**स्वर्ण कलश**-सोने के कलसे। **उद्यान**-बगीचे। **ऋजु**-सीधे। **प्रशस्त**-स्वच्छ। **दम्पति**-पति पत्नी। **पराग**-पुष्प रज।

अर्थ–सोने के कलशों से युक्त होने के कारण भवन सुन्दर लगते हैं। उन्हीं से सटे हुए बगीचे हैं जिनके बीच से होकर सीधे स्वच्छ मार्ग गये हैं। कहीं-कहीं लताओं के घने कुंज हैं। इन कुंजों में पति-पत्नी प्यार में डूबे एक दूसरे के गले में भुजायें डाल आनन्द-पूर्वक घूम रहे हैं। वहीं पराग से सने रसिक भौंरे पुष्पों के रस का पान कर आनन्दमग्न हो गूँज रहे हैं।

देवदारु के वे प्रलम्ब भुज, जिनमें उलझी वायु-तरंग,
मुखरित आभूषण से कलरव करते सुन्दर बाल विहंग;
आश्रय देता वेणु वनों से निकली स्वर लहरी ध्वनि को,
नाग केसरों की क्यारी में अन्य सुमन भी थे बहुरंग।

शब्दार्थ–**देवदारु**-एक बहुत ऊँचा और सीधा वृक्ष। **प्रलम्ब**-लम्बे। **भुज**-बाहु शाखाओं से तात्पर्य है। **मुखरित**-ध्वनित। **कलरव**-मधुर ध्वनि। **आश्रय देना**-सहारा या शरण देना। **नाग केसरों**-एक प्रकार के फूलदार वृक्ष।

अर्थ–देवदारु की लम्बी-लम्बी शाखाएँ लम्बी-लम्बी भुजाओं सी प्रतीत होती थीं जिनसे वायु की लहरियाँ आकर लिपट गई थीं। वहीं पक्षियों के रम्य बच्चे आभूषणों की झंकार के समान मधुर ध्वनि कर रहे थे। वनों से आती हुई स्वर की हिलोरें बाँसों के झुरमुट में आकर रुक जाती थीं। वहीं नागकेसरों की क्यारियों में अनेक रंगों के और भी बहुत से फूल खिल रहे थे।

वि०–देवदारु पुल्लिग में है और वायु तरंग स्त्रीलिंग में। ऊपर के छंद में स्त्री-पुरुषों का गले मिलना दिखाया गया है और इसमें प्रकृति के तत्वों का। भावों की यह समानता उपयुक्त ही हुई है।

नव मंडप में सिंहासन सम्मुख कितने ही मंच तहाँ,
एक ओर रक्खे हैं सुन्दर मढ़े चर्म से सुखद वहाँ;
आती है शैलेय अगरु की धूम-गंध आमोद-भरी,
श्रद्धा सोच रही सपने में 'यह लो मैं आ गई कहाँ?

शब्दार्थ–**मंडप**-चँदोवा। **सिंहासन**-राजासन। **मंच**-मूढ़ा, पीढ़ा, लकड़ी या पत्थर का बैठने का एक ऊँचा आधार। **शैलेय अगरु**-पहाड़ी अगरु। **आमोद**-मीठी खुशबू (Fragrance)।

अर्थ–एक नवीन मंडप की रचना हुई है। उसमें सिंहासन लगा है। उसके सामने चमड़े से मढ़े, देखने में सुन्दर तथा शरीर को सुख देने वाले एक ओर अनेक मंच बिछे हैं। पहाड़ी

अगरु जल रहा है जिसके धुएँ की मीठी खुशबू आ रही है। श्रद्धा यह सब देखकर सपने में सोचती है : आश्चर्य ! मैं कहाँ आ गई?

और सामने देखा उसने निज दृढ़ कर में चषक लिये,
मनु, वह क्रतुमय पुरुष! वही मुख संध्या की लालिमा पिये।
मादक भाव सामने, सुन्दर एक चित्र सा कौन यहाँ,
जिसे देखने को यह जीवन मर-मर कर सौ बार जिये?

शब्दार्थ–चषक-प्याला। **क्रतुमय**-यज्ञों का प्रेमी। **मादक भाव**-मस्ती।

अर्थ–और अपने सामने ही श्रद्धा ने देखा-यज्ञ के प्रेमी मनु अपने सबल हाथ में प्याला थामे हुए हैं। संध्या की लालिमा जैसी आभा से पूर्ण वह मुख मनु का ही था। उसने यह भी देखा कि उनके आगे एक बालिका बैठी हुई है। वह ऐसी प्रतीत होती थी मानो उसके मन की मस्ती ही साकार हो गई हो। वह सोचने लगी : एक सुन्दर चित्र के समान इतनी आकर्षक यह कौन है जिसे केवल देखने के लिए कोई भी जीवधारी सैकड़ों बार मर कर फिर-फिर जीना चाहेगा?

इड़ा ढालती थी वह आसव, जिसकी बुझती प्यास नहीं,
तृषित कंठ को, पी-पी कर भी, जिसमें है विश्वास नहीं;
वह वैश्वानर की ज्वाला सी, मंच वेदिका पर बैठी,
सौमनस्य बिखराती शीतल, जड़ता का कुछ भास नहीं।

शब्दार्थ–आसव-मादक रस। **तृषित**-प्यासा। **वैश्वानर**-अग्नि। **ज्वाला**-लपट। **वेदिका**-यज्ञ के लिए तैयार की हुई ऊँची भूमि। **सौमनस्य**-प्रसन्नता। **जड़ता**-आलस्य, स्फूर्तिहीनता। **भास**-चिन्ह।

अर्थ–इड़ा मनु के प्याले में ऐसा मादक रस ढाल रही थी जिससे प्यास शांत न होती थी वरन् जिसे बार-बार पीकर भी प्यासा कंठ ऐसा विश्वास नहीं करता था कि उसने यथेष्ट पी ली।

यज्ञ की वेदी पर जो एक मंच के रूप में बनी हुई थी अग्नि की एक लपट के समान इड़ा बैठी थी। उसके मुख से शीतल प्रसन्नता बरस रही थी। आलस्य अथवा अकर्मण्यता का कोई चिन्ह उसकी आकृति से लक्षित नहीं होता था।

मनु ने पूछा "और अभी कुछ करने को है शेष यहाँ?"
बोली इड़ा "सफल इतने में अभी कर्म सविशेष कहाँ!
क्या सब साधन स्ववश हो चुके?" "नहीं अभी मैं रिक्त रहा-
देश बसाया पर उजड़ा है सूना मानस देश यहाँ।

शब्दार्थ–सविशेष-विशेष रूप से। **साधन**-सुख की सामग्री। **स्ववश**-अधिकार में। **रिक्त**-आभाओं से भरा। **मानस**-मन।

अर्थ–मनु ने प्रश्न किया : क्या अब भी और कोई ऐसा काम है जो करने को बच रहा हो? इड़ा ने उत्तर दिया : जो थोड़ा बहुत तुमने किया है कर्म की विशेष सफलता उतने में कहाँ है? क्या सृष्टि के समस्त सुख, साधन तुम्हारे अधिकार में हैं।

मनु ने बात को उलटते हुए कहा : नहीं, अभी मैं अभाव से भरा हूँ। यह ठीक है कि मैंने सारस्वत नगर बसा दिया है, पर मेरे मन का सूना देश अभी उजड़ा पड़ा है।

सुन्दर मुख, आँखों की आशा, किन्तु हुए ये किसके हैं;
एक बाँकपन प्रतिपद शशि का, भरे भाव कुछ रिस के हैं;
कुछ अनुरोध मान-मोचन का करता आँखों में संकेत,
बोल अरी मेरी चेतनते ! तू किसकी, ये किसके हैं?"

शब्दार्थ–**आँखों की आशा**-आँखों में किसी की प्रतीक्षा करना। **बाँकपन**-तिरछापन। **प्रतिपदा**-प्रतिपदा, पड़वा। **अनुरोध**-आग्रह। **मान-मोचन**-नायिका के रूठने पर नायक का उसे मनाना।

अर्थ–तुम्हारा सुन्दर मुख और किसी की निरंतर प्रतीक्षा करती तुम्हारी आँखें ! पर उफ, उन्हें अपना कहने का अधिकार किसी को नहीं। तुम्हारी चितवन में पड़वा के चन्द्रमा जैसा तिरछापन है जिससे कुछ रिस के भाव झलक रहे हैं। साथ ही इन्हीं आँखों से कुछ ऐसा भी संकेत मिलता है कि वे किसी से ऐसा आग्रह करती हैं जैसे तुम्हारे मन का मान कोई दूर करता। हे मेरी चेतनाशक्ति ! इस बात का उत्तर दो कि तुम किसकी हो और तुम्हारा यह मुख और तुम्हारी ये भावभयी आँखें किसकी हैं?

वि०–प्रसिद्ध है कि प्रतिपदा को चंद्रमा नहीं निकलता, पर कवि ने उसकी कल्पना की है।

"प्रजा तुम्हारी, तुम्हें प्रजापति सबका ही गुनती हूँ मैं,
यह सन्देह भरा फिर कैसा नया प्रश्न सुनती हूँ मैं?"
"प्रजा नहीं, तुम मेरी रानी मुझे न अब भ्रम में डालो,
मधुर मराली ! कहो 'प्रणय के मोती अब चुनती हूँ मैं।'

शब्दार्थ–**प्रजापति**-राजा। **गुनना**-समझना। **मराली**-हंसिनी। **प्रणय**-प्रेम।

अर्थ–इड़ा बोली : मैं यही समझती हूँ कि तुम हमारे प्रजापति हो। उस दृष्टि से मैं तुम्हारी प्रजा मात्र हूँ। जब मेरा तुम्हारा इतना स्पष्ट सम्बंध है, तब तुम्हारी ओर से यह संदेह भरा प्रश्न कैसे उठा ?

मनु ने उत्तर दिया : तुम प्रजा नहीं रानी हो, मुझे अधिक भ्रम में न रखो। तुम एक सुंदर हंसिनी हो। अपने मुख से कहो कि तुम मेरे प्रेम के मोती चुनने (मुझे प्रेम करने) को तत्पर हो।

मेरा भाग्य गगन धुँधला सा, प्राची पट सी तुम उसमें,
खुल कर स्वयं अचानक कितनी प्रभापूर्ण हो छवि यश में,
मैं अतृप्त आलोक भिखारी ओ प्रकाश-बालिके ! बता,
कब डूबेगी प्यास हमारी इन मधु अधरों के रस में?

शब्दार्थ–**प्राची पट**-पूर्व दिशा। **अतृप्त**-अभाव से परिपूर्ण। **प्रकाश-बालिके**-उषा।

अर्थ–मेरा भाग्य धुँधले आकाश जैसा और तुम उसमें उस पूर्व दिशा के सदृश हो जो सहसा खिलकर अपनी यशमयी सुन्दरता से आलोकित हो उठती है। मैं अभाव से पूर्ण हूँ,

प्रेम के प्रकाश का भिखारी हूँ और तुम उषा के समान हो। बताओ, वह कौन सा दिन होगा जब तुम्हारे इन मधुर अधरों के रस का पान कर हमारे प्रेम की प्यास शांत हो सकेगी।

ये सुख-साधन और रुपहली रातों की शीतल छाया,
स्वर संचरित दिशाएँ, मन है उन्मद और शिथिल काया;
तब तुम प्रजा बनो मत रानी!" नर पशु कर हुंकार उठा,
उधर फैलती मदिर घटा सी अंधकार की घन माया।

शब्दार्थ–सुख साधन-भोग की सामग्री। **रुपहली**-चाँदी के रंग की। **छाया**-चाँदनी। **संचरित**-युक्त। **उन्मद**-मस्त। **नर पशु**-वह पुरुष जिसमें पशु भाव (यहाँ वासना) की प्रधानता हो। **मदिर**-मस्त।

अर्थ–भोग की यह सामग्री और उस पर चाँदी जैसी उजली रातों की शीतल चाँदनी, स्वर से युक्त दिशाएँ मस्त मन और शिथिल शरीर ! भाव यह कि सब कुछ आज मिलन के उपयुक्त है। तब रानी, तुम मेरी प्रजामात्र मत रहो, ऐसी बात उस नरपशु ने बड़े आवेश में आकर कही। उसी समय बादलों के समूह के कारण वातावरण में घना अँधेरा छा गया।

आलिंगन ! फिर भय का क्रंदन ! वसुधा जैसे काँप उठी!
वह अतिचारी, दुर्बल नारी परित्राण पथ नाप उठी!
अंतरिक्ष में हुआ रुद्र हुंकार भयानक हलचल थी,
अरे आत्मजा प्रजा ! पाप की परिभाषा बन शाप उठी।

शब्दार्थ–क्रन्दन-चिल्लाना, विलाप करना। **वसुधा**-पृथ्वी। **अतिचारी**-अत्याचारी, उच्छृंखलता से व्यवहार करने वाला। **परित्राण**-रक्षा, छुटकारा, बचाव। **अंतरिक्ष**-आकाश, शून्य। **रुद्र**-शिव। **हुंकार**-गर्जन। **आत्मजा**-पुत्री। **शाप**-अशुभ फल।

अर्थ–मनु ने इड़ा का बलपूर्वक आलिंगन किया जिससे भयभीत होकर वह चिल्ला उठी। जैसे पृथ्वी हिल उठती है वैसे ही वह काँपने लगी। इधर वह अत्याचार करने को उद्यत और उधर वह एक दुर्बल रमणी ! कैसे छुटकारा होगा, यह चिंता करने लगी।

इसी सयम आकाश में शिव का गर्जन सुनाई दिया जिससे भयानक हलचल मच गई। उफ, प्रजा होने से इड़ा तो पुत्री के समान हुई। अतः मनु का यह कर्म पाप के अन्तर्गत आने से उसके अशुभ फल देने वाला सिद्ध हुआ।

उधर गगन में क्षुब्ध हुईं सब देव-शक्तियाँ क्रोध भरी,
रुद्र-नयन खुल गया अचानक, व्याकुल काँप रही नगरी;
अतिचारी था स्वयं प्रजापति, देव अभी शिव बने रहें!
नहीं; इसी से चढ़ी शिंजिनी अजगव पर प्रतिशोध भरी!

शब्दार्थ–क्षुब्ध होईं-क्रोध से तमतमा उठे। **रुद्र**-शंकर का भयंकर और विनाशकारी रूप। **शिव**-शंकर का शांत और कल्याणकारी रूप। **शिंजिनि**-धनुष की डोर। **अजगव**-रुद्र का पिनाक नामक धनुष। **प्रतिशोध**-बदला।

अर्थ–उधर आकाश में और सब देवता भी क्रोध से तमतमा उठे। सहसा रुद्र का तीसरा अग्नि-नेत्र खुल गया। सारस्वत नगरी घबराकर काँपने लगी।

प्रजा का रक्षक ही जब अत्याचार करने पर उतारू हुआ, उस समय भी देवता क्या शांत बने रह सकते थे? नहीं। इसी से मनु के अपराध पर बदला लेने के लिए अपने पिनाक नामक धनुष पर शिव ने डोरी चढ़ाई।

प्रकृति त्रस्त थी, भूतनाथ ने नृत्य-विकम्पित पद अपना,
उधर उठाया, भूत सृष्टि सब होने जाती थी सपना!
आश्रय पाने को सब व्याकुल, स्वयं कलुष में मनु संदिग्ध,
फिर कुछ होगा यही समझ कर वसुधा का थर थर कँपना।

शब्दार्थ–त्रस्त-भयभीत। **भूतनाथ**-भूतों के स्वामी शिव। **नृत्य-विकंपित**-प्रलय नृत्य के लिए चंचल। **भूत सृष्टि**-भौतिक जगत। **सपना होना**-नष्ट होना। **कलुष**-पाप। **संदिग्ध**-संदेह की अवस्था में। **वसुधा**-पृथ्वी।

अर्थ–पृथ्वी भयभीत हो उठी। शिव ने प्रलय-नृत्य के लिए चंचल अपना पैर उठाया तो ऐसा लगा कि समस्त भौतिक जगत थोड़ी देर में नष्ट हो जाएगा। सब शरण पाने को व्याकुल हो उठे। स्वयं मनु के हृदय में संदेह उठा कि संभवतः उनसे पाप बन पड़ा है। जब पृथ्वी थर-थर काँपने लगी तब उन्हें निश्चय हो गया कि आज फिर कुछ होने वाला है।

काँप रहे थे प्रलयमयी क्रीड़ा से सब आशंकित जन्तु,
अपनी-अपनी पड़ी सभी को, छिन्न स्नेह का कोमल तंतु;
आज कहाँ वह शासन था जो रक्षा का था भार लिये,
इड़ा क्रोध लज्जा से भर कर बाहर निकल चली थी किन्तु।

अर्थ–रुद्र के प्रलय नृत्य से सब जंतु भयभीत होकर काँपने लगे। इस समय सभी को अपने-अपने प्राण बचाने की चिंता थी; अतः किसी ने भी स्नेह के कोमल सम्बंध का ध्यान करके दूसरे की रक्षा न की।

सब सोचने लगे : आज वह राजा कहाँ है जिसने सब की रक्षा का भार अपने ऊपर लिया था ! इसी हलचल में मनु कुव्यवहार पर क्रोध और लज्जा से भरी इड़ा को बाहर निकलने का अवसर मिल गया।

देखा उसने, जनता व्याकुल राजद्वार कर रुद्ध रही,
प्रहरी के दल भी झुक आये उनसे भाव विशुद्ध नहीं;
नियमन एक झुकाव दबा सा, टूटे या ऊपर उठ जाय!
प्रजा आज कुछ और सोचती अब तो जो अविरुद्ध रही!

शब्दार्थ–व्याकुल-क्षुब्ध। **रुद्ध**-घेरना। **नियमन**-कड़ा शासन। **अविरुद्ध**-अनुकूल।

अर्थ–इड़ा ने बाहर आकर देखा–जनता क्षुब्ध हो उठी है और उसने राजद्वार को घेर रखा है। पहरेदारों का समूह भी बढ़ा आ रहा है। राजा की ओर से उनका हृदय भी शुद्ध नहीं प्रतीत होता।

कड़े शासन में जो झुकाव रहता है वह दबाव (आतंक) के कारण। जैसे बोझ से दबी चीज या तो टूट जाती है या फिर (उस बोझ को यदि परे फेंक सकती है तो) ऊपर उठ आती है। इसी प्रकार क्रूर अनुशासन में या तो प्रजा की शक्ति छिन्न-भिन्न हो जाती है या

फिर वह विद्रोह कर बैठती है। मनु की प्रजा भी जो अब तक उनके अनुकूल रहती आई थी, आज विरोध भावना से भर उठी।

कोलाहल में घिर, छिप बैठे मनु, कुछ सोच विचार भरे,
द्वार बंद लख प्रजा त्रस्त सी, कैसे मन फिर धैर्य धरे!
शक्ति तरंगों में आंदोलन, रुद्र क्रोध भीषणतम था,
महानील-लोहित-ज्वाला का नृत्य सभी से उधर परे।

शब्दार्थ–कोलाहल-शोर। **त्रस्त**-भयभीत। **आंदोलन**-विद्रोह। **नृत्य**-तीव्र गति धारण करना।

अर्थ–मनु के चारों ओर जब कोलाहल मचा तो वे चिंता निमग्न होकर एक स्थान पर छिप कर बैठ गए। प्रजा ने जब यह देखा कि द्वार बंद है, तब वह भयभीत हो उठी। लोगों का मन धैर्य भी कैसे धारण करता। प्रत्येक व्यक्ति में जितनी शक्ति थी वह उसे लेकर विद्रोह करने को उद्यत हुआ।

शिव का क्रोध भयंकर से भयंकर रूप धारण कर रहा था और इन सबके ऊपर तीसरे नेत्र से फूटने वाली नील और लाल वर्ण की प्रखर ज्वाला तीव्र गति से बढ़ी चली आ रही थी।

वह विज्ञान मयी अभिलाषा, पंख लगाकर उड़ने की,
जीवन की असीम आशाएँ कभी न नीचे मुड़ने की;
अधिकारों की सृष्टि और उनकी वह मोहमयी माया,
वर्गों की खाईं बन फैली कभी नहीं जो जुड़ने की।

शब्दार्थ–विज्ञानमयी-विज्ञान के आधार पर। **माया**-आकर्षण। **वर्ग**-जाति। **खाई**-भेद।

अर्थ-विज्ञान की शक्ति के आधार पर पंख लगाकर उड़ने (आश्चर्यजनक कार्य कर दिखलाने) की आकांक्षा का परिणाम आज दिखाई दिया। जीवन की उन अनन्त कामनाओं का परिणाम जो झुकना जानती ही नहीं, आज दृष्टिगोचर हुआ। राजा ने अपनी प्रजा का वर्गों में विभाजन किया। उसके एक वर्ग और दूसरे वर्ग के बीच ऐसी खाई खुदी कि वे कभी भरी नहीं जा सकतीं अर्थात् वर्गों की स्थापना से व्यक्तियों में एकता की भावना सदा को तिरोहित हो गई।

असफल मनु कुछ क्षुब्ध हो उठे, आकस्मिक बाधा कैसी,
समझ न पाये कि यह हुआ क्या, प्रजा जुटी क्यों आ ऐसी!
परित्राण प्रार्थना विकल थी देव क्रोध से बन विद्रोह,
इड़ा रही जब वहाँ ! स्पष्ट ही वह घटना कुचक्र जैसी।

शब्दार्थ–क्षुब्ध-क्रुद्ध। **आकस्मिक**-सहसा। **बाधा**-अड़चन। **परित्राण**-रक्षा।

अर्थ–अपने शासन की असफलता देखकर मनु कुछ क्रुद्ध हो उठे। सोचने लगे : सहसा यह अड़चन कहाँ से आ खड़ी हुई? वे यह समझ ही न पाये कि ऐसी क्या बात हुई जिससे प्रजा ने उन्हें इस प्रकार आकर घेर लिया।

प्रजा ने पहले रक्षा के लिए बहुत गिड़गिड़ाकर प्रार्थना की, पर जब वह विफल हुई तब

देवताओं के क्रोध की प्रेरणा से वह भावना विद्रोह में बदल गई। मनु ने सोचा : इड़ा भी उनमें सम्मिलित है। उन्हें विश्वास हो गया कि उनके विरुद्ध कोई कुचक्र रचा गया है जिसका परिणाम यह घटना है और जिसमें इड़ा का हाथ है।

"द्वार बंद कर दो इनको तो अब न यहाँ आने देना,
प्रकृति आज उत्पात कर रही, मुझको बस सोने देना।"
कह कर यों मनु प्रगट क्रोध में, किन्तु डरे से थे मन में,
शयन कक्ष में चले सोचते जीवन का लेना-देना!

शब्दार्थ—**उत्पात**-ऊधम। **कक्ष**-कमरा। **लेना-देना**-लाभ-हानि।

अर्थ—मनु ने सेवकों को आज्ञा दी : द्वार बंद करो। ये लोग भीतर न आने पावें। प्रकृति आज ऊधम मचा रही है। ऐसी दशा में मैं सोना चाहता हूँ। तुम लोग मुझे जगाना मत। ऐसा कहकर वे ऊपर से क्रोध प्रदर्शित करते हुए किन्तु मन में डरते हुए शयनागार में घुसे। जीवन के हानि-लाभ पर वे विचार करने लगे।

श्रद्धा काँप उठी सपने में, सहसा उसकी आँख खुली,
यह क्या देखा मैंने ? कैसे वह इतना हो गया छली;
स्वजन स्नेह में भय की कितनी आशंकाएँ उठ आतीं,
अब क्या होगा, इसी सोच में व्याकुल रजनी बीत चली।

शब्दार्थ—**छली**-विश्वासघाती। **स्वजन**-प्रियजन, आत्मीय जन। **आशंकायें**-संभावनाएँ।

अर्थ—स्वप्न में यही सब कुछ देखकर श्रद्धा काँप उठी। उसकी नींद एकदम टूट गई। जगने पर वह सोचने लगी : मैंने यह क्या देखा ! वह इतना विश्वासघाती कैसे हो गया? प्रियजनों का स्नेह ऐसा है कि जब वे दूर होते हैं तब मन में अनेक प्रकार के भय की संभावनायें उन्हें लेकर उठती रहती हैं। श्रद्धा की सारी चिंता तो यह थी कि इस विद्रोह में मनु पर न जाने क्या संकट आयेगा। इसी सोच में छटपटाते-छटपटाते उसने किसी प्रकार रात काटी।

●

संघर्ष

कथा–श्रद्धा का स्वप्न सत्य निकला। एक ओर मनु ने इड़ा से प्रेम का प्रस्ताव किया था जिस पर वह झिझकी, दूसरी ओर भौतिक हलचल से आकुल होकर प्रजा राजा की शरण में आई थी और उससे तिरस्कृत होने पर रोष से भर उठी। मनु ने महल के फाटक बंद करा दिए। शैय्या पर लेटकर वे सोचने लगे : सारस्वत प्रदेश के बिखरे व्यक्तियों को मैंने प्रजा का रूप दिया था कि वे मेरे अनुशासन में रहें। पर वे तो आज विद्रोही बन गए। राज-व्यवस्था बनी रहे इसी से तो मैंने अपनी बुद्धि से नियमों का निर्माण किया था। मैं शासक हूँ, नियामक हूँ। क्या मुझे इतना भी अधिकार नहीं है कि मैं स्वनिर्मित नियमों के बंधन में न रहूँ? श्रद्धा जो मेरी पत्नी थी जब उसके सामने ही मैंने आत्मसमर्पण न किया तो इड़ा मुझे कैसे बाँध सकती है? इस जगत में कोई भी वस्तु बँधकर रहती है क्या? सूर्य, चन्द्र, नक्षत्रों में से किसी की स्थिति स्थिर नहीं। पृथ्वी जल में डूब जाती है, समुद्र शुष्क होकर मरुभूमि में परिवर्तित हो जाता है। स्वयं मनुष्य कुछ काल के लिए आता है, फिर चला जाता है। तारे चक्कर काट रहे हैं, पवन बह रहा है। सारा विश्व ही गतिशील है। स्थिर कुछ भी नहीं। संसार में कोई नियम काम नहीं कर रहा है। कभी-कभी घटनाएँ उसी रूप में घट जाती हैं। उसे हम नियम मान लेते हैं। सारी सृष्टि मृत्यु की गोद में खेल रही है। अतः मेरी समझ में तो यही आता है कि जितने पल सुख और स्वतंत्रता में कट सकें वे ही अपने हैं। शेष सब निस्सार हैं।

मनु ने करवट ली। देखा इड़ा खड़ी है। उसने समझाना प्रारम्भ किया : जब नियमों का मानने वाला ही नियमों को न मानेगा तो अपने आप अव्यवस्था फैलेगी। एक ओर तो तुम यह चाहते हो कि सब तुम्हारी आज्ञा का पालन करें दूसरी ओर तुम उच्छृंखलता से व्यवहार करने पर उतारू हो। यह नहीं हो सकता। चेतना एक अखंड वस्तु है। पर प्रत्येक प्राणी के शरीर में बद्ध होकर वह खंड-खंड प्रतीत होती है। यही कारण है कि चेतन प्राणियों का आपस में निरंतर संघर्ष चल रहा है। इस संघर्ष में जो शक्तिशाली है वह विजयी होता है। ऐसे मनुष्यों को शासन करने का अधिकार है, यह सत्य है। पर शासक का धर्म यह भी है कि वह लोक कल्याण करे, अपने व्यक्तिगत स्वार्थों को भुला दे, प्रजा के सुख-दुःख में अपने सुख-दुःख को खो दे। सृष्टि विकास-पूर्ण है, अतः जो इसके विकास में सहायक होता है, उसी का जीवन सार्थक है। जैसे वह महाचेतन सृष्टि की सब वस्तुओं में समाया है वैसे ही राजा को अपने विशिष्ट व्यक्तित्व को लोक में समाहित करना है। तुम भी लोक के अनुकूल होकर चलो। उसका विरोध न करो।

मनु बोले : यह तो मैं जानता हूँ कि तर्क करने की तुम में प्रबल शक्ति है। पर मेरे राजा होने का क्या इतना भी लाभ नहीं कि मेरी कोई इच्छा पूरी हो सके? मुझे शासन नहीं चाहिए, अधिकार नहीं चाहिए। केवल तुम्हें अपने पास रखना चाहता हूँ। भूचाल से यह पृथ्वी

काँप रही है, पर अपने हृदय की धड़कन इससे किसी प्रकार कम नहीं। मैंने प्रलय का सामना किया है, पर अपने हृदय की पुकार के सामने मैं विवश हूँ। चाहे कुछ हो जाय, मैं तुम्हें न जाने दूँगा।

इड़ा ने उत्तर दिया : मैं जो कुछ कह रही हूँ तुम्हारी भलाई के लिए, पर मुझे लगता है उत्तेजना के वशीभूत होकर तुम अपना अनिष्ट करोगे। प्रजा शरण माँगने आई है, तुम उसकी चिंता करो। ये व्यर्थ की बातें हैं।

मनु ने कहा : तो क्या तुम यह समझती हो कि इतने सहज रूप से छुटकारा हो जाएगा? मायाविनी, यह तुम्हीं तो हो जिसने मुझे संघर्ष का पाठ पढ़ाया, बाधाओं का तिरस्कार करना सिखाया। पर आज वैभव में मेरी स्पृहा नहीं है। केवल तुम्हें चाहता हूँ। यदि तुमने मेरी बात न सुनी तो समझ लो कि तुम्हारा यह साम्राज्य आज नष्ट-भ्रष्ट हो जाएगा।

इड़ा बोली : मैं समझती हूँ इस बिखरे वैभव का तुम्हें स्वामी बनाकर मैंने कुछ बुरा नहीं किया। मेरा इतना अपराध अवश्य है कि तुम्हारी प्रत्येक बात में 'हाँ' में 'हाँ' मिलाना मैं नहीं जानती। रात बीत चली, प्रभात होने वाला है। तुम यदि अब भी धैर्य और विचार से काम लो तो बिगड़ी बात बन सकती है।

ऐसा कह कर इड़ा द्वार की ओर बढ़ी, पर मनु ने आवेश में आकर उसे हाथों से थाम लिया और अपनी ओर खींचकर वक्ष से लगा लिया। इसी बीच सहसा सिंह-द्वार टूट गया। जनता भीतर घुस आई। इड़ा को देखकर लोगों ने चिल्लाना प्रारम्भ किया : 'हमारी रानी', 'हमारी रानी'। जनता को उत्तेजित देख मनु क्रोध से भरकर बोले : तुम मेरे उपकारों को एकदम भूल गए। मैंने तुम्हें व्यवस्थित किया, सभ्य बनाया, भाषा दी, प्रकृति से युद्ध करना सिखाया। जनता बोली : पापी, तूने हमें लोभी बनाकर काल्पनिक दुःखों से दुःखी रहना सिखाया और इसके ऊपर जो हमारी महारानी पर अत्याचार किया है उस अक्षम्य अपराध के बदले तुझे अभी दण्ड मिलेगा।

बात दोनों ओर से बढ़ चली। युद्ध आरंभ हुआ। जनता का संचालन असुर, पुरोहित, आकुलि और किलात कर रहे थे। मनु ने उन्हें धराशायी किया। इड़ा ने बहुत चाहा कि युद्ध रुक जाय, पर मनु जनसंहार करते रहे। अंत में बहुत से व्यक्तियों ने मिलकर मनु पर आक्रमण किया। दैवी प्रकोप भी कुछ कम नहीं था। परिणाम यह हुआ कि मनु मरणासन्न होकर गिर पड़े। इधर पृथ्वी पर जनता के रक्त की नदी बह चली।

श्रद्धा का था स्वप्न किन्तु वह सत्य बना था,
इड़ा संकुचित उधर प्रजा में क्षोभ घना था।

अर्थ–श्रद्धा ने यद्यपि मनु द्वारा इड़ा के शरीर का बलपूर्वक आलिंगन और शरण न मिलने पर प्रजा की विद्रोह भावना से भर जाना आदि सब स्वप्न में ही देखा था, परन्तु था यह सब कुछ सत्य। इधर मनु के व्यवहार पर इड़ा संकुचित थी और उधर प्रजा अत्यंत क्रुद्ध।

भौतिक विप्लव देख विकल वे थे घबराये,
राज शरण में त्राण प्राप्त करने को आये।

शब्दार्थ–भौतिक विप्लव-भौतिक हलचल, भूचाल।

अर्थ–भूचाल देखकर वे व्याकुल हो उठे, घबरा उठे। वे राजा की शरण में इसलिए आये थे कि उनकी रक्षा हो सके।

किन्तु मिला अपमान और व्यवहार बुरा था,
मनस्ताप से सब के भीतर रोष भरा था।

शब्दार्थ–**मनस्ताप**-मानसिक क्लेश।

अर्थ–पर वहाँ उनका अपमान किया गया, उनके साथ दुर्व्यवहार किया गया। इस पर सबको मानसिक क्लेश हुआ और वे क्रुद्ध हो उठे।

क्षुब्ध निरखते वदन इड़ा का पीला पीला,
उधर प्रकृति की रुकी नहीं थी तांडव लीला।

शब्दार्थ–**क्षुब्ध**-क्रुद्ध। **वदन**-मुख। **तांडव लीला**-भयंकर हलचल।

अर्थ–इड़ा के मुख की ओर दृष्टि डाली तो वह एकदम पीला पड़ गया था, इससे वे और भी कुपित हो उठे। इधर प्रकृति की भयंकर हलचल अभी बंद भी नहीं हुई थी।

प्रांगण में थी भीड़ बढ़ रही सब जुड़ आये,
प्रहरी गण कर द्वार बंद थे ध्यान लगाये।

शब्दार्थ–**प्रांगण**-आँगन।

अर्थ–प्रजा के लोग महल के आँगन में इकट्ठे हो गए। भीड़ बढ़ने लगी। पहरेदारों ने दरवाजा बंद किया और चुप होकर बैठ गये।

रात्रि घनी कालिमा पटी में दबी-लुकी सी,
रह रह होती प्रगट मेघ की ज्योति झुकी सी।

अर्थ–रात घने अंधकार के परदे को ओढ़कर छिपती फिरती थी। बीच-बीच में बादलों में बिजली चमक उठती और पृथ्वी से लग-लग जाती थी।

मनु चिंतित से पड़े शयन पर सोच रहे थे,
क्रोध और शंका के श्वापद नोच रहे थे।

शब्दार्थ–**शयन**-शैय्या, बिस्तर। **श्वापद**-हिंसक जंतु।

अर्थ–मनु शैय्या पर पड़े सोच-विचार में लीन थे। जैसे किसी को हिंसक जंतु नोचते हैं उसी प्रकार उन्हें कभी क्रोध नोचता था कभी चिंता। अर्थात् कभी तो क्रोध से तिलमिलाकर वे सोचते थे कि इन्हें अभी चलकर दंड दूँ और कभी इस शंका के उठते ही कि न जाने आज ये मेरी क्या दशा करेंगे, पीड़ित हो उठते थे।

"मैं यह प्रजा बना कर कितना तुष्ट हुआ था,
किन्तु कौन कह सकता इन पर रुष्ट हुआ था।

अर्थ–वे सोचने लगे : इन बिखरे व्यक्तियों को व्यवस्थित प्रजा का रूप देकर मुझे कितना संतोष हुआ था। कोई नहीं कह सकता कि आज तक मैंने कभी इन पर क्रोध किया हो।

कितने जव से भर कर इनका चक्र चलाया,
अलग अलग ये एक हुई पर इनकी छाया।

शब्दार्थ–**जव**-वेग, तीव्र गति। **चक्र**-शासन चक्र। **छाया**-व्यक्तित्व।

अर्थ–किस तीव्र गति के साथ मैं इनके शासन चक्र को चला रहा था अर्थात् असाधारण गति से मैंने इस राज्य की उन्नति की। एक दिन ये सब एक दूसरे से अलग-अलग थे, पर इनके व्यक्तित्वों को मैंने एक भावना-सूत्र में गूँथ दिया। तात्पर्य यह कि इनमें यह भावना भर कर कि हम एक ही राज्य की प्रजा हैं, इन्हें एक कर दिया।

मैं नियमन के लिए बुद्धि बल से प्रयत्न कर,
इनको कर एकत्र, चलाता नियम बना कर।

शब्दार्थ–**नियमन**-शासन। **एकत्र करना**-एकता उत्पन्न करना, व्यवस्था देना। **चलाना**-नियमों का पालन करना, आज्ञा का पालन करना।

अर्थ–नियम बनाकर उनका पालन इनसे मैंने कराया और अपनी बुद्धि शक्ति से प्रयत्न करके मैंने इनमें एकता की भावना इसलिए भरी कि शासन व्यवस्था भंग न हो।

किन्तु स्वयं भी क्या वह सब कुछ मान चलूँ मैं,
तनिक न मैं स्वच्छंद, स्वर्ण सा सदा गलूँ मैं!

अर्थ–पर क्या स्वयं मुझे भी यह सब कुछ मानना पड़ेगा ? क्या मैं थोड़ा भी स्वतंत्र नहीं हूँ? सोने को गलाकर जैसे कभी भी किसी भी रूप में ढाला जा सकता है, उसी प्रकार क्या मुझे भी सदा प्रजा की इच्छा पर चलना होगा? भाव यह कि मेरी अपनी सत्ता, मेरा अपना व्यक्तित्व क्या कुछ नहीं है?

जो मेरी है सृष्टि उसी से भीत रहूँ मैं,
क्या अधिकार नहीं कि कभी अविनीत रहूँ मैं?

शब्दार्थ–**भीत**-डरना। **अविनीत**-उच्छृंखल होना, नियमों को न मानना।

अर्थ–जो मेरे बनाये हुए हैं उनसे ही मुझे डरकर रहना होगा? क्या मुझे इतना भी अधिकार नहीं है कि कभी मैं उच्छृंखल हो जाऊँ–नियमों को न मानूँ?

श्रद्धा का अधिकार समर्पण दे न सका मैं,
प्रतिपल बढ़ता हुआ भला कब वहाँ रुका मैं!

अर्थ–श्रद्धा का यह अधिकार था कि उसके सामने मैं आत्म-समर्पण करता। वही मैंने स्वीकार नहीं किया। मैंने अपनी स्वतंत्रता का बराबर विकास किया और अपनी पत्नी तक के बंधन में नहीं रहा।

इड़ा नियम-परतंत्र चाहती मुझे बनाना,
निर्वाधित अधिकार उसी ने एक न माना।

शब्दार्थ–**निर्वाधित**-बाधाहीन, बे रोक-टोक।

अर्थ–और इड़ा नियमों में कसकर मुझे पराधीन बनाना चाहती है। वह मेरे ऐसे अधिकार को स्वीकार नहीं करती कि मेरे ऊपर किसी का अधिकार नहीं है।

विश्व एक बंधन विहीन परिवर्त्तन तो है;
इसकी गति में रवि-शशि-तारे ये सब जो हैं।

अर्थ–स्वयं यह परिवर्तनशील जगत् भी किसी बंधन में नहीं बँधा। इसके भीतर जो सूर्य, चंद्र और तारे हैं–

नोर्ट–भाव आगे के छंद में पूरा होगा।

रूप बदलते रहते वसुधा जल निधि बनती,
उदधि बना मरुभूमि जलधि में ज्वाला जलती।

अर्थ–वे अपना स्वरूप बदलते रहते हैं। पृथ्वी जल में डूब कर समुद्र बन जाती है। समुद्र सूखकर रेगिस्तान में बदल जाता है। सागर में बड़वाग्नि के रूप में आग धधकती है।

तरल अग्नि की दौड़ लगी है सब के भीतर,
गल कर बहते हिम-नग सरिता लीला रच कर।

शब्दार्थ–**तरल**-द्रव रूप में, धारा। **हिम-नग**-बर्फ से ढके पर्वत। **लीला**-क्रीड़ा।

अर्थ–ध्यान से देखो तो आग की धारा सब वस्तुओं में प्रवाहित हो रही है। बर्फ से ढके पर्वत इसी आग के प्रभाव से गलकर सरिता के रूप में क्रीड़ा करते हुए बह रहे हैं।

यह स्फुलिंग का नृत्य एक पल आया बीता!
टिकने को कब मिला किसी को यहाँ सुभीता?

शब्दार्थ–**यह**-मनुष्य। **स्फुलिंग**-चिनगारी। **नृत्य**-झलक।

अर्थ–मनुष्य भी आग की एक चिनगारी के समान पल भर के लिए अपनी झलक दिखाकर चला जाता है। ऐसा कौन है जिसे इस विश्व में रुकने की सुविधा मिल जाय?

कोटि कोटि नक्षत्र शून्य के महा विवर में,
लास रास कर रहे लटकते हुए अधर में।

शब्दार्थ–**शून्य**-अंतरिक्ष, आकाश। **महा विवर**-विशाल गुहा। **लास**-कोमल नृत्य। **रास**-नृत्य। **अधर**-निराधार स्थान।

अर्थ–करोड़ों नक्षत्र आकाश की विशाल गुहा में निराधार स्थान में लटके हुए कोमल नृत्य कर रहे हैं।

उठती हैं पवनों के स्तर में लहरें कितनी,
यह असंख्य चीत्कार और परवशता इतनी।

शब्दार्थ–**स्तर**-तह, परत। **चीत्कार**-ध्वनि, चीख ! **परवशता**-पराधीनता।

अर्थ–हवा की परतों में कितनी ही लहरियाँ उठती हैं। नीचे मनुष्यों के लोक में दुःख की इतनी चीखें उठ रही हैं जिनकी कोई संख्या नहीं, इतनी विवशता है जिसकी कोई सीमा नहीं।

यह नर्त्तन उन्मुक्त विश्व का स्पंदन द्रुततर,
गतिमय होता चला जा रहा अपने लय पर।

अर्थ–विश्व के इस मुक्त नृत्य का कम्पन तीव्रतर होता हुआ एक गति धारण करता जा रहा है। यह नृत्य एक लक्ष्य की सिद्धि के लिए हो रहा है।

वि०–'प्रसाद' को संगीत के पारिभाषिक शब्दों में सोचना प्रिय लगता है। नृत्य करते समय शरीर का एक-एक अंग एक विशेष ढंग से हिलता है इसके लिए स्पंदन आया है। नृत्य करने वाला पहले धीरे-धीरे नाचता है। फिर तेजी से। जहाँ नृत्य में पदसंचालन या कर संचालन तीव्र हुआ वहाँ विशेष गति आ जाती है। यह गति लय (तान) के अनुसार होती है। लय विलंबित मध्य और द्रुत–तीन प्रकार की होती है। धीमी लय होगी तो नाचने वाला धीमे नाचेगा, द्रुत या तीव्र गति होगी तो नृत्य करने वाला द्रुत गति (Rapid Motion) से नाचेगा। लय का वास्तविक आनन्द उसी समय है, जब नृत्य गीत और वाद्य की समता (Harmony) हो जाय।

विश्व के उन्मुक्त नृत्य से तात्पर्य यह है कि वह एक मुक्त आकाश में चक्कर काट रहा है, उसका प्रत्येक तत्व गतिशील है। एक दिन अन्त में प्रलय होगी। जगत् के जीवन पर विचार करें तो वह धीरे-धीरे विकास की ओर अग्रसर है। और यह विकास एक विशेष उद्देश्य की पूर्ति के लिए हो रहा है।

कभी कभी हम वही देखते पुनरावर्तन;
उसे मानते नियम चल रहा जिससे जीवन।

शब्दार्थ–**पुनरावर्तन**-घटना का दुहराया जाना।

अर्थ–कभी-कभी हम देखते हैं जो घटना एक बार घट चुकी है, उसी रूप में वह दुबारा घटती है। उसे हम नियम मान लेते हैं। फिर ऐसे नियमों के अनुसार हम अपने जीवन को चलाते हैं।

रुदन हास बन किंतु पलक में छलक रहे हैं,
शत शत प्राण विमुक्ति खोजते लटक रहे हैं।

अर्थ–परन्तु हमारी हँसी पलकों में आँसू बनकर ढलती है। सैकड़ों प्राण जो पराधीन हैं, मुक्ति पाने को लालायित हैं।

जीवन में अभिशाप शाप में ताप भरा है,
इस विनाश में सृष्टि कुंज हो रहा हरा है।

अर्थ–जीवन संकटमय है। संकट से पीड़ा मिलती है। सत्य बात तो यह है कि संसार रूपी कुंज की हरियाली नाश की गोद में पनप रही है अर्थात् सृष्टि की एक-एक वस्तु जो विकसित हो रही है उसका वास्तविक स्वरूप यह है कि वह नाशवान है।

विश्व बँधा है एक नियम से' यह पुकार सी,
फैल गई है इनके मन में दृढ़ प्रचार सी।

अर्थ–चारों ओर से बार-बार जब यह पुकार आई कि संसार एक नियम से बँधा है तब मनुष्यों के हृदय में यही भावना दृढ़ हो गई।

नियम इन्होंने परखा फिर सुख साधन जाना,
वशी नियामक रहे, न ऐसा मैंने माना।

अर्थ–पहले मनुष्य इस निश्चय पर पहुँचे कि संसार में बहुत से काम नियम से होते हैं। फिर उन्हीं नियमों के आधार पर उन्होंने सुख के साधन जुटाये। उदाहरण के लिये राजा की सृष्टि इसलिए हुई कि वह अन्याय और अत्याचार से दुर्बलों की रक्षा करे। इसके लिए स्वभावतः राजा ने कुछ नियम बनाये जिनका पालन करना आवश्यक हुआ, पर साथ ही जिससे राजा को सुख मिला।

परन्तु मैं यह नहीं मान सकता कि जो नियम बनाने वाला है अर्थात् शासक है उसे भी नियमों से बाध्य होना पड़ेगा।

मैं चिर बंधन हीन मृत्यु सीमा उल्लंघन,
करता सतत चलूँगा यह मेरा है दृढ़ प्रण।

अर्थ–बंधन मैंने कभी स्वीकार नहीं किया और मेरी यह प्रतिज्ञा है कि मैं मृत्यु तक की सदा उपेक्षा करूँगा।

महानाश की सृष्टि बीच जो क्षण हो अपना,
चेतनता की तुष्टि वही है फिर सब सपना।"

अर्थ–हमारे प्राणों में चेतना है। इसका संतोष इसी में है कि जो नाशवान् सृष्टि है उसमें जितने पल हम आनन्द से काट लें, वे ही हमारे हैं। नहीं तो सब कुछ असार है।

प्रगतिशील मन रुका एक क्षण करवट लेकर,
देखा अविचल इड़ा खड़ी फिर सब कुछ देकर!

शब्दार्थ–प्रगतिशील-चिंतन करता हुआ, विचारलीन।

अर्थ–विचारलीन मन की चिंता-धारा एक क्षण भर के लिए रुक गई। मनु ने करवट ली तो देखा कि इड़ा अपना सब कुछ दे चुकने पर फिर लौट आई और शांत भाव से खड़ी है।

वि०–मनु ने इड़ा का बरबस आलिंगन किया था और वह भय से काँप उठी थी। यह सब उसकी इच्छा के विरुद्ध था। उसका अपमान था। पर वह मनु के कल्याण के लिए उन्हें समझाने को लौट आई। इसी पर मनु को आश्चर्य हुआ।

और कह रही "किन्तु नियामक नियम न माने,
तो फिर सब कुछ नष्ट हुआ सा निश्चय जाने।"

अर्थ–इड़ा ने कहा : नियमों को बनाने वाला यदि स्वयं ही उन नियमों को न मानेगा तो यह निश्चय है कि उसका सारा कार्यक्रम नष्ट हो जाएगा।

"ऐं तुम फिर भी यहाँ आज कैसे चल आयी,
क्या कुछ और उपद्रव की है बात समायी–

अर्थ–मनु ने आश्चर्यचकित होकर पूछा : तुम आज यहाँ फिर लौटकर किसलिए आई हो? प्रजा को तुमने विद्रोह के लिए भड़काया। अब क्या कोई नया ऊधम मचाने की मन में है?

नोट–इस छंद की दूसरी पंक्ति का भाव आगे के छंद के 'मन में' शब्द पर समाप्त होता है। प्रश्न है : क्या मन में कुछ और उपद्रव की बात समाई है?

मन में, यह सब आज हुआ है जो कुछ इतना!
क्या न हुई है तुष्टि? बच रहा है अब कितना?"

अर्थ—आज जो उपद्रव हुआ है, क्या उससे तुम्हारा मन नहीं भरा? करने को अब रह क्या गया है?

"मनु सब शासन स्वत्व तुम्हारा सतत निबाहें,
तुष्टि, चेतना का क्षण अपना अन्य न चाहें!

शब्दार्थ—**स्वत्व**-अधिकार। **सतत**-सदा। **तुष्टि**-संतोष। **चेतना**-स्वातंत्र्य भावना।

अर्थ—इड़ा बोली : हे मनु तुम्हारा संतोष इस बात में है कि तुम्हारे शासन के अधिकार को एक ओर सभी सब काल मानते रहें और दूसरी ओर उनके अंदर जो आत्म-चेतना या स्वातंत्र्य भावना है, उसे वे दबा दें।

आह प्रजापति यह न हुआ है, कभी न होगा,
निर्वाधित अधिकार आज तक किसने भोगा?"

अर्थ—राजन, मुझे दुःख के साथ कहना पड़ता है कि ऐसा न तो कभी हुआ और न कभी होगा। स्वयं एकदम स्वतंत्र होकर अधिकार का भोग तो आज तक कोई नहीं कर पाया !

यह मनुष्य आकार चेतना का है विकसित,
एक विश्व अपने आवरणों में है निर्मित।

अर्थ—मनुष्य चेतना की विकसित मूर्ति है। उसकी इस चेतना के परदे में मनोविकारों का एक संसार बसा हुआ है।

वि०—आगे के छंदों में मनु को माध्यम बनाकर पश्चिम के विकासवाद (Theory of evolution) की चर्चा, जिसमें 'स्पर्धा में जो उत्तम ठहरें वे रह जावें (Survival of fittest) का सिद्धान्त चलता है, कवि कुछ हेर-फेर के साथ कहना चाहता है।

चिति केन्द्रों में जो संघर्ष चला करता है,
द्वयता का जो भाव सदा मन में भरता है,

अर्थ—इस दृष्टि से प्रत्येक मनुष्य चेतना का एक केन्द्र हुआ। होता यह है कि चेतना के एक केन्द्र (मनुष्य) का चेतना के दूसरे केन्द्र (मनुष्य) से संघर्ष चलता रहता है। इससे द्वैत-भाव अर्थात् यह भावना दृढ़ हो जाती है कि हम आपस में एक न होकर दो हैं, विरोधी हैं, भिन्न भिन्न हैं।

वे विस्मृत पहचान रहे से एक एक को,
होते सतत समीप मिलाते हैं अनेक को।

अर्थ—पर देखने में भिन्न-भिन्न लगने वाले प्राणी धीरे-धीरे इस भूले हुए सत्य को पहचानते हैं कि प्राणियों में चाहे खंड चेतनाएँ हों, पर हैं वे एक ही चेतना (One source of life) के अंश। इस भावना के उठते ही एक मनुष्य दूसरे मनुष्य के समीप आता है और अनेकता में एकता या भेद में अभेद भावना की स्थापना होती है।

स्पर्धा में जो उत्तम ठहरें वे रह जावें,
संसृति का कल्याण करें शुभ मार्ग बतावें।

शब्दार्थ–स्पर्धा-होड़। **संसृति**-संसार।

अर्थ–फिर शारीरिक और मानसिक शक्तियों की होड़ (Competition) होती है। उसमें जो श्रेष्ठ ठहरते हैं वे अधिकारी होते हैं। परन्तु ऐसे व्यक्तियों का यह भी धर्म होता है कि जो दुर्बल हों उनके जीवन के लिए वे शुभ मार्ग का संकेत करें और इस प्रकार संसार का कल्याण करें।

व्यक्ति चेतना इसीलिए परतंत्र बनी सी,
रागपूर्ण, पर द्वेष पंक में सतत सनी सी;

अर्थ–इस प्रकार मनुष्य को यदि सामाजिक दृष्टि या संघर्ष की दृष्टि से देखा जाय तो उसकी चेतना स्वाधीन नहीं रह जाती अर्थात् समाजबद्ध होकर प्राणी जो मन में आये नहीं कर सकता। दूसरे की सुख-सुविधा के अनुसार उसे रहना होगा।

फिर भी वह रागद्वेष ही से सदैव पूर्ण रहता है। एक ओर जब कल्याण करने या शुभ मार्ग बताने की सोचता है तब प्रेममय प्रतीत होता है, और जब संघर्ष में रत रहता है तब उसकी चेतना वैर-भाव की कीचड़ में सनी रहती है।

नियत मार्ग में पद पद पर है ठोकर खाती,
अपने लक्ष्य समीप श्रांत हो चलती जाती।

शब्दार्थ–नियत-निश्चित। **ठोकर**-भूल। **लक्ष्य**-उद्देश्य, ध्येय, गंतव्य स्थान (Destination) **श्रांत**-हतोत्साह।

अर्थ–मनुष्य की चेतना संसार के विकास के मार्ग में पद-पद पर भूल करती है और हतोत्साह भी होती है, पर दिन प्रतिदिन यह अपने लक्ष्य के निकट ही पहुँच रही है।

वि०–'प्रसाद' का विश्वास है कि अनंत अपूर्णताओं और भूलों के होते हुए भी संसार और प्राणी दोनों चिरंतन विकासशील हैं।

यह जीवन उपयोग, यही है बुद्धि साधना,
अपना जिसमें श्रेय यही सुख की अ'राधना।

शब्दार्थ–उपयोग-सार्थकता। **साधना**-प्रयत्न। **श्रेय**-कल्याण। **अ'राधना**-रत रहना, प्राप्ति।

अर्थ–जीवन की सार्थकता इसी में है, हम पूर्ण विकसित हों। बुद्धि का हमारा प्रयत्न भी इसी लिए है। तुम सुख चाहते हो। मेरी दृष्टि से सुख की प्राप्ति इसमें है कि हमारी आत्मा का कल्याण हो।

वि०–'प्रसाद' की दृष्टि से आत्म-कल्याण का अर्थ है दूसरों का कल्याण करना। दूसरों को सुख पहुँचाकर ही मनुष्य सुखी रह सकता है।

लोक सुखी हो आश्रय ले यदि उस छाया में,
प्राण सदृश तो रमो राष्ट्र की इस काया में।

अर्थ–तुम्हारी राजसत्ता की छाया में शरण लेने से यदि लोक को सुख मिले तो तुम्हारा प्रजापति होना सार्थक है। जैसे प्राणवायु समस्त शरीर में इसलिए प्रविष्ट रहती है कि उसमें

चेतना भरे, वैसे ही इस सारे राष्ट्र के स्वामी तुम इसलिए हो कि इसके विकास में सहायक हो।

देश कल्पना काल परिधि में होती लय है,
काल खोजता महा चेतना में निज क्षय है।

शब्दार्थ–देश-विस्तार, प्रसार। **काल**-समय। **परिधि**-घेरा। **लय**-समाप्त। **महा-चेतना**-व्यापक चेतना, ईश्वर। **क्षय**-नाश, किसी में समाना।

अर्थ–विचार करके देखा जाय तो सृष्टि का जितना प्रसार है उसका उद्गम और लय-स्थान समय है। एक समय विशेष में ही प्रकृति की किसी वस्तु की रचना होती है और एक समय विशेष में ही वह नष्ट हो जाती है। इससे कहा जा सकता है कि स्थान की कल्पना काल की सीमा में समाप्त हो जाती है। अर्थात् अंत में स्थान काल में रूपान्तरित हो जाता है।

समय गतिवान् है, अतः चेतन है। यह चेतन काल एक दिन (महाप्रलय में) महाचेतन (ईश्वर) में लीन हो जाता है।

वि०–'प्रसाद' ने दर्शन के अत्यन्त गंभीर विवेचन को दो पंक्तियों में समेट कर रख दिया है। उसकी विशेष मीमांसा का यह स्थान नहीं है। उनके कहने का आशय यह है कि यों दिखाई सब कुछ देता है, पर एक अद्वैत तत्व के अतिरिक्त कहीं कुछ नहीं है। देश (Space), काल (Time), में परिवर्तित हो जाता है और काल एक महाचेतना (Universal Cansciousness) में। अतः मनु जो 'मैं' 'मैं' कर रहा है वह उसका शुद्ध भ्रम है।

वह अनंत चेतन नचता है उन्मद गति से,
तुम भी नाचो अपनी द्वयता में विस्मृति में।

शब्दार्थ–अनंत चेतन-भगवान। **उन्मद गति**-मस्ती से। **नाचो**-कर्म करो। **द्वयता**-भेदभाव। **विस्मृति**-भुलाना।

अर्थ–स्वयं भगवान मस्त होकर सृष्टि-कर्म में लीन हैं। तुम्हारे लिए भी यही उचित है कि तुम अपना काम भेद-भाव को भुलाकर करो।

क्षितिज पटी को उठा बढ़ो ब्रस्मांड विवर में,
गुंजारित घन नाद सुनो इस विश्व कुहर में।

शब्दार्थ–क्षितिज-वह स्थान जहाँ आकाश और पृथ्वी मिले हुए दिखलाई पड़ते हैं, यहाँ माया के परदे या सीमित दृष्टि से तात्पर्य है। **ब्रस्मांड**-सम्पूर्ण विश्व, कपाल। **विवर**-गुफा, छिद्र। **कुहर**-गुफा।

अर्थ–जैसे किसी गुफा के मुख पर परदा पड़ा हो तो उसे हटाकर ही उसमें प्रवेश किया जा सकता है और उसके भीतर यदि बादल गूँजते हों तो वह गूँज भी सुनने को मिल सकती है, वैसे ही इस संसार रूपी गुफा में यदि बढ़ना हो तो अपनी सीमित दृष्टि को हटा दो। ऐसा करने पर इसमें जो आनन्द के बादलों की गूँज उठ रही है वह तुम्हें सुनाई देगी। अर्थात् वास्तविक आनन्द 'मैं', 'तू' की संकीर्णता को परे फेंकने पर ही मिल सकता है।

वि०–इस छंद से योगपक्ष का अर्थ भी ध्वनित है। प्रसिद्ध है कि योगी लोग कपाल में

अवस्थित ब्रह्मरंध्र में अनहद-नाद सुनते हैं। उस दृष्टि से साधक से कहा जा रहा है कि वह माया को परे फेंक कर कुण्डलिनी को जागरित करता हुआ ब्रह्मरंध्र में ले जाय। वहाँ उसे अनहद-नाद सुनाई देगा।

ताल ताल पर चलो नहीं लय छूटे जिसमें,
तुम न विवादी स्वर छेड़ो अनजाने इसमें।''

शब्दार्थ–ताल लय-संगीत में किसी राग के टुकड़े को निश्चित समय में निश्चित मात्राओं का बनाकर गाना जैसे 'हरे राम' में ६ मात्राएँ हैं। उसे बार-बार एक ढंग से लय में गाना है। तालों की गति का नाम लय है। **विवादी स्वर**-राग को बिगाड़ने वाला स्वर।

अर्थ–जिस गाने वाले को ताल का ज्ञान होता है, वह लय में गाता है। वैसे ही यदि तुम चाहते हो कि आनंद मिले (लय न छूटे) तो तुम सब के अनुकूल होकर (ताल पर) चलो।

जैसे बाजे में प्रतिकूल स्वर छेड़ने से गाना बिगड़ जाता है वैसे ही यदि तुम चाहते हो कि जीवन का संगीत बिगड़े तो तुम विरोध की बातें करो।

''अच्छा! यह तो फिर न तुम्हें समझाना है अब,
तुम कितनी प्रेरणामयी हो जान चुका सब।

अर्थ–मनु ने कहा : ठीक है। पर यह सब अब तुम्हें नये सिरे से समझाने की आवश्यकता नहीं। मैं खूब अच्छी तरह जानता हूँ कि किसी को किसी दिशा में उकसाने की तुम में कितनी भारी शक्ति है।

किन्तु आज ही अभी लौट कर फिर हो आयी,
कैसे यह साहस की मन में बात समायी!

अर्थ–मुझे आश्चर्य इस बात पर हो रहा है कि अभी तुम अपने को अपमानित समझ मेरे पास से क्रोध करके चली गई थीं और थोड़ी देर भी नहीं हुई कि फिर लौट आईं। तुम्हारे मन में ऐसे साहस की बात उठी कैसे।

आह प्रजापति होने का अधिकार यही क्या!
अभिलाषा मेरी अपूर्ण ही सदा रहे क्या?

अर्थ–उफ, क्या मेरे राजा होने का यह अधिकार है कि जो मेरी कामना है वह कभी पूरी ही न हो?

मैं सबको वितरित करता ही सतत रहूँ क्या?
कुछ पाने का यह प्रयास है पाप, सहूँ क्या?

शब्दार्थ–वितरित-बाँटना। **सतत**-सदैव। **प्रयास**-प्रयत्न।

अर्थ–क्या सबको सुख-सुविधाएँ जुटाने का ही मेरा काम है ! और जब मैं अपने लिए कुछ पाने का प्रयत्न करूँ तो वह पाप है? क्या इसे मैं सहन कर सकता हूँ।

तुमने भी प्रतिदान दिया कुछ कह सकती हो?
मुझे ज्ञान देकर ही जीवित रह सकती हो!

अर्थ–तुम्हारे लिए मैंने इतना किया। तुम बतला सकती हो उसके बदले में व्यक्तिगत रूप से तुमने मुझे कुछ दिया है? क्या मुझे केवल ज्ञान देना ही तुम्हारे जीवित रहने के लिए

यथेष्ट है? भाव यह कि जैसे मेरे हृदय में वैसे ही तुम्हारे हृदय में प्रेम की भावना नहीं उठती क्या ? क्या बिना प्रेम किये तुम अपना सारा जीवन काट दोगी।

जो मैं हूँ चाहता वही जब मिला नहीं है;
तब लौटा लो व्यर्थ बात जो अभी कही है।''

अर्थ–जो वस्तु मैं चाहता हूँ, यदि वह मुझे नहीं मिलती, तब तुमने जो त्याग की अभी व्यर्थ चर्चा की है, उसे अपने पास ही रखो।

''इड़े ! मुझे वह वस्तु चाहिए जो मैं चाहूँ,
तुम पर हो अधिकार, प्रजापति न तो वृथा हूँ।

अर्थ–हे इड़ा, जिस वस्तु को मैं चाहता हूँ वह मुझे मिलनी चाहिए और वह वस्तु तुम हो। यदि तुम पर मेरा अधिकार नहीं है तो मेरा राजा होना व्यर्थ है।

तुम्हें देख कर बंधन ही अब टूट रहा सब,
शासन या अधिकार चाहता हूँ न तनिक अब।

अर्थ–तुम्हें देख लेने पर मन मर्यादा के इस बंधन को स्वीकार नहीं करना चाहता कि तुम मेरी प्रजा हो, अतः तुमसे प्रेम करना मेरे लिए पाप है। सुनो, अधिकार अथवा शासन की अब मुझे तनिक भी इच्छा नहीं है।

देखो यह दुर्धर्ष प्रकृति का इतना कंपन!
मेरे हृदय समक्ष क्षुद्र है इसका स्पंदन,

शब्दार्थ–दुर्धर्ष-दुर्दमनीय। **कंपन**-हिलना, हलचल। **समक्ष**-सामने, समता में। **क्षुद्र**-कुछ नहीं के बराबर। **स्पंदन**-काँपना।

अर्थ–दुर्दमनीय प्रकृति की इस भारी हलचल को देखो। परन्तु इसका यह कम्पन भी मेरे हृदय की धड़कन के सामने कुछ नहीं है।

इस कठोर ने प्रलय खेल है हँस कर खेला,
किन्तु आज कितना कोमल हो रहा अकेला?

अर्थ–मैं वह सबल हृदय का व्यक्ति हूँ जो प्रलय के भी आघात को खेल समझकर हँसकर झेल गया। परन्तु आज हृदय में यह भावना जग चुकी है कि वह अकेला है, उसे एक साथी की आवश्यकता है। यही कारण है कि तुम्हारे सामने आज इतना झुक गया है।

तुम कहती हो विश्व एक लय है, मैं उसमें,
लीन हो चलूँ ? किन्तु धरा है क्या सुख इसमें।

अर्थ–तुम कहती हो संसार एक लय है, उसमें मैं लीन हो जाऊँ अर्थात् संसार में आनन्द की सृष्टि के लिये यह आवश्यक है कि मैं सब की इच्छाओं के अनुकूल चलता हुआ अपने व्यक्तित्व को लोक के व्यक्तित्व से एक कर दूँ। पर इससे मुझे क्या सुख मिलेगा?

क्रंदन का निज अलग एक आकाश बना लूँ,
उस रोदन में अट्टहास हो तुमको पा लूँ।

शब्दार्थ–आकाश-चारों ओर।

अर्थ–मेरे जीवन में चाहे चारों ओर रोना हो, मुझे चिंता नहीं। परन्तु उसके बीच यदि मैं तुम्हें पा सका तो खिलखिला के हँस पड़ूँगा।

फिर से जलनिधि उछल बहे मर्यादा बाहर,
फिर झंझा हो वज्र प्रगति से भीतर बाहर,

अर्थ–चाहे समुद्र अपनी मर्यादा का परित्याग कर के तट पर फिर उछल कर बहने लगे, चाहे आँधी फिर वज्र (तीव्र) गति से आवे-जावे–

नोट–भाव तीसरे छंद में पूरा होगा।

फिर डगमग हो नाव लहर ऊपर से भागे,
रवि शशि तारा सावधान हों चौंकें जागें,

अर्थ–चाहे एक बार फिर मेरी नाव उस जलराशि में डगमगा जाये और लहरें उसके ऊपर उतराने लगें। चाहे सूर्य, चन्द्रमा और तारे एक बार फिर प्रलय देख कर चकित हो जायँ, हिल उठें और अपनी रक्षा के लिए चिंतित हों–

किन्तु पास ही रहो बालिके, मेरी हो तुम,
मैं हूँ कुछ खिलवाड़ नहीं जो अब खेलो तुम?"

अर्थ–परन्तु हे बाले, तुम्हें मैं कहीं न जाने दूँगा। तुम मेरी हो। मैं कोई खेल नहीं हूँ जिससे तुम खेल रही हो। भाव यह कि मैं इतना साधारण व्यक्ति नहीं हूँ जिसे तुम जैसे चाहो वैसे नचा सको।

"आह न समझोगे क्या मेरी अच्छी बातें,
तुम उत्तेजित होकर अपना प्राप्य न पाते।

अर्थ–इड़ा बोली : उफ, क्या तुम इतना भी नहीं समझते कि मैं जो कुछ भी कह रही हूँ वह तुम्हारे हित के लिए है? तुम आवेश में अपने अधिकार को खोने पर तुले हो।

प्रजा क्षुब्ध हो शरण माँगती उधर खड़ी है,
प्रकृति सतत आतंक विकंपित घड़ी घड़ी है।

अर्थ–एक ओर प्रजा तुम्हारा आश्रय पाने आई है और उसके न मिलने पर उत्तेजित हो उठी है। दूसरी ओर प्रकृति पल-पल पर देवताओं के कोप-भय से निरंतर काँप रही है।

सावधान, मैं शुभाकांक्षिणी और कहूँ क्या!
कहना था कह चुकी और अब यहाँ रहूँ क्या!"

अर्थ–मैं तुम्हें सावधान किये जाती हूँ। इससे अधिक मेरे पास कहने को कुछ नहीं है कि मैं तुम्हारा भला चाहती हूँ। मुझे जो कहना था वह मैं कह चुकी। मैं चलती हूँ। मेरे रुकने की यहाँ अब कोई आवश्यकता नहीं रही।

"मायाविनी, बस पा ली तुमने ऐसे छुट्टी,
लड़के जैसे खेलों में कर लेते खुट्टी।

शब्दार्थ–**मायाविनी**-जादूगरनी, आकर्षणमयी। **खुट्टी**-कुट्टी, बच्चे खेल खेलते समय जब बिगड़ उठते हैं तब बंद ओंठों पर अंगूठे के पास की उँगली लाकर कहते हैं 'हमारी तुम्हारी

खुट्टी' और फिर एक दूसरे से नहीं बोलते।

अर्थ–मनु बोले : हे मायाविनि, तुम तो मुझसे इतने सहज भाव से छुटकारा पाना चाहती हो जैसे खेल-खेल में बच्चे एक दूसरे से कहते हैं–'हमारी तुम्हारी खुट्टी' और फिर आपस में सम्बंध नहीं रखते।

मूर्त्तिमती अभिशाप बनी सी सम्मुख आयी,
तुमने ही संघर्ष भूमिका मुझे दिखायी।

शब्दार्थ–मूर्त्तिमती–साकार प्रतिमा। **अभिशाप**–अहितकारिणी। **संघर्ष**–विरोध। **भूमिका**–प्रारंभ।

अर्थ–तुम वह हो जो मेरे सामने अमंगल की साकार मूर्ति बनकर आई। तुम वह हो जो जिसने सर्व प्रथम विरोध करना सिखाया।

रुधिर भरी वेदियाँ भयकरी उनमें ज्वाला,
विनयन का उपचार तुम्हीं से सीख निकाला।

शब्दार्थ–विनयन–शासन, नियंत्रण, दबाव। **उपचार**–उपाय।

अर्थ-तुम्हारी तुष्टि के लिए यज्ञ की वेदियाँ बलि-पशुओं के रक्त से भर दी गईं। तुम्हारी प्रसन्नता के लिए यज्ञ-भूमि में भयंकर लपटें उठीं। तुम वह हो जिससे मैंने प्रजा को दबाने के उपाय सीखे।

चार वर्ण बन गये बँटा श्रम उनका अपना,
शस्त्र यंत्र बन चले, न देखा जिनका सपना।

अर्थ–जन समुदाय चार श्रेणियों में विभाजित हो गया। प्रत्येक वर्ग ने अपना-अपना काम बाँट लिया। ऐसे शस्त्रों और यंत्रों का निर्माण हुआ जिनकी कल्पना स्वप्न में भी नहीं हुई थी।

आज शक्ति का खेल खेलने में आतुर नर,
प्रकृति संग संघर्ष निरंतर अब कैसा डर?

अर्थ–उसमें कितनी शक्ति है यही दिखलाने के लिए आज मनुष्य उतावला हो रहा है। प्रकृति से अब वह भयभीत नहीं होता। रात-दिन उससे युद्ध करने में लगा हुआ है।

बाधा नियमों की न पास में अब आने दो,
इस हताश जीवन में क्षण सुख मिल जाने दो।

अर्थ–ऐसी दशा में मुझे नियमों से न जकड़ो। मेरी सारी आशाएँ नष्ट हो चुकीं हैं। एक क्षण-भर के लिए तो मुझे सुख मिल जाने दो।

राष्ट्र स्वामिनी, यह लो सब कुछ वैभव अपना,
केवल तुमको सब उपाय से कह लूँ अपना।

अर्थ–हे सारस्वत राज्य की रानी, तुम अपने समस्त वैभव को मुझसे वापस ले लो। मुझे केवल इतना अधिकार दे दो कि तुम्हें मैं सब प्रकार से अपना कह सकूँ।

यह सारस्वत देश या कि फिर ध्वंस हुआ सा,
समझो, तुम हो अग्नि और यह सभी धुआँ सा?"

अर्थ—यदि ऐसा न हुआ तो समझ लो कि यह सारस्वत देश नष्ट हो जाएगा। तुम इस राज्य में आग लगाने वाली सिद्ध होगी और यह राज्य धुएँ के समान उड़ जाएगा।

"मैंने जो मनु, किया उसे मत यों कह भूलो;
तुमको जितना मिला उसी में यों मत फूलो।

अर्थ—इड़ा ने उत्तर दिया : मनु, तुम्हारी उन्नति के लिए मैंने जो कुछ किया है उसे झूठे तर्कों से भुलाने का प्रयत्न न करो। तुम्हें जो अधिकार और वैभव मिला है उससे अभिमान में न आओ।

प्रकृति संग संघर्ष सिखाया तुमको मैंने,
तुमको केन्द्र बना कर अनहित किया न मैंने!

अर्थ—प्रकृति का सामना करना तुम्हें मैंने ही सिखाया है। तुम्हें माध्यम बनाकर प्रजा और तुम्हारी उन्नति की मैं ही साधक हूँ। मैंने कोई बुरा काम नहीं किया।

वि०—यहाँ देखने की बात यह है कि इड़ा की बुद्धि से जो सिद्ध हुआ उसका श्रेय मनु लेना चाहते थे, वैसे ही जैसे काम सम्पन्न होते हैं चालक की बुद्धि से, श्रेय लेना चाहे मशीन।

मैंने इस बिखरी विभूति पर तुमको स्वामी,
सहज बनाया, तुम अब जिसके अंतर्यामी।

अर्थ—मैं वह हूँ जिसने तुम्हें अत्यन्त सरलता से इस सृष्टि के बिखरे ऐश्वर्य का अधिपति बना दिया। मेरे ही कारण आज तुम इसके रहस्यों से परिचित हो पाये हो।

किन्तु आज अपराध हमारा अलग खड़ा है,
हाँ में हाँ न मिलाऊँ तो अपराध बड़ा है।

अर्थ—किन्तु कृतज्ञ होना तो दूर, आज उल्टा तुमने हमें दोषी ठहरा दिया। आज स्थिति यहाँ तक पहुँच गई कि यदि हम तुम्हारी हाँ में हाँ न मिलायें, तो यह हमारा अपराध है।

मनु! देखो यह भ्रांति-निशा अब बीत रही है ;
प्राची में नव उषा तमस को जीत रही है।

अर्थ—हे मनु, देखो रात बीत चली। पर क्या यह सत्य थी? नहीं। यह दृष्टि का भ्रम है। सूर्य की अनुपस्थिति में यह प्रतीत होती है। प्रमाण यह है कि पूर्व दिशा में नव उषा ने अंधकार को मिटा दिया।

ठीक इसी प्रकार तुम अभी तक अज्ञान के अंधकार में आबद्ध हो। ज्ञान की उषा का उदय हो जाय तो तमस (तुम्हारे अंतर का तमोगुण) मिट जाय।

तात्पर्य यह कि तुम भूल में हो, समझ से काम लो।

अभी समय है मुझ पर कुछ विश्वास करो तो,
बनती है सब बात तनिक तुम धैर्य धरो तो।"

अर्थ—अभी कुछ बिगड़ा नहीं है। यदि मेरे ऊपर विश्वास हो और तुम थोड़े धैर्य से काम ले सको तो सब ठीक हो जाएगा।

और एक क्षण वह, प्रमाद का फिर से आया,
इधर इड़ा ने द्वार ओर निज पैर बढ़ाया।

अर्थ–ठीक उसी समय मनु के मन में उच्छृंखलता की एक लहर फिर उठी। उधर इड़ा दरवाजे की ओर बढ़ी।

किन्तु रोक ली गयी भुजाओं से मनु की वह,
निस्सहाय हो दीन दृष्टि देखती रही वह।

अर्थ–किंतु वह जा नहीं सकी। अपनी भुजाएँ बढ़ा कर मनु ने उसे रोक लिया। उसकी सहायता करने वाला वहाँ कोई न था। दीन दृष्टि से वह केवल ताकती रह गई।

"यह सारस्वत देश तुम्हारा तुम हो रानी!
मुझको अपना अस्त्र बना करती मनमानी।

अर्थ–मनु बोले : अच्छा, यह सारस्वत देश तुम्हारा है और तुम इसकी रानी हो। मुझे अब पता चला कि तुम मुझे अपना अस्त्र (कार्य सिद्धि का साधन) बनाकर जो तुम्हारे मन में आता था वह करा रही थी।

वि०–इड़ा ने कहा था : तुमको केन्द्र बनाकर अनहित किया न मैंने। मनु इसी पर भड़क उठे हैं।

यह छल चलने में अब पंगु हुआ सा समझो,
मुझको भी अब मुक्त जाल से अपने समझो।

अर्थ–पर तुम भी समझ लो कि आज से तुम्हारा छल शक्तिहीन है। स्पष्ट किये देता हूँ कि अब मैं तुम्हारे फंदे से बाहर हूँ।

शासन की यह प्रगति सहज ही अभी रुकेगी।
क्योंकि दासता मुझसे अब तो हो न सकेगी।

अर्थ–तुम्हारे राज्य की उन्नति स्वतः ही बंद हो जाएगी, क्योंकि अब मुझसे तुम्हारी गुलामी नहीं हो सकती।

मैं शासक, मैं चिर स्वतंत्र, तुम पर भी मेरा
हो अधिकार असीम, सफल हो जीवन मेरा।

अर्थ–मैंने शासन करना ही सीखा है। मैं कभी पराधीन नहीं रहा। अतः मैं अपने जीवन की सफलता इस बात में समझता हूँ कि तुम पर भी मेरा असीम अधिकार रहे।

छिन्न-भिन्न अन्यथा हुई जाती है पल में,
सकल व्यवस्था अभी जाय डूबती अतल में।

अर्थ–यदि ऐसा न हुआ तो तुम्हारी यह राज्य व्यवस्था अभी नष्ट-भ्रष्ट हुई जाती है। यह व्यवस्था पाताल में चली जाय मुझे चिंता नहीं।

देख रहा हूँ वसुधा का अति भय से कंपन ,
और सुन रहा हूँ नभ का यह निर्मम क्रंदन।

अर्थ–मैं देख रहा हूँ एक ओर पृथ्वी भूचाल के कारण अत्यन्त भय से काँप रही है

और दूसरी ओर रुद्र के वज्र धनु की टंकार से आकाश में निर्मम करुण-ध्वनि भर गई है।

किंतु आज तुम बंदी हो मेरी बाँहों में,
मेरी छाती में," फिर सब डूबा आहों में!

अर्थ–इतना होने पर भी आज तुम मेरी भुजाओं में कसी हुई हो। मेरी छाती से आज तुम्हें कोई नहीं छुड़ा सकता। इसके उपरांत इड़ा की कोई अनुनय-विनय न चली। वह केवल आहें भरती रह गई।

सिंह द्वार अरराया जनता भीतर आयी,
"मेरी रानी" उसने जो चीत्कार मचायी।

अर्थ–उसी समय मुख्य द्वार अररर शब्द करता हुआ टूट गया। जनता भीतर घुस पड़ी। इड़ा को देखते ही लोगों ने चिल्लाना प्रारंभ किया 'हमारी रानी, हमारी रानी'।

अपनी दुर्बलता में मनु तब हाँफ रहे थे,
स्खलित विकंपित पद वे अब भी काँप रहे थे।

शब्दार्थ–स्खलित-पतन। **काँपना**-लड़खड़ाना।

अर्थ–उस समय यह देखकर लोगों को उनकी दुर्बलता का पता चल गया, मनु हाँफने लगे। इड़ा पर बल प्रयोग करते समय मनु जानते थे कि यह उनका पतन है। यह सोचकर उनके पैर काँपने लगे। थोड़ी देर में जब जनता भीतर आई; तब भी उनके पैरों का लड़खड़ाना बंद नहीं हुआ।

सजग हुए मनु वज्र खचित ले राज दंड तब,
और पुकारा "तो सुन लो जो कहता हूँ अब–

शब्दार्थ–राज दंड-एक दंड जिसे राजा लोग दरबार में बैठते समय अपने हाथ में रखते थे। यह किसी धातु का बना और प्रायः गदा के आकार का होता था।

अर्थ–प्रजा को देखकर वज्रनिर्मित राजदंड को हाथ में ले मनु सावधान हो गए और चिल्लाकर बोले : इस समय मैं जो कुछ कह रहा हूँ उसे तुम ध्यान से सुनो।

"तुम्हें तृप्तिकर सुख के साधन सकल बताये,
मैंने ही श्रम भाग किया फिर वर्ग बनाये।

अर्थ–मैंने सुख के वे सारे साधन तुम्हें बताये जिनसे हृदय तृप्त होता है। मैंने ही कर्म का विभाजन करके तुम्हें जातियों में बाँटा।

अत्याचार प्रकृति कृत हम सब जो सहते हैं,
करते कुछ प्रतिकार न अब हम चुप रहते हैं !

अर्थ–प्रकृति के उन अत्याचारों का जिन्हें हम सबको सहना पड़ता है, विरोध करना हम ने सीख लिया है और पहले के समान अब हम एकदम चुप नहीं बैठे रहते।

आज न पशु हैं हम, या गूँगें काननचारी,
यह उपकृति क्या भूल गये तुम आज हमारी !"

अर्थ–आज हम न तो पशु जैसे असभ्य हैं और न बन में घूमने वाले भावहीन प्राणी।

भाव यह कि आज हम घर बना कर बसते हैं, भाषा का प्रयोग करते हैं और सभ्य कहलाते हैं।

मेरे द्वारा किये गये इस उपकार को क्या तुम आज भूल गए?

वे बोले सक्रोध मानसिक भीषण दुख से,
"देखो पाप पुकार उठा अपने ही मुख से!

अर्थ—तब मानसिक पीड़ा से दुःखी होकर क्रोध प्रदर्शित करते हुए लोगों ने उत्तर दिया : देखो, आज पापी अपने मुँह से ही अपने दोषों की चर्चा कर रहा है।

तुमने योगक्षेम से अधिक संचय वाला,
लोभ सिखा कर इस विचार संकट में डाला।

शब्दार्थ—योगक्षेम-आवश्यक वस्तु की प्राप्ति और प्राप्त वस्तु की रक्षा को योगक्षेम कहते हैं, जीवन निर्वाह के लिए आवश्यक वस्तुओं का जुटाना। **संचय**-इकट्ठा करना। **विचार संकट**-चिंता।

अर्थ—आवश्यकताओं की पूर्ति के लिए यदि हम वस्तुओं या धन को इकट्ठा करते, यहाँ तक तो ठीक था; पर तुमने हमें व्यर्थ ही धन जोड़ना सिखाया। इस प्रकार हमें लोभी बनाकर तुमने रात-दिन चिन्ता में डाल दिया।

हम संवेदन शील हो चले यही मिला सुख,
कष्ट समझने लगे बना कर निज कृत्रिम दुख!

शब्दार्थ—संवेदन शील-अधिक अनुभूतिशील। **कृत्रिम**-काल्पनिक।

अर्थ—तुमने जो कुछ किया उससे हमें यह सुख मिला कि हम अधिक अनुभूतिशील हो गए। पहले वास्तविक दुःखों पर ही दुःखी होते थे, अब काल्पनिक दुःखों पर भी दुःखी होने लगे।

वि०—जिस दुःख का अस्तित्व तक नहीं है उसे लेकर इस प्रकार दुःखी होना कि 'यदि ऐसा हुआ तो हाय क्या होगा और वैसा हुआ तो हाय क्या होगा' काल्पनिक दुःख की श्रेणी में आता है। जो जितना अधिक कल्पनाशील या भावुक होता है वह उतना अधिक दुखी रहता है।

प्रकृति शक्ति तुमने यंत्रों से सब की छीनी!
शोषण कर जीवनी बना दी जर्जर झीनी!

शब्दार्थ—प्रकृति-स्वाभाविक। **शोषण**-चूसना। **जर्जर**-जीर्ण। **झीनी**-दुर्बल, निःशक्त।

अर्थ—यन्त्रों का आविष्कार करके तुमने हमारी स्वाभाविक शक्ति को व्यर्थ कर दिया। हमारे जीवन को चूसकर तुमने उसे जीर्ण और निःशक्त बना दिया।

और इड़ा पर यह क्या अत्याचार किया है?
इसीलिए तू हम सब के बल यहाँ जिया है?

अर्थ—और इड़ा पर तुमने जो यह अत्याचार किया है उसका तुम्हारे पास कोई उत्तर है? हमारे सहारे जीवित रहने वाले क्या हमें यही दिन दिखाने के लिए तू अब तक बचा हुआ था?

आज बंदिनी मेरी रानी इड़ा यहाँ है?
यो यायावर ! अब तेरा निस्तार कहाँ है?"

शब्दार्थ–यायावर-जिसके रहने का स्थान निश्चित न हो, एक स्थान से दूसरे स्थान को घूमने वाला।

अर्थ–आज हमारी इड़ा महारानी को तुमने बंदी बना रखा है। तुम्हारी, जिसके रहने का कोई ठौर ठिकाना नहीं, अब कोई रक्षा नहीं कर सकता।

"तो फिर मैं हूँ आज अकेला जीवन रण में,
प्रकृति और उसके पुतलों के दल भीषण में।

अर्थ–मनु बोले : यदि ऐसी बात है तो आज जीवन-संग्राम में प्रकृति और उसके पुतले मनुष्यों के भयंकर दल में फँसा मैं अकेला ही सामना करूँगा।

आज साहसिक का पौरुष निज तन पर लेखें,
राज दंड को वज्र बना सा सचमुच देखें।"

अर्थ–जब तुम्हारे शरीर पर आघात होंगे तब पता चलेगा कि मुझ साहसी में कितना बल है। यह वज्र का राजदण्ड आज तक हाथ की शोभा था, पर मेरी कठोरता देख कर तुम्हें पता चलेगा कि राजदण्ड वास्तव में वज्र का (भीषण) होता है।

यों कह मनु ने अपना भीषण अस्त्र सम्हाला,
देव 'आग' ने उगली त्योंही अपनी ज्वाला।

शब्दार्थ–देव-देवताओं। **आग**-अपराध पर उत्पन्न कोप। **ज्वाला उगली**-दंड देने का उतारू।

अर्थ–इतना कहकर मनु ने अपने भयंकर अस्त्र को सँभाल कर हाथ में ले लिया। उसी समय मनु के अपराध पर देवताओं ने कोप किया और वे उन्हें दंड देने पर उतारू हुए।

छूट चले नाराच धनुष से तीक्ष्ण नुकीले,
टूट रहे नभ धूमकेतु अति नीले पीले;

शब्दार्थ–नाराच-तीर। **धूमकेतु**-पुच्छल तारे।

अर्थ–जनता के धनुषों से तीखे नोकदार तीर छूटने लगे। उधर आकाश में नीले-पीले रंग के पुच्छल तारे टूटे।

अंधड़ था बढ़ रहा, प्रजा दल सा झुँझलाता,
रण वर्षा में शस्त्रों सा बिजली चमकाता।

अर्थ–आँधी का वेग ठीक प्रजा की झुँझलाहट के समान बढ़ रहा था और उस आँधी में बिजली ठीक उसी प्रकार चमक रही थी जिस प्रकार घमासान युद्ध में शस्त्र चमक रहे थे।

किन्तु क्रूर मनु वारण करते उन बाणों को,
बढ़े कुचलते हुए खड्ग से जन प्राणों को।

अर्थ–परन्तु निर्दयी मनु वाणों के प्रहार बचाते तलवार से जनता के प्राण नष्ट करते

आगे बढ़े।

तांडव में थी तीव्र प्रगति, परमाणु विकल थे,
नियति विकर्षण मयी, त्रास से सब व्याकुल थे।

शब्दार्थ–तांडव-रुद्र का प्रलय नृत्य। **प्रगति**-विशेष गति। **विकर्षण मयी**-अस्त-व्यस्त, विपरीत।

अर्थ–रुद्र का प्रलय नृत्य तीव्र गति से चल रहा था। अणु चंचल हो उठे। यह देखकर कि भाग्य विपरीत है, सब भयभीत हो गए।

मनु फिर रहे अलात-चक्र से उस घन तम में,
वह रक्तिम उन्माद नाचता कर निर्मम में।

शब्दार्थ–अलात-चक्र-चक्कर काटती मशाल। **रक्तिम**-रक्त बहाने वाला, खूनी। **उन्माद**-आवेश। **निर्मम**-निर्दय।

अर्थ–उस घन अंधकार में चक्कर काटती मशाल के समान मनु चारों ओर घूम-घूम कर लड़ रहे थे। आवेश में आकर, निर्दयी होकर उनका हाथ रक्त बहाने को चंचल हुआ।

उठा तुमुल रण नाद, भयानक हुई अवस्था,
बढ़ा विपक्ष समूह मौन पददलित व्यवस्था।

शब्दार्थ–तुमुल-कोलाहल। **अवस्था**-स्थिति। **पददलित**-पैरों से कुचला जाना, छिन्न-भिन्न। **व्यवस्था**-राज्य व्यवस्था।

अर्थ–युद्ध में कोलाहल ध्वनि छा गई। उस समय की स्थिति भयानक थी। मनु के विरोधियों का समूह चुपचाप उनकी ओर बढ़ा। आज राज्य-व्यवस्था छिन्न-भिन्न हो गई।

आहत पीछे हटे, स्तम्भ से टिक कर मनु ने,
श्वास लिया, टंकार किया दुर्लक्ष्यी धनु ने।

शब्दार्थ–दुर्लक्ष्यी-कठिन निशाने को बींधने वाला। **टंकार**-कसे धनुष की डोरी को खींचकर छोड़ने से उत्पन्न ध्वनि।

अर्थ–घायल होकर मनु पीछे हटे। एक खंभे का सहारा लेकर उन्होंने साँस ली और फिर धनुष पर जो कठिन से कठिन निशाने को बींध सकता था टंकार की।

बहते विकट अधीर विषम उन्चास वात थे,
मरण पर्व था ; नेता आकुलि औ' किलात थे।

अर्थ–उस समय उनचास प्रकार की भयंकर वायु तीव्र वेग से चंचल होकर बहने लगी। प्रजा के लोगों के लिए वह मरण-काल था। इस समय आकुलि और किलात उनका संचालन कर रहे थे।

वि०–किसी भारी दैवी प्रकोप के समय उनचास पवन छूटते हैं। लंका दहन के प्रसंग में तुलसी ने लिखा है–

हरि प्रेरित तेहि अवसर चले मरुत उनचास

ललकारा, “बस अब इसको मत जाने देना,”
किंतु सजग मनु पहुँच गये कह “लेना लेना।

अर्थ–आकुलि और किलात ने ललकार कर कहा : आज यह बचकर भाग न जाय। किंतु मनु पहले से ही होशियार थे। उनके पास पहुँचकर बोले : पकड़ो इन्हें।

कायर, तुम दोनों ने ही उत्पात मचाया,
अरे, समझ कर जिनको अपना था अपनाया।

अर्थ–अरे कायरों, तुम्हें अपना समझ कर ही मैंने अपनाया था, पर अब पता चला कि यह सारा ऊधम तुम दोनों का खड़ा किया हुआ है।

तो फिर आओ देखो कैसे होती है बलि,
रण यह, यज्ञ पुरोहित, ओ किलात औ' आकुलि,”

अर्थ–यदि ऐसी बात है तो आगे बढ़ो। हे किलात, हे आकुलि, तुम तो यज्ञ-पुरोहित हो। तुमने बहुत से पशुओं की बलि कराई है। पर यह यज्ञभूमि नहीं, रणक्षेत्र है। आज तुम यह भी देख लो कि बलि कैसे दी जाती है !

और धराशायी थे असुर पुरोहित उस क्षण,
इड़ा अभी कहती जाती थी “बस रोको रण;

अर्थ–और उसी क्षण दोनों असुर पुरोहित मनु के बाण खाकर धरती पर लोट गए। इड़ा बराबर कह रही : बस, युद्ध को अब बंद कर दो।

भीषण जन संहार आप ही तो होता है,
ओ पागल प्राणी तू क्यों जीवन खोता है।

अर्थ–दैवी प्रकोप से भीषण जनसंहार स्वयं ही हो रहा है। अरे, पागल मनुष्य, फिर तू जीवन नष्ट करने पर क्यों उतारू है?

क्यों इतना आतंक ठहर जा ओ गर्वीले,
जीने दे सबको फिर तू भी सुख से जी ले।”

अर्थ–ओ अभिमानी, इतना भय तू क्यों फैला रहा है? सब को जीने दे और उनके साथ-साथ तू भी सुखपूर्वक जीवन व्यतीत कर।

किंतु सुन रहा कौन ! धधकती वेदी ज्वाला,
सामूहिक बलि का निकला था पंथ निराला।

अर्थ–किंतु इड़ा की बात पर मनु ने ध्यान नहीं दिया। पास में ही वेदी की ज्वाला धधक रही थी। ऐसा लगता था जैसे पशुओं के स्थान पर प्राणियों को बलि किया जा रहा है। समूह रूप में जनबलि का यह नवीन ढंग ने ही उत्पन्न किया।

वि०–यहाँ ‘वेदी ज्वाला’ सामान्य अर्थ में ही प्रयक्त है ‘युद्ध की आग’ के अर्थ में नहीं। ‘निर्वेद’ में आया है-(१) अग्निशिखा थी धधक रही तथा (२) सहसा धधकी वेदी ज्वाला।

रक्तोन्मद मनु का न हाथ अब भी रुकता था,
प्रजा पक्ष का भी न किन्तु साहस झुकता था।

अर्थ–रक्त बहाने का पागलपन मनु पर सवार था। उनका हाथ अब भी नहीं रुका था। साथ ही प्रजा का साहस भी कम न हुआ।

वहीं धर्षिता खड़ी इड़ा सारस्वत रानी,
वे प्रतिशोध अधीर रक्त बहता बन पानी।

शब्दार्थ–धर्षिता-अपमानिता।

अर्थ-वहीं मनु से अपमानिता सारस्वत प्रदेश की रानी इड़ा खड़ी थी। प्रजा के लोग बदला चुकाने को अधीर थे और उसके लिए अपना खून पसीने की तरह बहा रहे थे।

धूमकेतु सा चला रुद्र नाराच भयंकर,
लिये पूँछ में ज्वाला अपनी अति प्रलयंकर।

अर्थ–उसी समय रुद्र का एक भयंकर तीर पुच्छल तारे के रूप में उनके पिनाक नामक धनुष से छूटा। वह अपने सिर पर प्रलय की आग लपेटे हुआ था।

अंतरिक्ष में महाशक्ति हुंकार कर उठी,
सब शस्त्रों की धारें भीषण वेग भर उठीं।

अर्थ–सहसा आकाश में किसी महाशक्ति की 'हूँ' ध्वनि सुनाई दी। प्रजा के लोग पैने शस्त्रों को हाथ में लेकर वेग से बढ़े।

और गिरीं मनु पर, मुमूर्षु वे गिरे वहीं पर,
रक्त नदी की बाढ़ फैलती थी उस भू पर।

अर्थ–और वे धारें मनु पर टूट पड़ीं। मरणासन्न होकर वे जहाँ खड़े थे वहीं गिर पड़े और जिस स्थान पर युद्ध हुआ था वहाँ रक्त की एक वेगवती नदी बहने लगी।

●

निर्वेद

कथा—युद्ध की समाप्ति पर सारस्वत प्रदेश नगर में मलिनता छा गई, उदासी घिर आई, विषाद बरसने लगा। संध्या हुई पर पहले सी चहल-पहल अब कहाँ? पक्षी करुण रव कर उठे, दीपों से धूमिल प्रकाश फूटा, अन्धकार भयभीत सा चुप खड़ा रह गया। यज्ञ-मंडप में इड़ा एकाकिनी बैठी सोच रही थी : मनु ने मेरी प्रजा की अकारण हत्या की है। इसे दण्ड मिलना चाहिए। नहीं। यह ठीक नहीं। इसी समय यह घायल पड़ा है, इसकी सेवा करनी चाहिए। यह व्यक्ति मुझसे प्रेम करता था? निश्चय ही। पर संयम के मूल्य को यह नहीं पहचानता था। यह इसका दोष था। इसी से एक छोटी सी हठ के लिए इसने इतना भीषण कांड रच डाला। पछतावा इस बात का है कि जिस सहृदयता का व्यवहार मैंने इसके साथ किया उसकी ओर इसने ध्यान नहीं दिया। एक दिन वह भी था जब यह इधर-उधर भटकता फिरता था और एक दिन वह भी आया जब मैंने इसे सम्राट बनाया। मेरे इस उपकार को इसने इतनी जल्दी भुला दिया।

सहसा दूर से आती हुई एक ध्वनि सुनकर इड़ा चौंक पड़ी। उस सुनसान रात में कोई स्त्री यह कहती हुई उसकी ओर बढ़ी चली आ रही थी कि अरे कोई यह बतला दो कि मेरा रूठा प्रवासी कहाँ है? इड़ा ने उठकर देखा राजपथ पर कोई दुखिया स्त्री अपने किशोर बालक को साथ लेकर किसी की खोज में घूम रही है। उसने उन दोनों को टोका और वहीं ठहरने का आग्रह किया। ये श्रद्धा और उसका पुत्र मानव थे। उसी समय वेदी की धधकती ज्वाला के आलोक में श्रद्धा ने मनु को पहचाना और उन्हें इस दशा में देखकर वह बहुत दुःखी हुई। उसने मनु को सहलाना प्रारम्भ किया। उस कोमल परस के पाते ही मनु की व्यथा दूर हो गई और अपनी ठुकराई हुई श्रद्धा को फिर अपने निकट पाकर उनकी आँखें भर आईं। श्रद्धा ने अपने पुत्र को पास बुलाकर बतलाया कि वे उसके पिता हैं। कुमार इस पर बहुत प्रसन्न हुआ। उसी समय भाव-मग्न होकर श्रद्धा ने एक गीत गुनगुनाया जिससे मनु को बड़ी शांति मिली।

प्रभात होते ही मनु ने आँखें खोलीं। श्रद्धा से कहा : तुम मेरे निकट आओ। इड़ा भी वहीं खड़ी थी। उसे देखकर वे विरक्त हो उठे और अपनी आँखों के आगे से हटने की उसे आज्ञा दी। फिर उन्होंने श्रद्धा से उन्हें कहीं दूर ले जाने की इच्छा प्रकट की। पर श्रद्धा ने यह कहकर कि अभी वे चलने-फिरने में अधिक समर्थ नहीं हैं, वहीं रुकना उचित समझा।

मनु ने भावावेश में आकर कहना प्रारम्भ किया : श्रद्धा, अपने जीवन के वे दिन मुझे याद आते हैं जब मैं युवक था, मेरे हृदय में प्रेम की तरंगें उठ रही थीं और मेरा भी कोई

अपना था। वे सुख के दिन थे। सहसा प्रलय उपस्थित हुई और सब नष्ट हो गया। मैं एकाकी, उदास और आकुल रहने लगा। ठीक ऐसे समय में तुम आईं और मेरे मन में बस गईं। तुम्हारे प्रेम को प्राप्त करके मैं धन्य हुआ। पर तुमने मुझ तुच्छ हृदय को इतना स्नेह दिया कि मैं उसे सँभाल न सका। देवी, तुमने मेरे जीवन में सुख, मंगल और विश्वास भरा, तुमने मेरे हृदय के भीतर से उत्तम गुणों को उभारा, तुमने हँस-हँसकर संसार के कष्टों का सामना करना मुझे सिखाया, तुमने सबसे मैत्री भाव रखने का आदेश मुझे दिया। देवी, तुम्हारे सम्पर्क में आकर मेरा हृदय कोमल हुआ। पर मैंने, जहाँ तक दूसरों का सम्बंध था उन पर क्रोध किया और जहाँ तक अपना सम्बंध था वहाँ तक स्वार्थ से काम लिया। यह कुमार, मेरा पुत्र, मेरी कितने भारी स्नेह का केन्द्र और कितने बड़े आकर्षण का कारण है, यह मैं कैसे बतलाऊँ? पर सचमुच मैं तुच्छ हूँ अधम हूँ। मुझमें अब भी सम दृष्टि से देखने की न तो क्षमता है और न त्याग करने की शक्ति। देवी, मैं अपराधी हूँ, मुझे क्षमा करो। मेरी आंतरिक कामना है कि सब मिल कर सुखी रहो।

श्रद्धा ने मनु के अन्तर की इस हलचल को पहचाना, पर वह शांत ही रही। दिन व्यतीत हुआ। रात आई। पर नींद किसी को न आई। इड़ा को आज बड़ा पछतावा हो रहा था। और मनु तो सबसे अधिक दुःखी थे। वे पड़े-पड़े सोचने लगे : जीवन सुख है? नहीं। निश्चित रूप से नहीं। मैं पापी हूँ। अपने इस मुख को श्रद्धा को कैसे दिखलाऊँ। एक प्रश्न यह भी है कि यदि श्रद्धा मेरे साथ रही तो मैं इन शत्रुओं से बदला नहीं ले सकूँगा और साम्राज्य में शत्रु खड़े करके यहाँ रहना भी उचित नहीं है।

प्रभात हुआ, पर मनु इसके पूर्व ही सबको एक विचित्र उलझन में छोड़कर चले गये थे।

वह सारस्वत नगर पड़ा था क्षुब्ध मलिन कुछ मौन बना,
जिसके ऊपर विगत कर्म का विष विषाद आवरण तना।
उल्का धारी प्रहरी से ग्रह–तारा नभ में टहल रहे,
वसुधा पर यह होता क्या है अणु अणु क्यों हैं मचल रहे?

शब्दार्थ–क्षुब्ध-व्याकुल। **मौन**-सुनसान। **विगत**-बीती हुई। **कर्म**-घटना, यहाँ दुर्घटना। **विष**-विषैला, दुःखपूर्ण। **विषाद**-शोक। **आवरण**-वातावरण। **उल्का धारी**-मशालधारी। **ग्रह**-मंगल, शुक्र आदि नक्षत्र। **वसुधा**-पृथ्वी।

अर्थ–वह सारस्वत नगर जिसमें प्रजा और मनु के बीच संघर्ष हुआ था, इस समय व्याकुल था, मलिन था, कुछ सुनसान सा था। उसके ऊपर अभी हुई दुर्घटना के विषैले शोक का वातावरण छाया हुआ था।

आकाश में ग्रह और तारे मशालधारी प्रहरियों के समान घूम रहे थे। वे देख रहे थे कि पृथ्वी पर यह हो क्या रहा है और इस बात पर विचार कर रहे थे कि प्रत्येक अणु चंचल क्यों है?

जीवन में जागरण सत्य है या सुषुप्ति ही सीमा है,
आती है रह रह पुकार सी 'यह भव रजनी भीमा है।'

निशिचारी भीषण विचार के पंख भर रहे सर्राटे,
सरस्वती थी चली जा रही खींच रही सी सन्नाटे।

शब्दार्थ–जागरण-जाग्रतावस्था, प्रवृत्ति मार्ग। **सुषुप्ति**-आत्मा की परमात्मा में लीनता, निवृत्ति-मार्ग, ज्ञान। **भवरजनी**-संसार रूपी रात्रि। **भीमा**-भयंकर। **निशिचारी**-रात में घूमने वाले, राक्षस। **सर्राटे भरना**-पक्षी का सर-सर शब्द करते वेग से उड़ना, तीव्र गति। **सन्नाटा खींचना**-चुप होना, निःशब्द होकर।

अर्थ–जीवन में जाग्रत अवस्था में हम जो कुछ अनुभव करते हैं वह सत्य है अथवा उसका चरम लक्ष्य यह है कि जीव ब्रह्म में लीन हो? भाव यह कि प्रवृत्ति मार्ग सत्य है अथवा ज्ञान मार्ग, निश्चयपूर्वक कहना कठिन है। हाँ, अन्तर से यह ध्वनि बार-बार उठती है कि यह संसार एक भयानक रात्रि (भारी भ्रम) है।

इस प्रकार निशाचर (राक्षस) जैसे भयंकर विचार सर-सर उड़ते हुए पक्षियों के समान मस्तिष्क में पूरे वेग से चक्कर काट रहे थे। नगर के निकट ही सरस्वती नदी चुप बही जा रही थी।

वि०–(अ) जैसे स्वप्न में हम सब कुछ करते हैं, पर वह सत्य नहीं, ठीक वैसे ही हमारे सांसारिक कर्म भी जग कर देखे हुए सपने हैं, सत्य नहीं। स्वप्न की बातें प्रभात के प्रकाश में जैसे असत्य सिद्ध होती हैं वैसे ही जाग्रत काल के कर्म का ज्ञान का प्रकाश पाने पर असत्य सिद्ध होते हैं। 'क्या जागरण सत्य है' इस पर तुलसी के विचार देखिये–

सपने होंहि भिखारि नृप, रंक नाकपति होइ।
जागे हानि न लाभ कछु, तिमि प्रपंच जिय होइ।

(आ) ज्ञान-क्षेत्र में संसार का रूपक रात्रि से बाँधा जाता है। तुलसी ने लिखा है–

एहि जग जामिनि जागहिं जोगी, परमारथी प्रपंच वियोगी।
जानिय तबहिं जीव जग जागा, जग सब विषय विलास विरागा।

(इ) विचार करने वाले का संकेत यहाँ स्पष्ट रूप से नहीं किया गया। पर वह इड़ा हो सकती है। यदि वह न होती तो यह विचार कवि की ओर से माना जाता।

अभी घायलों की सिसकी में जाग रही थी मर्म व्यथा,
पुर लक्ष्मी खगरव के मिस कुछ कह उठती थी करुण कथा।
कुछ प्रकाश धूमिल सा उसके दीपों से था निकल रहा,
पवन चल रहा था रुक रुक कर खिन्न भरा अवसाद रहा।

शब्दार्थ–मर्म-गहरी। **पुर लक्ष्मी**-नगर की देवी, हिन्दुओं का ऐसा विश्वास है कि प्रत्येक नगर की एक अधिष्ठात्री देवी होती है जो उसकी रक्षा करती है। **मिस**-बहाने। **धूमिल**-धुँधला। **खिन्न**-उदासीन। **अवसाद**-शिथिलता से पूर्ण।

अर्थ–युद्ध भूमि में पड़े घायल व्यक्ति अब तब सिसकियाँ ले रहे थे। उन्हें मार्मिक पीड़ा हो रही थी। पक्षी बीच-बीच में करुण ध्वनि कर उठते थे। ऐसा लगता था जैसे नगर की देवी उनके बहाने आज की करुण कहानी का कोई अंश सुना रही है।

नगर में कहीं-कहीं दीपक जल रहे थे जिनसे धुँधला प्रकाश आ रहा था। वायु

रुक-रुककर चल रही थी। उसकी गति में उदासीनता और शिथिलता भी।

भय मय मौन निरीक्षक सा था सजग सतत चुपचाप खड़ा,
अंधकार का नील आवरण दृश्य जगत से रहा बड़ा।
मंडप के सोपान पड़े थे सूने, कोई अन्य नहीं,
स्वयं इड़ा उस पर बैठी थी अग्नि शिखा थी धधक रही।

शब्दार्थ—भय मय-भयभीत। **निरीक्षक**-दर्शक। **सजग**-चौकन्ना। **सतत**-सदा से। **दृश्य**-दिखाई देने वाला, ठोस, मूर्त्त। **मंडप**-यज्ञस्थल। **सोपान**-सीढ़ी।

अर्थ—रात होने के कारण अंधकार का एक काला परदा जो माप में ठोस जगत से भी बड़ा था, युद्धभूमि पर छा गया। ऐसा लगता था जैसे वह उस दुर्घटना का कोई दर्शक हो जो भयभीत होकर शांत, चौकन्ना और चुपचाप सदा से वहाँ खड़ा है।

मंडप की सीढ़ियाँ सूनी थीं। वहाँ और कोई नहीं था। केवल इड़ा यज्ञ भूमि में बैठी थी। पास में अग्नि की लौ वेग से उठ रही थी।

शून्य राज चिन्हों से मन्दिर बस समाधि सा रहा खड़ा,
क्योंकि वहीं घायल शरीर वह मनु का तो था रहा पड़ा।
इड़ा ग्लानि से भरी हुई बस सोच रही बीती बातें,
घृणा और ममता में ऐसी बीत चुकीं कितनी रातें।

शब्दार्थ—राज चिन्हों-राजा की सत्ता को घोषित करने वाली बातें जैसे स्वयं राजा, प्रहरी, सेना, भाट चारण आदि। **मन्दिर**-महल।

अर्थ—वह महल राजकीय चिन्हों से आज सूना था और समाधि जैसा लगता था। समाधि किसी मृत शरीर को ही तो अपने में छिपाए रहती है। इस समाधि में भी मनु का घायल शरीर पड़ा हुआ था।

इस हत्या-कांड को देखकर इड़ा को बड़ी ग्लानि हुई। वह बीती बातें सोच रही थी। मनु ने जो कुछ किया उस पर कभी उसे बड़ी ग्लानि उत्पन्न होती थी और कभी उनके प्रेम पर विचार करके और उनके घायल शरीर को देख कर ममता भी। इस प्रकार उसने कई रातें बिताईं।

नारी का वह हृदय ! हृदय में सुधा सिन्धु लहरें लेता,
बाडव ज्वलन उसी में जल कर कंचन सा जल रँग देता।
मधु पिंगल उस तरल अग्नि में शीतलता संसृति रचती,
क्षमा और प्रतिशोध ! आह रे दोनों की माया नचती।

शब्दार्थ—सुधा सिंधु-करुणा का अमृत सिंधु। **बाडव ज्वलन**-समुद्र के अंतर में निवास करने वाली अग्नि के समान क्षोभ की ज्वाला। **कंचन**-सोना। **मधु**-प्रेम का रस। **पिंगल**-पीत रंग, फीकापन या क्षीणता। **शीतलता**-जल और क्षमा का आग और हृदय को ठंडा करने का गुण। **संसृति**-संसार। **प्रतिशोध**-बदला। **माया**-प्रभाव।

अर्थ—इड़ा का हृदय भी आखिर नारी का हृदय था जो सदा उलझनमय होता है। एक ओर उसमें करुणा का अमृत-सिंधु हिलोरें ले रहा था, दूसरी ओर मनु के अपराध पर

उसका हृदय जल रहा था जो बाड़वाग्नि का काम कर रहा था। जैसे समुद्र की अग्नि की लपटें जब समुद्र के जल के भीतर से फूटेंगी तब जल का रंग सोने का दिखाई देगा, वैसे ही हृदय में भरे करुणा के उज्ज्वल अमृत में जब जलन का रंग फूटा तब वह पीला (फीका) पड़ गया। भाव यह कि मनु के अपराध पर क्षोभ उत्पन्न होते ही उसके प्रति करुण भावना क्षीण हो जाती है।

परन्तु समुद्र की पीतवर्णी अग्निधारा को जल शीतल भी तो करता रहता है। इसी प्रकार थोड़ी देर में प्रेम के रस से पूर्ण उस हृदय में जिसमें क्षोभ की पीत है (क्षीण) अग्निधारा उठ रही थी फिर क्षमा अपना संसार बसाती अर्थात् क्षमा-भावना उदित होती। इस प्रकार क्षमा और बदला लेने की भावनायें दोनों अपना प्रभाव दिखा रही थीं।

''उसने स्नेह किया था मुझसे हाँ अनन्य वह रहा नहीं,
सहज लब्ध थी वह अनन्यता पड़ी रह सके जहाँ कहीं।

बाधाओं का अतिक्रमण कर जो अबाध हो दौड़ चले,
वही स्नेह अपराध हो उठा जो सब सीमा तोड़ चले।

शब्दार्थ–अनन्य-एक लक्ष्य पर स्थायी रहने वाला, एकनिष्ठ। **सहज लब्ध**-सरलता से प्राप्त। **बाधाओं का**-लोक-नियमों को विघ्न मानकर। **अतिक्रमण**-उल्लंघन। **अबाध**-उच्छृंखल। **सीमा**-मर्यादा।

अर्थ–मनु मुझे प्रेम करते थे यह ठीक है; पर वह प्रेम एकनिष्ठ न रह सका। यदि उनका प्रेम एकनिष्ठ होता तो वे मेरी भावनाओं का आदर करते, मेरी इच्छा के विरुद्ध मेरे ऊपर बल का प्रयोग न करते। फिर भी मनु का हृदय ऐसा था अवश्य कि उसे यदि कहीं टिकने के लिए अवसर मिलता तो वह अत्यन्त सहज भाव से अपनी अनन्यता का परिचय देता।

जो प्रेम लोक-नियमों को विघ्न समझ कर उच्छृंखल भाव से उनका उल्लंघन करता है, जो प्रेम सारी मर्यादा को छिन्न-भिन्न कर डालता है, वह अपराध गिना जाता है।

''हाँ अपराध, किन्तु वह कितना एक अकेले भीम बना,
जीवन के कोने से उठ कर इतना आज असीम बना!

और प्रचुर उपकार सभी वह –सहृदयता की सब माया–
शून्य शून्य था ! केवल उसमें खेल रही थी छल छाया!

शब्दार्थ–यह-मनु का प्यार। **भीम**-भयंकर। **जीवन के कोने**-एकांत की सामान्य बातें। **असीम**-व्यापक संघर्ष। **शून्य**-सारहीन।

अर्थ–हाँ, उच्छृंखल प्यार अपराध तो है, परन्तु यह एक हल्की सी घटना कितनी भयंकर सिद्ध हुई। मेरे प्रति मनु का अनुरोध एक व्यक्ति के एकांत जीवन की सामान्य सी बात थी। उसने राजा और प्रजा के व्यापक संघर्ष का रूप धारण कर लिया।

और वे मेरे अनेक उपकार और साथ ही मनु के प्रति मेरा सहृदयतापूर्ण आचरण! क्या वह सब कुछ सारहीन था? क्या उसके पीछे केवल कपट काम कर रहा था।

"कितना दुःखी एक परदेशी बन, उस दिन जो आया था,
जिसके नीचे धरा नहीं थी शून्य चतुर्दिक छाया था।
वह शासन का सूत्रधार था नियमन का आधार बना,
अपने निर्मित नव विधान से स्वयं दंड साकार बना।

शब्दार्थ–धरा-पृथ्वी, यहाँ ठहरने का स्थान। **शून्य**-सूनापन। **चतुर्दिक**-जीवन में चारों ओर। **सूत्रधार**-संचालक। **नियमन**-नियम। **आधार**-उद्गम, निर्माता। **निर्मित**-बनाये हुए, खड़े किये हुए। **विधान**-व्यवस्था।

अर्थ–वह व्यक्ति जो एक दिन एक परदेशी के रूप में मेरे पास आया था, कितना दुखी था! ठहरने को उसके पास स्थान नहीं था और जीवन उसका चारों ओर से सूना था।

एक दिन वही प्राणी शासन का संचालक और नियमों का निर्माता बना और खड़ी की हुई व्यवस्था के अनुकूल–वह राजा था, अतः दंड देने का अधिकारी था–उसने स्वयं अपने को दंड की प्रतिमूर्ति सिद्ध किया अर्थात् अपने हाथों प्रजा की हत्या की।

"सागर की लहरों से उठ कर शैल शृंग पर सहज चढ़ा,
अप्रतिहत गति, संस्थानों से रहता था जो सदा बढ़ा।
आज पड़ा है वह मुमूर्ष सा वह अतीत सब सपना था,
उसके ही सब हुए पराये सबका ही जो अपना था।

शब्दार्थ–सागर-समुद्र, दुःख। **शैलशृंग**-पर्वत की चोटी, उन्नति की सीमा। **अप्रतिहत**-जिसे कोई रोक न सके। **संस्थान**-डेरा, ठहरने का स्थान, मंजिल। **सपना**-निस्सार।

अर्थ–समुद्र की लहरों में घिरा व्यक्ति अत्यन्त सरलता से एक दिन पर्वत की चोटी पर चढ़ गया अर्थात् दुःखों के समुद्र की लहरों के चपेटे खाने वाला प्राणी (मनु तो वैसे भी जल-प्रलय से बचे थे) वैभव और उन्नति के शिखर पर पहुँचा। उसकी गति रोकने वाला कोई न था। उसकी उन्नति की अनेक मंजिलें थीं, पर वह कहीं रुका नहीं। जिस मंजिल पर पहुँचता था उससे आगे ही बढ़ जाता।

आज वह मृतप्राय पड़ा है। उसका समस्त अतीत जिसमें वह वैभव का स्वामी रहा, आज निस्सार सिद्ध हुआ। जिसे एक दिन सब अपना समझते थे, उसके लिए आज वे सब पराये बन गये।

"किन्तु, वही मेरा अपराधी जिसका वह उपकारी था,
प्रकट उसी से दोष हुआ है जो सब को गुणकारी था।
अरे सर्ग-अंकुर के दोनों पल्लव हैं ये भले बुरे,
एक दूसरे की सीमा हैं क्यों न युगल को प्यार करें?

शब्दार्थ–जिसका-इड़ा का। **सर्ग**-सृष्टि। **पल्लव**-किसलय, नवीन पत्ते। **भले-बुरे**-भलाई-बुराई। **सीमा**-मिलन-स्थल। **युगल**-दोनों, भलाई-बुराई से तात्पर्य है।

अर्थ–जिस मनु ने मेरे राज्य को सँभाल कर मेरा उपकार किया, उसी ने मेरी प्रजा की हत्या करके मेरा अपराध किया। जो व्यक्ति अपने गुणों से सब को लाभ पहुँचाता था,

उसी से प्रत्यक्ष रूप में उनके रक्त-पात का दोष बन पड़ा।

पता यह चलता है कि भलाई और बुराई सृष्टि रूपी अंकुर के दो पत्ते हैं। दोनों एक दूसरे से मिले हुए हैं। अर्थात् प्रकृति में न कोई शुद्ध भली वस्तु है और न कोई शुद्ध बुरी। सभी में कुछ भलाई, कुछ बुराई मिली रहती है। यदि ऐसा ही है तो हम दोनों ही को क्यों न प्रेम की दृष्टि से देखें?

''अपना हो या औरों का सुख बढ़ा कि बस दुख बना वहीं,
कौन विन्दु है रुक जाने का यह जैसे कुछ ज्ञात नहीं।

प्राणी निज भविष्य चिंता में वर्त्तमान का सुख छोड़े,
दौड़ चला है बिखराता सा अपने ही पथ में रोड़े।

शब्दार्थ–विन्दु-सीमा। **दौड़ना**-अथक प्रयत्न करना। **पथ में रोड़े बिखराता**-रास्ता रोकना, यहाँ सुख का मार्ग रुद्ध करना।

अर्थ–सुख चाहे अपना हो या चाहे दूसरों का वह बढ़ता है, वहीं दुःख का कारण बन जाता है। किंतु सुख भोग में कहाँ तक बढ़ जाना चाहिए और किस सीमा पर रुक जाना चाहिए, यह भी निश्चयपूर्वक नहीं बताया जा सकता।

मनुष्य अपने भविष्य के सुखों की चिंता में अपने वर्तमान के सुख को छोड़ बैठा है। इस प्रकार अपने मार्ग में रोड़े बिखराता (अपने सुख को मिटाता) मनुष्य अथक प्रयत्न में लीन है। भाव यह कि उसे न भविष्य का सुख मिलता है और न वर्तमान का।

''इसे दंड देने मैं बैठी या करती रखवाली मैं,
यह कैसी है विकट पहेली कितनी उलझन वाली मैं?

एक कल्पना है मीठी यह इससे कुछ सुन्दर होगा,
हाँ कि, वास्तविकता से अच्छी सत्य इसी को वर देगा।''

शब्दार्थ–विकट-जटिल। **पहेली**-समस्या। **वास्तविकता**-यथार्थ स्थिति, प्रजा के लोगों और मनु का घायल होना।

अर्थ–मैं मनु को दंड देने के लिए यहाँ बैठी हूँ अथवा इसके घायल शरीर की रक्षा कर रही हूँ? यह एक जटिल समस्या है। मेरा हृदय भी कैसा उलझनमय है।

मेरे मन में यह मधुर कल्पना जगी है कि मेरे यहाँ बैठने का परिणाम सुन्दर निकलेगा और मेरी इस कल्पना को सत्य का वरदान मिलेगा अर्थात् वह सत्य सिद्ध होगी। मेरा यह भी विश्वास है कि उसका रूप इस वास्तविक (भयंकर) स्थिति से अच्छा होगा।

वि०–मनु के शरीर की रक्षा का परिणाम यह निकला कि श्रद्धा की सेवा द्वारा उन्हें फिर जीवनदान मिला और उनके कुमार मानव की सहायता से इड़ा ने फिर एक बार अपने राज्य को सँभाला।

चौंक उठी अपने विचार से कुछ दूरागत ध्वनि सुनती,
इस निस्तब्ध निशा में कोई चली आ रही है कहती–
''अरे बता दो मुझे दया कर कहाँ प्रवासी है मेरा?
उसी बावले से मिलने को डाल रही हूँ मैं फेरा।

शब्दार्थ–चौंक-चकित होना। **दूरागत**-दूर से आई हुई। **निस्तब्ध**-सुनसान। **प्रवासी**-परदेसी। **फेरा डालना**-घूमना।

अर्थ–इड़ा अपने विचारों में डूबी हुई थी। सहसा उसने दूर से आती हुई ध्वनि सुनी जिस पर वह चौंक उठी। उस सुनसान रात में कोई स्त्री यह कहती बढ़ी चली जा रही थी–

अरे कोई दया करके इतना बतला दो कि मेरा परदेसी कहाँ है? मैं उसी बावले को पाने के लिए एक स्थान से दूसरे स्थान पर घूम रही हूँ।

रूठ गया था अपनेपन से अपना सकी न उसको मैं,
वह तो मेरा अपना ही था भला मनाती किसको मैं!

यही भूल अब शूल सदृश हो साल रही उर में मेरे,
कैसे पाऊँगी उसको मैं कोई आकर कह दे रे।''

शब्दार्थ–अपनेपन-अहंभाव की प्रधानता। **शूल**-काँटा। **सदृश**-समान। **सालना**- कसकना, खटकना, चुभना। **उर**-हृदय।

अर्थ–अहंभाव की प्रधानता के कारण वह मुझसे रूठ गया था। मैं उसे अपनाने में असमर्थ रही। जो अपने नहीं होते उन्हें मनाया जाता है और क्योंकि वह तो मेरा अपना ही था इसीलिए उसे मनाने की चिंता मैंने नहीं की।

पर यह मेरी भूल थी जो हृदय में अब तक काँटे के समान खटक रही है। मेरे पास आकर कोई इतना बतावे कि मैं उसे कैसे पा सकूँगी?

इड़ा उठी, दिख पड़ा राज पथ धुँधली सी छाया चलती,
वाणी में थी करुण वेदना वह पुकार जैसे जलती।

शिथिल शरीर वसन विश्रृंखल कबरी अधिक अधीर खुली,
छिन्नपत्र मकरन्द लुटी सी ज्यों मुरझायी हुई कली।

शब्दार्थ–राज पथ-राज मार्ग। **वेदना**-व्यथा। **जलना**-दुःख की जलन में भरे रहना। **शिथिल**-थका हुआ। **वसन**-वस्त्र, कपड़े। **विवृंखल**-अस्त-व्यस्त। **कबरी**-चोटी। **अधीर**-हिलती। **छिन्न**-टूटे हुए। **मकरंद**-पुष्प रस।

अर्थ–इड़ा उठी। उसने देखा राजमार्ग पर एक धुँधली सी छाया चली आ रही है। उसकी वाणी से करुण व्यथा टपकती थी मानो उसके स्वर में किसी दुःख की आग भरी हो।

शरीर उसका थक गया था, कपड़े अस्त-व्यस्त थे, चोटी वेग से हिल रही थी और खुली थी। उस स्त्री को देखकर लगता था जैसे कोई मुरझाई हुई कली हो जिसके पत्ते टूट गये हैं, जिसका रस लुट चुका है।

नव कोमल अवलम्ब साथ में वय किशोर उँगली पकड़े,
चला आ रहा मौन धैर्य सा अपनी माता को जकड़े।

थके हुए थे दुखी बटोही वे दोनों ही माँ बेटे,
खोज रहे थे भूले मनु को जो घायल हो कर लेटे।

शब्दार्थ–नव-नवीन। **अवलम्ब**-सहारा। **वय**-अवस्था। **किशोर**-ग्यारह से पंद्रह वर्ष की

अवस्था का बालक। **बटोही**-पथिक, रास्तागीर।

अर्थ–सहारे के लिए उसके साथ नवीन कोमल शरीर वाला किशोरावस्था का एक बालक उँगली पकड़े हुए था। वह अपनी माँ के हाथ को कसकर थामे इस प्रकार चुपचाप धैर्य धारण किये चला आ रहा था मानो साक्षात् धैर्य शांत भाव से बढ़ा आ रहा हो।

वे दोनों ही दुःखी पथिक माँ-बेटे चलते-चलते थक गये थे। जो मनु घायल होकर यहाँ पड़े थे, वे उन्हीं भूले मनु की खोज में थे।

इड़ा आज कुछ द्रवित हो रही दुखियों को देखा उसने,
पहुँची पास और फिर पूछा "तुमको बिसराया किसने?

इस रजनी में कहाँ भटकती जाओगी तुम बोलो तो,
बैठो आज अधिक चंचल हूँ व्यथा गाँठ निज खोलो तो।

शब्दार्थ–**द्रवित**-पिघलना, हृदय का कोमल होना। **बिसराना**-भूलना। **रजनी**-रात। **चंचल**-अधीर। **व्यथा**-दुःख, पीड़ा। **गाँठ**-बंद या छिपी। **खोलना**-भेद खोलना, चर्चा करना।

अर्थ–इड़ा का मन आज पहले से ही कुछ पिघला हुआ था। उसने दुःखियों को देखा। उनके पास जाकर पूछा : तुम्हें किसने भुला दिया है? इस रात में भटकती हुई तुम भला कहाँ जाओगी? तुम मेरे पास आकर बैठो। मैं स्वयं आज बहुत अधीर हूँ। तुम भी अपने छिपे दुःख को मेरे सामने खोल कर रखो।

जीवन की लंबी यात्रा में खोये भी हैं मिल जाते,
जीवन है तो कभी मिलन है कट जातीं दुख की रातें।"

श्रद्धा रुकी कुमार श्रान्त था मिलता है विश्राम यहीं,
चली इड़ा के साथ जहाँ पर वह्नि शिखा प्रज्ज्वलित रही।

शब्दार्थ–**रातें**-समय। **श्रान्त**-थका हुआ। **विश्राम**-आराम, ठहरने का स्थान। **वन्हि**-अग्नि।

अर्थ–जीवन इतनी लंबी यात्रा है जिसमें अपने खोये हुए साथी भी मिल जाते हैं। यदि मनुष्य जीता रहे तो जिनसे उनका विछोह हुआ है उनसे उसका कभी न कभी मिलन भी हो जाता है। यों दुःख का काल किसी प्रकार बीत ही जाता है।

यह जानकर कि कुमार थक चला है और यहाँ विश्राम मिलेगा, श्रद्धा रुक गई। वह इड़ा के साथ उस स्थान पर पहुँची जहाँ अग्निशिखा जल रही थी।

सहसा धधकी वेदी ज्वाला मंडप आलोकित करती,
कामायनी देख पायी कुछ पहुँची उस तक डग भरती।

और वही मनु ! घायल सचमुच तो क्या सच्चा स्वप्न रहा?
"आह प्राण प्रिय! यह क्या? तुम यों!" घुला हृदय, बन नीर बहा।

शब्दार्थ–**धधकी**-वेग से जली। **आलोकित**-प्रकाशित। **कुछ**-मनु को। **डग भरती**-लंबे पैर बढ़ाती। **नीर**-आँसू।

अर्थ–अकस्मात् वेदी की ज्वाला धधक उठी जिससे यज्ञ-मंडप प्रकाशित हो गया। इसी बीच कामायनी ने कुछ ऐसा देखा जिससे उसे मनु की आकृति का संदेह हुआ। वह उस तक

जल्दी चरण बढ़ा कर पहुँची।

अरे, ये तो उसके अपने मनु हैं। ये तो सचमुच घायल हैं। तब क्या उसका वह स्वप्न सत्य था? उसके मुँह से इतना ही निकला : आह प्राणप्रिय, यह क्या हुआ? तुम्हारी ऐसी दशा ! और तब उसका हृदय घुलकर आँसू के रूप में बहने लगा।

इड़ा चकित, श्रद्धा आ बैठी वह थी मनु को सहलाती,
अनुलेपन सा मधुर स्पर्श था व्यथा भला क्यों रह जाती?

उस मूर्च्छित नीरवता में कुछ हलके से स्पन्दन आये,
आँखें खुलीं चार कोनों में चार विन्दु आकर छाये।

शब्दार्थ–चकित-आश्चर्य में। **सहलाती**-कोमलता से शरीर पर हाथ फेरती। **अनुलेपन**-लेप। **नीरवता**-चुपचाप पड़े रहना। **स्पंदन**-धड़कन। **बिंदु**-आँसू की बूँदें।

अर्थ–इड़ा यह देखकर चकित हो उठी। श्रद्धा मनु के निकट आकर बैठ गई और उनके शरीर को सहलाने लगी। उसका मधुर स्पर्श लेप का काम कर रहा था। ऐसी दशा में मनु के शरीर में पीड़ा भला कैसे टिक सकती थी?

मनु अभी तक मूर्च्छावस्था में चुप पड़े थे। श्रद्धा का परस पाते ही उनके हृदय में हलकी धड़कन प्रारंभ हुई। उनकी आँखें खुलीं और चारों कोनों से आँसू की बूँदें भर आईं।

उधर कुमार देखता ऊँचे मन्दिर, मंडप, वेदी को,
यह सब क्या है नया मनोहर कैसे ये लगते जी को?

माँ ने कहा 'अरे आ तू भी देख पिता हैं पड़े हुए,'
'पिता ! आ गया लो' यह कहते उसके रोएँ खड़े हुए।

शब्दार्थ–मन्दिर-महल। **मनोहर**-सुन्दर। **रोएँ**-शरीर के रोम।

अर्थ–उधर कुमार ऊँचे महल, यज्ञ मंडप और वेदी को देखने में लीन था। वह चकित होकर सोच रहा था, यह सब क्या है? ये तो एकदम नई वस्तुएँ हैं। कैसी सुन्दर हैं? और हृदय को ये कितनी प्यारी लगती हैं?

माँ ने उसे पुकार कर कहा : अरे कुमार, तू इधर तो आ। देख, तेरे पिता यहाँ पड़े हुए हैं। कुमार ने उत्तर दिया : पिताजी, देखो मैं आ गया। इतना कहते ही उसका शरीर रोमांचित हो उठा।

'माँ जल दे, कुछ प्यासे होंगे क्या बैठी कर रही यहाँ?'
मुखर हो गया सूना मंडप यह सजीवता रही कहाँ?

आत्मीयता घुली उस घर में छोटा सा परिवार बना,
छाया एक मधुर स्वर उस पर श्रद्धा का संगीत बना?

शब्दार्थ–मुखर-ध्वनित, गूँजना। **आत्मीयता**-अपनत्व। **परिवार**-कुटुम्ब।

अर्थ–कुमार बोला : माँ इन्हें जल दे। प्यासे होंगे। तू यहाँ बैठी कर क्या रही है? उसकी इस बात से वह सूना मंडप गूँज उठा। इससे पहले ऐसी सजीवता कहाँ थी?

उस घर में एक प्रकार के अपनेपन ने प्रवेश किया। अब उन चारों का एक छोटा सा

कुटुम्ब बन गया। श्रद्धा ने एक गीत गाया जिसका मधुर स्वर उस स्थान पर मँडराने लगा।

"तुमुल कोलाहल कलह में
मैं हृदय की बात रे मन!

शब्दार्थ–**तुमुल**-घोर। **हृदय की बात**-शांति।

अर्थ–हे मेरे मन, जब कलह का घोर कोलाहल छाता है तब मैं शांति स्थापित करने का प्रयत्न करती हूँ।

वि०–जब तक मनु श्रद्धा के साथ रहे तब तक कलह से बचे रहे। इड़ा के सम्पर्क में आते ही संघर्ष का सामना करना पड़ा। कलह का अर्थ यहाँ बाहरी कलह और आंतरिक अशान्ति दोनों का लेना चाहिए। यदि श्रद्धा को स्त्री मानें तब वह बाह्य कलह से मनु को बचाती रही और यदि वृत्ति मानें तो वह हृदय को क्षोभ से दूर रखती है। यही भाव इस पूरे गीत में है।

विकल होकर नित्य चंचल, खोजती जब नींद के पल;
चेतना थक सी रही तब, मैं मलय की वात रे मन!

शब्दार्थ–**विकल**-आकुल, दुखी। **चंचल**-अधीर। **नींद के पल**-विश्राम। **चेतना**-बुद्धि। **थकना**-संघर्ष से ऊबना। **मलय की वात**-मलय पवन, मलय नामक पर्वत की ओर से, जो दक्षिण में है और जिस पर चंदन के वृक्ष उगते हैं, आने वाली सुगन्धित वायु।

अर्थ–मनुष्य की बुद्धि जब दुःख से आकुल होकर सदा अधीर रहने लगती है और संघर्ष से ऊब विश्राम चाहती है तब मैं मलय पवन के समान उसे शांति पहुँचाती हूँ।

चिर विषाद विलीन मन की, इस व्यथा के तिमिर वन की;
मैं उषा सी ज्योति रेखा, कुसुम विकसित प्रात रे मन!

शब्दार्थ–**चिर**-बहुत दिन से। **विषाद**-शोक। **विलीन**-डूबा हुआ। **व्यथा**-पीड़ा, शोक। **तिमिर**-अंधकार। **ज्योति रेखा**-किरण।

अर्थ-जो मन चिर काल से शोक में डूबा है उसमें मैं आनन्द की किरण वैसे ही उठा देती हूँ जैसे रात के अंधकार में डूबी सृष्टि को उषा की किरणें खिला देती हैं।

अंधकार में डूबा वन जैसे प्रभात काल में फिर खिले पुष्पों से शोभाशाली प्रतीत होता है वैसे ही पीड़ा के अंधकार से युक्त मन रूपी वन भी सुख के प्रभात में आनन्द रूपी पुष्पों से युक्त होता है और मन को शोक से मुक्त कर सुख और आनन्द से युक्त करना मेरा ही काम है।

जहाँ मरु ज्वाला धधकती, चातकी कन को तरसती;
उन्हीं जीवन घाटियों की, मैं सरस बरसात रे मन!

शब्दार्थ–**मरु**-रेगिस्तान, जीवन की शुष्कता। **चातकी**-एक पक्षी, आत्मा। **कन**-जलकण, आनन्द। **सरस**-जल भरी, रसपूर्ण, आनन्दमयी।

अर्थ–प्रकृति में हम देखते हैं कि मरुभूमि में ग्रीष्म का प्रचंड ताप जब फैलता है और चातकी जब स्वाती नक्षत्र की एक बूँद के लिए तरस जाती है तब पर्वत की घाटियों से उठकर जलभरे बादल बरसते हैं और उसे तृप्त करते हैं। ठीक ऐसे ही जब जीवन शुष्क

मरुभूमि सा बन जाता है और उसमें दुःख की आग धधकने लगती है, तब आत्मा रूपी चातकी सुख की एक बूँद के लिए तरस जाती है। उस समय हे मन, मैं जीवन के पलों में रस (आनन्द) की वर्षा करती हूँ।

पवन की प्राचीर में रुक, जला जीवन जी रहा झुक;
इस झुलसते विश्व दिन की, मैं कुसुम ऋतु रात रे मन!

शब्दार्थ–पवन की प्राचीर-स्थिर पवन, परिस्थितियों का घेरा। **जीवन**-जल और प्राणियों का जीवन। **झुकना**-एक ओर बहना, कहीं कोने में पड़ा रहना। **कुसुम ऋतु**-वसन्त ऋतु।

अर्थ–गर्मियों के दिनों में जब वायु भी चलना बंद कर देती है और दीवाल के समान स्थिर प्रतीत होती है तब ऐसे वातावरण में बंद वह जल जो ग्रीष्म के ताप से सूख गया है प्रवाहहीन हो जाता है और किसी एक ओर को झुक (बह) कर जैसे-तैसे बना रहता है। इसी प्रकार परिस्थितियों के घेरे में बंद दुःख से दग्ध व्यक्ति भी कोने में पड़े रहते हैं, किसी प्रकार जीते हैं।

पर जैसे ताप से झुलसते दिन के उपरांत वसन्त की रात के आने पर सब ताप नष्ट हो जाता है, वैसे ही दुःख से झुलसते संसार में मैं वसन्त की रात के समान सुख और ऐश्वर्य की शीतलता और समृद्धि लाती हूँ।

चिर निराशा नीरधर से, प्रतिच्छायित अश्रु सर में;
मधुप मुखर मरंद मुकुलित, मैं सजल जलजात रे मन!"

शब्दार्थ–चिर-बहुत दिनों की, घनी। **नीरधर**-मेघ, बादल। **प्रतिच्छायित**-प्रतिबिंबित। **सर**-तालाब, सरोवर। **मधुप**-भौंरा। **मुखर**-गूँज से युक्त। **मकरंद**-पुष्प रस। **मुकुलित**-खिला हुआ। **सजल**-सरस। **जलजात**-कमल या कमलिनी।

अर्थ–घनी निराशाओं के मेघ जब आँसुओं के सरोवर में प्रतिबिंबित होते हैं तब भी हे मन, मैं उसमें उस सरस कमलिनी के समान खिलती हूँ जिस पर भौंरे गूँजते हों, जो रस से भरी हो, जो विकासोन्मुख हो। भाव यह है कि किसी प्रकार के दुःख के कारण जब आँखों में आँसू आते हैं तब घनी निराशा छा जाती है; जो हृदय श्रद्धावान् अर्थात इस सम्बंध में अडिग है कि दुःख क्षणिक है और सुख लौटकर आएगा ही, वह अपनी निराशा में भी आशा की गूँज और उसके बने रहने से जीवन में रस विकास और प्रसन्नता का अनुभव करता है।

उस स्वर लहरी के अक्षर सब संजीवन रस बने घुले,
उधर प्रभात हुआ प्राची में मनु के मुद्रित नयन खुले।

श्रद्धा का अवलंब मिला फिर कृतज्ञता से हृदय भरे,
मनु उठ बैठे गद्‌गद् होकर बोले कुछ अनुराग भरे।

शब्दार्थ–स्वर लहरी-गीत। **संजीवन रस**-जीवन देने वाला रस। **नवीन उत्साह**-नवीन बल देने वाली कोई बात। **प्राची**-पूर्व दिशा। **मुद्रित**-बंद। **अवलंबन**-सहारा। **कृतज्ञता**-एहसान, आभार।

अर्थ–श्रद्धा के मुख से निकले गीत के समस्त अक्षर संजीवन रस बनकर मनु के अंतर में धुल गये अर्थात् उसके गान ने उन्हें नवीन जीवन दान दिया। उधर पूर्व दिशा में प्रातःकाल होते ही उन्होंने अपनी बंद आँखें खोलीं। उन्हें श्रद्धा का एक बार फिर सहारा मिला। उसके प्रति कृतज्ञता से अपने हृदय को भर कर प्रसन्न होकर वे उठ बैठे और प्रेममयी वाणी में कहने लगे–

वि०–यहाँ 'फिर' शब्द की यह सार्थकता है कि एक बार इसके पूर्व भी घोर निराशा की ऐसी ही स्थिति में जब मनु का कोई अपना नहीं था तब श्रद्धा ने ही उसके मन को सहारा दिया था। इसके लिए 'श्रद्धा' सर्ग देखिए।

"श्रद्धा ! तू आ गई भला तो पर क्या मैं था यहीं पड़ा!"
वही भवन, वे स्तम्भ, वेदिका! बिखरी चारों ओर घृणा।

आँख बंद कर लिया क्षोभ से "दूर दूर ले चल मुझको,
इस भयावने अंधकार में खो दूँ कहीं न फिर तुझको।

शब्दार्थ–**भला तो**-अच्छा हुआ। **स्तम्भ**-खम्भे। **वेदिका**-यज्ञ की वेदी। **क्षोभ**-आकुलता, जी घबराना।

अर्थ–श्रद्धा तुम आ गईं ! बहुत अच्छा हुआ। पर क्या मैं अभी तक यहीं पड़ा था? यहाँ यह वही भवन है? ये वे ही खम्भे हैं। यह वही यज्ञ की वेदी है जहाँ युद्ध हुआ था। यहाँ चारों ओर बिखरे कुत्सित दृश्यों को देखकर घृणा उत्पन्न होती है।

घबराकर मनु ने आँखें बंद कर लीं। बोले : श्रद्धा मुझे यहाँ से कहीं बहुत दूर ले चलो। कहीं ऐसा न हो कि दुर्भाग्य के इस भयंकर अंधकार में मैं तुम्हें फिर खो बैठूँ?

नोट–'आँख बंद कर लिया' प्रयोग अशुद्ध है। आँख स्त्रीलिंग है और उसके साथ पुल्लिग क्रिया का प्रयोग है।

हाथ पकड़ ले, चल सकता हूँ? हाँ कि यही अवलम्ब मिले,
वह तू कौन ! परे हट, श्रद्धे! आ कि हृदय का कुसुम खिले।"

श्रद्धा नीरव सिर सहलाती आँखों में विश्वास भरे,
मानो कहती 'तुम मेरे हो अब क्यों कोई वृथा डरे!

शब्दार्थ–**हाथ पकड़ना**-सहारे का आश्वासन देना। **चल सकना**-जीवन बिताना। **अवलम्बन**-सहारा। **कुसुम**-पुष्प। **नीरव**-चुप, शांत, मौन।

अर्थ–यदि तुम मेरा हाथ थाम लो तो मैं अब भी जीवन के शेष दिन भली प्रकार व्यतीत कर सकता हूँ, पर शर्त यह है कि मुझे तुम्हारा सहारा बराबर मिलता रहे। उधर कौन है? इड़ा है न? तुम मेरी आँखों के सामने से हट जाओ। श्रद्धा, तुम मेरे पास आओ जिससे मेरे हृदय का पुष्प विकसित हो (अर्थात मेरा मन प्रसन्न हो)।

श्रद्धा चुप बैठी मनु के सर पर हाथ फेर रही थी। अपनी आँखों में इड़ा विश्वास भरकर मानो कह रही थी : तुम मेरे हो। ऐसी दशा में तुम्हें (इड़ा से) व्यर्थ डरने की क्या आवश्यकता है?

जल पीकर कुछ स्वस्थ हुए से लगे बहुत धीरे कहने,
"ले चल इस छाया के बाहर मुझको दे न यहाँ रहने।

मुक्त नील नभ के नीचे या कहीं गुहा में रह लेंगे,
अरे झेलता ही आया हूँ जो आवेगा सह लेंगे।"

शब्दार्थ–**इस छाया**-साम्राज्य की सीमा। **मुक्त**-खुला हुआ। **गुहा**-कंदरा, गुफा। **झेलना**-सहना।

अर्थ–मनु ने जल पिया जिससे वे थोड़े स्वस्थ हुए। इसके उपरांत उन्होंने धीरे-धीरे बोलना प्रारंभ किया : इस साम्राज्य की सीमा से मुझे दूर ले चलो। मुझे यहाँ न रहने दो।

खुले नीले आकाश के नीचे या किसी कंदरा के भीतर हम अपने दिन काट लेंगे। अब तक मैंने कष्ट ही कष्ट झेले हैं और भविष्य में भी जो संकट आवेंगे उन्हें हम मिलकर सहन कर लेंगे।

"ठहरो कुछ तो बल आने दो लिवा चलूँगी तुरत तुम्हें,
इतने क्षण तक" श्रद्धा बोली–"रहने देंगी क्या न हमें?"

इड़ा संकुचित उधर खड़ी थी यह अधिकार न छीन सकी,
श्रद्धा अविचल, मनु अब बोले उनकी वाणी नहीं रुकी।

शब्दार्थ–**तुरत**-तुरंत, शीघ्र। **क्षण**-समय। **संकुचित**-लज्जित। **यह**-रहने का। **अविचल**-स्थिर।

अर्थ–श्रद्धा बोली : अभी यहीं रहो। तुम्हारे शरीर में जब थोड़ा बल आ जाएगा तब शीघ्र ही तुम्हें कहीं ले चलूँगी। क्या ये हमें इतने समय तक यहाँ न रहने देगी।

इड़ा वहीं लज्जित सी खड़ी थी। उन दोनों के कुछ दिन वहाँ ठहरने के अधिकार पर 'ना' न कह सकी। श्रद्धा स्थिर भाव से बैठी रही, पर मनु की वाणी न रुकी। वे बोले–

"जब जीवन में साध भरी थी उच्छृंखल अनुरोध भरा,
अभिलाषाएँ भरीं हृदय में अपनेपन का बोध भरा।

मैं था, सुन्दर कुसुमों की वह सघन सुनहली छाया थी,
मलयानिल की लहर उठ रही उल्लासों की माया थी!

शब्दार्थ–**साध**-कोई विशेष कामना। **अनुरोध**-प्रेम का आग्रह। **बोध**-ज्ञान। **कुसुम**-फूल, फूल-सा शरीर। **सघन**-घनी, अत्यधिक। **सुनहली**-सोने के रंग की; सुवर्णवर्णी रमणी। **छाया**-समीपता की शीतलता। **मलयानिल**-मलय पवन, प्रेम के उच्छवास। **उल्लास**-आनन्द। **माया**-प्रसार, फैलाव।

अर्थ–जीवन के वे दिन स्मरण आते हैं जब मेरी भी एक विशेष तमन्ना थी, जब अपनी प्रेमिका से मैं प्रेम का आग्रह इस सीमा तक कर जाता था कि उच्छृंखल हो उठता था, जब मेरे हृदय में इच्छाएँ भरी थीं और जब इस बात का ज्ञान था कि कोई हमारा भी है।

मैं था और सुन्दर पुष्पों के समान कोमल अवयव वाली मेरी प्रेमिका थी जिसकी

सुनहली छाया–स्वर्ण गात की अत्यधिक शीतल समीपता- मिली।

जैसे सुमनों की गंध लेकर मलय पवन चलता है वैसे ही उसके हृदय से प्रेम के उच्छ्वास फूटते थे। आनन्द का उस समय प्रसार था।

वि०–यह प्रलय से पूर्व मनु के दैवी जीवन की चर्चा है। इस बात का संकेत कामायनी में कई स्थानों पर है कि श्रद्धा को स्वीकार करने से पहले भी मनु किसी देव-बालिका से परिचित थे।

उषा अरुण प्याला भर लाती सुरभित छाया के नीचे,
मेरा यौवन पीता सुख से अलसाई आँखें मींचे।
ले मकरंद नया चू पड़ती शरद प्रात की शेफाली,
बिखरातीं सुख ही, संध्या की सुन्दर अलकें घुँघराली।

शब्दार्थ–उषा-प्रभात सुन्दरी, उषा सी सुन्दरी। **अरुण प्याला**-लालिमा से युक्त सूर्य रूपी प्याला, प्रेम का प्याला। **सुरभित**-उच्छ्वसित। छाया-शीतल आश्रय। **मकरंद**-रस, प्रेम। **शरद प्रात**-शरद ऋतु का प्रभात, जीवन का उज्ज्वल प्रारम्भ। **शेफाली**-हरसिंगार, मन। **घुँघराली अलकें**-घूँघरवाले बाल। **घिरता**-अंधकार।

अर्थ–जैसे उषा सूर्य रूपी प्याले में लालिमा भर लाती है वैसे ही उषा सी सुन्दरी मेरी प्रेमिका हृदय के प्याले में अनुराग का अरुणवर्णी रस भर कर लाती थी और उसके सुरभित उच्छ्वासों के आश्रय में जो मुझे शीतलता प्रदान करते थे मेरा यौवन (युवक रूप में मैं) आँख भींचकर मस्ती से सुख का अनुभव करते हुए उस रस को पीता था।

शरद ऋतु के प्रभातकाल के समान जीवन के उस उज्ज्वल प्रभात में मन रूपी हरसिंगार के वृक्ष से प्रेम का नवीन रस चूता था। संध्या के समय जब सुन्दर अंधकार घिर आता था तब यह जानकर कि अब हम दोनों का मिलन होगा, एक प्रकार के सुख की वर्षा होने लगती थी।

वि०–काव्य में अनुराग का रंग लाल माना जाता है।

सहसा अंधकार की आँधी उठी क्षितिज से वेग भरी,
हलचल से विक्षुब्ध विश्व, थी उद्वेलित मानस लहरी।
व्यथित हृदय उस नीले नभ में छायापथ सा खुला तभी,
अपनी मंगलमयी मधुर स्मिति कर दी तुमने देवि ! जभी।

शब्दार्थ–अंधकार-अँधेरी, यहाँ विनाश। **हलचल**-प्रलय। **विक्षुब्ध**-घबराना। **उद्वेलित**-उछलना, आकुल या दुखी रहना। **मानस** लहरी-सरोवर की लहरें, मन के भाव। **नीले नभ**-नील गगन, विराट निराशा। **छायापथ**-आकाश गंगा। **स्मिति**-मंद हास्य।

अर्थ–अकस्मात् विनाश की वेगभरी आँधी क्षितिज से उठी अर्थात् प्रलय के रूप में दैवी प्रकोप हुआ। प्रलय की हलचल से संसार घबरा उठा और जैसे आँधी के चलने से सरोवर की लहरें उछलने लगती हैं, वैसे ही प्रलय में मेरे मन के भावों ने भी आकुलता का अनुभव किया। भाव यह कि यद्यपि मैं बच गया था, पर मेरा मन दुःखी रहने लगा।

हे देवी ! ठीक ऐसे समय में तुम आईं और तुमने आकर अपने कल्याणकारी मधुर मंद

हास्य की छटा छिटकायी। इससे विराट् निराशा के वातावरण में पला मेरा दुखी हृदय वैसे ही आलोकित हो गया, जैसे नील गगन में आकाश-गंगा झलकती है।

वि०–जैसे छायापथ में अनन्त तारे हैं वैसे ही हृदय में अगणित भाव।

नोट–'जभी' जैसे शब्दों का प्रयोग खड़ी बोली में बचाना चाहिए, असाहित्यिक है।

दिव्य तुम्हारी अमर अमिट छवि लगी खेलने रंग रली,
नवल हेम लेखा सी मेरे हृदय निकष पर खिंची भली।

अरुणाचल मन मंदिर की वह मुग्ध माधुरी नव प्रतिमा;
लगी सिखाने स्नेह-मयी सी सुन्दरता की मृदु महिमा।

शब्दार्थ–**दिव्य**-अलौकिक। **अमिट**-स्थायी रूप से। **हेमलेखा**-स्वर्ण रेखा। **निकष**-कसौटी। **अरुणाचल**-उदयाचल।

अर्थ–तुम्हारी अलौकिक अमर छवि मेरे अन्तर में स्थायी रूप से रंगरेलियाँ करने लगी और हृदयरूपी कसौटी पर स्वर्ण की एक नवीन रेखा के समान वह अंकित हो गई।

मन को मुग्ध करने वाली तुम्हारी नवीन मधुर आकृति मेरे मन मंदिर में वैसे ही बस गई जैसे उदयाचल पर उषा निवास करती है। तुमने स्नेहपूर्वक मुझे सुन्दरता की सूक्ष्म महत्ता का ज्ञान कराया।

वि०–श्रद्धा के आगमन के पूर्व मनु का हृदय निराशा के अंधकार से आवृत्त था। कसौटी भी काली होती है। अतः यहाँ हृदय की तुलना जौ कसौटी से की गई वह अत्यन्त उपयुक्त हुई है। श्रद्धा की सुन्दरता के कारण उसे स्वर्ण रेखा की संज्ञा देना उचित ही कहा जाएगा।

उस दिन तो हम जान सके थे सुन्दर किसको हैं कहते!
तब पहचान सके, किसके हित प्राणी यह दुख सुख सहते।

जीवन कहता यौवन से "कुछ देखा तू ने मतवाले;
यौवन कहता साँस लिये चल कुछ अपना सम्बल पा ले।

शब्दार्थ–**सुन्दर**-सुन्दरता। **पहचानना**-बोध होना। **किसके हित**-सुन्दरता के लिए। **जीवन**-हृदय। **साँस लिए चल**-प्रेम के उच्छ्वास भर। **संबल**-पाथेय, मार्ग व्यय, सहारा।

अर्थ–हमें उस दिन पता चला कि सुंदरता क्या वस्तु है और उसी दिन इस बात का बोध हुआ कि वह क्या चीज है जिसके लिए संसार के मनुष्य सुख-दुःख सहन करने को उद्यत रहते हैं।

उन दिनों जीवन यौवन से प्रश्न करता : अरे मतवाले, संसार में आकर तूने कुछ देखा भी? यौवन उत्तर देता : इसी सौंदर्य की छाया में प्रेम के उच्छ्वास भरता रह और कुछ न सोच। जीवन पथ को काटने का यही उपयुक्त संबल (सहारा) है। इसे जितना प्राप्त कर सके कर।

हृदय बन रहा था सीपी सा तुम स्वाती की बूँद बनीं,
मानस शतदल झूम उठा जब तुम उसमें मकरंद बनीं।

तुमने इस सूखे पतझड़ में भर दी हरियाली कितनी,
मैंने समझा मादकता है तृप्ति बन गयी वह इतनी!

शब्दार्थ–शतदल-कमल। **मकरंद**-पुष्प रस। **इस**-जीवन के। **हरियाली**-हराभरापन, प्रसन्नता। **मादकता**-नशा। **तृप्ति**-संतुष्टि, इच्छापूर्ति।

अर्थ–मेरा हृदय सीपी के समान प्रेमरस का प्यासा था। तुमने स्वाती की बूँद बनकर उसे भर दिया। सरोवर में खिलने वाला कमल जैसे मकरंद को प्राप्त करके मस्ती से झूमने लगता है वैसे ही मेरे मन का कमल तुम्हारे प्रणय-रस को प्राप्त करके मस्ती का अनुभव करने लगा।

मेरा जीवन सूखे पतझड़ के समान था। तुमने वसंत के समान आकर उसे हरा-भरा कर दिया। तुमने मुझे इतना स्नेह दिया कि मैं तृप्त हो गया और अधिक मदिरा पीने से मनुष्य जैसे नशे की दशा में आ जाता है वैसे ही वह अगाध प्रेम मुझे नशा सा प्रतीत हुआ–मैं उसे सहन न कर सका और इसी से वह एक दिन भंग हो गया।

विश्व, कि जिसमें दुख की आँधी पीड़ा की लहरी उठती,
जिसमें जीवन मरण बना था बुदबुद की माया नचती।

वही शान्त उज्ज्वल मंगल सा दिखता था विश्वास भरा,
वर्षा के कदम्ब कानन सा सृष्टि विभव हो उठा हरा।

शब्दार्थ–मरण-मृत्यु जैसा। **बुद्बुद् की माया**-बुलबुले का सा प्रभाव, अस्थिरता, आशा का निर्माण और विनाश। **कदम्ब**-एक वृक्ष।

अर्थ–मेरे जीवन की दुनिया में दुःख की आँधियाँ और व्यथा की लहरें उठती थीं और एक दिन मैं जीवित रहकर भी मरा जैसा था। जैसे बुलबुला अभी बना और अभी फूट जाता है, वैसे ही मेरी आशाएँ बनतीं और मिट जाती थीं।

ऐसा दुःखमय अस्थिर जीवन तुम्हारे सम्पर्क से शांत, उज्ज्वल, कल्याणकारी और विश्वास से पूर्ण हो गया। वर्षा के दिनों में जैसे कदम का बन हरा-भरा हो जाता है वैसे ही तुम्हारे प्रेम की वर्षा से संसार मेरे लिए फिर एक बार ऐश्वर्य से भरपूर हो गया।

भगवति ! वह पावन मधु धारा! देख अमृत भी ललचाए,
बही, रम्य सौंदर्य शैल से जिसमें जीवन धुल जाये।

संध्या अब ले जाती मुझसे ताराओं की अकथ कथा,
नींद सहज ही ले लेती थी सारे श्रम की विकल व्यथा।

शब्दार्थ–भगवति-देवी, आदरसूचक एक सम्बोधन। **शैल**-पर्वत। **धुल जाना**-निखरना, मैल कटना। **अकथ**-रहस्यमय।

अर्थ–हे देवी, तुम्हारे प्रेम की वह पवित्र मधुधार, जिसके सामने अमृत भी तुच्छ था, तुम्हारे रम्य सौंदर्य के पर्वत से फूटी। उससे मेरे जीवन का सारा दुःख रूपी मैल धुल गया।

ऐसी दशा में, संध्या ताराओं के द्वारा जिस रहस्य गाथा को गुनगुनाती थी, वह मेरी दी हुई थी अर्थात् अपने दुःख में प्रेम के भावों को खिलाकर मैंने हँसना सीखा, ठीक वैसे ही अपने अंधकारमय जीवन में संध्या भी ताराओं को लेकर खिलखिलाती थी। समस्त दिन

काम करते-करते मैं थक जाता था जिससे मन अकुलाता और शरीर दुख उठता था, पर उन दिनों ज्यों ही नींद आई कि सहज ही सारी पीड़ा दूर हो जाती थी।

सकल कुतूहल और कल्पना उन चरणों से उलझ पड़ी,
कुसुम प्रसन्न हुए हँसते से जीवन की वह धन्य घड़ी।

स्मिति मधुराका थी, श्वासों से पारिजात कानन खिलता,
गति मरन्द-मन्थर मलयज सी स्वर में वेणु कहाँ मिलता!

शब्दार्थ–**कुतूहल**-आश्चर्य। **उन चरणों**-श्रद्धा के चरणों या श्रद्धा से। **कुसुम**-भाव। **स्मिति**-मंद हास्य। **मधु राका**-बसंत की पूर्णिमा। **पारिजात**-स्वर्ग का एक वृक्ष, हरसिंगार। **मन्थर**-मन्द। **मलयज**-मलय पवन। **वेणु**-वंशी।

अर्थ–तुम्हीं मेरे समस्त कौतूहल और कल्पनाओं का केन्द्र थीं। जैसे पुष्प जब खिलते हैं तो मुस्कुराते से प्रतीत होते हैं वैसे ही मेरे हृदय के समस्त भावों में प्रसन्नता भर गई, वे खिल उठे। जीवन का वह मुहूर्त धन्य था।

तुम्हारी मुस्कान वसंत की पूर्णिमा की चाँदनी जैसी थी, तुम्हारे श्वासों में खिले हरसिंगार फूलों की गंध थी। तुम्हारी गति उस मलय पवन के समान थी जो पुष्पों के रस के भार से मन्द-मन्द चलता है और तुम्हारे स्वर की समता तो वंशी भी न कर सकती थी।

श्वास पवन पर चढ़ कर मेरे दूरागत वंशी रव सी,
गूँज उठीं तुम, विश्व कुहर में दिव्य रागिनी अभिनव सी।

जीवन जलनिधि के तल से जो मुक्ता थे वे निकल पड़े,
जग-मंगल संगीत तुम्हारा गाते मेरे रोम खड़े।

शब्दार्थ–**दूरागत**-दूर से आई हुई। **रव**-ध्वनि। **कुहर**-गुफा, सूनापन। **दिव्य**-अलौकिक। **अभिनव**-नवीन। **जलनिधि**-जीवन रूपी समुद्र। **मुक्ता**-मोती, गुण।

अर्थ–जैसे दूर से आती हुई वंशी की ध्वनि पवन पर आरूढ़ होती हुई संसार रूपी गुफा में एक नवीन अलौकिक रागिनी के रूप में गूँजने लगती है वैसे ही तुमने मेरी साँस-साँस में समाकर मेरे सूने संसार को आनन्द की रागिनी से गुँजा दिया।

मेरे जीवन रूपी समुद्र के गर्भ में अर्थात् मेरे हृदय में जो मोतियों के समान उज्ज्वल गुण छिपे हुए थे, वे प्रगट होने लगे। उस समय संसार का कल्याण करने वाला तुम्हारा गीत (गुण-गाथा) जब मैं गाता था तो मेरे रोम-रोम खड़े हो जाते थे।

आशा की आलोक किरन रो कुछ गानस से ले गेरे,
लघु जलधर का सृजन हुआ था जिसको शशि लेखा घेरे–

उस पर बिजली की माला सी झूम पड़ीं तुम प्रभा भरी,
और जलद वह रिमझिम बरसा मन वनस्थली हुई हरी।

शब्दार्थ–**मानस**-मानसरोवर, मन। **जलधर**-बादल, भाव। **सृजन**-सृष्टि, निर्माण। **शशि लेखा**-चाँदनी, प्रेम का प्रकाश। **प्रभा**-आलोक, प्रकाश। **जलद**-बादल, यहाँ प्रेम का बादल।

अर्थ–सूर्य का ताप जब मानसरोवर पर पड़ता है तब उससे बादलों का सृजन होता

है। ठीक ऐसे ही मेरे मन के रस और आशा की उज्ज्वल किरण के संयोग से एक छोटे से भाव रूपी बादल की सृष्टि हुई। अर्थात् मन में एक दिन आशा उगी, कि मेरा कोई साथी हो। इस भाव रूपी बादल को प्रेम की चाँदनी ने घेर लिया। भाव यह है कि वह साथी मुझसे प्रेम भी करे, यह भी मैंने चाहा।

जैसे काले बादल में प्रकाशमयी बिजलियाँ झूमती हैं वैसे ही मेरे भाव में तुम्हारे व्यक्तित्व की प्रभापूर्ण बिजली मचली अर्थात् जब मेरा हृदय प्रेम से भरा था तब तुम भी प्रेम की मस्ती लेकर आईं। बिजली से संयुक्त होने पर बादल जैसे छोटी-छोटी बूँदों में लगातार बरसता है जिससे वनभूमि हरियाली धारण करती है वैसे ही तुम्हारे संयोग से प्रेम का बादल धीरे-धीरे निरन्तर बरसा जिससे मेरा मन आनन्द से पूर्ण हो गया।

तुमने हँस हँस मुझे सिखाया विश्व खेल है खेल चलो,
तुमने मिलकर मुझे बताया सबसे करते मेल चलो।

यह भी अपने बिजली के से विभ्रम से संकेत किया,
अपना मन है, जिसको चाहा तब इसको दे दान किया।

शब्दार्थ–खेल है-हँसकर सामना करने की वस्तु। **विभ्रम**-हाव-भाव। **संकेत**-इशारा।

अर्थ–हँस-हँसकर तुमने मुझे यही सिखाया कि संसार भी एक खेल है, जब तक जीवित रहो तब तक उसे खेलो अर्थात् संसार से न डरने की आवश्यकता है, न विरक्त होने की, बल्कि संकटों का सामना प्रसन्नता से करते हुए हँसी-खुशी से जीवन काटो। मेरे साथ एक होकर तुमने मुझे यही शिक्षा दी कि सबसे मित्र भाव रखो।

अपने बिजली जैसे स्पष्ट हाव-भावों से यह संकेत भी मुझे तुम्हीं से मिला है कि जहाँ तक मन का सम्बन्ध है वहाँ तक उस पर हमारा अपना अधिकार है। इसे जब और जिसे देने की इच्छा हो उसी क्षण और उसी को हम दे सकते हैं।

तुम अजस्र वर्षा सुहाग की और स्नेह की मधु रजनी,
चिर अतृप्ति जीवन यदि था तो तुम उसमें संतोष बनी।

कितना है उपकार तुम्हारा आश्रित मेरा प्रणय हुआ,
कितना आभारी हूँ, इतना संवेदनमय हृदय हुआ।

शब्दार्थ–अजस्र-निरन्तर। **सुहाग**-सौभाग्य। **मधु रजनी**-वसंत की रात, कोई सुहावनी ऋतु। **अतृप्ति**-असन्तोष। **आश्रित**-सहारा पाने वाला। **आभारी**-कृतज्ञ। **संवेदनमय**-कोमल।

अर्थ–तुम जिस दिन से आईं, उसी दिन से न रुकने वाली वर्षा के समान मेरे जीवन में सौभाग्य की वर्षा हुई और वसंत की रातें जैसी सुहावनी लगती हैं, वैसा ही तुम्हारा मधुर स्नेह मुझे मिला। मेरे जीवन में घना असंतोष था, तुमने मुझे सभी प्रकार से संतुष्ट किया।

मेरे ऊपर तुमने इतना उपकार किया जिसका मैं वर्णन नहीं कर सकता। यह तुम्हीं तो थी जिसने मेरे प्रेम को सहारा दिया। तुम्हें पाकर मेरा हृदय कोमल भावनाओं से पूर्ण हुआ। इसके लिए मैं तुम्हारा आभारी हूँ।

किन्तु अधम मैं समझ न पाया उस मंगल की माया को,
और आज भी पकड़ रहा हूँ हर्ष शोक की छाया को।

मेरा सब कुछ क्रोध मोह के उपादान से गठित हुआ,
ऐसा ही अनुभव होता है किरनों ने अब तक न छुआ।

शब्दार्थ–अधम-तुच्छ हृदय। **मंगल की माया**-मंगलकारी स्वरूप। **छाया**-अवास्तविक। **मेरा**-मेरे व्यक्तित्व का। **क्रोध**-दूसरों पर क्रोध। **मोह**-अपने स्वार्थ का ध्यान। **उपादान**-तत्व। **गठित**-निर्मित। **किरन**-ज्ञान।

अर्थ–परन्तु मैं तुच्छ हृदय निकला। तुम्हारे उस कल्याणकारी स्वरूप को समझ ही न सका–और आज भी मैं झूठे हर्ष-शोक के पीछे ही दौड़ रहा हूँ।

क्रोध और मोह के तत्वों से ही जैसे मेरे समस्त व्यक्तित्व का निर्माण हुआ है। लगता है कि ज्ञान की किरणों ने–इस बोध ने-संसार में सुखी रहने के लिए अपने व्यक्तिगत स्वार्थ को भुलाना पड़ता है मुझे अब भी नहीं चेताया।

शापित सा मैं जीवन का यह ले कंकाल भटकता हूँ,
उसी खोखलेपन में जैसे कुछ खोजता अटकता हूँ।

अंध-तमस है, किन्तु प्रकृति का आकर्षण है खींच रहा,
सब पर, हाँ अपने पर भी मैं झुँझलाता हूँ खीझ रहा।

शब्दार्थ–शापित-शापग्रस्त प्राणी। **कंकाल**-अस्थिपंजर मात्र, कोई सारहीन वस्तु। **खोखलेपन**-शून्यता, सारहीनता। **अंधतमस**-घोर अंधकार। **प्रकृति**-स्वभाव। **खीझना**-क्रोध करना।

अर्थ–शापग्रस्त प्राणी का जीवन जैसे जीवन नहीं रह जाता वैसे ही मेरा जीवन सारहीन है। फिर भी मैं सुख की खोज में यहाँ-वहाँ घूम रहा हूँ। जैसे कोई अंधा सूने में कुछ खोजता है और नहीं पाता, फिर भी भ्रम से यहाँ-वहाँ रुक जाता है, वैसे ही अपने इस सूने जीवन के भीतर मैं सुख की व्यर्थ खोज कर रहा हूँ। कभी-कभी भ्रम होता है कि संभवतः जिस वस्तु की खोज में मैं हूँ वह मिल जाय। इसी से थोड़ी देर रुक जाता हूँ, पर परिणाम में हाथ कुछ भी नहीं पड़ता।

मेरे चारों ओर निराशा का घोर अंधकार है फिर भी स्वभाव से मनुष्य निष्क्रिय नहीं हो सकता; इसी से कभी इधर कभी उधर आकर्षित होकर खिंच जाता हूँ। निराशा होने पर मैं सभी पर झुँझलाता हूँ, अप्रसन्न हो जाता हूँ। उन सब में मैं भी सम्मिलित हूँ। हाँ, मुझे अपने ऊपर भी झुँझलाहट आती है।

नहीं पा सका हूँ मैं जैसे जो तुम देना चाह रही,
क्षुद्र पात्र ! तुम उसमें कितनी मधु धारा हो ढाल रही।
सब बाहर होता जाता है स्वगत उसे मैं कर न सका।
बुद्धि तर्क के छिद्र हुए थे, हृदय हमारा भर न सका।

शब्दार्थ–जो-प्रेम। **क्षुद्र पात्र**-संकीर्ण हृदय। **स्वगत**-अधिकार में। **छिद्र**-छेद, असंपूर्णताएँ।

अर्थ–प्रेम का जो दान तुमने देना चाहा वह मैं पा न सका। मेरे हृदय का पात्र छोटा है और तुम उसमें रस की मधुर धार उड़ेल रही हो।

पर हृदय का सारा रस बाहर हो गया। उस पर मैं कोई अधिकार न रख सका। कारण यह था कि हृदय रूपी पात्र में बुद्धि और तर्क के दो छिद्र हो गये थे जिससे वह कभी भरा न रह सका।

वि०–प्रेम शुद्ध अनुभूति से संबंध रखता है। जो मनुष्य प्रेम में तर्क से काम लेता है अथवा भावना प्रधान न होकर बुद्धि प्रधान होता है उसके हृदय से प्रेम उड़ जाता है और उसे कभी शांति नहीं मिलती।

यह कुमार मेरे जीवन का उच्च अंश, कल्याण कला!
कितना बड़ा प्रलोभन मेरा हृदय स्नेह बन जहाँ ढला।

सुखी रहे, सब सुखी रहें बस छोड़ो मुझ अपराधी को,"
श्रद्धा देख रही चुप मनु को भीतर उठती आँधी को।

शब्दार्थ–**कुमार**-मनु का पुत्र मानव। **उच्च अंश**-उत्तम निधि। **कल्याण कला**-मंगल रूप। **प्रलोभन**-मोह। **आँधी**-भावों का वेग।

अर्थ–यह कुमार मेरे जीवन की उत्तम निधि है, मंगल रूप है। मेरे कितने भारी मोह का यह केन्द्र है ! स्नेह का रूप धारण करके मेरा हृदय इसकी ओर खिंच गया है।

यह बच्चा सुखी रहे। मेरी कामना है तुम सब भी सुखी रहो। मैं अपराधी हूँ। तुम मुझे अकेला छोड़ दो। इस समय मनु के हृदय में भावों का जो वेग उठ रहा था, श्रद्धा चुपचाप उसका निरीक्षण कर रही थी।

दिन बीता रजनी भी आयी तंद्रा निद्रा संग लिये,
इड़ा कुमार समीप पड़ी थी मन की दबी उमंग लिये।

श्रद्धा भी कुछ खिन्न थकी सी हाथों को उपाधान किये,
पड़ी सोचती मन ही मन कुछ; मनु चुप सब अभिशाप पिये–

शब्दार्थ–**तंद्रा**-झपकी, ऊँघना, हल्की नींद। **खिन्न**-चिंतित। **उपाधान**-तकिया। **अभिशाप**-दुःख।

अर्थ–दिन समाप्त हुआ। इसके उपरांत रात आई जिसमें सभी ऊँघ का अनुभव और नींद का सुख पाते हैं। इड़ा कुमार के पास लेट गई। इन तीनों के मिलने पर उसके मन में भी कुछ कहने की उमंग उठी थी, पर उसने अपने मन की बात मन में ही रहने दी।

श्रद्धा कुछ चिंतित थी, कुछ थक सी चली थी; अतः हाथों का तकिया बनाकर पड़ी-पड़ी मन ही मन कुछ सोचने लगी। मनु भी इस समय चुप थे। अपने हृदय के दुःख को उन्होंने हृदय में ही दबा लिया।

वि०–कुमार की अवस्था प्रेम के लिए उपयुक्त नहीं है; अतः मन की दबी उमंग में इड़ा में मनु-पुत्र के प्रति प्रेम भावना का आरोप असंगत होगा।

सोच रहे थे, "जीवन सुख है? ना, यह विकट पहेली है,
भाग अरे मनु ! इन्द्रजाल से कितनी व्यथा न झेली है?

यह प्रभात की स्वर्ण किरन सी झिलमिल चंचल-सी छाया,
श्रद्धा को दिखलाऊँ कैसे यह मुख या कलुषित काया।

शब्दार्थ–**विकट**-भयंकर। **इंद्रजाल**-माया, सांसारिक मोह। **चंचल**-जो स्थिर न हो, गतिशील। **छाया**-व्यक्तित्व। **कलुषित काया**-पापी शरीर।

अर्थ–वे सोचने लगे : जीवन सुख है? नहीं। जीवन एक भयंकर उलझन है। अरे, मनु, तू यहाँ से भाग जा। इस सांसारिक मोह से छुटकारा पा। ऐसा कौन सा कष्ट है जो तूने इन लोगों के कारण नहीं सहा।

श्रद्धा का व्यक्तित्व प्रभातकाल की सुनहली झलमलाती गतिशीला किरणों के समान है। जैसे रात अपने अँधेरे मुख को उषा को नहीं दिखला सकती, वैसे ही मैं भी अपने इस मुख और पापी शरीर को (जिसने इड़ा का स्पर्श किया है) इसे कैसे दिखलाऊँ?

और शत्रु सब, ये कृतघ्न फिर इनका क्या विश्वास करूँ,
प्रतिहिंसा प्रतिशोध दबा कर मन ही मन चुपचाप मरूँ।
श्रद्धा के रहते यह संभव नहीं कि कुछ कर पाऊँगा,
तो फिर शांति मिलेगी मुझको जहाँ, खोजता जाऊँगा।"

शब्दार्थ–**कृतघ्न**-उपकार को न मानने वाला। **प्रतिहिंसा**-बैर, बदला। **प्रतिशोध**-बदला।

अर्थ–श्रद्धा को छोड़कर और सब मेरे शत्रु हैं। शत्रु ही नहीं, स्वभाव से ये कृतघ्न हैं। अतः इनका कोई विश्वास नहीं कि किस समय, क्या कर बैठें और मेरे मन में इनसे अपने बैर के बदले को चुकाने की जो भावना उठ रही है उसे मन में दबा कर चुप रहने से तो मैं मुर्दे के समान हो जाऊँगा।

यदि श्रद्धा मेरे साथ रही, तब तो यह संभव ही नहीं है कि मैं इनसे बदला ले सकूँ। तो फिर मेरा निश्चय है कि मेरी धारणाओं के अनुकूल मेरे मन को जहाँ शांति मिलेगी, वहीं मैं उसकी खोज में जाऊँगा।

जगे सभी जब नव प्रभात में देखें तो मनु वहाँ नहीं,
'पिता कहाँ' कह खोज रहा सा वह कुमार अब शांत नहीं।
इड़ा आज अपने को सब से अपराधी है समझ रही,
कामायनी मौन बैठी सी अपने में ही उलझ रही।

शब्दार्थ–**शांत**-चुप। **अपराधी**-दोषी। **अपने में**-हृदय में। **उलझना**-ठीक से कुछ निश्चय न कर पाना।

अर्थ–नवीन प्रभात होने पर जब सब जगे तो उन्होंने देखा कि मनु वहाँ हैं ही नहीं। कुमार तो धैर्य खो बैठा। पिता तुम कहाँ हो? इस प्रकार पुकार मचाता हुआ वह उन्हें खोजने लगा।

इस घटना को देखकर इड़ा सोचने लगी कि इसके लिए सबसे अधिक दोषी वही है। जहाँ तक श्रद्धा का सम्बंध था, वह बाहर से मौन थी, पर भीतर यह निश्चय नहीं कर पा रही थी कि ऐसा क्यों हुआ और अब क्या करना होगा?

दर्शन

कथा–एक दिन निस्तब्ध अँधेरी रात में श्रद्धा सरस्वती नदी के किनारे जल में पैर लटकाये बैठी थी। पास में खड़े कुमार ने उससे पूछा : माँ, इस निर्जन में अब ऐसा क्या आकर्षण है कि तू यहाँ से उठती नहीं; और इन दिनों इतनी उदास क्यों रहती है? उठ, घर को चल। देख तो, उसमें से गंध-धूम निकल रहा है। श्रद्धा ने ऐसी प्यार भरी भोली बातों को सुन कर उसे चूम लिया और समझाया : बेटा, मेरा घर इससे कहीं बड़ा है। वह दीवालों में बँधा हुआ नहीं है। यह विस्तृत उन्मुक्त विश्व जिसके ऊपर आकाश की छत और पृथ्वी का आँगन है मेरा वास्तविक घर है। विश्व के इस आँगन में सुख-दुख आते हैं, पवन शिशु सा क्रीड़ा करता है और उन्नति-अवनति, सृष्टि-विनाश के द्वन्द्वों से युक्त होने पर भी यह सदा सुन्दर बना रहता है। यह शांति, शीतलता और आनन्द का निकेतन है। इसमें भासित होने वाला ताप एक भ्रान्ति-मात्र है।

इसी समय पीछे से किसी ने पूछा : माता, यदि तुम्हारा दृष्टिकोण इतना उदार है तब तुम मुझसे क्यों विरक्त हो? श्रद्धा ने मुड़कर देखा-इड़ा खड़ी है। उसने उत्तर दिया : तुमसे तो विरक्ति का प्रश्न ही नहीं उठता? जिस व्यक्ति को अपनाकर न रख सकी, उसे तुमने आश्रय दिया। इसके बदले में मेरे पास देने को कुछ भी नहीं है। नारी के पास माया और ममता का ही बल है। वह स्वयं सभी के अपराधों को क्षमा करती है। ऐसी दशा में उसे कौन क्षमा कर सकता है? मैं जानती हूँ मेरे पति ने अपराध किया है। उसके लिए मैं तुमसे क्षमा चाहती हूँ।

इड़ा बोली : बात ऐसी नहीं है। स्त्री हो चाहे पुरुष, अपराध तो सभी से होते हैं; पर अधिकार पाकर मनुष्य मर्यादा का ध्यान नहीं रखता। जो उसे समझाने का प्रयत्न करता है, उसे वह अपना शत्रु समझता है। मेरे राज्य की व्यवस्था तो एकदम छिन्न-भिन्न हो गई है। श्रम के आधार पर मैंने वर्ग विभाजन किया था; पर आज एक व्यक्ति दूसरे व्यक्ति का विरोधी हो गया है। जो लोग शान्ति-स्थापना के लिए नियम बनाते हैं वे ही बड़े-बड़े विप्लवों के मूल कारण बनते हैं। मनुष्य की बुद्धि को विकसित कर मैंने उसे शक्ति देनी चाही, पर देखती हूँ प्राणी उसका दुरुपयोग कर रहा है। तब क्या संघर्ष शक्तिहीन है? कर्म व्यर्थ है? मनुष्य को विनाश के मुख में चुपचाप चला जाने दूँ?

श्रद्धा ने टोका : तुम्हारी भूल यह है कि तुम्हारे सारे कर्मों में बुद्धि और तर्क की प्रधानता है, हृदय और भाव से वे अछूते हैं। इससे जीवन की सामंजस्य भावना बिखर जाती है। जीवन की धारा सत्, चित् और आनन्दमयी है। उसे अपने सरल रूप में ही ग्रहण करना चाहिए। सुख-दुःख दोनों में से एक को भी छोड़ा नहीं जा सकता। तर्क की प्रधानता के कारण तुम एक-एक बात पर संदेह करती हो। आस्था जैसे तुम्हारे जीवन में है ही नहीं। त्याग संघर्ष से बहुत बड़ी वस्तु है। उसे तुमने नहीं पहचाना। कुमार की ओर देखकर श्रद्धा

बोली : तुम्हारे लिए मेरा आदेश है कि तुम इनके साथ रहकर राष्ट्र-नीति देखो। ये तर्कमयी हैं और तुम श्रद्धामय। तुम दोनों मिलकर सुशासन के द्वारा शान्ति और आनन्द की स्थापना कर सकोगे।

यह सुनकर कुमार को बड़ा धक्का सा लगा, पर माँ की आज्ञा का पालन करना ही उसने अपना धर्म समझा।

श्रद्धा उठी और आगे बढ़कर एक गुहा-द्वार पर उसने मनु को पाया। यह देखकर कि श्रद्धा अकेली है, मनु बड़े दुःखी हुए। बोले : वह इड़ा चलते-चलते तुम्हारे साथ छल कर गई।

श्रद्धा ने उत्तर दिया : तुम इतने संदेही क्यों हो? कुछ देकर आज तक कोई दरिद्र नहीं हुआ। अब तुम स्वतंत्र हो और हम तुम दोनों मिलकर सुख से रह सकेंगे।

इसी बीच अँधेरा गहरा हो उठा। थोड़ी देर में ज्योत्स्ना की एक रेखा उसमें प्रस्फुटित हुई जिससे अंधकार केश-कलाप सा प्रतीत हुआ और शिव का आलोक-शरीर स्पष्ट दिखाई दिया। उनका तांडव-नृत्य प्रारम्भ हुआ और नृत्य करते-करते जब वे थक चले तो उनके शरीर से पसीने की बूँदें झरने लगीं। वे ही सूर्य, चन्द्र, और तारा बन गईं। चरण-चाप से जो धूलिकण उड़े वे पर्वत और अनन्त ब्रह्मांडों के रूप में चारों ओर बिखर गये। रजतगौर भगवान शंकर के ओठों पर मुस्कान खिल उठी तो वह ऐसी प्रतीत हुई जैसे हीरे के पर्वत पर विद्युत झलक उठी हो।

मनु इस रम्य दृश्य को देखकर तन्मय हो गये। श्रद्धा से उन्होंने कहा : प्रिये, सहारा देकर उन चरणों तक मुझे ले चलो। वहाँ पहुँचकर सब पाप ताप गल जाते हैं। सब दुःख-शोक दूर हो जाते हैं, पीड़ा देने वाली बोधवृत्ति तक शेष नहीं रहती। यह मूर्त्ति कैसी एकरस, अखंड और आनन्दमयी है। श्रद्धा मुझे वहीं ले चलो।

वह चन्द्रहीन थी एक रात, जिसमें सोया था स्वच्छ प्रात;
उजले उजले तारक झलमल, प्रतिबिम्बित सरिता वक्षस्थल,
धारा बह जाती बिम्ब अटल, खुलता था धीरे पवन अटल;
चुपचाप खड़ी थी वृक्ष पाँत, सुनती जैसे कुछ निजी बात।

शब्दार्थ–चन्द्रहीन-जब चंद्रमा न निकला हो। **स्वच्छ**-उजला। **झलमलाना**-टिमटिमाना, चमचमाना। **प्रतिबिंबित**-किसी की छाया पड़ना। **वक्षस्थल**-हृदय। **पवन पटल**-वायु की तह, हवा के झोंके। **निजी बात**-गुप्त बात, रहस्य।

अर्थ–वह एक ऐसी रात थी जिसमें चंद्रमा नहीं निकला था। अर्थात् अमावस्या थी। उसी में उजला प्रभात सो रहा था, भाव यह कि उस रात के व्यतीत होने पर उज्ज्वल प्रभात होगा।

झलमलाते हुए श्वेत तारे नदी के अन्तर (जल) में प्रतिबिंबित हो रहे थे। जल की धारा के आगे बढ़ जाने पर भी उसका बिम्ब वहीं का वहीं रहता था। वायु के झोंके धीरे-धीरे आ रहे थे।

पंक्तिबद्ध वृक्ष मौन खड़े थे मानो वे पवन से कोई गुप्त बात सुन रहे हों।

धूमिल छायाएँ रहीं घूम, लहरी पैरों को रही चूम ;
"माँ ! तू चल आयी दूर इधर, संध्या कब की चल गयी उधर;
इस निर्जन में अब क्या सुन्दर–तू देख रही, हाँ बस चल घर
उसमें से उठता गंध धूम" श्रद्धा ने वह मुख लिया चूम।

शब्दार्थ–धूमिल-धुँधली। **लहरी**-लहरें। **निर्जन**-जलहीन प्रदेश, सूना स्थान। **गंध धूम**-धूप आदि का सुगंधित धुँआ।

अर्थ–आकाश में धुँधले बादल और वृक्षों के हिलने से पत्तों की धुँधली छाया जब घूम रही थी, तब श्रद्धा सरिता के तट पर जल में पैर लटकाए बैठी थी। लहरें आकर उसके चरणों को चूम लेती थीं।

कुमार ने कहा : माँ, इधर तू बहुत दूर निकल आई है। संध्या तो बहुत देर हुई व्यतीत हो गई। इस सूने स्थान में भला इस समय ऐसी कौन सी सुन्दर वस्तु है जिसे तू देख रही है। चल, अब तू घर चल।

देख माँ, हमारे घर से सुगन्धित धुँआ उठ रहा है। उसकी इस भोली बात पर श्रद्धा ने उसका मुख चूम लिया।

"माँ ! क्यों तू है इतनी उदास, क्या मैं हूँ तेरे नहीं पास;
तू कई दिनों से यों चुप रह, क्या सोच रही है? कुछ तो कह;
यह कैसा तेरा दुःख दुसह, जो बाहर भीतर देता दह;
लेती ढीली सी भरी साँस, जैसे होती जाती हताश।"

शब्दार्थ–दुसह-असहनीय, जिसका सहना कठिन हो। **दह**-जलन। **भरी साँस**-भारी निश्वास। **हताश**-आशा का टूटना या मिटना।

अर्थ–अच्छा माँ, तू इतनी उदास किसलिए है? मैं तो तेरे पास ही हूँ। फिर तू क्यों चिन्ता करती है?

पिछले कई दिनों से तू इसी प्रकार चुप रहकर क्या सोचती रहती है? मुझे भी तो कुछ बतला। तुझे यह कैसा असहनीय दुःख मिला है जो तेरे हृदय में जलन उत्पन्न कर रहा है और बाहर से तुझे झुलसाये डालता (दुर्बल बना रहा) है?

तू भारी-भारी साँसें लेकर उन्हें शिथिलता से बाहर फेंकती रहती है। ऐसा लगता है जैसे तेरी कोई आशा टूट रही है।

वह बोली "नील गगन अपार, जिसमें अवनत घन सजल भार;
आते जाते, सुख दुख, दिशि, पल, शिशु सा आता कर खेल अनिल,
फिर झलमल सुन्दर तारक दल, नभ रजनी के जुगुनू अविरल;
यह विश्व अरे कितना उदार, मेरा गृह रे उन्मुक्त द्वार।

शब्दार्थ–अपार-असीम। **अवनत**-झुके हुए। **दिशि**-देश, भूमि, स्थान। **पल**-समय। **अनिल**-पवन। **अविरल**-असंख्य, अगणित। **उन्मुक्त**-खुला हुआ।

अर्थ–श्रद्धा ने उत्तर दिया : इस असीम नीले आकाश को देखो। इसमें जल-भार से झुके बादल घूमते हैं।

इस आकाश के नीचे मनुष्य के जीवन में सुख-दुःख आते हैं। एक भूमि खंड का निर्माण होता है, फिर विनाश होता है। समय बीतता है। इसी के भीतर पवन बालक के समान खेल करता हुआ चलता है। इसी में ताराओं की सुन्दर पंक्ति झलमलाती ऐसी प्रतीत होती है मानो आकाशरूपी रात के ये जुगुनू हों।

यह संसार जिसका द्वार सभी के लिए खुला है कितना उदार है। बेटा, मेरा वास्तविक घर यही है।

यह लोचन गोचर सकल लोक, संसृति के कल्पित हर्ष शोक;
भावोदधि से किरनों के मग; स्वाती कन से बन भरते जग,
उत्थान पतन मय सतत सजग, झरने झरते आलिंगित नग;
उलझन की मीठी रोक-टोक, यह सब उसकी है नोक-झोंक।

शब्दार्थ–लोचन-आँख। **गोचर**-वह विषय जिसका ज्ञान इद्रियों (यहाँ आँखों) को हो। **लोचन गोचर**-आँखों को दिखाई देने वाला। **कल्पित**-जो प्रतीत होते हुए भी न हो। **हर्ष**-प्रसन्नता। **शोक**-पीड़ा। **भावोदधि**-भाव का समुद्र। **किरन**-सूर्य की किरण, बोध या अनुभव। **झरने**-भावों के झरने। **आलिंगित**-चिपटे हुए। **नग**-पर्वत, मन। **उलझन**-आकर्षण। **उसकी**-ईश्वर की। **नोक-झोंक**-छेड़छाड़, माया, लीला, प्रेरणा।

अर्थ–ये सब लोक जो आँखों के आगे दिखाई देते हैं और संसार के ये हर्ष (सुख) और शोक (दुख) जो प्रतीत होते हुए भी वास्तव में हैं नहीं, भाव के समुद्र से बोध वृत्ति (या अनुभूति) द्वारा वैसे ही उत्पन्न होते हैं जैसे सूर्य की प्रखर किरणों के द्वारा सागर से मेघ उठते हैं और जिस प्रकार स्वाति नक्षत्र में गिरने वाले जलकण सीपी में मोती और सर्प के मुख में विष उत्पन्न करते (भरते) हैं, उसी प्रकार ये (सुख-दुख) भी सारे संसार को प्रसन्नता–पीड़ा से भर देते हैं।

कभी ऊँची और कभी नीची भूमि में होकर निरंतर बहने वाले झरने पहाड़ों के गले से लगे हुए झरते हैं। आशय यह कि ठीक इसी प्रकार मन के पर्वत से सत् (उत्थान की ओर ले जाने वाली) और असत् (पतन की ओर ले जाने वाली) वृत्तियों के झरने भी बराबर बहते हैं। साथ ही जीवन में आकर्षण के मधुर बंधन भी हैं।

इस प्रकार यह सब (सृष्टि, उसके हर्ष-शोक, उत्थान-पतन की ओर ले जाने वाले भाव और प्रेम) उस भगवान की माया (प्रेरणा) है।

वि०–जैसे स्वप्न में प्राणी रोता-हँसता है, वैसे ही जीवन के हर्ष-शोक की भी स्थिति है। जगने पर, न रोना, न हँसना। इसी प्रकार ज्ञान होने पर, न हर्ष, न शोक। अतः ज्ञान की दृष्टि से हर्ष-शोक जो सुख-दुःख का परिणाम है, काल्पनिक हैं। हैं ही नहीं।

जग जगता आँखें किये लाल, सोता ओढ़े तम नींद जाल;
सुरधनु सा अपना रंग बदल, मृति, संसृति, नति, उन्नति में ढल
अपनी सुषमा में यह झलमल, इस पर खिलता झरता उडुदल;
अवकाश सरोवर का मराल, कितना सुन्दर कितना विशाल!

शब्दार्थ–आँखें किये लाल-उषा के रूप में लालिमा फैलाना। **मृति**-मृत्यु। **संसृति**-जीवन। **नति**-अवनति। **सुषमा**-सौंदर्य। **अवकाश**-शून्य, अंतरिक्ष। **मराल**-हंस। **विशाल**-विस्तृत, व्यापक।

अर्थ–जैसे प्राणी की जब नींद टूटती है तब उसकी आँखें किंचित् ललाई लिये रहती हैं, वैसे ही सृष्टि में जब प्रभात होता है तब उषा की लालिमा के रूप में मानो उसकी आँखें लाल दिखाई देती हैं और जैसे सोते समय हम चादर ओढ़ लेते हैं वैसे ही यह सृष्टि रात को अंधकार और नींद की चादर (जाली) ओढ़ कर सो जाती है।

जैसे इन्द्रधनुष अनेक रंग बदलता है, वैसे ही यह संसार नाशवान् है, सृजनशील है, अवनति और उन्नतिमय है। इन्द्रधनुष का सौंदर्य इसलिए और भी झलमलाता है कि वह अनेकवर्णी है। ठीक ऐसे ही संसार का सौंदर्य इस बात से और भी बढ़ गया है कि इसमें विनाश के साथ सृजन और अवनति के साथ उन्नति लगी हुई है।

इस जगत् के ऊपर (फूलों के समान) रात को तारागण खिलते हैं और प्रभातकाल में झर जाते हैं।

शून्य में इस जग की स्थिति वैसी ही होती है जैसी सरोवर में हंस की। यह कितना सुन्दर है, साथ ही कितना व्यापक।

इसके स्तर स्तर में मौन शान्ति, शीतल अगाध है, ताप भ्रान्ति;
परिवर्तन मय यह चिर मंगल; मुस्क्याते इसमें भाव सकल;
हँसता है इसमें कोलाहल, उल्लास भरा सा अन्तस्तल;
मेरा निवास अति मधुर कान्ति, यह एक नीड़ है सुखद शान्ति।"

शब्दार्थ–**स्तर**-तह। **मौन**-चुपचाप समायी हुई। **शीतल**-शीतलता, सुख। **अगाध**-अथाह। **ताप**-दुःख का ताप। **भ्रान्ति**-भ्रम। **मंगल**-कल्याणकारी। **मुस्क्याते**-सुख पक्ष के। **कोलाहल**-आनन्दोत्सव। **उल्लास**-हर्ष। **अन्तस्तल**-हृदय। **कान्ति**-सौंदर्य। **नीड़**-घोंसला।

अर्थ–इस सृष्टि की तह-तह में शान्ति समायी हुई है। यह अथाह शीतलता (अनन्त सुख) का स्थान है। दुःख-दुःख चिल्लाकर मनुष्य जिस ताप की चर्चा करता है वह एक भ्रम है। भाव यह कि मनुष्य ईर्ष्या, कलह, हिंसा आदि में रत रहकर दुःख की सृष्टि स्वयं करता है। यदि वह समता, प्रेम और त्याग का पथ पकड़ ले तो सुख और शान्ति की उपलब्धि कर सकता है।

परिवर्तनशील होने से यह सदैव कल्याणमयी रहेगी। कारण यह कि परिवर्तन का अर्थ नित्य नवीनता का होता है और नवीनता आनन्द की जननी है।

इस संसार में वे सभी भाव विद्यमान हैं जो मुस्कान उत्पन्न करते अर्थात् सुखदायी हैं। इसमें उत्सवों की धूम मची रहती है। इसके भीतर आनन्द भरा पड़ा है।

मधुरता और सुन्दरता से परिपूर्ण मेरे रहने का यह स्थान ठीक उस घोंसले के समान है जिसमें सुख भी मिलता है और शांति भी।

"अम्बे फिर क्यों इतना विराग, मुझ पर न हुई क्यों सानुराग?"
पीछे मुड़ श्रद्धा ने देखा, वह इड़ा मलिन छबि की रेखा;
ज्यों राहुग्रस्त सी शशि लेखा, जिस पर विषाद की विष रेखा;
कुछ ग्रहण कर रहा दीन त्याग, सोया जिसका है भाग्य, जाग।

शब्दार्थ–**अम्बे**-माँ। **विराग**-विरक्ति। **सानुराग**-अनुरागमयी। **छवि**-आभा, शोभा, सौंदर्य।

शशिलेखा-चन्द्रमा। **रेख**-चिन्ह, प्रभाव। **दीन**-दीनता से। **त्याग**-उत्सर्ग।

अर्थ—इसी समय यह ध्वनि सुनाई दी—माँ, यदि यह सत्य है तब तुम मुझसे इतनी विरक्त क्यों रही? मुझे तुम्हारा स्नेह क्यों नहीं मिला?

श्रद्धा ने जब मुड़कर पीछे देखा तो वहाँ इड़ा खड़ी थी। उसके अंग-प्रत्यंग की आभा मलिन पड़ गई थी मानो चंद्रमा को राहु ने ग्रसा हो। विषैले शोक की छाया उसके मुख पर अंकित थी।

मनु के प्रयत्न से जिसका भाग्य एक बार जग कर फिर सो गया, वह इड़ा श्रद्धा से यह दीन आशा लगाये हुए थी कि यह कुछ त्याग करे तो मैं उसे स्वीकार करूँ।

बोली "तुमसे कैसी विरक्ति, तुम जीवन की अन्धानुरक्ति;
मुझसे बिछुड़े को अवलम्बन, देकर, तुमने रक्खा जीवन;
तुम आशामयि ! चिर आकर्षण, तुम मादकता की अवनत घन;
मनु के मस्तक की चिर अतृप्ति, तुम उत्तेजित चंचला शक्ति!

शब्दार्थ—**विरक्ति**-अनुरागहीनता। **अन्धानुरक्ति**-विवेकहीन, प्रेम, बिना आगा-पीछा सोचे प्रेम करना। **अवलम्बन**-सहारा। **मादकता**-मस्ती। **अवनत**-झुका हुआ, जलभार से झुका। **अतृप्ति**-अशांति। **उत्तेजित**-कर्म में लीन करने वाली, प्रेरणामयी।

अर्थ—श्रद्धा ने उत्तर दिया : तुमसे विरक्ति का प्रश्न ही नहीं उठता। तुममें कुछ ऐसा है कि जीवधारी बिना कुछ सोचे-समझे अपना अनुराग तुम्हारे प्रति प्रदर्शित करते हैं?

मुझसे बिछुड़े व्यक्ति को सहारा देकर तुमने उसका जीवन बचाया। तुम आशाओं को हृदय में जगाती हो, इसी से तुम्हारे प्रति आकर्षण कभी समाप्त नहीं होता। जलभार से झुके हुए बादल के समान तुममें मस्ती भरी है।

तुम वह हो जिसने मनु के मस्तिष्क को सदा शांत रखा। तुममें वह शक्ति है जो प्राणी को सदैव कर्म की दिशा में प्रेरित करके चंचल बनाए रखती है।

वि०—इड़ा बुद्धि का भी प्रतीक है। उस दृष्टि से इस छंद का यह आशय होगा कि बुद्धि के प्रति उदासीनता कोई नहीं प्रकट कर सकता। प्राणी उसके प्रति अंधे होकर आकर्षण का अनुभव करते हैं। जिसका मन भाव से ऊब जाता है, वह बुद्धि को पकड़े रहता है। बुद्धि अनेक आशाओं को जागृत करती है और इसी से अपनी ओर आकर्षित करती है। जो बुद्धि-व्यापार में फँस जाता है वह उस लीनता में एक प्रकार की मस्ती का अनुभव करता है। यह मन को कभी स्थिर नहीं रहने देती और सदैव कर्म की उत्तेजना उत्पन्न करके उसे चंचल बनाए रखती है।

मैं क्या दे सकती तुम्हें मोल, यह हृदय ! अरे दो मधुर बोल,
मैं हँसती हूँ रो लेती हूँ, मैं पाती हूँ खो देती हूँ;
इससे ले उसको देती हूँ, मैं दुख को सुख कर लेती हूँ;
अनुराग भरी हूँ मधुर घोल, चिर विस्मृति सी हूँ रही डोल।

शब्दार्थ—**मोल**-तुम्हारे उपकार के बदले में। **बोल**-बातचीत। **इससे**-किसी-किसी को। **उसको**-बहुतों को। **सुख करना**-सुख से सहन करना। **मधुर बोल**-मधुरता जिसमें घुली हुई है, मधुरता मिश्रित। **विस्मृति**-भूली बात।

अर्थ–मनु की उन्नति के लिए जो कुछ तुमने किया उसका मूल्य मैं तुम्हें क्या दे सकती हूँ? मेरे पास देने के नाम पर केवल हृदय है या फिर दो मीठी बातें हैं।

मैं सुख के समय हँसती हूँ और दुःख के समय रो लेती हूँ। अभी जिस वस्तु को प्राप्त करती हूँ, दूसरे ही क्षण उसे खो भी देती हूँ। कोई ऐसा है जिसका प्रेम मैं स्वीकार करती हूँ, और दूसरी ओर ऐसे भी प्राणी हैं जिनको मैं अपना अनुराग देती हूँ। मेरे जीवन में यदि दुःख भी आता है तो मैं उसे सुखपूर्वक सहन करती हूँ। भाव यह कि मैं जीवन को उसके स्वाभाविक रूप में व्यतीत करना ही उचित समझती हूँ।

जिसमें मधुरता घुली हुई है ऐसे अनुराग से मैं परिपूर्ण हूँ। बहुत दिनों की भूली हुई कोई बात जैसे मनुष्य के मस्तिष्क से दूर-दूर रहती है वैसे ही मेरे मनु ने मुझे न जाने कितने दिनों से भुला रखा है और इसी से मैं इधर-उधर भटकती फिर रही हूँ।

यह प्रभा पूर्ण तव मुख निहार, मनु हत चेतन थे एक बार;
नारी माया ममता का बल, वह शक्तिमयी छाया शीतल;
फिर कौन क्षमा कर दे निश्छल, जिससे यह धन्य बने भूतल;
'तुम क्षमा करोगी' यह विचार, मैं छोड़ूँ कैसे साधिकार।"

शब्दार्थ–प्रभा-आभा, कांति, शोभा। **अचेतन**-विवेकहीन। **माया**-मोह। **छाया**-विश्राम या सुख देने वाली। **शीतल**-शांति। **निश्छल**-छलहीन, सरला।

अर्थ–तुम्हारे इस आभा-भरे मुख को देखकर एक बार हमारे पति मनु तक अपना विवेक खो बैठे थे।

नारी को मोह और ममता का बल भगवान ने दिया है। अपनी इस शक्ति से वह सभी को शीतल छाया के समान शान्ति और विश्राम देती है। जिस नारी के अस्तित्व से यह धरणी धन्य हुई है उस सरला को क्षमा करने की बात कौन सोच सकता है? भाव यह कि नारी तो दूसरों के अपराधों को क्षमा करती है और स्वयं कोई अपराध करती नहीं। अतः नारी को कोई क्षमा कर सकेगा, यह सोचना भी अपराध है।

मेरे पति ने (जो पुरुष हैं) तुम्हारे प्रति अपराध किया है। अतः इसके लिए तुम मुझे क्षमा करोगी, ऐसा मैं सोचती हूँ। और तुमसे क्षमा मिलेगी इतना मेरा अधिकार भी है।

"अब मैं रह सकती नहीं मौन, अपराधी किन्तु यहाँ न कौन?
सुख दुख जीवन में सब सहते, पर केवल सुख अपना कहते;
अधिकार न सीमा में रहते, पावस निर्झर से वे बहते;
रोके फिर उनको भला कौन? सब को वे कहते–'शत्रु हो न!'

शब्दार्थ–मौन-चुप। **अधिकार**-अधिकार प्राप्त व्यक्ति। **सीमा**-मर्यादा। **पावस निर्झर**-बरसाती झरने। **रोके**-समझावे।

अर्थ-इड़ा बोली : आप की बात पर मुझे भी कुछ कहना पड़ेगा। आप ने जो यह कहा कि नारी को क्षमा करने का प्रश्न उठता ही नहीं, यह बात नहीं है। इस संसार में ऐसा कोई भी नहीं है जो अपराध न करता हो।

स्त्री हो चाहे पुरुष सुख और दुःख जीवन में सभी उठाते हैं। सुख किसी सत्कर्म के कारण मिलता है और दुःख अपराध या भूल के कारण। दुःख की चर्चा करने पर उस

अपराध की चर्चा भी करनी पड़ती; अतः इसे बचाकर सब अपने सुख की ही चर्चा करते हैं। यह सुख चाहे अपने को मिला हो और चाहे अपने द्वारा दिया गया हो, दोनों के मूल में सत्कर्म होने से प्रशंसा मिलती है।

अधिकार पाकर तो मनुष्य बरसाती झरने के समान उमड़ कर बहता है—मर्यादा का उल्लंघन कर बैठता है।

ऐसे मनुष्यों की रोकथाम कौन कर सकता है? ऐसे सभी प्राणियों को, जो उन्हें समझाने का प्रयत्न करते हैं वे अपना शत्रु बतलाते हैं।

अग्रसर हो रही यहाँ फूट, सीमाएँ कृत्रिम रहीं टूट;
श्रम भाग वर्ग बन गया जिन्हें, अपने बल का है गर्व उन्हें;
नियमों की करनी सृष्टि जिन्हें, विप्लव की करनी वृष्टि उन्हें;
सब पिये मत्त लालसा घूँट, मेरा साहस अब गया छूट।

शब्दार्थ—**अग्रसर**-बढ़ना। **सीमाएँ**-विभाजक रेखाएँ, मनुष्य-मनुष्य के बीच का अंतर। **कृत्रिम**-अस्वाभाविक। **वर्ग**-जाति। **विप्लव**-विद्रोह। **मत्त**-मतवाले।

अर्थ—मेरे राज्य में फूट बढ़ रही है। प्रकृति से सब प्राणी एक हैं, परन्तु मनुष्य ने वर्ण या पद के आधार पर ऊँच-नीच, छोटे-बड़े की जो विभाजक रेखाएँ बनाई थीं, वे अस्वाभाविक थीं और इसी से नष्ट हो गईं।

यहाँ हुआ यह कि श्रम का विभाजन ही जाति-भेद का कारण बन गया।

अतः प्रत्येक वर्ग आज अपने को दूसरे से पृथक् समझ कर अपनी-अपनी शक्ति पर अहंकार करता है।

जो लोग शांति स्थापना के नियम बनाते हैं वे ही बड़े-बड़े विद्रोह मचवाते हैं।

लालसा की मदिरा के घूँट पीकर, महत्वाकांक्षी होकर सब मतवाले हो रहे हैं और यह सब देखकर मैं अधीर हो उठी हूँ।

वि०—ये सारी बातें आज भी उसी प्रकार सत्य हैं जैसी मनु के काल में। नियामक ही संहारक बन जाता है, इसमें व्यंग्य मनु की ओर है। इससे पहले छंद में जो यह कहा गया था कि उच्छृंखल व्यक्ति समझाने वाले को अपना शत्रु समझता है, वह भी मनु को दृष्टि में रख कर।

मैं जनपद—कल्याणी प्रसिद्ध, अब अवनति कारण हूँ निषिद्ध,
मेरे सुविभाजन हुए विषम, टूटते, नित्य बन रहे नियम;
नाना केन्द्रों में जलधर सम, घिर हट, बरसे ये उपलोपम;
यह ज्वाला इतनी है समिद्ध, आहुति बस चाह रही समृद्ध।

शब्दार्थ—**जनपद**-राष्ट्र। **निषिद्ध**-बुरी, वर्जित। **सुविभाजन**-मनुष्यों का जातियों में बाँटा जाना। **विषम**-दोषपूर्ण। **केन्द्र**-स्थान। **जलधर**-बादल। **उपलोपम**-आले के समान। **समिद्ध**-प्रज्ज्वलित, धधकती हुई। **समृद्ध**-बड़ी।

अर्थ—एक दिन मैं राष्ट्र का कल्याण करने वाली के नाम से प्रसिद्ध थी और आज वही मैं अवनति का कारण मानी जाकर बुरी समझी जाती हूँ।

मैंने कर्म या जातियों में मनुष्यों को बाँटकर जो व्यवस्थित रूप से काम होने का एक सुंदर ढंग निकाला था वह दोषपूर्ण सिद्ध हुआ। यह वर्ग-भेद धीरे-धीरे मिट रहा है और अब नित्य नये-नये नियम बन रहे हैं।

जैसे ओलों से भरे बादल घिर कर, फिर इधर-उधर बिखर कर, अनेक स्थानों में बरस पड़ते हैं और कृषि आदि की हानि करते हैं, वैसे ही इस वर्ग भेद ने अनेक स्थानों में अनष्टि फैलाया है।

अशांति की यह ज्वाला इतनी धधक उठी है कि किसी बड़ी आहुति को लेकर रहेगी।

तो क्या मैं भ्रम में थी नितान्त, संहार-बध्य असहाय दान्त;
प्राणी विनाश मुख में अविरल, चुपचाप चलें होकर निर्बल!
संघर्ष कर्म का मिथ्या बल, ये शक्ति चिह्न, ये यज्ञ विफल;
भय की उपासना ! प्रणति भ्रान्त! अनुशासन की छाया अशान्त!

शब्दार्थ–भ्रम-भूल। **नितान्त**-एकदम। **संहार**-ध्वंस, मिटना। **बध्य**-मार डालने योग्य, मरना। **दान्त**-दबाया हुआ। **अविरल**-निरन्तर। **संघर्ष**-प्रतियोगिता (Struggle)। **प्रणति**-झुकना। **अनुशासन**-शासन।

अर्थ–तब क्या अपनी बुद्धि से प्राणियों को जिस मार्ग पर जाकर उनके विकास की मैंने कल्पना की थी, वह मेरी भूल थी?

तब क्या प्राणी विवशतापूर्वक दबकर निर्बलों के समान मिटने और मरने के लिए विनाश के मुख में बिना कुछ कहे-सुने निरन्तर चले जायँ?

तब क्या हम जो प्रकृति के साथ संघर्ष कर रहे हैं और कर्म में लीन हैं वह शक्ति व्यर्थ हो जाएगा? प्रकृति के अत्याचार को नष्ट करने के लिए हमने जो इतनी वैज्ञानिक उन्नति की है और यन्त्र आदि के रूप में जो मनुष्य की शक्ति का परिचय हमने दिया है, वह सब बेकार है? यज्ञ द्वारा देवताओं को प्रसन्न करके हम जो बल प्राप्त करते हैं, क्या वह हमारी कोई सहायता न करेगा?

तब क्या मनुष्य किसी अदृश्य शक्ति से भयभीत होकर उसकी उपासना ही करता रहेगा? क्या वह भ्रम में पड़कर सदैव सिर ही झुकाता रहेगा? क्या नियति के शासन की अशांत छाया ही प्राणियों पर सदा पड़ती रहेगी?

वि०–पिछली दो पंक्तियों का भाव 'इड़ा' सर्ग में कई स्थानों पर ज्यों का त्यों पाया जाता है-

(१) *भयभीत, सभी को भय देता*
भय की उपासना में विलीन।
(२) *मत कर पसार, निज पैरों चल।*
(३) *इस नियति नटी के अति भीषण*
अभिनय की छाया नाच रही।

तिस पर मैंने छीना सुहाग, हे देवि ! तुम्हारा दिव्य राग;
मैं आज अकिंचन पाती हूँ; अपने को नहीं सुहाती हूँ;

मैं जो कुछ भी स्वर गाती हूँ, वह स्वयं नहीं सुन पाती हूँ;
दो क्षमा, न दो अपना विराग, सोयी चेतनता उठे जाग।"

शब्दार्थ–दिव्य-अलौकिक। **राग**-अनुराग। **अकिंचन**-दरिद्र, हीन। **स्वर**-सुहावनी बातें। **विराग**-उदासीनता। **चेतनता**-मन की स्फूर्ति।

अर्थ–इस सब के ऊपर हे देवि, मैंने तुम्हारा सुहाग छीना और जिस दिव्य प्रेम की अधिकारिणी तुम थीं, मनु का वह आकर्षण मेरी ओर हुआ।

मैं आज सब से हीन हूँ। यहाँ तक कि मैं स्वयं अपने को अच्छी नहीं लगती। मैं जितनी भी सुहावनी बातें करती हूँ वे मेरे ही कानों में प्रवेश नहीं करतीं। अतः दूसरों को क्या भायेंगी?

आप मुझे क्षमादान दें, मुझसे उदासीन न हों। मेरा जो मन निरुत्साह हो गया है, आप की कृपा से वह फिर स्फूर्ति लाभ करेगा।

"हे रुद्र रोष अब तक अशान्त", श्रद्धा बोली, "बन विषम ध्वान्त!
सिर चढ़ी रही ! पाया न हृदय, तू विकल कर रही है अभिनय;
अपनापन चेतन का सुखमय, खो गया, नहीं आलोक उदय;
सब अपने पथ पर चले श्रान्त, प्रत्येक विभाजन बना भ्रान्त।

शब्दार्थ–रुद्र-शिव। **विषम**-भयंकर। **ध्वान्त**-अंधकार। **सिर चढ़ना**-बुद्धि की प्रधानता होना। **हृदय पाना**-भाव की प्रधानता होना। **चेतन**-आत्मा। **आलोक**-ज्ञान। **श्रान्त**-थकना, उकताना। **भ्रान्त**-भूल।

अर्थ–श्रद्धा ने कहा : देखो इड़ा, चारों ओर घोर अँधेरा छाया है। इस बात का प्रमाण है कि भगवान शिव का क्रोध अब भी शांत नहीं हुआ।

तुम सिर पर चढ़ी रहीं, परन्तु हृदय प्राप्त न कर सकीं। आशय यह कि तुम्हारे कर्म में बुद्धि की प्रधानता रही, भाव की नहीं। इसी से तुमने बुद्धि, बल से सब को नियंत्रण में तो रखा, पर उनके हृदय में स्थान न पा सकीं। परिणाम यह हुआ कि जीवन की वास्तविकता से दूर रहकर तुमने जीवन का अभिनय सा किया है जिससे अशांति मिली।

एक आत्मा दूसरी आत्मा से अपनत्व का अनुभव करती हुई जिस सुख की उपलब्धि करती है, वह न कर पायी और इस प्रकार वास्तविक ज्ञान का उदय तुम्हारी आँखों के सामने हुआ ही नहीं।

सब जीवन में उकताहट का अनुभव करने लगे और इसी से श्रम के आधार पर तुम्हारे वर्ग-विभाजन भूल सिद्ध हुआ।

जीवन धारा सुन्दर प्रवाह, सत, सतत, प्रकाश, सुखद अथाह;
ओ तर्कमयी ! तू गिने लहर, प्रतिबिम्बित तारा पकड़, ठहर;
तू रुक रुक देखे आठ पहर, वह जड़ता की स्थिति भूल न कर;
सुख दुख का मधुमय धूप छाँह, तू ने छोड़ी यह सरल राह।

शब्दार्थ–सत्-(To Exit) किसी वस्तु का सदा रहना। **चित्**-(Consciousness) चेतनामय। **सुखद**-आनंदमय। **लहर गिनना**-जीवन को खंड-खंड करके देखना। **प्रतिबिंबित**

तारा-झूठा सुख। **रुक-रुक देखना**-अविश्वास करना। **मधुमय**-मधुर। **राह**-मार्ग, पथ, ढंग।

अर्थ–जीवन की धारा के प्रवाह में एक प्रकार की सुन्दरता है। यह सत्, चित्, प्रकाश और अगाध आनन्दमयी है।

सरिता का स्वरूप लहरें गिनने से नहीं समझा जा सकता, उसे एक अविच्छिन्न (अटूट) धारा के रूप में देखने से ही जाना जा सकता है। पर तुममें तर्क की प्रधानता है, इसी से जीवन को उसकी समग्रता में न देख टुकड़े-टुकड़े करके देखती हो मानो तुम बँधी हुई सरिता को न देखकर केवल लहरें गिनने में लीन हो।

धारा में प्रतिबिंबित होने वाले तारों को पकड़कर ही तुम रुक जाती हो अर्थात् जो वास्तविक सुख है उसके पास तो तुम पहुँच नहीं पाती, सुख की छायामात्र से संतुष्ट हो।

तुममें विश्वासपूर्वक किसी ओर बढ़ने का साहस नहीं है। तर्कमयी होने से आठों पहर एक काम करने से पूर्व अनेक बार सोचती हो। भूलो मत, वह तो जड़ता की स्थिति है। ऐसी स्थिति में प्राणी का विकास नहीं हो सकता।

जैसे धूप और छाँह दोनों का होना मधुरता का परिचायक है–केवल ताप से भी प्राणी अकुला जाता है ओर कोरी छाया भी नहीं सुहाती–वैसे जीवन में मधुरता बनी रहे, इसके लिए सुख-दुःख दोनों की आवश्यकता है। जीवन को पार करने का यही सबसे सरल पथ है और वही तुमने छोड़ दिया।

चेतनता का भौतिक विभाग–कर, जग को बाँट दिया विराग,
चिति का स्वरूप यह नित्य जगत, वह रूप बदलता है शत शत;
कण विरह मिलनमय नृत्य निरत, उल्लासपूर्ण आनन्द सतत;
तल्लीन पूर्ण है एक राग, झंकृत है केवल 'जाग जाग !'

शब्दार्थ–चेतनता-चेतना, चिदात्मा। **भौतिक**-सांसारिक, ठोस वस्तुओं के आधार पर। **विराग**-अनुरागहीनता। **चिति**-परमात्मा। **नृत्य निरत**-चंचल। **सतत**-सदैव। **तल्लीन**-लय। **राग**-गान। **जाग**-ज्ञान प्राप्त कर, संसार को आनन्दमय समझ।

अर्थ–प्रत्येक शरीर में आत्मा के बद्ध हो जाने से वह अलग-अलग प्रतीत होती है, पर वह सभी कहीं व्याप्त है; अतः चेतना एक अखंड तत्व है। तुमने वर्ग बनाकर मनुष्यों को मनुष्यों से दूर किया और इस प्रकार उस महाचेतन के भौतिक (स्थूल) दृष्टि से विभाजन कर दिये। परिणाम उसका यह हुआ कि संसार में अप्रेम का प्रचार हुआ।

यह संसार जो अनादि है उस महाचेतन का ही एक रूप (शरीर) है। संसार में जो परिवर्तन होते हैं वे उसका अपने को अनेक रूपों में प्रकट करना है। प्रकृति का एक-एक क्षण उससे बिछुड़ कर उसके ही मिलन के लिए चक्कर काट रहा है। संसार नित्य, आनन्द और उल्लासमय है।

सृष्टि में केवल एक रागिनी ही पूर्ण लय के साथ गूँज रही है। उसमें से यही झंकार उठ रही है कि 'जागो, जागो' अर्थात् इस संसार को आनन्दमय समझो।

मैं लोक अग्नि में तप नितान्त, आहुति प्रसन्न देती प्रशान्त;
तू क्षमा न कर कुछ चाह रही, जलती छाती की दाह रही;

तो ले ले जो निधि पास रही, मुझको बस अपनी राह रही;
रह सौम्य! यही; हो सुखद प्रान्त, विनिमय कर देकर कर्म कान्त।

शब्दार्थ–**अग्नि**-दुःख। **नितान्त**-पूर्णरूप से। **दाह**-जलन, ताप। **निधि**-कुमार। **राह**-मन की खोज। **सौम्य**-सुशील व्यक्ति, शांत स्वभाव का व्यक्ति। **विनिमय**-प्रतिदान, परिवर्तन, बदला। **कान्त**-सुन्दर।

अर्थ–मैं संसार के दुःख की आग में पूर्णरूप से तप कर अपूर्व शांति तथा प्रसन्न मन से मेरे पास जो कुछ है उसकी आहुति देती हूँ। भाव यह कि संसार का दुःख मुझसे देखा नहीं जाता। उसे दूर करने के लिए अपनी सामर्थ्य के अनुसार मैं अवश्य कुछ न कुछ करती हूँ।

तुम तो हमें क्षमा भी न दे सकीं, उल्टा कुछ लेने की ही आशा लगाये हुई हो। इसी से तुम्हारे हृदय का ताप शांत नहीं हुआ। यदि ऐसी बात है तो मेरे पास जो निधि है उसे तुम ले लो। मैं अपने रास्ते (मनु को ढूँढ़ने) चली जाऊँ।

इसके उपरान्त श्रद्धा ने अपने पुत्र से कहा : हे सौम्य, तुम इनके साथ यहीं रहो। मेरी इच्छा है कि यह सारस्वत प्रदेश सुख से सम्पन्न हो। इड़ा तुम्हें यहाँ का शासक बनावेगी। और तुम इन्हें अपने सुन्दर कर्म समर्पित करके इसका बदला चुकाओ।

तुम दोनों देखो राष्ट्र नीति, शासक बन फैलाओ न भीति;
मैं अपने मनु को खोज चली, सरिता मरु नग या कुंज गली;
वह भोला इतना नहीं छली! मिल जाएगा, हूँ प्रेम पली;
तब देखूँ कैसी चली रीति, मानव ! तेरी हो सुयश गीति।"

शब्दाथ–**राष्ट्र नीति**-राज्य का प्रबन्ध, राज्य का काम। **भीति**-आतंक, भय। **नग**-पर्वत। **रीति**-शासन। **सुयश गीति**-यश गान।

अर्थ–तुम दोनों राज्य का प्रबन्ध करो। लेकिन शासक बनकर प्रजा को भयभीत मत करना।

मैं अपने मनु की खोज में जा रही हूँ। नदी, मरुस्थल, पर्वत, कुंजगली सभी स्थानों पर मैं उन्हें खोजूँगी। स्वभाव से वे भोले ही हैं। इतने छली नहीं हैं कि अब मुझे फिर धोखा दें। मैं तो उन्हीं के प्रेम में लीन हूँ। कहीं न कहीं वे मुझे मिल ही जाएँगे।

इसके उपरान्त मैं देखूँगी कि तुम किस ढंग से राज्य करते हो। बेटा मानव, माँ तुझे आशीर्वाद देती है कि तेरे सुयश के गीत गाये जायँ।

बोला बालक "ममता न तोड़, जननी ! मुझसे मुँह यों न मोड़;
तेरी आज्ञा का कर पालन, वह स्नेह सदा करता लालन–
मैं मरूँ जिऊँ पर छुटे न प्रन, वरदान बने मेरा जीवन!
जो मुझको तू यों चली छोड़, तो मुझे मिले फिर यही क्रोड़!"

शब्दार्थ–**वह स्नेह**-श्रद्धा का प्रेम। **लालन**-पालन। **वरदान**-मंगलकारी। **क्रोड़**-गोद।

अर्थ–कुमार ने कहा : माँ, ममता को इस तरह न तोड़ो। मैया, मुझसे इस तरह मुँह मोड़कर न जाओ।

तुम्हारी आज्ञा का पालन करता हुआ और तुम्हारे स्नेह-आशीर्वाद के सहारे बढ़ता हुआ, मैं चाहे जीवित रहूँ और चाहे मर जाऊँ, पर अपने प्रण को न छोड़ूँ अर्थात् कर्तव्य का ठीक से निर्वाह करूँ। मेरा जीवन मंगलकारी हो।

माँ, आज तुम मुझे छोड़े जा रही हो, पर मेरी इच्छा है कि एक दिन तुम्हारी गोद मुझे फिर मिले।

वि०–मानव की यह इच्छा एक दिन पूरी हुई। 'आनन्द' सर्ग के इस प्रसंग पर ध्यान दीजिए–

भर रहा अंक श्रद्धा का
मानव उसको अपना कर।

"हे सौम्य ! इड़ा का शुचि दुलार, हर लेगा तेरा व्यथा भार;
यह तर्कमयी तू श्रद्धामय, तू मननशील कर कर्म अभय;
इसका तू सब संताप निचय, हर ले, हो मानव भाग्य उदय;
सब की समरसता का प्रचार, मेरे सुत ! सुन माँ की पुकार।"

शब्दार्थ–शुचि-पवित्र। **श्रद्धा**-विश्वास। **मननशील**-चिंतनशील। **संताप**-क्लेश। **निश्चय**-समूह। **समरसता**-समानता। **पुकार**-विशेष इच्छा, आंतरिक कामना।

अर्थ–हे सौम्य, मेरे दूर होने से जो तुझे व्यथा होगी, वह इड़ा के पवित्र स्नेह को प्राप्त कर दूर हो जाएगी।

इसमें तर्क की प्रधानता है और तुझमें विश्वास की। साथ ही अपने पिता मनु के चिंतनं के संस्कार को भी तूने ग्रहण किया है। अतः तू निर्भय होकर राजकाज में लग। इड़ा का जो राज्य अव्यवस्थित हो गया है, उससे इसे जो क्लेश मिला है, उस सारे खेद-समूह को तू नष्ट कर। मैं चाहती हूँ कि तेरे द्वारा मानव जाति के भाग्य का उदय हो।

हे पुत्र, तेरी माँ की जो आंतरिक इच्छा है उसे तू ध्यान से सुन। तू प्रजा में समानता का प्रचार करना।

"अति मधुर वचन विश्वास मूल, मुझको न कभी ये जायँ भूल;
हे देवि ! तुम्हारा स्नेह प्रबल, बन दिव्य श्रेय-उद्‌गम अविरल;
आकर्षण घन सा वितरे जल, निर्वासित हों संताप सकल!
कह इड़ा प्रणत ले चरण धूल, पकड़ा कुमार-कर मृदुल फूल।

शब्दार्थ–दिव्य-अलौकिक। **श्रेय**-कल्याण। **उद्‌गम**-जन्म स्थान। **अविरल**-निरंतर। **संताप**-ताप और क्लेश। **सकल**-समस्त। **प्रणत**-झुक कर। **मृदुल**-कोमल। **फूल**-फूल सा सुकुमार हाथ।

अर्थ–तुम्हारे अत्यंत मधुर और विश्वासमय ये वचन मैं कभी न भूलूँ। हे देवि, तुम्हारा यह प्रबल प्रेम अलौकिक कल्याण को निरंतर जन्म दे। जैसे बादल जब पानी की वर्षा करते हैं तब पृथ्वी का सारा ताप दूर हो जाता है, वैसे ही हम दोनों के प्रति तुम्हारे आकर्षण से जो आशीर्वाद का जल हमें मिला है उसे सार्थक करने के लिए हम जो कर्म करें, उनसे पृथ्वी के समस्त दुःख दूर हों।

ऐसा कहकर इड़ा झुकी और उसने श्रद्धा के चरणों की धूलि ली और अपने साथ ले जाने के लिए कुमार का फूल के समान कोमल हाथ पकड़ा।

वे तीनों ही क्षण एक मौन, विस्मृत से थे, हम कहाँ, कौन!
विच्छेद बाह्य, था आलिंगन-वह हृदयों का, अति मधुर मिलन;
मिलते आहत होकर जलकन, लहरों का यह परिणत जीवन;
दो लौट चले पुर ओर मौन, जब दूर हुए तब रहे दो न;

शब्दार्थ–विस्मृत-भूलना। **विच्छेद**-वियोग। **बाह्य**-बाहरी। **आहत**-चोट खाकर। **परिणत**-परिवर्तित।

अर्थ–एक क्षण के लिए इड़ा, श्रद्धा और कुमार तीनों ही मौन रहे। बाह्य जगत को वे इतना भूल गये कि उन्हें पता ही न रहा कि इस समय वे कहाँ हैं और कौन हैं !

आज मानव और इड़ा श्रद्धा से पृथक् हो रहे थे, पर यह बिछोह बाहरी था अर्थात् शरीर से ही वे एक दूसरे से दूर हो रहे थे, लेकिन हृदय आज तीनों के मिलकर एक हो गये। यह मिलन कितना मधुर था।

जल को आघात पहुँचाने से जलकण बिखर जाते हैं, पर थोड़ी देर में ही वे लहर के रूप में परिवर्तित होकर एक रूप हो जाते हैं। वही दशा इन तीनों के विछोह-मिलन की थी।

इनमें से दो अर्थात् इड़ा और मानव चुपचाप नगर की ओर लौट चले। जब दूर हुए तब दोनों ने इस अनुभूति से प्रेरित होकर कि अब हम दोनों को सदा एक-दूसरे के साथ ही रहना है, एक प्रकार के आंतरिक अपनत्व का अनुभव किया और यह सोचा कि हम दो नहीं हैं एक ही हैं।

निस्तब्ध गगन था, दिशा शान्त वह था असीम का चित्र कान्त।
कुछ शून्य बिन्दु उर के ऊपर, व्यथिता रजनी के श्रम सीकर;
झलके कब से पर पड़े न झर, गंभीर मलिन छाया भू पर।
सरिता तट तरु का क्षितिज प्रान्त, केवल बिखेरता दीन ध्वान्त।

शब्दार्थ–निस्तब्ध-सन्नाटे से पूर्ण। **असीम**-सीमाहीन अवकाश। **चित्र**-दृश्य। **कान्त**-मनोहर। **व्यथिता**-थकी। **श्रम सीकर**-पसीने की बूँदें। **दीन**-विषाद। **ध्वान्त**-अंधकार।

अर्थ–आकाश में सन्नाटा छाया हुआ था और दिशाएँ शांत थीं मानो वह स्थान असीम अवकाश का एक मनोहर दृश्य हो ! आकाश के सीने पर संख्या में बहुत थोड़ी बूँदें तारों के रूप में थीं, मानो वे थकी हुई रात्रि के शरीर पर पसीने की बूँदें हों, जो बहुत देर से झलकने पर भी झर कर नीचे नहीं गिर पाती थीं। पृथ्वी पर गहरी म्लान छाया छाई थी।

सरिता के किनारे जहाँ वृक्ष खड़े थे उनके ऊपर आकाश-प्रांत से केवल विषाद भरा अंधकार बिखर रहा था।

शत-शत तारा मंडित अनन्त कुसुमों का स्तवक खिला बसन्त,
हँसता ऊपर का विश्व मधुर, हलके प्रकाश का पूरित उर;
बहती माया सरिता ऊपर, उठती किरणों की लोल लहर;
निचले स्तर पर छाया दुरन्त, आती चुपके, जाती तुरन्त।

शब्दार्थ–मंडित-सुशोभित। **स्तवक**-गुच्छा, विशेष रूप से फूलों का। **माया सरिता**-आकाश गंगा। **स्तर**-तह, भाग। **दुरन्त**-जिसका अन्त न हो।

अर्थ–आकाश सौ-सौ ताराओं से सुशोभित हो गया मानो वसंत के वन में फूलों के गुच्छे चारों ओर खिल उठे हों।

ऊपर के लोक में मधुर हास्य इन तारिकाओं के रूप में छा गया और आकाश का हृदय मंद आभा से भर गया। वहीं ऊपर आकाश गंगा बह रही थी जिसमें किरनों की चंचल लहरियाँ उठ रही थीं।

पर निम्न भाग में छाया बार-बार सहसा छाती और फिर विलीन हो जाती थी।

सरिता का वह एकान्त कूल, था पवन हिंडोले रहा झूल;
धीरे धीरे लहरों का दल, तट से टकरा होता ओझल;
छप छप का होता शब्द विरल, थर थर कँप रहती दीप्ति तरल;
संसृति अपने में रही भूल, वह गन्ध विधुर अम्लान फूल।

शब्दार्थ–एकान्त-निर्जन, जहाँ कोई आता-जाता न हो। **हिंडोला**-झूला। **दल**-समूह। **विरल**-बीच बीच में, रुक-रुक कर, कभी-कभी। **दीप्ति**-आलोक। **तरल**-आभापूर्ण, टिमटिमाती। **संसृति**-संसार। **गंध विधुर**-गंधहीन।

अर्थ–नदी का निर्जन तट था। वहाँ हवा के झोंके एक दिशा से दूसरी दिशा में ऐसे आ-जा रहे थे जैसे स्वयं पवन झूले पर झूल रहा हो।

लहरें धीरे-धीरे किनारे से टकरा कर मिट रही थीं। बीच-बीच में पानी से छप्-छप् की ध्वनि उठती थी। जल में टिमटिमाता ताराओं का आलोक थर-थर काँप उठता था।

सारा संसार इस समय निद्रामग्न था। कर्महीन सुन्दर सृष्टि ऐसी प्रतीत होती थी मानो गंधरहित कोई फूल खिला हुआ हो।

तब सरस्वती सा फेंक साँस, श्रद्धा ने देखा आस पास;
थे चमक रहे दो खुले नयन, ज्यों शिलालग्न अनगढ़े रतन;
यह क्या तम में करता सनसन? धारा का ही क्या यह निस्वन!
ना, गुहा लतावृत एक पास, कोई जीवित ले रहा साँस !

शब्दार्थ–लग्न-लगे हुए, जड़े हुए। **अनगढ़े**-बिना कटे छटे, बिना तराशे। **निस्वन**-ध्वनि। **लतावृत**-लताओं से ढँकी। **जीवित**-प्राणी।

अर्थ–तब सरस्वती नदी जैसे साँय-साँय करती बही जा रही थी, वैसी ही एक गहरी साँस लेकर श्रद्धा ने अपनी दृष्टि इधर-उधर डाली। उसने देखा–दो खुली हुई आँखें चमक रही हैं, मानो किसी शिला में बिना कटे-छटे दो रत्न जड़े हों।

उसी समय उसके कानों में एक मंद ध्वनि पड़ी। उसने सोचा अंधकार में यह सनसन ध्वनि कहाँ से आ रही है? क्या यह नदी का ही साँय-साँय शब्द तो नहीं है?

थोड़ी देर में उसका भ्रम दूर हो गया। उसने कहा–नहीं। पास में ही जो लताओं से ढकी गुफा है उसमें बैठा कोई जीवित प्राणी साँस ले रहा है।

वि०–कहने की आवश्यकता नहीं कि ये मनु थे।

वह निर्जन तट था एक चित्र, कितना सुन्दर, कितना पवित्र!
कुछ उन्नत थे वे शैल शिखर, फिर भी ऊँचा श्रद्धा का सिर;
वह लोक अग्नि में तप गल कर, थी ढली स्वर्ण प्रतिमा बन कर;
मनु ने देखा कितना विचित्र! वह मातृ मूर्ति थी विश्व मित्र।

शब्दार्थ—**निर्जन**-सूना, प्राणियों से रहित। **उन्नत**-ऊँचे। **शैल शिखर**-पर्वत की चोटियाँ। **अग्नि**-ताप, दुःख। **तपना**-भाग लेना।

अर्थ—नदी का वह निर्जन किनारा एक चित्र जैसा प्रतीत होता था—अत्यन्त सुन्दर, अत्यन्त पवित्र।

वहाँ पर खड़ी पर्वत की चोटियाँ कुछ ऊँची थीं। लेकिन बहुत ऊँची नहीं थीं। उनसे ऊँचा तो श्रद्धा का सिर ही था।

आग में तप और गल कर जैसे सोना निखर आता है वैसे ही संसार के जीवों के दुःख में भाग लेकर उनके दुःख से दुखी होकर उसके मुख पर करुणा, दया और सहानुभूति की झलक आ गई थी। इससे वह किसी देवी की स्वर्ण मूर्ति के समान प्रतीत होती थी।

मनु सोचने लगे : यह कैसी असाधारण नारी है। इसमें मातृभाव का आधिक्य है ! यह संसार का हित करने वाली है।

वि०—नारी रमणी, बहिन, पुत्री और माँ आदि अनेक रूपों में हमारे सामने आती है, पर सत्य बात यह है कि उसका सबसे उज्ज्वल, सबसे उदार रूप माँ का ही है।

बोले "रमणी तुम नहीं आह। जिसके मन में हो भरी चाह;
तुमने अपना सब कुछ खोकर, वंचिते ! जिसे पाया रोकर;
मैं भगा प्राण जिनसे लेकर, उसको भी, उन सब को देकर;
निर्दय मन क्या न उठा कराह? अद्भुत है तब मन का प्रवाह!

शब्दार्थ—**रमणी**-भोग की प्यासी स्त्री। **चाह**-लालसा। **वंचिते**-ठगी हुई। **उसको**-इड़ा को। **उन सबको**-प्रजा को। **प्रवाह**-गति।

अर्थ—मनु बोले : ओह ! तुम भोग को प्रेम करने वाली स्त्री नहीं हो। तुम उन स्त्रियों में से नहीं हो जिनका हृदय लालसाओं से परिपूर्ण रहता है।

हे श्रद्धा, तुमने अपना सब कुछ त्याग कर मुझे रो-रोकर खोज निकाला और मैं जिन व्यक्तियों से प्राण बचाकर भाग खड़ा हुआ उन सबको और उस इड़ा को भी अपने प्रिय पुत्र को तुम दे आईं। उस समय क्या तुम्हारे कठोर मन में पीड़ा नहीं उठी? तुम्हारे मन की गति विचित्र है।

ये श्वापद से हिंसक अधीर, कोमल शावक वह बाल वीर;
सुनता था वह वाणी शीतल, कितना दुलार कितना निर्मल?
कैसा कठोर है तव हृत्तल? वह इड़ा कर गई फिर भी छल;
तुम बनी रही हो अभी धीर, छुट गया हाथ से आह तीर!"

शब्दार्थ—**श्वापद**-सिंह आदि फाड़ खाने वाले जानवर। **हिंसक**-हत्यारे। **अधीर**-उग्र। **शावक**-किसी भी पशु-पक्षी का बच्चा। **निर्मल**-निष्कपट। **हृत्तल**-हृदय। **हाथ से तीर छुट**

गया-जो होना था वह हो गया।

अर्थ–सारस्वत प्रांत के निवासी फाड़ खाने वाले जंगली जानवरों के समान उग्र हत्यारे हैं और मेरा वीर बालक किसी पशु-पक्षी के बच्चे जैसा कोमल है।

हृदय को शीतल करने वाली उसकी वाणी मैं सुनता था। यह कितनी प्यार भरी और निष्कपट थी।

लेकिन तुम्हारा हृदय कितना कठोर है कि तुम उसे छोड़ आई। यह इड़ा तुम्हारे साथ भी छल कर गई।

तुम ऐसी दशा में धैर्य धारण किये हुए हो। लेकिन अब तो जो होना था वह हो चुका।

> **"प्रिय ! अब तक हो इतने सशंक, देकर कुछ कोई नहीं रंक,**
> **यह विनिमय है या परिवर्तन, बन रहा तुम्हारा ऋण अब धन;**
> **अपराध तुम्हारा वह बंधन–लो बना मुक्ति, अब छोड़ स्वजन–**
> **निर्वासित तुम, क्यों लगे डंक? दो लो प्रसन्न, यह स्पष्ट अंक।"**

शब्दार्थ–सशंक-डरे हुए। **रंक**-दरिद्र। **विनिमय (Exchange)**-एक वस्तु के बदले में दूसरी वस्तु देना। **परिवर्तन**-अदल बदल, विनिमय। **स्वजन**-आत्मीय जन, अपने लोग। **निर्वासित**-दूर। **डंक**-पीड़ा। **स्पष्ट अंक**-स्पष्ट बात, खरी बात।

अर्थ–श्रद्धा ने उत्तर दिया : हे प्रिय, तुम्हारा हृदय अब भी शंकित है। कुछ देने से कोई दरिद्र नहीं हो जाता। कुमार को मैं इड़ा को दे आई। यह एक वस्तु को लेकर दूसरी वस्तु को देना हुआ अर्थात् तुम्हें मैंने उससे ले लिया और तुम्हारे बदले में मानव को दे दिया। जैसे देने वाला ब्याज सहित उसे चुका लेता है वैसे ही तुमने सारस्वत प्रदेश की प्रजा को अपने पुत्र को ऋण के रूप में दिया है। यह अपनी उन्नति के साथ तुम्हें मिलेगा। उसके यश से तुम्हारे यश की वृद्धि होगी। तुम इड़ा के अपराधी थे और राज्य के बंधन में थे। अपने योग्य पुत्र को उस राज्य का कार्यभार सौंप कर तुम मुक्त हो गये। जिन्हें तुम अपना आत्मीय समझते थे उनसे तुम दूर हो। अब तुम्हें कोई पीड़ा क्यों सतावे।

खरी बात तो यह है कि जो तुम्हारे पास है उसे प्रसन्नता से दे दो और जो दूसरे दें उसे हँसकर ग्रहण करो।

> **"तुम देवि! आह कितनी उदार, यह मातृमूर्ति है निर्विकार;**
> **हे सर्वमंगले ! तुम महती, सबका दुख अपने पर सहती;**
> **कल्याण मयी वाणी कहती, तुम क्षमा निलय में हो रहती;**
> **मैं भूला हूँ तुमको निहार, नारी सा ही ! वह लघु विचार।**

शब्दार्थ–मातृमूर्ति-मातृभाव से भरी श्रद्धा। **निर्विकार**-कामनाहीन, सात्विक। **सर्वमंगले**-सबका मंगल करने वाली। **महती**-महान्। **निलय**-घर, स्थान। **लघु**-तुच्छ, संकीर्ण, ओछा।

अर्थ–मनु ने कहा : देवि, स्वभाव से तुम कितनी उदार हो। दूसरों के प्रति ममता और क्षमा प्रकट करने वाला यह तुम्हारा माता का रूप कितना कामनाहीन है।

हे सबका कल्याण करने वाली, तुम महान् हो। तुम सब प्राणियों के दुःख को अपने ऊपर अंगीकार करती हो। तुम ऐसी बात कहती हो कि जिससे दूसरों का कल्याण हो। तुम क्षमा के घर में निवास करती हो अर्थात् तुम क्षमामयी हो।

मैं तुम्हें देखकर चकित हो उठा हूँ; पर एक दिन मैंने तुम्हें साधारण नारी समझा था। इससे मेरे विचार का ही ओछापन सिद्ध होता है।

मैं इस निर्जन तट में अधीर, सह भूख व्यथा तीखा समीर;
हाँ भाव चक्र में पिस पिस कर, चलता ही आया हूँ बढ़ कर;
इनके विकार सा ही बन कर, मैं शून्य बना सत्ता खोकर;
लघुता मत देखो वक्ष चीर, जिसमें अनुशय बन घुसा तीर।"

शब्दार्थ–सत्ता-व्यक्तित्व। **लघुता**-क्षुद्रता, तुच्छता, ओछापन। **अनुशय**-पश्चाताप।

अर्थ–सरिता के इस सूने तट पर अधीरता से घूमता हुआ, भूख, पीड़ा और तीखी वायु को सहन करता हुआ, भावों के आंदोलन की चक्की में पिसता हुआ, मैं बराबर आगे को बढ़ता चला आया हूँ। जैसे मनोविकार मन में उठकर शून्य में विलीन हो जाते हैं, वैसे ही आज मैं अपने व्यक्तित्व को खोकर कुछ भी नहीं रहा हूँ।

तुम मेरी क्षुद्रता की ओर ध्यान मत दो। मेरे कलेजे को चीर कर देखो। उसमें पश्चाताप तीर की तरह समाया है।

"प्रियतम ! यह नत निस्तब्ध रात, है स्मरण कराती विगत बात;
वह प्रलय शान्ति वह कोलाहल, जब अर्पित कर जीवन संबल;
मैं हुई तुम्हारी थी निश्छल, क्या भूलूँ मैं, इतनी दुर्बल?
तब चलो जहाँ पर शान्ति प्रात, मैं नित्य तुम्हारी, सत्य बात।

शब्दार्थ--नत-कोमल। **निस्तब्ध**-शांत। **विगत**-बीती हुई। **संबल**-सहारा, सब कुछ। **निश्छल**-निष्कपट भाव से। **दुर्बल**-अस्थिर मन। **प्रात**-प्रारम्भ।

अर्थ–हे प्रियतम, यह कोमल और शांत रात बीती बातों की याद जगा रही है। जिन दिनों प्रलय का कोलाहल शांत हो चुका था, मैं अपने जीवन का सब कुछ समर्पित कर निष्कपट मन से तुम्हारी हुई थी। क्या मैं इतने अस्थिर स्वभाव वाली हूँ जो उसे भूल जाऊँ?

तब तुम मेरे साथ ऐसे स्थान में चलकर रहो जहाँ शांति का प्रारम्भ नवीन रूप से हो। सत्य बात यह है कि चाहे तुम कैसा भी व्यवहार करो, पर मैं सदा तुम्हारी ही हूँ।

इस देव द्वन्द्व का वह प्रतीक–मानव ! कर ले सब भूल ठीक;
यह विष जो फैला महा विषम, निज कर्मोन्नति से करते सम;
सब मुक्त बनें, काटेंगे भ्रम, उनका रहस्य हो शुभ संयम;
गिर जायेगा जो है अलीक, चल कर मिटती है पड़ी लीक।"

शब्दार्थ–द्वन्द्व-दो, यहाँ माता पिता। **प्रतीक**-चिन्ह, प्रतिनिधि। **यह विष**-वासना। **विषम**-भयंकर। **कर्मोन्नति**-उच्च कर्म। **सम**-ठीक। **मुक्त**-स्वतंत्र। **शुभ**-कल्याणकारी। **अलीक**-असत्य, झूठा। **लीक**-खेत आदि में पड़ा कच्चा रास्ता।

अर्थ–देव जाति के माता-पिता से उत्पन्न और उस जाति का चिन्ह स्वरूप मानव अब तक देवताओं में जो भूले हुई हैं, उन्हें सुधार लेगा।

जीवधारियों में वासना का जो भयंकर विष फैल गया है उसे उसकी प्रजा के लोग कुमार के अनुशासन में रहकर अपने उच्च कर्मों के द्वारा ठीक कर लेंगे और स्वतंत्रतापूर्वक रहेंगे।

जीवन भोग के लिए है उनका यह भ्रम एक दिन दूर हो जाएगा और कल्याणकारी संयम के रहस्य को वे एक दिन समझेंगे।

जो झूठ है वह स्वयं मिट जाता है अर्थात् वासनामय जीवन वास्तविक जीवन नहीं है; इसे लेकर प्राणी नहीं चल सकता। पर यदि पथ में कोई लीक पड़ जाती है तब उससे हटकर चलने से ही वह मिटती है। इसी प्रकार मनुष्य को जो संस्कार बन जाता है उसके विपरीत आचरण करने से ही वह मिटता है। भाव यह है कि घोर वासनामय जीवन की समाप्ति के उपरांत संयम का जीवन धीरे-धीरे ही आवेगा।

वि०—मनु देव जाति के हैं और श्रद्धा गंधर्व जाति की। गंधर्व भी देवता होते हैं, अतः कुमार देव जाति के माता-पिता से उत्पन्न है।

वह शून्य असत या अंधकार, अवकाश पटल का वार-पार;
बाहर भीतर उन्मुक्त सघन, था अचल महा नीला अंजन;
भूमिका बनी वह स्निग्ध मलिन, थे निर्निमेष मनु के लोचन;
इतना अनन्त था शून्य सार, दीखता न जिसके परे पार।

शब्दार्थ—असत-अभावमय। **अवकाश पटल**-शून्य प्रदेश, अंतरिक्ष, खोखला। **उन्मुक्त**-खुला। **सघन**-घना। **भूमिका**-पृष्ठभूमि, रंगमंच। **स्निग्ध**-चिकना। **मलिन**-धुँधला। **निर्निमेष**-टकटकी लगाए। **शून्य सार**-शून्य में समाई वस्तु अर्थात् अंधकार।

अर्थ—ऊपर के उस शून्य को चाहे अभावमात्र कहो चाहे अंधकार, पर वह उस खोखले (अंतरिक्ष) के एक छोर से दूसरे छोर तक फैला हुआ था।

वह अंधकार बाहर (पास में) कुछ खुला (कम गहरा) और भीतर घना होता हुआ अंजन का एक नीला पर्वत सा प्रतीत होता था।

यह धुँधला चिकना वातावरण एक दृष्टि की पृष्ठभूमि बन गया। मनु उसे टकटकी लगाकर देखने लगे। वह शून्य (अंधकार) ऐसा सीमाहीन था कि उसे भेदकर उसके परे की वस्तु दिखाई न देती थी।

सत्ता का स्पंदन चला डोल, आवरण पटल की ग्रंथि खोल,
तम जलनिधि का बन मधु मंथन, ज्योत्स्ना सरिता का आलिंगन;
वह रजत गौर, उज्ज्वल जीवन, आलोक पुरुष ! मंगल चेतन!
केवल प्रकाश का था कलोल, मधु किरनों की थी लहर लोल।

शब्दार्थ—सत्ता-आकाशधारिणी वस्तु। **स्पंदन डोल चला**-हिल उठी, जग उठी, प्रकट हुई। **आवरण पटल**-अंधकार के पर्दे को। **मंथन**-समुद्र मंथन।

अर्थ—उसी समय अंधकार के परदे को चीरती हुई एक सत्ता वहाँ प्रकट हुई। जैसे सरिता समुद्र का आलिंगन करती है वैसे ही अंधकार के उस सागर से चाँदनी की रेखाएँ आकर मिलीं। जैसे समुद्र मंथन के समय उसके तल से अमृत आदि का आविर्भाव हुआ था वैसे ही उन रेखाओं के स्पष्ट होने से चाँदी के समान गौर वर्ण वाले उज्ज्वल परमात्मा, प्रकाश शरीरी, मंगलकारी चिन्मय शिव के दर्शन हुए, मानों अंधकार के समुद्र के मधुर मंथन का ही यह परिणाम हो।

उस अंधकार में केवल प्रकाश ही क्रीड़ा कर रहा था और जैसे सरिता में चंचल लहरियाँ उठती हैं वैसे ही उस ज्योत्स्ना धारा में मधुर किरणें उठ रही थीं।

बन गया तमस था अलक जाल, सर्वांग ज्योतिमय था विशाल;
अन्तर्निनाद ध्वनि से पूरित, थी शून्य-भेदिनी सत्ता चित्;
नटराज स्वयं थे नृत्य निरत, था अंतरिक्ष प्रहसित मुखरित,
स्वर लय होकर दे रहे ताल, थे लुप्त हो रहे दिशाकाल।

शब्दार्थ–तमस-अंधकार। **अलक जाल**-केश समूह। **सर्वांग**-समस्त शरीर। **ज्योतिमय**-आलोक से निर्मित। **विशाल**-विराट। **अंतर्निनाद ध्वनि**-अनहद राग, अनाहत। **चित्**-शुद्ध चेतना। **नटराज**-शिव। **निरत**-तन्मय, लीन। **अंतरिक्ष**-शून्य। **प्रहसित**-आलोक से युक्त। **मुखरित**-ध्वनित। **दिशाकाल**-दिशाएँ और समय।

अर्थ–अंधकार केश कलाप सा प्रतीत हुआ और विराट मूर्ति का समस्त शरीर केवल आलोक से निर्मित दिखाई दिया।

शून्य को चीर कर प्रकट होने वाली चेतना-शक्ति के अंतर से अनहद नाद फूटा।

(अनाहत के) स्वर एक लय में बँधकर उस नृत्य के साथ ताल देने लगे। उस समय न इस बात का पता चल सकता था कि कौन दिशा किस ओर है और न यह जाना जा सकता था कि समय क्या है तथा किस गति से चल रहा है।

वि०–(१) योगी दोनों हाथों के अँगूठे से दोनों कानों को बंद करके अपने अंतर में एक प्रकार का व्यवस्थित संगीत सुनते हैं, इसे अनहद नाद कहते हैं। जो ध्यानावस्थित हो जाते हैं, वे बिना कानों को मूँदें भी अनाहत सुन सकते हैं।

(२) भगवान शिव योगीराज हैं, अतः उनका अंतर अनहद से परिपूर्ण है।

(३) 'लय' और 'ताल' की व्याख्या पीछे कर आये हैं।

लीला का स्पन्दित आह्लाद, वह प्रभा पुंज चितिमय प्रसाद;
आनन्द पूर्ण ताण्डव सुन्दर, झरते थे उज्ज्वल श्रम सीकर;
बनते तारा, हिमकर दिनकर, उड़ रहे धूलि कण से भूधर;
संहार सृजन से युगल पाद-गतिशील, अनाहत हुआ नाद।

शब्दार्थ–लीला-नृत्य भंगिमा। **स्पन्दित**-कंपित, उत्पन्न। **प्रसाद**-प्रसन्नता। **तांडव**-शिव का नृत्य। **श्रम सीकर**-पसीने की बूँदें। **हिमकर**-चन्द्रमा। **दिनकर**-सूर्य। **भूधर**-पर्वत। **संहार**-विनाश, वस्तुओं का अस्त व्यस्त होना; विश्लेषण। **युगल**-दोनों। **पाद**-चरण। **अनाहत नाद**-योगियों को ब्रह्मरंध्र में सुनाई पड़ने वाला संगीत।

अर्थ–आलोकमय चेतन शिव अपनी प्रसन्नता में अपनी नृत्य भंगियों से हर्ष उत्पन्न करने लगे। उनका तांडव नृत्य सुन्दर और आनन्ददायक था। नृत्य करते-करते जब वे थक गये तब उनके शरीर से पसीने की बूँदें झरने लगीं। उनसे ही सूर्य, चंद्रमा और तारों का निर्माण हो गया। उनके चरणों की चाप से जो धूलिकण उड़े वे उड़ते हुए पर्वत बन गये।

उनके दोनों चरण निरन्तर गति लेते हुए नाश और सृष्टि दोनों कर रहे थे। उनके चरण की चाप से सृष्टि टूट कर एक ओर धूलिकण बन रही थी, पर वे ही धूलिकण दूसरी ओर पर्वत बन जाते थे। इसके साथ ही अनहद नाद भी सुनाई पड़ रहा था।

बिखरे असंख्य ब्रह्माण्ड गोल, युग त्याग ग्रहण कर रहे तोल;
विद्युत कटाक्ष चल गया जिधर, कंपित संसृति बन रही उधर,
चेतन परमाणु अनन्त बिखर, बनते विलीन होते क्षण भर;
यह विश्व झूलता महा दोल, परिवर्त्तन का पट रहा खोल।

शब्दार्थ–**अंसख्य**-अगणित। **ब्रस्मांड**-विश्व। **युग**-समय का एक दीर्घ परिमाण। **तोल**-निश्चित अवधि। **विद्युत्**-बिजली। **कटाक्ष**-दृष्टि, तिरछी चितवन। **दोल**-झूला।

अर्थ–अगणित गोलाकार ब्रस्मांड बिखरे दिखाई दिए। युग एक निश्चित समय की अवधि लेकर समाप्त होने लगे।

शिव की बिजली के समान तीव्र दृष्टि जिधर पड़ जाती थी उधर ही सृष्टि काँप उठती थी।

अनन्त चेतन अणु बिखर कर एक विशेष आकार धारण करते थे। फिर क्षण भर में ही वे विलीन हो जाते थे।

सारा संसार जैसे एक विशाल झूले में झूल रहा था और उसमें परिवर्तन पर परिवर्तन हो रहे थे।

वि०–(१) युग चार हैं–सतयुग, त्रेता, द्वापर, कलि। सतयुग 17, 28000, त्रेता 12, 96000, द्वापर 8, 64000 और कलि 4, 32000 वर्ष का होता है।

(२) प्रश्न हो सकता है कि मन और श्रद्धा ने थोड़े से काल में युगों को बीतते कैसे देखा। देवताओं में यह शक्ति होती है कि बहुत काल की घटनाओं को कुछ पल में ही दिखा दें जैसे रामायण के उत्तरकांड में काकभुशुंडि वाले प्रसंग में–

मोहि विलोकि राम मुसुकाहीं। बिहँसत तुरत गयउँ मुख माहीं।
उदर मांझ सुनु अंडज-राया। देखेउँ बहु ब्रस्मांड निकाया।
कोटिन चतुरानन गौरीसा। अगनित उडगन, रवि, रजनीसा।
अगणित लोकपाल, जम, काला। अगणित भूधर, भूमि विसाला।
भ्रमत मोहि ब्रस्मांड अनेका। बीते मनहु कल्प सत एका।
उभय घरी मँह मैं सब देखा। भयउँ भ्रमित मन मोह विसेषा।

उस शक्ति शरीरी का प्रकाश, सब शाप पाप का कर विनाश–
नर्तन में निरत, प्रकृति गल कर, उस कान्ति सिन्धु में घुलमिल कर;
अपना स्वरूप धरती सुन्दर, कमनीय बना था भीषणतर,
हीरक गिरि पर विद्युत विलास, उल्लसित महा हिम धवल हास।

शब्दार्थ–**शक्ति शरीरी**-शक्ति से निर्मित जिसका शरीर है। **कान्ति**-शोभा। **कमनीय**-मनोहर। **उल्लासित**-सुशोभित। **हिम धवल**-बर्फ के समान श्वेत या उज्ज्वल। **हास**-मुसकान।

अर्थ–शक्ति का कलेवर धारण करने वाले शिव के शरीर से फूटने वाला आलोक सब पाप-शाप का नाश कर नृत्य में लीन था। शोभा के उस समुद्र में प्रकृति गल कर घुलमिल गई और फिर उसने एक दूसरा ही सुन्दर रूप धारण किया।

प्रलय का भीषण नृत्य करने वाले रुद्र देखने में अत्यन्त मनोहर थे। उनकी हिम के

समान उज्ज्वल मुस्कान ऐसी शोभा पा रही थी मानो हीरे के पर्वत पर बिजली छिटक उठी हो।

देखा मनु ने नर्त्तित नटेश, हत चेत पुकार उठे विशेष;
"यह क्या!श्रद्धे! बस तू ले चल, उन चरणों तक, दे निज संबल;
सब पाप पुण्य जिसमें जल जल, पावन बन जाते हैं निर्मल;
मिटते असत्य से ज्ञान लेश, समरस अखंड आनन्द वेश!"

शब्दार्थ–नर्त्तित-नाचते हुए, नृत्य करते हुए। **नटेश**-महादेव। **हत चेत**-तन्मय होना। **विशेष**-एकदम, पूर्ण रूप से। **संबल**-सहारा। **पावन**-पवित्र। **लेश**-चिन्ह। **समरस**-एकरस।

अर्थ–मनु ने जब भगवान् शिव को नृत्य करते देखा तो वे एकदम तन्मय होकर बोल उठे : श्रद्धे, यह कितना अद्भुत दृश्य है। बस तुम मुझे अपना सहारा देकर उन चरणों तक ले चलो जहाँ पहुँचने पर समस्त लौकिक पाप-पुण्य जलकर एक निर्मल पवित्रता में बदल जाते हैं और जहाँ सांसारिक ज्ञान का चिन्हमात्र तक असत्य वस्तु के समान मिट जाता है। यह मूर्ति कैसी एकरस और पूर्ण आनन्दमयी है !

●

रहस्य

कथा—श्रद्धा ने मनु को लेकर हिमालय पर चढ़ने का निश्चय किया। जैसे-जैसे वे ऊपर चढ़ते गये वैसे ही वैसे पर्वत के अगणित रम्य भीषण दृश्यों के दर्शन हुए। कहीं श्वेत हिम बिछा था, कहीं पगडंडियाँ थीं, कहीं भयंकर खड्ड और खाइयाँ थीं, कहीं सूर्य की रश्मियाँ हिमखंडों में प्रतिबिंबित होकर अनन्त चंद्रमाओं का भ्रम उत्पन्न कर रही थीं, कहीं हाथी के समान काले बादल मस्ती से झूम रहे थे, कहीं झरने झर रहे थे, कहीं हरियाली छायी थी। इन सबके ऊपर आकाश का चुम्बन करती पहाड़ की चोटियाँ बड़ी अद्‍भुत और मनोरम प्रतीत होती थीं।

मनु चढ़ते-चढ़ते थक चले। श्रद्धा से उन्होंने कहा : न तो इस शीत पवन से सामना करने की सामर्थ्य मुझमें है और न मैं अभी इतना कठोर हृदय हूँ कि जिन्हें पीछे छोड़ आया हूँ, उन्हें एकदम भुला सकूँ। अतः पीछे लौट चलो। श्रद्धा बोली : पीछे लौटने का समय तो अब नहीं रहा। रही थकावट की बात। थोड़े साहस से काम लो। हम थोड़ी देर में ही कहीं विश्राम योग्य स्थान पा लेंगे। यों बातों ही बातों में दोनों एक समतल भूमि पर जा पहुँचे। इसी समय संध्या घिर आई। शून्य की ओर आँख उठाते ही मनु ने तीन ओर तीन रंग के तीन लोक देखे। उन्होंने श्रद्धा से पूछा : श्रद्धा, ये नवीन ग्रह कौन से हैं? श्रद्धा ने कहा। इन्हें मैं जानती हूँ। तुम स्थिर चित्त होकर सुनो।

उषा की लालिमा लिए यह जो गोलक दिखाई देता है वह इच्छा-लोक है। इसमें भावों की प्रतिमाएँ निवास करती हैं। यहाँ शब्द, स्पर्श, रस, रूप की अप्सराएँ नृत्य करती हैं। माया यहाँ शासिका है। वही समस्त भावचक्र को चलाती है। अधिक स्पष्ट शब्दों में माया के फन्दे में फँसने का तात्पर्य यह है कि प्राणी मधुर संगीत सुनना चाहता है, कोमल शरीर का स्पर्श करने की कामना रखता है, जिव्हा से भिन्न-भिन्न रसों का स्वाद लेने को लालायित रहता है। रम्य रूप के दर्शन का पिपासु है और नासिका से सुगंध ग्रहण कर मन को तृप्त करना चाहता है। भाव सत् भी हो सकते हैं और असत् भी। अतः मनुष्य अपने स्वभाव के अनुसार पुण्य की ओर भी झुक जाता है और पाप की ओर भी। सुख भी पा सकता है और दुःख भी। उन्नति भी कर सकता है और अवनति भी?

मनु बोले : यह देश वास्तव में सुन्दर है। परन्तु यह श्याम देश कैसा है?

कामायनी ने कहा : इसे कर्म लोक कहते हैं। यह लोक धुँधला है अर्थात् कर्तव्य क्या है और अकर्तव्य क्या, यह निश्चयपूर्वक कभी नहीं कहा जा सकता। नियति यहाँ की शासिका है और वही कर्मचक्र को घुमाती रहती है। कर्म करने वालों को विश्राम नहीं

मिलता। वे सदैव संघर्ष में लीन रहते हैं। उनके नाम का जय-घोष होता रहता है। पर जो पराजित और दलित हैं वे नित्य दुःखी रहते हैं। महत्वाकांक्षा की झोंक में यहाँ के प्राणी बड़े से बड़े पाप करने पर उतारू हो जाते हैं। वैसे यहाँ का बड़ा से बड़ा वैभव और ऐश्वर्य अस्थिर और नाशवान है। इन कर्म करने वालों को मुक्ति नहीं मिलती, बार-बार जन्म-मरण के चक्र में पड़ना पड़ता है, क्योंकि कर्मों से संस्कार बनते हैं और संस्कारों को लेकर जीव नवीन शरीर धारण करने के लिए विवश है।

मनु ने कहा : यह जगत तो बड़ा भीषण है। इसकी चर्चा यहीं रहने दो और यह जो तीसरा उज्ज्वल लोक है उसके सम्बन्ध में कुछ बताओ।

श्रद्धा ने उत्तर दिया : प्रियतम, यह ज्ञान-लोक है। यहाँ पर बुद्धि-चक्र चलता रहता है। यहाँ के प्राणी सुख-दुःख दोनों से उदासीन रहते हैं। ये कुछ न चाहकर भी मुक्ति चाहते हैं। संसार का कोई लोभ इन्हें डिगा नहीं सकता। यहाँ जो जितना धार्मिक है, वह उतना बड़ा समझा जाता है। जीवन का उपभोग ये लोग नहीं करते। शास्त्र की एक-एक आज्ञा का पालन ये बड़ी सतर्कता से करते हैं। ऊपर से देखने पर ये बड़े शांत दिखाई देते हैं, पर भीतर-भीतर बराबर भयभीत रहते हैं कि कोई पाप न कर बैठें। इनकी सबसे बड़ी भूल यह है कि इच्छाओं का ये तिरस्कार करते हैं और प्राणी का लक्ष्य उसके जीवन को नहीं मानते, वरन किसी अलक्ष्य सत्ता में विश्वास रखते हैं। इस प्रकार दुःख और अशांति का मूल कारण यह है कि प्राणियों के जीवन में इच्छा, कर्म और ज्ञान में कोई सामंजस्य नहीं है। मनुष्य ऐसी इच्छाएँ करता है जो पूरी नहीं हो सकतीं, ऐसे कर्म करता है जो विवेक सम्मत नहीं और ज्ञान में फँसता है तो जीवन का ही तिरस्कार कर बैठता है।

उसी समय श्रद्धा मुस्करा दी। मुस्कान ज्वाला बनकर उन लोकों में फैल गई जिससे वे मिलकर एक हो गये। थोड़ी देर में एक दिव्य संगीत की ध्वनि उन्हें सुनाई पड़ी जिसमें डूबकर दोनों ने गहरी तन्मयता का अनुभव किया।

ऊर्ध्व देश उस नील तमस में स्तब्ध हो रही अचल हिमानी;
पथ थक कर है लीन, चतुर्दिक देख रहा वह गिरि अभिमानी।

शब्दार्थ–**ऊर्ध्व**-उच्च। **देश**-स्थान। **नील**-काला। **तमस**-अंधकार। **स्तब्ध**-शांत। **हिमानी**-बर्फ। **चतुर्दिक**-चारों ओर। **गिरि**-पर्वत।

अर्थ–नीले अंधकार से घिरे उस उच्च स्थल पर अचल बर्फ शांत भाव से पड़ा है। नीचे से ऊपर को जाने वाली पगडंडी थोड़ी दूर जाकर मिट गई है मानो वह थक कर बढ़ नहीं पाती। उस तक कोई नहीं पहुँच पाता, इस बात को वह अभिमानी पर्वत चारों ओर दृष्टि डाल कर देख रहा है।

वि०–इस छंद से यह आध्यात्मिक अर्थ स्पष्टतया भासित होता है कि ब्रह्मतत्व हिम के समान उज्ज्वल है, वह अज्ञान के अंधकार से आवृत है, वह उच्च कोटि का है, वह प्रशांत है। विभिन्न धार्मिक पंथों के प्राणियों ने उसे उपलब्ध करना चाहा, पर उस तक ठीक से कोई नहीं पहुँच पाया।

दोनों पथिक चले हैं कब से ऊँचे ऊँचे चढ़ते चढ़ते;
श्रद्धा आगे मनु पीछे थे साहस उत्साही से बढ़ते।

शब्दार्थ–दोनों-श्रद्धा और मनु। **साहस**-दृढ़ता। **उत्साह**-उमंग।

अर्थ–दोनों पथिक बहुत देर के चल पड़े थे और बराबर ऊँचे चढ़ते चले जा रहे थे। साहस की प्रतिमा के समान श्रद्धा आगे-आगे थी और उत्साह की मूर्ति से मनु उसके पीछे बढ़े जा रहे थे।

वि०–श्रद्धा को साहस और मनु (मन) को उत्साह कहना यहाँ कितना सार्थक हुआ है। श्रद्धा या विश्वास जगते ही मन में किसी काम के लिए उत्साह स्वयं छा जाता है।

पवन वेग प्रतिकूल उधर था कहता, 'फिर जा अरे बटोही!
किधर चला तू मुझे भेद कर! प्राणों के प्रति क्यों निर्मोही?'

शब्दार्थ–प्रतिकूल वेग-उल्टे झोंके। **निर्मोही**-ममताहीन, कठोर।

अर्थ–ऊपर की ओर से हवा के प्रतिकूल झोंके उनकी ओर आ रहे थे और आगे बढ़ने में रुकावट डालते हुए मानो कह रहे थे 'अरे पथिक लौट जा। तू मुझे चीरकर कहाँ जा रहा है? अपने प्राणों की क्या तुझे कुछ भी ममता नहीं रही?

वि०–(१) ज्ञान की दिशा में बढ़ने वाले व्यक्ति को सांसारिक आकर्षण के प्रतिकूल झोंके पीछे हटाने का प्रयत्न करते हैं मानो उससे पूछते हैं कि यदि उसने संसार को छोड़ने की ठानी है तब क्या शारीरिक सुख की चिंता उसे बिल्कुल नहीं रही?

(२) पथिक दो हैं, पर 'तू' शब्द के प्रयोग से पता चलता है कि कवि केवल मनु को लक्ष्य करके कह रहा है। यह भूल नहीं। 'प्रसाद' ने जान बूझकर ऐसा किया है, क्योंकि इन दोनों में से श्रद्धा तो हिल नहीं सकती थी। हाँ, मनु विचलित हो सकते थे और वे हुए भी।

छूने को अम्बर मचली सी बढ़ी जा रही सतत ऊँचाई;
विक्षत उसके अंग, प्रगट थे भीषण खड्ड भयकरी खाँईं।

शब्दार्थ–अम्बर-आकाश। **विक्षत**-घायल।

अर्थ–पहाड़ की ऊँचाई निरंतर बढ़ती चली जा रही थी मानो वह आकाश को छूने के लिए मचल उठी हो। डरावने गड्ढे और भयंकर खाइयाँ वहाँ थीं। वे ऐसी लगती थीं मानो चलते-चलते ऊँचाई (पहाड़) का शरीर यहाँ-वहाँ से घायल हो गया हो।

वि०–ज्ञान की ऊँचाई की कोई सीमा नहीं है और लक्ष्य तक जो पहुँचना चाहता है उसे मार्ग में अनेक खड्ड और खाइयाँ पार करनी पड़ती हैं अर्थात् ऐसी बातों से बचना पड़ता है जहाँ पतन की संभावना हो। जायसी ने पद्मावती को प्राप्त करने वाले रत्नसेन के मार्ग में भी ऐसे ही संकेतों का उल्लेख किया है–

ओहि मिलान जो पहुँचे कोई। तब हम कहब पुरुष भल सोई।
है आगे परबत की बाटा। विषम पहार अगम सुठि घाटा।
बिच-बिच नदी, खोह औ नारा। ठावहिं ठाँव बैठ बटपारा।

रवि कर हिम खंडों पर पड़ कर हिमकर कितने नये बनाता;
द्रुततर चक्कर काट पवन भी फिर से वहीं लौट आ जाता।

शब्दार्थ–रवि-सूर्य। **कर**-किरणों। **हिम खंड**-बर्फ के टुकड़ों। **हिमकर**-चन्द्रमा। **द्रुततर**-तीव्रता से।

अर्थ–सूर्य की किरणें बर्फ के टुकड़ों में प्रतिबिंबित होकर न जाने कितने चंद्रमाओं की सृष्टि कर रही थीं। पवन बड़ी तीव्रता से गोलाकार घूमकर जहाँ से चलना प्रारंभ करता था, फिर वहीं लौटकर आ जाता था।

वि०–इस दृश्य के सौंदर्य की अनुभूति केवल वे ही प्राणी कर सकते हैं जिन्होंने पहाड़ों पर जाकर बर्फ पर झलमलाती सूर्य की किरणों के प्रतिबिंब के दर्शन किये हैं। चंद्रमा का 'हिमकर' नाम यहाँ कैसा उचित लगता है !

नीचे जलधर दौड़ रहे थे सुन्दर सुर-धनु माला पहने;
कुंजर-कलभ सदृश इठलाते चमकाते चपला के गहने।

शब्दार्थ–**जलधर**-बादल। **सुर धनु**-इंद्रधनुष। **कुंजर**-हाथी। **कलभ**-हाथी का बच्चा। **सदृश**-समान। **चपला**-बिजली।

अर्थ–नीचे इंद्रधनुष की रम्य माला धारण किए बादल इधर से उधर दौड़ लगा रहे थे। वे हाथियों के बच्चों के समान इठला-इठला कर घूम रहे थे और जैसे हाथियों के बच्चों की गर्दन में पड़े सोने के गहने चमकते हैं, वैसे ही उनके भीतर बिजली चमक उठती थी।

वि०–'जलधर' शब्द का प्रयोग यहाँ सार्थक हुआ है क्योंकि जल से भरे हुए बादल ही काले होते हैं और बादलों की समता ही हाथी से ठीक बैठ सकती थी।

प्रवहमान थे निम्न देश में शीतल शत शत निर्झर ऐसे;
महा श्वेत गजराज गण्ड से बिखरीं मधु धाराएँ जैसे।

शब्दार्थ–**प्रवहमान**-प्रवहित, बह रहे थे। **निर्झर**-झरने। **श्वेत**-सफेद रंग का। **गजराज**-इंद्र का ऐरावत नामक हाथी। **गण्ड**-मस्तक से चूने वाला रस।

अर्थ–इससे भी नीचे की ओर सैकड़ों शीतल झरने पर्वत से फूट कर इस प्रकार बह रहे थे जिस प्रकार इंद्र के महान् श्वेत ऐरावत नामक हाथी के मस्तक से मधु धाराएँ बिखर कर बह रही हों।

वि०–हाथी के मस्तक के छिद्र से एक प्रकार का रस झरता है। इसे मधु कहते हैं। इस पर प्रायः भौरें आ बैठते हैं। हिमालय की समता इंद्र के ऐरावत हाथी से देनी इसलिए उपयुक्त हुई है कि ऐरावत का वर्ण श्वेत माना जाता है।

हरियाली जिनकी उभरी, वे समतल चित्रपटी से लगते;
प्रतिकृतियों के वाह्य रेख से स्थिर, नद जो प्रति पल थे भगते।

शब्दार्थ–**समतल**-समभूमि, हमवार स्थान। **चित्रपटी**-वह कागज, कपड़ा या लकड़ी का टुकड़ा जिस पर चित्र अंकित होता है। **प्रतिकृतियाँ**-आकृतियाँ, मूर्तियाँ। **बाह्य रेख**-रूप रेखाएँ (Out Lines)।

अर्थ–वे समतल स्थान, जिन पर हरियाली उग रही थी, किसी चित्र के पट जैसे प्रतीत होते थे। उन पर होकर जाने वाली नदियाँ जो निरन्तर वेग से बह रही थीं, ऐसी लगती थीं जैसे पट पर अंकित होने वाली आकृतियों की स्थिर रूप-रेखाएँ हों।

वि०–(१) हिमालय के इस वर्णन में उपमाओं, रूपकों, उदाहरणों और उत्प्रेक्षाओं के आधार पर जो भी दृश्य उपस्थित किये गये हैं, वे अत्यन्त समीचीन हैं।

(२) वर्णन यहाँ ऊपर से नीचे की ओर है–पहले हिमाच्छादित चोटियों पर पड़ने वाली सूर्य किरणों का, फिर बादलों का, फिर निर्झरों का और फिर हरियाली का।

(३) इस छंद में बहने वाली नदियों को स्थिर रेखाओं की समता दी है। वह इसलिए कि दूर से देखने वाले व्यक्ति को प्रवहमान सरिताएँ स्थिर ही प्रतीत होती हैं।

लघुतम वे सब जो वसुधा पर ऊपर महाशून्य का घेरा;
उँचे चढ़ने को रजनी का यहाँ हुआ जा रहा सबेरा।

शब्दार्थ–लघुतम-छोटे से छोटे आकार में। **वसुधा**-पृथ्वी। **महाशून्य**-आकाश। **रजनी का सबेरा होना**-किसी काम का समाप्ति पर आना।

अर्थ–श्रद्धा और मनु ने देखा कि पृथ्वी की सब वस्तुएँ इस समय ऊपर से देखने पर अत्यन्त छोटे आकार में दिखाई दे रही हैं और उनके ऊपर सूना महाकाश गोलाकार छाया हुआ है। जिस स्थान पर इस समय ये दोनों प्राणी थे वह ऐसा स्थान था जहाँ से और ऊपर चढ़ने की संभावना नहीं थी।

वि०–ज्ञान में बहुत ऊँचे उठने पर पृथ्वी के समस्त आकर्षण तुच्छ प्रतीत होते हैं। साथ ही जब तक साधक को परमात्मा के आलोक के दर्शन नहीं होते तब तक उसे शून्य के अतिरिक्त और कुछ भासित नहीं होता।

"कहाँ ले चली हो अब मुझको श्रद्धे ! मैं थक चला अधिक हूँ ;
साहस छूट गया है मेरा निस्संबल भग्नाश पथिक हूँ।

शब्दार्थ–निस्संबल-निस्सहाय। **भग्नाश**-जिसकी आशाएँ टूट गई हों। **पथिक**-यात्रा, मार्ग चलने वाला।

अर्थ–मनु ने पूछा : श्रद्धे, इस बार तुम मुझे कहाँ लिये जा रही हो? मैं तो चलते-चलते बहुत थक गया हूँ। मेरा साहस काम नहीं दे रहा। मैं अपने को उस पथिक के समान पा रहा हूँ जो निस्सहाय हो और जिसकी सब आशाएँ टूट चुकी हों।

वि०–ज्ञान के पथ पर आगे बढ़ने में मन अनेक बार सकुचाता है और दुर्बलता का अनुभव करता है।

लौट चलो, इस वात-चक्र से मैं दुर्बल अब लड़ न सकूँगा;
श्वास रुद्ध करने वाले इस शीत पवन से अड़ न सकूँगा।

शब्दार्थ–वात-चक्र-बवंडर, आँधी। **रुद्ध करने वाले**-रुँधने वाली, रोकने वाली। **अड़ना**-सामना करना।

अर्थ–पीछे लौट चलो। इस बवंडर को सहने की और सामर्थ्य मुझमें नहीं है। इस ठंडी हवा का, जो मेरी साँसों को रुँधे देती है, सामना करने की शक्ति मैं अपने में नहीं पा रहा हूँ।

वि०–योग के आधार पर जो ज्ञान प्राप्त करना चाहते हैं, उन्हें ऐसी स्थिति को पार करना पड़ता है। योग-साधन में सफल होने पर सिद्धियाँ मोक्ष आदि सबकी प्राप्ति संभव है, पर भ्रष्ट होने पर शारीरिक रोग और मृत्यु की संभावना रहती है।

मेरे, हाँ वे सब मेरे थे जिन से रूठ चला आया हूँ;
वे नीचे छूटे सुदूर, पर भूल नहीं उनको पाया हूँ।"

शब्दार्थ–नीचे-इस पर्वत के नीचे पृथ्वी पर। **सुदूर**-बहुत दूर पर।

अर्थ–जिनसे रूठकर मैं चला आया हूँ, वे सब मेरे अपने थे। निस्संदेह वे मेरे थे। वे नीचे बहुत दूर मुझसे बिछुड़ गए हैं, पर सच बात यह है कि मैं उन्हें भुला नहीं पाया।

वि०–ज्ञान के पथ पर अग्रसर होने पर भी मन बार-बार सांसारिक आकर्षण की ओर लालसा भरी दृष्टि डालता है। दुर्बल है न?

वह विश्वास भरी स्मिति निश्छल श्रद्धा-मुख पर झलक उठी थी;
सेवा कर-पल्लव में उसके कुछ करने को ललक उठी थी।

शब्दार्थ–स्मिति-मंद मुस्कान। **मुख**-अधर से तात्पर्य है। **कर-पल्लव**-नवीन पत्ते जैसी हथेलियाँ। **ललकना**-घाव से भरना, उद्यत होना।

अर्थ–इतना सुनते ही श्रद्धा के मुख पर एक विश्वासभरी छलहीन मुस्कान खिल उठी और उसके पल्लव जैसे हाथ सेवा करने को उद्यत हुए।

वि०–श्रद्धा ने दो गुणों का सदैव परिचय दिया है-विश्वास और निस्वार्थ भावना का। इसी से मुस्कान को मधुर या आकर्षक न कहकर विश्वासभरी और निश्छल कहना कितना प्रिय लगता है।

दे अवलंब, विकल साथी को कामायनी मधुर स्वर बोली;
"हम बढ़ दूर निकल आये अब करने का अवसर न ठिठोली!

शब्दार्थ–अवलम्ब-सहारा। **ठिठोली**-मजाक, दिल्लगी, हँसी।

अर्थ–अपने व्याकुल साथी को सहारा देकर कामायनी ने मीठे स्वर में कहा देखो, हम बहुत दूर चले आये हैं। मजाक करने का समय अब नहीं रहा अर्थात् सांसारिक सुख की ओर लौटने की बात अब तुम्हारे मुँह से शोभा नहीं देती।

वि०–संसार का परित्याग करने से पहले ही साधक को सोच लेना चाहिए कि उसे पछताना तो नहीं पड़ेगा। वैराग्य के पथ पर चरण रख कर संसार की ओर लौटना अपनी हँसी कराना है।

दिशा विकम्पित, पल असीम है यह अनंत सा कुछ ऊपर है;
अनुभव करते हो, बोलो क्या पदतल में सचमुच भूधर है?

शब्दार्थ–विकंपित-काँपना, स्थिर न रहना या होना। **पल**-क्षण, समय। **अनंत**-सीमाहीन, आकाश से तात्पर्य है। **भूधर**-पर्वत।

अर्थ–कौन दिशा किधर है यह स्थिर नहीं किया जा सकता। पल भी यहाँ किसी सीमा (परिमाण) में बँधे हुए नहीं हैं। भाव यह कि ऐसे स्थान में देश-काल का बोध होना कठिन है। ऊपर सीमाहीन सा कुछ-आकाश-दिखाई देता है। तुम इस बात का उत्तर दो कि क्या अपने चरणों के नीचे पहाड़ जैसी वस्तु का तुम वास्तव में अनुभव कर रहे हो?

वि०–मनु के नीचे पर्वत नहीं, ऐसी बात नहीं है। पर जब व्यक्ति चलते-चलते बहुत थक जाता है और फिर भी उसे चलना पड़ता है तब उसके पैर उखड़ जाते हैं और उसे

ऐसा लगता है जैसे उसके नीचे भूमि नहीं। भयभीत होकर यदि देर तक दौड़ना पड़े तब तो यह बात भी अच्छी तरह समझी जा सकती है।

निराधार हैं, किन्तु ठहरना हम दोनों को आज यहीं है;
नियति खेल देखूँ न, सुनो अब इसका अन्य उपाय नहीं है।

शब्दार्थ–निराधार-उचित विश्रामगृह का न होना।

अर्थ–यहाँ कोई ऐसा स्थान नहीं जहाँ हम सुविधापूर्वक विश्राम कर सकें। किन्तु आज हमें यहीं ठहरना है। संसार की ओर लौटकर भाग्य के हाथ का खिलौना मैं नहीं बनना चाहती। तुम यह बात ध्यान से सुन लो कि हम जिस मार्ग पर चले पड़े हैं उस पर बढ़ने के अतिरिक्त और कोई दूसरा उपाय शेष नहीं रहा।

झाँई लगती जो, वह तुमको ऊपर उठने को है कहती;
इस प्रतिकूल पवन धक्के को झोंक दूसरी ही आ सहती।

शब्दार्थ–झाँई-आँखों के आगे अँधेरा छा जाना। **दूसरी झोंक**-उत्साह।

अर्थ–तुम्हारी आँखों के आगे जो अँधेरा छा गया है उसे दूर करने के लिए यह आवश्यक है कि तुम थोड़े और ऊपर उठो। समभूमि आने पर दृष्टि धुँधली न रहेगी।

ऊपर से जो पवन के प्रतिकूल धक्के लग रहे हैं, इन्हें हम अपने अंतर के उत्साह से सहन करेंगे।

वि०–पहाड़ की ऊँचाई पर लगातार ऊँचे उठने पर बड़ा श्रम पड़ता है। जिन्हें अभ्यास नहीं है वे हाँफ जाते हैं, उनके पैर उखड़ जाते हैं और उनकी आँखों के सामने अँधेरा छा जाता है जिससे उनका माथा चकराने लगता है और उन्हें ऐसा लगता है कि अब गिरे, अब गिरे।

श्रांत पक्ष, कर नेत्र बंद बस विहग युगल से आज हम रहें;
शून्य, पवन बन पंख हमारे हमको दें आधार, जम रहें।

शब्दार्थ–श्रांत-थके हुए। **पक्ष**-पंख। **विहग**-पक्षी। **युगल**-दो, नर मादा के जोड़े से तात्पर्य है। **जम रहें**-गति का बंद होना, रुकना।

अर्थ–आओ, आज हम दोनों उन दो पक्षियों के समान यहाँ रुक जायँ जिनके पंख उड़ते-उड़ते थक जाते हैं और जो आँख बन्द करके शून्य में पवन के आधार पर थोड़ी देर में विश्राम कर लेते हैं। वह शून्य स्थान और यह पवन ही आज हमारा सहारा है। इन्हीं के भरोसे हमें यहाँ रहना है अर्थात् न तो मन बहलाने को यहाँ कोई साथी है और न खाने-पीने को कुछ। केवल पवन साँस लेने के लिए है।

वि०–योगाभ्यास में एक ऐसी स्थिति भी आती है जब देशकाल का भान छूट जाता है और आत्मा अपने चारों ओर केवल शून्य की अनुभूति करती है। ऊपर के चार छंदों में इसी साधनात्मक क्रिया का आभास बीजरूप से निहित है।

घबराओ मत ! यह समतल है देखो तो, हम कहाँ आ गये।"
मनु ने देखा आँख खोल कर जैसे कुछ कुछ त्राण पा गये।

शब्दार्थ–समतल-समभूमि। **त्राण**-शांति।

अर्थ–थोड़ी देर में श्रद्धा ने फिर कहा : घबराओ मत। सामने ही समतल भूमि है। तुम देखो तो सही, हम कैसे स्थान में आ पहुँचे हैं। मनु ने आँखें खोलकर अपने चारों ओर देखा। उन्हें वास्तव में थोड़ी शांति मिली।

ऊष्मा का अभिनव अनुभव था ग्रह, तारा, नक्षत्र अस्त थे;
दिवा रात्रि के संधि काल में ये सब कोई नहीं व्यस्त थे।

शब्दार्थ–**ऊष्मा**-गर्मी, स्फूर्ति, उत्साह, नवीन शक्ति, नवीन बल। **अभिनव**-नवीन। **दिवा**-दिन। **संधि काल**-मिलन बेला। **व्यस्त**-आकुल, गतिशील, चंचल।

अर्थ–वहाँ पहुँचकर उन्होंने नवीन स्फूर्ति का अनुभव किया। जिस समय ये दोनों वहाँ पहुँचे उस समय दिन और रात्रि की मिलन-वेला अर्थात् संध्या थी; इसी से ग्रह, तारागण और नक्षत्र अभी छिपे हुए थे और इनमें से कोई भी गतिशील नहीं था।

ऋतुओं के स्तर हुए तिरोहित भू-मंडल रेखा विलीन सी;
निराधार उस महादेश में उदित सचेतनता नवीन सी।

शब्दार्थ–**स्तर**-वृंखला। **तिरोहित**-दूर होना, नष्ट होना, टूटना। **भू-मंडल**-गोलाकार पृथ्वी। **निराधार**-शून्य में स्थित। **महादेश**-विशाल पर्वत के ऊपर। **उदित**-जाग्रत। **सचेतनता**-चेतना।

अर्थ–ऋतुओं की वृंखला वहाँ टूट गई अर्थात् जैसे भारतभूमि में दो-दो मास के लिए एक-एक ऋतु क्रम से आती है ऐसा कोई नियम वहाँ लागू नहीं होता था। गोलाकार पृथ्वी की एक रेख तक वहाँ से दिखाई न देती थी।

शून्य में स्थित उस विराट देश में पहुँचकर मनु के हृदय में एक नवीन चेतना जाग्रत हुई।

वि०–जीव का आकर्षण जब लोक से टूट जाता है अर्थात् जब उसका बाह्य ज्ञान मिट जाता है तब वह ऐसी शून्य स्थिति का अनुभव करता है जहाँ न ऋतुएँ हैं, न सूर्य, न चंद्र, न तारे। वहाँ वह इंद्रियों के माध्यम से उत्पन्न होने वाले बोध से भिन्न एक प्रकार की नवीन चेतना का अनुभव करता है। ऐसी ही स्थिति की इन दोनों छंदों में कल्पना की गई है। जायसी ने उन स्थितियों की ओर पद्‌मावत में संकेत किया है–

जहाँ न राति न दिवस है, जहाँ न पौन न पानि।
तेहि बन सुअटा चलि बसा, कौन मिलावै आनि।

त्रिदिक् विश्व, आलोक विन्दु भी तीन दिखाई पड़े अलग वे;
त्रिभुवन के प्रतिनिधि थे मानो वे अनमिल थे किंतु सजग थे।

शब्दार्थ–**त्रिदिक्**-तीन दिशाओं में। **आलोक विंदु**-प्रकाशमय गोलक। **त्रिभुवन**-तीन लोक। **प्रतिनिधि**-स्थानापन्न। **अनमिल**-एक दूसरे से भिन्न। **सजग**-क्रियाशील।

अर्थ–मनु ने तीन दिशाओं में तीन लोक देखे। उन्हें तीनों प्रकाश भरे गोलक एक दूसरे से पृथक् दिखाई दिए। ये तीनों मानो तीन भुवनों का प्रतिनिधित्व करते थे। वे एक दूसरे से दूर होने पर भी अपने-अपने स्थान पर क्रियाशील थे।

वि०–तीन भुवनों में स्वर्ग, पृथ्वी और पाताल आते हैं, पर यहाँ त्रिभुवन का अर्थ वह

नहीं है। जो है वह आगे स्पष्ट किया जाएगा।

मनु ने पूछा, "कौन नये ग्रह ये हैं, श्रद्धे ! मुझे बताओ?
मैं किस लोक बीच पहुँचा, इस इंद्रजाल से मुक्त कराओ !

शब्दार्थ–ग्रह-नक्षत्र लोक। **इंद्रजाल**-मायाजाल।

अर्थ–मनु ने पूछा : श्रद्धे, ये जो तीन नवीन ग्रह दिखाई दे रहे हैं, उनके क्या नाम हैं, यह तुम मुझे बतलाओ। मैं इस समय किस लोक में आ खड़ा हुआ हूँ? इस मायाजाल से मुक्त करो।

"इस त्रिकोण के मध्य विन्दु तुम शक्ति विपुल क्षमतावाले ये।
एक एक को स्थिर हो देखो इच्छा, ज्ञान, क्रिया वाले ये।

शब्दार्थ–त्रिकोण-तीन कोने पर स्थित तीन लोक, त्रिभुज, क्षेत्र। **विपुल**-बहुत, अत्यधिक, महान्।

अर्थ–श्रद्धा ने उत्तर दिया : तुम इन तीन लोकों के मध्य में स्थित हो। ये तीनों महान् शक्ति और सामर्थ्यशील हैं। तुम एकाग्र होकर उनमें से एक-एक को देखो। इन्हें इच्छालोक, कर्मलोक और ज्ञानलोक कहते हैं।

वि०–मनु के समान ही प्रत्येक व्यक्ति का मन इच्छा, कर्म और ज्ञान के बीच गतिशील रहता है। उचित मात्रा में इन तीनों का सामंजस्य ही वास्तविक आनन्द का स्रोत है, यही इस सर्ग में समझाया गया है। आगे इच्छा, कर्म और ज्ञान के स्वरूप तथा उनकी शक्ति पर प्रकाश डालने का प्रयत्न किया गया है।

वह देखो रागारुण है जो ऊषा के कंदुक सा सुन्दर;
छायामय कमनीय कलेवर भाव-मयी प्रतिमा का मंदिर।

शब्दार्थ–रागारुण-अनुराग (प्रेम) जिसका रंग काव्य में लाल माना जाता है। **कंदुक**-गेंद। **छाया**-कांति, सूक्ष्मता। **कमनीय**-रम्य, मनोहर। **कलेवर**-शरीर, देह, बाहरी आवरण। **प्रतिमा**-मूर्ति।

अर्थ–पहले इस लोक को देखो जो अनुराग के समान अरुण वर्ण का और उषा की गेंद के समान सुन्दर है। इसका बाह्य आवरण केवल कांति से निर्मित और मनोहर है अर्थात् यह सूक्ष्म देहधारी है। हमारी पृथ्वी के समान इसमें ठोसपन नहीं है। इस लोक में भाव वैसे ही बसते हैं जैसे किसी मंदिर में मूर्ति विराजमान रहती है। तात्पर्य यह कि यह इच्छालोक है।

शब्द, स्पर्श, रस, रूप, गंध की पारदर्शिनी सुघड़ पुतलियाँ;
चारों ओर नृत्य करतीं ज्यों रूपवती रंगीन तितलियाँ!

शब्दार्थ–शब्द-ध्वनि। **स्पर्श**-छूने की क्रिया। **रस**-चखने या जिह्वा से स्वाद लेने की क्रिया। **रूप**-नेत्र से वस्तुओं का आकार और उनकी सुन्दरता को ग्रहण करना। **गंध**-नासिका से सुवास लेना। **पारदर्शिनी**-स्वच्छ। **रूपवती**-सुन्दरी।

अर्थ–इसमें शब्द, स्पर्श, रस, रूप और गंध की पारदर्शिनी (सूक्ष्म) सुन्दर आकृतियाँ चारों ओर सुन्दर रंगीन तितलियों के समान मस्ती से विचरण करती हैं।

वि०–पाँच इन्द्रियों द्वारा हमें वस्तुओं का ज्ञान होता है। इन्हें ज्ञानेन्द्रियाँ कहते हैं। ये

हैं त्वचा, रसना, चक्षु, कर्ण और घ्राण। इनकी पाँच क्रियाएँ हैं। त्वचा का काम स्पर्श करना या छूना है, रसना या जिह्वा का काम रस लेना या चखना है, चक्षु या आँख का संबंध रूप या देखने से है। कर्ण या कान का प्रयोग शब्द या ध्वनि के लिए होता है अर्थात् कानों से हम सुनते हैं। घ्राणेन्द्रिय अर्थात् नाक का काम गंध लेना है। प्रत्येक प्राणी का भाव-जगत् इसी 'शब्द, स्पर्श, रूप, रस, गंध' से बँधा है। हम मधुर संगीत या वाणी सुनना चाहते हैं, कोमल रमणियों या वस्तुओं को स्पर्श करना चाहते हैं, मधुर रसों का स्वाद लेना हमें प्रिय है, रूप देखते ही आँखें उधर लग जाती हैं और नासिका से पुष्पों की भीनी गंध लेना रुचिकर प्रतीत होता है।

इस कुसुमाकर के कानन के अरुण पराग पटल छाया में;
इठलातीं सोतीं जगतीं ये अपनी भाव भरी माया में।

शब्दार्थ–**कुसुमाकर**-वसंत, यौवन। **कानन**-बन, मन। **अरुण**-पीत या लाल रंग का। **पराग**-पुष्परज, आकर्षण। **इठलातीं**-मस्ती से विचरण करती। **माया**-रम्यता।

अर्थ–जैसे वसंत ऋतु के आगमन पर जब वन खिल जाता है तब तितिलियाँ पुष्पों के पीत पराग की उड़ती धूलि के नीचे मस्ती से घूमती, सोती और जागती हैं वैसे ही यौवन-वसंत के आगमन पर मन के वन के खिलते ही आकर्षण के अरुण पराग के सहारे शब्द, स्पर्श, रस, रूप, गंध की चेतनाएँ रम्य भावों के रूप में जगतीं (जाग्रत होती) इठलातीं (बढ़तीं) और सोतीं (कुछ काल के उपरांत विलीन हो जातीं) हैं।

वि०–इसके उपरांत आगे के पाँच छंदों में कवि ने शब्द, स्पर्श, रस, रूप, गंध का क्रमशः वर्णन किया है।

वह संगीतात्मक ध्वनि इनकी कोमल अँगड़ाई है लेती;
मादकता की लहर उठा कर अपना अंबर तर कर देती।

शब्दार्थ–**संगीतात्मक**-लय और ताल में बँधी ध्वनि। **ध्वनि**-स्वर। **अँगड़ाई लेना**-स्वरों का लहराते उठना। **मादकता**-मस्ती। **लहर**-तरंगें। **अम्बर**-आकाश, शून्य स्थान। **तर करना**-भिगोना।

अर्थ–इन पुतलियों के संगीत के कोमल स्वर जब लहराते उठते हैं तब आसपास के वातावरण में मस्ती की तरंगें उत्पन्न करते हैं और जिस शून्य स्थान में वे गूँजते हैं उसे रस-सिक्त कर (भिगो) देते हैं।

भावपक्ष में इसका तात्पर्य यह हुआ कि जब मीठी-मीठी कोमल भावनाएँ मन में जगती हैं तब हृदय एक प्रकार की मस्ती का अनुभव करता है और अंतःकरण रसमग्न हो जाता है।

वि०–(१) संगीत का अभ्यास करने वाले कलाकारों और संगीत सुनने वाले पारखियों दोनों के सामान्य अनुभव की बात है कि गले से स्वर संधान करते ही या वाद्ययंत्र पर उँगलियाँ चलाते ही ध्वनि उत्पन्न होती है। यह ध्वनि शून्य में लहरें लेती उठती हैं। उन लहरियों की गूँज से मन ही आनन्दमग्न नहीं होता, सारा वातावरण रससिक्त हो जाता है।

(२) अँगड़ाई लेना, सीधा उठना नहीं, कलात्मक ढंग से, विशेष शारीरिक भंगिमाओं के साथ उठना है। ध्वनि अँगड़ाई लेती है का तात्पर्य जहाँ स्वरों का लहराते हुए फैलना है वहाँ

यह भी कि संगीत में जैसे कठिन राग-रागिनियों के स्वर सरल न होकर कठिन होते हैं वैसे ही खाने-पीने के सरल भावों को छोड़ जितने सूक्ष्म भाव मन में जन्म लेते हैं उनका रस उतना ही अधिक आनन्ददायी है।

आलिंगन सी मधुर प्रेरणा छू लेती, फिर सिहरन बनती;
नव अलम्बुषा की व्रीड़ा सी खुल जाती है, फिर जा मुँदती।

शब्दार्थ–आलिंगन-शरीर का शरीर से छूना। **प्रेरणा**-इच्छा। **सिहरन**-कंपन। **अलम्बुषा**-छुईमुई का पौधा (Touch-Me-Not)। **व्रीड़ा**-लज्जा, संकोच।

अर्थ–आलिंगन करने की मधुर इच्छा से प्रेरित होकर ये पुतलियाँ एक दूसरे को छूती हैं, और उस स्पर्शसुख से एक मधुर कंपन का अनुभव करती हैं। पर तुरंत ही लज्जा आ दबाती है। जैसे नवीन छुई-मुई खुलती है, पर उँगली का स्पर्श होते ही सिकुड़ जाती है, ठीक ऐसे ही इनके हृदय में पहले तो स्पर्श की भावना जगती है, स्पर्श होता भी है, पर अधिक नहीं बढ़ पाता, लज्जा के कारण थम जाता है।

वि०–(१) जैसे कान अपनी तृप्ति के लिए मधुर स्वर के प्यासे रहते हैं वैसे ही हाथ भी स्पर्श करने को आकुल रहते हैं, पर लज्जा उन्हें संयम में बाँधे रखती है।

(२) एक हृदय दूसरे हृदय को स्पर्श करना चाहता है अर्थात् एक प्राणी के भाव दूसरे प्राणी के भाव से टकराना चाहते हैं और इससे सुख की भी अनुभूति होती है; पर संकोच के कारण मन की बहुत सी बातें प्रायः मन में ही रह जाती हैं।

(३) जिसे हम प्यार करते हैं उसे स्पर्श करते ही एक मधुर कंपन का अनुभव स्वभावतः होता है।

यह जीवन की मध्यभूमि है रस धारा से सिंचित होती;
मधुर लालसा की लहरों से यह प्रवाहिका स्पंदित होती।

शब्दार्थ–यह-इच्छा लोक। **सिंचित होता**-सींचा जाता। **लालसा**-कामना। **प्रवाहिका**-नदी, सरिता। **स्पंदित होना**-नदी का चंचल होना, लहरों का उठना।

अर्थ–इच्छा-लोक जीवन का मध्य लोक है-इससे पहले का कर्मलोक इससे कम सूक्ष्म है और इसके आगे का ज्ञानलोक इससे कहीं अधिक सूक्ष्म। यह लोक रस की धारा से सींचा जाता है।

इस नदी में मधुर कामनाओं की लहरें उठती रहती हैं।

वि०–सामान्य रूप से जीवन की मध्यभूमि यौवन है जिससे मधुर लालसाओं के उद्रेक से रस की धारा बहती रहती है।

जिसके तट पर विद्युत कण से मनोहारिणी आकृति वाले;
छायामय सुषमा में विह्वल विचर रहे सुन्दर मतवाले।

शब्दार्थ–मनोहारिणी-आकर्षक। **छायामय**-सूक्ष्म शरीरधारी। **सुषमा**-लावण्य। **विह्वल**-अधिकता।

अर्थ–रस की इस सरिता के किनारे विद्युत्कणों के समान आकर्षक आकृति वाले, सूक्ष्म शरीरधारी, अत्यधिक लावण्यमय सुन्दर जीव मस्ती से घूमते हैं।

वि०–लालसा की लहरों से युक्त रस की नदी के किनारे कवि ने रूप को विचरते देखा है। इसका तात्पर्य यह है कि रूप और रस का निकट का सम्बन्ध है।

सुमन संकुलित भूमि रंध्र से मधुर गंध उठती रस भीनी;
वाष्प अदृश्य फुहारे इसमें छूट रहे, रस बूँदें झीनी।

शब्दार्थ–**संकुलित**-युक्त, पूर्ण, भरी हुई। **रंध्र**-छिद्र। **रस भीनी**-रस से भीगी, सरस। **वाष्प**-भाप। **अदृश्य**-जो दिखाई न दे।

अर्थ–इच्छालोक की फूलों से भरी भूमि के छिद्रों के सरस मधुर गंध उठती है। उस गंधयुक्त मकरंद के, झीनी-झीनी बूँदों से युक्त वाष्प के ऐसे फुहारे छूट रहे हैं जो दिखाई नहीं पड़ते।

वि०–मन की भूमि सुमन जैसी कोमल भावनाओं से भरी रहती है जिससे रसमयी भाव-तरंगों के फुहारे छूटते हैं। इस अर्थ में पुष्प का सुमन नाम कैसा सार्थक है।

घूम रही है यहाँ चतुर्दिक् चल चित्रों सी संसृति छाया;
जिस आलोक विन्दु को घेरे वह बैठी मुस्क्याती माया।

शब्दार्थ–**चतुर्दिक्**-चारों ओर। **चलचित्रों**-रजतपट के चित्रों के समान (Cinema)। **संसृति**-इच्छालोक के निवासी। **छाया**-छायामय शरीर, सूक्ष्म या स्थूलता-विरहित देह।

अर्थ–इस लोक के निवासियों के छायामय (सूक्ष्म) शरीर रजतपट के घूमते चित्रों के समान चारों ओर घूमते रहते हैं।

इच्छा के इस प्रकाश-लोक को चारों ओर से घेर कर माया बैठी-बैठी मुस्कुराती रहती है। अर्थात् इच्छा-लोक की स्वामिनी माया है।

वि०–प्रथम दो पंक्तियों का हृदय-पक्ष में अर्थ यह हुआ कि मन में चंचल भाव प्रतिक्षण उठते रहते हैं।

भाव चक्र यह चला रही है इच्छा की रथ नाभि-घूमती;
नव रस भरी अराएँ अविरल चक्रवाल को चकित चूमतीं।

शब्दार्थ–**चक्र**-पहिया। **रथ नाभि**-धुरी जिस पर पहिया घूमता है। **अराएँ**-लकड़ी की वे तीलियाँ जो पहिए के मध्य भाग से आरम्भ होकर उसके गोलाकार अंश से जुड़ी रहती हैं। **अविरल**-निरन्तर। **चक्रवाल**-गोलाकार अंश। **चूमतीं**-छूतीं, संबंधित रहतीं।

अर्थ–यह माया भावचक्र को चलाती रहती है। यह चक्र इच्छा का आधार पाकर वैसे ही गतिशील रहता है जैसे पहिए की धुरी पर पहिया घूमता है। पहिए के मध्य भाग से जैसे लकड़ी की तीलियाँ उसके गोल अंश से जुड़ी रहती हैं वैसे ही नौ रसों की धाराएँ भावचक्र के वृत्त को आश्चर्य-चकित होकर स्पर्श करती हैं।

वि०–(१) जो भावों का शिकार हुआ, समझ लो वह मायाजाल में फँसा हुआ है। माया का अर्थ ही है इच्छा के इशारों पर नाचना। इच्छा से कर्म होते हैं, कर्म संस्कार से बनते हैं, संस्कारों के कारण प्राणी अनेक योनियों में भ्रमण करता है अर्थात् आवागमन, जन्म-मरण या माया के चक्र से उसे छुटकारा नहीं मिलता। इसी से प्राणी का पुरुषार्थ है कामनाहीन होना।

(२) भाव इच्छा का आधार लेकर घूमते हैं इसका तात्पर्य यह हुआ कि इच्छा होने से ही भाव जगते हैं। इच्छा न होगी तो भाव न जगेंगे। प्रेम करने की इच्छा होगी तो शृंगारी भाव जगेंगे।

(३) प्रत्येक प्राणी के हृदय में 9 भाव स्थायी रूप से रहते हैं–रति, हास, क्रोध, उत्साह, भय, जुगुप्सा, विस्मय, शोक और शम। इन्हें स्थायी भाव कहते हैं। इन्हीं के आधार पर साहित्य-शास्त्रियों ने 9 रस माने हैं। भाव-चक्र में भाव शब्द मन में उठने वाली भाव-समष्टि के अर्थ में प्रयुक्त हुआ है।

(४) चकित शब्द का प्रयोग करके कवि रस की उस आनंददायिनी शक्ति की ओर संकेत करना चाहता है जिसे व्यक्त करने में अपने को असमर्थ पाकर रस के संबंध में सभी ने यह कहा है–वह अलौकिक है, वह ब्रह्मानंद-सहोदर है, वह अनिर्वचनीय है।

यहाँ मनोमय विश्व कर रहा रागारुण चेतन उपासना;
माया राज्य ! यही परिपाटी पाश बिछा कर जीव फाँसना।

शब्दार्थ–मनोमय विश्व-शरीर संगठित करने वाले पाँच कोषों में से तीसरा, इसमें मन, अहंकार और कर्मेन्द्रियाँ आती हैं। **रागारुण चेतन**-तीव्र या गहरा आसक्ति भाव। **उपासना**-आराधना। **परिपाटी**-प्रणाली। **पाश**-जाल।

अर्थ–इस लोक के प्राणियों का मन गहरी आसक्ति-भाव की आराधना में लीन रहता है।

यहाँ की शासिका माया है और उसकी शासन-प्रणाली यह है कि वह मोह का जाल बिछाकर जीवों को फाँसे रखती है।

वि०–आसक्ति ही संसार में फाँसे रहने का कारण है; अतः भाव पक्ष में इस छंद का अर्थ यह होगा कि मन के भाव सांसारिक आसक्ति की ओर मुड़ते हैं और मायाजाल में फँसे रहते हैं।

वेदान्त के अनुसार शरीर का संगठन पाँच कोषों (स्तरों) से युक्त माना जाता है–अन्नमय कोष, प्राणमय कोष, मनोमय कोष, विज्ञानमय कोष और आनंदमय कोष। अन्न से बनी त्वचा से लेकर वीर्य तक का समुदाय अन्नमय कोष कहलाता है। प्राण, अपान, उदान, समान, व्यान इन पाँच प्राणों को प्राणमय कोष कहते हैं। मन, अहंकार और कर्मेन्द्रियाँ मनोमय कोष के अंतर्गत आती हैं। ज्ञानेन्द्रियाँ और बुद्धि का समूह विज्ञानमय कोष कहलाता है। शरीर का सब से भीतरी आनंदमय कोष है। इसमें आनंदमयी आत्मा निवास करती है।

इच्छाएँ मनोमय कोष में होती हैं।

ये अशरीरी रूप, सुमन से केवल वर्ण गंध में फूले;
इन अप्सरियों की तानों के मचल रहे हैं सुन्दर झूले।

शब्दार्थ–अशरीरी-सूक्ष्म। **रूप**-आकार। **वर्ण**-रंग। **गंध**-सुवास। **अप्सरियों**-सुंदर रमणियों, मनोवृत्तियों। **झूले**-झूला के समान संगीत की तानों का लहराना।

अर्थ–शरीर से ये स्थूल नहीं हैं, सूक्ष्म हैं। जैसे फूल में वर्ण और गंध होते हैं–जिनका कोई शरीर नहीं–वैसे ही ये भी सुन्दर वर्ण वाली रमणियाँ हैं और इनके शरीर से गंध फूटती है। इच्छालोक की इन अप्सराओं की संगीत की तानें मनोहर झूलों के समान लहराती ही

रहती हैं।

वि०–(१) इच्छा लोक के निवासियों का शरीर मनुष्यों के समान हड्डी मांस से बना ठोस नहीं है, वह सूक्ष्म है। अशरीरी से तात्पर्य स्थूलता के विपरीत है। इसी भाव को व्यंजित करने के लिए कवि इसके पूर्व 'छायामय कलेवर', 'छायामय सुषमा', चलचित्रों की संसृति, आदि लाया है।

(२) भावों का कोई स्थूल शरीर नहीं होता। हाँ, वे रंगीन होते हैं और जैसे गंध नहीं छिपती, चारों ओर फूट पड़ती है, वैसे ही इन्हें भी छिपाना कठिन होता है। संगीत की तान के समान मन में ये भी मचलते ही रहते हैं।

(३) इस सर्ग में अंतर्जगत से सम्बंध रखने वाला अर्थ चाहे कितना ही प्रधान क्यों न हो, पर बाहरी अर्थ को बराबर स्मरण रखना है। कवि के अनुसार निद्रा इन लोकों को बाहर दिखा रही है।

भाव भूमिका इसी लोक की जननी है सब पुण्य पाप की;
ढलते सब, स्वभाव प्रतिकृति बन गल ज्वाला से मधुर ताप की।

शब्दार्थ–**भाव भूमिका**-भावनाएँ। **जननी**-उत्पन्न करने वाली। **ढलते**-बनते। **प्रतिकृति**-प्रतिमूर्ति, प्रतिमा। **मधुर ताप**-प्रभाव।

अर्थ–इच्छा लोक की भावभूमि में सब पुण्य और सब पाप उत्पन्न होते हैं अर्थात् यहाँ के प्राणी अपनी-अपनी भावनाओं के अनुसार सभी प्रकार के पाप-पुण्य के भागी होते हैं।

इन्हीं भावों की आग के मधुर ताप (प्रभाव) से प्राणी भिन्न-भिन्न स्वभाव की प्रतिमूर्ति से बन जाते हैं। भाव यह कि जिसके जैसे भाव, उसका वैसा स्वभाव।

वि०–(१) इस छंद का सामान्य अर्थ यह है कि प्रत्येक व्यक्ति में सत् और असत् दो प्रकार की वृत्तियाँ रहती हैं। जब वह सत् वृत्तियों का पक्ष लेता है तो पुण्य और असत् वृत्तियों में फँस जाता है तो पाप कमाता है। इन्हीं वृत्तियों के अनुसार प्रत्येक प्राणी का स्वभाव बनता है।

(२) वस्तुओं की उत्पत्ति के लिए भूमि या आधार की आवश्यकता होती है। अतः छंद की प्रथम पंक्ति में भाव के साथ 'भूमिका' शब्द का प्रयोग है। धातु पहले गलती है, फिर साँचे में ढलती है और तब कहीं मूर्तियाँ बनती हैं। भावों के साँचे में इसी प्रकार का स्वभाव ढलता है। कवि ने सचेष्ट होकर ज्वाला, ताप और ढलने का प्रयोग किया है।

नियममयी उलझन लतिका का भाव विटप से आकर मिलना;
जीवन वन की बनी समस्या आशा नभकुसुमों का खिलना।

शब्दार्थ–**नियममयी**-सामाजिक-धार्मिक विधान। **उलझन**-झंझट। **विटप**-वृक्ष। **नभ-कुसुमों का खिलना**-व्यर्थ होना, असम्भव, कल्पना।

अर्थ–जैसे वृक्ष से लता चिपटी रहती है, वैसे ही भावरूपी वृक्ष को नियमों के झंझट की लता जकड़े रहती है।

यह बात कि मन के भावों को नियमों से कैसे स्वतंत्र करें, जीवन के लिए उसी प्रकार की एक समस्या खड़ी करती है जैसे वन की यह एक समस्या है कि वृक्षों की लताएँ आकर घेर लेती हैं और चारों ओर से इन्हें जकड़ कर उनका रस चूसती हैं।

ऐसी दशा में किसी आशा को फलीभूत देखना उसी प्रकार असंभव है जैसे यह सोचना कि आकाश में फूल खिल सकते हैं।

वि०–जब नियम आकर सामने खड़े होते हैं तो मन के सारे कोमल भाव कुचल दिए जाते हैं। मान लीजिए कोई हिंदू लड़का किसी मुसलमान लड़की को प्रेम करता है। अब यदि वह यह चाहता है कि उसके साथ विवाह करके सुखी हो तो इस बात को सुनते ही धर्म कहेगा 'राम राम' समाज कहेगा 'छिः छिः।'

चिर-वसंत का यह उद्‌गम है पतझर होता एक ओर है;
अमृत हलाहल यहाँ मिले हैं सुख दुख बँधते, एक डोर हैं।"

शब्दार्थ–**चिर**-बहुत दिनों तक रहने वाला। **वसंत**-सब से सुंदर और समृद्धिशाली ऋतु, विकास। **पतझर**-माघ फाल्गुन में पड़ने वाली वह शीत ऋतु जिसमें वृक्ष के पत्ते झर जाते हैं, ह्रास। **अमृत**-सत् वृत्तियों के अनुशीलन से प्राप्त आनन्द। **हलाहल**-वासना या असत् वृत्तियों का विषैला प्रभाव।

अर्थ–इच्छा लोक चिर वसंत को भी जन्म देता है, दूसरी ओर पतझड़ को भी। यहाँ अमृत के पास ही विष रखा है। यहाँ एक ही गाँठ में सुख और दुःख बंधे हुए हैं।

वि०–अपने जीवन को बनाना-बिगाड़ना मनुष्य के हाथ में है। वह शुभ इच्छाओं का प्रेमी बनकर अपनी उन्नति कर सकता है और अशुभ इच्छाओं को पोषित कर अपनी अवनति भी। वह भक्ति, त्याग और पुण्य का पथ ग्रहण कर आनन्द का अमृत पान कर सकता है और वासना, स्वार्थ तथा पाप-पंक में फँसकर अपने जीवन को विषमय बना सकता है। वह चाहे तो सत् भावनाओं को अपनाकर सुखी बन सकता है और यह भी उसके हाथ में है कि भावनाओं का दास बनकर दुःखी हो।

"सुन्दर यह तुमने दिखलाया किन्तु कौन वह श्याम देश है?
कामायनी ! बताओ उसमें क्या रहस्य रहता विशेष है?"

शब्दार्थ–**यह**-इच्छा लोक। **श्याम**-श्याम रंग का। **कामायनी**-श्रद्धा का दूसरा नाम। **विशेष**-औरों से भिन्न, औरों से न मिलता-जुलता।

अर्थ–मनु ने कहा : तुमने जिस इच्छा लोक के दर्शन मुझे कराये, वह वास्तव में सुन्दर है। किन्तु यह दूसरा श्याम वर्ण कौन सा देश है? कामायनी, इसका विशेष रहस्य क्या है, यह भी मुझे समझाओ।

"मनु यह श्यामल कर्म लोक है धुँधला कुछ कुछ अंधकार सा;
सघन हो रहा अविज्ञात सह देश मलिन है धूम धार सा।

शब्दार्थ–**श्यामल**-श्याम वर्ण का। **सघन**-ठोस। **अविज्ञात**-अज्ञात, जिसके सम्बंध में निश्चयपूर्वक कुछ न कहा जा सके। **मलिन**-निकृष्ट कोटि का।

अर्थ–श्रद्धा ने उत्तर दिया : यह श्याम वर्ण वाला गोलक कर्मलोक कहलाता है। यह अंधकार के सदृश कुछ-कुछ धुँधला है। यह सूक्ष्म न होकर ठोस है, इसी से इसके सब रहस्यों को जाना नहीं जा सकता। यह देश धुएँ की धारा के समान है।

वि०–(१) बड़े-बड़े मनीषी इस बात पर चकराते हैं कि क्या करना चाहिए और क्या

न करना चाहिए। पूछा जा सकता है कि यदि अपना कर्म सभी को करना चाहिए और हिंसा पाप है, तो कसाई के लिए क्या व्यवस्था होनी चाहिए?

क्योंकि कर्म अकर्म के सम्बंध में निश्चित रूप से कुछ कहा नहीं जा सकता। इसी से उसे धुँधला कहा है।

(२) कर्म इच्छाओं तथा ज्ञान की भाँति सूक्ष्म नहीं अर्थात् केवल मन के भावों को लेकर चलने वाला या बुद्धि-व्यापार मात्र नहीं। उसका सम्बंध ठोस वस्तुओं-हाथ, पैर, नेत्र आदि से है, इसी से उसे सघन या ठोस कहा है।

(३) कर्म हमें संसार में ही फँसाये रहता है, इसी से उसे मलिन या सामान्य कोटि का कहा। ज्ञान के समान वह उज्ज्वल या उत्कृष्ट कोटि का नहीं है।

कर्म-चक्र सा घूम रहा है यह गोलक, बन नियति प्रेरणा;
सब के पीछे लगी हुई है कोई व्याकुल नयी एषणा।

शब्दार्थ–गोलक-गोल आकार वाला देश। **नियति**-भाग्य। **प्रेरणा**-इशारा, इंगित, उत्तेजना। **व्याकुल**-अस्थिर रखने वाली। **एषणा**-इच्छा।

अर्थ–यह गोल आकार वाला देश भाग्य के इशारे से कर्म-चक्र का रूप धारण करके चक्कर काट रहा है। इस लोक के प्रत्येक प्राणी के कर्म के मूल में कोई न कोई अस्थिर रखने वाली नवीन इच्छा काम कर रही है।

वि०–इच्छा से कर्म होता है। कर्म से संस्कार बनते हैं। संस्कारों के अनुसार दूसरा जन्म पाकर हमें फिर कर्म करना पड़ता है। इस प्रकार यह कर्म-चक्र चलता रहता है।

श्रममय कोलाहल, पीड़नमय विकल प्रवर्त्तन महायंत्र का;
क्षण भर भी विश्राम नहीं है प्राण दास है क्रिया तंत्र का।

शब्दार्थ–श्रम-परिश्रम। **कोलाहल**-शोर। **पीड़न**-दबाना। **विकल**-अस्थिर, चंचल। **प्रवर्त्तन**-चक्कर, किसी चीज को चलाना, गति देना। **क्रिया तन्त्र**-कर्म विधान।

अर्थ–जैसे जब किसी कारखाने में कोई भारी मशीन वस्तुओं को दबाती कुचलती तीव्रगति से चक्कर काटती है तब उसके साथ काम करने वाले मजदूर को श्रम भी करना पड़ता है और उनके इधर-उधर घूमने से शोर भी मचता रहता है, वैसे ही कर्म-चक्र प्राणियों से परिश्रम करवाता और कोलाहल मचवाता हुआ तीव्र गति से घूम रहा है।

इसके कारण प्राणियों को कभी विश्राम नहीं मिलता। उनके प्राण इस कर्म-विधान के गुलाम बन गये हैं।

भाव राज्य के सकल मानसिक सुख यों दुख में बदल रहे हैं;
हिंसा गर्वोन्नत हारों में ये अकड़े अणु टहल रहे हैं।

शब्दार्थ–मानसिक-काल्पनिक। **हिंसा**-किसी को मानसिक या शारीरिक कष्ट पहुँचाना, किसी की हत्या करना। **गर्वोन्नत**-भारी अभिमान। **हार**-माला। **अकड़ना**-गर्व से छाती फुलाना। **अणु**-तुच्छ जीव।

अर्थ–भावनाओं के राज्य में विचरण करने वाले प्राणी मानसिक (काल्पनिक) सुख प्राप्त कर सकते हैं, पर जब उनके ये भाव इस कर्मलोक से टकराते हैं तब सारा सुख दुःख में परिवर्तित हो जाता है।

हम दूसरों को मानसिक या शारीरिक कष्ट पहुँचा सकते हैं, ऐसे भारी अभिमान की मालाएँ धारण कर अर्थात् दूसरों को दुःख देने में अपनी शोभा समझ ये तुच्छ जीव गर्व से छाती फुलाए इधर-उधर निश्चिंत मन से घूमते दिखाई पड़ते हैं।

ये भौतिक सदेह कुछ करके जीवित रहना यहाँ चाहते;
भाव राष्ट्र के नियम यहाँ पर दण्ड बने हैं, सब कराहते।

शब्दार्थ–भौतिक-स्थूल, पंचभूतों से निर्मित शरीर। **सदेह**-देहधारी। **भाव राष्ट्र**-इच्छा लोक। **नियम**-बातें। **दण्ड**-दुखदायिनी, पीड़ा देने वाली। **कराहते**-पीड़ा से चिल्लाते, आह भरते।

अर्थ–ये स्थूल शरीरधारी किसी न किसी प्रकार के कर्म में रत रहकर इस लोक में जीवित रहना चाहते हैं। यहाँ इच्छालोक की बातें दण्डस्वरूप सिद्ध होती हैं अर्थात् कोरी भावुकता से यहाँ काम नहीं चलता। यही कारण है कि किसी न किसी रूप में सब व्यथा से चिल्ला रहे हैं।

करते हैं, सन्तोष नहीं है जैसे कशाघात प्रेरित से–
प्रति क्षण करते ही जाते हैं भीति विवश ये सब कंपित से।

शब्दार्थ–संतोष-तृप्ति, शान्ति। **कशाघात**-कोड़े की मार। **भीति**-भयभीत। **विवश**-अनिच्छा से। **कम्पित**-काँपते हुए।

अर्थ–कर्म करते हैं, पर असंतुष्ट रहते हैं। उन्हें ऐसा लगता है जैसे वे अपने मन से काम नहीं कर रहे हैं, कोई कोड़े मार-मार कर प्रतिपल उनसे काम करा रहा है और वे भयभीत होकर अनिच्छा से काँपते हुए प्रतिक्षण काम करते ही जाते हैं।

नियति चलाती कर्म चक्र यह तृष्णा जनित ममत्व वासना;
पाणि-पादमय पंचभूत की यहाँ हो रही है उपासना।

शब्दार्थ–नियति-भाग्य। **तृष्णा**-कोई आकुल इच्छा। **ममत्व वासना**-मोह, भावना, ममता। **पाणि-पादमय**-हाथ पैर वाले, स्थूल। **पंचभूत**-पृथ्वी, जल, अग्नि, पवन, आकाश। **उपासना**-अत्यधिक आसक्ति।

अर्थ–इस कर्म-चक्र को भाग्य गतिशील रखता है। क्योंकि किसी न किसी आकुल इच्छा को लेकर उन्हें प्राप्त करने के लिए लोगों के हृदय में उनके प्रति मोह भावना जग जाती है, इसी से यह कर्म-चक्र चल रहा है।

कर्म-लोक के पंचभूतों की स्थूल उपासना हो रही है अर्थात् भोग के लिए पंचभूत–पृथ्वी, जल, अग्नि, पवन, आकाश-काम में लाये जा रहे हैं।

यहाँ सतत संघर्ष, विफलता कोलाहल का यहाँ राज है;
अंधकार में दौड़ लग रही मतवाला यह सब समाज है।

शब्दार्थ–संघर्ष-एक दूसरे का सामना करना, प्रतियोगिता, अपनी सत्ता बनाये रखने के लिए प्रयत्न। **कोलाहल**-अशांति। **राज**-अधिकता, आधिपत्य। **अंधकार में**-विवेकहीन। **दौड़ लगाना**-जल्दी-जल्दी काम करना। **मतवाला**-पागल।

अर्थ–यहाँ रात-दिन एक व्यक्ति को दूसरे व्यक्ति का सामना करना पड़ता है। इसका

परिणाम अधिकतर असफलता और अशांति होती है।

सब अंधे बनकर जल्दी-जल्दी काम किये जा रहे हैं। यह नहीं सोचते कि इसका परिणाम क्या होगा। ऐसा लगता है मानो समाज का समाज ही पागल हो गया है।

स्थूल हो रहे रूप बना कर कर्मों की भीषण परिणति है;
आकांक्षा की तीव्र पिपासा! ममता की यह निर्मम गति है।

शब्दार्थ–स्थूल-सूक्ष्मता रहित (Gross)। **रूप**-इच्छाओं की मूर्ति, ठोस इच्छाएँ। **भीषण**-भयंकर। **परिणति**-परिणाम। **पिपासा**-ललक, चाट, प्यास। **ममता**-मोह। **निर्मम**-कठोर। **गति**-अंत।

अर्थ–अपनी-अपनी इच्छाओं की मूर्तियाँ बनाकर अर्थात् भावों को ठोस रूप में प्राप्त करने के प्रयत्न में ये लोग सब प्रकार की सूक्ष्मता खो चुके हैं और स्थूलताप्रिय हो गये हैं। यही कारण है कि इनके कर्मों का परिणाम भयंकर होता है। आकांक्षाओं की ऐसी घोर ललक और मोह का अंत ऐसा ही कठोर (दुःखदायी) होता है।

वि०–प्रेम एक सूक्ष्म भाव है उसका शरीर से अनिवार्य सम्बंध नहीं है। अतः यह कामना कि यदि किसी से प्रेम है तो वह पति या पत्नी रूप में ही प्राप्त हो, भाव को ठोस या स्थूल रूप में उपलब्ध करना है।

यहाँ शासनादेश घोषणा विजयों की हुंकार सुनाती;
यहाँ भूख से विकल दलित को पदतल में फिर फिर गिरवाती।

शब्दार्थ–शासनादेश-शासक की आज्ञाएँ। **घोषणा**-राजाज्ञा का प्रचार, मुनादी। **हुंकार**-ध्वनि। **दलित**-शोषित, कुचला हुआ व्यक्ति। **पदतल**-पैर, चरण।

अर्थ–यह वह लोक है जहाँ कभी किसी शासक की आज्ञाओं की घोषणा होती है और कभी किसी की। ये घोषणाएँ क्या हैं, उनकी जय ध्वनियाँ हैं।

पर शासन-व्यवस्था इस लोक की सदा से कुछ ऐसी रही है कि गरीबों को सुख-सुविधाएँ नहीं प्राप्त होतीं। जो भूख से व्याकुल और राज-व्यवस्था से कुचले हुए व्यक्ति हैं वे इन घोषणाओं से ऐसी स्थिति में बने रहते हैं कि बार-बार शासकों और धनिकों के पैरों में गिरते रहें। भाव यह कि राज्य के नियम शोषकों को और अधिक सुविधाएँ तथा शोषितों को सब प्रकार की असुविधाएँ जुटाते हैं।

यहाँ लिये दायित्व कर्म का उन्नति करने के मतवाले;
जला जला कर फूट पड़ रहे ढुल कर बहने वाले छाले।

शब्दार्थ–दायित्व-जिम्मेदारी।

अर्थ–यहाँ उन व्यक्तियों ने जो समाज, देश, संसार और धर्म की उन्नति के लिए पागल हो रहे हैं, सभी प्रकार के कर्मों का बोझ अपने ऊपर ले लिया है। अर्थात् लोग कुछ भी करने से नहीं चूकते और अपनी समस्त दौड़-धूप का कारण यह बतलाते हैं कि वे सृष्टि की उन्नति के लिए प्रयत्न कर रहे हैं।

मनुष्य एक-एक बात के लिए दुःख उसी प्रकार उठा रहे हैं जिस प्रकार जलने से छाले पड़ जायँ तो वे दुखते हैं, पर उस दशा में भी मनुष्य यदि स्थिर नहीं रहता तो आघात पाकर

वे छाले फूट जाते हैं ओर उनके भीतर से पानी ढलक कर बह जाता है और उस समय और भी व्यथा होती है।

यहाँ राशिकृत विपुल विभव सब मरीचिका से दीख पड़ रहे;
भाग्यवान बन क्षणिक भोग के ये विलीन, ये पुनः गड़ रहे।

शब्दार्थ–राशिकृत-संचित। **विपुल**-अधिक परिमाण में। **विभव**-ऐश्वर्य। **मरीचिका**-मृगतृष्णा, मिथ्या, निस्सार। **वे**-पहले लोग। **ये**-उनके पीछे आने वाले व्यक्ति।

अर्थ–इस लोक में अधिक से अधिक परिमाण में संचित किया हुआ सब प्रकार का ऐश्वर्य यदि ध्यान से देखा जाय तो मृगतृष्णा के समान (मिथ्या) है।

लोग ऐश्वर्यों का पल भोग कर के ही अपने को सौभाग्यशाली समझते हैं। एक दिन वे मिट जाते हैं। पर दूसरे लोग इससे कोई शिक्षा नहीं ग्रहण करते। फिर वैभव को एकत्र करने में जुट जाते हैं।

बड़ी लालसा यहाँ सुयश की अपराधों की स्वीकृति बनती
अंध प्रेरणा से परिचालित कर्त्ता में करते निज गिनती।

शब्दार्थ–लालसा-कामना। **यश**-ख्याति। **अपराध**-कुकर्म। **स्वीकृति**-स्वीकार करना, ग्रहण करना, उतारू होना। **अंध प्रेरणा**-संस्कारों की झोंक। **परिचालित**-प्रेरित।

अर्थ–कर्मशील व्यक्तियों के हृदयों में ख्याति की कामना बहुत तीव्र होती है। इसके लिए वे कुकर्म करने पर भी उतारू हो जाते हैं।

प्राणियों के संस्कार उन्हें जो करने के लिए बाध्य करते हैं, वही करने को वे विवश हैं, पर इतने पर भी वे अपने को कर्ता समझते हैं यह उनकी भूल है।

वि०–'प्रसाद' जी का विश्वास था कि व्यक्ति कर्म करने को स्वतंत्र नहीं है, उससे जैसे कोई वरवश काम कराता है। अभी लिख चुके हैं-'जैसे कशाघात प्रेरित से।' आशा सर्ग में यही बात दूसरे ढंग से कही गई है।

हाँ कि गर्व-रथ में तरंग सा,
जितना जो चाहे जुत ले।

प्राण तत्व की सघन साधना जल, हिम उपल यहाँ है बनता;
प्यासे घायल हो जल जाते मर मर कर जीते ही बनता।

शब्दार्थ–प्राण-तत्व-जीवन, प्राण वायु। **सघन**-जड़ता की दशा को पहुँचाने वाली। **साधना**-सिद्धि, उपलब्धि, प्राप्ति, उपासना। **हिम उपल**-ओला। **प्यासे**-जिनका जीवन अभावपूर्ण है। **घायल हो**-घोर कष्ट पाकर। **जल जाते**-मृत्यु को प्राप्त करते हैं। **मर मर कर**-बड़ी कठिनाई से।

अर्थ–इस लोक में प्राण की–जो एक सूक्ष्म तत्व है–सिद्धि जड़ रूप में हो रही है अर्थात् कर्म करने वालों के हृदय जड़ हो जाते हैं। दूसरे शब्दों में हम यह कह सकते हैं कि संघर्ष में लीन व्यक्तियों के हृदय से सहानुभूति, करुणा, दया, ममता जैसी वृत्तियाँ निकल जाती हैं।

यह ठीक वैसा ही है जैसे जल जैसा तरल पदार्थ जमकर जड़-रूप में ओला बन जाय,

दूसरी ओर जिन प्राणियों का जीवन अभावपूर्ण है, वे नित्य घोर कष्ट पाकर मर जाते हैं। दुखी व्यक्ति एकदम मर भी नहीं सकते। जितने दिन का जीवन है उतने दिन कष्टों के बीच किसी न किसी प्रकार उन्हें जीवित रहना ही पड़ता है।

वि०—हृदय प्रदेश से नासिका तक आने-जाने वाली वायु को प्राणवायु कहते हैं। इसके रुकने पर मनुष्य की मृत्यु हो जाती है और तब हम कहते हैं—उसके प्राण निकल गये। यह जीवन का पर्याय है। प्राण की समता जल से-जो एक प्रवाहित रहने वाला तत्व है—ठीक ही की गई है। इस छंद की अन्तिम पंक्ति के भाव को मिर्जा गालिब के इस प्रसिद्ध शेर से मिलाइए—

मरते हैं आरजू में मरने की
मौत आती है पर नहीं आती।

यहाँ नील लोहित ज्वाला कुछ जला गला कर नित्य ढालती;
चोट सहन कर रुकने वाली धातु, न जिसको मृत्यु सालती।

शब्दार्थ—**नील लोहित ज्वाला**-प्रचंड अग्नि जो नील और रक्तवर्णी होती है। **धातु**-लोहा, चाँदी आदि खान से उत्पन्न होने वाले ठोस द्रव्य, यहाँ जीवात्मा से तात्पर्य है।

अर्थ—जैसे नील और रक्त वर्ण की प्रचंड अग्नि में लोहा, चाँदी आदि धातुओं का मैल जल जाता है और वे गलकर किसी भी रूप में ढाली जा सकती हैं वैसे ही यहाँ कर्मों की प्रचंड अग्नि में पड़ लोगों के संस्कारों की धातु में जो प्रतिकूल तत्वों का मेल है वह जल जाता है और फिर वे संस्कार बदल कर वर्तमान जीवन के अनुकूल ढल जाते हैं।

धातुओं (जैसे गरम लोहे) का हथौड़ों की चोट खाकर जिस प्रकार आकार बदल जाता है, पर उनका विनाश नहीं होता, इसी प्रकार संस्कारों को लेकर जीवात्मा मृत्यु का आघात पाकर एक शरीर को छोड़ दूसरे शरीर में प्रवेश कर जाता है, मर नहीं जाता।

वर्षा के घन नाद कर रहे तट कूलों को सहज गिराती;
प्लावित करती वन कुंजों को लक्ष्य प्राप्ति सरिता बह जाती।"

शब्दार्थ—**घन**-बादल, इच्छा। **नाद करना**-गरजना, बल पकड़ना। **तट कूलों**-किनारे और उनके आसपास की भूमि, संघर्ष में आने वाले व्यक्ति। **प्लावित करती**-डुबाती, तृप्त करती है। **वन कुंजों**-वन के निकुंजों, मन की कामनाओं। **सरिता**-नदी। **बहना**-बढ़ना।

अर्थ—वर्षा के बादलों के गरजने (तीव्र इच्छाओं के बल पकड़ने पर) किनारों और उसके आसपास की भूमि को अनायास गिरती हुई (संघर्ष में आने वाले व्यक्तियों को मिटाती) वन के कुंजों को सींचती हुई (मन की कामनाओं को तृपि करती) नदी (लक्ष्य सिद्धि की सरिता) आगे बह (बढ़) जाती है।

"बस ! अब और न इसे दिखा तू यह अति भीषण कर्म जगत है;
श्रद्धे ! वह उज्ज्वल कैसा है जैसे पुंजीभूत रजत है।"

शब्दार्थ—**दिखा**-व्याख्या या चर्चा करना। **भीषण**-भयंकर। **उज्ज्वल**-श्वेत वर्ण का। **पुंजीभूत**-एकत्र, निर्मित। **रजत**-चाँदी।

अर्थ—मनु ने घबराकर कहा—बस रहने दो। इसके सम्बंध में अब और चर्चा न करो।

यह कर्म-लोक तो अत्यधिक भयंकर है।

थोड़ी देर रुक कर उन्होंने फिर प्रश्न किया : अच्छा श्रद्धे सामने वाला वह श्वेत वर्ण का उजला लोक जो देखने में चाँदी का ढेर सा प्रतीत होता है, कैसा है?

''प्रियतम ! यह तो ज्ञान क्षेत्र है सुख दुख से है उदासीनता;
यहाँ न्याय निर्मम, चलता है बुद्धि चक्र, जिसमें न दीनता

शब्दार्थ–प्रियतम-जो सबसे अधिक प्रिय हो, यह शब्द पति के अर्थ में रूढ़ हो गया है। **ज्ञान क्षेत्र**-ज्ञान भूमि। **उदासीनता**-प्रभावित न होना, ऊपर उठा रहना, निर्लिप्त रहना। **न्याय**-कर्मों का फल। **निर्मम**-कठोरता। **दीनता**-दुर्बलता।

अर्थ-हे प्रियतम, यह उज्ज्वल लोक ज्ञान-लोक है। यहाँ के निवासी सुख और दुःख दोनों से प्रभावित नहीं होते।

यहाँ प्रत्येक प्राणी के कर्मों का फल कठोरता से दिया जाता है। यहाँ बुद्धि-चक्र चलता है अर्थात् सब बातों का निर्णय बौद्धिक आधार पर होता है और उसमें किसी प्रकार की मानसिक दुर्बलता हस्तक्षेप नहीं कर सकती।

अस्ति नास्ति का भेद, निरंकुश करते ये अणु तर्क युक्ति से;
ये निस्संग, किन्तु कर लेते कुछ सम्बन्ध-विधान मुक्ति से।

शब्दार्थ–अस्ति-है। **नास्ति**-नहीं है। **निरंकुश**-सामाजिक बंधनों से स्वतंत्र। **अणु**-प्राणी। **निस्संग**-निर्लिप्त, आसक्तिहीन। **सम्बन्ध विधान**-सम्बन्ध जोड़ना। **मुक्ति**-मोक्ष।

अर्थ–ज्ञान-लोक के प्राणी यह बतलाते रहते हैं कि वह (परमात्मा) है और यह (संसार) नहीं है और इन दोनों में भेद यह है कि वह सत् है और यह असत्, वह चित् है यह जड़, वह आनन्दमय है, यह सुखमय।

यद्यपि ये अपना सम्बन्ध किसी से नहीं रखते, तथापि मोक्ष से तो अपना सम्बन्ध जोड़े ही रखते हैं-यद्यपि कुछ नहीं चाहते फिर भी मोक्ष तो चाहते ही हैं।

यहाँ प्राप्य मिलता है केवल तृप्ति नहीं, कर भेद बाँटती;
बुद्धि, विभूति सकल सिकता सी प्यास लगी है ओस चाटती।

शब्दार्थ–प्राप्य-जो मिलना चाहिए। **तृप्ति**-संतोष, शांति। **भेद**-अधिकार के अनुसार अंतर। **सिकता**-बालू, रेत।

अर्थ–यहाँ जो मनुष्य जितनी साधना करता है उसके अनुसार उसे जो मिलना चाहिए-जैसे अलौकिक सिद्धियाँ, स्वर्ग आदि-वह तो उसे मिल जाता है, लेकिन तृप्ति फिर भी नहीं होती।

प्रत्येक प्राणी के अपने अधिकार के अनुसार बुद्धि सब को ऐश्वर्यों का वितरण करती है। पर इन विभूतियों में कोई रस नहीं है। बालू के समान ये शुष्क हैं। अतः जैसे ओस चाटकर कोई अपनी प्यास नहीं बुझा सकता, वैसे ही बुद्धि इन विभूतियों से संतुष्ट नहीं होती।

न्याय, तपस, ऐश्वर्य में पगे ये प्राणी चमकीले लगते;
इस निदाघ मरु में, सूखे से स्रोतों के तट जैसे जगते।

शब्दार्थ–न्याय-तर्क। **तपस**-तपस्या। **ऐश्वर्य**-वैभव। **चमकीले**-आकर्षण उत्पन्न करने वाले। **निदाघ**-ग्रीष्म काल। **मरु**-रेगिस्तान। **स्रोतों**-सोता। **जगना**-चमकना।

अर्थ–तर्क, तपस्या और ऐश्वर्य से युक्त ये प्राणी नेत्रों में चमक उत्पन्न करते हैं, पर इनकी यह चमक वैसी ही है जैसे ग्रीष्मकाल में मरुभूमि के किसी सूखे सोते के तट पर बालू के कण सूर्य की किरणों में चमकें।

वि०–ज्ञानियों के ऐश्वर्य की चमक-दमक की बालू के कणों की झलक से समता करने में कवि का तात्पर्य यह झलमलाहट बाहरी और शुष्क है; अतः निस्सार है। जीवन का वास्तविक सुख आंतरिक शांति में है, जो 'प्रसाद' के अनुसार श्रद्धा से प्राप्त होता है। कवि ने ज्ञान को यहाँ कुछ हल्का प्रदर्शित किया है। ऐसा करके उसने न्याय नहीं किया।

न्याय शब्द का प्रयोग कवि ने कहीं पक्षपात-शून्य निर्णय और कहीं तर्क के अर्थ में किया है।

मनोभाव से काय-कर्म के समतोलन में दत्त चित्त से;
ये निस्पृह न्यायासन वाले चूक न सकते तनिक वित्त से।

शब्दार्थ–मनोभाव-मनोवृत्तियाँ। **कायकर्म**-शारीरिक कर्म। **समतोलन**-बाट के बराबर वस्तु तोलना। **दत्तचित्त**-मन से कोई काम करना। **निस्पृह**-निर्लोभ। **न्यायासन वाले**-न्यायाधीश। **वित्त**-धन, लोभ, आकर्षण।

अर्थ–अपनी (ज्ञानमूला) मनोवृत्तियों के अनुसार ही ये शारीरिक कर्मों को सम्पन्न करने में रुचि रखते हैं। ये उन निर्लोभ न्यायाधीशों के समान हैं जिन्हें धन (लोभ) तनिक भी नहीं डिगा सकता।

वि०–(१) शरीर-सम्बंधी कुछ कर्म ज्ञानियों को विवश होकर करने पड़ते हैं जैसे शरीर ढकना पड़ता है, भोजन करना पड़ता है, पर ऐसे सब काम ये अल्पमात्रा में ही करते हैं जिससे शरीर में आसक्ति न हो जाय। तराजू में एक ओर बाट रहते हैं, दूसरी ओर वस्तुएँ। यहाँ धर्म तराजू है, ज्ञानवृत्तियाँ बाट हैं और इनके बराबर शारीरिक कर्म तौल दिये जाते हैं। यही 'समतोलन' शब्द की सार्थकता है।

(२) ज्ञानियों के सम्बंध में वित्त का अर्थ आकर्षण का लेना चाहिए। उन्हें न धन आकर्षित करता है, न रूप।

अपना परिमित पात्र लिये ये बूँद बूँद वाले निर्झर से;
माँग रहे हैं जीवन का रस बैठ यहाँ पर अजर अमर से।

शब्दार्थ–परिमित छोटा सा। **अजर**-जो कभी वृद्ध न हो। **अमर**-जो कभी मृत्यु को प्राप्त न हो।

अर्थ–अपनी बुद्धि का सीमित पात्र लेकर ज्ञान के उस निर्झर से जिसमें रस के नाम पर केवल कुछ बूँदें हैं, ये जीवन का रस माँग रहे हैं। और इस काम के लिए ये ऐसे जम कर बैठे हैं मानो ये न तो कभी बुड्ढे होंगे और न कभी मरेंगे।

वि०–जीवन के रस से तात्पर्य आंतरिक शांति या आनंद का है।

यहाँ विभाजन धर्म तुला का अधिकारों की व्याख्या करता;
यह निरीह, पर कुछ पाकर ही अपनी ढीली साँसें भरता।

शब्दार्थ–विभाजन-बँटवारा। **तुला**-तराजू। **व्याख्या करता**-यह बतलाना कि किसे क्या मिलना चाहिए। **निरीह**-इच्छा रहित। **साँसें ढीली करना**-संतुष्ट होना।

अर्थ–इस लोक में धर्म की तराजू पर तोल कर अपने-अपने शुभ कर्मों के अनुसार जो जितने भाग का अधिकारी है उसका वह भाग उसे दे दिया जाता है अर्थात् सिद्धियों, स्वर्ग, मोक्ष आदि में से किसको क्या मिलना चाहिए, इसका निर्णय इस बात पर निर्भर करता है कि यह कितना धार्मिक है।

ज्ञानी वैसे इच्छारहित होता है, पर सिद्धि, स्वर्ग, मोक्ष आदि में से कुछ न कुछ प्राप्त करके ही संतोष की साँस लेता है।

उत्तमता इनका निजस्व है अम्बुज वाले सर सा देखो;
जीवन-मधु एकत्र कर रही उन ममाखियों सा बस लेखो।

शब्दार्थ–उत्तमता-श्रेष्ठ गुणों से युक्त होना, सात्विकता। **निजस्व**-अपनापन, विशेषता, धन, अधिकार। **अम्बुज**-कमल। **सर**-तालाब। **मधु**-रस। **ममाखियों**-मधुमक्खियों।

अर्थ–उत्तमता इन ज्ञानियों की अपनी विशेषता है। जैसे सरोवर में खिलने वाले कमल जल से ऊपर ही तैरते रहते हैं, उसी प्रकार सभी प्रकार के आकर्षणों के बीच जीवित रहकर ये उनसे ऊँचे उठे रहते हैं और अपनी उत्तमता की रक्षा करते हैं।

जैसे मधुमक्खियाँ यहाँ-वहाँ से मधु एकत्र करके रखतीं हैं और उसका भोग स्वयं नहीं करतीं, वैसे ही ये जीवन के रस को बचा-बचा रख देते हैं। उसका भोग नहीं करते।

यहाँ शरद की धवल ज्योत्स्ना अंधकार को भेद निखरती;
यह अनवस्था, युगल मिले से विकल व्यवस्था सदा बिखरती।

शब्दार्थ–शरद-क्वार-कार्तिक मास में पड़ने वाली एक ऋतु जिसमें चाँदनी सब मासों से उजली खिलती है। **धवल**-श्वेत। **ज्योत्स्ना**-चाँदनी, ज्ञान। **अंधकार**-अँधेरा, अज्ञान। **भेदना**-चीरना। **अनवस्था**-कार्यकारण या वस्तुओं की अंतहीन वृंखला। **विकल**-स्थिर न रहना। **बिखरना**-छिन्न-भिन्न होना।

अर्थ–शरद ऋतु की श्वेत चाँदनी अंधकार को चीरती हुई जब फूटती है तब वह और भी उजली प्रतीत होती है। ठीक इसी प्रकार ज्ञान जब अज्ञान को हटाकर प्रकट होता है तब और भी निर्मल प्रतीत होता है।

क्योंकि वे दोनों (ज्ञान-अज्ञान) एक दूसरे से सदा मिले रहते हैं अर्थात् ज्ञान और अज्ञान को पृथक् नहीं किया जा सकता और क्योंकि कभी ज्ञान अज्ञान पर प्रभुत्व जमाता है और कभी अज्ञान ज्ञान को दबा देता है, अतः ज्ञान ही अंतिम सत्य है ऐसा नहीं कहा जा सकता।

क्योंकि ज्ञान-अज्ञान का यह द्वन्द्व चिरंतन है यही कारण है कि लोक में व्यवस्था स्थिर नहीं रहती, छिन्न-भिन्न हो जाती है। भाव यह कि ज्ञान की सदा नहीं चलती, अज्ञान भी अपनी सत्ता रखता है, अतः लोक से अशांति नहीं मिटाई जा सकती।

वि०–अनवस्था न्याय या तर्कशास्त्र का एक पारिभाषिक शब्द है जिसका अर्थ होता है कार्य-कारण या कथनों का अंतहीन क्रम जैसे वृक्ष किससे उत्पन्न होता है, बीज से। बीज किससे उत्पन्न होता है? वृक्ष से। और वृक्ष? इसमें कहीं न कहीं रुकना पड़ेगा। अनवस्था के सम्बन्ध में लिखा है-उपपाद्यपपादकयोरविश्रांति :–उपपाद्य (कार्य) उपपादक (कारण) की अविश्रांति (अविरामता)। यह न्याय-शास्त्र का एक दोष है। इसको दूर करने के लिए ही एक व्यवस्था माननी पड़ती है? अनवस्था का दूसरा उदाहरण लीजिए : सृष्टि का कर्ता कौन है? ईश्वर। ईश्वर का कर्त्ता कौन है?...।

देखो वे सब सौम्य बने हैं किन्तु सशंकित हैं दोषों से
वे संकेत दंभ के चलते भ्रू चालन मिस परितोषों से।

शब्दार्थ–सौम्य-शांत। **दोषों**-अपराध, चरित्र सम्बंधी भूल, पाप। **संकेत**-इशारे, इंगित। **दंभ**-अहंकार। **भ्रू चालन**-भौंहों का टेढ़ा या वक्र होना। **मिस**-बहाने। **परितोष**-संतोष।

अर्थ–तुम इस बात पर ध्यान दो कि वहाँ के सब प्राणी ऊपर से देखने पर तो शांत प्रतीत होते हैं, परन्तु भीतर-भीतर इस बात से डरते हैं कि कोई दोष उन पर न बन पड़े।

उनकी भौंहें कभी-कभी टेढ़ी हो जाती हैं। क्या यह इस बात का निर्देश है कि वे सोचकर बड़े संतुष्ट हैं कि अन्य मनुष्यों से वे कहीं श्रेष्ठ हैं और इसी से अपने हृदय के अहंकार को इस बहाने प्रकट कर रहे हैं। निश्चय ही।

यहाँ अछूत रहा जीवन रस छूओ मत संचित होने दो;
बस इतना ही भाग तुम्हारा तृषा ! मृषा, वंचित होने दो।

शब्दार्थ–अछूत-जिसे छू न सके। **जीवन रस**-इंद्रियों का सुख, लौकिक सुख, सांसारिक सुख। **संचित**-एकत्र। **तृषा**-प्यास, इच्छाओं की पूर्ति न करना। **मृषा**-असत्य। **वंचित होना**-दूर होना।

अर्थ–इंद्रियों के सुख-भोग से ज्ञानी लोग अपने को वंचित (बचाये) रखते हैं। उसे भोगने की इन्हें आज्ञा नहीं है। उसे इकट्ठा होने दो, यही इनके लिए विधान है।

उन्हें तो यह बताया गया है कि इच्छाओं की पूर्ति न करना ही उनका कर्तव्य है और सब असत्य है। अतः सांसारिक सुख से तुम दूर ही रहो।

सामंजस्य चले करने ये किन्तु विषमता फैलाते हैं;
मूल स्वत्व कुछ और बताते इच्छाओं को झुठलाते हैं।

शब्दार्थ–सामंजस्य-शांति। **विषमता**-अशांति। **मूल स्वत्व**-मूल तत्व, चरम लक्ष्य, वास्तविक ध्येय। **कुछ और**-जीवन को न मानकर ईश्वर या ज्ञान को मानना। **झुठलाते**-झूठी या ज्ञान से विमुख करने वाली भावना।

अर्थ–प्रयत्न तो इस बात का करते हैं कि जीवन में शांति स्थापित हो जाय, पर फैलाते हैं अशांति, कारण यह है कि जीवन को सुन्दर और सुखमय बनाना जो मनुष्य का वास्तविक ध्येय है, ये नहीं मानते, किसी और ही बात (ज्ञान प्राप्ति) को जीवन का मूल तत्व बतलाते हैं और उन इच्छाओं को जो स्वभावतः मनुष्य के हृदय में उठती हैं, ये झूठी (ज्ञान से विमुख करने वाली) समझते हैं।

स्वयं व्यस्त पर शांत बने से शस्त्र शास्त्र रक्षा में पलते;
ये विज्ञान भरे अनुशासन क्षण क्षण परिवर्तन में ढलते।

शब्दार्थ–व्यस्त–अशांत। **शास्त्र**–शास्त्र में जो लिखा है। **विज्ञान**–विशेष ज्ञान। **अनुशासन**–आज्ञाएँ। **परिवर्तन में ढलते**–बदलना।

अर्थ–ऊपर से देखने में ये शांत हैं, पर कोई पाप न बन पड़े, इस भय से स्वयं अशांत हैं। शास्त्र में जो बात जिस रूप में लिखी है उसी के पालन में इनके दिन कटते हैं। पर शास्त्रों की ज्ञान-सम्बंधी आज्ञाएँ भी सुनिश्चित नहीं हैं, नित्य बदलती रहती हैं अर्थात् अनेक ऋषियों के नाम पर अनेक शास्त्र हैं। उनमें से किसे माना जाय किसे न माना जाय? और भविष्य में भी समय और स्थिति के अनुकूल नवीन ज्ञान-ग्रंथों का प्रणयन होता रहेगा।

यही त्रिपुर है देखा तुमने तीन विन्दु ज्योतिर्मय इतने,
अपने केन्द्र बने दुख सुख में भिन्न हुए हैं ये सब कितने!

शब्दार्थ–त्रिपुर–त्रिभुवन, तीन लोक। **ज्योतिर्मय**–प्रकाशमय, आलोक से युक्त। **केन्द्र**–सीमा में बद्ध। **भिन्न**–दूर।

अर्थ–तुमने देखा, ये तीनों लोक ही त्रिपुर (त्रिभुवन) कहलाते हैं। ये तीनों ही गोलक कैसे प्रकाशमय हैं।

अपने भिन्न-भिन्न सुख-दुःख को लेकर अपनी-अपनी सीमा में वे बँधे हुए हैं और एक दूसरे से बहुत दूर रहते हैं।

वि०–प्रसिद्ध है कि मय दानव ने सोने, चाँदी और लोहे के तीन नगरों का निर्माण किया था। वे तीनों नगर त्रिपुर कहलाते थे। देवताओं की प्रार्थना पर शिव ने इन तीनों को जला डाला, इसी से वे त्रिपुर-दहन कहलाते हैं। इस स्थूल कथानक को 'प्रसाद' जी ने किस रूप में ग्रहण किया है यह आगे के छंदों में देखिए।

ज्ञान दूर कुछ, क्रिया भिन्न है इच्छा क्यों पूरी हो मन की;
एक दूसरे से न मिल सके यह विडम्बना है जीवन की।"

शब्दार्थ–ज्ञान–विवेक। **क्रिया**–कर्म। **भिन्न**–अन्य प्रकार की, इच्छा को सिद्ध करने वाली नहीं। **बिडम्बना**–घोर असफलता।

अर्थ–ज्ञान दूर रहता है और कर्म भी विवेक सम्मत नहीं होते, ऐसी दशा में मन की इच्छाओं की पूर्ति कैसे हो सकती है?

प्राणियों के जीवन की घोर असफलता का कारण यह है कि इच्छा, क्रिया और ज्ञान में कोई सामंजस्य नहीं है।

वि०–इच्छा, क्रिया ज्ञान के सामंजस्य से यह तात्पर्य है कि ये तीनों एक दूसरे से पृथक् नहीं किए जा सकते अर्थात् प्राणी यदि इच्छा करे तो उसकी सिद्धि के लिए प्रयत्न (कर्म) करे, कोरी इच्छा करके ही न रह जाय और कर्म करते समय थोड़े विवेक से काम ले। उल्टे-सीधे जो मन में आवे वह न कर डाले।

महा ज्योति रेखा सी बनकर श्रद्धा की स्मिति दौड़ी उनमें;
वे सम्बद्ध हुए फिर सहसा जाग उठी थी ज्वाला जिनमें।

शब्दार्थ–ज्योति-आलोक। **स्मिति**-मुस्कान, मन्द हास्य। **दौड़ी**-फैली। **सम्बद्ध**-जुड़ना, एक होना। **ज्वाला**-प्रकाश।

अर्थ–इतना कहकर श्रद्धा मुस्करा उठी। उसकी वह मुस्कान रेखा आलोक की एक दीर्घ रेखा बनकर उन तीनों लोकों में फैल गई, जिससे वे गोलक एक दूसरे से जुड़ गए और उनमें प्रकाश जगमगाने लगा।

वि०–इच्छा, क्रिया और ज्ञान का सामंजस्य श्रद्धा के आधार पर ही हो सकता है। श्रद्धा, आस्था या विश्वास न होने से तीनों बिखर जाते हैं। यदि अपनी इच्छा में विश्वास नहीं है अर्थात् यदि प्राणी ऐसी इच्छा करता है जिसकी पूर्ति में संदेह है तो उस इच्छा को व्यर्थ ही समझो। इसी प्रकार कर्म भी दृढ़ विश्वास के साथ करना चाहिए और ज्ञान का जो पथ पकड़ा है उसमें भी विश्वास बना रहना चाहिए।

बाह्य दृष्टि से देखने पर श्रद्धा की मुस्कान की प्रकाश रेखा बन कर दौड़ना एक अलौकिक कर्म ही कहा जाएगा।

नीचे ऊपर लचकीली वह विषम वायु में धधक रही सी;
महाशून्य में ज्वाल सुनहली, सब को कहती 'नहीं नहीं' सी।

शब्दार्थ–लचकीली-टेढ़ी, बीच से झुकी हुई, लहरें लेती। **विषम**-तीव्र, भयंकर। **धधकता**-अग्नि का प्रचंड रूप धारण करना।

अर्थ–तीव्र वायु के चलने से वह अग्नि-रेखा ऊपर से नीचे तक एक टेढ़ी आकार धारण करती हुई धधकने लगी।

उस विराट् शून्य प्रदेश में सुनहली अग्नि की उस लहरदार रेखा से 'नहीं' 'नहीं' की ध्वनि फूट रही थी। उसे सुनकर ऐसा लगता था कि सृष्टि की वस्तुओं में मानो भेद कहीं नहीं है–सब मिलकर एक हैं।

शक्ति तरंग प्रलय पावक का उस त्रिकोण में निखर उठा सा;
शृंग और डमरू निनाद बस सकल विश्व में बिखर उठा सा।

शब्दार्थ–शक्ति तरंग-शक्तियमी लपटें। **प्रलय**-विनाश करने वाली। **पावक**-अग्नि, विवेक। **त्रिकोण**-इच्छा, क्रिया, ज्ञान के लोक जो तीन दिशाओं में बसे हुए थे। **शृंग**-सींग से बना बाजा। **निनाद**-ध्वनि। **बिखर**-फैलना।

अर्थ–विनाश करने वाली उस अग्नि की लपटें इच्छा, क्रिया और ज्ञान के लोकों में अपनी पूर्ण शक्ति से दहक उठीं।

उस समय एक ऐसा मिश्रित नाद संसार में फैल गया जैसा शिव द्वारा वृंगी बाजे में ध्वनि फूँकने और डमरू बजाने से उत्पन्न होता है।

वि०–यह अग्नि विवेक की है जो इच्छा क्रिया ज्ञान में सामंजस्य लाने का प्रयत्न करती है। विवेक की अग्नि विनाश करती है, पर भेद-भाव का। इस सामंजस्य के स्थापित होते ही जीवन में आनन्द की ध्वनि सुनाई पड़ती है।

चितिमय चिता धधकती अविरल महाकाल का विषम नृत्य था;
विश्व रंध्र ज्वाला से भर कर करता अपना विषम कृत्य था।

शब्दार्थ–चितिमय-गतिशीला। ज्ञानमयी । **चिता**-चिता पर जलने वाली अग्नि से तात्पर्य है। **अविरल**-बराबर, लगातार, निरंतर। **विषम**-भयंकर। **नृत्य**-कर्म। **रंध्र**-छिद्र, शून्य-स्थल।

अर्थ–वह गतिशीला अग्नि बराबर धमकती रही और महाकाल का भयंकर नृत्य होता रहा अर्थात् उस अग्नि से इच्छा, क्रिया और ज्ञान के लोक जलकर विनष्ट होने लगे।

इन लोकों को छोड़कर विश्व में जो सूना स्थान शेष रह गया था उसमें भी अग्नि भर गई और एक भयंकर दृश्य दिखाई देने लगा।

वि०–क्योंकि बाहरी अर्थ को भी बनाये रखना है; अतः चितिमय का अर्थ ऊपर गतिशीला लिया है। हृदय पक्ष में यह अर्थ होगा कि ज्ञान की अग्नि जब धधकती है तब सांसारिक बोध, इच्छाएँ और कर्म सब नष्ट हो जाते हैं। इन्हें छोड़कर यदि और भी किसी प्रकार की लौकिक चेतना अन्तःकरण में शेष रहती हो, तो वह भी भस्म हो जाती है। आत्मा की उन्नति की दृष्टि से जहाँ ज्ञानाग्नि पवित्र और रमणीय है, लौकिक मोह की दृष्टि से वैसी नहीं। इसी से कवि ने उसे विषम या भयंकर कहा है। माया-मोह में फँसे जीव तो बुरी या भयंकर ही समझेंगे; क्योंकि वह उन्हें सांसारिक सुखों से, भोग-विलास से दूर करने का प्रयत्न करती है।

महाकाल शिव का भी एक नाम है। उस दृष्टि से 'विषम नृत्य' का तात्पर्य होगा–शिव प्रलय नृत्य (तांडव) में लीन थे। घुमा फिराकर बात एक ही पड़ती है। ऊपर के छंद में भी 'श्रृंग' और 'डमरू' शब्दों के प्रयोग से यह पता चलता है कि कवि की दृष्टि भगवान रुद्र पर है अवश्य। शिव उस काल के आराध्यदेव थे भी।

स्वप्न, स्वाप, जागरण भस्म हो इच्छा क्रिया ज्ञान मिल लय थे;
दिव्य अनाहत पर निनाद में श्रद्धायुत मनु बस तन्मय थे।

शब्दार्थ–स्वाप-सुषुप्ति अवस्था, घोर निद्रा की स्थिति। **दिव्य**-अलौकिक। **अनाहत**-संगीत, योगियों को दोनों कान मूँदने से सुनाई पड़ने वाला एक प्रकार का संगीत। **निनाद**-ध्वनि। **तन्मय**-तल्लीन।

अर्थ–क्रिया, इच्छा और ज्ञान के लोक जो क्रमशः जागरण, स्वप्न और सुषुप्ति के प्रतीक कहे जा सकते हैं, भस्म होकर मिट गये।

इसके उपरान्त एक अलौकिक संगीत की ध्वनि उठी जिसमें श्रद्धा और मनु दोनों तल्लीन हो गये।

वि०–अवस्थाएँ चार होती हैं (१) जाग्रत (२) स्वप्न (३) सुषुप्ति और (४) तुरीय या समाधि। जागते हुए हम जो कुछ कर्म करते हैं, वह जाग्रतावस्था कहलाती है। जब हम सो जाते हैं, पर कुछ-कुछ जगते भी रहते हैं, तब हम स्वप्न देखते हैं। इसके आगे घोर निद्रा की एक ऐसी स्थिति होती है जिसे प्राप्त कर हम प्रभात काल में उठकर कहते हैं, "रात हम ऐसे सोए कि कुछ पता ही नहीं।" इसे सुषुप्ति अवस्था कहते हैं। पर इसमें भी अज्ञान का ज्ञान रहता है। समाधि अवस्था में सांसारिक बोध एकदम मिट जाता है और आत्मा परमात्मा से एकाकार होकर उस लीनता का अनुभव करती है जहाँ शुद्ध आनन्द–केवल आनन्द–है।

अतः जहाँ तक बाह्य दृश्य-विधान का सम्बंध है वहाँ इस छंद का अर्थ यह होगा कि इच्छा, क्रिया, ज्ञान के सामंजस्य की भावना जब उन दोनों के मन में बैठ गई तब उस अनुभूति से उन्हें बड़ा सुख मिला और जब इसके हृदय-पक्ष पर दृष्टि डालते हैं तब इसका आशय यह निकलता है कि जीव को पूर्ण आनन्द की प्राप्ति केवल समाधि–अवस्था में होती है जो जाग्रत, स्वप्न और सुषुप्ति अवस्थाओं को पार करने के उपरांत उपलब्ध हो सकती है।

●

आनन्द

कथा–एक दिन यात्रियों का एक दल नदी के किनारे-किनारे पहाड़ी पथ से वहाँ जा रहा था, जहाँ श्रद्धा और मनु तप में लीन बैठे थे। उनके साथ धर्म का प्रतिनिधि एक बैल था जो सोमलता से ढँका था। उसके एक ओर मानव था दूसरी ओर इड़ा। इनके पीछे जंगली हिरणों की एक टोली थी जिन पर यात्रा का सामान लदा था। उन्हीं पर कुछ बच्चे बैठे थे। उनकी माताएँ उन्हें पकड़ कर उनसे बातें करती जाती थीं।

एक बच्चे ने अपनी माँ से झुंझला कर कहा : तू कितनी देर से कह रही है कि वह स्थान अब आया, अब आया; परन्तु रुकने का समय अब भी नहीं आया। फिर वह इड़ा के पास पहुँचा और उससे उस स्थान के सम्बंध में पूछताछ करने लगा। इड़ा ने कहा : मैंने ऐसा सुना है कि मानसिक दुःख से दुःखी एक व्यक्ति कभी इधर आया था। उसने आते ही अपने चारों ओर अशांति फैला दी। फिर उसे खोजती एक स्त्री आई। वह उसकी पत्नी थी। उसके प्रयत्न से सभी स्थानों पर पूर्ववत शांति छा गई। आजकल वे दोनों प्राणी मानसरोवर के किनारे बैठे अपने सुन्दर उपदेशों से वहाँ जाने वालों को शांति का उपदेश देकर संसार का कल्याण करने में अपने जीवन के पलों का सदुपयोग कर रहे हैं। यह बैल धर्म का प्रतिनिधि है। वहाँ जाकर हम इसे मुक्त कर देंगे।

इसी बीच उतराई पार करके वे एक समतल घाटी में पहुँचे। वहाँ हरियाली छायी थी। लता, कुंज, गुहा-गृह एवं भरे सरोवरों से वह स्थान रमणीय हो उठा था। वहाँ का एक-एक भू-भाग फूलों से भरा था। मानसरोवर का दृश्य तो वर्णनातीत था। उसी समय संध्या हुई और चन्द्रमा आकाश में उग आया।

मनु मानस के तट पर ध्यान-मग्न बैठे थे। श्रद्धा पास ही में अपनी अंजलि में फूल भर कर खड़ी थी। उसी समय उन पुष्पों को उसने बिखेर दिया। सभी ने पहचान लिया कि ये ही मनु-श्रद्धा हैं। आगे बढ़कर सभी ने झुककर उन्हें प्रणाम किया। इड़ा ने श्रद्धा के चरण छुए और कुमार तो माँ की गोद में जा बैठा।

इड़ा बोली : इस तपोवन के दर्शन करके आज मैं अपने को धन्य समझती हूँ। आपके आकर्षण के कारण ही मैं यहाँ तक आई हूँ। इसके उत्तर में श्रद्धा ने कुछ भी नहीं कहा। पर मनु थोड़े मुस्कराये और बोले : देखो, संसार में कोई पराया नहीं है। व्यापक दृष्टि से देखने पर अपने-अपने स्थान पर सब ठीक हैं। जैसे समुद्र की लहरें समुद्र ही हैं, जैसे चाँदनी में खिले तारे चाँदनी ही हैं, वैसे ही जड़ और चेतन सब ब्रह्ममय है। यह ठोस जगत सूक्ष्म परमात्मा का शरीर है। इस 'मैं' 'तू' के भेद ने एक प्राणी को दूसरे प्राणी से पृथक्

कर रखा है। मनुष्य मनोविकारों के ऊपर उठकर जब इनका खेल देखता है तब वह उस निर्विकार स्थिति में पहुँचता है, जहाँ सुख ही सुख है। वास्तविक सुख संघर्ष में नहीं, सेवा में है। दूसरों की सेवा अपना ही आत्म-विकास है, अपने ही सुख की वृद्धि है।

उसी समय कामायनी मुस्कराई। उसके साथ समस्त सृष्टि ही मुस्करा उठी। पवन मस्ती से चलने लगा, लताएँ हिलने लगीं, भ्रमर गूँजने लगे, कोकिल कूक उठी, सुमन रसभार से झरने लगे, हिम-खण्डों पर चन्द्र-किरणें प्रतिबिंबित होकर मणिदीपों का भ्रम उत्पन्न करने लगीं, रश्मियाँ अप्सराओं सी नाचने लगीं। हिमालय की गोद में मानस की लहरियों की क्रीड़ा ऐसी प्रतीत हुई मानो शिव के आगे गौरी नृत्य कर रही हों।

इस दृश्य को देखकर सब तल्लीन हो गए, सबने एक अभेद-भाव का अनुभव किया, सब को अखंड आनन्द की उपलब्धि हुई।

चलता था धीरे धीरे वह एक यात्रियों का दल;
सरिता के रम्य पुलिन में गिरि पथ से, ले निज संबल।

शब्दार्थ—**दल**-समूह। **रम्य**-मनोहर। **पुलिन**-नदी का किनारा। **गिरि पथ**-पहाड़ी रास्ता। **सम्बल**-यात्रा में काम आने वाली आवश्यक वस्तुएँ भोजन, रुपया, वस्त्र आदि, पाथेय।

अर्थ—यात्रियों का दल यात्रा में काम आने वाली आवश्यक वस्तुओं को साथ लिए, नदी का मनोहर किनारा पकड़े, पहाड़ी पथ से धीरे-धीरे चला जा रहा था।

वि०—यह दल महारानी इड़ा, मानव और उनकी प्रिय प्रजा का था।

था सोम लता से आवृत वृष धवल धर्म का प्रतिनिधि;
घंटा बजता तालों में उसकी थी मंथर गति विधि।

शब्दार्थ—**सोम लता**-प्राचीन काल की एक लता जिसके मादक रस का पान ऋषि लोग यज्ञ की समाप्ति पर करते थे। **आवृत**-ढँका हुआ। **वृष**-बैल। **धवल**-श्वेत, सफेद रंग का। **प्रतिनिधि**-प्रतीक, स्थानापन्न। **मंथर**-मन्द। **गति विधि**-चाल।

अर्थ—उनके साथ सफेद रंग का एक बैल था जिसे धर्म का प्रतीक समझिये। वह सोमलता से ढँका था और मन्द गति से चल रहा था। उसके गले में बँधा हुआ एक घंटा एक विशेष ताल में बँधकर बज उठता था।

वि०—वृष धर्म का प्रतीक माना जाता है। साकेत में चित्रकूट-दर्शन के समय धार्मिक राम के लिए 'वृषारूढ़' शब्द आया है।

गिरि हरि का हर वेश वृष बन मिला।
उन पहले ही 'वृषारूढ़' का मन खिला।।

वृष रज्जु वाम कर में था दक्षिण त्रिशूल से शोभित;
मानव था साथ उसी के मुख पर था तेज अपरिमित।

शब्दार्थ—**रज्जु**-रस्सी। **वाम**-बायें। **मानव**-मनु के पुत्र का नाम। **अपरिमित**-असीम।

अर्थ—इस बैल के साथ मानव था। उसके बायें हाथ में उस बैल की रस्सी थी और दाहिना हाथ त्रिशूल से युक्त होने के कारण सुन्दर प्रतीत हो रहा था। उसके मुख पर असीम तेज झलक रहा था।

केहरि किशोर से अभिनव अवयव प्रस्फुटित हुए थे;
यौवन गंभीर हुआ था जिसमें कुछ भाव नये थे।

शब्दार्थ–केहरि-सिंह। **किशोर**-यौवन की ओर अग्रसर होने वाला! **अभिनव**-नवीन। **अवयव**-शरीर के अंग। **प्रस्फुटित**-खिलना, विकसित होना। **नये**-किशोरावस्था के चिह्न।

अर्थ–उसके शरीर के अंग सिंह के बच्चे के समान खिल उठे। यौवन की गंभीरता उसमें आ गई थी और इसी से वह किशोरावस्था से भिन्न भावों का अनुभव रहता था।

वि०–किशोरावस्था तक प्राणी स्वच्छन्द और चंचल रहता है। यौवन का प्रवेश होते ही एक प्रकार की गंभीरता उसे आ घेरती है। प्रेम का उदय और विकास इसी काल में होता है।

चल रही इड़ा भी वृष के दूसरे पार्श्व में नीरव;
गैरिक वसना संध्या सी जिसके चुप थे सब कलरव।

शब्दार्थ–पार्श्व-कोना, और। **नीरव**-मौन, शांत। **गैरिक**-गेरुए रंग के। **वसना**-वस्त्र वाली। **कलरव**-पक्षियों का चहचहाना, मनोवृत्तियाँ।

अर्थ–इड़ा भी इसी बैल के दूसरी ओर मौन-भाव धारण किए चली जा रही थी। वह संध्या की लाल आभा जैसे गेरुए वस्त्र पहने थी और जिस प्रकार संध्या समय पक्षियों का चहचहाना बंद हो जाता है, वैसे ही उसकी मनोवृत्तियाँ भी शांत थी।

वि०–इस बात को हम पीछे भी कह चुके हैं कि मानव और इड़ा का प्रेम सम्बंध असम्भव है। यहाँ मानव को 'केहरि किशोर' सा और इड़ा को 'संध्या' सा बतलाकर कवि ने उन दोनों की अवस्थाओं के अन्तर को सूचित किया है।

उल्लास रहा युवकों का शिशु गण का था मृदु कलकल;
महिला मंगल गानों से मुखरित था वह यात्री दल।

शब्दार्थ–उल्लास-हर्ष, आनन्द। **मृदु**-कोमल। **कलकल**-कोलाहल। **महिला**-स्त्रियाँ। **मुखरित**-ध्वनित।

अर्थ–युवकों की हर्ष ध्वनि, बच्चों के कोमल कलनाद और स्त्रियों के मंगल-गानों से यात्रियों का वह दल गूँज रहा था।

चमरों पर बोझ लदे थे वे चलते थे मिल अविरल;
कुछ शिशु भी बैठ उन्हीं पर अपने ही बने कुतूहल।

शब्दार्थ–चमरों-गाय की जाति का बोझ ढोने वाला एक पशु, पहाड़ी हिरन। **कुतूहल**-तमाशा।

अर्थ–उनका सामान बोझ ढोने वाले पहाड़ी पशुओं पर लदा था और वे एक घनी पंक्ति में मिलकर चल रहे थे। उन्हीं पर कुछ बच्चे बैठकर आप ही तमाशा बन गए थे।

वि०–चमरी, चँवरवाली गौ को कहते हैं। इसकी पूँछ के चँवर बनते हैं। काव्य में इसकी पूँछ की तुलना वेणी से की जाती है। राधा के रूप-वर्णन में विद्यापति ने लिखा है–

कवरी भय चामरि गिरि-कंदर मुख भय चाँद अकासे,
हरिन नयन भय, सर भय कोकिल, गति भय गज वनवासे।

माताएँ पकड़े उनको बातें थीं करती जातीं।
'हम कहाँ चल रहे' यह सब उनको विधिवत समझातीं।

शब्दार्थ–पकड़े-हाथ से थामे। **विधिवत**-ढंग से।

अर्थ–इन बच्चों को इनकी माताएँ थामे हुए बातें करती जा रही थीं। वे उन्हें बहुत ही सुन्दर ढंग से यह समझा रही थीं कि वे सब कहाँ जा रहे हैं।

कह रहा एक था "तू तो कब से ही सुना रही है-
अब आ पहुँची लो देखो आगे वह भूमि यही है।

शब्दार्थ–एक-एक बच्चा। **वह भूमि**-वह स्थान जहाँ मनु और श्रद्धा रहते हैं।

अर्थ–इसी बीच एक बच्चे ने अपनी माँ को टोककर कहा : यह बात तो तू न जाने कितनी देर से कह रही है कि देखो, वह भूमि बिल्कुल पास ही है।

पर बढ़ती ही चलती है रुकने का नाम नहीं है;
वह तीर्थ कहाँ है कह तो जिसके हित दौड़ रही है।"

शब्दार्थ–रुकने-थमने। **तीर्थ**-पवित्र स्थान।

अर्थ–परन्तु बढ़ती ही चली जा रही है। रुकने का नाम की नहीं लेती। ठीक बतला, जिसके लिए तू इतनी उतावली है, वह तीर्थ स्थान कहाँ है?

"वह अगला समतल जिस पर है देवदारु का कानन;
घन अपनी प्याली भरते ले जिसके दल से हिमकन।

शब्दार्थ–देवदारु-एक पहाड़ी वृक्ष। **कानन**-वन। **घन**-बादल। **दल**-पत्ते। **हिमकन**-ओस की बूँदें।

अर्थ–माँ ने उत्तर दिया : बेटा, वह तीर्थस्थान उस आगे की समतल भूमि में है। वहाँ देवदारु का वन है। इन वृक्षों के पत्तों से ओस की बूँदें बटोर कर बादल अपने हृदय की प्याली भर लेते हैं।

हाँ इसी ढालवें को जब बस सहज उतर जावें हम;
फिर सम्मुख तीर्थ मिलेगा वह अति उज्ज्वल पावनतम।"

शब्दार्थ–ढालवें-उतार। **सहज**-सरलता से। **सम्मुख**-सामने ही। **पावनतम**-सबसे पवित्र, अत्यन्त पवित्र।

अर्थ–जब हम इस ढलाव पर आसानी से उतर जायँगे, तब सचमुच, हमारी आँखों के सामने वह अत्यन्त उज्ज्वल तथा पवित्र तीर्थ दिखाई देगा।

वि०–माँ के इस उत्तर से बालक को संतोष नहीं हुआ।

वह इड़ा समीप पहुँच कर बोला उसको रुकने को;
बालक था, मचल गया था कुछ और कथा सुनने को।

शब्दार्थ–समीप-निकट। **बालक**-बच्चा जो प्रत्येक नवीन वस्तु के सम्बंध में स्वभावतः जिज्ञासा-भावना से भरा रहता है। **कुछ और**-अधिक।

अर्थ–वह बालक हिरण की पीठ से उतर कर इड़ा के निकट पहुँचा और उसने उससे

रुकने को कहा। आखिर वह बालक ही था; अतः अपनी उत्सुकता की शान्ति के लिए उस तीर्थ के सम्बंध में कुछ और अधिक बातें जानने के लिए हठ करने लगा।

वह अपलक लोचन अपने पादाग्र विलोकन करती;
पथ प्रदर्शिका सी चलती धीरे धीरे डग भरती।

शब्दार्थ–अपलक लोचन-टकटकी बाँधे, दृष्टि जमाए। **पादाग्र**-चरणों का अग्र भाग, पैरों की उँगलियाँ। **विलोकन**-देखना। **पथप्रदर्शिका**-अगुआ, पथ-निर्देशिका। **डग**-चरण, कदम।

अर्थ–इड़ा अपने चरणों की उँगलियों पर दृष्टि जमाए सबकी अगुआ बनी धीरे- धीरे चरण रखती चल रही थी।

वि०–'अपलक लोचन' इस बात की ओर संकेत करता है कि इड़ा कुछ सोच रही है। संभवतः उसे पिछली घटनाएँ याद आ रही हैं।

बोली, "हम जहाँ चले हैं वह है जगती का पावन–
साधना प्रदेश किसी का शीतल अति शांत तपोवन।"

शब्दार्थ–जगती-संसार। **पावन**-पवित्र। **प्रदेश**-स्थल, भूमि। **किसी का**-एक व्यक्ति का। **तपोवन**-तपस्या करने का स्थान।

अर्थ–इड़ा बोली : हम जहाँ जा रहे हैं वह संसार का एक पवित्र स्थान है, किसी का साधना-स्थल है, शीतल और अत्यन्त शान्त तप-भूमि है।

"कैसा ? क्यों शांत तपोवन? विस्तृत क्यों नहीं बताती,"
बालक ने कहा इड़ा से वह बोली कुछ सकुचाती।

शब्दार्थ–शान्त-शान्तिदायक। **विस्तृत**-विस्तार से। **सकुचाती**-संकोच का अनुभव करती।

अर्थ–बालक ने फिर पूछा : यह तपोवन कैसा है? इतना शान्तिदायक क्यों है? तू विस्तार के साथ क्यों नहीं बतलाती?

यह सुनकर इड़ा ने थोड़े संकोच का अनुभव करते हुए उत्तर देना प्रारम्भ किया।

वि०–यह सोचकर कि बालक अनजाने में उससे ऐसे व्यक्ति के सम्बंध में प्रश्न कर रहा है जो उसे प्रेम करता था, उसे संकोच का अनुभव हुआ।

"सुनती हूँ एक मनस्वी था वहाँ एक दिन आया;
वह जगती की ज्वाला से अति विकल रहा झुलसाया।

शब्दार्थ–मनस्वी-उच्च मन वाला व्यक्ति, बुद्धिमान। **ज्वाला**-पीड़ा। **विकल**-व्याकुल। **झुलसाया**-जर्जर।

अर्थ–मैंने सुना है कि उच्च मन वाला एक व्यक्ति एक दिन कहीं से यहाँ आया था। वह सांसारिक व्यथाओं से व्याकुल और जर्जर था।

उसकी वह जलन भयानक फैली गिरि अंचल में फिर;
दावाग्नि प्रखर लपटों ने कर दिया सघन वन अस्थिर।

शब्दार्थ–जलन-हृदय की व्यथा। **गिरि अंचल**-पर्वत की तलहटी। **दावाग्नि**-वन में लगी अग्नि। **प्रखर**-तीव्र। **सघन**-घना।

अर्थ-उसके हृदय की भयानक जलन पर्वत की तलहटी में फैल गई जिससे वृक्षों में लगी उन तीव्र लपटों ने घने वन में अशान्ति फैला दी। अर्थात् उसके हृदय में जो अशान्ति थी उसे लेकर उसने एक ऐसा कांड उपस्थित किया जिसने अपने चारों ओर के प्राणियों के जीवन की सुख-शान्ति मिटा दी।

थी अर्धांगिनी उसी की जो उसे खोजती आयी;
यह दशा देख, करुणा की–वर्षा दृग में भर लायी।

शब्दार्थ–अर्धांगिनी-पत्नी। **यह दशा**-अपने पति का वह दुख। **करुणा की वर्षा**-दया के बादल, अधिक दया। **दृग**-आँख।

अर्थ–फिर उसे खोजती हुई एक स्त्री आई। वह उसी की पत्नी थी। अपने पति की ऐसी दशा देखकर उसकी आँखों के आकाश में जल से भरे मेघों के समान करुणा उमड़ी।

वरदान बने फिर उसके आँसू, करते जग मंगल;
सब ताप शांत होकर, बन हो गया हरित सुख शीतल।

शब्दार्थ–वरदान-कल्याणकारी। **मंगल**-कल्याण। **सुख**-सुखदायक।

अर्थ–उसकी पत्नी के आँसू उस व्यक्ति के लिए कल्याणकारी सिद्ध हुए अर्थात् उसकी करुणा की बूँदों से उस व्यक्ति की जलन बुझ गई। भाव यह कि अपनी पत्नी का सरस आश्रय पाकर उस व्यक्ति का हृदय शान्त हो गया।

इससे संसार का भी कल्याण हुआ, क्योंकि जिस व्यक्ति ने चारों ओर अशांति फैला रखी थी, वह अपनी पत्नी की कृपा से एकान्त में लौट गया।

जिस वन में एक दिन जलन की लपटें बिखर गई थीं वह फिर हरा-भरा शीतल और सुखदायक हो गया। उसके समस्त ताप शांत हो गए। तात्पर्य यह कि जहाँ एक दिन अशांति थी वहाँ शांति छा गई, जो स्थान उजड़ गया था वह बस गया, जहाँ दुःख था वहाँ सुख का जन्म हुआ और जहाँ ताप था वहाँ संतोष का साम्राज्य फैला।

गिरि निर्झर चले उछलते छायी फिर से हरियाली;
सूखे तरु कुछ मुसक्याये फूटी पल्लव में लाली।

शब्दार्थ–गिरि-पर्वत, यहाँ मनुष्यों से तात्पर्य है। **निर्झर**-झरने, आनन्द। **हरियाली**-हराभरापन, समृद्धि। **सूखे तरु**-शुष्क वृक्ष, शुष्क जीवन। **पल्लव**-नवीन पत्ते, नवयुवक। **लाली**-लालिमा, क्रीड़ा, रंग।

अर्थ–पर्वत से झरने फिर उछल-उछल कर बहने लगे, हरियाली फिर से छा गई, सूखे वृक्षों पर फिर पल्लव आये और उन पल्लवों में जब लालिमा फूटी तो वे वृक्ष मुस्कराते हुए प्रतीत हुए अर्थात् मनुष्यों के हृदयों से फिर आनन्द फूटा, उनके जीवन में फिर समृद्धि छा गई, जो शुष्कता घिर आई थी उसके स्थान पर फिर हँसी और नवीन रंग आया।

वे युगल वहीं अब बैठे संसृति की सेवा करते;
संतोष और सुख देकर सब की दुख ज्वाला हरते।

शब्दार्थ–युगल-दोनों पति-पत्नी। **संसृति**-संसार।

अर्थ–वे दोनों पति-पत्नी अपने स्थान पर बैठे संसार की सेवा करते हैं। उनके निकट

जो जाता है उसे अपने उपदेशों से संतोष और सुख प्रदान करते हैं और इस प्रकार दुःख से प्राप्त होने वाले सभी के ताप को वे मिटाते हैं।

वि०–देखने की बात है कि इड़ा ने मनु का नाम कहीं नहीं लिया।

है वहाँ महाह्रद निर्मल जो मन की प्यास बुझाता;
मानस उसको कहते हैं सुख पाता जो है जाता।"

शब्दार्थ–महा-बड़ा, विशाल। **ह्रद**-सरोवर, तालाब। **प्यास**-अशांति। **मानस**- मानसरोवर, मन रूपी सरोवर।

अर्थ–वहाँ निर्मल जल से भरा एक विशाल सरोवर है। उसके जल को पान कर मन की अशांति दूर हो सकती है। उसका नाम 'मानस' है। उसके पास पहुँचने वाले को सुख मिलता है।

वि०–मन के सरोवर में प्रेम का निर्मल जल भरा है। पान करने से अशांति दूर होती है और सुख मिलता है।

"तो यह वृष क्यों तू यों ही वैसे ही चला रही है;
क्यों बैठ न जाती इस पर अपने को थका रही है?"

शब्दार्थ–वृष-बैल। **वैसे ही**-खाली, उस पर बिना बोझ लादे, बिना बैठे।

अर्थ–इड़ा की इतनी बातें सुनकर बालक ने फिर प्रश्न किया : अच्छा, इस बैल को खाली क्यों चला रही है? तू इस पर बैठ क्यों नहीं जाती? पैदल चलकर क्यों थक रही है?

"सारस्वत नगर निवासी हम आये यात्रा करने;
यह व्यर्थ रिक्त जीवन घट पीयूष सलिल से भरने।

शब्दार्थ–व्यर्थ-असार। **रिक्त**-खाली। **पीयूष**-अमृत, प्रेम।

अर्थ–इड़ा बोली : सारस्वत नगर के रहने वाले हम लोग यात्रा करने और जीवन के इस असार सूने घट को अमृत-जल से भरने आये हैं।

इस वृषभ धर्म प्रतिनिधि को उत्सर्ग करेंगे जाकर;
चिर मुक्त रहे यह निर्भय स्वच्छंद सदा सुख पाकर।"

शब्दार्थ–वृषभ-बैल। **उत्सर्ग**-मुक्त।

अर्थ–यह बैल धर्म का प्रतिनिधि है। इसे उस तीर्थ-स्थान में जाकर हम मुक्त कर देंगे। हमारी कामना है कि यह सदा स्वतंत्र रहे, भय से रहित हो, बंधनहीन हो और सुख पावे।

वि०–धर्म सांप्रदायिक संकीर्णता में आबद्ध होकर विकृत हो जाता है। उसकी शोभा इसी में है कि वह सभी के बीच मैत्री-भाव और प्रेम का प्रचार करे। धर्म में यदि जड़ बंधन हों, यदि एक धर्म वाले दूसरे धर्म वालों से भयभीत रहें, यदि स्वतंत्रता से कुछ लोग अपनी उपासना-पद्धति का विकास न कर सकें, तो यह धर्म नहीं है। ऊपर की पंक्तियों में धर्म को मुक्त रखने की जो बात उठाई गई है, उसका आशय यही है।

सब सम्हल गये थे आगे थी कुछ नीची उतराई;
जिस समतल घाटी में, वह थी हरियाली सी छाई।

शब्दार्थ–सम्हल गये-सावधान हो गये। **नीची**-अधिक ढलवाँ।

अर्थ–सहसा सब सम्हल गए, क्योंकि आगे की उतराई कुछ ढलवाँ थी। उसे पार कर जिस समतल घाटी में वे पहुँचे, वह हरियाली से छाई थी।

श्रम, ताप और पथ पीड़ा क्षण भर में थे अंतर्हित;
सामने विराट धवल नग अपनी महिमा से विलसित।

शब्दार्थ–श्रम-थकावट। **ताप**-कष्ट। **पथ पीड़ा**-पथ के क्लेश। **अंतर्हित**-विलीन। **विराट**-विशाल। **धवल**-श्वेत बर्फ से ढँके रहने के कारण सफेद। **महिमा**-गौरव। **विलसित**-सुशोभित, मंडित।

अर्थ–वहाँ पहुँचकर थकावट, कष्ट और मार्ग के क्लेश पल भर में विलीन हो गये। यात्रियों ने देखा कि उनकी आँखों के सामने ही विशाल श्वेत पर्वत अपने गौरव से मंडित खड़ा है।

उसकी तलहटी मनोहर श्यामल तृण वीरुध वाली;
नव कुंज, गुहा गृह सुन्दर ह्रद से भर रही निराली।

शब्दार्थ–तलहटी-पर्वत की तराई। **श्यामल**-हरे-भरे। **तृण**-घास। **वीरुध**-लता। **ह्रद**-तालाब।

अर्थ–पर्वत की यह तलहटी हरी लताओं के कारण रम्य लगती थी। नवीन कुंज, सुन्दर गुहा-गृहों और सरोवरों से पूर्ण होने के कारण वह विलक्षण दिखाई दे रही थी।

वह मंजरियों का कानन कुछ अरुण पीत हरियाली,
प्रति पर्व सुमन संकुल थे छिप गई उन्हीं में डाली।

शब्दार्थ–मंजरियों-पौधों और वृक्षों की सीकों में लगे छोटे-छोटे दानों का समूह, बौर, मौर। **पर्व**-स्थान, भूभाग। **संकुल**-पूर्ण, युक्त।

अर्थ–उस वन में बहुत से ऐसे वृक्ष थे जो मंजरियों से लदे थे। शाखाओं के हरे पत्तों के बीच ये मंजरियाँ कुछ-कुछ पीत और कुछ अरुणाभा लिये हुए थीं।

वहाँ का प्रत्येक भू-भाग फूलों से यहाँ तक भरा था कि डालियाँ तक उनमें छिप गई थीं।

वि०–आम्र की मंजरी के सम्बन्ध में पंत जी ने गुंजन में लिखा है–

'रुपहले सुनहले आम्र बौर'

यात्री दल ने रुक देखा मानस का दृश्य निराला;
खग मृग को अति सुखदायक छोटा सा जगत उजाला।

शब्दार्थ–निराला-विलक्षण, अद्भुत। **खग**-पक्षी। **मृग**-हिरण।

अर्थ–यात्रियों के उस समूह ने वहाँ रुककर मानसरोवर का विलक्षण दृश्य देखा। वह एक छोटा सा उज्ज्वल संसार था, जो पक्षियों और हिरणों को अत्यन्त सुखदायी था।

मरकत की वेदी पर ज्यों रक्खा हीरे का पानी;
छोटा सा मुकुर प्रकृति का या सोयी राका रानी।

शब्दार्थ–मरकत-हरे रंग का एक रत्न, पन्ना। **मुकुर**-दर्पण। **राका रानी**-पूर्णिमा।

अर्थ–उस हरियाली के बीच स्वच्छ जल से भरा मानसरोवर ऐसा प्रतीत होता था जैसे मरकत मणि से बनी वेदी पर हीरे का पानी हो या प्रकृति रमणी के मुख देखने को एक छोटा सा दर्पण हो अथवा पूर्णिमा वहाँ सो रही हो।

दिनकर गिरि के पीछे अब हिमकर था चढ़ा गगन में;
कैलास प्रदोष प्रभा में स्थिर बैठा किसी लगन में।

शब्दार्थ–**दिनकर**-सूर्य। **हिमकर**-चन्द्रमा। **कैलास**-हिमालय की चोटी। **प्रदोष**-संध्या। **स्थिर**-मग्न, अचंचल। **लगन**-ध्यान।

अर्थ–सूर्य इस समय पर्वत के पीछे छिप गया था और आकाश में चंद्रमा उग आया था। कैलास पर्वत संध्या की आभा में ऐसा लगता था मानो किसी ध्यान में मग्न है।

संध्या समीप आयी थी उस सर के, वल्कल वसना,
तारों से अलक गुँथी थी पहने कदंब की रसना।

शब्दार्थ–**सर**-तालाब। **वल्कल वसना**-वृक्षों की छालों के वस्त्र। **अलक**-केश। **कदंब**-एक वृक्ष और उसका पुष्प। **रसना**-करधनी, किंकिणी।

अर्थ–संध्या की अरुणाभा उस सरोवर पर छा गई। ऐसा लगता था जैसे संध्या वृक्षों की सुनहली छाल के वस्त्र पहने उस सर पर उतर आई है।

अंधकार छाया था और तारे निकल आये थे। ऐसा प्रतीत होता था जैसे संध्या के श्याम-केशों में ही वे तारे जड़े हैं।

कदम्ब के वृक्षों की पंक्ति जो फूलों से भरी थी ऐसा दृश्य उपस्थित कर रही थी मानो वह संध्या की करधनी हो।

खग कुल किलकार रहे थे कलहंस कर रहे कलरव;
किन्नरियाँ बनीं प्रतिध्वनि लेती थीं तानें अभिनव।

शब्दार्थ–**खग**-पक्षी। **किलकारना**-चहचहाहट मचाना। **कलहंस**-राज-हंस। **कलरव**-मधुर कूजन। **किन्नरियाँ**-देवताओं की एक संगीत और नृत्य-प्रिय जाति। **अभिनव**-नवीन।

अर्थ–पक्षियों का समूह चहचहाहट मचा रहा था। राजहंस मधुर कूजन कर रहे थे। इस चहचहाहट और कूजन के स्वर पर्वत से टकराकर प्रतिध्वनियाँ उत्पन्न करते थे जो ऐसी लगती थीं मानो किन्नरियाँ नवीन-नवीन तानों में गा रही हैं।

मनु बैठे ध्यान निरत थे उस निर्मल मानस तट में;
सुमनों की अंजलि भर कर श्रद्धा थी खड़ी निकट में।

शब्दार्थ–**निरत**-लीन, मग्न। **निर्मल**-स्वच्छ। **अंजलि**-दोनों हथेलियों को मिलाकर बनाया संपुट।

अर्थ–उस स्वच्छ मानसरोवर के तट पर मनु ध्यान-मग्न बैठे थे। श्रद्धा अपनी अंजुलि में पुष्प भरकर उनके निकट खड़ी थी।

श्रद्धा ने सुमन बिखेरा शत शत मधुपों का गुंजन;
भर उठा मनोहर नभ में मनु तन्मय बैठे उन्मन।

शब्दार्थ–**मधुपों**-भौंरों। **गुंजन**-भौंरों की गूँज। **मनोहर**-मधुर। **उन्मन**-अप्रभावित, उदासीन।

अर्थ–श्रद्धा ने उन पुष्पों को बिखेर दिया। उसी समय अगणित भौंरे गूँज उठे और उनकी वह मधुर गुंजार आकाश में व्याप्त हो गई। फिर भी मनु उस गूँज से प्रभावित नहीं हुए और अपने ध्यान में तल्लीन रहे।

वि०–ऊपर लिखा है 'सुमनों की अंजलि भर कर', पर इस छंद में 'सुमन बिखेरा' कहा है। 'सुमन बिखेरे' कहना चाहिए था।

पहचान लिया था सब ने फिर कैसे अब वे रुकते;
वह देव-द्वन्द्व द्युतिमय था फिर क्यों न प्रणति में झुकते।

शब्दार्थ–**वे**-यात्री लोग। **द्वन्द्व**-पति-पत्नी का जोड़ा, दम्पति। **द्युतिमय**-तप के प्रकाश से आलोकित। **प्रणति**-प्रणाम।

अर्थ–उन्होंने देखते ही पहचान लिया कि जिन दम्पति महात्माओं के वे दर्शन करने आये हैं, ये वे ही हैं। ऐसी दशा में यात्री लोग उनके पास आने से कैसे रुक सकते थे?

उन देव-दम्पति के मुख पर तपस्या का प्रकाश झलक रहा था। ऐसी दशा में आये हुए प्राणी उन्हें प्रणाम करने के लिए क्यों न झुकते?

तब वृषभ सोमवाही भी अपनी घंटा-ध्वनि करता;
बढ़ चला इड़ा के पीछे मानव भी था डग भरता।

शब्दार्थ–**वृषभ**-बैल। **सोमवाही**-सोमलताओं को लेकर चलने वाला। **मानव**-मनु पुत्र। **डग भरना**-जल्दी जल्दी चलना।

अर्थ–उसी समय सोमलताओं से लदा बैल अपने गले में बँधे घंटे की ध्वनि मचाता हुआ इड़ा के पीछे चलने लगा और इस बैल के साथ चलने वाला मानव भी तीव्र गति से चलने लगा।

वि०–इसके उपरांत वृषभ का वर्णन नहीं मिलता, अतः समझ लेना चाहिए कि उसे मुक्त कर दिया गया। उस प्रसन्नता में उसका ध्यान रखता भी कौन?

हाँ इड़ा आज भूली थी पर क्षमा न चाह रही थी;
वह दृश्य देखने को निज दृग युगल सराह रही थी।

शब्दार्थ–**भूली**-भेद-भाव को भूल गई। **दृश्य**-मनु-श्रद्धा मिलन। **दृग**-नेत्र। **युगल**-दोनों। **सराह**-धन्य समझना।

अर्थ–एक बात और। इड़ा यहाँ आकर भेद-भाव की उस भावना को जिसके आध ार पर उनका शासन विधान आश्रित था, भूल गई। उसे आभास हुआ कि उसका रास्ता भूल का है, फिर भी अपनी भूल के लिए वह क्षमा नहीं माँगना चाहती थी। मनु और श्रद्धा के उस मिलन-दृश्य को देखने का उसे अवसर मिला, इसके लिए वह अपने दोनों नेत्रों को धन्य मान रही थी।

चिर मिलित प्रकृति से पुलकित वह चेतन पुरुष पुरातन;
निज शक्ति तरंगायित था आनंद-अंबु-निधि शोभन।

शब्दार्थ–**चिर मिलित**-चिर सम्बंधित। **पुरुष पुरातन**-अनादि ईश्वर। **निज**-अपनी। **तरंगायित**-लहराता हुआ। **अंबुनिधि**-समुद्र। **शोभन**-सुन्दर।

अर्थ–मनु श्रद्धा के साथ ऐसे प्रतीत होते थे जैसे ईश्वर अपनी चिर सम्बंधित प्रकृति से मिलकर प्रसन्न होता है।

आनन्द के सुन्दर समुद्र में अपनी ही शक्ति की तरंग उठी थी। भाव यह कि जैसे माया (शक्ति) आनन्दमय भगवान का अपना ही रूप है, जैसे लहर समुद्र का अपना ही अंश है, वैसे ही श्रद्धा और मनु की स्थिति थी।

वि०–शक्ति शक्तिमान् से भिन्न नहीं होती।

भर रहा अंक श्रद्धा का मानव उसको अपना कर;
था इड़ा शीश चरणों पर, वह पुलक भरी गद्‌गद स्वर–

शब्दार्थ–अंक-गोद। **पुलक भरी**-रोमांचित होकर।

अर्थ–मानव ने अपनी माँ से लिपटकर उसके शरीर को अपनी भुजाओं में भर लिया। इड़ा ने अपना सिर श्रद्धा के चरणों में रख दिया। वह रोमांचित होकर गद्‌गद कंठ से बोली-

नोट–'बोली' शब्द आगे के छंद में प्रयुक्त हुआ है। वहीं वाक्य पूरा होता है।

बोली–"मैं धन्य हुई हूँ जो यहाँ भूल कर आयी;
हे देवि ! तुम्हारी ममता बस मुझे खींचती लायी

शब्दार्थ–भूल कर-यों ही। **ममता**-मोह।

अर्थ–यद्यपि यहाँ मैं यों ही चली आई हूँ, फिर भी मैं धन्य हो गई। हे देवी, मुझे यहाँ तक खींचकर लाने का एकमात्र कारण तुम्हारे दर्शनों का मोह ही था।

वि०-इड़ा राज्य-शासन में इतनी व्यस्त रहती थी कि यदि श्रद्धा के दर्शन का मोह न होता, तो वह वहाँ न आती।

भगवति, समझी मैं ! सचमुच कुछ भी न समझ थी मुझको;
सब को ही भुला रही थी अभ्यास यही था मुझको।

शब्दार्थ–भगवति-देवी, स्त्रियों के लिए एक अत्यन्त आदरसूचक शब्द। **समझ**-बुद्धि। **भुला रही थी**-भूल के रास्ते चला रही थी। **अभ्यास**-स्वभाव।

अर्थ–हे देवी, आज मैं समझी कि मुझमें सचमुच कुछ भी बुद्धि न थी। यह मेरा स्वभाव ही बन गया था कि मैं सबको भूल के रास्ते पर चलाती रही।

हम एक कुटुम्ब बना कर यात्रा करने हैं आये;
सुन कर यह दिव्य तपोवन जिसमें सब अघ छुट जाये।"

शब्दार्थ–दिव्य-पवित्र, स्वर्गीय, साधनापूत। **अघ**-पाप।

अर्थ–इस पवित्र तपोवन की यह विशेषता सुनकर कि यहाँ आने से सब पाप नष्ट हो जाते हैं, मैं और मेरी प्रजा एक कुटुम्ब बनाकर यात्रा करने आये हैं।

मनु ने कुछ कुछ मुसक्या कर कैलास ओर दिखलाया;
बोले "देखो कि यहाँ पर कोई भी नहीं पराया।

शब्दार्थ–मुसक्या कर-हँसकर। **यहाँ पर**-संसार में।

अर्थ–मनु ने थोड़ा मुस्कराते हुए कैलास की ओर सभी की दृष्टि आकर्षित की। वे

बोले : इस संसार में कोई भी पराया नहीं है।

वि०–मनु के मुस्काने के कई कारण हैं :

(१) महात्मा लोग सबसे हँसकर बात करते हैं।

(२) आज अहंवादी मनु अपने ही प्राचीन सिद्धान्त के विरुद्ध बोल रहे हैं। हँसी आना स्वाभाविक है।

(३) रूप के आकर्षण से मनु ऊँचे उठ गये हैं और वे अत्यंत शांति के साथ उस इड़ा से बातें कर रहे हैं जिसके आगे उनका मन अनेक बार चंचल हो उठा था।

वि०–कैलास हिमालय की एक चोटी का नाम है। यह शिव का निवास माना जाता है। इसी के आधार पर उनका नाम कैलासपति है।

हम अन्य न और कुटुम्बी हम केवल एक हमीं हैं;
तुम सब मेरे अवयव हो जिसमें कुछ नहीं कमी है।

शब्दार्थ–अवयव-अंग। **कमी न होना**-पूर्ण होना।

अर्थ–हम एक दूसरे से भिन्न नहीं हैं, सब एक ही कुटुम्ब के सदस्य हैं। सभी कहीं केवल हम, एकमात्र हम ही हैं। अर्थात् यह मैं हूँ और वह तुम, यह भेद अज्ञान-जनित है।

जैसे शरीर के सब अंगों को मिलाकर एक पूर्ण शरीर बनता है, वैसे ही तुम सब मेरे अंग हो और तुम सब के साथ मिलकर ही मैं पूर्ण हूँ।

शापित न यहाँ है कोई तापित पापी न यहाँ है;
जीवन वसुधा समतल है समरस है जो कि जहाँ है।

शब्दार्थ–शापित-अभागा। **तापित**-दुखी। **समतल**-समान। **समरस**-ठीक, अपने में पूर्ण, शुद्ध आनन्दमय।

अर्थ–यहाँ हम किसी को अभागा नहीं कह सकते, किसी को दुःखी नहीं समझ सकते, किसी को पापी नहीं ठहरा सकते।

जीवन समतल भूमि के समान है। उसमें कोई छोटा-बड़ा–ऊँचा-नीचा नहीं है। जीवन में जो भी जिस स्थिति में है, ठीक है।

वि०–सुख-दुःख, पाप-पुण्य, सौभाग्य-दुर्भाग्य आपेक्षिक शब्द (Corealative Terms) हैं। एक व्यक्ति जब अपने को दूसरे के सामने रखकर देखता है, उसी समय वह अपनी उच्चता या हीनता का अनुभव करता है। पर ज्ञानी लोग संसार को समदृष्टि से देखते हैं। इसे इकाई मानते हैं। शीश पर मुकुट रखा जाता है और पैरों में धूलि लगती है। तो क्या इसीलिए हम पैरों को बुरा कहें। एक शरीर की दृष्टि से दोनों ही समान महत्वशाली हैं।

चेतन समुद्र में जीवन लहरों सा बिखर पड़ा है;
कुछ छाप व्यक्तिगत, अपना निर्मित आकार खड़ा है।

शब्दार्थ–चेतन समुद्र-चेतना का समुद्र, ब्रह्म जो महाचेतन है। **जीवन**-प्राणी। **छाप व्यक्तिगत**-विशेष छाप, दूसरी से भिन्न होने का चिह्न। **निर्मित**-विशिष्ट। **आकार**-लम्बाई-चौड़ाई।

अर्थ–जैसे समुद्र की लहरें यहाँ-वहाँ उठती दिखाई देती हैं, पर वे समुद्र से पृथक नहीं हैं–जलरूप ही हैं, वैसे ही अगणित जीवधारी हमें सृष्टि में यहाँ-वहाँ बिखरे मिलते हैं

अवश्य, पर वे उस चेतना के समुद्र अर्थात् ब्रह्म से भिन्न अस्तित्व नहीं रखते।

अपने-अपने विशिष्ट आकार के कारण अर्थात् कोई लहर छोटी होती है कोई बड़ी-एक दूसरी से भिन्नता की छाप उन लहरों पर लग जाती है। पर वे अन्ततः पानी ही हैं, ठीक इसी प्रकार भिन्न-भिन्न आकार होने से प्राणी अपनी पृथक्-पृथक् सत्ता का भ्रम उत्पन्न करते हैं, पर हैं, वे मूल रूप में ब्रह्ममय ही-एक रूप ही।

वि०–जहाँ ऐसा माना जाता है कि ब्रह्म ही एकमात्र सत्ता है, उसके अतिरिक्त और कहीं कुछ नहीं, वहाँ अद्वैतवाद होता है। जो दिखाई देता है वह स्वप्न के समान भ्रम है। यहाँ से अद्वैतवाद का प्रतिपादन प्रारम्भ होता है।

इस ज्योत्स्ना के जलनिधि में बुद्बुद् सा रूप बनाये;
नक्षत्र दिखाई देते अपनी आभा चमकाये।

शब्दार्थ–**ज्योत्स्ना**-चाँदनी। **जलनिधि**-समुद्र। **बुद्बुद्**-बुलबुले। **आभा**-आलोक, ज्योति, मंद प्रकाश।

अर्थ–चाँदनी के इस समुद्र में बुद्बुदों के समान तारे जैसे अपने आलोक को झलकाते दिखाई पड़ते हैं–

नोट–भाव आगे के छंद में पूरा होगा।

वैसे अभेद सागर में प्राणों का सृष्टि-क्रम है;
सब में घुल मिल कर रस मय रहता यह भाव चरम है।

शब्दार्थ–**अभेद**-परमात्म-तत्व की अखंडता। **सृष्टि-क्रम**-स्थिति। **रस मय**-आनन्दमय ब्रह्म। **चरम**-सर्वोत्कृष्ट।

अर्थ–वैसे ही अखंड परमात्मा-रूपी चाँदनी में जीवात्माओं की स्थिति है। भाव यह कि यद्यपि चाँदनी में तारों की सत्ता पृथक् प्रतीत होती है, पर यदि वे घुल जायँ तो चाँदनी रूप ही हैं। ठीक ऐसे ही जीवात्मा परमात्मा से भिन्न प्रतीत होते हैं, पर हैं वे परमात्मा स्वरूप ही।

जैसे सभी लहरों में घुलमिल कर समुद्र, सभी तारों में घुलमिल कर चाँदनी रहती है, वैसे ही सभी प्राणों में वह आनन्दमय ब्रह्म व्याप्त है। चिंतन के द्वारा मनुष्य ऊँचे से ऊँचे जिस भाव की उपलब्धि कर सकता है, वह यही है।

अपने दुख सुख से पुलकित यह मूर्त विश्व सचराचर;
चिति का विराट वपु मंगल यह सत्य सतत चिर सुन्दर।

शब्दार्थ–**पुलकित**-रोमांचित, आकुल तथा प्रसन्न। **मूर्त**-ठोस। **सचराचर**-चेतन प्राणी और जड़ प्रकृति से युक्त। **चिति**-चेतन ब्रह्म। **विराट**-विशाल। **वपु**-शरीर। **मंगल**-शिवरूप, कल्याणमय। **चिर**-अक्षय।

अर्थ–जड़ प्रकृति और चेतन प्राणियों से युक्त, अपने दुःख से आकुल और अपने सुख से प्रसन्न, यह ठोस संसार उस चेतन ब्रह्म का विशाल शरीर है और इस ब्रह्म के समान ही यह (संसार) शिव रूप (मंगलमय) तथा सत्य और अक्षय सुन्दर है।

सबकी सेवा न परायी वह अपनी सुख संसृति है;
अपना ही अणु अणु कण कण द्वयता ही तो विस्मृति है।

शब्दार्थ–पराई-दूसरों की। **संसृति**-सृष्टि। **द्वयता**-भेद-भाव। **विस्मृति**-भूल।

अर्थ-इस दृष्टि से सबकी सेवा किसी दूसरे की सेवा नहीं है, अपने ही सुख को व्यापक बनाना है।

एक-एक अणु तथा एक-एक कण अपना ही रूप है। भेद-भाव भूल है।

मैं की मेरी चेतनता सबको ही स्पर्श किये सी;
सब भिन्न परिस्थितियों की है मादक घूँट पिये सी।

शब्दार्थ–मेरी चेतनता-यह चेतन या भावना कि यह मेरा है और इसे छोड़कर सब कुछ पराया। **स्पर्श**-प्रभावित। **मादक घूँट**-मदिरा की घूँट।

अर्थ–"मैं" "मैं हूँ" और मुझसे भिन्न सब पराये हैं, यह भावना प्रत्येक प्राणी के हृदय में सामान्य रूप से जगती है। संसार में भेदभाव का मूल कारण यही है।

मदिरा के घूँट पीकर जैसे शराबी निर्मल चेतना को खो देता है, वैसे ही विभिन्न परिस्थितियों में पड़कर सब प्राणी अपने को एक दूसरे से पृथक् समझते हैं और अपने निर्मल स्वरूप को भूल जाते हैं।

अभेद-भाव इसी से स्थापित नहीं हो पाता।

जग ले ऊषा के दृग में सो ले निशि की पलकों में;
हाँ स्वप्न देख ले सुन्दर उलझन वाली अलकों में–

शब्दार्थ–ऊषा के दृग-सूर्योदय, प्रभातकाल, ज्ञानोदय। **सो ले**-सो जा, लीन हो जा। **निशि**-रात, समाधि की अवस्था। **स्वप्न**-सपने, भगवान का विलक्षण रूप। **उलझन वाली अलकों**-रात की घनी रहस्यमयी कालिमा, उलझन उत्पन्न करने वाले अज्ञान का अन्धकार।

अर्थ–जब ऊषा के नेत्र खुलें अर्थात् जब ऊषा-काल हो, तब मनुष्य कर्म करने के लिए जग पड़े और रात्रि की पलकों में रात के कोमल आश्रय में वह सो जाय।

जैसे किसी के उलझे बालों में फँसकर मन प्रेम के अनेक स्वप्न देखता है, वैसे ही वह रात के उलझे केशों में अर्थात् रात की कालिमा के घनी और रहस्यमयी होने पर स्वप्न देखे–

वि०–(१) मनु के कहने का तात्पर्य यह है मनुष्य को अपना जीवन प्रकृति के मेल में रखना चाहिये।

(२) क्योंकि अद्वैतवाद का प्रसंग चल रहा है, अतः इस छंद का आशय और भी गहरा है। ऊषा के समान मनुष्य के हृदय में ज्ञानोदय हो और वह समाधि की अवस्था में जाकर लीनता का अनुभव करे। इसके उपरांत ही वह अज्ञान के उलझन उत्पन्न करने वाले अंध ाकार में ईश्वर के दर्शन करेगा।

चेतन का साक्षी मानव हो निर्विकार हँसता सा;
मानस के मधुर मिलन में गहरे गहरे धँसता सा।

शब्दार्थ–चेतन-चेतन ब्रस्म। **साक्षी**-निर्विकार रहकर देखने वाला। **हँसता सा**-दुःख से

अप्रभावित, प्रसन्न, आनन्द की उपलब्धि करने वाला। **मानस**-मन। **गहरे धँसता**-गम्भीर चिन्तन में लीन होना।

अर्थ–ब्रह्म का दर्शन करने वाला मानव सभी प्रकार के विकारों से रहित हो। वह आनन्द की उपलब्धि करे।

वह अपने हृदय में ईश्वर के मधुर दर्शन के लिए गहरे से गहरा डूबता (चिंतन करता) चला जाय।

वि०–मनुष्य को दुःख इसलिए होता है कि अपने को कर्त्ता समझता है और मनोविकारों में भाग लेने लगता है। इसी से कभी हँसता है और कभी रोता है। यदि वह मनोविकारों से अप्रभावित रहकर, जो भाव उठें उन्हें केवल देखे मात्र, तब वह साक्षी कहलाता है। ऐसी स्थिति में वह मुक्त आत्मलीन रहता है, आनन्द की उपलब्धि करता है।

सब भेद भाव भुलवा कर दुख सुख को दृश्य बनाता;
मानव कह रे ! 'यह मैं हूँ' यह विश्व नीड़ बन जाता।"

शब्दार्थ–**भेद भाव**-'मैं' और 'तू' का अन्तर, अपने पराये का भेद। **दृश्य**-आत्मा को प्रभावित न करने वाले मनोविकार। **मैं हूँ**-यही मेरा वास्तविक स्वरूप है। **नीड़**-घोंसला।

अर्थ–सब भेद-भाव को मिटाकर जब प्राणी दुःख-सुख दोनों से प्रभावित नहीं होता, केवल उनका दृष्ट मात्र होता है, उस समय वह अपने सच्चे स्वरूप को प्राप्त करता है।

ऐसी दशा में संसार एक घोंसले के समान प्रतीत होता है।

वि०–(१) मनुष्य का वास्तविक स्वरूप यह है कि वह मनोविकारों से प्रभावित न हो और सब को अपनी ही आत्मा समझे।

(२) नीड़ से तात्पर्य यह है कि यह संसार मोह का स्थान नहीं है, क्योंकि थोड़े दिनों में जैसे घोंसले में से पक्षी उड़ जाता है वैसे ही हमें यहाँ से उड़ जाना है।

जैसे घोंसला एक है, वैसे ही संसार भी एक छोटा सा घर है जिसमें विभिन्न जाति, विभिन्न देशों और विभिन्न वर्णों के प्राणी अपने परिवार के हैं। कोई भी पराया नहीं है।

श्रद्धा के मधु अधरों की छोटी छोटी रेखाएँ;
रागारुण किरण कला सी विकसीं बन स्मिति लेखाएँ।

शब्दार्थ–**मधु**-मधुर। **अधरों**-ओंठ। **रागारुण**-अरुण सूर्य। **कला**-क्रीड़ा। **स्मिति लेखाएँ**-मन्द मुस्कान की छाप।

अर्थ–श्रद्धा के मधुर अधरों पर मंद मुस्कान की छोटी-छोटी रेखाएँ अंकित होकर ऐसे खिल उठीं जैसे अरुण सूर्य की किरणें क्रीड़ा करती हैं।

वह कामायनी जगत की मंगल कामना अकेली;
थी ज्योतिष्मती प्रफुल्लित मानस तट की वन बेली।

शब्दार्थ–**मंगल कामना**-कल्याणकारिणी। **अकेली**-एकमात्र। **ज्योतिष्मती**-आलोकित। **प्रफुल्लित**-फूलों से भरी, प्रसन्न।

अर्थ–एक मात्र श्रद्धा ही संसार की कल्याणकारिणी है। जैसे मानसरोवर के किनारे लता प्रकाश से झलमलाये और फूलों से भर जाय, वैसे ही मानस के किनारे वह तप के

आलोक से आलोकित और प्रसन्न मन खड़ी थी।

वि०–'मानस' यहाँ श्लिष्ट शब्द है जैसे मानस पर लता, जैसे मानसरोवर पर स्थूल श्रद्धा, वैसे ही मन में श्रद्धा का निवास है और श्रद्धा से ही मन की शोभा है।

वह विश्व चेतना पुलकित थी पूर्ण काम की प्रतिमा;
जैसे गंभीर महाह्रद हो भरा विमल जल महिमा।

शब्दार्थ–पुलकित-सजीव, साकार। **पूर्ण**-जिसमें किसी प्रकार की अपूर्णता न हो। **काम**-कामनाओं। **प्रतिमा**-मूर्ति। **गम्भीर**-गहरा। **ह्रद**-तालाब, सरोवर। **विमल**-निर्मल, स्वच्छ। **महिमा**-महिमावान्, पवित्र।

अर्थ–संसार भर की चेतना ही जैसे श्रद्धा के रूप में सजीव (साकार) हो उठी थी। वह सभी कामनाओं की मूर्ति थी। सब प्रकार से वह वैसे ही पूर्ण थी, जैसे कोई गहरा विशाल सरोवर निर्मल और पवित्र जल से ऊपर तक भरा हुआ हो।

वि०–श्रद्धा सभी प्रकार की जड़ता को दूर करती और सभी इच्छाओं की पूर्ति कराती है, इसी से उसे 'विश्व चेतना' और 'काम की प्रतिमा' कहा है।

जिस मुरली के निस्वन से यह शून्य रागमय होता;
वह कामायनी विहँसती अग जग था मुखरित होता।

शब्दार्थ–मुरली-वंशी। **निस्वन**-ध्वनि, गूँज। **शून्य**-सूनापन। **रागमय**-संगीतमय। **अग**-जड़। **जग**-चेतन। **मुखरित**-ध्वनित, यहाँ प्रभावित।

अर्थ–जैसे वंशी की ध्वनि से सूनेपन में संगीत भर जाता है, वैसे ही कामायनी के हँसने से जड़ और चेतन सभी प्रभावित हो गये।

वि०–प्राणी और प्रकृति के भावों की यह सहानुभूति 'गुप्त' जी में भी देखिए–

विकस उठीं कलियाँ डालों में निरख मैथिली की मुसिकान।

क्षण भर में सब परिवर्त्तित अणु अणु थे विश्व कमल के;
पिंगल पराग से मचले आनंद सुधा रस छलके।

शब्दार्थ–क्षण-पल। **परिवर्त्तित**-बदली दिशा में, प्रसन्नावस्था में। **अणु अणु**-प्रकृति की एक-एक वस्तु। **पिंगल**-पीला। **रस**-मकरंद।

अर्थ–पल भर में ही संसार-रूपी कमल का एक-एक अणु और ही रूप में दिखाई दिया अर्थात् इसके उपरांत पवन, लताएँ, पुष्प, भ्रमर, किरनें, पक्षी, सभी प्रसन्नावस्था में दिखाई दिये।

जैसे कमल में पीला पराग उमड़ उठता है, वैसे ही प्रकृति की ये वस्तुएँ चंचल हो उठीं और जैसे पुष्प से मकरन्द छलक कर गिरता है वैसे ही चारों ओर आनन्दामृत बरसने लगा।

वि०–यहाँ से पवन, लताओं, सुमन, हिमखंड, रश्मियों आदि की आनन्ददशा का वर्णन प्रारम्भ होता है।

अति मधुर गंधवह बहता परिमल बूँदों से सिंचित;
सुख स्पर्श कमल केसर का कर आया रज से रंजित।

शब्दार्थ–गंधवह-गंध को वहन करने वाला, पवन। **परिमल**-सुगंध, यहाँ सुगंधित पुष्प

पराग से तात्पर्य है। **बूँदों**-मकरंद, पुष्प रस। **केसर**-कमल के मध्य भाग की पतली सींकें। **रज**-कमल रज। **रंजित**-रँगा हुआ, युक्त।

अर्थ—पराग से सुगन्धित और मकरंद से सना अत्यन्त मधुर पवन बहने लगा। कमल की केसर को छूकर जो प्रसन्न था, वह पवन उसकी रज से रँग कर लौटा।

जैसे असंख्य मुकुलों का मादन विकास कर आया;
उनके अछूत अधरों का कितना चुंबन भर लाया।

शब्दार्थ—**असंख्य**-अगणित। **मुकुलों**-कली। **मादन**-मस्त।

अर्थ—उस पवन को देखकर लगता था जैसे वह अगणित कलियों की मस्ती को उभारकर आया है, इसी से मस्त है। उसने उसकी अछूती पंखुरियों का घना चुम्बन किया है, इसी से झूम उठा है।

रुक रुक कर कुछ इठलाता जैसे कुछ हो वह भूला;
नव कनक-कुसुम-रज धूसर मकरंद जलद सा फूला।

शब्दार्थ—**इठलाता**-इतराता। **भूला**-कोई बात भूल गया हो। **कनक कुसुम**-पलाश के फूल। **धूसर**-सना। **मकरंद**-पुष्प रस। **जलद**-बादल।

अर्थ—वह रुक-रुककर इठलाता चल रहा था, जैसे सब कुछ भूल गया हो और भूली बात को याद करने में उसकी गति में विघ्न पड़ रहा हो।

नवीन पलाश के पुष्पों के पराग से सना और पुष्पों की रस-बूँदों से भरा वह बादल सा उमड़ रहा था।

जैसे वनलक्ष्मी ने हो बिखराया हो केसर रज;
या हेमकूट हिम जल में झलकाता परछाईं निज।

शब्दार्थ—**केसर**-कुंकुम। **हेमकूट**-सोने का पर्वत, सुमेरु।

अर्थ—पीले पराग से युक्त वह पवन ऐसा प्रतीत होता था मानो वनलक्ष्मी ने केसर-रज बिखेर दी हो या बर्फ के समान जल में सुमेरु (सोने का) पर्वत अपनी परछाईं झलका रहा हो।

वि०—'केसर रज' और 'हेमकूट की परछाईं' दोनों का 'पीले पराग से सने' पवन से वर्ण-साम्य है।

संसृति के मधुर मिलन के उच्छ्वास बना कर निज दल;
चल पड़े गगन आँगन में कुछ गाते अभिनव मंगल।

शब्दार्थ—**संसृति**-सृष्टि। **उच्छ्वास**-प्रेम की साँसें।

अर्थ—सन्-सन् करती पवन की वे हिलोरें ऐसी प्रतीत होती थीं जैसे सृष्टि रूप रमणी के हृदय से फूटने वाले उच्छ्वास, जो किसी के मधुर मिलन की कामना को लिए हुए अपना एक दल बनाकर आकाश के आँगन में एक नवीन मंगल गीत गाते जा रहे हों।

वि०—'उच्छ्वास' और 'मंगलगीत' के साथ पवन की तुलना करने में उसकी हिलोरों के आकार और सनसनाहट पर कवि की दृष्टि है अर्थात् आकार-साम्य और ध्वनि-साम्य है।

वल्लरियाँ नृत्य निरत थीं बिखरीं सुगन्ध की लहरें;
फिर वेणु रंध्र से उठ कर मूर्छना कहाँ अब ठहरे।

शब्दार्थ–**वल्लरियाँ**-लताएँ। **नृत्य निरत थीं**-नाच रही थीं।

अर्थ–लताएँ उस पवन में नाच रही थीं और पुष्पों की गंध की लहरें चारों ओर बिखर गई थीं। बाँसों के छिद्रों में पवन गूँज रहा था और वह तान चंचलता से इधर-उधर घूम रही थी।

गूँजते मधुर नूपुर से मदमाते होकर मधुकर;
वाणी की वीणा ध्वनि सी भर उठी शून्य में झिल कर।

शब्दार्थ–**नूपुर**-घुँघरू। **मदमाते**-रस पीकर मस्त। **मधुकर**-भौंरे।

अर्थ–भौंरे मस्त होकर घुँघरुओं की झनकार के समान मधुर गूँज मचा रहे थे। भौंरों की वह गुंजार ऐसी प्रतीत हुई जैसे सरस्वती की वीणा की ध्वनि शून्य में तैर कर भर गई हो।

उन्मद माधव मलयानिल दौड़े सब गिरते पड़ते;
परिमल से चली नहा कर काकली, सुमन थे झड़ते।

शब्दार्थ–**उन्मद**-मतवाला, मस्त। **माधव**-वसंत। **मलयानिल**-मलय पवन। **परिमल**-सुगन्ध। **काकली**-कोकिल की कूक।

अर्थ–मतवाला वसंत और मलय पवन दोनों ही झूम-झूमकर तीव्र गति से प्रकट हुए। पवन की लहरों में सुगन्ध समायी थी। कोकिल की कूक उसके भीतर प्रवेश करके आगे बढ़ने लगी। डालियों से पुष्प झड़ने लगे।

सिकुड़न कौशेय वसन की थी विश्व सुन्दरी तन पर;
या मादन मृदुतम कंपन छायी सम्पूर्ण सृजन पर।

शब्दार्थ–**सिकुड़न**-सलवट। **कौशेय**-रेशमी। **वसन**-वस्त्र, साड़ी। **विश्व सुन्दरी**-प्रकृति। **मादन**-मस्त, मुग्धकारी। **सृजन**-सृष्टि।

अर्थ–पवन में बिखरे पीले पराग पर कोकिल के स्वर की लहरी ऐसी लगती थी जैसे प्रकृति के शरीर को ढकने वाली रेशम की साड़ी पर सलवट पड़ गई हो।

उस कूक को सुनकर ऐसा लगता था जैसे सम्पूर्ण सृष्टि में एक मुग्धकारी कोमल कंपन व्याप्त हो रहा हो।

सुख सहचर दुःख विदूषक परिहास पूर्ण कर अभिनय;
सब की विस्मृत के पट में छिप बैठा था अब निर्भय।

शब्दार्थ–**विदूषक**-मसखरा, नाटकों में एक पात्र जिसका काम हँसी-दिल्लगी से अन्य पात्रों को प्रसन्न करना है। **परिहास पूर्ण**-हँसी का। **पट**-परदा, स्तर। **निर्भय**-निश्चिंत मन, फिर कभी न लौटने के लिए।

अर्थ–नाटकों में जैसे राजा का साथी एक विदूषक होता है और वह अपनी हँसी का अभिनय समाप्त करके निश्चिंत मन से परदे के पीछे छिपकर बैठ जाता है, वैसे ही सुख के साथी दुःख की स्थिति आज सिद्ध हुई। जब उसके विनोद का अभिनय समाप्त हो गया

तब वह फिर कभी न लौटने के लिए दूर हो गया और आज उसे सब भूल गये।

वि०–इस छंद से कई बातों का पता चलता है:–

(१) सुख के साथ जीवन में दुःख का भी भाग है।

(२) सुख-दुःख में सुख प्रमुख है और स्थायी, दुःख गौण, क्षण-स्थायी और नाशवान।

(३) जब सुख मिलता है तब लोग दुःख को भूल जाते हैं।

यह सब ठीक है, पर 'प्रसाद' जी ने दुःख की तुलना विदूषक से की, वह हमें उचित नहीं लगी। विदूषक तो हँसाने के लिए होता है, पर दुःख आँखों से टप-टप आँसू बरसवाकर ही पीछा छोड़ता है।

थे डाल डाल में मधुमय मृदु मुकुल बने झालर से;
रस भार प्रफुल्ल सुमन सब धीरे धीरे से बरसे।

शब्दार्थ–मधुमय-रसमयी। **झालर**-वस्त्रों के किनारे पर मोतियों या डोरों की जाली अथवा गाँठों का बना हाशिया। **रस भार**-मकरन्द के बोझ से बोझिल।

अर्थ–डाली-डाली में रसमयी कलियाँ झालर के समान गुँथी थीं। जो पुष्प खिल चुके थे वे मकरंद के भार से बोझिल होने के कारण धीरे-धीरे चू रहे थे।

हिम खंड रश्मि मंडित हो मणि-दीप प्रकाश दिखाता;
जिनसे समीर टकरा कर अति मधुर मृदंग बजाता।

शब्दार्थ–हिमखंड-बर्फ के टुकड़े। **रश्मि**-किरण। **मंडित**-युक्त। **समीर**-पवन। **मृदंग**-ढोलक के आकार का पर उससे बड़ा एक बाजा।

अर्थ–बर्फ के टुकड़ों पर किरणें पड़ीं, तो वे मणि-दीपों के समान झलकने लगे। पवन जब उनसे टकराया तो उनसे मृदंग की सी मधुर ध्वनि निकली।

संगीत मनोहर उठता मुरली बजती जीवन की;
संकेत कामना बन कर बतलाती दिशा मिलन की।

शब्दार्थ–मनोहर-मधुर। **मुरली**-आनन्द ध्वनि। **जीवन**-प्रकृति का जीवन, प्रकृति की वस्तुएँ। **संकेत**-पता। **कामना**-आंतरिक इच्छा।

अर्थ–पवन के द्वारा उत्पन्न की हुई ये ध्वनियाँ एक मधुर संगीत की सृष्टि कर रही थीं जिससे जीवन (प्रकृति की वस्तुओं) के आनन्द का परिचय मिलता है।

इससे यह भी पता चलता है कि उनकी आंतरिक इच्छा मिलन की ओर जाने की है अर्थात् वे सभी मिलन के लिये आकुल थीं।

वि०–प्रकृति की इच्छा परमात्मा से मिलन की भी हो सकती है और प्रकृति की वस्तुओं में एक दूसरे से मिलन की भी जैसे भ्रमर की पुष्प से, सूर्य किरण की कमल से।

रश्मियाँ बनीं अप्सरियाँ अंतरिक्ष में नचती थीं;
परिमल का कन कन लेकर निज रंगमंच रचती थीं।

शब्दार्थ–परिमल-सुगन्ध, यहाँ सुगन्धित पराग कण से तात्पर्य है।

अर्थ–किरणें अप्सराओं के समान शून्य में नाच रही थीं और सुगन्धित पराग के कण उनके रंगमंच का काम दे रहे थे।

वि०–रश्मियों से तात्पर्य यहाँ चन्द्रमा की किरणों से है। रात का समय है।

मांसल सी आज हुई थी हिमवती प्रकृति पाषाणी;
उस लास रास में विह्वल थी हँसती सी कल्याणी।

शब्दार्थ–**मांसल**–रक्त-मांस वाली रमणी सी, कोमल। **हिमवती**–बर्फ से ढँकी। **पाषाणी**–पत्थर से बनी। **पाषाणी प्रकृति**–हिमालय पर्वत। **लासय**–नृत्य, विशेष रूप से स्त्रियों का। **रास**–क्रीड़ा, मंडलाकार नृत्य। **विह्वल**–अत्यधिक प्रसन्न। **कल्याणी**–कल्याणमयी।

अर्थ–बर्फ और पत्थर के शरीर वाली कठोर प्रकृति आज रक्त मांस की कोमल रमणी सी लगती थी। चन्द्रमा की किरणों से उस नृत्य और क्रीड़ा में वह कल्याणमयी हो अत्यधिक आनन्दित होकर हँसती सी दृष्टिगोचर हुई।

वह चन्द्र किरीट रजत नग स्पन्दित सा पुरुष पुरातन;
देखता मानसी गौरी लहरों का कोमल नर्त्तन।

शब्दार्थ–**किरीट**–मुकुट। **रजत**–चाँदी, चाँदी के रंग का। **नग**–पर्वत। **स्पंदित**–प्रसन्न। **पुरुष पुरातन**–अनादि भगवान, यहाँ शिव से तात्पर्य है। **मानसी**–मानसरोवर। **गौरी**–पार्वती। **नर्त्तन**–नृत्य।

अर्थ–चाँदी के समान गौर वर्ण वाले पर्वत के ऊपर मुकुट के समान जब चन्द्र उगा तो वह सारा दृश्य ऐसा लगता था, जैसे भगवान शिव वहाँ बैठे हैं और पार्वती के समान मानसरोवर की लहरियों का कोमल नृत्य देखकर प्रसन्न हो रहे हैं।

वि०–योगेश्वर शिव तो हिमालय पर्वत की अचलता के समान समाधि लीन रहते हैं। फिर भी गौरी के नृत्य में वह आकर्षण है कि स्पंदित हो उठते हैं।

प्रतिफलित हुईं सब आँखें उस प्रेम ज्योति विमला से;
सब पहचाने से लगते अपनी ही एक कला से।

शब्दार्थ–**प्रतिफलित**–प्रतिबिंबित। **विमला**–निर्मल, वासनाहीन। **अपनी ही कला**–अपना ही रूप।

अर्थ–प्रकृति में प्रेम के इस निर्मल प्रकाश के दर्शन कर सबकी आँखों में प्रेम की वह ज्योति झलक उठी जिससे आज सभी को सभी वस्तुएँ जानी-पहचानी और ऐसी प्रतीत हुईं मानो वे अपना ही प्रतिरूप हों।

वि०–'पहचाने से लगते–वाला भाव आँसू में भी आया है–

मधुराका मुसकाती थी, पहले देखा जब तुमको;
परिचित से जाने कब के, तुम लगे उसी क्षण हमको।

इसी भाव को अंग्रेज कवि 'टैनीसन' ने अत्यन्त स्पष्टता से व्यक्त किया है--

So friend when first I looked upon your face,
our thoughts gave answer each to each so true,
opposed mirrors each reflecting each.

समरस थे जड़ या चेतन सुन्दर साकार बना था;
चेतनता एक विलसती आनंद अखंड घना था।

शब्दार्थ–समरस-किसी विशेष भाव का उदय न होना, तल्लीनता। **जड़**-प्रकृति की वस्तुएँ। **चेतन**-मनु, श्रद्धा, इड़ा, कुमार और उनकी प्रजा आदि। **चेतनता**-चेतना। **विलसती**-काम करती। **अखंड**-अटूट, अविच्छिन्न।

अर्थ–चारों ओर सुन्दर दृश्य दिखाई देते थे, अतः ऐसा लगता था जैसे सुन्दरता आज रूप धारण करके आई है। ऐसे रम्य वातावरण में जड़ और चेतन दोनों एक प्रकार की तल्लीनता का अनुभव कर रहे थे।

सबके भीतर एक ही चेतना काम कर रही थी अर्थात् उनकी आत्माएँ मिल कर आज एक हो गई थीं। भाव यह कि किसी को आज शरीर की सुधि न थी। वे एक चेतन वृत्ति मात्र हैं, इतना ही बोध उन्हें था।

इस स्थिति को उत्पन्न करके सभी ने घने और अखंड आनन्द की अनुभूति की।

वि०–जो सृष्टि आनन्दस्वरूप ब्रह्म से उत्पन्न हुई है, वह निश्चय ही आनन्दमयी है। पर धूप-छाँह की भाँति संसार में सुख-दुःख गुँथे हुए हैं, अतः सुख में दुःख का व्याघात पड़ने से लोक में आनन्द अखंड रूप में प्राप्त नहीं हो पाता। दुःख का मूल कारण यह है कि हम भेद-दृष्टि को लिए रहते हैं-किसी को अपना किसी को पराया समझते हैं। इससे राग-द्वेष का जन्म होता है। राग-द्वेष से आत्मा पर मलिनता का आवरण पड़ जाता है। सम दृष्टि प्राप्त होने पर निर्मल आनन्द प्राप्त होता है।

इसमें ब्रह्म के सत्, चित्, आनन्दस्वरूप की घोषणा हुई। 'चेतनता' और 'आनन्द' शब्दों का प्रयोग तो कवि ने किया है, पर 'सत्' दिखाई नहीं देता; फिर भी 'जड़ या चेतन' कहकर 'सत्ता' या उसके 'सत्' स्वरूप का आभास उसने दे दिया है।

चरम सत्य यह है कि उसके अतिरिक्त कहीं कुछ नहीं है, अतः जड़ और चेतन का भेद भी अज्ञान-जनित है। वही चिर सुन्दर सभी कहीं है। यहाँ आनन्द के साथ 'अखण्ड' विशेषण का प्रयोग हुआ है। जब आनन्द किसी विषय को लेकर होगा तो अखण्ड न होगा। जब 'निर्विषय' होगा तभी अखण्ड होगा। 'सविषय' या व्यक्तिगत आनन्द घना भी न होगा, हल्का होगा अर्थात् अखण्ड आनन्द की उपलब्धि अपनी व्यक्तिगत सत्ता को विश्व-सत्ता में डुबाने में है। सब एक हैं–यही कामायनी का महान् संदेश है।

******